KB131448

과학과 정신분석학

과학과 정신분석학

지크문트 프로이트 박성수·한승완 옮김

일러두기

1. 열린책들의 『프로이트 전집』 2020년 신판은 기존의 『프로이트 전집』(전15권, 제2판, 2003)을 다시 한 번 교열 대조하여 펴낸 것이다. 일부 작품은 전체를 재번역했다. 권별 구성은 제2판과 동일하다.

2. 번역 대본은 독일 피셔 출판사S. Fischer Verlag 간행의 『지크문트 프로이트 전집Sigmund Freud Gesammelte Werke』과 현재까지 발간된 프로이트 전집 가운데 가장 충실하고 권위 있는 전집으로 알려진 제임스 스트레이치James Strachey 편집의 『표준판 프로이트 전집The Standard Edition of the Complete Psychological Works of Sigmund Freud』을 사용했다. 그러나 각 권별 수록 내용은 프로이트 저술의 발간 연대기순을 따른 피셔판 『전집』이나 주제별 편집과 연대기적 편집을 절충한 『표준판 전집』보다는, 『표준판 전집』을 토대로 주제별로 다시 엮어 발간된 『펭귄판』을 참고했다.

3. 본 전집에는 프로이트의 주요 저술들이 모두 수록되어 있다. 다만, (1) 〈정신분석〉이란 용어가 채 구상되기 이전의 신경학에 관한 글과 초기의 저술, (2) 정신분석 치료 전문가들을 위한 치료 기법에 관한 글, (3) 개인 서신, (4) 서평이나 다른 저작물에 실린 서문 등은 제외했다. (이들 미수록 저작 중 일부는 열린책들에서 2005년 두 권의 별권으로 발행되었다.)

4. 논문이나 저서에 이어 ( ) 속에 표시한 연도는 각 저술의 최초 발간 시기를 나타내며, 집필 연도와 발간 연도가 다를 경우에는 [ ] 속에 집필 연도를 병기했다.

5. 주석의 경우, 프로이트 자신이 붙인 원주는 각주 뒤에 〈 — 원주〉라고 표시했으며, 옮긴이주는 별도 표시 없이 각주 처리했다.

6. 본문 중에 용어의 원어가 필요할 때는 독일어를 병기했다.

차례

과학과 정신분석학

과학과 정신분석학

Das Interesse an der Psychoanalyse(1913)

이탈리아의 과학 정기 간행물 『스키엔티아 *Scientia*』 편집인의 특별한 요청으로 쓰인 이 논문은 1913년 9월과 11월경 발행된 것으로, 정신분석의 비의학적 응용에 관해 그가 행한 포괄적인 설명으로는 유일한 것이다.

이 논문은 1913년 『스키엔티아』에 실린 후, 『저작집 *Gesammelte Schriften*』 제4권(1924)과 『전집 *Gesammelte Werke*』 제8권(1943)에 실렸다. 영어로는 "The Claims of Psycho-Analysis to Scientific Interest"라는 제목으로 제임스 스트레이치 J. Strachey에 의해 번역되어 『표준판 전집 *The Standard Edition of the Complete Psychological Works of Sigmund Freud*』 제13권(1955)에 실려 있다.

심리학과 정신분석학

정신분석학은 심리학적 기술에 의해 특정 형태의 신경 질환(신경증)을 치료하는 것을 목표로 하는 의료 방법이다. 1910년에 출판된 작은 책[1]에서 나는, 요제프 브로이어[2]의 카타르시스 요법 및 샤르코[3]와 피에르 자네[4]의 이론들과 그 요법의 관계로부터 정신분석학의 전개를 기술했다.

우리는 강박 신경증(강박 관념과 강박 행동)의 다양한 증상뿐만 아니라 히스테리적인 경련과 마비도 정신분석 요법으로 접근 가능한 장애의 예들로 제시할 수 있다. 이 모든 것은 때에 따라 자발적으로 회복되기도 하고, 아직까지 설명되지 않은 우연한 방식으로 의사의 개인적인 영향에 의존하는 상태이다. 정신분석은 더 심한 형태의 원초적 정신 장애에 대해서는 아무런 치료 효과를 갖고 있지 못하다. 그러나 — 의학의 역사에서 최초로 — 정신분

---

1 프로이트, 『정신분석에 대하여 Über Psychoanalyse』(1910).

2 Josef Breuer(1842~1925). 프로이트는 브로이어의 죽음을 맞이하여 그에 관해 썼다(프로이트, 「요제프 브로이어」, 1925).

3 Jean-Martin Charcot(1825~1893). 파리의 신경 병리학 교수.

4 Pierre Janet(1859~1947). 1902년부터 1936년까지 프랑스 대학의 심리학 교수였다. 그는 신경 장애와 정신 장애에 관한 전문가이기도 했다. 살페트리에르 Salpêtrière(파리의 여자 양로원으로 정신병자도 취급함)의 샤르코와 더불어 히스테리와 최면술에 대한 중요한 연구를 했다.

석학은 신경증과 정신병의 기원과 기제에 대한 약간의 통찰을 가능케 했다.

그러나 정신분석학의 이러한 의학적 의의는, 내가 과학의 종합에 관심이 있는 학자 집단으로 하여금 정신분석학에 주목하도록 하는 것을 정당화하지는 못할 것이다. 그리고 그와 같은 계획은 수많은 정신병 의사와 신경학자들이 새로운 치료 방법에 반대하고 그 방법의 전제들과 연구 결과들 모두를 거부하는 한, 특히 시기상조인 것으로 보일 수밖에 없다. 그럼에도 불구하고 내가 실험을 정당한 것으로 간주한다면, 그것은 정신분석학이 정신병 의사가 아닌 다른 사람들의 관심을 요구할 수도 있는 분야이기 때문이다. 왜냐하면 정신분석학은 그 밖의 다양한 지식 영역과 닿아 있고, 그 영역들과 정신생활의 병리학 사이에 예기치 못한 관계들을 드러내기 때문이다.

따라서 이 논문에서 나는 정신분석의 의학적 관심을 한편에 치워 두고, 일련의 사례를 통해 젊은 과학에 관해 방금 주장했던 바를 예시하게 될 것이다.

많은 사고 과정(정상인과 환자 모두에게)뿐만 아니라 얼굴의 움직임과 그 밖의 표현적인 동작 및 말과 관련된 수많은 현상이 있다. 그런데 그것들은 기질적인 장애나 정신적 장치의 기능에서 어떤 비정상적인 고장의 결과로 여겨져 왔기 때문에 지금까지 심리학의 주목을 받지 못했다. 내가 염두에 두고 있는 것은, 정상인의 경우에는 〈실수 행위*Fehlleistung*〉(실언, 잘못 쓰기, 깜박 잊기 등)와 우연한 행동, 꿈 등이고, 신경증 환자의 경우에는 발작적인 공격, 섬망 상태*Delirium*, 환영, 강박 관념과 강박 행동이다. 이러한 현상들은(실수 행위의 경우가 그랬듯이 완전히 무시되지 않는 한) 병리학에 맡겨졌고, 늘 불만족스럽기는 했어도 그 현상들에 대한 〈생리학적〉 설명을 찾아내려는 시도가 이루어졌다. 반대로 정신분석학은 이 모든 것이 순수하게 심리학적 성격의 가설에 의해 설명될 수 있고, 이미 우리에게 알려진 신체상 사건들의 연쇄 속에 끼워 맞출 수 있음을 보여 주었다. 따라서 한편으로 정신분석학은 생리학적 관점을 제한하면서, 다른 한편으로 병리학의 많은 부분을 심리학의 영역으로 가져왔다. 이러한 경우에서 정상적인 현상은 더 확실한 증거를 제공한다. 정신분석학이 병리적인 소재로부터 얻은 통찰들을 정상적인 사례에 적용했다고 비난받을 수는 없다. 후자에서의 증명과 전자에서의 증명은 각기 독립적으로 이루어졌으며, 정상적인 과정과 병리적인 과정이라고 기술되는 것은 동일한 규칙을 따른다는 사실을 보여 준다.

나는 이제 더욱더 상세하게 우리가 여기서 관심을 두고 있는 정상적인 현상(즉 정상적인 사람들에게서 관찰될 수 있는 현상) 두 가지 — 실수 행위와 꿈 — 를 논의할 것이다.

나는 실수 행위를, 통상적으로 자기에게 친숙한 단어들과 이름들을 잊어버리고, 잘못 읽고, 물건들을 잘못 두고서 그것들을 찾지 못하며, 물건을 잃어버리고, 자기의 더 나은 지식에 반해 실수를 저지르고, 어떤 습관적인 몸짓과 움직임을 보이는 등의 사건이 건강하고 정상적인 사람들에게서 일어나는 사건으로 이해한다. 이 모든 것은 대체로 심리학이 별다른 관심을 갖지 않던 것들이다. 그것들은 〈방심 상태〉의 사례로 분류되거나 피로, 산만한 주의력 또는 어떤 경미한 질환의 부수적인 결과로부터 말미암은 것으로 여겨졌다. 그러나 분석적인 연구는 모든 요건을 충족시키기에 충분한 확실성을 갖고서, 이와 같은 나중의 요인들은 단지 촉진하는 요소들로서 작용할 뿐이고 결여될 수도 있다는 사실을 보여 준다. 실수 행위는 확실한 이유가 있는 신체적 현상이며 항상 의미와 의도를 갖고 있다. 실수 행위는 지배적인 정신적 상황 때문에 다른 방식으로는 표현될 수 없는 특정한 목적에 봉사한다. 이 상황들은 대체로 기저에 놓여 있는 의도가 직접적인 표현을 찾지 못하게 방해하며, 그것을 간접적인 통로를 따라서 전환하는 정신적 갈등을 포함하고 있다. 실수 행위를 저지르는 사람은 그 것을 감지할 수도 있고 간과할 수도 있다. 실수 행위 아래에 놓여 있는 억압된 의도는 당연히 그에게 친숙하다. 그러나 그는 대개 분석 없이는 그 의도가 문제의 실수 행위에 대해 책임이 있다는 사실을 인식하지 못한다. 실수 행위에 대한 분석은 종종 아주 쉽고도 신속하게 이루어진다. 만약 어떤 사람이 실수에 주의를 기울이게 된다면, 그에게 나타나는 그다음의 생각은 그것에 대한 설명을 제공한다.

실수 행위는 스스로 정신분석학적 설명의 신뢰성을 확신하는 사람이라면 누구에게나 가장 편리한 소재이다. 1904년에 책의 형태로 최초로 출판된 소품에서 나는 이러한 종류의 수많은 사례를 제시했고, 그때 이후로 다른 관찰자의 많은 공헌을 내 수집물에 덧붙일 수 있었다.[5] 의도를 억압하는 가장 흔한 동기 — 그 후에 실수 행위 속에서 자신의 표현을 찾는 것으로 만족해야만 하는 — 는 불쾌함을 회피하려는 것으로 판명된다. 따라서 사람들이 어떤 사람에 대해 은밀한 원한을 키우고 있을 경우, 완강하게 그의 이름을 잊어버린다. 사람들은 사실상 오직 어떤 의도를 마

---

5 『일상생활의 정신 병리학』(프로이트 전집 5, 열린책들) 참조. 또한 메더A. Maeder 의 「일상생활의 정신 병리학에 대한 기고Contributions à la psychopathologie de la vie quotidienne」(1906, 1908), 존스E. Jones의 「일상생활의 정신 병리학The Psychopathology of Everyday Life」(1911), 랑크O. Rank의 「실언의 시적인 활용의 실례Ein Beispiel von poetischer Verwertung des Versprechens」(1910)와 「일상생활에서의 실수 행위 Fehlleistungen aus dem Alltagsleben」(1912) 등을 참조 — 원주. 또한 프로이트의 『정신 분석 강의』(프로이트 전집 1, 열린책들) 중 두 번째 강의 참조.

지못해 — 예를 들면 어떤 관습의 억압 아래에서 — 만들어 냈을 경우, 그 의도를 수행하는 것을 잊어버린다. 사람들은 어떤 물건이 상기시켜 주는 사람 — 예컨대 그 물건을 처음에 준 사람 — 과 싸웠을 경우, 그 물건을 잃어버린다. 사람들은 마지못해 여행을 하고 있을 경우, 기차를 잘못 타거나 어떤 다른 장소에 가 있을지도 모른다. 불쾌함을 피하려는 이런 동기는 인상(印象)과 경험의 망각이 관련되는 곳에서 아주 분명하게 나타난다. 이것은 정신분석학이 존재하기 전에 이미 많은 저자에 의해 관찰되었던 사실이다. 기억은 괴로운 감정을 가진 인상의 재생산을 기꺼이 방해함으로써 편파성을 보여 준다. 설령 이러한 목적이 모든 경우에 성취될 수는 없다고 해도 말이다.

다른 경우들에서 실수 행위에 대한 분석은 그리 단순하지 않고 분명하게 설명하기도 쉽지 않다. 우리가 〈전위(轉位, *Verschiebung*)〉라고 기술하는 과정이 방해하기 때문이다. 가령 사람들은 아무런 반감을 갖고 있지 않은 사람의 이름을 잊어버릴 수도 있다. 그러나 분석을 하게 되면, 그 이름과 동일한 또는 발음이 비슷한 이름일 수도 있으며, 싫어하기에 충분한 이유가 있는 어떤 다른 사람에 대한 기억을 떠오르게 했다는 사실이 드러날 것이다. 이러한 관련성이 무고한 사람의 이름을 망각하도록 이끈 것이다. 사실상 잊으려는 의도는 어떤 연상 작용에 따라서 전위되었던 것이다.

불쾌함을 피하려는 의도가 실수 행위에서 그 배출구를 찾을 수 있는 유일한 의도는 아니다. 많은 경우에 분석은 특정한 상황 속에서 억압되었던, 그리고 그 자신이 소위 배경적인 교란으로 느끼게 될 수밖에 없는 다른 목적들을 폭로한다. 따라서 실언은 화자가 대화 상대자에게 감추고 싶어 하는 의견들을 누설하는 데 종종 기여할 것이다. 실언은 많은 위대한 저자에 의해 이러한 의미로 이해되었고, 그들의 작품 속에서 이러한 목적을 위해 사용되었다. 값비싼 물건의 분실은 종종 어떤 예상되는 불행을 피하기 위해 의도된 희생 행위로 판명된다. 그리고 그 밖의 많은 미신이 여전히 교육받은 사람들 사이에서 실수 행위의 형태로 잔존하고 있다. 물건을 잘못 두는 것은 대체로 그것을 없애는 것을 의미한다. 물건을 훼손하는 것은 (표면상으로는 우연적이지만) 더 좋은 것으로 대체하는 일이 불가피하도록 만들기 위해서다.

그러나 이러한 현상들의 명백한 사소함에도 불구하고, 실수 행위에 대한 정신분석학적 설명은 세계에 대한 우리의 관점에 변화를 가져온다. 우리는 정상적인 사람들조차 우리가 기대했던 것보다 훨씬 더 빈번하게 모순적인 동기를 가지고 행동하는 것을 본다. 〈우연적〉이라고 기술될 수 있는 사건들의 수는 상당히 감소된다. 물건 분실을 우연한 일로 보지 않을 수 있다는 것은 다행스러운 일이다. 우리의 실수는 종종 우리의 은밀한 의도를 감추는 것으로 판명된다. 그러나 우리가 다른 경우에는 순전히 우연으로 돌릴 심각한 많은 사건을 분석해 보면, 비록 그 주체에 의해 분명히 인정되지는 않지만 그 자신의 의지 개입이 드러나는데, 이것이 더욱 중요하다. 실제로 우연한 사건과 사려 깊은 자기 파괴는 매우 구별하기 어려운 경우가 많은데, 분석적인 관점에서 보면 그 구별은 훨씬 더 의심스러워진다.

실수 행위에 대한 설명의 이론적 가치는, 그 행위들이 쉽게 해결될 수 있는 용이함과 정상인들의 행위 빈도 덕분이다. 그러나 그 행위들을 설명하는 데서 거둔 정신분석학의 성공은, 정신분석학이 정상적인 정신생활의 또 다른 현상들에서 얻은 더 많은 성과에 비하면 중요성에서 훨씬 뒤떨어진다. 내가 염두에 두고 있는 것은 〈꿈〉의 해석이다. 꿈의 해석으로 인해 정신분석학은 공인 과학과 대립하게 될 자신의 운명에 첫발을 내딛게 되었다. 의학적인 연구는 꿈이 아무런 의미나 의의가 없는 단순한 신체적인 현상이라고 설명하며, 부분적으로 잠을 깨우는 신체적인 자극에 대한 수면 상태에 빠져 있는 정신 기관의 반작용으로 간주한다. 정신분석학은 꿈의 지위를, 의미와 목적을 지니며 주체의 정신생활에서 하나의 장소를 갖는 정신적인 활동의 지위로까지 격상시킨다. 따라서 그 꿈들의 낯선 성격, 부정합성, 그리고 부조리함을 무시한다. 이러한 관점에서 신체적 자극은 단지 그 꿈의 형성 과정에서 가공되는 소재의 역할을 할 뿐이다. 꿈에 대한 이 두 가지 견해 사이의 중간 지점은 없다. 생리학적 가설에 대립하여 주장하는 것은 그것의 불모성이고, 정신분석학적 가설에 찬성해서 주장할 수 있는 것은 그것이 수많은 꿈을 해석하여 의미를 부여했고 인간 정신을 세밀하게 밝히는 데 꿈들을 사용했다는 사실이다.

나는 1900년에 출판된 한 권의 책에서 꿈-해석이라는 중대한 주제를 다루었고, 거기에서 제기된 이론들이 정신분석학 분야의 거의 모든 작업자의 공헌에 의해 확증되고 확장되는 것을 보는 만족을 누렸다.[6] 꿈-해석이 정신분석학적 작업의 초석이며, 그 성

6 『꿈의 해석』(프로이트 전집 4, 열린책들) 참조. 또한 나의 좀 더 짧은 논문 「꿈에 관하여Über Traum」(1901), 랑크의 「스스로 해석하는 꿈Ein Traum, der sich selbst deutet」(1910), 「꿈-원인의 현실적 성적 활동Aktuelle Sexualregungen als Traumanlässe」(1912), 슈테켈W. Stekel의 『꿈의 언어Die Sprache des Traumes』(1911), 존스의 『중세 미신의 특정 형태와의 관계에서 본 악몽Der Alptraum in seiner Beziehung zu gewissen Formen des mittelalterlichen Aberglaubens』(1912), 질베러H. Silberer의 「확실한 상징적 환각-현시를 밖으로 드러나게 하고 관찰하는 방법에 대한 기고Bericht über eine Methode, gewisse symbolische Halluzinations-Erscheinungen hervorzurufen und zu beobachten」(1909), 「각성의 상징과 일반적인 문지방 상징Symbolik des Erwachens und Schwellensymbokik überhaupt」(1912), 브릴A. A. Brill의 『정신분석: 그 이론과 실제적 적용Psychoanalysis: its Theories and Practical Application』(1912), 메더의 「꿈의 기능에 대하여Über die Funktion des Traumes」(1912), 아브라함K. Abraham의 「유아의 성적 활동으로서의 성적 꿈Das Erleiden sexueller Traumen als Form infantiler Sexualbetätigung」(1907), 페렌치S. Ferenczi

과가 정신분석학이 심리학에 기여한 가장 중요한 공헌이라는 사실은 일반적으로 받아들여지고 있다.

나는 여기서 꿈의 해석에 도달할 수 있게 한 그 기술을 설명할 수도 없고, 정신분석학적인 꿈의 탐구가 이끌어 냈던 결론에 대한 근거를 제시할 수도 없다. 나는 새로운 개념 몇 가지를 발표하고, 나의 발견들을 보고하며, 정상적인 심리학에 대한 그 발견의 중요성을 강조하는 데 그칠 것이다.

따라서 정신분석학은 다음 사실들을 논증한다. 모든 꿈에는 의미가 있다. 꿈의 낯섦은 꿈의 의미를 표현할 때 행해졌던 왜곡 때문이다. 꿈의 부조리함은 고의적이며 비웃음, 조롱, 그리고 모순을 표현한다. 꿈의 부정합성은 꿈의 해석과는 무관한 문제이다. 잠에서 깬 후에 기억하는 꿈을 우리는 〈외현적 내용〉이라고 부른다. 이것을 해석하는 과정에서 우리는 〈잠재적인 꿈-사고 *Traumgedanken*〉에 도달하게 되는데, 잠재적인 꿈-사고는 외현적 내용 배후에 숨어 있으며 그것에 의해 대표된다. 이러한 잠재적인 꿈-사고는 더 이상 낯설거나, 부정합적이거나, 부조리하지 않다. 꿈-사고는 우리의 깨어 있는 사고의 완전히 정당한 구성 요소들이다. 우리는 잠재적인 꿈-사고를 외현적 꿈 내용으로 변형시켰던 그 과정을 〈꿈-작업 *Traumarbeit*〉이라고 부른다. 꿈-사고를 꿈의 내용 속에서 인식할 수 없도록 만드는 왜곡을 야기하는 것이 바로 이 꿈-작업이다.

꿈-작업은 하나의 심리학적 과정이며, 그것은 지금까지 심리학에서 잘 알려지지 않던 것이다. 꿈-작업은 두 가지 주요 방향에서 우리의 관심을 불러일으킨다. 첫째로, 그것은 (관념의) 〈압축〉

의 「꿈의 정신분석Die Psychoanalyse der Träume」(1910), 「조종할 수 있는 꿈에 대하여Über lenkbare Träume」(1911) 등을 참조 — 원주. 프로이트의 『정신분석 강의』 참조.

과 (한 관념에서 다른 관념으로의 정신적인 강조의) 〈전위〉와 같은 새로운 과정들에 주목할 수 있게 한다. 그 과정들은 우리가 깨어 있을 때 전혀 만나 보지 못한 과정이거나, 또는 오직 〈사고의 오류〉라고 알려져 있는 것의 토대로서의 과정들이다. 둘째로, 그것은 우리의 의식적 지각에 감추어져 있던 힘의 작용이 마음속에서 작동하는 것을 추적할 수 있게 해준다. 우리는 우리 안에 〈검열〉, 즉 시험하는 기관이 있다는 것을 발견하는데, 그것은 마음속에 갑자기 나타나는 하나의 관념이 의식에 도달하도록 허용될 것인지를 결정하며, 그것의 능력 안에 있는 한 불쾌감을 생산하거나 재생할지도 모르는 것을 가차 없이 배제한다. 그리고 실수 행위에 대한 우리의 분석에서 발견했던, 불쾌함을 피하려는 것과 동일한 의도의 흔적과 정신적 충동들 사이의 유사한 갈등 흔적을 여기서 상기하게 될 것이다.

꿈-작업에 대한 연구는 심리학의 가장 논쟁적인 문제들에 대해 결정을 내리는 것으로 보이는 정신생활에 대한 관점을 불가피하게 강요한다. 꿈-작업은 우리로 하여금 의식과 연결된 친숙한 활동보다 더 포괄적이고 중요한 〈무의식적인〉 심리 활동의 존재를 가정하게끔 강제한다. (나는 정신분석학의 〈철학적〉 관심을 논의할 때 이 점에 관해서 좀 더 언급하게 될 것이다.) 그것은 정신적 장치를 수많은 상이한 기관 또는 체계로 상세히 분석할 수 있게 하며, 무의식적인 정신 활동의 체계 내에서는 의식에서 지각되는 과정들과는 전혀 다른 종류의 과정들이 작동한다는 사실을 보여 준다.

꿈-작업은 오직 하나의 기능, 즉 잠을 유지하는 기능만을 갖는다. 〈꿈은 잠의 수호자이다.〉 꿈-사고 자체는 가장 다양한 정신적 기능의 목적에 봉사할 수도 있다. 꿈-작업은 꿈-사고로부터 떠오른 소망을 환상적인 방식으로 마치 충족된 것처럼 그려 냄으로써 자신의 과제를 달성한다.

꿈에 대한 정신분석학적 연구는 우리에게 지금까지 짐작되지 않았던 〈심층 심리학〉의 존재에 대한 최초의 통찰을 제공했다고 말해도 좋을 것이다.[7] 정상적인 심리학이 이러한 새로운 발견들과 조화되기 위해서는 근본적인 변화가 그 내부로 도입되어야 할 것이다.

현재 내 논문의 한계 내에서 꿈-해석의 심리학적 관심을 속속들이 규명하는 것은 불가능하다. 내가 지금까지 강조했던 것은, 단지 꿈에는 의미가 있고 꿈은 심리학적 연구의 대상이라는 사실을 명심하자. 그리고 이제는 심리학에 의해 병리학의 영역 내에 부가된 새로운 분야를 고려하면서 계속 나아가자.

꿈과 실수 행위로부터 추론된 심리학적으로 새로운 것들은, 우리가 이러한 것들의 가치를 믿거나 실제로 그 존재를 믿는다면 다른 현상들에 대한 설명으로서 적용할 수 있어야만 한다. 그리고 우리는 사실상 정신분석학이 다음과 같은 사실을 보여 주었다는 것을 안다. 우리가 이러한 정상적인 현상의 연구로부터 도달했던 무의식적인 정신 활동의 가설, 검열과 억압의 가설, 그리고 왜곡과 대체의 가설이 또한 우리에게 수많은 〈병리적인〉 현상을 최초로 이해할 수 있게 해주며, 말하자면 신경증의 심리학적인 모든 수수께끼에 대한 열쇠를 우리 손에 가져다준다는 점이 그것이다. 따라서 꿈은 모든 정신 병리학적인 구조의 정상적인 원형으로 간주된다. 꿈을 이해하는 사람은 누구라도 신경증과 정신병의 정신적 기제를 파악할 수 있다.

---

7 정신분석학은 현재 심리적인 지형학과 해부학적인 성층(成層) 또는 조직학적인 층들 사이의 어떤 관계를 요청하지 않는다 — 원주.

꿈에서부터 출발한 정신분석학의 탐구는 지속적으로 점차 확립되고 있는 신경증 심리학의 구성을 가능하게 했다. 그러나 우리가 여기서 관심을 두고 있는 것 — 정신분석의 〈심리학적〉 관심 — 은 이렇게 멀리까지 미치는 주제의 오직 두 가지 측면만을 좀 더 완전하게 취급하도록 한다. 그 하나는 지금까지는 생리학적인 설명을 필요로 한다고 믿어 왔던 많은 병리 현상이 실제로는 정신적 활동이라는 증명이고, 또 다른 하나는 비정상적인 결과로 이끄는 과정들이 정신적인 동기의 힘에로 소급될 수 있다는 증명이다.

나는 몇몇 사례를 통해 이 첫 번째 논제를 설명하겠다. 히스테리적인 공격은 증가된 감정의 흥분 표지로서 오랫동안 인식되었고, 감정의 폭발과 동일시되었다. 샤르코는 기술(記述)적인 공식에 의해 명백하게 나타난 그것들의 다양한 양상을 감소시키기 위해 시도했고, 피에르 자네는 무의식적인 관념이 그와 같은 공격 배후에서 작동하고 있음을 인식했다. 반면에 정신분석학은 그것들이 장면의 모방적 재현(실제로 경험되든, 아니면 단지 꾸며 내든 간에)이라는 것을 보여 주었다. 환자의 상상은 의식하지 못한 채 그것들에 사로잡혀 있다. 이러한 팬터마임들의 의미는 표현된 행위의 압축과 왜곡에 의해 관찰자에게는 감추어져 있다. 그리고 이것은 히스테리 환자의 〈만성적인〉 증후로서 기술되는 것에도 동일하게 적용된다. 그들 모두는 무의식적으로 그 주체의 정서적인 생활을 지배하고, 비밀과 억압된 소망의 충족이라는 의미를 갖는 환상의 모방적인 재현 또는 환각적인 재현이다. 이러한 증후들의 고통스러운 특징은 내적인 갈등에 기인하며, 이 환자들의 마음은 그와 같은 무의식적인 소망과 싸워야 할 필요성에 의해 그 갈등 속으로 내몰린다.

또 다른 신경증적 장애, 즉 강박 신경증에서 환자들은 가장 사소한 행위들(세수나 옷 입기와 같은)의 습관적인 반복이나 의미 없는 명령을 수행하거나 이해할 수 없는 금지에 복종하는 형식을 취하는, 고통스럽고 겉보기에 아무런 의미 없는 의식(儀式)의 희생물이 된다. 정신분석학이 이런 모든 강박적인 행동, 심지어는 가장 하찮고 사소한 행위조차도 의미를 가지며 그 행동들은 무관한 용어로 번역된 환자의 생활에서 갈등의 반영이며 유혹과 도덕적 제한 사이의 투쟁의 반영이라는 사실을 보여 주는 데 성공했을 때, 그것은 정신분석학 연구의 승리나 다름없었다. 그러한 반영은 금지된 소망 자체의 반영이며, 그 소망이 초래하는 처벌과 보상의 반영이다. 또 다른 형태의 동일한 장애에서 그 희생자는, 그 자체를 그에게 강요하고 감정을 수반하는 괴로운 관념(강박)으로 인해 고통을 겪는다. 그런데 그 감정의 성격과 강도는 종종 상당히 불충분하게 강박 관념 자체에 의해 설명된다. 분석적 탐구는 이 사례에서 그 감정들이 전적으로 정당하다는 것을 보여 주었다. 왜냐하면 그 감정들은 적어도 〈심리학적으로〉 실재하는 어떤 것에 기초를 둔 자기 비난에 상응하기 때문이다. 그러나 이러한 감정들이 결부되어 있는 관념들은 원래의 관념이 아니라, 전위의 과정에 의해 — 억압되어 왔던 것을 대체함으로써 — 현재의 위치로 들어가는 길을 찾았던 것이다. 이러한 전위가 뒤집어질 수 있다면 억압된 관념을 발견하는 길이 열리게 된다. 그리고 감정과 관념 사이의 관계가 완벽하게 적절한 것으로 나타난다.

사실상 치료 불가능한 상태인 조발성 치매(dementia praecox, 이상 정신Paraphrenie 또는 정신 분열증Schizophrenie)라는 또 다른 신경증적 장애에서, 가장 심한 경우 환자는 완전한 무관심의 상태에 놓인다. 종종 그에게 유일하게 남아 있는 행동은 〈정형화된

행동Stereotypien)이라고 불리는 단조롭게 반복되는 어떤 움직임
과 동작이다. 융[8]이 행한 이런 종류의 잔여에 대한 분석적인 탐구
는, 그것들이 완벽하게 의미 있는 모방적 행동들의 잔여이며, 그
모방적 행동은 한때 그 주체의 지배적인 소망을 표현했던 것이라
는 사실을 보여 주었다. 이러한 환자의 가장 미치광이 같은 말과
가장 기괴한 자세와 태도조차 그것들이 정신분석학적 가설의 기
초 위에서 접근한다면 이해될 수 있고, 정신적인 과정들의 계열
속에서 자리를 부여받을 수 있다.

유사한 고려가 다양한 정신병 환자에게서 보이는 망상적인 체
계뿐 아니라 섬망 상태와 환각Halluzination에도 적용된다. 지금까
지 가장 기형적인 변덕만이 오직 우세한 것처럼 보였던 곳에서
정신분석학적 연구는 법칙, 질서, 그리고 연관을 도입했고, 적어
도 분석이 여전히 불완전한 곳에서 그것들의 존재를 추측할 수
있게 해주었다. 정신적 장애의 가장 이종(異種)적인 형태조차 근
본적으로는 동일하고 심리학적인 개념에 의해 이해되고 기술될
수 있는 과정들의 결과로 드러난다. 이미 꿈의 형성에서 발견되
었던 것은 어디서나 작동하고 있다 — 정신적 갈등, 다른 정신적
인 힘에 의해 무의식 속으로 밀려났던 어떤 본능적인 충동의 억
압, 억압적인 힘에 의해 만들어진 반작용의 형성, 그리고 억압되
었지만 그것의 모든 에너지를 빼앗기지 않은 본능에 의해 구성된
대체물, 꿈속에서 우리에게 친숙한 압축과 전위가 수반되는 과정
은 또한 어디서나 그렇게 발견된다. 정신과 의사의 임상에서 관
찰되는 다양한 질환 형태는 두 가지 다른 것, 즉 억압적인 과정의
처분에 달려 있는 정신적 기제의 다양성과, 억압된 충동에 대체
가 되는 구조들 속으로 돌파하기 위한 기회를 주는 발달적인 기

8 C. G. Jung, 『정신 이상의 내용Der Inhalt der Psychose』(1908) 참조.

질의 다양성에 기인한다.

정신분석학은 정신 의학이 지닌 문제들의 거의 절반을 해결하기 위해 심리학으로 향한다. 그럼에도 정신분석이 정신적인 장애에 대한 〈순수하게〉 심리학적인 관점을 선호하거나 목표로 한다고 생각하는 것은 심각한 잘못일 것이다. 정신 의학이 지닌 문제들의 나머지 절반은 정신적 장치에 대한 기질적인 요인들의 영향 (기계적이든, 중독성이든, 전염성이든 간에)과 관련된다는 사실을 정신분석학은 간과할 수 없다. 신경증이라는 이러한 장애 중에서 가장 가벼운 경우조차 정신분석학은 그것의 원인이 순수하게 심리학적이라고 주장하는 것이 아니라 그 병인을, 내가 나중에 언급하겠지만, 정신생활에 대한 의심할 수 없이 기질적인 요인의 영향까지 추적한다.

일반 심리학에 대해 중요한 의미가 있는 세세한 정신분석학적 발견들의 수는 너무 많아서 내가 여기서 일일이 열거할 수 없을 정도이다. 나는 단지 두 가지를 지적할 것이다. 첫 번째는 정신분석학이 정신생활에서의 우위를 정서적인 과정에 돌리는 데 주저하지 않는다는 것이고, 두 번째는 정신분석이 환자들 못지않게 정상인들에게서도 예상치 못한 정도의 정서적인 장애와 지성의 기만을 폭로한다는 것이다.

비심리학적인 과학과 정신분석학

1. 언어학과 정신분석학

〈언어〉에 관해서는, 전문가인 언어학자들에게 정신분석학에 대한 관심을 요청할 때 나는 틀림없이 통상적인 언어 용법을 넘어서게 될 것이다. 왜냐하면 이 절에서는 〈언어〉가 말로 하는 사고의 표현을 뜻할 뿐만 아니라 몸짓의 언어와, 가령 정신적인 활동이 표현될 수 있는 글쓰기와 같은 다른 모든 방법을 포함해야만 하기 때문이다. 사정이 그렇다면, 정신분석학자에 의해 행해지는 해석은 우선 무엇보다도 낯선 표현 방법으로부터 우리에게 친근한 표현 방법으로의 번역이라는 점이 지적될 수 있다. 꿈을 해석할 때 우리는 단순히 특정한 사고 내용(잠재적인 꿈-사고)을 〈꿈의 언어〉로부터 우리의 깨어 있는 언어로 번역하고 있는 것이다. 그렇게 하는 과정에서 우리는 이러한 꿈 언어의 특수성을 배우고, 그것이 일부 고도로 고풍스러운 표현 체계를 이루고 있다는 인상을 얻는다. 따라서 예를 하나 들자면, 꿈의 언어에는 부정적인 것에 대한 특별한 지시가 없다. 대립되는 것들은 꿈의 내용 속에서 서로를 의미하며 동일한 요소에 의해 표현될 수도 있다. 아니면 우리는 그것을 이렇게 말할 수도 있다. 개념들은 여전히 꿈 언어 속에서는 양면적이며, 역사적인 언어의 가장 오래된 뿌리에 대한 언어학자들의 가설처럼 그 자체로 대립적인 의미들 속에서 통일된다.[9]

꿈 언어의 또 다른 놀라운 특징은, 그것이 극도로 빈번하게 상징을 사용한다는 점이다. 이것은 우리가 꿈꾸는 사람 개개인의 연상과는 무관하게 꿈의 내용을 어느 정도 번역할 수 있게 해준다. 우리의 연구는 이러한 상징들의 본질적인 성격을 아직 충분히 밝혀내지 못했다. 그것들은 부분적으로 명백히 유사한 것들에 근거를 둔 대체물이고 유추이다. 그러나 몇몇 이러한 상징에서 추측컨대, 현존하는 공통항은 우리의 의식적인 지식을 벗어난다. 특히 이런 후자의 부류는 아마도 언어적인 발달과 개념적인 구성의 최초 국면에서 유래했음에 틀림없을 것이다. 꿈에서 직접적으로 표현되는 대신에 상징적으로 표현되는 것은 무엇보다도 성적인 기관과 성적인 행동이다. 웁살라의 언어학자인 한스 슈페르버는 최근에, 원래 성적인 행동을 나타냈던 낱말들이 이러한 종류의 유추에 근거해 그 의미에 있어서 매우 멀리까지 미치는 변화를 겪었다는 사실을 입증하려고 시도했다.[10]

꿈속에서 표현의 의미는 주로 시각적인 상(像)이지 단어들이 아니라는 것을 반성한다면, 우리는 꿈을 글쓰기 체계와 비교하는 것이 언어와 비교하는 것보다 훨씬 더 적절함을 알게 될 것이다. 사실상 꿈의 해석은 이집트의 상형 문자와 같은 고대 문자를 해

---

9   최초 낱말의 대립적인 의미에 관해서는 아벨K. Abel의 『원시 언어의 반대 의미에 관하여Über den Gegensinn der Urworte』(1884)와 그의 논문에 관한 내 비평(「원시 언어의 반대 의미에 관하여」, 1910)을 참조 — 원주.
10   Hans Sperber, 「언어의 기원과 발전에 미치는 성적 동기의 영향에 대하여 Über den Einfluß sexueller Momente auf Entstehung und Entwicklung der Sprache」(1912) 참조 — 원주.

독하는 것과 전적으로 유사하다. 꿈과 상형 문자 모두에는 해석되려고(경우에 따라서는 읽혀지려고) 의도된 것이 아니라 〈결정 요소〉로서 기여하기 위해, 즉 어떤 다른 요소의 의미를 확립하기 위해 고안되었을 뿐인 요소들이 있다. 꿈의 다양한 요소의 모호성은 이러한 고대의 쓰기 체계에서 유사한 것을 찾는다. 그리고 두 사례 모두에서 맥락으로부터 보충되어야만 하는 다양한 관계의 생략 역시 마찬가지이다. 꿈에서의 표현 방법에 대한 이러한 견해가 아직까지 더 상세한 설명을 이끌어 내지 못한다면, 이것은 쉽사리 이해되겠지만 언어학자가 꿈에 의해 제시된 것과 같은 문제에 접근하는 태도와 지식에 대해 정신분석학자들이 전적으로 무지하다는 사실에 원인을 돌릴 수밖에 없다.

　꿈의 언어는 무의식적인 정신 활동이 그 자신을 표현하는 방법으로서 간주될 수도 있다. 그러나 무의식적인 것은 하나의 방언*Dialekt* 그 이상을 말한다. 다양한 형태의 신경증을 결정짓고 구별짓는 상이한 심리학적 조건들에 따라서, 우리는 무의식적인 정신적 충동이 표현되는 방식에서의 규칙적인 변형을 발견한다. 히스테리의 몸짓 언어가 대체로 꿈과 환상 등의 그림 언어와 일치하는 반면에, 강박 신경증과 이상 정신(조발성 치매와 편집증*Paranoia*)의 사고 언어는 수많은 사례에서 우리가 이해하고 서로 관계 지을 수 있었던 특별한 관용적인 특성을 보여 준다. 예를 들어 히스테리 환자가 토하는 행위로 표현하는 것을 강박증 환자는 감염에 대한 꼼꼼한 예방 조치를 통해 표현할 것이고, 반면에 이상 정신 환자는 그가 독살되고 있다는 불만이나 의심을 하게 될 것이다. 이러한 것들은 모두 무의식 속에 억압되어 왔던 임신하고 싶은 환자의 소망이나 그러한 소망에 대한 방어적인 반응의 상이한 표현들이다.

2. 철학과 정신분석학

철학이 심리학에 근거하여 형성되는 한, 심리학에 대한 정신분
석학의 공헌들을 충분히 고려하고, 전문화된 과학들의 모든 상당
한 진보에 대해서와 마찬가지로 우리 지식이 이렇게 풍부해진 것
에 반응함을 회피할 수 없을 것이다. 특히 무의식적인 정신 활동
의 가설을 세우려면 철학은 반드시 이런저런 방법을 결정하지 않
을 수 없다. 그리고 철학이 육체와 정신의 관계에 대해 자신의 관
점을 변경하여, 그 견해를 새로운 지식에 합치되도록 하기 위해
서 그 관념을 받아들인다면 말이다. 철학이 반복적으로 무의식의
문제를 다루어 왔지만, 예외적인 몇 가지 경우를 제외하면 철학
자들은 다음과 같은 두 입장 중 어느 하나를 취했다는 것도 사실
이다. 그들에게 무의식은 신비적인 것, 정신과의 관계가 불투명
하게 남아 있는 불가해하고 증명 불가능한 것이었다. 아니면 그
들은 정신적인 것과 의식적인 것을 동일시했고, 무의식적인 것은
정신적인 것일 수 없다거나 심리학의 주제가 될 수 없다는 규정
으로부터 추론을 계속해 나갔다. 이러한 견해들은 철학자들이 무
의식적인 정신 활동의 현상들을 잘 알지 못하고, 따라서 무의식
적인 현상이 의식적인 현상과 얼마나 다른지에 대해, 또는 무의
식적인 현상이 의식적인 현상과 상이한 측면들에 대해 아무런 의
혹도 갖지 않은 채 무의식을 판단했다는 사실에 기인한 것이다.
만약 그 지식을 갖고 있는 어떤 사람이, 그럼에도 불구하고 의식
적인 것과 정신적인 것을 동일시하고 무의식적인 것에서 정신적
인 것의 성질을 부정한다면, 그런 구별이 무용하다는 점 이외에
아무런 반론도 내릴 수 없다. 왜냐하면 의식적인 것과 아주 많은
공통점을 갖고 있는 무의식적인 것이 의식적인 것과 맺는 관계의

방향으로부터 접근된다면, 무의식을 기술하고 그 발달을 추적하는 것은 용이하기 때문이다. 반면에 정신적인 사건들의 방향에서 무의식에 접근할 가능성은 여전히 없어 보인다. 그래서 심리학적인 연구를 위한 문제가 남아 있을 수밖에 없다.

그러나 철학이 정신분석학으로부터 자극을 이끌어 낼 수 있는 또 다른 방법이 있다. 그리고 그것은 그 자체만으로도 정신분석학적 연구의 주제가 된다. 철학적인 이론과 체계들은 소수의 놀라운 개인들의 작업이었다. 다른 어떤 과학에서도 과학자의 인격이 철학에서만큼 커다란 역할을 하지 않는다. 그리고 이제 처음으로 정신분석학 덕분에 우리는 인격의 〈심지학(心誌學)〉을 구성할 수 있다(이하 사회학과 관련된 절을 보라). 정신분석학은 각각의 개인 속에 존재하고 있다고 추정되는 감정적인 단위들 — 본능에 의존하는 복합체들 — 을 인식하도록 가르쳐 준다. 그리고 그것은 이러한 본능적인 힘으로부터 떠오르는 변형들과 최종 산물들에 대한 연구로 우리를 이끌어 준다. 정신분석학은 한 개인의 재능에 힘입어 그에게 열려 있는 업적들에 대한 그의 구성적인 성향과 삶의 사건들과의 관련을 드러내 준다. 이 학문은 다소간의 확실성을 갖고서 예술가의 작품으로부터 그 배후에 놓여 있는 내밀한 인격을 추정할 수 있다. 동일한 방식으로 정신분석학은 불편부당한 논리적인 작업에서 명시적으로 나타났던 철학 이론들의 배후에 있는 주관적이고 개인적인 동기를 지적할 수 있으며, 그 체계의 약점에 비판자의 주의를 끌어모을 수가 있다. 그러나 그와 같은 비판 자체를 수행하는 것이 정신분석학의 일은 아니다. 왜냐하면 그렇게 상상할 수도 있겠지만, 이론이 심리학적으로 결정된다는 사실은 적어도 그 이론의 과학적 진리를 부당하게 하지는 않기 때문이다.

3. 생물학과 정신분석학

   (다른 새로운 과학들처럼) 지식의 진보에 관심이 있는 사람들로부터 격려 어린 공감의 환영을 받는 것이 정신분석학의 운명은 아니었다. 정신분석학은 오랫동안 외면당했고, 마침내 더 이상 무시당할 수 없게 되었을 때, 몇 가지 감정적인 이유로 인해 정신분석학에 친숙해지기 위해 아무런 수고도 하지 않았던 사람들로부터 가장 격렬한 공격 대상이 되었다. 이런 비우호적인 대접을 받게 된 이유는 한 가지다. 초기 연구 단계에서 정신분석학은 신경 질환이 성 기능 장애의 표출이라고 결론짓게 되었고, 따라서 그 기능 — 너무나 오랫동안 무시되어 왔던 — 에 대한 탐구에 주의를 기울이게 되었기 때문이다. 그러나 과학적 판단이 감정적 태도에 영향받아서는 안 된다는 규칙을 존중하는 사람이라면, 바로 이러한 탐구 때문에 정신분석학에 상당한 정도의 생물학적 관심을 기울일 것이고, 정신분석학에 대한 저항을 그 주장의 올바름을 증명하는 실질적인 증거로 간주할 것이다.

   정신분석학은 정신생활과 실제 생활에서 그 중요성에 대해 세부적으로 검토함으로써 인간의 성 기능을 정당하게 다루었다. 성기능의 중요성은 많은 창조적인 작가들과 몇몇 철학자들에 의해 강조되었지만, 결코 과학에 의해서는 인정된 적이 없었다.[11] 그러나 최초로 성에 관해 부당하게 제한된 개념을 확장하는 것이 필요했으며, 그 확장은 소위 도착(倒錯, Perversion)에서 나타나는 성욕의 확장과 아이들의 행동과 관련해서 정당화되었다. 유아기가 성(性)과는 무관하며 사춘기가 되어서야 성적인 충동이 갑작스럽게 유입된다는 주장은 더 이상 유지할 수 없는 것으로 판명

   11 「성욕에 관한 세 편의 에세이」(프로이트 전집 7, 열린책들) 참조.

되었다. 반대로 일단 편파성과 편견의 눈가리개가 제거되자, 성적인 관심과 행동이 거의 모든 연령의 어린아이에게 시초부터 존재한다는 것을 관찰하는 데는 아무런 어려움이 없었다. 우리가 모든 곳에서 유아기 성욕과 어린아이의 성과 무관한 행동 사이에 분명한 선을 그을 수 없다는 사실이 유아기 성욕의 중요성을 손상시키지는 않는다. 그러나 유아기 성욕은 성인의 〈정상적인〉 성욕이라 불리는 것과는 다르다. 유아기 성욕은 이후의 삶에서 도착으로서 정상적인 성생활과 날카롭게 대비되며, 그 자체로서 파악 불가능하고 방탕한 것으로 보일 수밖에 없는 모든 성적인 행위의 맹아들을 포함한다. 성인의 정상적인 성욕은, 좀처럼 이상적으로 완벽하게 성취되지 않는, 따라서 질환의 형태로 기능이 퇴화될 소질을 남겨 두는 일련의 발전, 결합, 분리, 그리고 억압에 의해 유아기의 성욕에서부터 출현한다.

유아기의 성욕은 생물학적 관점에서 볼 때 중요한 두 가지 다른 특징을 보여 준다. 그런데 이 구성 본능들은 신체의 특정한 영역들(〈성감대〉)과 결부되어 있는 것으로 보이며, 그 일부는 처음부터 대립되는 쌍 — 능동적인 목표와 수동적인 목표를 가진 본능들 — 으로 출현한다. 이후의 삶에서 사랑받는 것은 단지 그 대상의 성기뿐 아니라 그의 신체 전부인 것처럼, 시초부터 성적인 흥분의 자리가 되고 성적인 쾌락을 가진 적절한 자극에 반응하는 것은 단지 생식기만이 아니라 그 밖의 많은 부분이다. 이 사실은 유아기 성욕의 두 번째 특징과 밀접하게 연결된다. 즉 처음부터 그것은 영양 섭취와 배설이라는 자기 보존적인 기능들에, 그리고 아마도 근육의 흥분과 감각의 활동이라는 기능들에 결부되어 있다.

우리가 정신분석학의 도움으로 성인의 성욕을 검토한다면, 그리고 그렇게 얻어진 지식에 비추어 어린아이들의 삶을 고려한다면, 우리는 성욕이 단순히 재생산의 목적에 봉사하는 기능, 소화, 호흡 등에 봉사하는 기능만이 아니라는 것을 알게 된다. 그것은 훨씬 더 독립적이다. 그것은 개인의 다른 모든 활동과 대조를 이루며, 오직 수많은 제한의 부과를 포함하는 발전의 복잡한 과정 이후에 개인의 경제와 연합하도록 강요받을 뿐이다. 이러한 성적인 충동의 관심이 개인의 자기 보존과 일치하지 못하는, 이론적으로는 상당히 생각해 볼 만한 경우들은 신경증 환자들에 의해 실제로 제시되는 것으로 보인다. 왜냐하면 신경증의 성질에 관해 정신분석학이 도달한 최종적인 공식은 다음과 같기 때문이다. 신경증으로 이끄는 주요한 갈등은 성적인 본능과 자아를 유지하는 본능 사이의 갈등이다. 신경증은 성욕을 억압하려는 자아의 시도가 실패한 후에 성욕이 다소간 부분적으로 자아를 압도한다는 것을 보여 준다.

우리는 정신분석 작업 동안에 생물학적인 고려를 멀리하고, 어떤 발견을 위한 수단으로 그것을 사용하는 것도 삼가는 게 필요함을 알았다. 이것은 우리 앞의 정신분석학적 사실들을 공정하게 판단함에 있어서 오도되지 않도록 하기 위해서이다. 그러나 우리가 정신분석 작업을 완료한 후에는 생물학과의 접촉점을 찾아야만 할 것이다. 그리고 우리는 그 접촉이 이미 어느 중요한 점이나 또 다른 점에서 확인되었다면 당연히 기뻐하게 될 것이다. 우리가 신경증의 원인으로 추적할 수밖에 없었던 자아 본능과 성적 본능 간의 대립은, 개인의 보존에 봉사하는 본능과 종의 생존에 봉사하는 본능 간의 대립으로서 생물학적인 분야로 옮겨진다. 생물학에서 우리는 연속적으로 발전하는 기관들처럼 각각의 소멸해 가는 개인들이 매달려 있는 불사의 생식질(生殖質, *Keimplasmas*)에 대한 더 포괄적인 생각에 다다른다. 이러한 생각을 통해서만 생리학과 심리학에서 성적 본능의 힘의 역할을 우리는 올바르게 이해할 수 있다.

생물학적인 용어와 관점이 정신분석 작업을 지배하지 않도록 하려는 모든 노력에도 불구하고, 우리는 우리가 연구하는 현상들을 기술할 때조차 그 용어들을 사용하지 않을 수 없다. 우리는 심리학 분야와 생물학 분야 사이의 경계에 있는 개념으로서 〈본능 Trieb〉이라는 용어를 고려하지 않을 수 없다. 우리는 또한 엄격히 말해서, 성적인 차이가 어떤 특별한 정신적 성격 규정을 주장할 수 없음에도 불구하고 〈남성의männlich〉 정신적인 속성과 충동 및 〈여성의weiblich〉 정신적인 속성과 충동에 대해 말한다. 일상생활에서 우리가 〈남성적〉 또는 〈여성적〉이라고 말하는 것은, 그 자체를 심리학적인 관점으로부터 〈능동성〉과 〈수동성〉이라는 성질로 환원하는 것이다. 즉 본능 자체에 의해 결정되지 않고 오히려 본능의 목표에 의해 결정되는 성질로 환원하는 것이다. 정신생활에서 이러한 〈능동적〉 본능과 〈수동적〉 본능의 규칙적인 결합은 개인의 양성 소질Bisexualität을 반영하며, 이것은 정신분석학의 임상적인 전제에 속한다.

나는 이러한 약간의 언급을 통해, 정신분석학이 생물학과 심리학 사이에서 매개자로 작용하는 많은 측면에 주의를 기울이도록 했다면 만족할 것이다.

4. 발달 과정 연구와 정신분석학

심리학적 현상들에 대한 모든 분석이 정신분석학의 이름에 걸맞는 것은 아니다. 정신분석학은 단지 혼성적인 현상들을 더 단순한 현상으로 분석하는 것 이상을 의미한다. 정신분석학은 하나의 정신적 구조를 시간적으로 그보다 선행하고, 그 구조가 발전되어 나온 또 다른 구조로 추적해 들어가는 데 있다. 의학적인 정신분석의 절차는 증후의 기원과 발전을 추적할 때까지는 그 증후를 제거할 수 없었다. 따라서 처음부터 정신분석학은 발전적인 과정을 추적하는 데로 향해 있었다. 정신분석학은 신경증적 증후의 발생을 발견해 냄으로써 시작되었고, 시간이 흐름에 따라 그 밖의 정신적인 구조들에 주의를 기울이고 그에 적용할 발생적 심리학을 구성하는 쪽으로 나아갔다.

정신분석학은 성인의 정신생활을 어린아이의 정신생활로부터 이끌어 내지 않을 수 없었으며, 어린아이는 어른의 아버지라는 옛말을 진지하게 받아들여야만 했다. 정신분석학은 유아기의 정신과 성인의 정신 사이의 연속성을 추적했고, 또한 그 과정 속에서 일어나는 변형들과 재배치를 주목했다. 우리들 대부분에게 유아기의 처음 몇 년에 걸친 기억에는 틈이 있으며, 유아기에 대해서는 단지 약간의 단편적인 기억들만이 남아 있을 뿐이다. 정신분석학은 이러한 틈을 메웠고, 사람들의 유아기 건망증을 없앴다고 말할 수도 있다.

몇 가지 주목할 만한 발견이 유아기의 정신에 대한 이러한 분석 과정에서 이루어졌다. 따라서 종종 이미 의심되어 왔던 것, 즉 이후의 전체 발달 과정에서 유아기의(특히 유아기의 초기 몇 년 동안의) 인상들이 어떤 비상한 의미를 갖는가 하는 것이 확증될 수 있었다. 이를 통해 우리는 심리학적 역설 — 정신분석학자들에게만은 결코 역설이 아니다 — 에 직면하게 되었다. 이렇게 가장 의미심장한 인상들이 몇 년이 지난 후에는 기억 속에 유지되고 있지 않다는 것이다. 정신분석학은 성생활에서 이러한 최초 경험들의 결정적이고 파괴할 수 없는 성격을 가장 분명하게 확립할 수 있었다. 〈첫사랑은 잊지 못한다 On revient toujours à ses premiers amours〉라는 말은 냉정한 진리다. 성인의 성생활과 관련된 많은 수수께끼는 사랑에서의 유아기적 요인에 강조점을 두는 경우에만 해결될 수 있다. 개인이 유아기 동안 겪은 최초의 경험은 우연히 일어날 뿐만 아니라 그의 타고난 또는 구성 본능적 기질의 최초 활동에 대응한다는 고찰을 통해, 그 요인들의 영향에 대해 이론적으로 밝혀진다.

훨씬 더 놀라운 또 다른 발견은 성인에게 나타나는 이후의 발달에도 불구하고 유아기의 정신적 형성물들 중 어느 것도 사라지지 않는다는 사실이었다. 유아기의 모든 소망, 본능적 충동, 반응 방식과 태도는 여전히 성년기에도 증명할 수 있을 정도로 현존하며, 적절한 환경 속에서는 다시 한번 나타날 수 있다. 정신분석학적 심리학이 채택할 수밖에 없었던 공간적인 기술 방식을 사용하자면, 그것들은 파괴되는 것이 아니라 단지 아래에 깔려 있을 뿐이다. 따라서 정신적 과거는 역사적인 과거와는 달리 자신의 파생물들에 의해 흡수되지 않는다는 것이 정신적 과거가 지닌 성격의 일부이다. 그것은 선행했던 것과 나란히 (현실적으로든 잠재적으로든 간에) 존속한다. 이 주장의 근거는 정상인의 꿈이 그들의 어린 시절 성격을 매일 밤 재생시키고, 그들의 전체 정신생활을 유아기의 수준으로 되돌아가게 한다는 사실에 놓여 있다. 이러한 정신적 유치증(幼稚症, Infantilismus, 〈퇴행〉)으로의 동일한 회귀는 신경증과 정신병에서 나타나는데, 그것의 특징은 대부분 정신적 의고주의(擬古主義)로서 기술될 수도 있다. 유아기의 잔재물이 여전히 정신 속에 현재하고 있는 강도(強度)를 통해 우리는 질환 기질의 정도를 보며, 따라서 그 기질은 발달 억제의 표현으로 간주될 수도 있다. 유아적으로 남아 있으면서 소용없는 것으로 억압된 것은, 한 사람의 정신적 소재에서 그의 무의식의 핵심을 형성한다. 그리고 우리는 환자의 생활사 속에서 이후 고도의 정신적 구조가 현실 생활의 어려움을 극복하지 못할 경우, 억압하는 힘에 의해 억제된 이러한 무의식이 어떻게 활동할 기회를 기다리고 있고 그 기회를 이용하는지를 추적할 수 있다.

지난 몇 년간 정신분석학의 저자들[12]은 〈개체 발생은 계통 발생의 반복이다〉라는 원리가 정신생활에도 적용 가능해야만 한다는 것을 인식하게 되었으며, 이로부터 정신분석학적 관심의 새로운 확장이 일어났다.

5. 문명사와 정신분석학

개인의 유아기를 민족 초기의 역사와 비교하는 것은, 비록 그 연구가 거의 시작에 불과하기는 하지만 이미 여러 방향에서 효과적임이 입증되었다. 이와 관련하여 정신분석학적인 사고방식은 연구의 새로운 수단처럼 작용한다. 정신분석학의 전제들을 사회심리학에 적용함으로써 우리는 새로운 문제를 제기할 수도 있고, 오래된 문제를 새로운 측면에서 보고 그 문제를 해결하는 데 기여할 수도 있다.

우선 꿈에서 이끌어 낸 정신분석학적 관점을 신화와 동화 같은 민족적인 상상의 산물에 적용하는 것은 상당히 가능성이 있어 보인다.[13] 그와 같은 형성물들을 해석해야 할 필요성은 오래전부터

---

12 아브라함, 슈필라인Spielrein, 융 등 — 원주.

13 아브라함의 『꿈과 신화: 민족 심리학의 연구*Trauma und Mythus: eine Studie zur Völkerpsychologie*』(1909), 랑크의 『영웅 탄생의 신화*Der Mythus von der Geburt des Helden*』(1909)와 『로엔그린 전설*Die Lohengrinsage*』(1911), 그리고 융의 「리비도의 변화와 상

인식되어 왔다. 어떤 〈비밀스러운 의미〉가 그것들의 배후에 있지 않은가 의심되었고, 그 의미가 변화와 변형에 의해 은폐되고 있다고 추측되어 왔다. 꿈과 신경증에 대한 정신분석적 연구는 이와 같은 왜곡을 지배했던 기술적인 과정의 추측이 가능하도록 필수적인 경험을 제공했다. 그러나 수많은 사례에서 정신분석학은 또한 신화의 원래 의미의 이러한 변형을 이끌었던 숨겨진 동기를 폭로할 수 있다. 정신분석학은 자연 현상에 대한 설명을 찾아내거나 알 수 없는 것이 되어 버린 제식 규정과 용법을 해명하려는 이론적인 갈망을 신화 구성에 대한 첫 번째 충동으로 수용할 수 없다. 정신분석학은 동일한 정신적 〈복합체〉 속에서, 동일한 감정적 성향 속에서 그 충동을 찾는데, 그것들은 정신분석학이 꿈과 증후의 토대 위에서 발견했던 것이다.

그것의 관점, 전제, 발견들을 유사하게 적용함으로써 정신분석학은 우리의 거대한 문화적인 제도들의 근원인 종교, 도덕, 정의, 그리고 철학에 빛을 던질 수 있었다.[14] 이런 종류의 창조에 대한 동기를 제공할 수 있었던 원시적인 심리학적 상황을 검토함으로써, 정신분석학은 너무도 피상적인 심리학에 근거한 어떤 설명들을 거부하고 그것들을 더 날카로운 통찰에 의해 대체할 수 있게 되었다.

정신분석학은 개인과 사회의 정신적인 업적들 간의 긴밀한 연관을, 그 둘 모두의 동일한 역동적 원천을 요청함으로써 확립되었다. 정신분석학은 정신적 기제의 주요한 기능이, 자신의 욕구에 의해 자기 자신 속에 생겨난 긴장으로부터 개인을 구제해 주

징Wandlungen und Symbole der Libido」(1911~1912)을 참조 — 원주.

14   이러한 방향의 몇몇 최초의 시도에 대해서는 앞에서 언급한 융의 책과 「토템과 터부」(프로이트 전집 13, 열린책들)를 참조 — 원주.

는 것이라는 기본적인 생각에서 출발한다. 이러한 과제의 한 부분은 외부 세계로부터 만족을 추출해 냄으로써 달성될 수 있으며, 이러한 목적을 위해 현실 세계에 대한 통제력을 갖는 것이 필수적이다. 그러나 이러한 욕구들의 또 다른 부분 — 그것들 중에서도 확실한 감정적 충동들 — 의 만족은 현실에 의해 규칙적으로 좌절된다. 만족되지 못한 충동들을 해결할 어떤 다른 수단을 찾아야 하는 두 번째 과제가 이로부터 나온다. 문명사의 전 과정은, 인류가 그들의 충족되지 못한 소망들을 〈속박〉하기 위해 인류에 의해 채택된 다양한 방법을 설명해 주는 것에 불과하다. 그런데 그 소망들은 변화하는 조건(게다가 기술적 진보에 의해 변형된)에 따라서 때로는 우호적으로, 때로는 좌절하면서 현실과 만나게 되었던 것들이다.

원시인들에 대한 연구는 인류가 우선, 자신의 전능에 대한 유치한 믿음에 사로잡혀 있었다는 것을 보여 준다.[15] 따라서 정신적인 형성물들 전체는 이와 같은 전능의 감정을 방해할 수 있는 것은 무엇이든 부정하기 위한 시도로서, 그래서 현실이 더 잘 통제되고 만족의 목적을 위해 사용될 수 있을 때까지 정서적인 생활이 현실에 의해 영향받지 않도록 하기 위한 시도로서 이해될 수 있다. 불쾌함을 피하는 원칙은, 그 원칙이 외부 세계에 적응하기 더 좋은 원칙에 의해 대체될 때까지 인간 행위를 지배한다. 세계에 대한 인간의 통제력이 진보하는 것에 발맞추어 세계관, 즉 우주 전체에 대한 관점의 발전이 이루어진다. 인간은 애니미즘적인 단계로부터 종교적인 단계를 거쳐 과학적인 단계로 상승하면서, 그들 자신의 전능에 대한 원래의 믿음을 점점 더 외면한다. 신화,

---

15 페렌치의 「현실감의 발전 단계Entwicklungsstufen des Wirklichkeitssinnes」 (1913)와 나의 논문 「토템과 터부」 참조 — 원주.

종교, 그리고 도덕은 인간의 소망을 만족시키지 못한 데 대한 보상을 추구하려는 시도로서 이러한 도식 속에 자리매김된다.

개인의 신경 질환에 대한 우리의 지식은 거대한 사회 제도들을 이해하는 데 많은 도움을 주었다. 왜냐하면 신경증 자체는 충족되지 못한 소망들을 보상하는 문제에 대한 〈개인적인〉 해결책을 찾으려는 시도로 판명되는 반면, 제도는 동일한 문제들에 대한 〈사회적〉 해결책을 제공하려고 노력하기 때문이다. 사회적 요인의 후퇴와 성적 요인의 지배는 심리학적 과제의 이러한 신경증의 해결책들을, 그와 같은 중요한 문제들을 설명하는 데 도움을 주는 것을 제외하면 아무런 쓸모가 없는 만화로 만들어 버린다.

6. 미학과 정신분석학

정신분석학은 예술과 예술가와 관련된 어떤 문제들에 대해서는 만족할 만한 설명력을 갖는다. 그러나 그 밖의 것들은 거기에서 완전히 벗어난다. 예술을 실행하는 것에서 정신분석학은 다시 한번 충족되지 못한 소망을 완화하기 위해 의도된 활동을 본다. 우선 창조적인 예술가 자신에게서, 그리고 계속해서 청중과 관중에게서 그것을 본다. 예술가에게 동기를 주는 힘은, 다른 사람들을 신경증으로 몰아가고 사회로 하여금 사회 제도들을 형성하도록 고무했던 것과 동일한 갈등이다. 예술가가 자신의 창조적 능력을 어디에서 이끌어 내는지는 심리학의 문제가 아니다. 예술가의 첫 번째 목표는 자신을 자유롭게 하는 것이다. 그리고 저지된 동일한 욕망으로 인해 고통받는 다른 사람들과 자신의 작품을 교류함으로써, 그는 그들에게 동일한 해방을 제공한다.[16]

16 랑크, 『예술가: 성 심리학의 시작 *Der Künstler: Ansätze zu einer Sexualpsychologie*』

그는 그의 가장 개인적인 소망의 환상이 충족된 것처럼 표현한다. 그러나 그 환상은 자기 내부에 공격적인 것을 완화시키고, 미의 법칙에 복종함으로써 환상의 인격적인 원천을 은폐하며, 쾌락이라는 덤으로 다른 사람들을 매수하는 변형을 겪고 나서야 비로소 예술 작품이 된다. 정신분석학은 예술적 향유의 현저한 부분과 나란히, 잠재적이지만 훨씬 더 영향력 있는 본능의 해방이라는 숨겨진 원천으로부터 이끌어 낸 또 다른 것을 지적하는 데 아무런 어려움이 없다. 예술가의 어린 시절의 인상과 그의 삶의 역사를 한편으로 하고, 그 인상들에 대한 반응으로서 그의 작품들을 다른 한편으로 하는 양자 사이의 연관은, 분석적인 검토의 가장 매력적인 주제들 중 하나이다.[17]

왜냐하면 예술적 창조와 감상에 대한 나머지 대부분의 문제들은 더 많은 연구를 기다리고 있기 때문이며, 그러한 연구는 그 문제들에 분석적 지식의 빛을 던져 줄 것이고, 인간의 소망에 대한 보상에 의해 제시된 복잡한 구조 속에서 자신의 위치를 갖게 해 줄 것이다. 예술은 예술적인 환상 덕분에 상징과 대체물이 실제의 감정을 불러일으킬 수 있는 관습적으로 수용된 현실이다. 따라서 예술은 소망을 좌절시키는 현실과 소망을 충족시키는 상상의 세계 사이에서 중간 지대를 이룬다. 그 영역은 말하자면, 전능에 대한 원시인의 갈망이 여전히 위력을 발휘하고 있는 영역이다.

(1907) 참조 — 원주.

17 랑크, 『시와 전설에 나타난 근친상간 모티프 *Das Inzest-Motiv in Dichtung und Sage*』(1912) 참조. 또한 미학적 문제들에 대한 정신분석학의 적용에 대해서는 나의 『농담과 무의식의 관계』(프로이트 전집 6, 열린책들) 참조 — 원주. 또한 「레오나르도 다빈치의 유년의 기억」과 「미켈란젤로의 모세상」(프로이트 전집 14, 열린책들) 참조.

7. 사회학과 정신분석학

정신분석학이 개인의 정신을 주제로 삼아 왔다는 것은 사실이다. 그러나 개인을 연구할 때 사회에 대한 개인 관계의 감정적 기초를 다루는 것은 피할 수 없었다. 정신분석학은 사회적 감정이 불변적으로 에로틱한 요소를 포함한다는 사실을 발견했다. 만약 그 요소가 지나치게 강조되고 따라서 억압될 경우, 특정한 부류의 정신적 장애를 가리키는 것들 중 하나가 된다. 정신분석학은 일반적으로 신경증이 그 본성상 비사회적이라는 사실과, 신경증은 항상 개인을 사회 밖으로 몰아가며 초기의 안전한 수도원적 은둔을 대신해 질환의 고립을 목표로 한다는 사실을 깨달았다. 매우 많은 신경증을 지배하는 강한 죄책감은 신경증적 불안의 사회적 변양(變樣)으로 입증되었다.

다른 한편으로 정신분석학은 신경증의 인과 관계에서 사회적 조건과 요구의 역할을 완전히 증명했다. 자아로부터 작동하는, 본능의 제한과 억압을 야기하는 힘의 근원은 본질적으로 문명의 요구에 순응하는 데 있다. 다른 경우라면 불가피하게 신경증으로 발전될 소질과 일련의 유아기 경험은, 이와 같은 순응이 없는 곳 또는 특정 개인이 속해 있는 사회 집단이 이러한 요구를 하지 않는 곳에서는 그와 같은 결과를 산출하지 않을 것이다. 신경 장애의 증가가 문명의 산물이라는 오래된 주장은 적어도 절반은 진리이다. 젊은 사람들은 교육과 도덕에 의해 문명의 요구와 접촉하게 된다. 그리고 본능의 억압이 이러한 두 요인과는 무관하게 발생할 경우, 역사 이전 원시 시대의 요구가 마침내 조직화되고 그것을 물려받은 인류 자질의 일부가 되었다고 가정하는 것은 그럴듯한 가설이다. 본능의 억압을 자발적으로 일으키는 어린아이는 따라서 문명의 역사 일부를 반복하고 있는 것일 뿐이다. 오늘날의 내적인 억제 행위는, 한때는 순간의 필요에 의해 부과되었을지도 모르는 외적인 행위였다. 마찬가지로 모든 자라나는 개인에게 지금은 문화의 외적인 요구로서 향해 있는 것이 언젠가는 내적인 억압 성향이 될 수도 있다.

8. 교육학과 정신분석학

정신분석학에 대한 교육 이론의 압도적인 관심은 명백해진 하나의 사실에 근거한다. 아동들의 마음속으로 들어가 느낄 수 있는 사람만이 아동을 가르칠 수 있으며, 우리 성인들은 더 이상 우리 자신의 유아기를 이해하지 못하기 때문에 아동을 이해할 수 없다. 우리의 유아기 기억 상실은 우리가 유아기로부터 소원해졌다는 것을 증명한다. 정신분석학은 유아기의 소망들, 사고 구조들, 그리고 발달 과정을 밝혀냈다. 이러한 방향으로 나아가기 이전의 모든 시도는 유아기의 육체적·정신적 표현들에서 더할 나위 없이 중요한 성욕이라는 요인을 간과했기 때문에 지독히도 불완전하고 오류로 가득 차 있었다. 유아기라는 주제에 관한 정신분석학의 가장 확실하게 확립된 발견들 ─ 오이디푸스 콤플렉스, 자기애(또는 〈나르시시즘〉), 도착 성향, 항문 성애, 성적 호기심 ─ 을 접하고 느끼게 되는 회의적인 놀라움은 우리의 정신생활, 가치 판단, 그리고 실제로 사고 과정이 심지어는 정상적인 어린아이의 그것들로부터도 멀어져 있는 간극의 척도이다.

교육자들이 정신분석학의 발견들과 친숙해질 때, 그들이 유아기의 특정한 발달 단계와 화해하기 더 용이해질 것이고, 다른 무엇보다도 어린아이들에게서 나타나는 사회적으로 쓸모없거나 도착적인 본능적 충동의 중요성을 과대평가하는 위험에 빠지지 않을 것이다. 반대로 그들은 이런 종류의 노력이 어린아이들의 불량스러운 놀이를 내버려 두는 대안 — 교육자들이 너무도 두려워하는 — 못지않게 종종 바람직스럽지 못한 결과를 낳는다는 사실을 경험할 때, 그와 같은 충동을 강제로 억제하려는 시도를 삼가게 될 것이다. 외적인 수단에 의해 강한 본능을 강제로 억제하는 것은 어린아이들에게서 이러한 본능을 없애거나 통제하에 두는 효과를 결코 거두지 못한다. 그것은 억압으로 귀결되며, 억압은 이후의 신경증적 질환으로의 경향을 정착시킨다. 정신분석학은 신경증을 발생시키는 데 시기가 적절치 못하고 분별없는 혹독한 교육이 행하는 역할과, 수행 능력과 향유 능력의 상실에서 교육자가 주장하는 정상 상태를 위해 치러야 하는 대가를 관찰할 기회가 자주 있다. 그리고 정신분석학은 또한 이러한 비사회적이고 도착적인 어린아이들의 본능이 억압되는 것이 아니라 〈승화〉라고 알려진 과정에 의해 그 원래의 목표로부터 좀 더 가치 있는 목표로 전환된다면, 그것들이 성격 형성에 얼마나 값진 공헌을 하는지 보여 줄 수 있다. 우리의 최상의 덕목들은 반동 형성 및 승화로서 우리의 최악의 기질로부터 자라 나왔다. 교육은 이처럼 고귀한 행위의 원천을 막지 않도록 조심해야 하며, 이러한 에너지가 안전한 통로를 따라서 이끌려 나오는 과정을 촉진하도록 자신을 제한해야 한다. 우리가 개인의 신경증에 대한 예방법에 관해 기대할 수 있는 모든 것은 정신분석학적으로 계몽된 교육의 손안에 놓여 있다.[18]

---

18 취리히의 목사인 오스카 피스터Oskar Pfister 박사의 저작들을 참조 — 원주. 예를 들면 『정신분석의 방법 Die psychoanalytische Methode』(1913) 같은 책 참조.

이 논문에서 내 목표는 과학적 관심을 가진 대중 앞에 정신분석학의 범위와 내용, 가설, 전제, 그리고 발견들을 설명하는 것이 아니었다. 정신분석학이 관심을 갖는 많은 지식 분야와 그것들 사이에서 정신분석학이 만들기 시작한 수많은 고리를 분명히 했다면, 내 목적은 완전히 성취된 셈이다.

박성수 옮김

정신분석 운동의 역사

정신분석 운동의 역사

Zur Geschichte der psychoanalytischen Bewegung(1914)

1924년 이전의 독일어판에는 〈1914년 2월〉이라는 날짜가 책의 끝머리에 나온다. 이 책은 사실상 그해 1월과 2월에 쓰였을 것으로 생각된다.

아들러A. Adler와 프로이트의 견해 차이는 1910년에 극도로 심해졌고, 약 3년 후에는 융과도 견해 차이가 나타났다. 그러한 의견 차이에도 불구하고, 그들은 오랫동안 자신들의 이론을 〈정신분석학〉으로 표현하기를 고집했다. 이 논문의 목표는 정신분석학의 기본적인 가정과 전제들을 분명하게 언급하고, 아들러와 융의 이론이 그것들과 전적으로 양립 불가능하다는 것을 보여 주며, 만약 이러한 모순되는 일련의 견해들에 모두 똑같은 이름이 주어진다면 일반적인 혼란만 야기할 뿐이라는 결론을 이끌어 내려는 것이었다. 결국 아들러는 자신의 이론에 대해 〈개인 심리학〉이라는 이름을 선택했고, 융은 자신의 이론에 대해 〈분석 심리학〉이라는 이름을 사용했다.

정신분석학의 본질적인 원칙들을 분명하게 드러내기 위해, 프로이트는 분석 이전의 시초로부터 정신분석학의 역사를 더듬었다. 이 논문의 첫 번째 장은 그 자신이 유일한 정신분석학자였던 시기, 즉 대략 1902년까지를 다룬다. 두 번째 장은 1910년까지의 이야기를 다루는데, 그 기간 동안에 정신분석학적 관점이 최초로 좀 더 많은 집단에게 확산되기 시작했다. 세 번째 장에서야 비로소 상이한 관점들, 즉 아들러와 융에 대해 논의하게 되며, 그들의 이론에서 정신분석학의 발견으로부터 벗어난 근본적인 측면들을 지적한다.

　이 논문은 1914년 『정신분석 연보 *Jahrbuch der Psychoanlayse*』 제6권에 처음 실렸으며, 『신경증에 관한 논문집 *Sammlung kleiner Schriften zuer Neurosenlehre*』 제4권(1918)에도 실렸다. 그 후 1924년 국제 정신분석 출판사에서 출간되었으며, 『저작집』 제6권(1946)에도 실렸다.

　영어 번역본은 "The History of the Psychoanalytic Move-ment"라는 제목으로 브릴에 의해 번역되어 『정신분석 평론』 제3권(1916)에 실렸다. 1917년에는 Nervous & Mental Disease Publishing Co.에서 출간되었고, 1938년에는 『지크문트 프로이트의 기본 저작집 *The Basic Writings of Sigmund Freud*』에 실리기도 했다. 또 "On the History of the Psycho-Analytic Movement"라는 제목으로 리비어 Joan Riviere에 의해 번역되어 『논문집 *Collected Papers*』 제1권(1924)과 『표준판 전집』 제14권(1957)에도 실렸다.

1

흔들리지만 침몰하지 않는다.
— 파리시의 문장(紋章)에서.[1]

내가 여기서 제안하는 정신분석 운동의 역사에 대한 공헌의 주
관적인 성격에 아무도 놀랄 필요가 없으며, 내가 그 속에서 한 역
할에 대해 의아해할 필요도 없다. 왜냐하면 정신분석학은 나의
창조물이기 때문이다. 10년 동안 나는 정신분석학과 관련된 유일
한 사람이었고, 그 새로운 현상이 내 동시대인들을 자극함으로써
야기되었던 그 모든 불평은 나를 정면으로 겨냥한 비판의 형태로
쏟아졌다. 내가 유일한 정신분석학자였던 때로부터 많은 시간이
흘렀음에도 불구하고, 오늘날까지도 정신분석학이 무엇인지, 그
것이 정신생활을 탐구하는 다른 방식과 어떻게 다른지, 그리고
정확히 무엇을 정신분석학이라 불러야 하고, 무엇이 어떤 다른
이름으로 더 잘 표현될 것인지를 나보다 더 잘 알 수 있는 사람은
아무도 없다고 주장하는 나 자신이 정당하다고 생각한다. 따라서

---

1 *Fluctuat nec mergitur.* 여기서 문장은 배를 나타내며, 〈그것은 파도에 흔들리
만 가라앉지는 않는다〉로 번역될 수 있다. 프로이트는 이 표어를 플리스Fließ와의 서
신 왕래에서 자신의 심경과 관련해 두 번 인용했다.

내게는 냉정한 강탈 행위로 보이는 것을 거부함으로써, 나는 간접적으로 독자들에게 『연보Jahrbuch』의 편집과 체제상의 변화를 가져왔던 사건들에 대해 알려 주고 있는 셈이다.[2]

1909년 한 미국 대학의 강의실에서 나는 정신분석학에 관해 처음으로 대중에게 말할 기회를 가지게 되었다.[3] 그것은 내 작업에 있어서 중요한 기회였고, 이런 생각에 이끌려 그때 나는 정신분석학을 존재할 수 있게 했던 사람은 내가 아니라고 선언했다. 그 공적을 다른 사람, 즉 요제프 브로이어에게 돌렸다. 내가 아직 시험 통과에 몰두해 있던 학생 시절(1880~1882)에 그의 작업이 이루어졌다. 그러나 내가 그 강의를 하고 난 이후, 몇몇 호의적인 친구들은 내가 그 사건에 너무 지나치게 감사를 표현하는 데 대해 의구심을 나타냈다. 그들이 보기에 나는 이전에 내가 늘 하던 그대로 했어야 한다는 것이다. 즉 브로이어의 〈카타르시스 요법〉을 정신분석학의 예비 단계로 취급하고, 내가 최면술을 버리고 자유 연상법을 도입하면서 정신분석학 자체가 시작된 것으로 제시했어야만 한다는 것이다. 정신분석학의 역사가 카타르시스 요법과 더불어 시작된 것으로 여겨지든, 그것을 내가 변형시킴으로써 시작된 것으로 간주되든 간에, 그 문제는 별로 중요하지 않다. 내가 이렇게 흥미롭지 않은 사실을 언급하는 이유는, 단지 정신분석학에 대한 어떤 적대자들이 결국 정신분석학의 기술은 나에 의해 창안된 것이 아니라 브로이어에 의해 창안된 것이라고 때때로 회상하는 습관을 갖고 있기 때문이다. 물론 이러한 일은 그들

2 여기서 연보란 『정신분석과 정신 병리학 연구 연보Jahrbuch für psychoanalytische und psychopathologische Forschungen』를 말한다. 이 연보는 지금까지 블로일러Bleuler와 프로이트의 지도하에 놓여 있었고 융에 의해 편집되었다. 프로이트 자신은 이제 유일한 지도자가 되었고 편집은 아브라함과 히치만Hitschmann에게 맡겨졌다.
3 클라크Clark 대학에서 강연한 나의 『정신분석에 대하여』(1910) 참조.

의 견해가 정신분석학 속에서 주목할 만한 가치가 있는 어떤 것을 발견하도록 해주는 경우에만 일어난다. 만약에 그들이 그와 같은 제한을 설정하지 않고 정신분석학에 대해 거부한다면, 정신분석학은 항상 의문의 여지 없이 나 혼자만의 작업이다. 나는 정신분석학에 대한 브로이어의 위대한 공헌이 그에 상당하는 비판과 모욕을 그에게 가져다주었다는 말을 들은 적이 없다. 반대를 불러일으키고 분노를 자아내는 것이 정신분석학의 불가피한 운명이라는 것을 오래전에 깨달았기 때문에, 나는 내가 정신분석학에서 특별히 특징적인 모든 것의 진정한 창시자일 수밖에 없다는 결론에 도달했다. 이렇게 많은 모욕을 받은 정신분석을 창안하는 데 내 역할을 최소화하려는 노력들 중 그 어느 것도, 브로이어에게서 나온 것이거나 그에게서 어떤 지지를 요구할 수도 없다는 사실을 덧붙일 수 있어서 다행스럽다.

브로이어의 발견들은 매우 자주 서술되었기에, 내가 여기서 상세히 논의하지 않아도 무방할 것이다. 다음과 같은 것들이 근본 사실이다. 히스테리적인 증후는 환자에게 커다란 인상을 주었지만 망각되었던 과거 삶의 장면(외상*Trauma*)에 기초하며, 치료는 이러한 경험들을 최면 상태에서 그들이 기억하고 재생하게 하는 데(카타르시스) 달려 있으며, 이로부터 도출되는 이론의 단편은, 이러한 증후가 아직 해결되지 않은 흥분의 양을 비정상적으로 사용하는 것(전환*Konversion*)을 나타낸다는 것이다. 브로이어가 『히스테리 연구*Studien über Hysterie*』(1895)에 대한 그의 이론적 공헌에서 이러한 전환의 과정을 언급할 때는 언제나, 마치 이론적 평가에 대한 첫 번째 시도에서의 우선성이 내게 속해 있는 것처럼 그 말 다음에 괄호를 치고 내 이름을 덧붙였다.[4] 내가 믿기에 실제

4 여기에는 어떤 실수가 있는 것 같다. 왜냐하면 사실상 브로이어는 〈전환〉이라

로 이러한 구별은 오직 명칭에만 관련되며, 그 생각은 우리에게 동시적으로 함께 나타났다.

   브로이어가 카타르시스 요법을 최초로 발견한 이후 수년 동안 방치했다가, 내가 샤르코 밑에서 공부하고 돌아왔을 때 나에게 자극을 받아 비로소 그것을 다시 끄집어냈다는 것 또한 잘 알려져 있다.[5] 그는 내과 의사로 큰 규모의 의학 실습을 요구받고 있었다. 나는 마지못해 의사라는 직업을 선택했지만, 그 당시 신경 질환으로 고통받는 사람들을 돕거나 적어도 그들의 상태에 관해 무언가를 이해하고 싶은 강한 동기를 갖고 있었다. 나는 물리 치료에 종사했고, 그렇게도 많은 충고와 지침을 제공했던 에르프Erb의 『전기 요법Elektrotherapie』(1882)에 대한 내 연구의 실망스러운 결과 이후 절대적인 무력감을 느꼈다. 나중에 내가 뫼비우스[6]가 확립했던 신경증 환자에 대한 전기 요법의 성공은 암시 효과라는 결론에 독자적으로 도달하지 못했다면, 이와 같이 약속된 성공의 부재만이 비난받을 것이라는 사실은 의심의 여지가 없다. 내가 리에보와 베르넴[7]의 아주 인상적인 증명으로부터 배웠던 깊은 최면 상태 동안의 암시에 의한 치료가, 그때에는 전기 요법의 실패를 만족스럽게 대신해 줄 것으로 보였다. 그러나 브로이어를 통해 내가 친숙해졌던 최면 상태에서 환자를 탐구하는 실습 — 자

는 용어를 열다섯 번 정도 사용하고 있는데, 그중 오직 한 번 프로이트의 이름을 덧붙였기 때문이다. 그 용어가 최초로 출판물에 사용된 것은 1894년의 논문 「방어 신경 정신증Die Abwehr-Neuropsychosen」에서였다.

   5   프로이트는 1885~1886년 겨울 동안 파리의 살페트리에르에서 작업했다.

   6   뫼비우스Paul J. Möbius(1853~1907)는 라이프치히 대학의 신경학 강사였고, 신경 체계 질환 분야의 전문가였다.

   7   리에보Ambroise-Auguste Liébeault(1823~1904)는 암시에 의한 치료법을 의학적으로 응용한 최초의 설립자이며, 그의 제자이자 동료인 베르넴(1840~1919)은 낭시 최면술 학파를 대표했다. 당시 학파는 샤르코의 파리 학파와는 대립되었다. 프로이트는 1889년 낭시에서 수 주일을 보냈다.

동적인 작동 방식을 과학적인 호기심과 결합시켰던 실습 ─ 은, 암시 요법에서 사용되고 모든 연구에 방해가 되는 단조롭고 강제적인 금지 사항들보다 훨씬 매력적일 수밖에 없었다.

우리는 정신분석학의 최근 발전들 중 하나를 제시하고, 현재의 갈등과 질환의 흥미로운 원인을 분석의 전면에 등장시키라는 취지의 조언을 받았다. 지금 이것은 정확하게 브로이어와 내가 카타르시스 요법과 더불어 우리 작업을 시작할 때 행하곤 했던 것이다. 우리는 그 증후가 나타났던 충격적인 장면으로 환자의 주의를 이끌었고, 그 장면에서 정신적 갈등을 발견하자 그 속에 억압된 감정을 해방시키려고 노력했다. 이런 과정 속에서 우리는 정신적인 과정, 즉 내가 이후에 〈퇴행〉이라고 명명했던 신경증의 특징을 발견했다. 환자의 연상 작용은 우리가 해명하려고 노력했던 장면에서부터 초기의 경험으로 후퇴했고, 현재를 교정할 것으로 생각되는 분석이 과거에 몰두하도록 강요했다. 이러한 퇴행은 꾸준히 더욱더 진행되었다. 처음에 그것은 규칙적으로 우리를 사춘기로 데려가는 듯이 보였고, 나중에는 실패와 여전히 설명되지 않는 점들로 인해 분석 작업은 훨씬 더 뒤로 거슬러 올라가서, 지금까지 어떤 종류의 진찰로도 접근할 수 없었던 유아기 시절로까지 나아갔다. 퇴행적인 방향은 분석의 중요한 특징이 되었다. 정신분석학은 현재에 속해 있는 그 어떤 것도 과거의 것을 되짚어 참고하지 않고는 설명할 수 없는 듯 보였다. 실제로 모든 병원적(病原的)인 경험은, 비록 그것 자체가 병원적이지는 않지만 나중의 경험에 병원의 성질을 부여했던 이전의 경험을 함축하는 것처럼 보였다. 그러나 지금까지 알려진 흥미로운 원인에 우리의 주의를 한정시키려는 유혹이 너무 강해서, 이후의 분석들에서조차 나는 그 유혹에 양보하고 말았다. 1899년[8] 내가 도라Dora[9]라고 이름 붙인 환자에 대한 분석을 수행했을 때, 나는 현재의 질환이 발생하는 계기가 되었던 장면에 대한 지식을 얻었다. 나는 이 경험을 분석해 내려고 수없이 노력했지만, 아무리 직접적으로 요구해도 항상 그것에 대한 빈약하고 불완전한 기술 이상의 어떤 것도 그녀에게서 산출해 낼 수 없었다. 그녀의 가장 어린 유아기로 거슬러 올라가는 긴 우회로를 거친 다음에야 비로소 분석에서 그녀에게 지금까지 잊혔던 이 장면의 세부 내용을 기억하게 해주는 꿈이 자신의 모습을 드러냈다. 그래서 현재의 갈등을 파악하고 해결하는 것이 가능해졌다.

이 한 가지 사례는 앞에서 언급된 충고가 얼마나 오도된 것인지, 그리고 우리에게 권장된 분석 기술에서 퇴행을 경시함으로써 어느 정도의 과학적 퇴행이 나타나게 되는지를 보여 준다.

브로이어와 나 자신 사이의 첫 번째 차이점은, 히스테리라는 섬세한 정신적 기제와 관련된 문제에서 분명해졌다. 그는 사람들이 말하듯이, 여전히 어느 정도 생리학적인 이론을 선호했다. 그는 히스테리 환자의 정신 분열을 다양한 정신 상태(우리는 그 당시에 〈의식 상태〉라고 불렀다) 사이의 교류가 없는 것으로 설명하려고 노력했다. 그래서 그는 〈최면 상태〉의 이론을 구성했는데, 최면 상태의 산물은 동화되지 않은 낯선 신체처럼 〈각성 상태〉 속으로 뚫고 들어간다고 가정되었다. 나는 그 문제를 별로 과학적이지 못하다고 여겼다. 어디서나 나는 일상생활의 동기나 경향과 유사한 그것들을 감지했고, 정신적인 분열 자체를 그 당시에는 내가 〈방어〉라고 불렀으며 나중에는 〈억압〉이라고 불렀던 반발 과정의 결과로 파악했다.[10] 처음에 나는 두 개의 기제가

8　이것은 1900년을 잘못 쓴 것이다.
9　「도라의 히스테리 분석」(프로이트 전집 8, 열린책들) 참조.

분리되어 병존하는 상태를 허용하는 일시적인 시도를 했었다. 그러나 나는 항상 한 가지밖에 관찰할 수 없었기에, 얼마 가지 않아서 내 〈방어〉 이론은 그의 〈최면〉 이론과 대립되는 위치에 놓이게 되었다.

그러나 이러한 견해 차이는 직후에 우리의 관계가 벌어지게 된 것과는 무관했음을 나는 확신한다. 불화를 빚게 된 것은 더 깊은 이유가 있었지만, 처음에는 내가 그것을 이해하지 못하는 방식으로 일어났다. 내가 그것을 어떻게 해석해야 할지에 대해 비로소 분명한 암시를 받은 것은 나중의 일이었다. 성욕의 요소가 놀랍도록 발달되지 않았고,[11] 그 경우의 매우 풍부한 병징에도 아무런 기여를 하지 않았던 그의 유명한 첫 번째 환자에 관해 브로이어가 말했다는 사실을 기억할 것이다. 나는 왜 비판가들이, 신경증에서의 성적인 병인(病因)에 관한 내 주장과 대립되는 논증으로 브로이어의 이 단언을 더 자주 인용하지 않았는지 항상 의아스러웠으며, 오늘날에도 나는 그러한 태만을 그들의 재치의 증거로 여겨야 될지 아니면 부주의함의 증거로 여겨야 될지 모르겠다. 지난 20년 동안 획득한 지식에 비추어 지금 브로이어의 사례사를 읽어 본다면, 누구나 즉시 그 속에서 상징성 — 뱀, 몸이 뻣뻣해짐, 팔의 마비 — 을 감지하게 될 것이다. 그리고 그 젊은 여자의 병든 아버지의 머리맡에서 벌어진 상황을 고려할 때, 그녀의 증후에 대한 현실적인 해석을 쉽게 추측하게 될 것이다. 그러므로 그녀의 정신생활에서 성욕이 하는 역할에 대한 그의 견해는 의사의 견해와는 아주 다를 것이다. 브로이어는 그녀의 사례를 다룰

10 「억압, 증상 그리고 불안」(프로이트 전집 10, 열린책들)에서 프로이트는 〈억압〉이 아종(亞種)임을 표시하는 일반 개념을 표현하기 위해 〈방어〉라는 용어를 다시 살렸다.

11 『히스테리 연구』(프로이트 전집 3, 열린책들) 참조.

때 그 환자와의 매우 강력한 암시적인 〈관계〉를 이용할 수 있었는데, 이는 우리가 오늘날 〈전이Übertragung〉라고 부르는 것의 완전한 전형으로서 기여할 수 있다. 브로이어는 그녀의 모든 증후가 완화되고 난 후, 많은 징후로부터 이러한 전이의 성적인 동기를 발견해야 했었다. 그러나 이제 나는 이러한 예상치 못한 현상의 보편적인 성격이 그를 피해 간 결과, 마치 〈불행한 사건〉에 마주친 것처럼 그가 더 이상의 연구를 중지해 버린 것은 아닌지 의심할 만한 강력한 이유를 갖고 있다. 그는 이에 관해 결코 직접적으로 말해 주지는 않았지만, 일어났던 일에 대한 이러한 재구성을 정당화하기에 충분한 근거를 수차례에 걸쳐 내게 말해 주었다. 내가 나중에 점점 더 단호하게 신경증의 병인에서 성욕의 의의를 제기하기 시작했을 때, 그는 혐오와 거부 반응을 보인 최초의 인물이었다. 이런 감정은 내게 나중에는 너무나 익숙한 것이 되었지만, 그 당시에 나는 그것을 내 불가피한 운명으로 인식하고 있지는 못했다.

원하지도 않고 의사나 환자에 의해 권유되지 않았는데도 모든 신경증 치료에서 조잡하게 성적인 형태로 — 애정이 어려 있든 적대적이든 간에 — 전이가 나타난다는 사실이, 내게는 항상 신경증을 추동하는 힘의 원천이 성생활에 있다는 가장 확실한 증거로 보였다. 이러한 논증은 주목을 받아야 마땅함에도 그에 상응하는 어떤 것도 받지 못했다. 만약 주목을 받았다면, 이 분야의 연구에서는 다른 어떤 결론도 나올 수 없을 것이기 때문이었다. 나에 관한 한, 이러한 논증은 분석적인 작업의 더 세부적인 발견들에 덧붙여서 결정적인 것으로 남아 있었다.

신경증의 성적인 병인에 대한 내 주장으로 인해 심지어는 가까운 주변의 친구들한테서조차 나쁜 대접을 받은 데 대해 — 내 인격에 관해 급속도로 형성된 고립 상태에 대해 — 나는 새롭고 독창적인 사상을 위한 싸움을 하고 있다는 생각에 약간의 위안을 얻었다. 그러나 어느 날, 이렇게 즐거운 생각을 방해했지만, 그 대신에 인간의 창조적인 활동 과정과 인간 지식의 본성에 대한 값진 통찰을 주는 어떤 기억들이 머릿속에 모아졌다. 내가 책임을 떠맡고 있는 그 사상은 결코 나와 더불어 시작되지는 않았다. 그것은 내게 깊은 존경심을 불러일으켰던 견해를 가진 세 사람에 의해 내게 전해진 것이었다. 그 세 사람은 브로이어, 샤르코, 그리고 대학의 부인과 의사이자 아마도 빈 의사들 중에서 가장 유명한 크로바크[12]였다. 이 세 사람이 모두, 엄격히 말해서 그들 자신이 갖고 있지 않았던 얼마간의 지식을 내게 전해 주었다. 그들 중두 사람은 후에 내가 그들에게 그 사실을 상기시켜 주었을 때 자신들이 그렇게 했던 것을 부인했다. 세 번째 사람(위대한 샤르코)역시 내가 그를 다시 만나는 것이 허용되었더라면 아마도 똑같은 행동을 했을 것이다. 그러나 내가 이해하지 못하고 들었던 이 세사람의 동일한 견해들은, 어느 날 그것들이 명백히 독창적인 발견의 형태로 깨어날 때까지 수년 동안 내 마음속에서 동면하고 있었던 것이다.[13]

내가 젊은 연수 의사였을 당시, 어느 날 나는 브로이어와 도시를 가로질러 걷고 있었는데, 그때 그에게 급히 말하고 싶어 하는한 남자가 다가왔다. 나는 뒤에 처져 있었다. 브로이어는 그 사람이 가자마자 내게 우호적이고 교육적인 방식으로, 이 남자는 자

---

12   Rudolf Chrobak(1843~1910)은 1880년부터 1908년까지 빈의 부인과 의학교수였다.

13   프로이트는 1908년 4월 1일에 열린 빈 정신분석학회의 모임에서 이것을 언급했다. 눈베르크H. Nunberg와 페더른E. Federn의 『빈 정신분석학회 회의록 *Minutes of the Vienna Psychoanalytic Society*』(1962, 1974) 참조.

기 환자의 남편인데 자신에게 그 환자에 관한 몇 가지 소식을 가져다주었다고 말했다. 그는 여기에 덧붙여, 그 부인은 사람들 앞에서 특이하게 행동했기 때문에 그에게 신경증 환자로서 치료를 위해 보내졌었다고 했다. 〈이것은 항상 《알코브alcôve의 비밀》이다!〉라고 그는 결론지었다. 내가 놀라서 그게 무슨 뜻이냐고 물었더니, 그는 〈알코브〉, 즉 〈부부 생활〉이라는 단어를 설명해 주었다. 그는 자신이 말하는 〈문제〉라는 것이 내게는 얼마나 이상하게 보였는지 깨닫지 못했다.

몇 년 후 한 저녁 연회 자리에서 나는 우연히 그 위대한 샤르코 선생 곁에 서 있게 되었는데, 바로 그때 그는 브루아르델[14]에게 자신의 낮 근무 시간에 일어났던 일에 관해 매우 흥미로운 이야기를 들려주고 있었다. 나는 처음 부분을 거의 듣지 못했지만, 점차 그가 말하는 내용에 사로잡혔다. 그 이야기는 동방의 먼 나라에서 온 젊은 부부에 관한 것이었는데, 여자는 극도로 고통받고 있었고 남자는 성 불능이거나 아주 서툴렀다는 것이었다. 나는 샤르코가 반복해서 다음과 같이 말하는 것을 들었다. 〈계속 시도하세요, 나는 당신이 성공하리라 확신합니다.〉 브루아르델은 목소리를 더 낮추어 말했지만, 그 부인의 증후가 그와 같은 환경에 의해 발생할 수 있었다는 사실에 놀라움을 표현했음에 틀림없었다. 왜냐하면 샤르코가 갑자기 아주 활기차게 이렇게 말했기 때문이다. 〈그러나 이런 종류의 환자에게는 생식기가 문제입니다. 항상, 항상, 항상.〉 그리고 그는 팔을 배 위에 포개어 자신을 끌어안고서 그 특유의 활기를 띠며 아래위로 껑충껑충 뛰었다. 나는

14 P. C. H. Brouardel(1837~1906)은 1879년 파리에서 법의학 교수로 임명되었다. 프로이트는 「파리와 베를린에서의 내 연구에 관한 보고서」(1956)에서 그에게 감사의 말을 전했다.

놀라서 잠시 동안 꼼짝 못 하다가 이렇게 혼잣말했던 것을 기억한다. 〈좋아, 하지만 그가 그것을 알고 있다면 왜 그렇게 말하지 않지?〉 그러나 그 감동은 곧 잊혔다. 뇌 해부와 히스테리적인 마비를 유발하는 실험이 내 모든 관심을 흡수해 버렸다.

1년 후, 나는 신경 질환에 대한 사강사(私講師)로 빈에서 의사 활동을 시작했다. 그리고 신경증의 병인과 관련된 모든 것에 대해, 나는 대학에서 훈련받은 전도유망한 학생에게 사람들이 기대할 수 있는 만큼 여전히 무지하고 순진했다. 어느 날 나는 크로바크에게서, 대학교수라는 새로운 지위 때문에 충분한 시간을 할애할 수 없으니 자신의 여자 환자를 좀 맡아 달라고 부탁하는 우호적인 메시지를 받았다. 나는 그보다 먼저 그 환자의 집에 도착했고, 그 환자가 의미 없는 불안으로 고통받고 있으며, 그녀의 의사가 하루의 매 순간 어디에 있는지에 관해 자세한 정보를 주어야만 진정될 수 있다는 것을 알았다. 크로바크가 도착했을 때 그는 나를 한쪽으로 데리고 가서, 그 환자의 불안의 원인은 그녀가 결혼한 지 18년이 되었는데도 아직까지 숫처녀이기 때문이라고 내게 말해 주었다. 남편은 틀림없이 성불구였다. 그가 말하기를, 그와 같은 사례에서는 이러한 가정의 불행을 그 자신의 명성으로 감추고, 만약 사람들이 어깨를 으쓱하면서 그에 관해 〈그렇게 많은 세월이 지난 후에도 그녀를 치료할 수 없다면 그 사람도 소용없어〉라고 말한다면, 그 말에 대해 참는 것 외에 의사가 할 수 있는 일은 아무것도 없다는 것이었다. 그는 덧붙여 말하기를, 이런 질환에 대한 유일한 처방은 우리에게 충분히 친숙하지만 우리가 그것을 정리할 수는 없다고 했다. 그것은 다음과 같이 쓰여 있었다.

R   Penis normalis

                    dosim

         repetatur!

나는 결코 그런 처방을 들어 본 적이 없었고, 내 친절한 친구의 냉소주의에 머리를 절레절레 흔들고 싶었다.

나는 물론 다른 사람에게 그것에 대한 책임을 지우기 위해 이런 악평이 자자한 사상의 훌륭한 혈통을 밝히지는 않았다. 나는 일시적인 개요의 형태로 한두 번 어떤 사상을 표현하는 것과 그 것을 진지하게 의도하는 것 ─ 그 사상을 문자 그대로 받아들이고 모든 모순적인 세부 사항에 직면해서 그것을 추구하며, 허용된 진리들 가운데 그것의 자리를 획득하는 것 ─ 은 전혀 별개의 문제라는 것을 잘 알고 있다. 그것은 가벼운 연애와 모든 의무와 책임을 가지고 합법적으로 결혼하는 것 사이의 차이이며, 〈하나의 사상과 결혼하는 것 Épouser les idées de……〉은 어쨌든 프랑스어에서는 보기 드문 어법은 아니다.

내 작업의 결과로서 카타르시스 요법에 덧붙여졌고, 그것을 정신분석으로 변형시켰던 다른 새로운 요소들 중에서, 나는 특히 억압과 저항의 이론, 유아 성욕의 인정, 그리고 무의식에 대한 지식의 원천으로서 꿈을 해석하고 이용하는 것을 언급할 수 있다.

억압 이론은 다른 어떤 원천과는 독립적으로 상당히 확실하게 내게 다가왔다. 나는 그것을 내게 암시했을 수도 있는 어떤 외부의 인상에 대해서 알지 못했다. 오토 랑크[15]가 쇼펜하우어 Schopenhauer

────

15   오토 랑크, 「광기에 대한 쇼펜하우어의 견해 Schopenhauer über den Wahnsinn」 (1910) ─ 원주.

의 『의지와 표상으로서의 세계*Welt als Wille und Vorstellung*』— 이 책에서 그 철학자는 광기에 대해 설명하려고 노력한다 — 에서 한 구절을 우리에게 보여 줄 때까지, 나는 오랫동안 그것을 완전히 독창적인 것으로 상상했었다. 그가 거기에서 현실의 비참한 부분을 받아들이는 것에 대항하는 투쟁에 관해 말하는 것은 나의 억압 개념과 완전히 일치하기에, 내가 억압 이론을 발견할 수 있었던 것은 다시 한번 나의 적은 독서량 덕분이라고 하겠다. 그러나 다른 사람들은 그 구절을 읽었고 이러한 발견을 하지 못한 채 지나쳐 버렸다. 그리고 아마도 젊은 시절에 내가 철학 서적들을 읽는 데 더 많은 취미가 있었더라면 똑같은 일이 내게 일어났을 것이다. 수년 후에 나는, 어떤 종류의 예견적인 사상에 의해 정신분석학에서 받아들여지는 인상들을 산출하는 데 구속받지 않으려는 목표를 갖고서 스스로 니체의 작품들을 읽는 매우 큰 즐거움을 거부했다. 그래서 철학자가 직관에 의해 인식했던 그 진리를 고생스러운 정신분석학적인 탐구는 단지 확증만 할 수 있는 많은 사례에서, 나는 우선성에 대한 모든 주장을 삼갈 준비를 해야만 했다.[16]

억압 이론은 정신분석학의 전체 구조를 떠받치고 있는 초석이다. 그것은 정신분석학의 가장 본질적인 부분이다. 그러나 그것은 우리가 최면에 의지하지 않고 신경증 환자의 분석에 착수할 경우, 우리가 즐거워하는 만큼 자주 관찰될 수 있는 현상에 대한 이론적 정식화에 불과하다. 그와 같은 사례들에서 우리는 분석

---

16 프로이트 사상에 대한 예견의 다른 예들은 「분석 기술의 전사(前史)에 관하여 Zur Vorgeschichte der analytischen Technik」(1920)에서 프로이트에 의해 논의된다. 프로이트가 〈억압〉이라는 용어를 간접적으로 19세기 초의 철학자 헤르바르트Herbart로부터 이끌어 냈을 가능성은 존스가 『지크문트 프로이트: 삶과 업적』(1953~1957)에서 논의했다.

작업에 반대하고 그것을 좌절시키기 위해 기억의 실패를 내세우는 저항에 직면한다. 최면을 사용하면 이러한 저항이 은폐될 수밖에 없다. 그러므로 본래적인 정신분석학의 역사는 최면을 사용하지 않는 새로운 기술과 더불어 비로소 시작된다. 이러한 저항은 망각과 일치한다는 사실을 이론적으로 고찰하면, 불가피하게 무의식에 관한 철학적인 사변과는 명백히 구분되는 정신분석학 특유의 무의식적인 정신 활동에 대한 관점으로 나아가게 된다. 따라서 정신분석 이론은 놀랍고도 예기치 못한 두 가지 관찰 사실을 설명하기 위한 시도라고 말할 수 있다. 그것은 신경증 환자의 과거 삶에서 신경증 증상의 원인을 추적하려는 시도가 이루어질 때마다 나타나는 전이(轉移)와 저항이라는 현상이다. 이러한 두 가지 현상을 인정하고, 그것을 자기 작업의 출발점으로 삼는 어떤 탐구 노선도 정신분석학이라고 불릴 수 있는 권리를 갖는다. 설사 그것이 나와는 다른 결론에 도달한다고 해도. 그러나 이 두 가지 가설을 회피하면서 문제의 다른 측면들을 취하는 사람이 만약 자신을 정신분석학자라고 칭하기를 고집한다면, 어쭙잖은 흉내를 통해서 재산을 횡령했다는 비난을 면하기 어려울 것이다.

어떤 사람이 억압과 저항의 이론을 정신분석학의 〈발견〉이 아닌 〈전제들〉 가운데 자리매김하려고 할 경우, 나는 가장 강력하게 반대할 것이다. 일반적으로 심리학적이고 생물학적인 성격을 지닌 그런 전제들이 존재한다. 그리고 그것들을 어떤 다른 경우에 고찰하는 일은 유용할 듯하다. 그러나 억압 이론은 정신분석학적인 작업의 산물이며, 수많은 관찰로부터 합법적으로 이끌어 낸 이론적인 귀결이다.

이러한 종류의 또 다른 산물은 유아 성욕의 가설이었다. 그러나 이것은 훨씬 훗날에 만들어졌다. 분석에 의한 시험적인 탐구의 초기 시절에는 그와 같은 것을 생각하지도 못했다. 처음에는 현재 경험의 결과들이 과거의 어떤 것으로 소급되어야만 한다는 것이 관찰되었을 뿐이다. 그러나 탐구자들은 종종 그들이 생각지도 못한 것을 발견하는 법이다. 우리는 더욱더 과거 속으로 이끌렸으며, 마침내 사춘기에서 멈출 수 있기를 바랐다. 그 시기는 전통적으로 성적 충동이 깨어나는 시기라고 생각되어 왔기 때문이다. 그러나 이러한 바람은 허사였고, 그 발걸음은 유아기 속으로 그리고 유아기의 초기 시절로 훨씬 더 소급해 올라갔다. 도중에 젊은 과학에게는 거의 결정적이었을지도 모르는 잘못된 관념이 극복되어야만 했다. 히스테리의 외상성 원인에 대한 샤르코 견해의 영향을 받아, 우리는 자기의 증상은 유아기 처음 몇 년간의 수동적인 성적 체험에, 거칠게 표현하자면 유혹에 원인이 있다고 하는 환자 자신의 말을 참되고 병인학적으로 유의미한 것으로 쉽게 간주하는 경향이 있었다. 이러한 병인학이 그럴듯하지 않으며, 분명히 확인할 수 있는 상황 속에서 모순적이라는 이유로 인해 실패했을 때, 처음에 그 결과는 무력한 당황스러움이었다. 분석은 올바른 경로를 따라서 이러한 유아기의 성적인 외상으로 이끌어 갔지만, 그 외상은 사실이 아니었다. 현실의 굳건한 근거가 사라져 버렸다. 그때 나는, 내가 존경했던 전임자 브로이어가 달갑지 않은 발견을 했을 때 그랬던 것처럼 전체 작업을 기꺼이 포기하려고 했을 것이다. 아마도 나는 더 이상 선택의 여지가 없었고, 그때에는 다른 어떤 것을 다시 시작할 수도 없었기 때문에 견뎌냈을 것이다. 마침내 우리는 우리가 기대한 것에서 기만당했다는 이유로 절망할 권리를 갖지는 못한다는 반성을 하게 되었다. 우리는 그러한 기대를 수정해야만 한다. 히스테리의 주체들이 그들의 증상을 가공의 외상으로 소급시킬 경우 나타나는 새로운 사실은 그들이 그런 장면들을 〈환상〉 속에서 창조한다는 점이고, 이러한 정신적 현실은 실제 현실과 나란히 고려되기를 요구한다. 그 환상들은 유아기의 처음 몇 년간 자가 성애적인 *auto-erotisch* 활동을 감추고, 그것을 윤색하여 좀 더 높은 단계로 올리기 위해 의도되었다는 것을 발견함으로써 이러한 반성이 곧 뒤따랐다. 그리고 지금 그 환상들의 배후로부터 유아의 성적인 생활의 전체 범위가 밝혀지게 되었다.[17]

유아기 초기의 성적인 활동과 더불어 개인의 유전적인 소질 역시 그 정당한 권리를 얻었다. 성향과 체험은 여기서 불가결한 병인적 통일성 속에 연결된다. 왜냐하면 〈성향〉은 다른 경우라면 완전히 흔해 빠져서 아무런 효과를 갖지 못했을 인상들을 과장하여, 그 인상들이 자극과 고착을 야기하는 외상으로 만들기 때문이다. 반면에 〈체험〉은 그 요소들이 없었다면 오랫동안 잠복하고 있어서, 아마도 결코 발달하지 않았을 성향 내부의 요소들을 각성시킨다. 외상성 병인의 문제에 관한 마지막 언급은 이후에 아브라함[18]에 의해 이루어졌는데, 그때 그는 특수한 종류의 성적 체험, 즉 외상을 유발하는 것으로 추정되는 유아 특유의 성적 소질을 지적했다.

처음에 유아 성욕에 관한 내 언급은 과거로 소급해 올라가는 성인에 대한 분석의 결과에 거의 절대적으로 근거하고 있었다. 나는 유아를 직접 관찰할 기회를 갖지 못했다. 그러므로 수년 후에 직접적인 관찰과 매우 어린 아이의 분석을 통해 거의 모든 내 추리들을 확증하는 일이 가능해졌을 때, 그것은 매우 커다란 승리였다. 사람들이 점차, 그 발견은 반드시 그런 발견을 했어야만

17 「나의 이력서」 참조.
18 아브라함, 「유아의 성적 활동으로서의 성적 꿈」(1907) 참조.

하는가에 대해 참으로 부끄러워해야 할 종류의 것이라는 사실을 깨달았을 때, 그 승리는 그것의 위대성의 일부를 상실했다. 우리가 이러한 어린아이에 대한 관찰을 하면 할수록, 그 사실들은 더욱더 자명해졌다. 그러나 또한 우리가 그것을 조망하는 데 매우 많은 노력을 기울였다는 사실이 더욱더 기묘해졌다.

그러나 유아 성욕의 존재와 중요성에 대한 그와 같이 확고한 확신은, 분석 방법을 통해서 신경증 환자들의 증상과 독특성을 그 궁극적인 원천으로까지 추적해 들어감으로써 비로소 획득할 수 있다. 그 원천의 발견은, 그 속에서 설명 가능한 것은 무엇이든 설명하며 변형 가능한 것은 무엇이든 변화시킬 수 있다. 나는 융이 최근에 했듯이, 우리가 우선 성적인 본능의 본성에 관한 이론적인 표상을 형성한 다음에 그러한 기초 위에서 유아의 생활을 설명하려고 노력한다면, 우리는 상이한 결론에 도달하리라는 것을 이해할 수 있다. 이런 종류의 표상은 자의적으로 또는 부적절한 고려에 따라서 선택될 수밖에 없으며, 우리가 그것을 적용하기 위해 노력하고 있는 분야에 대해 부적합한 증명을 할 위험이 있다. 분석적 방법 역시 성욕과 개인의 전체적인 삶과 관련하여 어떤 궁극적인 어려움과 불투명성에 봉착한다는 것은 사실이다. 그러나 이러한 문제들은 사변에 의해 제거될 수는 없다. 그것들은 다른 관찰들을 통해서, 또는 다른 분야에서의 관찰을 통해 해결되기를 기다려야만 한다.

나는 꿈의 해석에 관해서는 별로 언급할 필요가 없다. 그것은 희미한 육감을 좇아 최면을 자유 연상법으로 대체하기로 결정했을 때, 내가 채택했던 기술적 혁신의 최초 결실로서 나타났다. 지식을 향한 내 욕구는 처음부터 꿈을 해석하는 데로 향해 있지는 않았다. 내 관심을 꿈으로 이끌고 유익한 기대를 갖고서 내게 영감을 주었던 어떤 외적인 영향에 대해서는 아는 바가 없다. 브로이어와 내가 만남을 그만두기 직전에, 나는 〈지금 꿈을 번역하는 방법을 이해한다〉는 한 문장으로 그에게 말할 시간을 가졌다. 이러한 발견의 역사 이후로 꿈의 언어에서의 〈상징성〉은 내가 접근할 수 있는 거의 마지막 것이 되었다. 왜냐하면 꿈꾸는 사람의 연상 작용은 상징을 이해하는 데 별로 도움이 되지 않기 때문이다. 나는 책에서 사태들에 관한 정보를 찾기 전에 사태 자체를 항상 연구하는 습관을 견지했기 때문에, 그 주제에 관한 셰르너의 저작[19]에 의해 꿈의 상징성으로 인도되기 전에 혼자 힘으로 그것을 확립할 수 있었다. 나중에 가서야 나는 꿈의 표현이라는 양상을 충분한 범위에서 올바르게 인식하게 되었다. 이는 부분적으로 슈테켈Stekel의 저작에서 영향을 받았는데, 그는 처음에는 그와 같은 매우 신뢰할 만한 작업을 했으나 나중에는 완전히 길을 잃고 말았다. 정신분석학적인 꿈-해석과 한때는 매우 존중되었던 고대의 꿈-해석 기술 사이의 밀접한 연관은 훨씬 뒤에 가서야 비로소 내게 분명해졌다. 나중에 나는, 실제로 철학에는 그렇지 않았지만 의학에는 무지했던 유명한 기술자 포퍼J. Popper라는 저자에게서 내 꿈-이론의 본질적인 특징과 가장 중요한 부분 — 내적인 갈등으로부터의 꿈-왜곡의 파생태, 즉 일종의 내적인 부정직 — 을 발견했다. 그는 링코이스Lynkeus라는 이름으로 『현실주의자의 환상Phantasien eines Realisten』(1899)을 발표했다.[20]

꿈의 해석은 힘들었던 분석의 초기 몇 년 동안 내게 위안과 의지가 되었다. 그때 나는 그 기술과 신경증의 임상적인 현상과 치

19 K. A. Scherner, 『꿈의 생활Das Leben des Traumes』(1861).

20 프로이트의 「요제프 포퍼 링코이스와 꿈의 이론Josef Popper-Lynkeus und Die Theorie des Traumes」(1923)과 「요제프 포퍼 링코이스와 나의 관계Meine Berührung mit Josef Popper-Lynkeus」(1932) 참조.

료법을 모두 동시에 숙달해야만 했다. 그 시기에 나는 완전히 고립되어 있었으며, 문제들이 얽히고 난점들이 쌓여 가는 가운데 종종 인내심과 자신감을 잃게 될까 봐 두려웠다. 신경증은 분석을 통해 이해될 수밖에 없다는 내 가설이 사실로 증명되기 전까지 수많은 시간을 함께했던 환자들이 몇 있었다. 그러나 그들의 증상과 유사한 것으로 간주될 수도 있을 이 환자들의 꿈은 거의 언제나 그 가설을 확증했다.

내가 견뎌 낼 수 있었던 것은 오직 이러한 방향에서의 성공 때문이었다. 그 결과 나는 꿈-해석에 대한 심리학자의 태도에 의해 그가 이해하는 척도를 재는 데 익숙해졌다. 그리고 나는 정신분석학에 적대적인 대부분의 사람들이 이런 분야를 회피하거나, 그것을 다루려고 시도할 경우에 현저히 서툰 모습을 보여 준다는 것을 만족스럽게 관찰했다. 게다가 나는 곧 자기 분석을 수행해야 할 필요성을 느꼈고, 내 유아기의 모든 사건으로 거슬러 올라가게 했던 나 자신의 일련의 꿈들의 도움으로 이것을 해냈다. 그리고 나는 여전히 오늘날에도 이런 종류의 분석이 지나치게 비정상적인 꿈을 꾸지 않는 사람에게조차 충분히 적용된다는 견해를 갖고 있다.[21]

나는 정신분석학의 발전에 관한 이야기를 전개함으로써, 정신분석학이 무엇인지에 대해 체계적으로 서술하는 것보다 더 잘 보

---

21 자기 분석의 중요한 부분에 대한 그 당시 프로이트의 설명은 플리스와의 서신에서 발견된다. 그는 위의 텍스트에서와 같이 자기 분석에 대해 그렇게 호의적인 관점을 취하고 있지는 않다. 예컨대 플리스에게 보낸 1897년 11월 4일자 편지에서 그는 이렇게 썼다. 〈나의 자기 분석은 여전히 방해받고 있으며 나는 그 이유를 깨달았습니다. 나는 단지 획득한 지식의 도움을 받아 객관적으로 (국외자처럼) 나 자신을 분석할 수 있을 뿐입니다. 순수한 분석은 불가능합니다. 그렇지 않다면 (신경증적인) 질환은 없을 것입니다. 내가 여전히 내 환자들에게서 약간의 혼란을 발견하기 때문에, 그것은 나의 자기 분석 속에 나를 붙잡아 둘 수밖에 없습니다.〉

여 주었다고 생각한다. 나는 처음에는 내가 발견했던 것의 특유한 성질을 감지하지 못했다. 나는 주저하지 않고 점점 커져 가던 의사로서의 인기를 희생했고, 내 환자들의 신경증의 인과 관계 속에 포함된 성적인 요소들에 대해 체계적으로 탐구하느라 내 상담 시간에 쇄도하는 환자들을 진찰할 수 없었다. 그리고 이로 인해 나는 성적인 요소의 실제적인 중요성에 대한 내 확신을 마침내 확인시켜 주는 아주 많은 새로운 요소를 찾아냈다. 나는 내가 기꺼이 감수했던 물질적인 손실을 내 동료들의 관심과 인정에 의해 보상받으리라는 순진한 기대감을 갖고서, 크라프트-에빙[22]이 의장이었던 빈 정신 의학 신경학회 모임에서 연설했다. 나는 내 발견들을 과학에 대한 보통의 공헌으로 다루었고, 그들도 똑같은 마음으로 받아들이기를 바랐다. 그러나 내 강연이 직면했던 침묵과 내 주위를 둘러쌌던 공허감, 내게 전달되었던 암시들은, 신경증의 병인에서 성욕의 역할에 대한 주장을 다른 의사소통과 동일한 종류로 취급하는 모임에 의지할 수는 없다는 사실을 점차 깨닫게 했다. 헤벨[23]이 말하듯이 지금부터 나는 〈세상의 잠을 방해하는〉 사람들 중 하나라는 것과, 객관성과 관용에 기대를 걸 수 없다는 것을 알았다. 그러나 나의 관찰과 결론들의 일반적인 정확성이 훨씬 더 커졌고 나 자신의 판단에 대한 자신감과 도덕적 용기가 적지 않았기 때문에, 그 상황의 결과는 의심될 수 없었다. 나는 특히 중요한 몇 가지 사실과 연관을 발견할 행운이 내게 주

22   R. von Kraft-Ebing(1840~1903)은 스트라스부르(1872~1873)와 그라츠(1873~1889), 그리고 빈(1889~1902)에서 정신 의학 교수였으며, 그라츠에서는 지방 정신 병원을 감독하기도 했다. 그는 또한 범죄학, 신경학 및 성적인 정신병 *psychopathia sexualis*에 관한 작업으로 유명했다.

23   Hebbel의 『기게스와 그의 반지*Gyges und sein Ring*』 5막 1장의 장면 중 칸다울레스Kandaules가 기게스에게 하는 말에 대한 언급.

어졌다는 것을 믿기로 결심했고, 그러한 발견들에 때때로 수반되는 운명을 받아들일 준비가 되어 있었다.

나는 미래를 다음과 같이 그렸다. 나는 아마도 새로운 방법의 치료적 성공에 의해서 나 자신을 유지하는 데 성공하겠지만, 과학은 내 생애 동안에 나를 완전히 무시할 것이다. 그리고 수십 년 후에 다른 누군가가 틀림없이 동일한 — 지금은 그것을 위한 시간이 무르익지 않은 — 상황에 부딪치게 될 것이고, 그 상황에 대해 인정받아 예전에는 실패가 불가피했던 선구자로서의 명예를 내게 가져다줄 것이다. 그동안에 나는 로빈슨 크루소처럼 내 무인도에 가능한 한 편안하게 정착했다. 내가 오늘날의 압박과 혼란으로부터 멀리 떨어져서 그 고독한 시절을 돌아볼 때, 그것은 영광스러운 영웅적 시기처럼 보인다. 내 〈눈부신 고립〉은 장점과 매력이 없지 않았다. 나는 어떤 출판물도 읽을 필요가 없었고, 지식이 부족한 적대자의 말에 귀 기울이지 않아도 되었다. 나는 어떤 진영으로부터도 영향받을 필요가 없었다. 나를 강요하는 것은 아무것도 없었다. 나는 사변적인 경향을 삼가고, 동일한 사태를 사태 자체가 말하기 시작할 때까지 보고 또 보라는 내 스승 샤르코의 잊히지 않는 충고를 따르는 것을 익혔다. 약간의 어려움과 더불어 겨우 피난처를 찾을 수 있었던 내 출판물들은 언제나 내 지식의 뒤에서 지체될 수 있었고, 의심의 여지 없이 방어되어야 할 〈우선권〉이 있었기 때문에 내가 즐거워하는 한 연기될 수 있었다. 예컨대 『꿈의 해석』은 1896년 초에 모든 본질적인 부분이 완결되었지만, 1899년 여름까지는 완전히 쓰이지 못했다. 〈도라〉의 분석은 1899년 말[24]에 끝이 났다. 사례사는 그다음 두 주 만에 쓰였지만, 1905년에 가서야 출판되었다. 그동안에 내 저작들은 의

---

24 「도라의 히스테리 분석」(프로이트 전집 8, 열린책들) 참조.

학 잡지에서 비평조차 되지 않거나, 예외적으로 비평이 되더라도 비웃거나 동정적인 우월감의 표현과 더불어 간단히 처리되었다. 이따금 한 동료가 그의 출판물에서 나에 대한 약간의 언급을 하곤 했다. 그러나 그 언급은 매우 짧았고 전혀 아첨하는 말이 아니었다. 가령 〈별난〉, 〈극단적인〉, 또는 〈매우 특이한〉과 같은 단어들이 사용되었다. 내가 대학 강의를 하던 중 언젠가 빈 대학 병원의 조수가 그 수업에 참석하는 것을 허락해 달라고 요청한 일이 있었다. 그는 매우 주의 깊게 들었고 아무 말도 하지 않았다. 마지막 강의가 끝난 후에 그는 내게 밖으로 함께 나가자고 했다. 우리가 산책하고 있을 때, 그는 윗사람의 지식을 가지고 내 견해를 반박하는 책을 썼다고 말했다. 그러나 그는 내 강의를 듣고 그것에 관해 더 많이 배우지 못했던 것을 몹시 후회했다. 만약 미리 들었더라면 그는 많은 부분을 다르게 썼을 것이기 때문이다. 그는 실제로 먼저 『꿈의 해석』을 읽어 보는 것이 더 낫지 않겠느냐고 병원에 물어봤지만, 그렇게 수고할 가치가 없으므로 그러지 않는 것이 좋으리라는 충고를 받았다. 그 후 그는 자신이 그것을 이해한 선에서, 내 이론의 구조를 그 내적인 견고함과 관련하여 가톨릭 교회의 구조와 비교했다. 그의 영혼의 구원에 대한 관심 속에서, 나는 이러한 언급이 어느 정도 감사의 표시를 포함하고 있다고 보았다. 그러나 그는 이미 자기 책이 인쇄되었기 때문에, 책에서 어떤 것을 고치기에는 너무 늦었다는 말로써 결론을 대신했다. 내 동료는 추후에 정신분석학이라는 주제에 관한 자신의 관점 변화를 공적으로 자인하는 것이 필요하다고 생각하지도 않았다. 그러나 의학 잡지의 정규 비평자로서 그의 권한 내에서 경박한 해설로 정신분석학의 발전에 주석을 다는 것은 선호했다.

　내가 갖고 있던 인격적인 예민한 감수성은 다행스럽게도 그 시절 동안 무너졌다. 그러나 나는 항상 고독한 발견자들을 돕기 위해 존재하는 것이 아닌 그런 상황으로 인해 쓰라린 고통을 받지는 않았다. 그런 사람들은 대체로 동시대인들의 공감대 결여나 혐오에 대해 설명할 필요성 때문에 고통받고, 이런 태도를 그들 자신의 확신에 대한 보장에 따른 고통스러운 대립으로 받아들인다. 나는 그렇게 느낄 필요가 없었다. 왜냐하면 정신분석 이론을 통해 나는 동시대인들의 이런 태도를 이해하고, 그것을 기본적인 분석의 전제들에 대한 필연적인 결과로서 보는 것이 가능했기 때문이다. 내가 발견했던 일련의 사실들이 정서적인 종류의 내적인 저항에 의해 환자 자신의 의식으로부터 멀어지게 된다는 것이 사실이라면, 이러한 저항은 어떤 외적인 원천이 억압된 건강한 사람들에게 들이대자마자 그들에게도 나타날 수밖에 없을 것이다. 비록 실제로는 정서적인 것에서 발원했을지라도, 지적인 근거 위에서 그들이 내 생각에 대한 이러한 거부를 정당화할 수 있어야만 한다는 것은 놀랍지 않았다. 동일한 일이 자주 환자들에게 일어났다. 그들이 개진했던 논증들은 동일했고, 특별히 훌륭하지도 않았다. 폴스타프Falstaff의 말에 따르면, 논증은 〈검은 딸기만큼 많았다〉.[25] 환자들에게 있어서 우리는, 그들이 저항을 간파하여 그것을 극복하도록 유도하기 위해 그들에게 영향을 미치는 억압을 가져다주는 입장에 놓여 있었다. 반면에 명백히 건강한 사람들을 다룰 경우에 우리는 이러한 이점(利點) 없이 견뎌야 했다. 이런 건강한 사람들로 하여금 어떻게 그 문제를 냉정하고 과학적이고 객관적인 자세로 검사하도록 강제할 것인지가 해결되지 않은 문제였는데, 그 문제의 가장 좋은 해결 방법은 바로 시간이었다. 처음에는 단지 반대만을 불러왔던 그 주장이 종종, 비록 그것을

25 『헨리 4세』 제2막 4장.

지지하는 어떤 새로운 증거들이 제출되지 않았음에도 불구하고 나중에 가서 받아들여지는 것을 우리는 과학사에서 분명히 목격할 수 있다.

그러나 나 혼자 정신분석학을 대표했던 시절 동안, 내가 세상의 견해에 대해 어떤 특별한 존경이나 지적인 양보에 대한 어떤 성향을 전개하리라고 기대하는 것은 무리였다.

2

　1902년부터 수많은 젊은 의사들이 배우고, 실습하고, 정신분석학의 지식을 전파하려는 명백한 의도를 가지고 내 주위에 모여들었다. 그 자극은 분석적 치료의 유익한 효과를 스스로 체험했던 한 동료로부터 비롯되었다.[26]

　정규적인 모임이 일정한 날 저녁에 내 집에서 열렸고, 토론은 특정한 규칙에 따라 진행되었으며, 참가자들은 이 새롭고 낯선 연구 분야에서 자신의 방향을 찾고 다른 사람들이 그것에 관심을 갖게 하려고 노력했다. 어느 날 실업 학교를 졸업한 한 젊은이가 매우 비상한 이해를 보여 주는 원고를 가지고 와서 자신을 소개했다. 우리는 그에게 김나지움을 마치고 대학에 들어가서 정신분석학의 비의학적인 측면에 헌신하라고 설득했다. 그렇게 해서 그 작은 단체는 열광적이고 믿음직한 비서를 얻었고, 나는 오토 랑크라는 가장 성실한 협력자이자 공동 작업자를 얻었다.[27]

　작은 동아리는 곧 확장되었고, 몇 년 지나지 않아 그 구성이 바뀌었다. 대체로 나는 그 모임이 사람들이 생각하는 어떤 임상 강

26　빌헬름 슈테켈을 말한다.

27　(1924년에 추가된 각주) 그는 현재 국제 정신분석 출판사의 관리자이고 처음부터 『국제 정신분석학지』와 『이마고』의 편집자였다 ─ 원주.

의자 진영보다 재능의 풍부함과 다양함에서 못하지 않다고 자부할 수 있었다. 그 모임은 애초부터 장래에 정신분석 운동의 역사에서 항상 반가운 것은 아니지만 상당한 역할을 하게 될 사람들을 포함하고 있었다. 그러나 그 당시에 사람들은 아직 이러한 발전을 예견할 수 없었다. 나는 만족할 만한 모든 이유가 있었고, 나 자신의 지식과 경험을 다른 사람에게 나누어 주기 위해 가능한 모든 것을 했다고 생각한다. 결국에는 나를 그 모임으로부터 내적으로 멀어지게 했던 두 가지 불길한 환경이 있었다. 나는 똑같이 어려운 작업에 종사하는 사람들 사이에서 획득해야만 하는 우호적인 관계를 구성원들 사이에서 확립하는 데 성공하지 못했다. 또한 나는 이러한 공동 작업 조건하에서 생길 소지가 많았던 우선권에 관한 논쟁들을 억제시킬 수가 없었다. 아주 특별하게 중대하고, 현재의 불화에 대해 많은 부분 책임이 있는, 정신분석을 실행함에 있어서 교수 방식의 난점들은 이미 이러한 사적인 빈 정신분석학회에서 분명해졌다. 나 자신은 아직 완성되지 않은 기술과, 아마도 다른 사람들로 하여금 어떤 잘못된 방향 전환과 궁극적인 실패를 피하게 할 수도 있었을 권위를 행사하면서 아직 만들어지고 있는 이론을 내놓으려고 하지 않았다. 지적인 작업자들이 자립하고 그들의 스승으로부터 일찌감치 독립하는 것은 심리학적 관점에서 보자면 항상 만족스럽지만, 과학의 입장에서는 그 작업자들이 그다지 흔하지 않은 어떤 개인적인 조건들을 충족시킬 경우에만 유익하다. 특히 정신분석학에서 자기 수련을 위해 길고도 가혹한 훈련이 요구되었을 것이다. 그렇게도 많이 비판받고 존중받지 못했던 주제에 대해 헌신했던 그들의 용기를 볼 때, 나는 그렇지 않았다면 반대했을 구성원들 사이에서 너그러워지고 싶은 마음이 생겼다. 그 동아리에는 의사들 외에도 작가나 화가 등 정신분석학에서 중요한 어떤 것을 인식했던 교육받은 사람들이 포함되어 있었다. 그 중에서도 특히 『꿈의 해석』과 『농담과 무의식의 관계』는 처음부터 정신분석학의 이론이 의학 분야에 한정될 수 없고, 그 밖의 다양한 정신과학에 적용될 수 있다는 것을 보여 주었다.

　1907년, 갑자기 모든 상황이 기대했던 바와는 반대로 변했다. 정신분석학은 조심스럽게 관심을 일깨우고 지지자를 얻었으며, 심지어 그것을 받아들일 준비가 되어 있는 과학자들이 있는 것처럼 보였다. 블로일러[28]는 서신을 통해 부르크휠츨리에서 내 저작들이 연구되며 이용되고 있다는 것을 내게 알려 주었다. 1907년 1월에 취리히 병원 최초의 구성원이 빈에 왔는데, 그는 아이팅곤 Eitingon 박사[29]였다. 다른 방문자들이 잇따랐고, 그들은 활기찬 의견 교환의 길을 텄다. 마지막으로, 그 당시에는 아직 부르크휠 츨리 병원의 내과 보조 의사였던 융의 초대에 즈음하여 최초의 모임이 1908년 봄에 잘츠부르크에서 열렸는데, 그 모임에는 빈, 취리히, 그리고 다른 곳에서 온 정신분석학의 지지자들이 다 함께 모였다. 이 첫 번째 정신분석학 회의의 결과들 중 하나는, 블로일러와 나의 지도하에 융에 의해 편집되는 『정신분석과 정신 병리학 연구 연보Jahrbuch für psychoanalytische und psychopathologische Forschungen』라고 불리는 정기 간행물을 만드는 것이었고, 이 연보는 1909년에 첫선을 보였다. 이 연보의 출판은 빈과 취리히 사이의 친밀한 협동 작업을 의미했다.

　나는 정신분석학의 확산을 위한 취리히 정신 의학 학회, 특히

28　Eugen Bleuler(1857~1939). 유명한 정신과 의사이며, 취리히 공립 정신 병원인 부르크휠츨리Burghölzli의 병원장.

29　(1924년에 추가된 각주) 베를린에 있는 정신분석 외래 환자 진료부Psychoanalytische Poliklinik의 설립자 ─ 원주.

블로일러와 융의 커다란 노고에 대해 감사의 말을 전했으며, 현재 크게 변화된 상황 속에서도 다시 그렇게 하는 것에 대해 아무런 주저함이 없다. 그 당시 최초로 과학계의 관심을 정신분석학으로 향하게 했던 것은 취리히 학회의 가담 때문이 아니었음은 확실하다. 실상은 잠복기가 끝나고 도처에서 정신분석학이 점증하는 관심의 대상이 되어 가고 있었던 것이다. 그러나 다른 모든 곳에서 이러한 관심이 증가하면서 처음에는 단지 매우 강한 거부 반응을, 그것도 대부분 아주 격렬한 거부 반응을 드러냈다. 반면에 취리히에서는 정반대로 일반적인 노선에 대한 동의가 지배적인 특징이었다. 게다가 다른 어떤 곳에도 그처럼 탄탄한 작은 지지자 집단은 존재하지 않았고, 정신분석학 연구에 종사할 만한 처지에 있는 공공 병원도 없었다. 또한 자신의 정신 의학 과정의 필수적인 부분으로서 정신분석 이론을 포함시켰던 임상 교수도 없었다. 따라서 취리히 그룹은 정신분석의 인정을 위해 싸우고 있었던 작은 연대의 핵심이 되었다. 새로운 기술을 배우고 그것으로 작업할 유일한 기회는 실제로 그곳에 있었다. 요즈음 내 추종자들과 공동 작업자들 대부분은 취리히를 거쳐서 내게 왔다. 심지어는 스위스보다 빈과 지리적으로 훨씬 더 가까운 사람들조차 그러했다. 우리 문화의 위대한 중심을 포함하고 있는 서유럽에 비해 빈은 주변적인 위치에 속한다. 그리고 서유럽의 명성은 오랜 세월 동안 강한 편견에 의해 영향을 받아 왔다. 가장 중요한 모든 나라의 대표들은 지적인 활동이 아주 생기 넘치는 스위스에서 회합한다. 전염병의 진원인 이곳은 프라이부르크의 호혜가 그렇게 불렀듯이, 〈정신적인 전염병 *psychische Epidemie*〉의 만연이라는 측면에서 매우 중요할 수밖에 없었다.[30]

30 Alfred Hoche(1865~1943). 프라이부르크 대학의 정신 의학 교수. 그는 정

부르크횔츨리에서의 발전상을 목격한 한 동료의 증언에 따르면, 정신분석학은 그곳에서 매우 일찍 관심을 일깨웠던 것으로 보인다. 1902년에 출판된 초자연적인 현상을 다룬 융의 저작에서는 이미 꿈-해석에 관한 내 책을 언급하고 있었다. 1903년 또는 1904년부터 정신분석학은 관심의 전면에 놓여 있었다고 내 정보 제공자는 말한다. 빈과 취리히 사이의 인격적인 관계가 확립된 후, 비공식적인 학회가 1907년 중반에 정신분석학의 문제들이 정규적인 모임에서 논의되었던 부르크횔츨리에서 시작되었다. 빈 학파와 취리히 학파 사이의 동맹 관계 속에서 스위스인들은 단순히 받아들이기만 하는 사람들은 아니었다. 그들은 이미 매우 믿음직스러운 과학적인 작업을 수행했고, 그 작업의 결과는 정신분석학에 유용한 것이었다. 분트Wundt 학파에 의해 시작된 연상 실험은 그들에 의해 정신분석학적인 의미에서 해석되었고, 예기치 못한 방식으로 응용이 가능하다는 것을 증명해 냈다. 이로써 정신분석적인 관찰에 대한 실험적인 확증에 도달하는 것이 급속도로 가능해졌고, 분석가가 단지 얘기로만 할 수 있었던 어떤 연관들을 학생들에게 직접적으로 입증할 수 있게 되었다. 실험 심리학과 정신분석학을 잇는 최초의 다리가 세워진 것이다.

정신분석 치료에서 연상 실험은 일시적이고 질적인 사례 분석을 가능하게 했지만 기술에 대한 본질적인 공헌을 하지는 못했으며, 분석을 수행하는 데 불가결한 것이 될 수도 없었다. 그러나 취리히 학파, 혹은 그 지도자인 블로일러와 융이 이룩한 또 다른 업적은 더욱 중요했다. 전자는 꿈과 신경증에 대한 정신분석의 도

신분석학을 공격할 때 특히 격렬했고 독설적이었다. 그는 〈의사들 사이에서의 정신적인 전염병Eine psychische Epidemie unter Ärzten〉이라는 제목으로 바덴바덴에서 열린 의학회의에서 정신분석에 관한 논문을 발표했다(1910).

움으로 인식되었던 것(프로이트적인 기제들)과 동일한 과정에 의한 설명이 수많은 정신 의학적인 사례에서 순수하게 고려될 수 있음을 보여 주었다. 그리고 융[31]은 분석적인 해석 방법을 가장 낯설고 불투명한 조발성 치매(정신 분열증)라는 현상에 성공적으로 적용했고, 따라서 환자의 생활사와 관심으로부터 그것들의 유래가 밝혀지게 되었다. 그 후에 정신병 의사가 정신분석을 무시하는 것은 더 이상 불가능해졌다. 정신분석학의 관점이 임상적이고 체계적인 관점과 동일한 발판 위에 놓였던 정신 분열증에 대한 블로일러의 저작[32]은 이러한 성공을 토대로 완성되었다.

나는 두 학파의 작업 방향에서 그 당시에 이미 주목할 수 있었던 차이를 지적하는 것을 생략하지는 않겠다. 1897년에 나는 정신 분열증의 사례에 관한 분석을 출판했지만,[33] 그것은 편집증적인 성격을 띤 것이어서 그 해결책을 융의 분석에 의해 만들어진 인상으로부터 가져올 수 없었다. 그러나 내게는 그 증후들을 해석할 가능성보다는 그 질환의 정신적 기제가 더 중요했고, 무엇보다도 이러한 기제와 이미 발견되었던 히스테리 기제의 일치가 중요했다. 그 당시에는 아직 그 두 기제 사이의 차이점에 관해서 아무런 해명이 이루어지지 못했다. 왜냐하면 나는 그때 이미 신경증의 리비도 이론을 목표로 하고 있었기 때문이다. 그 이론은 모든 신경증적이고 정신병적인 현상을 리비도의 비정상적인 변천으로부터 시작된 것으로, 즉 리비도의 정상적인 사용에서 벗어났기 때문으로 설명해야만 했다. 스위스의 탐구자들은 이러한 관점을 놓쳤

---

31 융, 『조발성 치매의 심리학에 대하여*Über die Psychologie der Dementia Praecox*』 (1907) 참조.

32 블로일러, 『조발성 치매*Dementia Praecox*』(1911) — 원주.

33 이렇게 잘못된 연대가 모든 독일어판에 나타난다. 그 사례는 1896년 5월에 출판되었다. 그것은 「방어 신경 정신증에 대한 고찰」(1896)에 있다.

다. 내가 아는 한, 오늘날에도 블로일러는 다양한 형태의 조발성 치매가 기질적인 원인을 갖는다는 견해를 유지하고 있다. 그리고 이 질환에 관한 책을 1907년에 내놓은 융은, 1908년 잘츠부르크 회의에서 그 원인에 대한 중독성 이론을 지지했다. 이 이론은 리비도 이론을 배제하지는 않더라도 그것을 설명하지는 못한다. 나중에 그는 이런 동일한 지점에서, 그가 이전에는 채용하기를 거부했던 소재를 너무 많이 사용함으로써 좌초하고 말았다.[34]

취리히 학파에 의해 이루어진 세 번째 공헌이 있는데, 아마도 그것은 전적으로 융에게로 돌려질 것이다. 그 공헌을 나는 이 문제에 관해 관심이 거의 없는 다른 사람들만큼 높이 평가하지는 않는다. 나는 『진단적인 연상 연구Diagnostische Assoziationsstudien』(1906)로부터 자라 나온 〈콤플렉스〉 이론을 언급하겠다. 그것 자체는 심리학 이론을 제시하지도 않았을뿐더러 정신분석학 이론의 맥락 속으로 쉽게 접합시킬 수 있음을 증명하지도 않았다. 그 반대로 〈콤플렉스〉라는 단어는, 말하자면 정신분석학의 언어 속에서 자연스러워졌다. 즉 그것은 심리학적인 상태를 기술적으로 요약하는 데 편리하고 종종 불가결한 용어이다.[35]

정신분석학이 자신의 필요에 의해 만들어 낸 다른 어떤 용어도 그처럼 광범위한 대중성을 획득한 적이 없었으며, 좀 더 분명한 개념의 구성에 손실을 줄 정도로 잘못 적용된 적도 없었다. 분석가들은 그들 사이에서 〈억압된 것의 회귀〉를 의미하는 부분에서 〈콤플렉스의 회귀〉에 대해 말하기 시작했고, 또는 〈그에 대한 저

34 융, 「리비도의 변화와 상징」(1911~1912) 참조.
35 프로이트가 융에게서 이 용어를 처음 빌려 온 것은 법적인 소송 절차 중 증거에 관한 논문(「사실 진단과 정신분석Tatbestandsdiagnostik und Psychoanalyse」, 1906)에서인 것으로 보인다. 그러나 그 자신은 오래전에 매우 유사한 의미로 그 단어를 사용했다. 『히스테리 연구』에 실린 에미 폰 N. 부인의 사례 참조.

항)이 유일하게 정확한 표현이 될 수 있는 부분에서 〈나는 그에 대한 콤플렉스를 갖고 있어〉라고 말하는 습관이 생겼다.

빈 학파와 취리히 학파가 통합되었던 1907년 이후, 정신분석학은 비상한 약진을 했는데 그것의 힘은 오늘날에도 느껴진다. 이것은 정신분석학 문헌의 보급과 정신분석학을 실행하고 연구하는 의사들 수의 지속적인 증가를 통해서뿐만 아니라, 학회와 식자층의 모임에서 정신분석학에 가하는 공격의 빈도에 의해서도 확인된다. 정신분석학은 가장 먼 나라들에까지 침투했고 어디서나 정신병 의사를 놀라게 했을 뿐만 아니라, 교육받은 대중과 다른 과학 분야의 작업자들조차 귀 기울이게 만들었다. 지지자로 자칭하지는 않았지만 공감을 갖고 그것의 발전에 동조했던 엘리스는 1911년 오스트레일리아 의학 회의에 제출한 보고서에 다음과 같이 썼다.

프로이트의 정신분석학은 지금 오스트리아와 스위스뿐만 아니라 미국, 영국, 인도, 캐나다에서 옹호되며 실행되고 있다. 오스트레일리아에서도 마찬가지일 것이라고 믿어 의심치 않는다.[36]

칠레 출신의 (아마도 독일의) 한 내과 의사는 1910년 부에노스아이레스에서 열린 국제 회의에서 유아 성욕의 존재를 지지하는 연설을 했고, 강박 증상에 대한 정신분석 치료법의 효과를 격찬했다.[37]

중부 인도의 한 영국인 신경과 의사(버클리 힐Berkeley-Hill)는

36   Havelock Ellis, 「성적 감정과 관련된 히스테리Hysteria in Relation to the Sexual Emotions」(1911) — 원주.

37   G. Greve, 「특정 불안 상태의 심리학과 정신 의학에 관하여Sobre psicologia y psicoterapia de ciertos estados angustiosos」(1910) — 원주.

유럽을 방문했던 저명한 동료를 통해서, 자신이 수행했던 이슬람교도 인도인들에 대한 분석으로 그들의 신경증 병인이 우리가 유럽의 환자들에게서 발견한 것과 다르지 않음이 드러났다고 내게 알려 주었다.

북아메리카에 정신분석학이 도입될 때에는 매우 특별한 경의의 표시가 수반되었다. 1909년 가을에 매사추세츠주 우스터시에 있는 클라크 대학의 총장인 스탠리 홀Stanley Hall은, 독일어로 많은 강연을 함으로써 그 대학 설립 20주년 기념일을 축하하는 데 참여해 달라고 융과 나를 초청했다. 매우 놀랍게도, 우리는 교육학과 철학을 연구하는 작지만 존경받는 그 대학의 구성원들이 아무런 편견이 없어서 정신분석학의 모든 문헌을 알고 있고, 정신분석학을 학생들에게 강의할 자리를 마련해 주었다는 사실을 발견했다. 점잖을 빼는 미국에서는 적어도 일상생활에서 못마땅한 것으로 간주되는 모든 것을 학술 집단 내에서 자유롭게 학문적으로 논의하는 것이 가능했다. 우스터에서 내가 즉석으로 진행했던 다섯 번의 강연은 『미국 심리학 저널American Journal of Psychology』에 영어로 번역되어 나왔고, 직후에 독일어로 『정신분석에 대하여Über Psychoanalyse』라는 제목으로 출판되었다. 융은 진단적인 연상 실험에 관한 논문과 유아의 심적인 갈등에 대한 또 다른 논문을 발표했다.[38] 우리는 명예 법학 박사 학위를 받았다. 우스터에서의 환영 주간 동안 정신분석학은 다섯 사람에 의해 대표되었다. 융과 나 이외에, 나와 여행에 합류했던 페렌치, 그때에는 (캐나다) 토론토 대학에 있었고 지금은 런던에 있는 어니스트 존스, 그리고 이미 뉴욕에서 정신분석을 실행하고 있었던 브릴이 있었다.

---

38 이 두 논문은 「연상 방법The Association Method」(1910)과 「어린아이의 심적 갈등에 관하여Über konflikte der kindlichen Seele」(1910)이다.

우스터의 모임에서 생긴 가장 중요한 인간관계는 하버드 대학의 신경 병리학 교수인 퍼트넘James J. Putnam과의 관계였다. 몇 년 전에 그는 정신분석학에 대해 비우호적인 견해를 피력했었지만, 지금은 급격히 정신분석학과 화해하게 되었으며, 형식이 훌륭한 만큼 내용도 풍부한 일련의 강의에서 그의 동향인들과 동료들에게 그것을 찬양했다. 미국 전체에서 높은 도덕성과 진리를 향한 불굴의 사랑 때문에 그가 누렸던 존경은 정신분석학에 큰 도움이 되었다. 그가 보호해 주지 않았더라면 공공연한 비난들이 재빨리 정신분석학을 압도해 버렸을 것이 분명했다. 나중에 그의 성격상 강한 윤리적·철학적 성향에 너무도 많이 굴복했기 때문에, 퍼트넘은 내게는 불가능해 보이는 것 ─ 그는 정신분석학이 특정한 도덕적·철학적 세계관에 봉사하는 것으로 자리매김할 것을 기대했다 ─ 을 요구했지만, 그는 여전히 자신의 조국에서 정신분석 운동의 주요한 기둥으로 남아 있다.[39]

이 운동이 더 넓게 확산되는 데 브릴과 존스가 가장 큰 공로를 세웠다. 자신들의 저작에서 그들은 꾸준히 있는 힘을 다해, 꿈과 신경증이라는 일상생활에서 관찰 가능한 기초적인 사실들에 동향인들이 주의를 기울이도록 이끌었다. 브릴은 자신의 의료 활동과 내 저작의 번역을 통해, 그리고 존스는 교육적인 강연과 미국 학회에서의 재치 있는 논쟁을 통해 이러한 결과를 가져오는 데 많은 공헌을 했다.[40]

미국에는 뿌리 깊은 학문적 전통이 부재하다는 점과 공식적인

---

39 (1924년에 추가된 각주) 퍼트넘의 『정신분석학에 관한 연설 Addresses on Psycho-Analysis』(1921)을 참조. 퍼트넘은 1918년에 죽었다 ─ 원주. 프로이트는 이 책의 서문을 썼고, 퍼트넘의 사후에 추도사를 쓰기도 했다.

40 두 저자의 출판물은 전집으로 나왔다. 브릴의 『정신분석학 Psychoanalysis』 (1912)과 존스의 『정신분석에 관한 논문들 Papers on Psycho-Analysis』(1913) ─ 원주.

권위의 규칙이 훨씬 덜 엄하다는 점이 스탠리 홀에 의해 주어진 자극에 결정적인 이점이 되었다. 처음부터 교수들과 정신 병원 원장들이 독립적인 실행자만큼 정신분석에 많은 관심을 보여 주었다는 것이 그 나라의 특징이었다. 그러나 바로 이런 이유 때문에 가장 큰 저항이 펼쳐졌던 오래된 문화의 중심지는 정신분석학을 둘러싼 결정적인 투쟁의 장이 될 수밖에 없었다는 것이 명백하다.

유럽 국가들 중에서 프랑스는 지금까지 취리히의 메더가 프랑스어로 된 유용한 저작을 통해 정신분석 이론에 대한 쉬운 접근을 제공했음에도 불구하고, 정신분석학을 가장 반기지 않는 경향을 보여 주었다. 공감을 보여 주는 최초의 표시들은 지방으로부터 나왔다. 푸아티에의 모리쇼 보샹Morichau-Beauchant은 정신분석학을 공공연하게 지지했던 최초의 프랑스인이었다. 보르도의 레지[41]와 에나르[42]는 최근, 철저한 서술로 새로운 이론에 대한 동향인들의 선입견을 없애려고 시도했다.[43] 물론 그 서술이 충분한 이해가 이루어진 것도 아니었고, 상징성에 대한 특수한 예외를 인정하고 있기는 했지만 말이다. 파리에서는(1913년에 런던에서 열린 회의[44]에서 자네 자신이 설득력 있게 표현했듯이) 정신분석학에서 쓸 만한 모든 것은 사소한 변형과 함께 자네의 견해를 반복하는 것이고, 그 외의 모든 것은 쓸모없다는 확신이 여전히 지배적인 것으로 보인다. 실제로 이 회의에서 자네는 어니스트 존스에 의해 많은 수정을 감수해야만 했는데, 존스는 그 주제에 관

41 E. Régis(1855~1918)는 1905년부터 보르도의 정신 의학 교수였다.

42 E. Régis와 A. Hesnard의 『신경증과 정신 이상의 정신분석 *La psychoanalyse des névroses et des psychoses*』(1914) 참조.

43 1924년 이전에는 이 부분이 〈단지 상징성에 대한 예외를 받아들이는 철저하고 이해가 깊은 서술〉로 읽혔다.

44 국제 의학 회의를 말한다.

한 자네의 불충분한 지식을 그에게 지적해 줄 수 있었다.[45] 그러나 우리가 그의 주장을 부정한다고 해도, 신경증의 심리학에 관한 그의 작업의 가치를 잊을 수는 없다.

이탈리아에서는 몇 차례의 유망한 출발 후에도 진정한 관심이 나타나지 않고 있었다. 네덜란드에서 정신분석은 인간적인 관계를 통해 일찍이 출구를 찾았다. 판 엠던Van Emden, 판 오퓌에이선 Van Ophuijsen, 판 렌테르험Van Renterghem, 그리고 두 사람의 슈테르케Stärcke는 실천과 이론 모두에서 적극적으로 분석에 전념하고 있다.[46] 영국의 과학자 집단에서 분석에 대한 관심은 매우 천천히 전개되었지만, 영국인들의 실질적인 것에 대한 감각과 정의에 대한 열정적인 사랑으로 볼 때 정신분석의 찬란한 미래를 보증할 것이라고 기대할 만하다.

스웨덴에서 베테르스트란드Wetterstrand의 의료 활동을 계승했던 비에레P. Bjerre는 적어도 잠시 분석적 요법에 찬성하여 최면 암시를 포기했다. 크리스티아니아(오슬로)의 복트R. Vogt는 이미 1907년에 출판된 그의 『심리학 개요Psykiatriens grundtraek』에서 정신분석의 진가를 인정했으며, 정신분석학에 대해 언급한 최초의 정신 의학 교과서가 노르웨이어로 쓰였다. 러시아에서는 정신분석이 일반적으로 알려지게 되었고, 광범위하게 보급되었다. 정신분석에 대한 다른 지지자들의 저작뿐 아니라 거의 모든 내 저작이 러시아어로 번역되었다. 그러나 분석 이론에 대한 진정으로 철저한 이해는 아직 러시아에서는 나타나지 못했기 때문에, 러시아

45 자네의 「정신분석Psycho-Analysis」(1913)과 존스의 「정신분석에 대한 자네 교수의 견해: 답변Professor Janet on Psychoanalysis: a Rejoinder」(1915) 참조.
46 유럽에서 꿈-해석과 정신분석학이 처음 공식적으로 인정된 것은, 레이던 Leyden 대학의 총장인 정신 의학자 옐헤르스마Jelgersma가 1914년 2월 9일에 했던 총장 취임 연설에서부터 시작되어 그들에게까지 확장되었다 — 원주.

의사들의 공헌은 현재 별로 주목할 만한 것이 없다. 러시아에서 유일하게 훈련된 분석가는 오데사Odessa에서 의료 활동을 했던 불프M. Wulff이다. 정신분석이 폴란드의 과학 집단과 문학 집단에 소개된 것은 주로 예켈스L. Jekels 덕분이다. 지리적으로 오스트리아에 매우 가깝고 학문적으로는 매우 먼 헝가리는 유일한 협력자 페렌치를 배출해 냈지만, 그는 실제로 하나의 단체를 능가한다.[47]

독일에서 정신분석학은 과학적 논의의 중심을 형성하고 있으며, 의사들뿐만 아니라 일반인들 사이에서도 매우 강한 의견의 불일치를 불러일으키고 있다고 말할 수밖에 없다. 이런 것들은 아직 끝난 것이 아니라 꾸준히 불붙고 있으며, 때로는 그 강도가 엄청나다. 어떤 공식적인 교육 기관도 지금까지 정신분석학을 인정하지 않았다. 그것을 채용하여 성공을 거둔 실행자도 드물다.

[47] (1923년에 추가된 각주) 물론 1914년에 쓰인 이 설명을 〈오늘날까지〉 가져오는 것은 내 의도가 아니다. 나는 단지 세계 대전을 포함하는 그 간격 사이에 어떻게 그 상(像)이 변화되었는지 암시하기 위해 약간의 언급을 덧붙이겠다. 독일에서는 비록 항상 허용되지는 않지만, 분석 이론이 임상 정신 의학 속으로 침투하는 일이 점차적으로 발생하고 있다. 지난 몇 년 동안 나타나고 있는 내 저작들에 대한 프랑스어 번역은 프랑스에서조차 마침내 정신분석학에 대한 강렬한 관심을 야기했다. 비록 당분간 이러한 움직임이 과학자 집단들보다는 문학 집단들에서 더 적극적이기는 하지만 말이다. 이탈리아에서는 노체라 수페리오레의 레비 비안키니Levi Bianchini와 트리에스테의 에도아르도 바이스Edoardo Weiss가 정신분석학의 번역자이자 옹호자로서 나타났다(『이탈리아 정신분석학 문고Biblioteca Psicoanalitica Italiana』참조). 마드리드에서 나온(로페스 바예스테로스López-Ballesteros가 번역한) 내 저작의 전집판은 스페인어권 국가들에서 정신분석학에 기울이는 생생한 관심의 증거다(리마Lima의 델가도Delgado 교수). 영국에서는 내가 앞에서 했던 예언이 꾸준히 실현되어 가는 듯 보인다. 분석 연구를 위한 특별한 중심이 인도의 캘커타에서 형성되었다. 북아메리카에서는 분석에 대한 이해의 깊이가 그것의 인기를 따라가지 못하고 있는 것이 사실이다. 러시아에서는 혁명 이후 정신분석 작업이 여러 곳의 중심에서 새롭게 시작되었다. 폴란드에서는 『폴란드 정신분석학 문고Polska Bibljoteka Psychoanalityczna』가 지금 나오고 있다. 헝가리에서는 훌륭한 분석학파가 페렌치의 지도하에 성장하고 있다(그의 50회 생일을 축하하기 위한 기념 논문집 참조). 현재 스칸디나비아 국가들은 아직도 정신분석을 가장 덜 받아들이고 있다 — 원주.

가령 크로이츨링엔에 있는 빈스방어Binswanger 병원(스위스적인 토양에서)과 홀슈타인에 있는 마르치노프스키Marcinowski 병원 같은 단지 소수의 기관들만이 정신분석학에 그들의 문호를 개방했다. 한때는 블로일러의 조수였으며 분석의 가장 저명한 대표자들 가운데 한 사람인 카를 아브라함은, 베를린의 비판적인 분위기 속에서도 자신의 입장을 견지하고 있다. 내가 했던 설명이 단지 겉모습을 나타낼 뿐이라는 사실을 사람들이 알지 못한다면, 이러한 사태가 변화되지 않은 채 수년간 지속되었던 것에 의아해할 수도 있을 것이다. 과학의 공식적인 대표자들과 기관의 수장들, 그리고 그들에게 의존하는 추종자들에 의해 거부당한 사실에 너무 많은 의미가 부여되어서는 안 된다. 정신분석학의 적대자들이 자신의 견해를 큰 소리로 표현하는 반면에, 지지자들이 강요당한 침묵을 지키는 것은 당연하다. 후자들 중 몇 사람은 분석에 대한 그들의 첫 번째 공헌이 유망한 기대를 모았는데, 나중에 환경의 압력으로 인해 그 운동으로부터 물러나고 말았다. 운동 자체는 조용하지만 확실히 전진하고 있다. 그것은 꾸준히 정신 의학자와 문외한들 사이에서 새로운 지지자를 얻어 가고 있으며, 정신분석학 문헌에 대한 새로운 독자층이 증가하고 있고, 바로 이 때문에 그것의 적대자들을 더욱더 난폭한 방어적인 노력으로 몰아간다. 근년에 적어도 열두 번, 어떤 학회와 과학 단체의 진행에 관한 보고서나 혹은 어떤 출판물에 대한 비평에서 나는, 이제 정신분석학은 죽었고 결정적으로 좌절했으며 처치되었다는 것을 읽었다. 이 모든 것에 대한 최고의 대답은, 그의 죽음에 대한 뉴스를 허위로 발표했던 신문에 마크 트웨인Mark Twain이 보낸 전보인 〈엄청나게 과장된 내 죽음에 관한 보도〉와 같은 식이 될 것이다. 이러한 각각의 사망 기사 이후에도 정신분석학은 새로운 지지자들과 공동 작업자들을 얻거나 새로운 기관지를 만들었다. 결국 사망 선언은 침묵 속에 묻히는 것에 비해서는 앞으로 나아간 것이었다.

　정신분석학은 이처럼 공간적으로 확장되었을 뿐만 아니라 내용적으로도 확장되었다. 정신분석학은 신경증과 정신 의학의 분야에서 다른 지식 분야로 확장되었다. 나는 우리 발전의 이러한 측면을 너무 상세하게 다루지는 않겠다. 왜냐하면 이에 대해서는 랑크와 작스Hanns Sachs[48]가 공동으로 저술한 책(뢰벤펠트가 편집한 『경계 문제들』[49] 중의 하나) 속에서 매우 성공적으로 다루어졌기 때문이다. 이 책은 분석적 연구의 이러한 측면을 남김없이 세밀하게 다루고 있다. 게다가 이러한 발전은 아직 초보적인 단계에 있다. 그것은 별로 작업이 이루어지지 못했으며, 대개는 임시적인 단초들과 일부분은 계획에 지나지 않는 것들로 이루어져 있다. 분별 있는 어떤 사람도 그 속에서 어떤 비난의 근거를 찾지 못할 것이다. 엄청난 양의 작업이 소수의 작업자들과 맞서 있는데, 그들 대부분은 다른 어떤 곳에서 자신의 주요 업무를 갖고 있으며 단지 아마추어적인 자격으로 과학의 이러한 낯선 분야의 기술적인 문제들을 다룰 수밖에 없다. 정신분석학으로부터 출현한 이러한 작업자들은 자신의 서투름을 비밀로 하지 않는다. 그들의 목표는 단지 전문가들에 대해 길잡이와 구멍 마개로서 활동하는 것이며, 그들 자신이 그 작업에 착수하게 될 때에는 분석적인 기술과 원칙들을 전문가들의 처분에 맡기는 것이다. 그럼에도 도달한 결과가 사소하지 않다는 사실은, 부분적으로는 분석적 방법의 다산성(多産性)에 기인하고, 다른 한편으로는 의사는 아니지만

48　랑크와 작스의 『정신과학을 위한 정신분석의 의의 *Die Bedeutung der Psychoanalyse für die Geisteswissenschaften*』(1913).

49　레오폴트 뢰벤펠트Leopold Löwenfeld와 한스 쿠렐라Hans Kurella에 의해 편집된 『신경 생활과 정신생활의 경계 문제들 *Grenzfragen des Nerven und Seelenlebens*』.

정신분석을 정신과학에 적용하는 것을 그들의 필생 직업으로 삼았던 몇몇 탐구자가 이미 존재하는 상황에 기인한다.

이러한 분석을 응용하는 작업의 대부분은 자연스럽게 내 초기의 분석적 저작들에 있는 암시로 되돌아간다. 신경증 환자들과 정상인의 신경증적 증상들에 대한 분석적인 검토는, 도저히 그것들이 발견되었던 영역에 한정될 수 없는 심리학적 조건들에 대한 가정을 필요로 했다. 이러한 방식으로 분석은 우리에게 병리적 현상들에 대한 설명을 제공했을 뿐만 아니라, 이러한 현상과 정상적인 정신생활과의 연관을 드러내고 정신 의학과 마음의 활동을 다루는 다양한 다른 과학들 간의 생각지도 않은 관계를 밝혀냈다. 예컨대 특정한 유형의 꿈들은 몇몇 신화와 동화에 대한 설명을 가능케 했다. 리클린[50]과 아브라함[51]은 이러한 암시를 따랐고, 공평하고 전문적인 기준들에 따르는 방식으로 신화학에 관한 랑크의 저작들[52]에서 완성을 보았던 신화에 대한 탐구를 시작했다. 꿈의 상징적 의미에 대한 더 많은 탐구는 신화학, 민담,[53] 그리고 종교적인 추상들에 대한 문제의 핵심으로 인도했다. 어떤 정신분석학 회의에서 융의 한 추종자가 정신 분열증적인 환상과 원시 시대 종족들의 우주 발생론 사이의 일치 관계를 논증했을 때, 모든 청중은 깊은 감명을 받았다.[54] 신화학적인 소재는 이후에 융

50   F. Riklin, 『동화에 나타난 소원 성취와 상징 *Wunscherfüllung und Symbolik im Märchen*』(1908).

51   아브라함, 『꿈과 신화: 민족 심리학의 연구』(1909).

52   예를 들면 랑크의 『영웅 탄생의 신화』(1909)와 『백조의 기사 전설』(1911).

53   예를 들면 존스의 『중세 미신의 특정 형태와의 관계에서 본 악몽』(1912a)과 「민속적 관습과 풍속에서 소금의 의미 Die Bedeutung des Salzes in Sitte und Brauch der Völker」(1912), 슈토르퍼 A. J. Storfer의 『동정녀 마리아의 모성 *Marias jungfräuliche Mutterschaft*』(1914).

54   얀 넬켄 Jan Nelken이 1911년 바이마르 Weimar 회의에서 발표한 것을 말한다. 논문에 대한 확장된 설명은 넬켄의 「정신 분열증적 환상에 대한 분석적 관찰 Analytische

의 손으로, 신경증을 종교적 및 신화적인 환상과 연관 지으려고 시도한(비판의 소지가 있지만 매우 흥미로운) 작업들에서 한층 더 정교화되었다.

또 다른 길은 꿈의 탐구에서 시작되어 작가의 작품들에 대한 분석으로, 그리고 궁극적으로는 작가 자신에 대한 분석으로까지 이어졌다. 초기 단계에서 작가들이 만들어 낸 꿈은 진짜 꿈과 동일한 방식으로 종종 분석에 굴복할 것이라는 사실이 발견되었다(『그라디바 *Gradiva*』). 무의식적인 정신 활동에 대한 생각은 상상력이 풍부하고 창조적인 글쓰기의 본성에 대한 예비적인 관념의 형성을 가능하게 했다. 그리고 신경증 환자에 대한 연구를 통해 얻은 본능적 충동의 역할에 대한 인식을 통해, 우리는 예술적 생산의 원천들을 감지할 수 있었고 두 가지 문제에 직면할 수 있었다. 예술가는 어떻게 이러한 자극에 반응하며, 그가 채용하는 어떤 수단들이 그의 반응을 위장하는가 하는 문제가 그것이다.[55] 일반적인 관심을 가진 대부분의 분석가들은 이러한 문제들을 해결하는 데 공헌했다. 이 문제들은 정신분석학의 적용 중에서도 가장 매혹적이다. 당연한 일이지만, 분석에 대해서 아무것도 모르는 사람들 편에서도 이러한 방향에서는 반대가 없지 않았다. 그것은 정신분석학적 탐구의 원래 영역에 그랬던 것과 똑같은 형태 — 똑같이 잘못된 생각과 격렬한 거부 — 를 취했다. 정신분석학이 침투할 수 있는 영역들이 어떤 것이든 간에, 그것은 불가피

Beobachtungen über Phantasien eines Schizophrenen」(1912)에서 발견될 것이다.

55 랑크의 『예술가: 성 심리학의 시작』(1907)과 자드거 I. Sadger(『니콜라스 레나우의 성생활 *Aus dem Liebesleben Nicolaus Lenaus*』, 1909), 라이크 T. Reik(『플로베르와 그의 성 안토니우스의 유혹 *Flaubert und seine Versuchung des heiligen Antonius*』, 1912) 등에 의한 상상력이 풍부한 저자들에 대한 분석, 나의 「레오나르도 다빈치의 유년의 기억」(1910), 그리고 아브라함의 『조반니 세간티니에 대한 정신분석적 연구 *Giovanni Segantini:ein psychoanalytischer Versuch*』(1911) 등을 참조 — 원주.

하게 그 분야를 소유하고 있는 사람들과 동일한 투쟁을 경험하리라는 것은 처음부터 예상될 수밖에 없는 일이었다. 그러나 이렇게 시도된 침입은 장래에 그렇게 되기를 기다리고 있는 몇몇 지역에서는 아직 주의를 불러일으키지 못했다. 분석을 엄격하게 과학적으로 문학에 적용한 것들 중에서, 근친상간의 주제에 대한 랑크의 철저한 저작[56]은 쉽게 첫자리를 차지한다. 그 주제는 가장 인기가 없을 수밖에 없다. 현재까지 정신분석에 바탕을 둔 작업은 언어학이나 역사학에서 거의 이루어지지 못했다. 나 자신은 종교적 제식과 신경증 환자의 의식(儀式) 사이의 유사성을 이끌어 냄으로써 종교 심리학의 문제들에 처음으로 접근하려고 시도했다.[57]

취리히의 목사 피스터Pfister 박사는 다른 기고문들에서뿐 아니라 폰 친첸도르프von Zinzendorf 백작의 경건함에 관한 그의 책[58]에서 종교적인 광신의 근원을 도착적인 에로티시즘으로까지 추적했다. 그러나 취리히 학파의 최근 저작들에서 우리는, 분석이 기대되었던 결과와는 정반대로 종교적인 관념들로 들어차 있는 것을 보게 된다.

〈토템과 터부Totem und Tabu〉라는 제목이 붙은 논문에서 나는 분석에 비추어 사회 인류학의 문제들을 다루려고 시도했다. 이러한 탐구 노선은 곧바로 우리 문명의 가장 중요한 제도들, 국가의 구조, 도덕과 종교, 근친상간 금지, 그리고 양심의 근원에로 인도한다. 그렇게 도달된 결론들이 비판을 얼마나 견뎌 낼 수 있을지 결정하기에 너무 이르다는 것은 두말할 필요도 없다.

분석적인 사고방식을 미학의 문제들에 적용한 첫 번째 사례는

---

56 랑크, 『시와 전설에 나타난 근친상간 모티프』(1912).
57 「강박 행동과 종교 행위」(프로이트 전집 13, 열린책들) 참조.
58 피스터, 『루트비히 폰 친첸도르프 백작의 선행 Die Frömmigkeit des Grafen Ludwig von Zinzendorf』(1910).

농담에 관한 내 책 속에 들어 있다.[59] 이것을 넘어선 모든 것은 여전히 작업자들을 기다리고 있으며, 그들은 이 분야에서 풍부한 수확을 기대해도 좋다. 우리는 이 모든 지식 분과에서 완전히 전문가들의 공동 작업 바깥에 있으며, 그들의 관심을 이끌어 내기 위해 한스 작스는 1912년에 자신과 랑크에 의해 편집되는 정기 간행물『이마고Imago』를 창간했다. 시작은 철학적 체계와 인물들에 대해 정신분석학적인 조명을 비추고 있는 히치만Hitschmann과 폰 빈터슈타인von Winterstein에 의해 이루어졌으며, 앞으로 이 분야에 대한 더 넓고 심도 깊은 연구가 요구되고 있다.

어린아이의 정신생활과 관련해 정신분석학의 혁명적인 발견들 — 성적 충동의 역할,[60] 그리고 생식 기능에서는 쓸모없게 된 성욕의 구성 요소들의 운명 — 은 일찍이 교육학에 주의를 향하게 하고, 분석적 관점을 그 작업 분야의 전면으로 가져가려는 시도를 자극하게 될 수밖에 없었다. 진지한 열정을 갖고서 정신분석학을 이러한 방향으로 적용하기 시작했고, 종교의 사제들과 교육과 관련된 사람들로 하여금 정신분석학에 주목하게 만든 공로는 피스터 박사에게 있다.[61] 그는 수많은 스위스 교사가 정신분석학에 공감하고 참여하게 하는 데 성공했다. 그의 직업상의 다른 동료들은 그의 견해를 공유하지만 배후에 조심스럽게 머물러 있는 것을 더 좋아했다고 한다. 그들이 정신분석학으로부터 후퇴하는 가운데, 빈 분석가들의 한 분과는 일종의 의학과 교육학의 결합에 도달했던 것으로 보인다.[62]

59 『농담과 무의식의 관계』(1905).

60 폰 후크-헬무트von Hug-Hellmuth, 『어린아이의 정신생활에 대하여Aus dem Seelenleben des Kindes』(1913) 참조.

61 피스터, 『정신분석의 방법』(1913) 참조 — 원주.

62 아들러와 푸르트뮐러Furtmüller의 『치료와 교육Heilen und Bilden』(1914) —

이러한 불완전한 개요를 갖고서 나는, 의학적인 정신분석학과 다른 과학 분야들 사이에서 밝혀지게 된 아직도 헤아릴 수 없는 풍부한 연관들에 대해 어떤 생각을 제시하려고 시도했다. 한 세대의 탐구자들이 작업할 소재가 여기에 있으며, 정신분석에 대한 저항이 그 근원적인 근거에서 극복되자마자 그 작업이 수행되리라는 것을 나는 믿어 의심치 않는다.[63]

이처럼 저항에 관한 이야기를 쓰는 것은, 내가 생각하기에 현재로서는 무용하고 시기가 적절치 못하다. 그 이야기는 우리 시대의 과학자들에게는 별로 믿어지지 않을 것이다. 그러나 단지 정신분석학의 적대자들에게, 그들이 단지 적대자이기 때문에 모욕을 퍼붓는 일은 결코 일어나지 않았다고 나는 첨언하지 않을 수 없다. 소수의 무가치한 개인들, 즉 전쟁 때면 양편 모두에 항상 있게 마련인 협잡꾼과 폭리 취득자를 별개로 한다면 말이다. 나는 이러한 적대자들의 행동을 어떻게 설명해야 할지 아주 잘 알고 있었으며, 게다가 정신분석학은 모든 사람에게서 최악의 것을 드러낸다는 것을 경험했다. 그러나 나는 내 적대자들에게 응답하지 않기로 작정했고, 내 영향력이 지속되는 한 다른 사람들이 논쟁하는 것을 제한하기로 결심했다. 정신분석학에 대한 논쟁의 특수한 조건들하에서, 그 모의가 공개적인 것이든 서면으로 이루어진 것이든 어떤 쓸모가 있을지 매우 회의적으로 보였다. 회의와 모임에서 다수가 어떤 길을 갈지는 확실했고, 내게 반대했던 신사들의 사려 깊음과 훌륭한 행동에 대한 나의 믿음은 언제나 크지 않았다. 아주 소수의 사람만이 학문적인 논쟁에서, 객관적인

원주.
　63 『스키엔티아』에 실린 논문 참조 — 원주. 앞에 실린 「과학과 정신분석학」 (1913)을 말한다.

것은 말할 것도 없고 정중한 태도를 유지할 수 있다는 것을 경험이 말해 주었다. 학문적인 언쟁에 의해 내가 받은 인상은 항상 불쾌한 것이었다. 아마도 이러한 내 태도는 오해받았을지도 모르고, 내가 성품이 순하고 쉽게 협박당하기 때문에 나에 대해서는 더 이상의 고려가 불필요하다고 생각되었을지도 모른다. 이것은 실수였다. 나는 다른 사람만큼 독설적이고 격분할 줄 안다. 그러나 나는 출판에 적합한 형식으로 숨어 있는 감정을 표현하는 방법을 갖고 있지 못하기 때문에 전적으로 삼가는 것을 선호한다.

아마도 어떤 측면에서는 내가 나 자신의 격정과 내 주위의 다른 사람들의 격정을 자유롭게 놓아두었다면 더 나았을지도 모른다. 우리는 모두 정신분석학을 빈의 분위기의 산물로 설명하려는 재미있는 시도에 대해 들어 본 적이 있다. 최근인 1913년에 자네는 자기 자신이 파리 사람인 것을 틀림없이 자랑스러워했음에도 이렇게 주장하는 것을 부끄러워하지 않았다. 그리고 파리가 빈보다 더 엄격한 도덕의 도시라고는 할 수 없다.[64] 그 말은, 정신분석학과 신경증이 성생활의 장애로 추적될 수 있다는 주장은 빈과 같은 도시에서나 — 다른 도시들에게는 낯선 감각적이고 비도덕적인 분위기에서 — 생겨날 수 있었다는 것이고, 사실상 이런 빈의 특수한 상황을 단순히 반영하여 이론 속에 투사한 점이라는 것이다. 지금 나는 확실히 배타적인 애향심을 가진 사람이 아니다. 그러나 정신분석학에 관한 이러한 이론은 항상 아주 예외적으로 무의미해 보인다. 너무도 무의미해서 실제로 나는 이따금 빈 시민이라는 것에 대한 비난은 단지, 아무도 공개적으로 제기하고 싶어 하지 않을 또 다른 비난에 대한 완곡한 대체물일 뿐이라 가정하고 싶어졌을 정도이다.[65] 그 주장이 의존하고 있는 전제

64 이 문장의 마지막 절은 1924년에 추가되었다.

들이 정반대라면, 그것은 들을 만한 가치가 있을지도 모른다. 주민들이 성적인 만족에 관해서는 자신들에게 예외적인 제한을 부과하는 도시가 있다면, 그리고 동시에 그들이 극도의 신경증적 질환에 대한 현저한 경향을 보여 준다면, 그 도시는 확실히 관찰자의 마음속에 그 두 가지 환경이 서로 어떤 연관을 갖고 있다는 생각이 들게 할 수도 있을 것이며, 하나는 다른 하나를 조건으로 한다고 제시할 수도 있을 것이다. 그러나 이러한 가정들 중 그 어느 것도 빈에는 해당되지 않는다. 빈 사람들은 더 이상 금욕적이지 않으며 다른 어떤 주요 도시의 주민들보다 더 신경증적이지도 않다. 성적인 금욕에 대해 매우 자랑스러워하는 서유럽과 북유럽의 도시들보다 성적인 관계에 관해서는 오히려 덜 당황해하고, 덜 얌전 뺀다. 빈의 이러한 특성들은 신경증의 원인에 대해 관찰자를 계몽하기보다는 오도하기가 더 쉬울 것이다.

그러나 빈은 정신분석학의 발생에서 자신의 몫을 부정할 수 있는 가능한 모든 것을 다 했다. 다른 어떤 곳에서도 배움 있고 교양 있는 집단들의 분석가에 대한 적대적인 무관심이 빈에서처럼 그렇게 분명하지는 않았다.

세상에 널리 알려지는 것을 피하려는 내 방침이 어느 정도는 이에 대해 책임이 있다고 할 수 있다. 모든 열정을 발산하고, 정신분석학의 적대자들의 입에 오르내리거나 그들의 마음속에 있는 온갖 비난과 욕설을 공표하게 될 격렬한 논쟁 속에서 빈의 의학계가 정신분석학에 전념하는 것을 내가 고무했거나 허용했더라면, 아마도 정신분석학에 대한 금지는 오늘날 극복되었을지도 모르고 정신분석학은 더 이상 그것의 고향에서 이방인이 되지 않았을 것이다. 실상은 그렇지 못했다. 그의 발렌슈타인Wallenstein이

---

65 추측컨대 프로이트가 유대인 출신이라는 비난을 말하는 것 같다.

말하게 할 때 그 시인은 옳았을 것이다.

그러나 빈 사람들이 나를 용서하지 않는 것은,
내가 그들을 속여서 구경거리를 빼앗았기 때문이다.[66]

내가 감당할 수 없었던 과제 — 정신분석학의 적대자들에게 부드러운 태도로 그들의 부당성과 자의성을 논증하는 과제 — 는 1910년에 쓰인 논문「프로이트의 정신분석학: 변호와 비판적인 언급들Die Psychoanalyse Freuds, Verteidigung und kritische Bemerkungen」에서 블로일러에 의해 가장 믿음직스럽게 착수되고 수행되었다. 내가 이 저작(두 방향 모두에서 비판을 당하는)을 칭찬하는 것은 아주 자연스러울 것이기 때문에, 나는 그 속에서 예외로 취하는 것을 서둘러 말할 것이다. 정신분석학의 적대자들의 잘못에 대해서는 너무 관대하고, 지지자들의 약점에 대해서는 너무 가혹한 것은 여전히 편파성을 보여 주는 것으로 보인다. 그 안에 있는 이러한 특징은 아마도 그렇게 높은 명성, 확실한 능력, 그리고 독립성을 갖춘 정신 의학자의 견해가 왜 그의 동료들에게 더 이상 영향력을 행사하지 못하는지 설명해 줄 수 있을 것이다. 『감정 상태Affektivität』(1906)의 저자[67]는 저작의 영향력이 논증의 힘이 아니라 감정적인 어조에 의해 결정된다고 해도 놀라서는 안 된다. 그 영향력의 또 다른 부분 — 정신분석학의 추종자들에 대한 영향력 — 은 나중에, 블로일러 자신이 1913년에「프로이트 이론에 대한 비판」에서 정신분석학에 대한 그의 태도의 이면을 보여 주었을 때 무너졌다. 이 논문에서 그는 정신분석 이론의 구

---

66   실러Schiller, 『발렌슈타인』2부「피콜로미니Die Piccolomini」2막 7장.
67   블로일러를 말한다.

조에서 너무 많은 것을 빼버려서, 우리의 적대자들이 정신분석학의 옹호자에 의해 그들에게 주어진 도움에 기뻐했던 것도 당연하다. 그러나 블로일러의 이와 같은 불리한 판단은 새로운 논증이나 더 나은 관찰에 근거하고 있지는 않다. 그것은 단지 그 자신의 지식 상태에 의존하고 있는데, 그 지식의 부적절성에 대해 그는 자신의 초기 저작들에서처럼 더 이상 스스로 인정하지 않는다. 그러므로 거의 회복할 수 없는 손실이 여기서 정신분석학을 위협하는 것으로 보였다. 그러나 그의 마지막 출판물인 「정신 분열증에 대한 비판자들Die Kritikern der Schizophrenie」(1914)에서 블로일러는, 정신 분열증에 관한 자신의 책 속에 정신분석학을 도입했다는 이유로 그에게 가해진 공격에 직면해서 힘을 집중시키며, 자칭 〈건방진 주장〉을 한다.

그러나 이제 나는 건방진 주장을 할 것이다. 내가 생각하기에 지금까지 심리학의 다양한 학파는 심인성(心因性) 증상들과 질환들의 본성을 설명하는 데 극도로 적게 기여했지만, 심층 심리학은 여전히 창조를 기다리고 있고 의사들이 환자를 이해하고 합리적으로 치료하기 위해 필요한 심리학에 대해 어떤 것을 제공한다. 그리고 나는 더욱이 나의 〈정신 분열증〉에서 그러한 이해를 향해 매우 작은 발걸음을 내디뎠다고 믿는다. 처음의 두 주장들은 확실히 옳다. 마지막 주장은 오류일 수 있다.

〈심층 심리학〉으로 그는 정신분석학 외에 다른 것을 의미하지 않기 때문에, 우리는 당분간 이러한 고백으로 만족할 수 있다.

3

짧게 하라!
심판의 날에는 한낱 방귀에 지나지 않나니![68]
　　— 괴테

　정신분석학의 첫 번째 비공식적인 회의가 열린 지 2년 후인
1910년 3월에 뉘른베르크에서 두 번째 회의가 열렸다. 그 사이에,
미국에서의 호응과 독일어권 국가들에서 점증하는 적대감, 그리
고 취리히로부터의 예기치 못했던 지원에 영향을 받아, 나는 친
구 페렌치의 도움으로 이번 두 번째 회의에서 수행할 기획을 세
웠다. 내가 염두에 두었던 것은 정신분석 운동을 조직화하고, 그
것의 중심을 취리히로 옮기며, 장래를 책임질 우두머리에게 그것
을 맡기는 것이었다. 이러한 기획이 정신분석학의 지지자들 사이

68　이 시구는 괴테의 생애 중 나중에 쓰인 몇 개의 반어적인 시들에서 나타난다.
그 시들에서 마왕은 나폴레옹Napoléon을 여러 번 고발하는 것으로 표현되며, 프로이
트에 의해 인용된 말은 아버지 하느님의 응답이다. 프로이트는 초기의 여러 해 동안
〈저항〉에 관한 장(『정신분석의 기원 Aus den Anfängen der Psychoanalyse』, 1950)의 암시
적인 표어와 똑같은 말을 플리스에게 보낸 편지에서도(1896년 12월 4일) 인용했다.
여기에 실린 시구와 관련하여 프로이트의 인용구 사용에 대해, 반드시 양립 가능한 것
은 아니지만 두 개의 설명이 주어질 수 있다. 그는 정신분석학의 적대자들이 제기한
비판에 그 말을 적용하거나, 아니면 반어적으로 그와 같이 사소한 일들에 시간을 허비
하는 자기 자신에 대해 그 말을 적용하고 있는 것인지도 모른다.

에서 많은 반대에 부딪쳤기 때문에 나는 그 이유를 상세하게 설명할 것이다. 설령 내가 했던 일이 사실상 별로 현명치 못했다고 판명되더라도, 나는 이렇게 하는 것이 정당화되기를 희망한다.

나는 그 새로운 운동이 빈과 연합하는 것은 장점이 아니라 오히려 그 운동에 약점이 될 수 있다고 판단했다. 대학교수가 정신분석학에 자신의 기관을 개방했던 취리히와 같은 유럽의 중심지는 내게 훨씬 더 장래성이 있어 보였다. 나는 또한 두 번째 약점이 나 자신의 인격에 있다고 간주했다. 내 인격에 대한 평가는 호의와 혐오가 상반되어 너무 많이 혼란스러웠다. 나는 콜럼버스, 다윈, 그리고 케플러에 비교되거나 아니면 뇌가 마비된 환자로 매도되었다. 그러므로 나는 나 자신과 정신분석학이 처음으로 빛을 본 도시가 배경으로 물러나기를 바랐다. 게다가 나는 더 이상 젊지 않았다. 나는 내 앞에 먼 길이 놓여 있는 것을 알았고, 지도자의 의무가 내 인생에서 너무 늦게 부여되었다는 생각에 압박감을 느꼈다.[69] 그러나 나는 누군가가 선두에 서야만 된다고 느꼈다. 나는 유감스럽게도 분석에 가담한 사람을 기다리고 있는 함정들을 잘 알고 있었으며, 지도하고 훈계할 만한 권위가 세워질 수 있다면 그 많은 함정을 피할 수도 있으리라 생각했다. 이러한 지위는 아무것도 견제할 수 없었던 초기 15년 동안의 경험 때문에, 처음에는 나 자신이 누렸던 것이다. 나는 이러한 권위를 내가 죽고 난 후 실제로 내 자리를 대신하게 될 더 젊은 사람에게 넘겨줄 필요를 느꼈다. 그 사람은 융일 수밖에 없었다. 왜냐하면 블로일러는 나와 동년배였고, 융에게는 특별한 재능, 그가 이미 정신분석학에서 이룩한 공헌들, 그의 독립적인 지위와 그의 인격이 만들어 내는 확실한 에너지에 대한 인상이 득이 되었기 때문이다. 이

69　1910년에 프로이트는 54세였다.

외에도 그는 이미 나와 우정 어린 관계를 맺기 시작한 것으로 보였고, 그가 이전에 가졌던 어떤 인종적인 편견을 나를 위해 포기한 것으로 보였다. 나는 그 당시에 이러한 모든 장점에도 불구하고 그 선택이 아주 불행한 선택이었고, 다른 사람의 권위를 견디지 못하지만 스스로 그것을 제어할 능력은 더더욱 갖추지 못했으며 자신의 이익을 조장하는 데 끊임없이 자신의 에너지를 쏟는 사람을 선택했다는 것을 전혀 눈치채지 못했다.

나는 정신분석학이 대중성을 확보하자마자 매도당하기 쉬울 것이라 염려하여 공식적인 협회를 만드는 것이 필요하다고 생각했다. 〈이 모든 헛소리는 분석과는 무관하며, 이것은 정신분석이 아니다〉라고 선언하는 것이 본연의 업무가 될 모종의 본부가 있어야 한다. 지역 집단들(이들이 모여서 국제적인 연합을 구성할 것이다)의 회기에서는, 어떻게 정신분석이 행해져야 하고 활동에 대해 일종의 보장을 받게 될 의사는 어떻게 훈련받아야 하는가에 대해 가르침이 있어야 한다. 게다가 공식적인 과학은 정신분석학에 대한 엄숙한 금지를 선언했고, 그것을 실행하는 의사와 기관들에 대해서는 보이콧을 선언했기 때문에, 나는 정신분석학의 지지자들이 서로 우호적으로 소통하고 상호 지원하기 위해 함께 모이는 것을 바람직스럽게 여겼다.

국제 정신분석학회를 설립함으로써 성취하고자 했던 것은 이것뿐, 다른 것은 아무것도 없었다. 그것은 아마도 달성할 수 있는 것 이상이었을 것이다. 내 적대자들이 새로운 운동의 물결을 막는 일이 불가능함을 알게 되었던 것과 마찬가지로, 나는 정신분석 운동이 내가 계획하려고 했던 방향으로 진행되지 않으리라는 사실을 알게 되었다. 뉘른베르크에서 페렌치의 제안이 채택되었다. 융이 회장으로 선출되었고 레클린Reklin이 그의 비서가 되었다. 또한 중앙 집행부와 지역 집단들을 연결할 회보의 발간이 결의되었다. 협회의 목적은 〈순수 심리학으로서뿐만 아니라 의학과 정신과학에 대한 적용에서 나에 의해 기초가 마련된 정신분석학을 육성하고 촉진하는 것, 그리고 정신분석학적인 지식을 획득하고 전파하기 위한 모든 노력에 있어서 그 구성원들 사이의 상호 협조를 증진하는 것〉이라고 선언되었다. 오직 빈 학파만이 이 기획에 강하게 반대했다. 매우 놀랍게도 아들러는 〈학문의 자유에 대한 감시와 규제〉가 의도되었다는 두려움을 표시했다. 마침내 협회의 위치를 취리히가 아니라 당분간은 2년 임기로 선출된 회장의 거주지로 한다는 보장을 받고 난 후에야 양보했다.

이 회의 후에 세 개의 지역 단체들이 설립되었다. 하나는 아브라함이 의장을 맡은 베를린에서, 또 하나는 그 우두머리가 전체 협회의 장이 되었던 취리히에서, 그리고 나머지 하나는 내가 지휘권을 아들러에게 넘겨준 빈에서 설립되었다. 부다페스트에 있는 네 번째 단체는 나중에 가서야 세워질 수 있었다. 블로일러는 질병 때문에 그 회의에 참석하지 못했으며, 나중에 그는 일반적인 이유로 협회에 동참하는 데 주저하는 태도를 보였다. 그는 나와의 개인적인 대화 이후에 동참하려는 듯했으나, 나중에 다시 취리히에서의 불일치 때문에 그만두고 말았다. 이로써 취리히 지역 단체와 부르크휠츨리 병원 사이의 연결은 끊어지고 말았다.

뉘른베르크 회의에서 나온 결과 중 하나는 『정신분석 중앙지 Zentralblatt für Psychoanalyse』의 창간이었고, 그 목적을 위해 아들러와 슈테켈은 힘을 합쳤다. 그것은 원래 반대 경향을 대변하기 위해 의도되었다. 그것은 융을 선출함으로써 위협받은 주도권을 회복하려는 의도에서 비롯된 것이었다. 그러나 출판사를 찾기 어려운 가운데, 그 신문의 두 창간자는 그들의 평화적인 의도를 내게 보장했고 그들의 진실성에 대한 보증으로서 내게 거부권을 주었다. 나는 편집인의 자리를 받아들여 그 새로운 기관을 위해 정력적으로 일했고, 그 첫 호는 1910년 9월에 나왔다.

나는 이제 정신분석학회에 관한 이야기를 계속할 것이다. 제3차 회의는 1911년 9월 바이마르에서 열렸고, 일반적인 분위기와 학문적인 관심에 있어서 이전의 회의들보다 훨씬 더 성공적이었다. 이번 모임에 참석했던 퍼트넘은 후에 미국에서, 그 모임이 자신에게 매우 많은 즐거움을 가져다주었다고 언급했고, 거기에 참석했던 사람들의 〈마음가짐〉에 대해 존경을 표시했으며, 그들과 관련해서 다음과 같은 말을 인용했다고 한다. 〈그들은 한 조각의 진리를 견뎌 낼 만큼 배운 사람들이었다.〉[70] 학회에 참석했던 사람이라면 어느 누구라도 어김없이 정신분석학회에 대해 좋은 인상을 간직할 수 있었으리라는 것은 사실이다. 나 자신이 처음 두 차례 회의를 지휘했고, 모든 강연자에게 자신의 논문을 발표할 시간을 허용했으며, 그것에 대한 논의는 추후에 사적인 의견 교환의 자리에서 할 수 있도록 했다. 회장인 융은 바이마르 회의에서 지휘권을 넘겨받았고 각각의 논문 발표 후에 공식적인 토론을 다시 도입했다. 그러나 그것은 그 당시에는 아직 어떤 어려움을 야기하지는 않았다.

2년 후인 1913년 9월 뮌헨에서 열린 제4차 회의에서는 매우 다른 상이 제시되었다. 참석했던 모든 사람에 대한 기억이 아직도 새롭다. 그 회의는 불쾌하고 부정확한 방식으로 융에 의해 진행되었다. 강연자들은 시간의 제한을 받았고 토론이 논문을 압도

---

70 퍼트넘, 「정신분석 운동 차후의 발전을 위한 철학적 견해와 교육의 의미에 대하여Über die Bedeutung philosophischer Anschauungen und Ausbildung für die weitere Entwicklung der psychoanalytischen Bewegung」(1912).

해 버렸다. 운이 나쁘게도 사악한 천재 호혜가 그 모임이 열렸던 바로 그 건물에 머물게 되었다. 분석가들은, 호혜가 자신들에 대해 〈지도자를 맹목적으로 따르는 광적인 종파〉로 묘사한 것을 헛소리라 여겼었는데, 그때 호혜는 그것을 사실로 확인하는 데 아무런 어려움도 없었을 것이다. 피곤하고 계발적이지 못한 절차가 국제 정신분석학회의 회장으로 융을 재선출하는 것으로 끝을 맺었는데, 그는 참석했던 사람들의 5분의 2가 자신에 대한 지지를 거부했음에도 불구하고 그 자리를 받아들였다. 우리는 다시 만날 필요를 느끼지 못한 채 흩어졌다.

이 회의가 열렸을 무렵 국제 정신분석학회의 자산은 다음과 같았다. 빈, 베를린, 그리고 취리히의 지역 단체가 일찍이 1910년의 뉘른베르크 회의에서 결성되었다. 1911년 5월에 자이프L. Seif 박사가 회장직을 맡은 뮌헨의 단체가 추가되었다. 같은 해에 최초로 미국의 지역 단체가 브릴을 회장으로 하여 〈뉴욕 정신분석학회The New York Psychoanalytic Society〉라는 이름으로 결성되었다. 바이마르 회의에서 두 번째 미국 단체의 설립이 정식으로 인정되었다. 그 단체는 그다음 해 동안에 〈미국 정신분석학 협회The American Psychoanalytic Association〉라는 이름으로 존재하게 되었고, 퍼트넘이 회장으로 어니스트 존스가 간사로 선임되었다. 1913년 뮌헨 회의 직전에 부다페스트 지역 단체가 페렌치를 회장으로 하여 결성되었다. 이 일이 있은 직후에 최초의 영국 단체가 런던으로 돌아온 어니스트 존스에 의해 결성되었다. 지금은 8개에 달하는 이러한 지역 단체들의 회원 수는 비조직화된 학생들과 정신분석학의 지지자들의 숫자를 산정할 수단을 제공하지 못한다.

정신분석학에 기여한 정기 간행물의 발전에 대해서도 간단히 언급할 만하다. 최초의 정기 간행물은 『응용 심리학을 위한 논

문들 *Schriften zur angewandten Seelenkunde*』이라는 제목이 붙은 일
련의 논문집으로서, 1907년 이후 지금까지 부정기적으로 15호가
나왔다(발행인은 처음에는 빈의 헬러Hugo Heller였고 나중에는
도이티케F. Deuticke였다). 그 논문집은 나[71]와 리클린,[72] 융,[73] 아
브라함,[74] 랑크,[75] 자드거,[76] 피스터,[77] 막스 그라프,[78] 존스,[79] 슈토
르퍼,[80] 폰 후크-헬무트[81]의 저작을 포함하고 있다.[82] 『이마고』라
는 잡지(이에 대해서는 간단히 언급될 것이다)가 창간되었을
때, 이러한 형태의 출판은 그 가치를 상당히 상실했다. 1908년의
잘츠부르크 회의 후에 『정신분석과 정신 병리학 연구 연보』가 창
간되었는데, 그것은 융이 편집권을 가진 채 5년 동안 발간되었고
두 명의 새로운 편집자 아래에서 『정신분석 연보 *Jahrbuch der*

71   「빌헬름 옌젠의 〈그라디바〉에 나타난 망상과 꿈」과 「레오나르도 다빈치의 유
년의 기억」이 1호와 7호에 실렸다.
72   리클린, 『동화에 나타난 소원 성취와 상징』(1908).
73   융, 『정신 이상의 내용』(1908).
74   아브라함의 『꿈과 신화: 민족 심리학의 연구』와 「조반니 세간티니에 대한 정
신분석적 연구」가 4호와 11호에 실렸다.
75   랑크의 『영웅 탄생의 신화』와 『로엔그린 전설』이 5호와 13호에 실렸다.
76   자드거, 『니콜라우스 레나우의 성생활』(1909).
77   피스터, 『루드비히 폰 친젠도르프 백작의 선행』(1910).
78   막스 그라프, 『「방황하는 네덜란드인」에서 리하르트 바그너: 예술 창작 심리
학에 대한 기고 *Richard Wagner im 'Fliegenden Holänder': ein Beitrag zur Psychologie
künstlerischen Schaffens*』(1911).
79   존스의 『햄릿과 오이디푸스 콤플렉스의 문제 *Das Problem des Hamlet und der
Oedipus-Komplex*』(1911)와 『중세 미신의 특정 형태와의 관계에서 본 악몽』이 10호와
14호에 실렸다.
80   슈토르퍼, 『아버지 살해의 특수한 입장 *Zur Sonderstellung des Vatermordes*』(1911).
81   후크-헬무트, 『어린아이의 정신생활에 대하여』(1913).
82   (1924년에 추가된 각주) 그 이후로 더 많은 저작들이 자드거(『밤 산책과 달에
대한 동경: 의학적·문학적 연구』[1914], 『프리드리히 헤벨: 정신분석학적 시도 *Friedrich
Hebbel: ein psychoanalytischer Versuch*』(1920)가 16호와 18호에 실렸다)와 킬홀츠Kielholz
(『야콥 뵈메: 신화의 심리학에 대한 병리 도식적 기고 *Jakob Böhme: ein pathographischer
Beitrag zur Psychologie der Mystik*』[1919]가 17호에 실렸다)에 의해 나왔다 — 원주.

Psychoanalyse』라는 명칭상의 작은 변화와 함께 현재 다시 이어지고 있다. 최근 몇 년 동안 그래 왔듯이, 그것은 더 이상 단순히 자족적인 저작들의 출판을 위한 저장소의 역할을 하려고 하지 않는다. 대신에 그것은 그 편집자들의 활동을 통해 정신분석학의 영역에서 행해진 모든 작업과 모든 성과를 기록하려는 목표를 충족시키려고 노력할 것이다.[83] 내가 이미 언급했듯이, 국제 정신분석학회가 1910년 뉘른베르크에서 창립되고 난 후 아들러와 슈테켈에 의해 시작된 『정신분석 중앙지』는 짧은 존속 기간 동안에 파란만장한 경력을 쌓았다. 일찍이 제1권 10호(1911년 7월)의 첫 면에 학문적인 견해 차이로 인해 알프레트 아들러 박사가 자발적으로 편집권을 내놓았다는 발표가 실렸고, 이후에 슈테켈 박사가 유일한 편집자로 남아 있게 되었다(1911년 여름부터). 바이마르 회의(1911년 9월)에서 『중앙지』는 국제 협회의 공식적인 기관지의 위치로 격상되었고, 연간 기부금 증가의 답례로 모든 구성원이 이용할 수 있게 되었다. 제2권[84]의 3호부터(1912년 겨울) 슈테켈이 그 내용에 대해 유일하게 책임을 지게 되었다. 설명하기 쉽지는 않지만, 그의 행동은 내가 감독을 그만두고 급히 정신분석학의 새로운 기관지 『국제 정신분석 의학지*Internationale Zeitschrift für ärztliche Psychoanalyse*』를 만들도록 강요했다. 거의 모든 우리 작업자와 후고 헬러의 노력으로 결합된 첫 호가 1913년 1월에 출판되기에 이르렀고, 그 후에 그것은 국제 정신분석학회의 공식 기관지로서 『중앙지』의 자리를 대신했다.

한편 1912년 초에, 정신분석학을 정신과학에 적용하기 위해

---

83 (1924년에 추가된 각주) 그것은 전쟁이 시작됨으로써 (오직 한 권의 책 [1914]이 간행되고 난 후에) 더 이상 출간되지 못했다 — 원주.

84 이전의 모든 판에서는 〈제2권〉으로 되어 있다. 그러나 실제로는 〈제3권〉이어야 한다. 그 권들은 10월부터 다음 해 9월까지 계속되었다.

전적으로 기획된 새로운 정기 간행물 『이마고』(헬러에 의해 출판된)가 한스 작스 박사와 오토 랑크 박사에 의해 창간되었다. 『이마고』는 이제 제3권의 중간 정도가 나왔고 갈수록 더 많은 정기 구독자들이 관심을 갖고 읽고 있는데, 그들 중 몇몇은 의학적인 분석과는 거의 상관이 없다.[85]

이러한 네 개의 정기 간행물(『응용 심리학을 위한 논문들』, 『연보』, 『의학지』, 『이마고』)과는 별도로, 독일어와 외국어로 된 그 밖의 잡지들이 정신분석학의 문헌에서 한자리를 요구할 수 있는 저작들을 발표하고 있다. 모튼 프린스Morton Prince가 감독하는 『비정상 심리학 저널The Journal of Abnormal Psychology』은 매우 많은 분석적인 논문을 포함하고 있어서, 미국의 대표적인 분석학적 중요 문헌으로 간주되어야 한다. 1913년 겨울에 화이트White와 젤리프Jelliffe는 뉴욕에서 새로운 정기 간행물(『정신분석 비평The Psychoanalytic Review』)을 창간했는데, 그것은 정신분석에 관심이 있는 미국의 대부분의 의사들이 독일어를 어려워한다는 점을 염두에 두고 전적으로 정신분석학을 다루었다.[86]

나는 이제 정신분석학의 지지자들 가운데서 발생했던 두 개의 분리를 언급하지 않을 수 없다. 첫 번째는 1910년의 협회 창립과 1911년의 바이마르 회의 사이에 발생했다. 두 번째는 바이마르

---

85 (1924년에 추가된 각주) 이 두 정기 간행물의 출판은 1919년에 국제 정신분석 출판사로 옮겨졌다. 현재(1923년) 그것들은 모두 아홉 권이 나와 있다. (실제로 『국제 정신분석 의학지』는 제11권이 나와 있으며 『이마고』는 12년째 나오고 있지만, 전쟁 동안 여러 사건의 결과로 인해 『국제 정신분석 의학지』 제4권은 1년 이상, 즉 1916~1918년까지를 망라하며, 『이마고』 제5권은 1917~1918년을 망라한다.) 제4권의 발간과 더불어 〈의학〉이라는 단어가 빠지고 『국제 정신분석학지』가 되었다 ─ 원주.

86 (1924년에 추가된 각주) 1920년에 존스는 영국과 미국의 독자들을 겨냥한 『국제 정신분석 저널The International Journal of Psycho-Analysis』의 창간에 착수했다 ─ 원주.

회의 이후에 발생해서 1913년 뮌헨에서 확연해졌다. 그들이 내게 안겨 준 실망감은, 내가 분석적인 치료를 받는 환자들의 반응에 더 많은 주의를 기울였더라면 피할 수 있었을지도 모른다. 나는 물론 분석의 달갑지 않은 진리에 최초로 접근할 때 어떤 사람은 도망칠 수도 있다는 것을 잘 알고 있었다. 나 자신은 항상, 그 진리에 대한 모든 사람의 이해가 그 자신의 억압에 의해(혹은 오히려 그것들을 견뎌 내는 저항에 의해) 제한되기 때문에 분석의 이해에 관해 특정한 지점을 넘어설 수 없다고 주장했다. 그러나 분석에 대한 이해에서 일정 깊이에 도달한 어떤 사람도 그러한 이해를 포기하고 그것을 잃어버리기를 바라지는 않는다. 그런데 환자들을 통한 매일의 경험은, 마음속 어떤 심층에서 특별히 강한 저항이 일어날 때에는 언제나 분석적인 지식의 전면적인 거부가 일어날 수 있다는 것을 보여 주었다. 사람들은 환자가 분석적인 지식의 어떤 부분들을 파악하여 그것들을 자신의 소유물처럼 다룰 수 있게 하는 데 힘들게 성공할 수도 있지만, 바로 곁에 있는 저항의 지배로 인해 그가 배운 모든 것을 대수롭지 않게 여기고 그가 걱정 없는 초심자였던 시절에 했던 그대로 자신을 방어하는 것을 볼 수도 있다. 나는 분석을 행할 때 환자들에게서와 똑같은 일이 정신분석가들에게도 일어날 수 있다는 것을 배워야만 했다.

이러한 두 개의 분리에 관한 역사를 쓰는 것은 결코 쉽거나 부러운 일이 아니다. 그것은 부분적으로는 내가 그렇게 할 어떤 강한 개인적인 동기를 갖고 있지 않기 때문이고 — 나는 감사를 기대하지도 않았거니와 효과적일 정도로 복수심을 갖고 있지도 않다 — 부분적으로는 그렇게 함으로써 별로 용의주도하지 못한 내 반대자들에게 나 자신을 드러내 놓고 그들이 바라 마지않는 구경거리 —〈정신분석학자들이 갈기갈기 찢어지는〉— 를 제공할 것이기 때문이다. 정신분석학 외부의 적대자들과 싸움을 시작하지 않으려고 상당히 자제하는 훈련을 한 후에, 나는 지금 정신분석의 예전 추종자들이나 여전히 자신들을 추종자라고 부르기 좋아하는 사람들에게 무기를 들지 않을 수 없는 나 자신을 본다. 그러나 나는 그 문제에 관해서는 선택의 여지가 없다. 나태와 비겁은 사람들이 침묵을 지키도록 만들 뿐이고, 침묵은 이미 존재하는 해악을 솔직히 폭로하는 것보다 더 큰 해악을 가져오게 될 것이다. 다른 학문적인 운동의 성장을 따랐던 그 누구도 동일한 격변과 알력이 공통적으로 그 운동 내부에서 일어난다는 것을 알게 될 것이다. 다른 곳에서는 격변과 알력이 더욱 조심스럽게 숨겨져 있을지도 모른다. 그러나 매우 많은 인습적인 이상을 거부하는 정신분석학은 이러한 문제들에서도 역시 더 정직하다.

또 다른 매우 심각한 약점은, 내가 이러한 두 개의 반대 운동에 대해 분석적인 해명을 피할 수가 없다는 것이다. 그러나 분석은 논쟁적인 사용을 위해서는 적당하지 않다. 그것은 분석당하고 있는 사람의 동의를 전제하고 우월한 자와 종속적인 자가 존재하는 상황을 전제한다. 그러므로 논쟁적인 목적을 위해 분석에 착수하는 사람은 반대로 분석당하는 사람이 자기에 대해 분석을 사용할 것을 예상해야만 하기에, 토론은 어떤 공정한 제3자를 확신시킬 가능성을 완전히 배제하는 상태에 도달하게 될 것이다. 그러므로 나는 분석적인 지식의 이용과 내 적대자들에 대한 경솔한 행동과 공격적인 태도를 최소한도로 억제할 것이다. 또한 어떤 학문적인 비판을 이러한 근거들 위에 마련하지 않을 것이라는 점을 지적하고 싶다. 나는 내가 거부하고 있는 이론들 속에 포함될 수도 있는 진리에는 관심이 없으며, 그것을 반박하려고 시도하지도 않을 것이다. 나는 그러한 과제는 정신분석학 분야에서 자격이 있는 다른 작업자들에게 맡길 것이며, 그것은 실제로 이미 부분적으로 성취되었다. 나는 단지 이러한 이론들이 분석의 기본적인 원칙들을 뒤집는다는 것(그리고 어떤 점에서 이 이론들이 그 원칙들을 뒤집는지)과, 이러한 이유로 이 이론들은 분석이라는 명칭으로 알려져서는 안 된다는 것을 보여 주고 싶을 뿐이다. 따라서 나는 이러한 분기가 분석가들 사이에서 어떻게 일어날 수 있었는지를 설명하기 위해서만 분석을 이용할 것이다. 분기가 발생했던 지점에 다다르게 될 때, 나는 물론 순수하게 비판적인 성격을 띤 몇 가지 언급을 함으로써 정신분석학의 정당한 권리를 옹호해야만 할 것이다.

정신분석학이 당면한 첫 번째 과제는 신경증을 설명하는 것이었다. 그것은 저항과 전이라는 두 가지 사실을 출발점으로 삼았고, 건망증이라는 세 번째 사실을 고려하여 억압, 신경증에 있어서의 성적인 동기의 힘, 그리고 무의식에 관한 이론을 갖고서 그것들을 설명했다. 정신분석학은 인간 정신 일반에 대한 완전한 이론을 제공한다고 결코 주장한 적이 없다. 단지 제공된 것이 다른 수단에 의해 획득한 지식을 보충하고 교정하는 데 응용되기를 기대했을 뿐이다. 그러나 아들러의 이론은 이 지점을 멀리 넘어선다. 그 이론은 한꺼번에 인간의 신경증적인 질환과 정신 질환뿐 아니라 인간 존재의 행동과 성격을 설명하고자 한다. 비록 정신분석의 발전사와 관련된 이유들로 인해 여전히 이 신경증을 전면에 둔다고 해도, 아들러의 이론은 신경증의 영역보다는 어떤 다른 영역에 실제로 더 적합하다. 여러 해 동안 나는 아들러 박사를 연구할 기회를 가졌고, 특수한 사변적 경향과 결합된 그의 비상한 능력을 인정하기를 거부한 적이 없었다. 그가 내게 받았다고 주장하는 〈박해〉의 한 사례로서, 나는 협회가 창립되고 난 뒤 내가 그에게 빈 단체의 지도권을 넘겨주었던 사실을 지적할 수 있다. 학회의 모든 구성원에 의해 긴급한 요구가 제기되었을 때, 비로소 나는 그 학문적 모임에서 회장 자리를 다시 맡도록 설득당했다. 무의식적인 소재를 판단하는 데 아들러가 별로 재능을 갖고 있지 못하다는 것을 깨달았을 때 내 생각은, 그가 정신분석학이 심리학과 본능적인 과정의 생물학적 기초들과 맺고 있는 연관을 발견하는 데 성공하리라는 기대 — 어떤 의미에서는 그가 〈기관 열등성〉에 관해 이루어 낸 가치 있는 작업에 의해 정당화되었던 기대 — 로 변했다.[87] 그리고 그는 실제로 유사한 어떤 것을 이루어 냈다. 그러나 그의 작업은, 정신분석학이 모든 점에서 잘못되었고 신경증 환자의 주장을 너무 쉽게 믿고 받아들이기 때문에 성적인 동기의 힘에 너무 많은 중요성을 부여했을 뿐이라는 것을 증명하기 위해 의도된 〈듯한 als ob〉 — 그 자신의 〈전문어〉[88]로 말하자면 — 인상을 준다. 나는 심지어 그의 작업의 개인적인 동기에 관해 공공연하게 말할 수도 있다. 왜냐하면 그 자신이 빈 단체 구성원들의 작은 동아리 앞에서 그 동기를 공표했기 때문이다. 〈내 전체 삶이 오랫동안 당신의 그늘 속에 있는 것이 내게 그렇게 큰 즐거움을 준다고 생각하십니까?〉 확실히 나는 더 젊은 사람이 자신의 야망을 자유롭게 고백하는 것을 비난할 수 없다. 그 야망은, 사람들이 어쨌든 추측하겠지만, 그의 작업의 동기들 중 하나였다. 그러나 한 남자가 이런 종류의 동기에 사로잡히더라도 그는 세련된 사교적 재치를 가진 영국인들이 〈불공정하다 unfair〉 — 독일어로는 훨씬 조잡한 단어로 표현될 수 있을 뿐이다 — 고 부

---

87 아들러, 『기관의 열등성에 대한 연구 Studie über Minderwertigkeit von Organen』 (1907).

88 〈듯한〉이라는 말과 〈전문어〉라는 용어는 아들러의 저작들 속에 분명히 나타난다.

르는 것을 피하는 방법을 알아야만 할 것이다. 아들러가 이렇게 하는 데 별로 성공을 거두지 못했다는 사실은, 그의 저작들을 손상시키는 빈번한 악의의 저급한 분출에 의해, 그리고 그 저작들에서 드러나는 통제 불능의 우선권에 대한 갈망에 의해 확인된다. 빈 정신분석학회에서 우리는 언젠가 실제로 그가 〈신경증의 통일성〉 개념과 신경증에 대한 〈역동적인 견해〉에 대해 우선권을 주장하는 것을 들었다. 이것은 내게 매우 놀라운 것으로 다가왔다. 왜냐하면 나는 항상 이 두 개의 원리는 내가 아들러를 알기 전에 나에 의해 언급된 것이라고 믿어 왔기 때문이다.

그러나 유리한 지위를 향한 아들러의 이러한 노력은 정신분석학에 이로울 수밖에 없는 하나의 결과를 낳았다. 화해할 수 없는 학문적 불일치가 분명해지고 난 후, 내가 어쩔 수 없이 『중앙지』의 편집장 자리에서 아들러를 물러나게 했을 때 그는 빈 학회에서도 떠났고 새로운 학회를 만들었는데, 그것은 처음에는 〈자유로운 정신분석을 위한 학회Verein für freie Psycho-analyse〉라는 세련된 이름을 썼다. 그러나 분석과 관련되지 않은 외부인들은 우리 유럽인들이 두 중국인의 얼굴을 구별하는 데 능숙하지 못한 것과 마찬가지로, 두 정신분석가의 견해 사이의 차이점을 식별하는 데 능숙하지 못하다. 〈자유로운〉 정신분석학은 〈공식적〉, 〈정통〉 정신분석학의 그늘 속에 머물러 있었고, 단지 후자의 부속물로서 취급되었다. 그러자 아들러는 우리가 감사해 마지않는 조치를 취했다. 그는 정신분석학과의 모든 관련을 끊어 버렸고 자신의 이론에 〈개인 심리학Individualpsychologie〉이라는 이름을 붙였다. 신의 땅 위에는 충분한 공간이 있고 능력이 있는 사람은 누구나 방해받지 않고 그 위에서 빈둥거릴 수 있는 완벽한 권리를 갖는다. 그러나 더 이상 서로를 이해하지 못하고 서로 양립할 수 없게 되어 버린 사람들이 한 지붕 아래에서 살아간다는 것은 바람직스럽지 못한 일이다. 아들러의 〈개인 심리학〉은 이제 정신분석학을 거스르는 심리학의 많은 학파 중 하나이며, 그것의 계속적인 발전은 우리의 관심사가 아니다.

아들러의 이론은 애초부터 하나의 〈체계〉였는데, 이는 정신분석학이 조심스럽게 피하는 바였다. 그것은 또한, 예컨대 꿈-재료가 깨어 있는 사고 작용에 의해 선취되는 것과 같이 〈2차적인 수정〉의 아주 좋은 예이다. 아들러의 경우 꿈-재료는 정신분석학적 연구에 의해 획득된 새로운 소재에 의해 대체된다. 그때 이것은 순수하게 자아의 관점에서 파악되며, 자아에게 친숙한 범주들로 환원되고, 번역되고, 뒤집히며, — 정확히 꿈의 형성에서 일어나듯이 — 오해된다.[89] 게다가 아들러의 이론은 그것이 주장하는 바에 의해서보다는 그것이 거부하는 바에 의해 특징지어진다. 그 결과 그것은 세 종류의 상당히 다른 가치 요소로 이루어진다. 첫째는 자아의 심리학에 대한 유용한 공헌, 둘째는 불필요하지만 허용할 수 있는 분석학적인 사실을 새로운 〈전문어〉로 번역하는 것, 그리고 셋째는 이 사실들이 자아의 요구에 부합하지 않을 때 그것들을 왜곡하고 곡해하는 것이 그것이다.

첫 번째 종류의 요소들은 정신분석학이 어떤 특별한 주의를 기울일 만한 것은 못 되었지만, 결코 정신분석학에 의해 무시되지는 않았다. 그것은 모든 자아의 경향이 리비도의 구성 요소들을 포함한다는 것을 보여 주는 데 더 관심이 있었다. 아들러의 이론은 이것의 반대 부분, 즉 리비도의 본능적인 충동 속에 있는 자아의 구성 요소를 강조한다. 만약 아들러가 자아의 본능 요소들 때문에 리비도의 충동들을 부정하기 위해 이러한 관찰을 모든 경우

89 『꿈의 해석』 참조.

에 사용하지만 않았더라도 상당한 소득이 있었을 것이다. 그의 이론은 모든 환자가 하는 것, 그리고 우리의 의식적인 사고 일반이 하는 어떤 것을 한다. 다시 말해 존스가 그렇게 불렀듯이,[90] 무의식적인 동기를 숨기기 위해 〈합리화〉를 한다. 아들러는 이런 점에서 매우 일관적이어서, 그는 성행위에서 가장 강한 동기의 힘은 그 자신이 여자의 주인이라는 것을 보여 주려는 — 〈위에〉 있으려는 — 남자의 의도에 있다는 것을 적극적으로 고려한다. 그가 자신의 저작들 속에 이러한 기괴한 개념들을 표현했는지 나는 잘 모른다.

정신분석학은 일찍이 모든 신경증 증후의 존재 가능성이 타협에 기인한다는 것을 인식했다. 그러므로 모든 증후는 어떤 방식으로든 억압을 조종하는 자아의 요구에 따를 수밖에 없다. 그것은 어떤 이점을 제공해야만 하고, 어떤 유용한 적용을 허용해야만 한다. 그렇지 않으면 밀려났던 원래의 본능적인 충동 자체와 동일한 운명에 맞닥뜨리게 될 것이다. 〈질환에서 얻은 소득 Krankheitsgewinnes〉이라는 용어가 이것을 설명해 주었다. 사람들은 증후의 발생 시기에 틀림없이 작용하는 자아에 대한 〈1차적인〉 소득을, 만약 증후가 지속되어야 한다면 자아의 다른 목적과 결부되어 뒤따르는 〈2차적인〉 부분과 구별하는 것이 타당하다.[91] 질환에서 얻은 이러한 소득의 박탈 또는 현실의 외적인 환경의 어떤 변화에서 야기되는 증후의 소멸은, 그 증후에 대한 치료의 기제들 중 하나를 이룬다는 사실이 오래전부터 알려져 왔다. 아

90 존스 「일상생활의 합리화Rationalization in Everyday Life」(1908) 참조.
91 〈질병으로부터 얻는 이득〉에 대한 충분한 논의는 『정신분석 강의』 중 스물네 번째 강의에서 발견될 것이다. 그것은 1923년에 추가된 〈도라〉의 사례에서 다시 언급된다. 거기에서 프로이트는 자신의 초기 견해를 수정했고, 아마도 그 주제에 대한 가장 분명한 설명을 한다.

들러는 자기 이론의 주된 강조점을 이처럼 쉽게 검증할 수 있고 분명히 이해할 수 있는 연관에 두고 있다. 반면에 무수한 경우에, 자아는 단지 그것의 유용성 때문에 자신에게 강요된 매우 불쾌한 증후에 굴복함으로써 — 예컨대 안전을 위한 수단으로 불안을 수용함으로써 — 불가피한 일을 하는 것뿐이라는 사실이 전적으로 간과된다. 여기서 자아는 자신의 몸짓에 의해 서커스장의 모든 변화가 자신의 명령하에 이루어진다는 것을 관객에게 확신시키려고 노력하는 광대의 우스꽝스러운 역할을 하고 있다. 그러나 관객들 중 가장 어린아이들만이 그에게 속는다.

정신분석학은 그 자신의 어떤 것에 대해 하듯이 아들러 이론의 두 번째 구성 요소를 후원하지 않을 수 없다. 그리고 실제로 그것은 정신분석학적 인식과 다른 것이 아니며, 그 저자가 공동 작업을 하던 10년 동안 모든 사람에게 열려 있던 원천들로부터 추출해 내었던 것이고, 지금은 그가 명칭의 변화를 통해 그 자신의 것이라고 낙인을 찍은 것이다. 가령 나 자신은 내가 사용하는 용어인 보호 수단*Schutzmaßregel*보다 보호*Sicherung*가 더 나은 용어라고 생각한다. 그러나 나는 그것들의 의미 차이를 발견할 수 없다. 사람들이 가공의*fingiert*, 상상의*fiktiv*, 가상*Fiktion*의 대신에 초기의 공상의*phantasiert*와 상상*Phantasie*의로 대체할 때, 다수의 친숙한 특징이 아들러의 주장들 속에서 다시 등장한다. 이러한 용어들의 동일성은, 그 저자가 여러 해 동안 우리의 공동 작업에 참여하지 않았음에도 불구하고 정신분석학의 입장에서는 강조될 것이다.

아들러 이론의 세 번째 부분, 즉 분석의 불쾌한 사실들에 대한 곡해된 해석과 왜곡이 바로 〈개인 심리학〉과 정신분석학이 분명하게 구별되는 점이다. 우리가 알고 있듯이, 아들러 체계의 원칙은 개인의 자기주장의 목표, 즉 〈힘에의 의지〉는 〈남성 항거〉라는 형식으로 삶의 영위, 성격 형성, 그리고 신경증에서 지배적인 역할을 한다는 것이다. 그러나 아들러적인 동기의 힘인 〈남성 항거〉는 그것의 심리학적인 기제로부터 분리된 데다 성욕화된 억압에 다름 아니다. 이것은 성욕을 정신생활에서의 그 역할로부터 과시적으로 방출하는 것과는 잘 부합되지 못한다.[92]

〈남성 항거〉는 틀림없이 존재하지만, 그것이 정신생활의 (유일한) 동기의 힘이 되어 버릴 경우에는 관찰된 사실들이 도약하는 데 사용되고 난 뒤에 남겨지는 발판과 같이 취급되고 있는 것이다. 유아기에 욕망이 느껴지는 근본적인 상황, 즉 어른들의 성행위를 관찰하는 아이의 상황을 고려해 보자. 의사가 나중에 관심을 갖게 될 생활사를 가진 사람들의 경우, 그런 순간에는 두 가지 충동이 미성숙한 관찰자를 사로잡는다는 것을 우리는 분석을 통해 알 수 있다. 남자아이에게 있어서 그 중 하나의 충동은 자신을 능동적인 남자의 자리에 놓으려는 충동이고, 대립되는 경향인 다른 충동은 자신을 수동적인 여자와 동일시하려는 충동이다.[93] 양자 사이에서 이 두 개의 충동은 그 상황의 유쾌한 가능성을 소진한다. 남성 항거라는 개념이 어떤 의미를 유지해야 한다면, 첫 번째 충동만이 남성 항거에 복종할 수 있다. 그러나 아들러가 그 운명을 무시하거나 또는 그것에 관해 아무것도 알고 있지 못한 두 번째 충동은 이후의 신경증에서 더욱 중요해질 충동이다. 아들러는 자아의 편협한 시기심에 너무 몰입해 있어서, 자아에게 만족

---

92 〈남성 항거〉라는 용어는 뉘른베르크 회의에서 아들러가 자신의 논문(「신경증과 일상생활에서의 심리적 자웅동체Der psychische Hermaphroditismus im Leben und in der Neurose」, 1910)에서 도입했다. 그 개념과 아들러의 억압 이론에 대한 자세한 비판은 「〈어떤 아이가 매를 맞고 있어요〉」(프로이트 전집 10, 열린책들)에 있다. 또한 「나르시시즘 서론」(프로이트 전집 11, 열린책들)과 「17세기 악마 신경증」(프로이트 전집 14, 열린책들) 참조.
93 「자아와 이드」(프로이트 전집 11, 열린책들) 참조.

스럽고 자아에 의해 고무되는 본능적 충동에 대해서만 설명한다. 충동이 자아에 〈대립〉되는 신경증에서의 상황은 그의 시야를 벗어나 있다.

정신분석학에 필수적인, 유아의 정신생활과 그 이론의 근본적인 원리를 상관 지으려는 시도와 관련해서 아들러는 실제 관찰로부터 매우 심각하게 일탈해 있고, 그가 사용하는 개념들도 근본적인 혼동을 드러내고 있다. 여기에는 〈남성적〉과 〈여성적〉의 생물학적, 사회적, 심리학적 의미가 가망 없이 섞여 있다.[94] 어린아이는 남자든 여자든 여성의 성에 대한 원초적 경멸 위에서 자신의 삶을 계획하고, 자신의 〈지도 노선 Leitlinie〉으로서 진정한 남자가 되려는 소망이 불가능한 일이라는 사실이 관찰에 의해 반증된다.[95] 우선 어린아이들은 성 구별의 의미에 관해 아무런 생각이 없다. 정반대로 그들은 양성이 모두 동일한 생식기(남성의 생식기)를 갖고 있다는 가정에서 출발한다. 그들은 성 구별의 문제를 갖고서 그들의 성적인 탐구를 시작하지 않는다.[96] 반면에 여성에 대한 〈사회적〉 과소평가는 그들에게 완전히 낯선 것이다. 남자가 되려는 소망이 그들의 신경증에서 아무런 역할을 하지 않는 여자들이 있다. 남성 항거의 본성에서 존재한다고 보여질 수 있는 것은 어떤 것이든, 거세의 위협이나 성적인 행위들에 대한 최초의 방해에서 비롯된 원초적인 나르시시즘의 장애로 쉽게 추적할 수 있다. 신경증의 심인(心因)에 관한 모든 논쟁은 결국 유아 신경증의 분야에서 결정날 수밖에 없다. 유아기 초기의 신경증에 대한

94 「성욕에 관한 세 편의 에세이」(1905) 참조.
95 〈지도 노선〉이라는 용어는 아들러에 의해 지속적으로 사용된다.
96 (「성욕에 관한 세 편의 에세이」에서 반복되고 있는) 이 언급은 성의 구별에 관한 그의 후기 논문 「성의 해부학적 차이에 따른 몇 가지 심리적 결과」(프로이트 전집 7, 열린책들)에서 수정되었다.

조심스러운 정밀 분석은 신경증의 병인에 대한 모든 오해와 신경증에서 성적인 본능의 역할에 관한 모든 의심을 종식시킨다.[97] 「유아의 정신적 갈등에 대하여Über Konflikte der kindlichen Seele」 (1910)라는 융의 논문에 대한 비판에서 아들러가, 그 사례의 사실들은 〈의심의 여지 없이 (그 아이의) 아버지에 의해 일방적으로 배열되었다〉고 비난할 수밖에 없었던[98] 이유는 바로 여기에 있다.

나는 더 이상 아들러 이론의 생물학적 측면에 관해 자세히 설명하지도 않을 것이고, 〈기관 열등성〉이나 그것에 대한 주관적인 감정이 — 사람들은 어느 것인지 모른다 — 실제로 아들러의 체계에 대한 기초로서 기여할 수 있는지 논의하지도 않을 것이다. 나는 단지, 만일 그렇다면 신경증은 모든 종류의 정신적인 허약의 부산물로서 나타나게 되리라는 점을 지나치듯 언급할 것이다. 반면에 관찰 결과는, 못생기고 기형적이며 불구이고 불행한 대다수의 사람들은 그들의 결점에 신경증으로 반응하지 않는다는 것을 보여 준다. 나는 또한 열등감이 아이의 감정으로 거슬러 올라갈 수 있다는 흥미로운 주장을 다루지도 않을 것이다. 그것은 정신분석학에 의해 그토록 강조된 유치증의 요인이 〈개인 심리학〉에서 어떻게 변장하여 다시 등장하는지를 보여 준다. 다른 한편으로 나는, 정신분석학의 모든 심리학적 성과물이 어떻게 아들러에 의해 경시되었는지 지적하지 않을 수 없다. 『신경질적인 성격에 관하여Über den nervösen Charakter』(1912)라는 그의 책에서 자신의 체계와는 어떤 관련도 없이 무의식적인 것이 여전히 심리학적인 특수성으로서 언급된다. 나중에 그는, 하나의 생각이 의식

97 이것이 「늑대 인간」(프로이트 전집 9, 열린책들)의 주요한 논제이며, 이 논문이 나온 지 몇 달 후에 초안이 작성되었다.
98 아들러, 「융의 〈유아의 정신적 갈등에 대하여〉에 대한 평론」(1911) 참조.

적이든 무의식적이든 그에게 상관없는 문제라고 계속적으로 언명했다. 아들러는 처음부터 억압에 대해서는 전혀 이해하지 못했다. 빈 학회(1911년 2월)에서 발표한 자신의 논문 개요에서 그는, 특수한 사례의 증거는 환자가 결코 자신의 리비도를 억압하는 것이 아니라 지속적으로 그것에 대항해서 자신을 〈보호〉해 왔었다는 것을 보여 준다는 점이 지적되어야 한다고 썼다.[99] 직후에 빈 학회의 토론에서 그는 이렇게 말했다.

여러분이 어디서 억압이 오느냐고 묻는다면, 여러분은 〈문명으로부터〉라는 대답을 듣게 되지만, 여러분이 계속해서 문명은 어디서 오느냐고 묻는다면, 〈억압으로부터〉라는 대답을 들을 것이다. 따라서 여러분이 보시다시피 그것은 말장난에 불과하다.[100]

아들러가 〈신경질적 성격〉의 방어적인 장치를 폭로했던 약간의 날카로움과 정교함은, 그에게 이런 말도 안 되는 논증에서 빠져나오는 길을 보여 주기에 충분했을 것이다. 그 말이 의미하는 것은, 단순히 문명은 전 세대에 의해 이루어진 억압에 기초하고 있으며, 각각의 새로운 세대는 동일한 억압을 초래함으로써 이러한 문명을 유지하도록 요구받는다는 것이다. 나는 언젠가 사람들이 자기를 비웃는다고 생각해서 울기 시작하는 아이에 관한 이야기를 들었다. 왜냐하면 그가 달걀이 어디서 나오느냐고 물었을 때 〈암탉에게서 나온다〉는 대답을 들었고, 그가 계속해서 암탉은 어디서 나오느냐고 물었을 때 〈달걀로부터 나온다〉는 대답을 들

99 아들러, 「남성 항거, 신경증에서의 그 역할과 의미Der männliche Protest, seine Rolle und Bedeutung in der Neurose」(1911) 참조.
100 눈베르크와 페더른의 『빈 정신분석학회 회의록』(1962, 1974) 참조.

었기 때문이다. 그러나 그들은 말장난을 하고 있는 것이 아니었고, 정반대로 그에게 진리를 말하고 있는 것이었다.

정신분석학의 표어라 할 만한 꿈에 관해 아들러가 말하는 모든 것은 공허하고 무의미하다. 처음에 그는 꿈을 여성적인 노선에서 남성적인 노선으로의 변화로 간주했는데, 이는 단순히 꿈의 소원 성취 이론을 〈남성 항거〉의 언어로 번역한 것에 지나지 않는다. 나중에 그는 꿈의 본질이, 사람들에게 의식적으로 거부되는 것을 무의식적으로 성취 가능하도록 해주는 데 있다는 것을 발견했다. 아들러[101]는 또한 누구보다 먼저 꿈과 잠재적인 꿈-사고를 혼동한 것으로 여겨지는데, 그의 〈전망적인 경향prospektive Tendenz〉의 발견은 이러한 혼동에 근거한다. 메더[102]는 나중에 그의 이러한 방향을 추종했다.[103] 여기서는 현현된 형태 속에서 파악 불가능한 꿈에 대한 모든 해석은, 그 전제와 결론이 논쟁되고 있는 꿈-해석의 바로 그 방법에 기초하고 있다는 사실이 쉽사리 간과된다. 저항과 관련해서 아들러는, 그것이 의사에 대한 환자의 적대감을 초래하려는 목적에 봉사한다는 것을 우리에게 알려 준다. 이 말은 확실히 옳다. 이는 저항이 자기 목적에 봉사한다고 말하는 듯하다. 그러나 그것이 어디에서 오는지, 그리고 환자가 그 현상을 통제하는 일이 어떻게 일어나는지는, 자아에게는 흥미롭지 않은 것으로서 더 이상 논구되지 않는다. 질환의 증후와 현상들의 자세한 기제, 그 질환의 다양성 및 그 질환이 나타나는 방식에 대한 설명은 완전히 무시된다. 왜냐하면 모든 것이 유사하게 남성 항거, 자기주장, 그리고 인격의 강화에 기여할 수 있기 때문이다. 그

---

101 아들러, 「저항 이론에 관한 기고Beitrag zur Lehre vom Widerstand」(1911) 참조.
102 메더, 「꿈의 기능에 대하여」(1912) 참조.
103 『꿈의 해석』 참조.

체계는 완전하다. 그것을 만들기 위해 엄청난 양의 재해석 작업의 대가를 지불했지만, 반면에 그것은 단 하나의 새로운 관찰도 제공하지 못했다. 나는 그것이 정신분석학과는 아무런 상관이 없다는 것을 분명히 했다고 믿는다.

아들러의 체계에서 반영되는 생활상은 전적으로 공격적인 본능에 기초하고 있다. 거기에는 사랑을 위한 여지가 없다. 우리는 그처럼 우울한 세계관이 어떤 주의를 끌었다는 사실 자체에 놀랄 수도 있다. 그러나 우리는 자신의 성적인 욕구의 짐에 짓눌린 인간에게 〈성욕의 극복〉이 미끼로 제공될 경우에는 어떤 것이든 기꺼이 수용한다는 것을 잊어서는 안 된다.

아들러의 탈퇴는 1911년의 바이마르 회의 전에 발생했다. 그날 이후 스위스인들은 분리되어 나가기 시작했다. 첫 번째 조짐은 아주 특이하게도, 스위스의 출판물들에 선보인 몇몇 대중적인 논문 속에서 리클린이 한 약간의 언급들에서 나타났다. 그래서 일반 대중은 그 분야와 가장 밀접하게 관련되었던 사람들보다 일찍, 정신분석학이 이전에는 그것의 평판을 나쁘게 했던 약간의 유감스러운 오류들을 극복했다는 사실을 알게 되었다. 1912년에 융은 미국에서 보내온 편지에서, 그가 정신분석학을 변형시킴으로써 지금까지 정신분석과 어떤 관련도 맺기를 거부했던 많은 사람의 저항을 극복했다고 자랑스럽게 말했다. 나는 그것이 자랑스러워할 것이 못 되며, 그가 정신분석학이 어렵게 획득한 진리를 희생하면 할수록 저항이 없어져 가는 것을 보게 될 것이라고 응답했다. 스위스인들이 그렇게도 자랑스럽게 도입했던 이러한 변형은, 정신분석 이론에서 성적인 요인을 다시 물리치는 것 이외에 다른 것이 아니었다. 고백하건대, 나는 처음부터 이러한 〈진보〉를 현실적인 요구에 지나치게 순응하는 것으로 간주했다.

내가 지금 비교해야만 하는, 정신분석학으로부터 후퇴하는 두 개의 움직임은 또 다른 공통점을 보여 준다. 왜냐하면 그 둘 모두는, 말하자면 사물들을 영원의 모습 아래에서 바라보는 고상한 관념들을 제기함으로써 우호적인 견해를 얻으려고 노력하기 때문이다. 아들러에게 있어서는 모든 인식의 상대성과 개인적인 기호에 따른 지식 자료를 바탕으로 인위적인 구성을 할 개성의 권리가 이러한 역할을 한다. 반면 융은 편협한 견해를 가진 전제 군주적인 시대가 묶어 두려고 노력하는 그 족쇄를 벗어던질 젊은이의 역사적 권리에 호소한다. 이러한 생각들의 오류를 폭로하기 위해 몇 마디 하지 않을 수 없다.

우리 인식의 상대성은 정신분석학에 대해서뿐 아니라 다른 모든 과학에 대립될 수 있는 사상이다. 그것은 과학에 적대적인 오늘날의 감향에 친숙한 반동적인 경향에서 말미암은 것이며, 아무도 우월한 자격을 갖지 못하는 모습을 주장한다. 우리 중 어느 누구도 우리의 이론적인 노력에 관한 인류의 궁극적인 판단이 어떻게 될지 추측할 수 없다. 최초의 세 세대에 의해 거부되었던 것이 이후 세대에 의해 수정되어 마침내 인정되었던 사례들이 있다. 어떤 사람이 자신에 대한 비판의 소리를 주의 깊게 경청하고 그의 반대자들의 비판에 주의를 약간 기울인 후에, 그가 할 수 있는 것은 경험에 기초한 자신의 확신을 유지하도록 전력을 다하는 것뿐이다. 사람들은 하나의 경우를 정직하게 안내해야 하고, 재판관의 직무를 취해서는 안 된다. 그것은 먼 미래를 위해 유보되어 있다. 과학적인 문제에서 자의적이고 개인적인 견해를 강조하는 것은 좋지 못하다. 그것은 ─ 그 가치가 우연히도 이미 앞에서 (모든 인식의 상대성에 관하여) 언급된 것에 의해 평가 절하된 후에 ─ 분명히 과학으로서 평가받아야 할 정신분석학의 권리에 반대하려는 시도이다. 과학적인 사고에 높은 가치를 두는 사람이라면 누구나, 개인적인 편애가 너무 큰 역할을 하는 경우에는 언제나 공상적인 개인 편애의 요인을 제한할 수 있는 가능한 모든 수단과 방법을 찾으려고 할 것이다. 게다가 우리 자신을 변호하기 위한 어떤 열성도 적당하지 못하다는 점을 상기하는 것은 시의적절하다. 아들러의 이러한 논증들은 진지하게 의도된 것이 아니다. 그것들은 단지 그의 반대자들에 대항하기 위해 의도된 것이다. 논증들은 그 자신의 이론들에는 해당되지 않는다. 또한 그것들은 그의 추종자들이 그를 메시아로 맞이하는 것을 막지도 못했다. 왜냐하면 메시아의 출현을 기대하는 인류는 수많은 선구자에 의해 준비되었기 때문이다. 그 메시아는 확실히 상대적인 현상은 아니다.

호의를 얻으려는 목적을 가진 융의 논증은, 인류와 문명과 지식의 진보는 언제나 단절되지 않은 노선을 따라왔다는 지나치게 낙관적인 가정에 근거한다. 마치 타락의 시기도 없었고, 모든 혁명 후의 반동과 복고도 없었고, 뒤로 후퇴하여 전(前) 세대의 성과들을 포기했던 세대도 없었다는 듯이 말이다. 그가 대중의 입장으로 접근하고, 달갑지 않은 것으로 판명된 혁신을 포기함으로써, 정신분석학에 대한 융의 수정된 해석이 젊은이다운 해방의 행위라고 정당하게 주장할 수 있는 가능성은 애초부터 희박해진다. 결국 이것을 결정하는 것은 행위자의 나이가 아니라 그 행위의 성격이다.

논의된 두 개의 움직임 가운데 아들러의 것이 월등히 더 중요하다. 근본적으로 거짓되지만, 그것은 일관성과 정합성이라는 특징이 있다. 게다가 그것은 그럼에도 불구하고 본능 이론에 기초하고 있다. 반면에 융의 변형은 현상들과 본능적인 삶과의 연관을 느슨하게 한다. 그리고 더 나아가 그것에 대한 비판자들(가령 아브라함, 페렌치, 존스)이 지적했듯이, 융의 변형은 어떤 입장을 취하기가 어려울 정도로 너무 모호하고 이해하기 어려우며 혼돈스럽다. 사람들은 한순간 그의 이론 중 어떤 것을 파악했다고 생각하지만, 그는 곧 자신이 그것을 오해했다는 이야기를 들을 준비가 되어 있어야만 하고, 그것에 대한 정확한 이해에 어떻게 도달하는지 알 수가 없다. 그것은 특히 종잡을 수 없는 방식으로, 한순간은 〈그것에 관해 제기되었던 시끄러운 항의를 정당화하지 않는 아주 온건한 일탈〉(융)로서, 그리고 다음 순간은 정신분석학에 신기원을 여는 구원의 새로운 메시지로서, 그리고 실제로 모든 사람을 위한 새로운 세계관으로서 제시된다.

융이 주장하는 운동에 의해 이루어진 공적이고 사적인 다양한 언명들에서 보이는 비일관성을 생각할 때, 사람들은 이것이 얼마나 많은 투명성의 결여와 진실성의 결여에 기인한 것일지 자문하지 않을 수 없다. 그러나 새로운 이론의 해석자들이 어려운 입장에 처해 있다는 것은 인정되어야만 한다. 그들은 지금 그들 자신이 이전에 지지했던 것들을 반박하고 있으며, 게다가 그들에게 더 많은 어떤 것을 가르쳐 줄 수도 있었을 새로운 관찰의 근거 위에서가 아니라 그들이 보는 것들을 그들이 이전에 보았던 것과는 달리 보이게 만드는 새로운 해석의 귀결 내에서 그렇게 하는 것이다. 이러한 이유로 그들은 마지못해 자신들이 그 대표자로서 세상에 알려졌던 정신분석학과의 관련을 포기하며, 정신분석학은 변했다고 공표하는 것을 선호한다. 뮌헨 회의에서 나는 이러한 혼란을 종식시킬 필요가 있다는 것을 알았고, 나는 스위스인들의 혁신을 나에 의해 탄생했던 정신분석학의 적법한 계승이나 발전으로 인정하지 않는다고 선언함으로써 혼란을 종식시켰다.

외부의 비판자들(푸르트뮐러Furtmüller와 같은)은 사태가 어떠한지 이미 알고 있었으며, 융이 정신분석학으로부터 퇴각하고 있다고 말한 점에서 아브라함은 정당하다. 나는 물론 모든 사람이 자신이 좋아하는 것을 생각하고 글로 쓸 권리를 갖는다는 것을 기꺼이 인정한다. 그러나 그는 실제로 존재하는 것과 다르게 제시할 권리를 갖지는 못한다.

아들러의 연구가 정신분석학에 새로운 어떤 것 — 자아 심리학에 대한 공헌 — 을 가져오며 분석의 모든 근본적인 이론을 전복시킴으로써, 이러한 선물에 대한 대가를 너무 많이 치르도록 우리에게 요구했던 것과 마찬가지로, 융과 그의 추종자들은 새로운 획득물을 제시함으로써 정신분석학에 대항해서 싸울 준비를 했다. 그들은 상세하게 (피스터가 그들 이전에 그랬듯이) 가족 콤플렉스와 근친상간의 대상-선택에 속하는 성적인 표상들의 소재가 인간의 고대 윤리적·종교적 관심을 표현하는 데 사용되는 방식을 추적했다. 즉 그들은 에로틱한 본능적 힘의 승화 및 더 이상 에로틱하다고 불릴 수 없는 경향으로 변형되는 것에 대한 중요한 사례를 밝혔다. 이것은 정신분석학의 모든 예상과 완전히 조화되었고, 꿈과 신경증에서 이러한 승화의 퇴행적인 해소가 다른 모든 것의 해소와 마찬가지로 가시적으로 된다는 견해와 매우 잘 부합되었다. 그러나 세상 사람들은 분개하여 일어나 윤리와 종교가 성욕화된 것에 항의했을 것이다. 이제 나는, 이번만은 목적론적으로 사고하지 않을 수 없고, 이러한 발견자들이 그와 같은 분노의 폭풍을 감당할 수 없다는 결론을 내리지 않을 수 없다. 아마도 그 폭풍은 그들의 가슴속 깊이에서 격렬해지기 시작했을지도 모른다. 매우 많은 스위스인의 신학적인 전사(前史)는, 아들러의 사회주의적인 전사가 그의 심리학 발전에 무관한 것과 마찬가지로, 정신분석학에 대한 그들의 태도와는 무관하다. 사람들은 그의 시계에게 일어났던 모든 일에 관한 마크 트웨인의 유명한 이야기를 기억하고, 그가 다음과 같이 결론짓는 말을 기억하게 된다.

〈그리고 그는 그 성공하지 못한 땜장이, 총포공, 구두 고치는 사람, 대장장이들은 어떻게 되었을까 궁금해하곤 했다. 그러나 아무도 그에게 말해 줄 수 없었다.〉

직유법을 사용해서, 한 벼락부자가 어떤 특정한 사회 집단에 살고 있는데, 그가 다른 곳에 사는 귀족 가문 출신임을 자랑하는 사람이라고 가정해 보자. 그러나 그의 부모가 근처 어딘가에 살고 있으며, 그들은 아주 보잘것없는 사람이라는 것이 그에게 지적되자 곤란함에서 빠져나갈 유일한 길을 포착한다. 그는 그의 부모와 인연을 끊을 수 없지만, 그들은 고귀한 혈통을 가진 사람들이며 단지 영락했을 뿐이라고 주장한다. 그리고 그는 어떤 일 잘하는 관청에서 족보를 만들어 낸다. 내가 보기에는 스위스인들이 그와 거의 똑같은 방식으로 처신할 수밖에 없었던 것 같다. 만약 윤리와 종교가 성적인 특징을 갖는 것이 아니라 처음부터 〈고차적인〉 어떤 것이어야만 한다면, 그리고 그럼에도 불구하고 그것들 속에 포함된 관념들이 부인할 수 없이 오이디푸스 콤플렉스와 가족 콤플렉스에서 유래한 것으로 보인다면, 오직 하나의 출구만이 있을 수 있을 것이다. 처음부터 이러한 콤플렉스 자체는 그것이 표현하는 것처럼 보이는 것을 의미하는 게 아니라, 윤리와 종교적 신비주의의 추상적인 일련의 사고에 그것이 사용되는 것을 가능하게 했던 더 고차적인 〈신비적 해석의*anagogisch*〉 의미 (질베러[104]가 명명하듯이)를 담고 있음에 틀림없다.

---

104 H. Silberer, 『신비주의와 그 상징에 관한 문제 *Probleme der Mystik und ihrer Symbolik*』(1914) 참조.

나는 신취리히 학파 이론의 내용과 목적을 오해했다는 말을 다시 들을 준비가 되어 있다. 그러나 나는 우선 그들의 문 앞 대신 내 집 문 앞에 놓인 학파의 출판물에서 발견될 수 있는, 내 견해와 모순되는 점들에 대해 항의해야만 한다. 나는 융의 혁신의 전체 범위를 나 자신에게 이해시키고, 그것의 모든 함의를 파악할 어떤 다른 방법을 찾을 수 없다. 융이 정신분석학에서 제안한 모든 변화들은, 종교와 윤리에서 가족 콤플렉스에 반대할 만한 것을 다시 발견하지 않기 위해 그 반대할 만한 것을 제거하려는 그의 의도에서 나온 것이다. 성적인 리비도는 추상적인 개념으로 대체되었는데, 그것에 관해 사람들은 현명한 사람에게나 바보에게나 똑같이 그것은 신비스럽고 파악할 수 없는 것으로 남아 있다고 안전하게 말할 수도 있다. 오이디푸스 콤플렉스는 단지 〈상징적인〉 의미만을 갖는다. 그 속에서 어머니는 도달할 수 없는 것을 의미하고, 그것은 문명의 관심 속에서는 포기되어야만 한다. 오이디푸스 신화에서 죽임을 당하는 아버지는 〈내적인〉 아버지인데, 사람들이 독립적이 되기 위해서는 이로부터 자신을 해방시켜야만 한다. 성적인 관념들을 이루는 소재의 다른 부분은 확실히 시간의 흐름에 따라 유사한 재해석을 경험하게 될 것이다. 자아 역행적인 에로틱 경향들과 자기 보존적인 경향들 사이의 갈등을 대신해서 〈삶의 과업〉과 〈정신적 타성〉 사이의 갈등이 나타난다.[105] 신경증 환자의 죄책감은 자신의 〈삶의 과업〉을 적절히 충족시키지 못했다는 자책에 상응한다. 이러한 방식으로 새로운 종교적·윤리적 체계가 만들어졌고, 이는 아들러의 체계와 마찬가지로 분석에 의한 사실적인 발견물들을 재해석하고, 왜곡하거나

---

105 「정신분석 이론에 반하는 편집증의 사례」(프로이트 전집 10, 열린책들) 참조.

아니면 내버릴 수밖에 없었다. 실제로 이러한 사람들이 삶의 교향악에서 몇몇 문화적 배음(倍音)을 끄집어냈고, 본능의 강력하고 원초적인 화음을 듣는 데는 다시 한번 실패했다.

이러한 체계를 온전하게 보존하기 위해서는 관찰로부터, 그리고 정신분석학의 기술로부터 완전히 돌아서는 것이 필수적이었다. 때때로 주의나 주장에 대한 열정이 과학적인 논리를 무시하는 것을 허용했다. 융이 오이디푸스 콤플렉스가 신경증의 병인에 대해 충분히 〈특수적〉이지 않다는 것을 발견하고 이 특수성의 원인을 타성에, 생명이 있든 없든 간에 모든 물체의 가장 보편적인 성질에 귀착시키는 경우와 같이! 어쨌든 〈오이디푸스 콤플렉스〉는 개인의 정신적인 힘이 다루어야 하는 주제만을 대표할 뿐, 그 자체가 〈정신적 타성〉과 같은 힘은 아니라는 점이 지적될 수 있다. 개별 인간들에 대한 연구는 본래적인 의미에서의 성적인 콤플렉스가 그들 속에 살아 있다는 것을 보여 주었다(그리고 항상 보여 줄 것이다). 그 때문에 (새로운 이론에서는) 개인에 대한 탐구가 뒤로 밀려났고, 인류학적인 연구에서 도출된 증거에 기초한 결론에 의해 대체되었다. 이렇게 재해석된 콤플렉스의 본래적이고 은폐되지 않은 의미와 충돌하게 되는 가장 큰 위험은 모든 개인의 초기 유아기에 당면하게 될 수밖에 없었다. 그 결과, 치료에서 이러한 지난 역사를 가능한 한 적게 생각하도록 명령이 내려졌고, 현재의 갈등으로 되돌아가는 것에 주된 강조점이 주어졌는데, 게다가 그 속에서 본질적인 것은 결코 우연적이고 개인적인 것이 아니라 일반적인 것 — 실제로 삶의 과업을 충족시키지 못한 것 — 이었다. 그러나 우리가 알다시피 신경증 환자의 현재 갈등은 그것이 그의 이전 역사로 추적될 때에만, 발병했을 때 그 환자의 리비도가 지나간 길을 따라서 가볼 때에만 이해가 가능하게 되고 해결책을 준다.

이러한 경향하에서 신취리히 학파의 치료법 형태는 자신이 직접 그것을 경험했던 환자의 다음과 같은 말을 통해 전달될 수 있다.

이번에는 과거나 전이에 대해 고려한 흔적이 없었다. 내가 전이를 인식했다고 생각했던 곳에서, 그것은 순수한 리비도적인 상징이라고 단정 지어졌다. 도덕적 가르침은 매우 훌륭했고 나는 그것을 충심으로 따랐다. 하지만 나는 한 발자국도 나아가지 못했다. 그것은 그 사람보다는 내게 훨씬 더 성가신 일이었지만, 내가 그것을 어찌할 수 있겠는가? 분석에 의해 나를 해방시키는 대신에 매일 내게 새로운 엄청난 요구가 주어졌는데, 그것은 신경증이 극복되려면 충실히 따라야만 하는 요구였다. 가령 내성(內省)에 의한 내적인 집중, 종교적 명상, 사랑 가득 찬 헌신으로 내 아내와 삶을 다시 시작하는 것 등이 그것이다. 그것은 거의 인력의 한계를 넘어선 것이었고, 사람의 내적인 본성 전체를 근본적으로 변화시키는 것을 목표로 하고 있었다. 나는 강한 뉘우침의 감정과 최상의 의도를 가졌지만, 동시에 극도로 낙담한 불쌍한 죄인으로서 분석을 그만두었다. 어떤 성직자라도 자기가 권장한 것을 조언했을 테지만, 나는 어디서 그 힘을 발견해야 했는가?

그 환자는 과거와 전이에 대한 분석이 선행되어야 한다는 것을 들은 적이 있음을 보고했다. 그러나 그는 그것을 이미 충분히 거쳤다는 말을 들었다. 이러한 첫 번째 종류의 분석이 그에게 더 이상 도움을 주지 못했기 때문에, 그 환자가 그것을 충분히 거치지 〈못했다〉고 결론짓는 것이 내게는 정당해 보인다. 확실히 더 이상 정신분석이라고 불리기를 요구할 수 없었던 이후의 치료법은 문제를 개선시키지 못했다. 취리히 학파의 구성원들이, 뒤부아[106]가 관대한 태도로 윤리적인 고무에 의해 신경증을 치료하는 베른시 근처에서 해산하기 위해 빈을 경유하여 긴 여행을 해야만 했던 것은 놀라운 일이다.[107]

이러한 새로운 운동과 정신분석학파의 전면적인 분열은 물론 융의 억압에 대한 치료에서 나타나는데, 오늘날 그의 저작들에서는 거의 언급되지 않고, 아들러의 경우와 꿈에 대한 오해 속에서, 꿈 심리학에 대한 완전한 무시 — 그는 잠재적인 꿈-사고를 혼동하고 있다 — 에서, 무의식에 대한 몰이해에서, 간단히 말해 내가 정신분석학의 본질로서 간주하는 모든 점에서 그러한 분열이 나타나고 있다. 융이 근친상간 콤플렉스는 단지 〈상징적〉일 뿐이며, 따라서 그것은 아무런 〈현실적〉 존재를 갖지 못하고, 결국 야만인이라고 해서 늙은 마녀에게 욕망을 느끼는 것이 아니라 그 역시 젊고 예쁜 여인을 더 좋아한다고 우리에게 말할 때, 우리는 근친상간 콤플렉스의 현시와 발병적인 작용 덕분에 〈상징적〉이란 말과 〈아무런 현실적 존재를 갖지 못한다〉는 말이 정신분석학에 의해 〈무의식적으로 존재하는 것〉이란 말로 기술 — 외관상의 모순을 해결하는 기술 — 되는 어떤 것을 의미할 뿐이라고 결론 내리고 싶은 마음이 생긴다.

꿈이 가공하는 잠재적인 꿈-사고와 꿈은 다른 것이라는 사실

---

106   Paul Dubois(1848~1918). 베른 대학의 신경 병리학 교수. 20세기 초반 〈설득〉에 의한 신경증 치료의 방법으로 상당한 명성을 누렸다.

107   나는 환자의 보고서를 사용하는 데 대한 반론이 있음을 알고 있다. 그래서 나는 내 정보 제공자가 믿을 만한 사람이며, 매우 판단력이 있는 사람이라는 것을 분명히 언급하겠다. 그는 내게 이 정보를 자발적으로 제공했으며, 나는 그의 동의를 묻지 않고 그 정보를 사용한다. 왜냐하면 나는 정신분석 기술이 의학적인 재량의 보호를 요구할 어떤 권리를 갖는 것을 허용할 수 없기 때문이다 — 원주.

을 명심한다면, 치료받는 동안 환자들의 마음속을 채웠던 것들에 대한 꿈속의 내용에서 놀라운 것은 전혀 없다. 그것이 〈삶의 과업〉이든 〈상층부에 있는 것〉이든 〈하부에 있는 것〉이든 간에 말이다. 분석되고 있는 사람들의 꿈은 그것이 실험적인 목적을 위해서 자극에 의해 산출되는 것과 동일한 방식으로 확실히 조종될 수 있다. 사람들은 꿈속에 나타나는 소재의 일부분을 결정할 수 있다. 그러나 꿈의 본질이나 기제에 있어서 어떤 것도 이것에 의해 변경되지 않는다. 나는 소위 〈전기적인 *biographisch*〉 꿈이 분석의 외부에서 생겨난다고 믿지 않는다.[108] 반면에 사람들이 치료받기 전에 꾼 꿈을 분석하거나, 치료받는 동안 그에게 제시되었던 것에 꿈꾸는 사람 자신이 덧붙인 것들을 고려하거나, 자신에게 그와 같은 어떤 과제를 제시하기를 피한다면, 사람들은 삶의 과업을 해결하려는 시도를 산출하는 것이 꿈의 목적과는 얼마나 멀리 떨어져 있는 것인지를 확신할 수도 있다. 꿈은 단지 사고의 한 형태일 뿐이다. 사람들은 결코 사고 내용을 참고함으로써 이 형태에 대한 이해에 도달할 수 없다. 오직 꿈-작업에 대한 평가만이 그러한 이해로 인도할 것이다.[109]

정신분석학에 대한 융의 오해와 일탈에 대한 사실적인 반박은 어렵지 않다. 적절한 방식으로 행해진 모든 분석과, 특히 유아에 대한 모든 분석은 정신분석 이론이 기초를 두고 있는 확신을 강화하며, 융과 아들러의 체계에 의해 이루어진 재해석을 반박한다. 융은 새로운 착상을 하기 이전에 이러한 종류의 유아에 대한 분석을 수행했고 출판했다.[110] 이와 관련해서 아들러의 표현을 쓰자

108 『꿈의 해석』 참조.
109 이 단락의 주제는 프로이트가 「꿈-해석의 이론과 실천에 관한 언급들 Bemerkungen zur Theorie und Praxis der Traumdeutung」(1923)에서 아주 길게 논의하고 있다. 또한 『꿈의 해석』 참조.

면, 그가 〈사실들의 일방적인 배열〉을 다르게 함으로써 그것의 결과에 대한 새로운 해석에 착수할 것인지는 기다려 봐야 할 일이다.

꿈과 신경증에서의 〈더 고차적인〉 사고에 대한 성적인 표현이 오래된 양식의 표현에 지나지 않는다고 보는 견해는, 물론 다음과 같은 사실과 일치될 수 없다. 신경증에서 이러한 성적인 콤플렉스는 실제 생활에서 억제된 리비도 양의 담지자라는 것을 증명한다는 사실 말이다. 만일 그것이 성적인 〈전문어〉의 문제일 뿐이라면, 리비도의 경제는 어떤 식으로든 콤플렉스에 의해 변경될 수 없었을 것이다. 융은 이것을 스스로『정신분석 이론의 서술 시도Versuch einer Darstellung der psychoanalytischen Theorie』(1913)에서 인정하며, 치료의 과제를 이러한 콤플렉스로부터 리비도 집중을 분리시키는 것으로 공식화한다. 그러나 환자를 그것으로부터 멀어지게 하고 승화하도록 재촉함으로써 이것이 달성될 수는 없으며, 오히려 그것을 남김없이 검토하고 그것을 충분하고 완전하게 의식적인 것으로 만듦으로써만 달성될 수 있다. 환자가 처리해야만 하는 현실의 첫째 부분은 자신의 질환이다. 환자에게 이러한 과제를 면제해 주려는 노력은, 그의 저항을 그가 극복하는 것을 도와주지 못하는 의사의 무능력이나 그 작업의 결과에 대한 의사의 두려움을 의미한다.

마지막으로 정신분석학의 〈변형〉과 더불어, 융은 우리에게 유명한 리히텐베르크Lichtenberg의 칼의 사본을 주었다고 말할 수 있겠다.[111] 그는 칼자루를 변화시켰고, 그것에다 새로운 날을 입혔다. 그러나 똑같은 이름이 그 위에 새겨졌기 때문에 우리는 그 칼을 원래의 칼로 여긴다.

---

110 융,「유아의 정신적 갈등에 대하여」(1910).

111 그 경구는『농담과 무의식의 관계』(1905)에서 인용된다.

    나는 정반대로 정신분석학을 대체하는 것을 목표로 하는 새로운 가르침은 분석의 포기와 분석으로부터의 탈퇴를 의미한다는 점을 분명히 했다고 생각한다. 어떤 사람들은, 정신분석 운동에서 매우 커다란 역할을 했고 그것을 발전시키는 데 많은 일을 했던 사람들에 의해 새로운 운동이 시작되었기 때문에, 이러한 탈퇴가 다른 경우보다 분석에 있어서 더 중대한 결과를 가져올 수밖에 없다고 두려워할지도 모른다. 나는 이러한 우려에 공감하지 않는다.

    사람들은 그들이 강한 이념을 대표하는 한 강하다. 사람들은 그것에 반대할 때 무력해진다. 정신분석학은 이러한 상실에도 불구하고 살아남을 것이고, 이것을 대신해서 새로운 지지자들을 얻을 것이다. 결론적으로 나는, 그들의 취향에는 너무도 불편한 정신분석학의 암흑 세계에 머물러 있었던 모든 사람에게 운명은 유쾌한 상승 여행을 허용하리라는 바람을 표현할 수 있을 뿐이다. 남은 우리는 방해받지 않고 그들의 결론을 견뎌 내고, 우리의 작업을 끝까지 수행하도록 허용되기를 나는 희망한다.

                                                            1914년 2월

                                                            박성수 옮김

〈정신분석학〉과 〈리비도 이론〉

— 두 개의 백과사전 항목

〈정신분석학〉과 〈리비도 이론〉
— 두 개의 백과사전 항목

'Psychoanalyse' und 'Libidotheorie' (1923 [1922])

이 논문은 1922년 여름, 다시 말해 프로이트가 「자아와 이드」에서 마음의 구조에 관한 자신의 견해를 최종적으로 개정하기 전에 쓰였다. 그러나 그 새로운 견해는, 비록 이 논문에서는 표현되고 있지 않지만, 이미 그가 이 논문을 쓰고 있는 동안 그의 사유 속에 분명히 나타났음에 틀림없다. 왜냐하면 그가 자아, 초자아, 이드에 관해 새롭게 정의한 생각들을 처음으로 공표했던 것은 1922년 9월 베를린 정신분석학 회의에서였기 때문이다. 이 새로운 관념들은 이후에 머지않아 미국에서의 출판을 위해 쓰인 다소 유사하게 표현된 교훈적인 논문(「정신분석학 소론」)에서 설명되었다.

이 논문은 1923년 『성 과학 사전』에, 1940년 『저작집』 제13권에 실렸다. 영어 번역본은 "Two Encyclopaedia Articles"라는 제목으로 제임스 스트레이치에 의해 번역되어 1942년 『국제 정신분석 저널』에 실렸고, 『논문집』 제5권(1950)과 『표준판 전집』 제18권에도 실렸다.

1. 정신분석학

〈정신분석학〉은 (1) 어떤 다른 방식으로는 접근이 거의 불가능한 정신적 과정의 탐구를 위한 절차의 이름이고, (2) 신경증 질환을 치료하기 위한 (탐구에 기초를 둔) 방법의 이름이고, (3) 새로운 과학 분야 속으로 점차 축적되고 있는, 그러한 노선을 따라서 획득된 심리학적 정보 집합의 이름이다.

역사

정신분석학을 이해하는 최상의 방법은 여전히 그 기원과 발전을 추적하는 것이다. 1880년과 1881년에 저명한 의사이자 실험 생리학자인 빈의 요제프 브로이어 박사는, 자기 아버지를 간호하다가 심각한 히스테리 질환에 걸린 한 소녀를 치료하는 데 몰두하고 있었다. 임상적인 상태는 운동 신경 마비, 억압, 의식 장애가 결합되어 있었다. 매우 총명한 사람이었던 환자 자신이 그에게 암시한 바를 좇아 그는 그녀를 최면 상태에 빠지게 했고, 그녀의 마음속에 맨 먼저 떠오르는 기분과 생각을 묘사하게 함으로써 그녀가 각각의 특수한 경우에 정상적인 정신 상태로 돌아오도록 하는 데 성공했다. 그는 동일한 실험적인 과정을 철저히 반복하여 그녀를 억압과 마비로부터 해방시키는 데 성공을 거두어서, 마침내 수수께끼 같은 신경증의 본성에 대한 예기치 않은 통찰과 치료 면에서의 커다란 성공으로 자신의 수고를 보상받았다. 그럼에도 불구하고 브로이어는 그의 발견을 더 철저히 하지 않았고, 지금의 필자(프로이트, 그는 샤르코의 학교에서 공부한 후에 1886년에 빈으로 돌아왔다)가 개인적인 영향력으로 그를 설득해 그 주제를 새롭게 수용하여 그것에 관한 공동 연구에 착수하기까지, 약 10년 동안 그 사례에 관해 어떤 것도 발표하지 않았다. 브로이어와 프로이트 이 두 사람은 1893년에 「히스테리 현상의 심리적 기제에 관하여」라는 예비적인 논문을 발표했고,[1] 1895년에는 『히스테리 연구』(이 책은 1922년에 제4판이 나왔다)를 출판했는데, 이 책에서 그들은 그 치료 방법을 〈카타르시스〉라고 이름 붙였다.

카타르시스

브로이어와 프로이트의 연구 기저에 놓여 있는 탐구는 두 가지 주요한 결과로 인도했고, 이 결과들은 후속하는 경험에 의해 흔들리지 않았다. 첫째로 히스테리적인 증후는 정상적인 정신 활동을 대체함으로써 의미를 가지며, 둘째로 알려지지 않은 이러한 의미를 드러내는 일은 그 증후를 제거함으로써 이루어진다. 따라서 이러한 사례에서 과학적 연구와 치료적 노력은 일치한다. 브로이어의 첫 번째 환자와 동일한 방식으로 치료받았던, 다시 말해 깊은 최면 상태에 빠졌던 일련의 환자들에 관해 관찰이 수행되었다. 그리고 그 결과들은 나중에 약점이 분명해지기 전까지는 훌륭해 보였다. 그 당시에 브로이어와 프로이트에 의해 제기된 이론적인 표상들은 외상적 히스테리에 관한 샤르코의 이론에서

1 『히스테리 연구』참조.

영향을 받았고, 그의 제자인 피에르 자네의 발견에서 지지를 구할 수 있었다. 그 발견은 비록 『히스테리 연구』보다 일찍 출판되었지만, 실제로는 브로이어의 첫 번째 사례보다 나중의 것이었다. 처음부터 〈감정〉의 요소가 전면에 부각되었다. 그 저자들이 주장하기를, 히스테리적 증후는 감정의 무거운 짐을 진 정신적인 과정이 어떤 식으로든 의식과 운동으로 이끄는 정상적인 통로를 따라서 안정적인 상태가 되지 못할 때(즉 〈정화되지〉 못할 때) 나타나게 된다는 것이었다. 그 결과, 어떤 의미에서는 〈괄약(括約)〉된 감정이 잘못된 통로를 따라서 딴 곳으로 돌려지고 신체의 신경 자극 전달 속으로 유출된다는 것이다(〈전환Konversion〉이라고 불리는 과정). 이런 종류의 〈발병시키는 표상들〉이 나타나는 경우는 브로이어와 프로이트에 의해 〈정신적 외상〉이라고 기술되었고, 이러한 것들은 매우 멀리 떨어진 과거로 거슬러 올라가기 때문에, 그 저자들이 히스테리 환자들은 주로 회상(이것은 다루어지지 못했다)으로 인해 고통받는다고 말하는 것이 가능했다. 그러므로 치료받는 중에 의식으로의 통로가 열리고 정상적으로 감정이 해방될 때 〈카타르시스〉가 일어났다. 이 이론의 본질적인 부분은 〈무의식적인〉 정신 과정의 존재를 가정하는 것이었다는 사실이 드러난 것이다. 자네 역시 정신생활에서의 무의식적인 행위를 이용했다. 그러나 그가 정신분석학에 대한 나중의 논쟁에서 강조했듯이, 그에게 이것은 임시방편의 표현에 불과했고, 그는 그것에 의해 어떤 새로운 관점을 제시하려고 하지 않았다.

『히스테리 연구』의 이론적인 장(章)에서 브로이어는 정신에서의 흥분 과정에 관한 약간의 사변적인 사상을 제시했다. 이 사상들은 사고의 미래 노선을 결정했지만, 오늘날까지도 제대로 된 충분한 평가를 받지 못했다. 그러나 그것들은 이 과학 분야에 대한 그의 공헌을 종결지었고, 그 후 곧 그는 공동 작업에서 물러났다.

정신분석학으로의 이행

그 두 저자의 견해 차이는 이미 『히스테리 연구』에서 드러났다. 브로이어는, 병원(病源)적인 표상들은 정신적인 기능이 특수한 제한 아래 놓여 있는 〈최면 상태〉에서 발생했기 때문에 외상적인 결과를 산출한다고 가정했다. 필자는 이러한 설명을 거부했고, 하나의 표상은 그 내용이 그 주체의 정신생활의 지배적인 경향과 대립되어 그에게 〈방어〉를 불러일으킬 경우에 발병의 원인이 된다는 믿음으로 기울었다. (자네는, 히스테리 환자가 자신들의 정신 내용을 결합시킬 수 없는 구성적인 무능력 상태를 병원으로 보았고, 바로 이 점에서 그가 브로이어와 프로이트의 행로에서 갈라졌던 것이다.) 게다가 필자가 카타르시스 요법을 포기하게 된 두 개의 혁신은 이미 『히스테리 연구』에서 언급되었다. 브로이어가 물러난 후에 그것들은 새로운 발전의 출발점이 되었다.

최면술의 포기

이 혁신들 중 하나는 실제 경험에 기초했고 기술상의 변화를 초래했다. 두 번째 혁신은 신경증에 대한 의학적인 이해의 진보에 있었다. 최면술에서 카타르시스 요법에 걸었던 치료에 대한 희망은 어느 정도 불만족스럽다는 것이 곧 드러났다. 카타르시스와 함께 증후가 사라졌지만, 전체적인 성공은 의사에 대한 환자의 관계 설정에 전적으로 달려 있다는 것이 판명되었고, 따라서 〈암시〉 효과와 흡사했다. 그 관계가 방해받았을 경우에는 모든 증후가 마치 전혀 없어지지 않은 듯이 다시 나타났다. 이 외에도 깊은 최면 상태에 빠질 수 없는 소수의 사람들은, 의학적인 관점에서 보자면 카타르시스 요법의 적용 가능성에 대해 매우 심각한 제한을 의미했다. 이러한 이유 때문에 필자는 최면술 사용을 포기하기로 결심했다. 그러나 동시에 필자가 최면술로부터 받은 인상은 그것을 대체할 수단을 제공했다.

자유 연상법

환자에 대한 최면 상태의 효과는, 증후로부터 그것과 연관된 사고와 기억으로 이끌어 주는 통로 — 그의 의식적인 반성에게는 접근 불가능한 — 를 곧바로 발견할 수 있는 연상 능력을 매우 크게 증대시켰다. 최면술의 포기는 필자가 다음과 같은 취지의 베르넴의 언급을 상기할 때까지는 상황을 무망하게 만드는 것처럼 보였다. 몽유병 상태에서 경험된 것들은 〈겉보기에만〉 망각될 뿐이고, 환자가 그것들을 알도록 의사가 충분히 강요하는 경우에는 기억될 수 있다는 것이었다. 그러므로 필자는 〈최면에 걸리지 않은〉 환자들이 그들의 연상을 전달하게 하도록 노력했고, 따라서 그렇게 제공된 자료를 통해 망각되었거나 방어된 것으로 향하는 통로를 발견할 수 있었다. 필자는 나중에 그러한 강요가 불필요하고, 풍부한 착상들이 거의 언제나 환자의 마음속에 떠오르지만, 그것들은 그 환자 자신이 제기하는 어떤 반대에 의해 전달되는 것을 방해받으며, 심지어는 의식되는 것조차 저지된다는 것에 주목했다. 비록 이것이 아직까지, 그리고 나중에 더 많은 경험에 의해 확증될 때까지는 증명된 것이 아니라 해도, 특정한 출발점에서 환자의 마음속에 떠오르는 모든 것은 또한 그 출발점과 내적인 연관을 맺을 수밖에 없다는 것이 예상될 수 있었다. 따라서 환자가 그의 비판적인 태도 전부를 포기하도록 교육하고, 찾고 있는 연관을 폭로하려는 목적을 위해 드러나게 된 자료를 이용하는 기술이 부각되었다. 정신적인 사건들의 엄밀한 결정에 대한 강한 믿음은 확실히 최면술을 대신하는 것으로서, 이 기술을 선택하는 데 어떤 역할을 했다.

이 〈자유 연상법〉 절차의 〈기술적인 근본 규칙〉은 그때부터 계속해서 정신분석학적인 작업에서 유지되었다. 그 요법은 주의 깊고 냉정한 자기 관찰자의 위치에 그 자신을 두도록 요구받고, 단지 시종일관 자기의식의 표면을 읽어야 한다. 또 한편으로는 가장 완벽한 정직의 의무를 다하는 반면에, 다른 한편으로는 어떤 착상도 전달에서 배제하지 않기를 요구받는 환자에 의해 시작된다. 설령 (1) 그가 그것이 너무 불쾌하다고 느끼거나 (2) 너무 터무니없다거나 (3) 너무 중요치 않다거나 (4) 찾고자 하는 것과는 무관하다고 판단하더라도 말이다. 마지막에 언급한 이러한 반응들을 불러일으키는 착상들은 망각된 소재를 발견하는 데 특별한 가치를 갖는다는 것이 한결같이 발견된다.

해석 기술로서의 정신분석학

새로운 기술은 치료법에 대한 상(像)을 아주 크게 바꿔 놓았고, 의사와 환자의 관계를 새롭게 했으며, 그 방법에 새로운 이름을 부여함으로써 카타르시스 방법과의 구별을 정당화할 수 있는 것으로 보이는 많은 중요한 결과를 산출했다. 필자는 많은 다른 형태의 신경증에까지 확장될 수 있는 이 치료 방법에 〈정신분석학〉이라는 이름을 붙였다.[2]

이제 우선 첫째로 이 정신분석학은 〈해석〉의 기술이며, 그것은 스스로 브로이어의 최초의 위대한 발견 — 즉 신경증적 증후는

2 〈정신분석학〉이라는 용어는 프로이트의 논문 「유전과 신경증의 병인Heredity and the Aetiology of the Neuroses」(1896)에서 최초로 사용되었다.

생략되었던 다른 정신 활동에 대한 의미 있는 대체물이다 ─ 을 더 심화시키는 과제를 설정한다. 이제 중요한 문제는 환자의 연상에 의해 산출된 소재가 마치 감추어진 의미를 암시하고, 그 의미를 그 소재로부터 발견하는 것처럼 간주하는 일이었다. 경험은 곧, 분석적인 의사가 가장 유리하게 채택할 수 있는 태도는 자기 자신의 무의식적인 정신 활동에 〈공평하게 부유하면서 주의하는〉 상태로 자신을 내맡기는 것이라는 사실을 보여 주었다. 이는 가능한 한 반성과 의식적인 기대의 형성을 피하기 위해, 특히 그의 기억 속에서 그가 들은 적이 있는 어떤 것을 고정시키지 않기 위해, 그리고 이러한 수단에 의해 자신의 무의식적인 것을 가지고 유동하는 환자의 무의식적인 것을 포착하기 위해서이다. 형편이 매우 나쁜 상태를 제외하면 환자의 연상이 사실상 하나의 특정한 주제에 대한 암시처럼 나타나고, 환자 자신에게는 숨겨져 있는 소재를 추측하고 그것을 그에게 전달할 수 있기 위해서는 의사가 한 걸음 더 나아갈 필요가 있다는 것이 발견되었다. 이러한 해석 작업은 엄밀한 규칙 아래 놓여질 수 없었으며, 의사가 요령과 재주를 발휘할 여지를 매우 많이 남겨 두었다. 그러나 공정하고 숙련되게 한다면 믿을 만한 결과, 즉 유사한 사례에서 반복됨으로써 확증되는 결과를 얻는 것이 대부분 가능했다. 아직까지 무의식, 신경증의 구조, 그리고 그것의 기저에 놓여 있는 병리적 과정에 관해 별로 알려진 것이 없었던 때에, 사람들은 이런 종류의 기술이 설령 더 나은 이론적 기초를 갖지 못했을지라도 유용할 수 있다며 만족할 수밖에 없었을 것이다. 게다가 그 기술은 더 큰 확신감과 그것의 한계에 대한 더 나은 이해를 갖고서 오늘날의 분석에서도 동일한 방식으로 여전히 사용된다.

실수 행위와 우연한 행위의 해석

여태껏 아무도 심리학적 설명을 하려고 시도하지 않았던 정상인의 어떤 공통된 정신 활동이 신경증의 증후와 동일한 관점에서 고려될 수 있다는 것을 설명하는 데 정신분석학이 성공했을 때, 그것은 정신분석학의 해석 기술의 승리였다. 말하자면 그 정신적 활동은 〈의미〉를 갖고 있는데, 그것은 그 주체에게는 알려져 있지 않지만 분석적 방법에 의해 쉽게 발견될 수 있다는 것이다. 문제가 되는 그 현상은 친숙한 단어나 이름을 일시적으로 잊어버리는 일, 명령받은 과제 수행을 잊어버리는 일, 일상적인 실언과 잘못 쓰기, 잘못 읽기, 물건을 잃어버리거나 잘못 두는 일, 여러 가지 실수, 명백히 우연적인 자해 행위, 그리고 끝으로 표면상으로는 아무런 의도 없이 또는 장난으로 하는 습관적인 움직임, 〈아무 생각 없이〉 흥얼대는 가락 등과 같은 것이다. 이 모든 것에 대해 생리학적 설명은 전혀 시도되지 않았으며, 어떤 설명이 시도된 적이 있었다고 해도 그런 것으로는 설명되지 않는 일들이다. 이 현상들은 엄밀하게 결정된 것으로 보였고, 주체의 억압된 의도의 표현으로 혹은 두 의도 — 둘 중 하나는 영원히 또는 일시적으로 무의식적인 — 사이의 충돌 결과로 드러났다.

심리학에 대한 이러한 공헌의 중요성은 여러 가지였다. 정신적 결정론의 범위는 그것에 의해 전혀 예기치 못한 방식으로 확장되었다. 정상적인 것과 병리적인 정신적 사건 사이에서 추정되었던 간극은 좁혀졌다. 많은 사례에서 그 현상의 배후에 놓여 있으리라고 생각될 수밖에 없는 정신적인 힘의 작용에 대한 유용한 통찰이 제공되었다. 마지막으로, 정신적이면서 동시에 무의식적인 어떤 것에 대한 가정이 낯설거나 심지어는 불합리하게 보이는 사람들에게조차 무의식적인 정신 활동의 존재를 믿도록 자극하기에 다른 어떤 것보다 더 적합한 일단의 소재가 폭로되었다. 대부분의 사람들이 자주 접하는 실수 행위와 우연 행위에 대한 연구는 오늘날에도 정신분석학에 접근하기 위한 최상의 준비 단계이다. 분석적인 요법에서, 실수 행위의 해석은 헤아릴 수 없을 정도로 더 중요한 연상에 대한 해석과 나란히 무의식적인 것을 폭로하는 수단으로서의 위치를 유지하고 있다.

꿈의 해석

자유 연상 기술이 우리 자신의 것이든 분석받는 환자 자신의 것이든 간에 꿈의 해석에 적용되었을 때, 정신생활의 깊은 곳에 접근할 통로가 열렸다. 실제로 무의식적인 수준의 정신 과정들에 관해 우리가 알고 있는 것 중 더 많고 더 나은 부분이 꿈의 해석으로부터 추출된다. 정신분석학은 고대에는 널리 인정되었던 꿈의 중요성을 다시 인정했지만, 다르게 취급한다. 그것은 꿈 해석자의 영리함에 의존하는 것이 아니라, 꿈의 개별 요소들에 대한 그의 연상들에 관해 질문함으로써 대부분 그 과제를 꿈꾸는 사람 자신에게 넘겨준다. 이러한 연상들을 더욱더 추적함으로써 우리는 꿈과 전적으로 일치하지만 — 어느 지점까지는 — 깨어 있는 정신 활동의 순수하고 완전히 이해 가능한 부분들로서 인식될 수 있는 사고에 관한 지식을 획득한다. 따라서 회상된 꿈은 해석에 의해 발견된 〈잠재적(潛在的) 꿈-사고〉와는 대비되는 〈외현적(外顯的) 꿈-내용〉으로 나타난다. 전자를 후자로, 말하자면 〈꿈〉으로 변형시켰고, 해석 작업에 의해서 원상태로 돌려지는 그 과정은 〈꿈-작업〉이라고 불릴 수 있다.

우리는 또한 잠재적인 꿈-사고를, 그것과 깨어 있는 삶과의 연관 때문에 〈(앞선) 낮의 잔여〉라고 기술한다. 꿈-작업(이것에 어

떤 〈창조적인〉 성격을 부여하는 것은 상당히 올바르지 못할 것이
다)의 작동에 의해 잠재적인 꿈-사고는 현저한 방식으로 〈압축〉
되며, 심적인 강도의 〈전위〉에 의해 〈왜곡〉되고, 〈가시적인 그림
으로 재현〉되기 위해 배열된다. 그리고 이 모든 것 외에도, 외현적
인 꿈이 도달되기 전에 잠재적인 꿈-사고는 의미와 일관성을 갖
는 어떤 것을 새로운 산물에게 부여하도록 노력하는 〈2차적인 개
정〉의 과정에 맡겨진다. 엄밀히 말하자면, 이 마지막 과정은 꿈-
작업의 일부를 형성하지 않는다.[3]

꿈 형성의 역동적 이론

꿈 형성의 역학에 관해 이해하는 데에는 그렇게 큰 어려움이
없었다. 꿈의 형성을 위한 추동력은 잠재적인 꿈-사고 또는 낮의
잔여들에 의해 제공되는 것이 아니라, 낮 동안에 억압된 무의식
적인 충동에 의해 제공된다. 낮의 잔여들은 그 충동과 관계를 정
립할 수 있었고, 그 충동은 잠재적인 꿈-사고의 소재로부터 독자
적으로 〈소원 성취〉를 하고자 획책한다. 따라서 모든 꿈은 한편으
로는 무의식적인 것의 측면에서 소원 성취이며, 다른 한편으로는
(방해로부터 수면 상태를 보호하는 데 성공하는 한) 수면을 지속
시키고자 하는 정상적인 소원 성취이다. 우리가 꿈의 형성에 대
한 무의식의 공헌을 무시하고 꿈을 그 잠재적인 사고에 제한한다
면, 꿈은 깨어 있는 생활이 관심을 쏟았던 어떤 것 — 반성, 경고,
의도, 직접적인 미래에 대한 준비, 또는 다시 한번 충족되지 못한
소원 성취 — 을 재현할 수 있다. 외현적 꿈의 인식 불가능성, 낯
섦, 그리고 부조리함은 부분적으로는 상이한, 말하자면 〈고풍의〉
표현 방법으로 사고를 번역한 결과이지만, 부분적으로는 잠자는

---

3 『꿈의 해석』에서 2차적인 개정은 꿈-작업의 일부로서 간주된다.

동안에도 완전히 기능을 멈추지 않는 제한적이고 비판적인 마음속 작용의 결과이다. 우리가 꿈-사고를 외현적 꿈으로 왜곡하는 첫 번째 사례에서 책임이 있다고 간주하는 〈꿈-검열〉이, 낮 시간 동안에 무의식적인 소망 충동을 저지하거나 〈억압〉했던 것과 동일한 정신적인 힘의 표현이라고 가정하는 것은 그럴듯하다.

약간 자세하게 꿈을 설명하는 데 착수하는 것은 가치 있는 일이었다. 왜냐하면 분석 작업은 꿈-형성의 역학이 증후 형성의 역학과 동일하다는 것을 보여 주었기 때문이다. 두 가지 사례에서 우리는 두 개의 경향 사이에 벌어지는 투쟁을 발견한다. 그 중 하나는 무의식적이고 대부분 억압되며 충족 — 즉 소원 성취 — 을 위해 노력하는 반면에, 다른 하나는 아마도 의식적인 자아에 속해 있으면서 부정적이고 억압적이다. 이러한 갈등의 결과는 〈타협 형성〉(꿈 또는 증후)인데, 그 속에서 두 개의 경향은 불완전하게 표현된다. 꿈과 증후 사이의 이러한 유사성은 이론적인 중요성을 보여 준다. 꿈은 병리적인 현상이 아니기 때문에 다음과 같은 사실을 보여 준다. 질환의 증후를 산출하는 정신적인 기제는 정상적인 정신생활에서도 마찬가지로 존재하고, 동일한 불변의 법칙이 정상적인 것과 비정상적인 것 모두를 포괄하며, 신경증 환자나 정신병자에 대한 연구의 발견이 건강한 정신에 대한 우리의 이해에 아무런 의미를 갖지 않을 수 없다는 사실이 그것이다.

상징적 의미

꿈-작업에 의해 야기된 표현 형태를 탐구하는 과정에서 대상, 배열, 그리고 관계들이 어떤 의미에서는 간접적으로, 꿈꾸는 사람이 그것들을 이해하지도 못한 채 사용되고, 대체로 그것에 대해 아무런 연상도 제공하지 않는 〈상징들〉에 의해 재현된다는 놀

라운 사실이 나타났다. 상징의 번역은 분석가에 의해 제공되어야
만 하는데, 그는 스스로 그것을 맥락 속에 실험적으로 끼워 맞춤
으로써 경험적으로 발견할 수 있을 뿐이다. 언어학적 용법, 신화
학, 그리고 민담이 꿈 상징들과 가장 많은 유사성을 풍부하게 제
공한다는 사실이 나중에 발견되었다. 가장 흥미롭고 지금까지 해
결되지 않은 문제들을 제기하는 상징들은 태곳적부터 전승된 정
신적 유산의 단편으로 보인다. 공통된 상징적 의미를 사용하는
것은 공통 언어를 사용하는 범위를 훨씬 넘어선다.

성생활의 병인학적 의의

최면술이 자유 연상으로 대체된 이후에 나타났던 두 번째 새로
움은 임상적인 성격을 띤 것이었다. 그것은 히스테리 증후가 그
로부터 오는 것으로 보이는 외상적 경험에 대한 오랫동안의 연구
과정에서 발견되었다. 연구가 더 주의 깊게 추구될수록 병인학적
으로 의미 있는 인상들의 그물망이 더욱더 광범위해 보였다. 그
러나 또한 그 인상들은 훨씬 더 이전으로 돌아가서 환자의 사춘
기나 유아기까지 도달했다. 동시에 그것들은 일정한 특징을 갖는
것처럼 보였고, 마침내 모든 증후 형성의 뿌리에는 초기의 성생
활로부터의 외상적인 경험이 발견될 수 있다는 증거 앞에서 고개
숙이고 인정하는 것이 불가피하게 되었다. 따라서 성적인 외상은
일반 외상의 자리를 대신했고, 후자는 그에 선행하는 전자와의
연상적이고 상징적인 연관으로 인해 병인학적 의의를 갖는 것으
로 보였다. 동시에 착수되었던 보통의 신경과민(〈신경 쇠약증〉과
〈불안 신경증〉의 두 부류로 나뉘는)의 사례에 대한 탐구는, 이러
한 장애가 환자의 성생활의 〈현재의〉 오용으로까지 추적될 수 있
고, 이것이 없어진다면 제거될 수 있다는 결론을 이끌어 냈다. 따

라서 신경증 일반이 성생활 장애의 표현이라는 사실, 즉 소위 〈실제적 신경증〉은 (화학적 작용에 의한) 〈현재의〉 손상 결과이고 〈정신 신경증〉은 (심적인 변양에 의한) 생물학적인 기능에 대한 〈과거의〉 손상 결과라는 것이 그것인데, 지금까지 과학은 이것을 심각하게 무시했었다. 정신분석학의 논제들 중 어느 것도, 신경증에서 성생활의 병인학적 의의가 우세하다는 이러한 주장만큼 집요한 회의주의나 격렬한 저항에 부딪힌 적이 없었다. 그러나 오늘날에 이르기까지 정신분석학이 발전해 온 가운데 이러한 견해로부터 후퇴할 어떤 이유도 발견하지 못했다는 사실이 분명히 언급되어야 한다.

유아 성욕

병인학적인 연구의 결과로서, 정신분석학은 이전에는 좀처럼 그 존재에 대해 생각된 적이 없었던 바로 그 주제를 다룰 입장에 놓이게 되었다. 과학은 성생활을 사춘기와 더불어 시작되는 것으로 간주하는 데 익숙해졌으며, 유아에게서 성욕이 나타나는 것을 조숙함과 성적 도착의 드문 징후로 간주했다. 그러나 이제 정신분석학은 주목할 만하면서도 규칙적으로 발생하는 풍부한 현상을 폭로했는데, 그것은 유아의 성적 기능이 시작되는 시기를 거의 자궁 바깥에 존재하기 시작한 때로까지 거슬러 올라가지 않을 수 없게 만들었다. 그리고 이 모든 것이 어떻게 간과될 수 있었는지 놀라서 물어보게 되었다. 유아 성욕에 대한 첫 번째 통찰은 성인에 대한 분석적인 검토를 통해 실제로 획득되었고, 결과적으로 그처럼 뒤늦게 되돌아보는 것 때문에 모든 의심과 오류의 원천들에 대한 부담을 지게 되었다. 그러나 이어서 (1908년부터) 유아 자체에 대한 분석과 유아의 행동에 대한 풍부한 관찰이 이루어졌으며, 이러한 방식으로 새로운 견해의 전반적인 사실적 토대에 대한 직접적인 확증이 성취되었다.

유아 성욕은 성인의 성욕과는 많은 점에서 상이한 모습을 보여 주었고, 아주 놀랍게도 성인에게서는 〈도착〉이라고 비난받는 것의 수많은 흔적을 보여 주었다. 성적인 것의 개념을 확장하는 것이 필수적으로 이루어져서, 마침내 그것은 성행위에서 두 성의 결합을 위한 충동이나 생식기에 특정한 쾌감을 불러일으키려는 충동 이상의 것을 포괄하게 되었다. 그러나 이러한 확장은 유아의 성생활, 정상적인 성생활, 도착적인 성생활을 단일한 전체로 파악할 새로운 가능성에 의해 보상받았다.

필자에 의해 수행된 분석적인 연구는, 처음에는 유아에게서 성적인 표현들의 원천으로서 그리고 신경증 증후의 형성에 대한 뿌리로서 〈유혹〉의 중요성을 너무 과대평가하는 오류에 빠졌다. 이러한 잘못된 이해는 신경증 환자의 정신생활에서 〈환상〉이 차지하는 매우 큰 역할을 제대로 평가하는 것이 가능해졌을 때 교정되었는데, 환상은 분명히 외부의 현실보다 신경증에서 더 큰 비중을 차지했다. 이러한 환상의 배후에서 성 기능의 발전에 대한 후속 그림을 그리게 해주는 소재가 나타났다.

리비도의 발전

정신생활에서 우리가 역동적인 표현으로 〈리비도〉라고 부르게 될 성 본능은, 한 번 더 쪼개질 수 있고 점차적으로 뚜렷한 조직으로 통일되는 구성 본능들로 이루어진다. 이러한 구성 본능들의 원천은 신체 기관이며, 특히 확실히 두드러지는 〈성감대〉이다. 그러나 신체의 모든 중요한 기능적인 과정으로부터 리비도에 대한 기여가 이루어진다. 우선 개별적인 구성 본능들은 독립적으로

서로의 만족을 위해 노력하지만, 발전 과정에서 그것들은 더욱더 수렴되고 집중된다. 식별되어야 할 조직화의 첫 번째 (전성기기 [前性器期]의) 단계는 〈구강〉 조직화인데, 그 속에서는 — 젖먹이의 지배적인 관심에 따라 — 구강대가 주도적인 역할을 한다. 이것 다음으로 〈가학적인-항문〉 조직화가 뒤따라오는데, 그 속에서는 〈항문〉대와 〈사디즘〉의 구성 본능이 특히 두드러진다. 이 단계에서 성차(性差)는 능동적인 것과 수동적인 것 사이의 대비에 의해 대표된다. 조직화의 세 번째이자 마지막 단계는 구성 본능들 다수가 〈성기의 우위〉 아래에 수렴되는 단계이다. 대체로 이러한 발전은 신속하고 눈에 띄지 않게 지나간다. 그러나 본능의 어떤 개별 부분들은 그 과정의 전 단계에 머물러 있어서 리비도의 〈고착화〉를 야기한다. 이 고착화는 후속하는 억압된 충동의 난입에 대한 경향을 구성하는 것으로서 중요하며, 나중에 신경증과 도착의 발전과 명확한 관련을 갖는다.[4]

대상을 발견하는 과정, 그리고 오이디푸스 콤플렉스

첫 번째 사례에서 구강의 구성 본능은 영양분에 대한 욕망을 만끽하는 데 의탁함으로써 만족을 찾는다. 그리고 그것의 대상은 어머니의 가슴이다. 그 후에 이것은 떨어져 나와 독립적이 됨과 동시에 〈자가 성애적〉이 된다. 즉 그것은 유아 자신의 신체에서 대상을 발견한다. 그 밖의 구성 본능들 역시 자가 성애적이 됨으로써 출발하며 나중에야 비로소 외부의 대상들로 방향을 전환한다. 생식기 지대에 속한 구성 본능들이 습관적으로 강력한 자가 성애적인 만족의 시기를 거친다는 것은 특히 중요한 사실이다. 구성 본능들이 모두 리비도의 최종적인 생식기의 조직화에서 동

4 다음 장 〈리비도 이론〉 참조.

일하게 기여할 수 있는 것은 아니다. 그들 중 일부(가령 항문적인 구성 요소들)는 결과적으로 제쳐 놓아지고 억압되거나 복잡한 변형을 겪는다.

최초 유아기(대략 2살에서 5살 사이)에 성적 충동의 수렴이 나타나는데, 남자아이의 경우 그 대상은 어머니이다. 아버지를 향한 경쟁심과 적대감이라는 상응하는 태도와 결부되어 대상의 선택은 〈오이디푸스 콤플렉스〉라고 알려진 것의 내용을 제공한다. 그런데 그것은 모든 인간에게 있어서 그의 성애적인 삶의 최종적인 형태를 결정짓는 데 가장 중요하다. 정상적인 개인은 자신의 오이디푸스 콤플렉스를 압도하는 것을 배우게 되는 데 반해, 신경증 환자는 그것에 휘말려 든 채로 머문다는 것이 특징으로 발견되었다.

성적인 발전의 2기의 시초

다섯 살 말경에 이러한 초기 성생활이 보통 끝을 맺는다. 그 후에는 다소간 완전 〈잠복〉의 시기가 뒤따르는데, 이 시기 동안 윤리적 저항이 형성되어 오이디푸스 콤플렉스의 욕망에 대한 방어로서 활동한다. 이후의 〈사춘기〉에 오이디푸스 콤플렉스는 무의식적인 것 속에서 부활하며 더 많은 변양을 겪는다. 성적인 본능이 충분한 강도로 발전하는 것은 비로소 사춘기에서이다. 그러나 그것에 대한 모든 성향뿐 아니라 그 발전의 방향은 이미 그것에 선행하는 유아기 동안의 성욕의 이른 개화에 의해 결정되었다. 성적인 기능의 이러한 2기의 발전 — 잠재기에 의해 방해받는 두 단계의 — 은 인간 종의 생물학적 특성으로 보이며, 신경증의 원인에 대한 결정적인 요소를 포함하는 것으로 보인다.

억압 이론

분석 작업에 의해 도출되는 직접적인 인상들과 더불어 하게 되는 이러한 이론적인 고려들은, 다음과 같은 대략적인 개요로 서술될 수 있는 신경증에 관한 견해로 인도한다. 신경증은 자아에게는 자아의 온전함 또는 자아의 윤리적인 기준들과 양립 불가능한 것으로 보이는 성적인 충동과 자아와의 충돌의 표현이다. 이러한 충동들은 〈자아 동조적〉이 아니기 때문에 자아는 그것들을 억압했다. 다시 말해 자아는 자신의 관심을 충동들로부터 돌리며, 그것들이 동적으로 배출됨으로써 만족을 얻지 못하게 할 뿐만 아니라 의식되지 못하도록 차단했다. 분석 작업의 과정에서 이러한 억압된 충동들이 의식되도록 시도한다면, 사람들은 〈저항〉의 형태로 억압적인 힘을 인지하게 된다. 그러나 억압의 달성은 특히 성 본능의 경우에서 쉽게 실패한다. 가로막힌 성 충동들의 리비도는 무의식으로부터 다른 출구를 찾는다. 왜냐하면 그것은 발전의 초기 국면들로 그리고 대상에 대한 초기의 태도로 〈퇴행〉하며, 유아기의 고착이 존재하는 리비도 발전에 있어서의 약한 지점들을 통해 의식 속으로 침입하여 배출을 획득하기 때문이다. 그렇게 생겨나는 것이 〈증후〉이며, 따라서 근본적으로 성적인 대리 만족이다. 그럼에도 불구하고 증후는 자아의 억압적인 힘으로부터 완전히 도피할 수 없으며, 따라서 변양과 전위를 겪을 수밖에 없는데 — 꿈과 전적으로 유사하게 — 그로 인해 성적인 만족으로서의 성격은 알아볼 수 없게 된다. 결과적으로 증후는 억압된 성적 본능과 억압하는 자아 본능 사이에서 타협의 성질을 띤다. 동시에 증후는 충돌하는 두 상대 모두에 대한 소원 성취를 표현하지만, 그 충족은 그것들 각각에 대해 불완전하다. 이것은 히스테리 증후에 상당히 정확하게 부합하는 반면, 강박 신경증의 증후에 있어서는 종종 반동 형성(성적인 만족에 대항하는 보증)의 발기에 기인하는 억압적 기능의 측면에 더 강한 강조가 주어진다.

전이

신경증적 증후 형성의 배후 추동력이 성적인 본성을 갖는다는 사실에 대한 더 많은 증거가 필요하다면, 그것은 분석적인 치료 과정에서 특수한 정서적인 관계가 환자와 의사 사이에 규칙적으로 형성된다는 사실에서 찾을 수 있을 것이다. 이것은 합리적인 한계를 넘어선다. 그것은 가장 자애로운 헌신과 가장 완강한 적의 사이에서 다양하게 나타나며, 그 환자의 무의식이었던 초기의 성애적인 태도로부터 모든 특징을 이끌어 낸다. 이러한 〈전이〉는 긍정적인 형태와 부정적인 형태로 저항의 무기로서 사용된다. 그러나 의사의 손에서 그것은 가장 강력한 치료 수단이 되며, 치료 과정의 역학에서 대단히 중요한 역할을 한다.

정신분석 이론의 이정표

무의식적인 정신 과정이 있다는 가정, 저항과 억압의 이론에 대한 인정, 성욕과 오이디푸스 콤플렉스의 중요성에 대한 평가 등이 정신분석학의 주요 내용을 이루며 그 이론의 기초를 구성한다. 이러한 사항들을 받아들일 수 없는 사람은 자신을 정신분석학자라고 불러서는 안 된다.

정신분석학의 이후의 역사

정신분석은 10년이 넘는 기간 동안 유일한 대표자였던 필자의 작업에 의해 상당한 진전을 이루었다. 1906년에 스위스의 정신과 의사 블로일러와 융은 분석학에서 활발한 역할을 하기 시작했다.

1908년에 정신분석학 지지자들의 첫 번째 회의가 잘츠부르크에서 열렸고, 그 젊은 과학은 곧 정신과 의사들과 문외한들 사이에서 관심의 중심을 차지하게 되었다. 권위에 대한 병적인 갈망을 가진 독일에서 정신분석학 수용은 독일 과학의 자랑거리가 될 수 없었고, 블로일러와 같이 냉정하고 당파적인 사람조차 정력적인 항의를 할 정도로 움직였다. 그러나 공식적인 회의에서의 어떤 비난이나 퇴장도 정신분석학의 내적인 성장이나 외적인 확장을 방해할 수는 없었다. 그다음 10년의 경과 속에서 그것은 유럽의 경계를 뛰어넘어 멀리까지 확장되었고, 특히 미국에서 대중적인 것이 되었으며, 이것은 적지 않게 퍼트넘(보스턴), 어니스트 존스(토론토, 나중에는 런던), 플루르누아Flournoy(제네바), 페렌치(부다페스트), 아브라함(베를린), 그리고 그 밖에 많은 사람의 옹호와 공동의 노력 덕분이었다. 정신분석학에 가해진 저주는 그것의 지지자들을 국제적인 조직으로 결합하도록 이끌었는데, 그 조직은 올해(1922년) 베를린에서 8번째 비공식 회의를 열고 있으며, 지금은 빈, 부다페스트, 베를린, 네덜란드, 취리히, 런던, 뉴욕, 캘커타, 그리고 모스크바에서 지역 그룹을 갖고 있다. 이러한 발전은 세계 대전에 의해서도 방해받지 않았다. 1918년에서 1919년 사이에 부다페스트의 안톤 폰 프로인트Anton von Freund 박사는 국제 정신분석 출판사를 설립했는데, 그 출판사는 정신분석학과 관련된 잡지와 책을 출판한다. 그리고 1920년에 아이팅곤 M. Eitingon 박사는 베를린에서 빈궁한 신경증 환자를 치료하기 위해 최초로 정신분석 병원을 열었다. 지금 준비 중에 있는, 필자의 주요 저작들을 프랑스어, 이탈리아어, 스페인어로 번역하는 일은 라틴어권에서도 정신분석학에 대한 점증하는 관심을 증명해 준다.

1911년과 1913년 사이에 정신분석학에서 분열된 두 개의 운동이 일어났는데, 그 운동들은 명백히 정신분석학의 내용 중에서 혐오감을 주는 특징들을 완화하려는 목적을 가진 것이었다. 이들 중 하나(융에 의해 지원받는)는 윤리적 기준에 순응하려고 노력하는 가운데, 단지 〈상징적〉 가치만을 부여함으로써 오이디푸스 콤플렉스의 참된 의미를 제거해 버렸다. 그리고 실제로 망각된 것과, 우리가 그렇게 부르듯이 〈전사적(前史的)〉 유아기를 드러내는 일을 게을리했다. 다른 하나(빈의 알프레트 아들러에 의해 출발한)는 정신분석학으로부터 많은 요소를 다른 이름으로 재생산했다. 예컨대 억압은 성적인 것으로 개작된 〈남성 항거〉로 나타났다. 그러나 다른 면에서 이 운동은 무의식적인 것과 성적인 본능으로부터 관심을 돌렸으며 성격 발달과 신경증의 발달을 〈힘에의 의지〉로 소급시켰는데, 이는 과도한 보상에 의해 〈기관 열등성〉으로부터 나타나는 위험을 점검하려고 노력한다. 체계적인 구조를 갖추고 있는 이 두 개의 운동은 정신분석학에 아무런 영속적인 영향력을 갖지 못했다. 아들러 이론의 경우, 그 이론이 정신분석학과 별로 공통점이 없으며 정신분석학을 대체하기 위해 고안되었다는 사실이 곧 분명해졌다.

정신분석학의 좀 더 최근의 진전

정신분석학이 그토록 많은 관찰자를 위한 작업 분야가 되고 난 이후, 그것은 범위와 깊이에서 진전을 보았다. 그러나 불행히도 이 진전에 대해서 현재의 논문에서는 가장 간단한 언급밖에 할 수 없다.

나르시시즘

가장 중요한 이론적 진전은 리비도 이론을 확실히 억압적인 자아에 적용한 것이었다. 자아 자체는 나르시시즘적인 리비도로 불리는 것들의 저수지로 여겨지게 되었다. 즉 자아로부터 대상 리비도 집중*Objektbesetzung*이 흘러나오고 다시 한번 그 속으로 흘러들어 갈 수 있다. 이 개념의 도움으로 자아에 대한 분석에 착수하고 정신 신경증을 〈전이 신경증〉과 〈나르시시즘적〉 장애로 나누는 임상적인 분류가 가능해졌다. 전자(히스테리와 강박 신경증)에 있어서 주체는 낯선 대상들로 전이되려는 리비도의 양을 처리할 수 있으며, 이것은 분석적인 치료를 수행하는 데 사용된다. 반면에 나르시스적인 장애(조발성 치매, 편집증, 우울증)는 대상들로부터 리비도가 물러남에 의해 특징지어지며, 따라서 분석적인 치료를 통해서는 거의 접근 불가능하다. 그러나 그 치료의 접근 불가능성은, 오히려 정신병으로 간주되는 이러한 질환에 대해 더 깊이 연구하는 데 가장 결실 있는 단초를 마련하게 했다.

기술의 발전

분석가의 호기심이 사실상 해석의 기술을 정교화함으로써 충족되고 난 후에, 환자에게 영향을 미치는 가장 효과적인 방법을 발견하는 문제로 관심이 쏠리게 되는 것은 불가피했다. 의사의 직접적인 과제는, 환자가 치료받는 중에 자신에게서 나타나지만 처음에는 의식하지 못했던 저항을 알아차리도록, 그리고 나중에는 그것을 극복하도록 도와주는 것이라는 사실이 곧 분명해졌다. 그리고 동시에 치료 과정의 본질적인 부분은 이러한 저항을 극복하는 데 있다는 사실과, 만약 이것이 성취되지 못한다면 환자에게서 어떤 영구적인 정신적 변화도 일어날 수 없을 것이라는 사실도 밝혀졌다. 분석가의 노력이 이런 식으로 환자의 저항을 향해 있었기 때문에, 분석적인 기술은 외과의 기술과 맞먹는 확실성과 섬세함을 획득했다. 결과적으로 모든 사람이 엄격한 훈련 없이는 정신분석적인 요법을 실시하지 않도록 강력하게 권고를 받았다. 따라서 사실 자격의 힘에 의지하여 그 요법을 감행하는 의사는 어떤 점에서도 일반인보다 더 낫지 않다.

치료적 방법으로서의 정신분석학

정신분석학은 결코 만병통치약이 아니며 기적을 행한다고 주장하지도 않았다. 의료 행위의 가장 어려운 분야들 중 하나로 그것은 특정한 질환에 대한 유일하게 가능한 치료 방법이며, 그 밖의 것들에 대해서는 최상의 또는 가장 영구적인 결과를 낳는 방법이다 ─ 비록 상응하는 시간과 노력의 투자가 없이는 결코 이룰 수 없지만 말이다. 도움을 주는 작업에 완전히 몰두하는 의사는 정신생활의 복잡성 및 정신적인 것과 육체적인 것 사이의 상호 연관에 대한 뜻하지 않은 통찰을 획득함으로써 자신의 노동에 대해 대가를 충분히 보상받게 될 것이다. 현재 그것은 도움을 주지 못하고 이론적인 이해만을 제공할 뿐이지만, 아마도 얼마 후에는 신경증적 질환에 영향을 미치는 더 직접적인 수단을 위한 길을 닦고 있을 것이다. 그것의 작업 영역은 무엇보다도 두 개의 전이 신경증, 즉 히스테리와 강박 신경증 영역에서 그것의 내적 구조와 작동 기제를 발견하는 데 기여했다. 그리고 그 외에도 모든 종류의 공포증, 금지, 성격 결함, 성적 도착, 그리고 성생활에서의 어려움 등이 있다. 몇몇 분석가들(젤리프Jelliffe, 그로데크 Groddeck, 펠릭스 도이치Felix Deutsch) 역시 심한 기질성 질환에 대한 분석적인 치료가 가능성이 없지는 않다고 보고했다. 왜냐하면 정신적 요인은 종종 그와 같은 질환의 원인과 지속에 기여하기 때문이다. 정신분석은 환자로부터 일정한 정도의 심적인 유연성을 요구하기 때문에 환자를 선택함에 있어서 어떤 종류의 연령 제한을 두어야 하며, 개별 환자에 대해 오랫동안 긴장된 주의를 기울일 필요가 있기 때문에, 우연히 신경증을 앓는 완전히 무가치한 사람에게 정력을 낭비하는 것은 비경제적일 것이다. 임상 자료에 바탕을 둔 경험만이 더 광범위한 층의 사람에게 접근 가능하게 하고, 지능이 낮은 사람들에게 적용하기 위해 어떤 변형이 필요한지를 가르쳐 준다.

정신분석과 최면술 및 암시법 간의 비교

정신분석적인 방법은, 권위를 통해 환자에게 일어날 수도 있는 어떤 정신적인 현상을 억압하려고 하지 않는다는 점에서 암시, 설득 등을 사용하는 모든 방법과는 다르다. 그것은 현상의 인과 관계를 추적하고 그것을 야기한 조건들의 지속적인 변형을 통해서 그 현상을 제거하고자 한다. 정신분석학에서 의사에 의해 불가피하게 행해지는 암시적인 영향은 환자의 저항을 극복하기 위해, 즉 치료적인 과정을 진척시키기 위해 환자에게 할당된 과제로 전환된다. 암시에 의해 환자가 기억의 산물을 왜곡할 위험은 기술을 신중하게 사용함으로써 피할 수 있다. 그러나 일반적으로 저항을 환기하는 것은 암시적인 영향의 오도된 결과를 방지하는 보장책이다. 그 치료법의 목표는, 환자의 저항을 제거하고 그의 억압을 검열해서 가장 멀리까지 미치는 자아의 통일과 강화(強化)를 야기하고, 내적인 갈등에 소진하고 있는 정신적인 에너지를 저축하며, 그가 소질과 능력에 따라 할 수 있는 한 최선을 다하게 하여 가능한 한 효과적으로, 가능한 한 즐겁게 할 수 있도록 만드는 데 있다고 할 수 있다. 질환의 증후 제거가 명확한 목적으로 설정되지는 않지만 분석이 적절하게 수행될 경우, 말하자면 부산물로서 달성된다. 분석가는 환자의 개성을 존중하고 그 자신의 — 즉 의사의 — 개인적인 이상에 따라 그를 개조하려고 하지 않는다. 그는 충고하는 것을 회피하고, 그 대신에 환자의 주도권을 일깨우는 것을 좋아한다.

정신 의학과의 관계

정신 의학은 현재, 여전히 심리적인 것보다는 육체적인 것에 방향을 잡고 있고 관찰된 현상에 대해 설명을 제시할 가능성이 없는 본질적으로 기술적이고 분류적인 과학이다. 그러나 정신과 의사들이 거의 만장일치로 주장하는 것처럼, 정신분석학이 정신 의학과 대립적인 위치에 있는 것은 아니다. 정반대로, 의식으로부터 물러나는 정신생활에 있어서의 과정들에 대한 심리학인 〈심층 심리학〉으로서, 정신분석학은 정신 의학에 필수 불가결한 기초를 제공하고 현재의 한계에서 벗어나도록 이끈다. 우리는 미래에 정신분석학이 그 안내자의 역할을 한 과학적 정신 의학이 탄생할 것을 예측할 수 있다.

정신분석학에 대한 비판과 오해

정신분석학을 불리하게 하는 것의 대부분은, 심지어는 과학적인 저작들에 있어서도 감정적인 저항감에 의해 결정되는 듯한 불충분한 정보에 기초하고 있다. 따라서 정신분석학을 〈범성욕주의〉라고 비난하고, 정신분석학이 모든 정신적 사건을 성욕에서 도출하며 그 모든 사건의 원인을 거기에서 찾는다고 단언하는 것은 잘못이다. 반대로, 정신분석학은 처음부터 성적인 본능을 잠정적으로 〈자아 본능〉이라고 명명되었던 다른 것들로부터 구별했다. 정신분석학은 모든 것을 설명하려는 시도를 꿈꾸어 본 적이 결코 없으며, 심지어 신경증조차 성욕에서만 그 원인을 찾지 않고 성적인 충동과 자아 사이의 갈등에서 원인을 찾았다. 정신분석학에서 (융의 작업들과는 달리) 〈리비도〉라는 용어는 심적인 에너지 일반을 의미하는 것이 아니라 성적인 본능의 추동력을 의미한다. 〈모든 꿈은 성적인 소망의 충족이다〉와 같은 몇몇 주장은 정신분석학에 의해 결코 주장된 적이 없다. 〈무의식적인 정신의 과학〉으로서 자신의 고유하고 제한된 작업 영역을 가진 정신분석학에 대해 일방적으로 가해지는 비난은, 화학에 대해 비난이 가해질 경우와 마찬가지로 부적당하다. 정신분석학이 성욕에 자유를 줌으로써 신경증적 질환을 치료하고자 한다고 믿는 것은, 단지 무지에 의해서만 변명될 수 있는 심각한 오해이다. 분석을 통해 억압된 성적 욕구를 의식하게 만드는 것은, 반대로 이전의 억압이 달성할 수 없었던 성욕에 대한 지배를 달성할 수 있게 해준다. 분석은 신경증 환자를 성욕의 굴레로부터 해방시켜 준다고 말하는 것이 좀 더 사실에 가까울 수 있다. 게다가 종교, 권위, 윤리를 훼손시킨다는 기준에 따라 정신분석학을 판단하는 것은 상당히 비학문적이다. 왜냐하면 다른 모든 학문과 마찬가지로 정신분석학은 전적으로 비편향적이며 오직 하나의 목표, 즉 현실의 한 부분에 대한 일관된 견해에 도달하려는 목표를 갖고 있기 때문이다. 마지막으로, 사람들이 그렇게 부르고 있듯이 탐구, 예술, 사랑, 윤리적 감수성과 사회적 감수성과 같은 인간성에서 최상의 가치를 가진 모든 것이, 요소적이고 동물적인 본능적 충동들 속에서 그것들의 기원을 설명하려는 입장을 취하는 정신분석학 때문에 가치를 잃게 될 것이라고 종종 표현되는 두려움은 어리석다고 할 수밖에 없다.

비의학적인 적용과 정신분석학의 상호 관계

의학 분과들 가운데 정신분석학만이 홀로 정신과학과 가장 광범위한 관계를 가지고 있고, 정신 의학에서와 같이 종교사와 문화사의 연구에서, 그리고 신화학(神話學)과 문학에서 동일하게 중요한 역할을 하는 지위에 있다는 사실을 분명히 하지 못한다면, 정신분석학에 대한 어떤 평가도 불완전할 것이다. 원래 정신분석학의 유일한 목적이 신경증적 증후의 이해와 개선이었다는 점을 반성할 때 이 말은 이상하게 들릴 수도 있다. 그러나 정신과학으로 연결되는 다리의 출발점을 지적하기란 쉽다. 꿈의 분석은 우리에게 정신의 무의식적인 과정에 대한 통찰을 제공해 주었고, 병리적인 증후를 산출하는 기제가 정상적인 정신 속에서도 작용한다는 것을 보여 주었다. 따라서 정신분석학은 〈심층 심리학〉이 되었고 그 자체로 정신과학에 적용될 수 있었으며, 강단 심리학이 다룰 수 없었던 의식에 대한 매우 많은 수의 의문점에 대해 대답할 수 있었다. 아주 이른 초기 단계에 인간의 계통 발생론의 문제가 부각되었다. 병리적인 기능이 종종 정상적인 기능의 발달 초기 단계로의 〈퇴행〉에 지나지 않는다는 사실이 분명해졌다. 융은 정신 분열증 환자들의 착란적인 환상과 원시인들의 신화 사이의 놀라운 유사성에 뚜렷하게 주의를 기울인 최초의 사람이었다. 반면에 필자는 오이디푸스 콤플렉스를 형성하기 위해 결합하는 두 개의 소망이 〈토템 숭배〉에 의해 부과된 두 개의 주요한 금기(부족의 조상을 죽이지 말라는 것과 자신의 씨족에 속하는 여성과 결혼하지 말라는 것)와 완전히 일치한다는 점을 지적했고, 이 사실로부터 광범위한 결론들을 도출했다. 오이디푸스 콤플렉스의 의미는 엄청날 정도로 커지기 시작했으며, 사회 질서, 윤리, 정의와 종교는 오이디푸스 콤플렉스에 대한 반작용 형성으로써 인류의 원시 시대에 함께 생겨난 것처럼 보였다. 오토 랑크[5]는 정신분석학적 관점을 적용함으로써 신화학과 문학사의 해명에 커다란 도움을 주었고, 테오도어 라이크[6]는 윤리와 종교의 역사에 이러한 관점을 적용하여 마찬가지의 성과를 거두었다. 그리고 취리히의 피스터 박사[7]는 목회자들과 교사들의 관심을 불러일으켰으며, 정신분석학적 관점의 교육에 대한 중요성을 논증했다. 정신분석학의 적용에 대한 더 많은 논의는 이 자리에서 하지 않을 것이며, 그 적용의 영향력에 아직은 한계가 보이지 않는다고 말하는 것으로 충분하다.

경험 과학으로서의 정신분석학

정신분석학은, 몇 개의 날카롭게 규정된 기본 개념으로부터 출발하여 이것들의 도움으로 세계 전체를 파악하고자 노력하고, 일단 그것이 완성되면 새로운 발견이나 더 나은 이해를 위한 여지를 두지 않는 철학과는 다르다. 반대로 정신분석학은 연구 영역에서 사실들과 밀착해 있으며, 문제들을 직접적인 관찰로 해결하고자 노력하며, 경험의 도움으로 앞을 더듬어 나아가며, 항상 불완전하며, 항상 그 이론을 교정하고 변경할 준비가 되어 있다. (물리학이나 화학의 경우와 다름없이) 그것의 가장 일반적인 개념들이 명료성을 결여하고 있고, 그것의 전제들이 잠정적이라고 해도 아무런 모순이 없다. 정신분석학은 그것들의 좀 더 상세한 규정을 미래의 작업 결과에게 남겨 둔다.

---

5 랑크의 『로엔그린 전설』(1911)과 『시와 전설에 나타난 근친상간 모티프』(1912) 참조.
6 라이크, 『종교 심리학의 문제 *Probleme der Religionspsychologie*』(1919) 참조.
7 피스터, 『정신분석의 방법』(1913) 참조.

2. 리비도 이론

〈리비도〉는 성욕의 역동적인 표현을 기술하기 위해 본능 이론에서 사용되는 용어이다. 그것은 이미 몰[8]에 의해 이러한 의미로 사용되었고, 필자에 의해 정신분석학에 도입되었다. 이하에서는 본능 이론이 정신분석학 내에서 거쳐 왔던 발전들 ─ 여전히 계속되고 있는 발전들 ─ 을 기술하는 것으로 제한된다.

성적인 본능과 자아 본능 간의 비교

정신분석학은 일찍이 모든 정신적인 사건은 요소적인 본능들의 힘의 상호 작용에 기초해서 형성된 것으로 간주되어야 한다는 사실을 인식하게 되었다. 그러나 그 사실 때문에 정신분석학은 곧 곤경에 빠졌다. 왜냐하면 심리학은 본능에 관한 아무런 이론도 포함하고 있지 않았기 때문이다. 아무도 실제로 본능이 어떤 것인지 말할 수가 없었고, 문제는 전적으로 개인적인 변덕에 맡겨져 있었으며, 모든 심리학자는 자신이 선택한 많은 수의 본능

---

8 A. Moll, 『성적 리비도에 대한 연구*Untersuchungen über die Libido sexualis*』(1898) 참조 ─ 원주. 프로이트 자신은 사실상 〈리비도〉라는 용어를 일찍이 플리스와의 서신에서 1894년 8월 18일(『정신분석의 기원』, 1950)에, 그리고 불안 신경증에 관한 첫 번째 논문(「신경 쇠약증에서 〈불안 신경증〉이라는 특별한 증후군을 분리시키는 근거에 관하여」, 1895)에서 사용했다.

을 임의적인 것으로 가정하는 경향이 있었다. 정신분석학에 의해 연구되어야 할 현상들 중 첫 번째 영역은, 이른바 전이 신경증(히스테리와 강박 신경증)이었다. 그것의 증후는, 주체의 인격(그의 자아)에 의해 거부(억압)되어 무의식을 통한 우회적인 통로에 의해서 표현되는 성욕의 본능적인 충동에 의해 야기된다는 사실이 발견되었다. 이러한 사실들은 성 본능과 자아 본능(〈자기 보존 본능〉) 사이를 비교함으로써 달성될 수 있었다. 그리고 이것은 배고픔과 사랑이 세계를 움직이게 하는 것이라는 유명한 말과도 일치했다. 배고픔이 자기 보존 본능의 표현인 것처럼, 리비도는 사랑의 힘의 표현이었다. 자아 본능의 본성은 한동안 자아에 관한 다른 모든 특징처럼 규정되지 않은 채 분석이 접근할 수 없는 것으로 남아 있었다. 두 부류의 본능 사이에 질적인 차이가 존재한다고 생각될 수 있는지, 그리고 그렇다면 어떤 차이인지 결정할 수 있는 방법이 없었다.

근본 리비도

융은 사변적인 노선을 따라서, 성욕화되거나 탈성욕화될 수 있는, 그러므로 그 본질에 있어서 정신적인 에너지 일반과 동일한 단 하나의 근본 리비도Urlibido가 있다고 가정함으로써 이러한 불명료성을 해결하고자 했다. 이러한 혁신은 방법론적으로 논란의 여지가 많았고, 커다란 혼란을 야기했으며, 〈리비도〉라는 용어를 불필요한 동의어로 깎아내렸고, 실제로 성적인 리비도와 비(非)성적인 리비도를 구분해야 할 필요가 있었다. 성적인 본능과 다른 목표를 가진 본능 사이의 차이가 정의를 새롭게 한다고 해서 제거될 수는 없었다.

승화

정신분석학을 통해서만 접근 가능한 성적인 경향에 대한 세심한 연구는 그동안 상당히 주목할 만한 세부적 성과를 이끌어 냈다. 성적인 본능으로서 기술되는 것은 매우 복잡한 성질을 가진 것으로 판명되었으며, 그것은 그 구성 본능들로 다시 한번 분해될 수 있다. 각각의 구성 본능은 그 〈원천〉에 의해, 즉 그로부터 본능의 자극이 비롯되는 신체의 영역 또는 구역에 따라 불변의 특징을 갖는다. 게다가 각각은 구분 가능한 특징들로서 〈대상〉과 〈목표〉를 갖는다. 목표는 항상 만족에 의해 수반되는 배설이지만, 그것은 능동성에서 수동성으로 변화될 수 있다. 대상은 처음에 생각했던 것보다 본능에 덜 밀착되어 있다. 그것은 쉽게 다른 것으로 교환되며, 게다가 외적인 대상을 가졌던 본능이 주체 자신에게로 향해질 수도 있다. 분리된 본능들은 서로에 대해 독립적으로 남을 수도 있고 — 여전히 설명 불가능한 방식으로 — 서로 결합되고 융합되어 공통의 작업을 수행하게 될 수도 있다. 그것들은 또한 리비도 집중을 서로에게 전이시킬 수도 있으며, 따라서 한 본능의 만족이 다른 본능들의 만족을 대체할 수도 있다. 본능이 겪을 수 있는 가장 중요한 변화는 〈승화〉인 듯하다. 여기서 대상과 목표가 둘 다 변화되며, 따라서 원래는 성적인 본능이었던 것이 더 이상 성적인 것이 아니라 더 고차적인 사회적 또는 윤리적 가치를 갖는 어떤 성과에서 만족을 찾는다. 이렇게 상이한 특징들은 여전히 하나의 전체적인 상을 형성하도록 결합되지는 않는다.

나르시시즘

정신 분열증과 그 밖의 정신 질환에 대한 분석이 감행되었고,

따라서 지금까지는 단지 억압하고 거부하는 기관으로서만 알려져 왔던 자아 자체에 대한 검토가 시작되었을 때 결정적인 진보가 이루어졌다. 정신 분열증의 발병 과정은 리비도가 대상들로부터 후퇴하여 자아 속으로 들어가는 것인데, 그동안에 그 질환의 떠들썩한 증후들은 대상들로 되돌아갈 길을 찾으려는 리비도의 헛된 분투에서부터 발생한다. 따라서 대상 리비도가 자아의 리비도 집중으로 변화되고 또한 그 역도 가능하다는 사실이 판명되었다. 더 많은 숙고를 통해 이러한 과정은 가장 넓은 규모로 발생한다고 추정될 수밖에 없다는 사실을 알게 되었다. 또한 자아는, 리비도를 대상들 〈쪽으로〉 내보내며 항상 대상들〈로부터〉 다시 흘러나오는 리비도를 흡수할 준비가 되어 있는 리비도의 거대한 저장소로 간주될 수 있다는 사실이 드러났다. 따라서 자기 보존 본능 또한 리비도적인 성질을 가졌다. 그것은 외적인 대상 대신에 주체 자신의 자아를 대상으로 취했던 성 본능이었다. 임상적인 경험을 통해 우리는 마치 자기가 자기 자신과 사랑에 빠진 것처럼 놀라운 방식으로 행동하는 사람들에 익숙해졌고, 이러한 도착에 대해 〈나르시시즘〉이라는 이름이 붙여졌다. 자기 보존 본능의 리비도는 이제 〈나르시시즘적 리비도〉라고 기술되었으며, 상당한 정도의 이러한 자기애가 1차적이고 정상적인 상태를 이룬다는 것이 인정되었다. 전이 신경증에 대해 초기에 세워진 정식은, 비록 정정을 하지 않아도 되었지만 결과적으로 변형하지 않으면 안 되었다. 성 본능과 자아 본능 사이의 갈등에 관해 말하는 대신에 대상 리비도와 자아 리비도 간의 갈등에 관해 말하거나, 이러한 본능들의 본성이 동일하기 때문에 대상 리비도 집중과 자아 사이의 갈등에 관해 말하는 편이 더 좋았다.

융의 견해에 대한 외견상의 접근

따라서 언뜻 보기에는 마치 정신분석학적 연구의 느린 과정이 근본 리비도에 관한 융의 사색의 단계를 따라가고 있는 듯이 보였다. 그 이유는, 특히 대상 리비도가 나르시시즘으로 변형되는 것은 필연적으로 어느 정도의 탈성욕화, 또는 특수하게 성적인 목표의 포기를 수반했기 때문이다. 그럼에도 불구하고 자아의 자기 보존 본능이 리비도적이라고 인정된다는 사실이, 자아에서 작용하는 다른 본능은 없다는 것을 반드시 증명하는 것은 아니라는 점을 명심해야만 한다.

집단 본능

특수하게 타고난, 그리고 더 이상 분석이 불가능한 〈집단 본능〉이 있다는 주장이 여러 진영에서 있어 왔다. 그 본능은 인간 존재의 사회적 행동을 결정하고 개인이 커다란 공동체로 모이도록 강요한다는 것이다. 정신분석학은 이러한 견해와는 대립된다. 설령 사회적 본능이 타고난 것이라고 해도, 그것은 아무런 어려움 없이 원래 리비도적인 대상 리비도 집중이었던 것으로 소급될 수도 있고, 적대적인 대항의 태도에 대한 반동 형성으로서 개인의 유아기에 발전했을 수도 있다. 그것은 다른 사람들과의 특수한 종류의 동일화에 기초한다.

목표 억제적인 성 충동

사회적 본능은, 비록 승화된 것과 밀접한 관계가 있기는 하지만 승화된 것으로 기술될 필요가 없는 일군의 본능적인 충동들에 속한다. 그것은 자신의 직접적인 성적 목표를 포기하지는 않았지만, 내적인 저항에 의해 그 목표를 달성하는 것이 저지된다. 그것은 충족에 근사한 어떤 것에 만족하며, 바로 그런 이유로 인간들 사이에 존재하는 특별히 확고하고 지속적인 결속으로 이끈다. 이러한 부류에는 특히, 원래는 완전히 성적인 것이었던 부모와 아이들 간의 자애로운 관계, 우정, 그리고 성적인 매력에 그 기원이 있었던 결혼에 있어서의 정서적인 유대가 속한다.

정신생활에서 두 부류의 본능에 대한 인정

정신분석학은 대체로 다른 과학의 이론들과는 가능한 한 독립적으로 자신의 이론을 발전시키려고 노력함에도 불구하고, 생물학에서 본능에 관한 이론을 위한 기초를 찾지 않을 수 없다. 삶을 형성하고 죽음으로 인도하는 과정들에 대한 광범위한 고찰의 토대 위에서, 유기체에게 있어서 구성과 해체의 상반되는 과정에 상응해 우리에게 두 부류의 본능이 존재함을 인정해야 한다는 것은 그럴듯해졌다. 이러한 견지에서, 본질적으로 조용히 작동하는 일련의 본능들은 생명체를 죽음으로 인도하는 목표를 따르는 본능일 것이고, 따라서 〈죽음의 본능〉이라고 불릴 만하다. 이 본능은 단세포의 요소적인 유기체들 다수의 결과로서 외부로 향하게 될 것이고, 〈파괴적〉 충동 또는 〈공격적〉 충동으로서 자신을 표현할 것이다. 다른 일련의 본능들은 분석을 통해 우리에게 더 잘 알려진 것들인데, 리비도적인 성적 본능 또는 삶의 본능이 그것이며, 〈에로스〉라는 이름 아래에 포함된다. 그것들의 목적은 생명을 연장시키고 더 높은 발전을 이루기 위해 생명체로부터 더욱 거대한 통일체를 형성하는 것이다. 에로스적인 본능과 죽음의 본능은 규칙적으로 혼합 또는 융합되어 생명체 속에 존재할 것이다. 그러나 〈탈융합〉[9]이 일어날 가능성도 있을 것이다. 삶은 두 부류의

9 *Entmischung*. 여기서 이 용어가 최초로 나타난 것으로 보이는데, 이 용어는

본능 사이의 충돌 또는 상호 작용의 표현 속에서 존립할 것이다. 죽음은 개인에게 파괴적인 본능의 승리를 의미할 것이다. 그러나 번식은 그에게 에로스의 승리를 의미할 것이다.

본능의 본성

이러한 견해는, 우리가 본능을 초기 상태를 회복하려는 생명체에 내재한 경향으로서 특징짓는 것을 가능하게 한다. 말하자면 그것들은 역사적으로 결정될 것이고 보수적인 본성을 가질 것이며, 즉 관성 또는 유기체적인 것에서 존재하는 탄성(彈性)의 표현일 것이다. 두 부류의 본능, 즉 에로스와 죽음은 모두 이런 견지에서 생명의 최초 생성에서부터 서로 대립적으로 작용하고 작동했을 것이다.

박성수 옮김

「자아와 이드」에서 아주 길게 논의된다.

정신분석학 소론

정신분석학 소론

Kurzer Abriss der Psychoanalyse(1924[1923])

이 글은 프로이트가 미국 출판사의 요청에 따라 1923년 10월 과 11월에 저술한 것으로, 약 2년 후에 『브리태니커 백과사전 *Encyclopaedia Britannica*』에 기고한 글(「정신분석: 프로이트 학파 Psycho-Analysis: Freudian School」)과는 다르다.

1

정신분석학은 20세기와 더불어 탄생했다고 말할 수 있다. 정신분석학이 무언가 새로운 것으로 세상에 나온 계기가 되었던 출판물인 나의 『꿈의 해석』은 1900년이라는 연도를 달고 있다. 그러나 물론 정신분석학은 돌에서 튀어나온 것도 아니고 하늘에서 떨어진 것도 아니다. 그것은 그것이 계승하고 있는 오랜 전통과 관련되어 있으며, 그것이 소화하고 있는 사상적 자극에서 출발하고 있다. 따라서 정신분석학을 서술하려면 탄생에 결정적인 작용을 한 영향들을 묘사하는 일부터 시작해야 하며, 그것이 탄생하기 전의 시대와 상황을 잊어서도 안 된다.

정신분석학은 협소하게 제한된 지반 위에서 성장했다. 그것은 원래 소위 〈기능적〉 신경 질환의 본성에 관한 어떤 것을 이해하여, 의사들이 지금까지 그 질환을 치료하는 데서 느꼈던 무력감을 극복한다는 목표만을 가지고 있었다. 이 시기의 신경과 전문의들은 화학적-물리학적 사실들과 병리학적-해부학적 사실들을 존중하는 풍토 속에서 교육을 받았다. 그들은 결국 히치히[1]와 프리치,[2] 페리어[3]와 골츠[4] 등이 가졌던 착상의 영향하에 있었는데, 이들은

---

1 Eduard Hitzig(1838~1907). 할레Halle 대학의 정신 의학 교수.
2 Gustav Fritsch(1838~1927). 베를린 대학의 조직학과 과장.

뇌의 일정한 기능들이 오직 뇌의 특정 부분들에만 내적으로 관련되어 있다는 사실을 입증한 것처럼 보였다. 그들은 심리적인 요소를 전혀 다룰 줄 몰랐으며 그것을 이해할 수도 없었다. 그래서 그들은 그것을 철학자와 신비주의자 그리고 돌팔이 의사에게 떠맡기고, 심지어는 그것에 관여하는 일을 비과학적인 것으로 치부하기도 했다. 그에 따라 신경증, 특히 전 인류의 전형적인 징후였던 불가사의한 〈히스테리〉의 비밀에 대해서는 어떠한 접근도 개시되지 않았다. 나는 1885년에 살페트리에르에서 청강하며, 사람들이 히스테리적 마비에 대해 다음과 같은 공식에 만족하고 만다는 사실을 알았다. 즉 히스테리적 마비는, 심하게 손상될 경우 그에 상응하는 기관의 마비가 일어나는 뇌 부위들의 가벼운 기능장애에 그 원인이 있다는 것이었다.

이와 같은 이해 부족으로 인하여 자연히 이러한 병적 상태의 치료도 어려움을 겪었다. 치료의 요체는 일반적으로 〈환자를 강하게 해주는〉 조치들, 투약, 또는 대부분 매우 부적절하고 불친절한 시도들, 즉 협박이나 조롱이나 경고처럼 환자의 의지에 〈정신차릴 것을〉 명령하는 심리적 영향의 시도들이었다. 신경증적 상황에 대한 특수한 치료법으로서 전기 요법이 제안되었지만, W. 에르프Erb의 상세한 처방대로 이 요법을 실행하려던 사람들은 소위 엄밀한 과학에서도 환상이 자리를 차지할 수 있다는 사실에 놀라지 않을 수 없었다. 결정적인 변화는 1880년대에 최면술이라는 현상이 다시 한번 의학의 논점으로 부각되었을 때 일어났다. 이는 전보다 성과가 더 좋은 리에보Liébault, 베르넴Bernheim, 하이덴하인Heidenhain, 포렐[5]의 작업 덕분이었다.

3 Sir David Ferrier(1843~1928). 런던 킹King 대학의 신경 병리학 교수.
4 Friedrich L. Goltz(1834~1902). 스트라스부르 대학의 생리학 교수.

특히 중요한 것은 사람들이 이러한 현상들의 실재성을 인정했다는 점이다. 이것이 인정되자 사람들은 최면술로부터 두 가지의 근본적이고 잊을 수 없는 교훈을 끌어내지 않을 수 없었다. 첫째로, 사람들은 눈에 띄는 신체상의 변화가 다만 누군가가 일으킨 심리적 영향의 결과일 뿐이라고 확신하게 되었다. 둘째로, 사람들은 특히 시험 대상 인물이 최면 이후에 보이는 행동으로부터 오직 〈무의식적인〉 과정이라고밖에 부를 수 없는 심리적 과정들이 존재한다는 뚜렷한 인상을 받았다. 〈무의식적인 것〉은 사실상 이미 오래전부터 이론적 개념으로서 철학자들에 의해 논의되었지만, 최면술이라는 현상에 이르러 최초로 현실적이고 구체적인 실험 대상이 되었다. 게다가 최면 현상은 수많은 신경증의 징후와 명백한 유사성을 보여 주었다.

정신분석학의 형성사에서 최면술이 갖는 의의는 아무리 높게 평가해도 지나치지 않다. 정신분석학은 이론적인 관점뿐만 아니라 치료법적인 관점에서도 자신이 최면술로부터 물려받은 유산을 관리하고 있는 것이다.

최면은 또한 신경증, 특히 히스테리를 연구하기 위한 귀중한 보조 수단임이 입증되었다. 외상(外傷) 후에 일어난 어떤 마비는 히스테리적 성격을 가진다고 추정하여, 최면으로 외상을 암시함으로써 똑같은 성격의 마비를 인위적으로 일으킬 수 있었던 샤르코의 실험은 커다란 반향을 불러일으켰다. 그때부터 외상에 의한 영향이 일반적으로 히스테리 증상의 발생에 관여할 수 있다는 기대가 생겼다. 샤르코 자신은 계속해서 히스테리적 신경증을 심리학적으로 이해하려고 노력하지 않았지만, 그의 제자인 자네는 이 연구를 수용하여 히스테리의 증상들이 일정한 무의식적 생각들

5 August Forel(1848~1931). 취리히 대학의 정신 의학 교수.

에 확고하게 의존하고 있다는 것을 최면의 도움으로 보여 줄 수 있었다. 자네는 히스테리를 그가 가정한 체질적 무능력, 즉 심리적 과정들을 결합하지 못하는 무능력으로 특징짓고 정신생활의 붕괴(분열)는 이러한 무능력에서 기인한다고 보았다.

그러나 정신분석학이 이와 같은 자네의 연구에 의존하고 있지는 않다. 정신분석학에 결정적인 영향을 준 것은 빈의 의사인 요제프 브로이어 박사의 경험이었는데, 그는 1881년경에 어떤 외부의 영향도 받지 않고 히스테리에 걸린 재능이 뛰어난 한 소녀를 최면의 도움을 받아 연구하고 치유할 수 있었다. 브로이어의 성과는 15년 후에, 즉 그가 나를 공동 연구자로 삼은 후에야 비로소 세상에 전해졌다. 그가 다룬 사례는 오늘날에 이르기까지 신경증에 대한 우리의 이해에 그 나름의 독특한 의의를 갖고 있기 때문에, 그 사례에 대해 좀 더 언급하는 것이 불가피하다. 브로이어의 사례가 갖는 특색이 무엇인지를 분명하게 파악할 필요가 있다. 소녀는 그녀가 끔찍이 사랑하는 아버지를 간호하다가 병이 들었다. 브로이어는 그녀의 모든 증상이 이 병자 간호와 관련되어 있으며, 그것에 의해 설명될 수 있음을 증명할 수 있었다. 따라서 불가사의한 신경증의 한 사례가 최초로 속속들이 관찰되었으며, 그것의 모든 증상이 의미심장한 것으로 판명되었다. 게다가 그 증상들의 일반적인 특성은, 성취되지 못하고 다른 이유로 인해 억압된 행위에 대한 충동을 포함하는 상황에서 발생했다는 점이었다. 이 억압된 행위들 대신에 바로 그 증상들이 나타난 것이다. 따라서 사람들은 히스테리적 증상들의 병원(病原)을 설명하기 위해 정서적 생활(감성)과 정신적 힘들의 상호 작용(역동성)에 주목하게 되었으며, 이 두 가지 관점은 그때부터 결코 다시 폐기된 적이 없다.

브로이어는 증상들이 발생하는 원인을 샤르코의 외상과 동렬에 놓았다. 그런데 이 원인으로서의 외상과 그에 따른 모든 정신적 충격은 마치 언제 그랬냐 싶게 환자의 기억에서 사라지지만, 그 외상과 정신적 충격의 결과인 증상들은 마치 시간이 흘러도 전혀 손상되지 않는다는 듯이 변함없이 존속한다는 사실은 주목할 만하다. 따라서 우리는 최면을 건 후에 암시를 주는 실험에서 알게 되었던 과정, 즉 무의식적이지만 바로 그 때문에 특히 강한 정신적 과정들이 존재한다는 증거를 여기서 발견했다. 브로이어가 실행한 치료법의 요체는, 환자에게 최면을 건 상태에서 잊혀진 외상을 기억해 내게 하고 강한 감정 표현으로 그 외상에 반응하도록 유도하는 것이었다. 그러면 그때까지 그러한 감정 표현을 대신하고 있었던 증상이 이내 사라졌다. 그러므로 병의 연구와 병의 제거에 똑같은 절차가 동시에 사용되었으며, 이와 같은 진기한 통합은 이후의 정신분석학에 의해서도 고수되었다.

내가 1890년대 초에 브로이어의 성과를 더 많은 환자를 통해 확인한 후에, 브로이어와 나는 우리의 경험과 이에 기반한 이론의 시도를 포함하는 책(『히스테리 연구』)을 출판하기로 결정했다. 이 책은 강한 감정적인 정신적 과정의 정동(情動, *Affekt*)이 정상적인 의식적 가공에 의해 억압되어 잘못된 길로 내몰릴 때 히스테리적 증상들이 발생한다고 단언했다. 그렇게 되면 이 정동은 히스테리의 경우에 비정상적인 신체적 신경 지배로 이행하지만(전환), 최면으로 체험을 재현함으로써 다른 방식으로 조종되어 해방될 수 있을 것이다(소산[消散]). 우리는 이 과정을 카타르시스(정화, 억압된 정서의 해방)라고 불렀다.

카타르시스 요법은 정신분석학의 직접적인 선구자이며, 모든 경험의 확대와 모든 이론의 변형에도 불구하고 여전히 정신분석학 속에 핵심으로서 포함되어 있다. 그러나 그것은 의사가 특정한 신경 질환에 영향을 미치는 새로운 길에 불과했으며, 그것이 가장 일반적인 관심 대상인 동시에 가장 격렬한 반론 대상이 될 수 있으리라는 점을 예상케 한 것은 아무것도 없었다.

2

『히스테리 연구』가 출판되자마자 브로이어와 나의 공동 연구
는 끝났다. 본래 내과 의사였던 브로이어는 신경증 환자를 다루
는 일을 그만두었고, 나는 나의 오랜 동료가 물려준 도구를 계속
완성하려고 노력했다. 그가 도입한 기술적 혁신과 내가 이루어
낸 발견은 카타르시스 요법을 정신분석학으로 변화시켰다. 중대
한 일보는 아마도 내가 최면이라는 기술적 보조 수단을 버리기로
결정했다는 것이다. 내가 그렇게 한 데에는 두 가지 이유가 있다.
첫째로는 내가 낭시에서 베르넴과 함께한 교육 과정에도 불구하
고 충분히 많은 환자에게 최면을 거는 데 성공하지 못했기 때문
이고, 둘째로는 그가 최면에 기반한 카타르시스의 치료 효과에
만족하지 못했기 때문이다. 이 효과는 사실상 매우 뚜렷했고 또
치료 기간이 짧아도 곧 나타나긴 했지만, 지속적이지 못하고 환
자와 의사의 개인적인 관계에 지나치게 의존하는 것으로 입증되
었다. 최면의 포기는 그때까지의 방법을 발전시키는 것을 그만두
고 새로이 시작함을 의미했다.

　그러나 최면은 환자가 망각했던 것을 환자의 의식적 회상에 되
돌려주는 기능을 수행해 왔다. 최면은 다른 기술로 대체되어야만
했다. 나는 당시에 최면을 〈자유 연상〉 방법으로 대체하려는 착상

을 가지고 있었다. 즉 나는 환자들에게 모든 의식적인 사색을 버리고 편안한 집중 상태에서 저절로 떠오르는(의도하지 않았던) 생각들을 좇는 데 몰두하라고(〈그들의 의식의 표면을 더듬어 찾으라고〉) 요구했다. 예컨대 환자들은 떠오르는 생각이 너무 불쾌하거나 너무 무의미하거나 너무 사소하거나 적절치 않아서 거부감이 생기는 경우에도 이러한 생각들을 의사에게 전해야만 했다. 잊혀진 무의식을 탐색하기 위한 보조 수단으로 자유 연상을 선택한 것은 너무 기괴한 것으로 보이기 때문에, 그 선택을 정당화하기 위해서는 좀 더 설명이 필요하다. 나는 당시에 모든 의식적 사유 의도들이 억압된 후 떠오르는 생각들의 결정이 무의식적 소재에 의해 이루어진다면, 소위 〈자유〉 연상이란 실제로는 부자유한 것으로 입증되리라는 예상을 하고 있었다. 이러한 예상은 경험에 의해 정당화되었다. 앞에서 제시한 〈정신분석학의 기본 규칙〉을 엄수하며 자유 연상을 좇음으로써, 우리는 환자가 망각한 것의 흔적으로 인도할 수 있는 풍부한 생각들의 소재를 얻게 되었다. 이 소재는 비록 망각된 것 자체를 가져다주지는 않았지만, 의사가 일정한 보충과 해석을 통해 망각된 것을 추측(재구성)할 수 있다는 사실에 대한 뚜렷하고도 풍부한 암시를 주었다. 따라서 자유 연상은 이제 예전에 최면술이 수행했던 것과 똑같은 역할을 수행하게 되었다.

아마도 우리는 작업을 매우 어렵고 복잡하게 만들었는지도 모른다. 그러나 매우 귀중한 성과는 우리가 최면 상태로 인해 관찰자에게 은폐되어 있던 힘의 상호 작용에 대한 통찰을 얻었다는 것이다. 우리는 병의 원인인 망각된 것을 발견하려는 작업이 지속적이고도 매우 강렬한 저항에 맞서 스스로를 방어해야만 한다는 것을 인식하게 되었다. 환자가 자기 내부에서 떠오르는 생각들을 전하고 싶지 않을 때의 비판적인 거부감, 즉 정신분석학의 기본 규칙이 표적으로 삼았던 그 거부감이 이미 이러한 저항의 표현이었다. 저항 현상을 인정함으로써 정신분석학적 신경증 이론의 중추인 억압 이론이 탄생했다. 현재 병의 원인인 소재의 의식화에 대해 저항하는 힘들이 옛날에도 똑같은 노력을 기울여서 성공을 거두었다고 가정한다면, 이는 지당한 것이었다. 그런데 이제는 신경증적 증상들의 병원학(病原學) 내부에 있던 간극이 메워졌다. 현재 증상들이 대신하고 있는 인상들과 정신적 충격들은 아무 이유 없이 망각된 것이 아니며, 자네가 생각했던 것처럼 결합을 수행하지 못하는 체질적 무능력으로 인해 망각된 것도 아니다. 오히려 그것들은 다른 정신적 힘들의 영향에 의해 억압을 체험한 것이며, 그것들이 의식되지 못하도록 방해받고 기억으로부터 배제되는 현상이 바로 이러한 억압의 성공이자 증거인 것이다. 이러한 억압 때문에 비로소 그것들은 병의 원인이 된 것이다. 즉 그것들은 비정상적인 경로를 통해 증상으로서 표현된 것이다.

우리는 억압의 근거로서, 즉 모든 신경 질환의 원인으로서 두 그룹의 심리적 지향 간의 갈등을 가정해야만 했다. 그리고 이제 경험은 서로 싸우는 힘들의 본성에 관해 완전히 새롭고 놀라운 사실을 알려 주었다. 억압은 보통 환자의 의식적인 인격(자아)에서 나와 윤리적이고 미적인 동기들에 호소한다. 우리가 일반적으로 악한 것으로 요약할 수 있는 이기심과 잔인함의 충동들, 특히 성적 욕망들, 경우에 따라서는 가장 강렬하고 가장 금기시되는 종류의 성적 욕망들이 억압과 마주친다. 따라서 병적 증상들은 금지된 만족의 대리물이며, 병은 인간의 내부에 있는 비도덕적인 것의 불완전한 억제에 상응하는 것처럼 보인다.

인식의 진보는 정신생활에서 성욕이 얼마나 커다란 역할을 담당하는지를 더욱 분명하게 확인시켜 주었고, 성 본능의 본성과 발전을 철저히 연구하게 하는 동기를 제공했다.[6] 그러나 우리는 또한 최초 유년기의 체험과 갈등들이 개인의 발전에서 의외로 중요한 역할을 담당하며, 성숙기 동안에도 지울 수 없는 기질을 남긴다는 것을 발견함으로써 순전히 경험적인 다른 결론에 이르게 되었다. 그래서 우리는 지금까지 과학에 의해 근본적으로 무시되었던 어떤 것, 즉 갓난아기 때부터 신체의 반응뿐만 아니라 정신적 태도로도 표현되는 유아적 성욕을 발견하기에 이르렀다. 이러한 어린아이의 성욕을 성인의 소위 정상적인 성욕 및 성도착자의 변태적인 성생활과 결합하기 위해서는, 성적인 것 자체의 개념이 교정되고 확대되어 이 교정과 확대가 성 본능의 발전사를 통해 정당화될 수 있어야만 했다.

최면이 자유 연상의 기술로 대체된 이래 브로이어의 카타르시스 요법이 곧 정신분석학이 되었지만, 정신분석학은 10년이 넘도록 오직 나에 의해서만 전개되었다. 이 시기에 정신분석학은 점차로 한 이론의 전유물이 되었는데, 이 이론은 신경증의 발생, 의미, 목적에 대해 충분한 정보를 제공하는 것처럼 보였으며 병을 없애려는 의사의 노력에 대해 합리적인 토대를 제공해 주었다. 나는 이 이론의 내용을 이루는 계기들을 한번 더 정리해 보려고 한다. 이 이론의 특징은 다음과 같다. 본능적 삶(정서성), 정신적 동력학, 그리고 가장 어둡고 가장 자의적인 것처럼 보이는 정신적 현상들의 일반적인 유의미성과 결정에 대한 강조, 심리적 갈등 이론과 억압의 병원적 본성에 대한 이론, 병의 증상들을 대리 만족으로 파악하는 견해, 성생활, 특히 유아 성욕의 단초들이 갖는 병원학적 의의에 대한 인식이 그것이다. 철학적인 면에서 이

6 「성욕에 관한 세 편의 에세이」 참조.

이론은 정신적인 것이 의식과 일치하지 않으며, 정신적 과정들 자체가 무의식적이고 오직 특수한 기관들(기관, 체계)의 활동에 의해서만 의식화된다는 관점을 취해야만 했다. 나는 이 설명에 대한 보완으로 다음을 덧붙이고자 한다. 유년기의 정서적 태도하에서는 부모에 대한 복잡한 감정 관계, 즉 이른바 오이디푸스 콤플렉스가 나타났는데, 우리는 오이디푸스 콤플렉스 속에서 모든 신경증 사례의 핵심을 더욱 분명히 인식하게 되었다. 또한 피분석자의 의사에 대한 태도에서는 감정 전이의 일정한 현상들이 눈에 띄었는데, 이 현상들은 이론에 대해서나 기술에 대해서나 똑같이 커다란 의의를 갖게 되었다.

신경증에 대한 정신분석학적 이론은 이러한 입론(立論) 속에 이미 지배적인 견해와 경향에 반대되고, 문외한들에게 경악과 혐오와 불신을 불러일으킬 수 있는 많은 요소를 포함하고 있었다. 무의식의 문제에 대한 입장이라든가 유아 성욕에 대한 인정, 그리고 정신생활 일반에서 유독 성적 계기들을 강조한 것이 그러한 요소였다. 그러나 다른 요소들도 추가될 수 있었다.

3

히스테리에 걸린 소녀의 경우에, 금지된 성욕이 어떻게 고통스러운 증상으로 급변할 수 있었는지를 조금이라도 이해하기 위해서, 우리는 정신 기관의 구조와 활동에 관해 근본적이고도 복잡한 가정들을 만들어 냈다. 이 작업에서는 노력의 지출과 성과 사이에 분명한 모순이 있었다. 정신분석학이 주장하는 관계들이 실제로 존재한다면, 그 관계들은 근본적인 성격을 갖는 것이며 히스테리 이외의 다른 현상들에서도 나타날 수 있어야만 했다. 그러나 이 추론이 맞다면, 정신분석학은 더 이상 신경과 전문의들만의 관심사일 수는 없을 것이다. 그렇게 되면 정신분석학은 심리학적 연구를 의미 있는 것으로 여기는 모든 이에게 주목을 요구해도 좋을 것이다. 따라서 정신분석학의 성과는 오직 병리적인 정신생활의 영역에서만 고려되는 것이 아니다. 그것은 정상적인 기능의 이해를 위해서도 소홀히 다뤄져서는 안 될 것이다.

정신분석학은 자신이 병적인 정신 활동 이외의 다른 정신 활동을 설명하는 데에도 유용하다는 사실을 두 가지 현상을 통해 증명해 냈는데, 그중 하나는 망각, 실언, 물건을 잘못 두는 것 등의 매우 잦은 일상적 실수들이고, 다른 하나는 육체적으로 건강하고 심리적으로 정상적인 사람들의 꿈이다. 평소에는 잘 알고 있던 어떤 이름을 잠시 잊는다든지 말을 잘못 하거나 글을 잘못 쓰는 등의 사소한 실수들은, 지금까지는 전혀 설명할 가치가 없는 것으로 여겨지거나 피로나 주의 산만 등에 그 원인이 있는 것으로 설명되곤 했다. 그러나 나는 『일상생활의 정신 병리학』에서 수많은 예를 통해, 그러한 사건들이 의미심장한 것이며 의식적인 의도가 다른 억압된 의도, 때로는 전적으로 무의식적인 의도에 의해 방해받음으로써 생긴다는 사실을 입증했다. 방해하는 영향을 찾아내려면 대부분 잠시 동안의 자기 반성이나 간단한 분석만으로도 충분하다. 누구든지 실언과 같은 실수가 잦다는 사실만 보아도 자기 자신에게 무의식적인 정신적 과정들, 즉 작용력이 있으면서 적어도 다른 의도적 행위들의 억제와 제한으로 표현되는 정신적 과정이 존재한다는 확신을 쉽게 얻을 수 있을 것이다.

내가 이미 1900년에 『꿈의 해석』에서 공개했던 꿈의 분석은 여기서 한 걸음 더 나아갔다. 이 분석으로부터 꿈은 신경증과 같은 방식으로 만들어진다는 결론이 도출되었다. 꿈은 이상하고 무의미한 것처럼 보일지도 모르지만, 정신분석학에서 사용된 자유 연상과 거의 유사한 기술에 의해 꿈을 탐구한다면, 우리는 꿈에서 현시된 내용으로부터 꿈의 감추어진 의미에, 즉 잠재적인 꿈-사고에 도달하게 될 것이다. 이러한 잠재적 의미는 항상 꿈꾸는 현재에 만족되는 것으로 표현되는 소원 충동이다. 그러나 어린아이가 아닌 한, 또는 어쩔 수 없는 신체적 욕구의 압박이 없는 한, 이 감추어진 소원은 결코 명시적으로 표현될 수 없다. 꿈은 처음에는 어떤 왜곡을 감수하지 않으면 안 되는데, 이 왜곡은 꿈꾸는 자의 자아 내부에 있는 작품을 제한하고 검열하는 힘이다. 깨어난 후에 기억할 수 있는 발현된 꿈은 바로 이런 식으로 생긴다. 꿈은 검열을 용인함으로써 못 알아볼 만큼 왜곡되지만, 분석에 의

해 만족한 상황이나 소원 성취의 표현으로 드러날 수도 있다. 이
는 서로 싸우는 정신적 지향의 두 그룹 사이의 화해인 셈이다. 우
리는 이러한 화해를 히스테리적 증상에서도 발견한 바 있다. 꿈
이 (억압된) 소원의 (위장된) 성취라는 공식은 근본적으로 꿈의
본질을 가장 잘 표현해 준다. 우리는 잠재적인 꿈의 소원을 꿈의
발현된 내용으로 변화시키는 과정 — 꿈-작업이라 알려진 과정
— 을 연구함으로써 무의식적인 정신생활에 관한 우리의 지식 중
최고의 지식을 얻게 되었다.

그런데 꿈은 병적인 증상이 아니라 정상적인 정신생활의 활동
이다. 꿈이 성취된 것으로 표현해 주는 소원은 신경증에서 억압
되었던 것과 똑같은 소원이다. 꿈이 생길 수 있는 가능성은 단지,
인간의 운동 기능이 마비되는 수면 시간 동안에는 억압이 미약해
져 꿈에 대한 검열로 변한다는 유리한 상황 덕분이다. 그러나 꿈
이 일정한 경계를 넘어서면, 꿈꾸는 자는 꿈꾸기를 끝내고 깜짝
놀라 깨어난다. 따라서 병적인 정신생활과 정상적인 정신생활을
놓고 볼 때, 그것들 사이에는 똑같은 힘들과 똑같은 과정들이 존
재한다는 것이 입증된 셈이다. 정신분석학은 『꿈의 해석』을 기점
으로 해서 두 가지 의미를 갖게 되었다. 정신분석학은 새로운 신
경증 치료법일 뿐만 아니라 새로운 심리학이기도 했다. 그것은
신경과 의사들뿐만 아니라 정신과학에 종사하는 모든 이에게 존
중받아야 한다는 요구를 제기하게 되었다.

그러나 정신분석학에 대한 학계의 반응은 우호적이지 못했다.
예컨대 10년 동안이나 아무도 나의 저작들에 주목하지 않았다.
1907년경에 일단의 스위스 정신과 의사들(취리히의 블로일러와
융)이 정신분석학에 주목했지만, 독일에서는 수단과 논증을 가리
지 않는 분노의 폭풍이 매우 거세게 일어났다. 이때 정신분석학

은 일정한 시간이 지난 후에야 비로소 일반적인 승인을 얻었던 수많은 새로운 발견과 운명을 같이했다. 물론 정신분석학이 특히 격렬한 저항을 불러일으킬 수밖에 없었던 이유는 정신분석학의 본질에서 찾을 수 있다. 정신분석학은 특히 민감한 몇몇 부분에서 문화인의 선입견에 상처를 입혔으며, 보편적인 합의에 의해 무의식 속에 억압되었던 것을 폭로함으로써 거의 모든 사람을 분석적 반응에 복종시켜, 동시대인들에게 분석적 치료 시에 특히 거부감을 드러내는 환자와 같이 처신하도록 강요했던 것이다. 또한 정신분석학 이론의 정당성을 확인하고 분석 실습 수업을 허락받는 일도 쉽지 않았음을 고백해야 하겠다.

그러나 이러한 일반적인 적개심도 정신분석학이 이후 10년 동안 두 방향으로 끊임없이 확장되는 것을 막을 수는 없었다. 정신분석학에 대한 관심이 새로운 나라들에서도 점점 부상했다는 점에서 정신분석학은 지도상으로 확장되었고, 정신분석학이 점점 새로운 분과들에 적용되었다는 점에서 그것은 정신과학의 영역으로도 확장되었다. 1909년에 G. 스탠리 홀은 그가 총장으로 재임하던 매사추세츠주의 우스터에 있는 클라크 대학에서 정신분석학에 대한 강의를 해달라며 나와 융을 초청했는데, 이 강의에 대한 반응은 호의적이었다. 이때부터 정신분석학이라는 이름은 미국에서 수많은 천박함과 남용으로 얼룩지면서도 대중적인 것이 되었다. 해블록 엘리스는 1911년에 이미 정신분석이 오스트리아와 스위스에서뿐만 아니라 미국, 영국, 인도, 캐나다는 물론 오스트레일리아에서도 장려 및 촉진되고 있다는 사실을 확인할 수 있었다.

또한 투쟁기이자 최초의 전성기였던 이 시기에 정신분석학만을 다루는 기관지들이 생겨났다. 블로일러와 내가 발행하고 융이 편집한『정신분석과 정신 병리학 연구 연보』(1909~1914)는 세계 대전의 발발과 더불어 폐간되었으며, 아들러와 슈테켈이 편집한『정신분석 중앙지』(1911)는 얼마 안 가서『국제 정신분석학지 *Internationale Zeitschrift für Psychoanalyse*』(1913, 지금까지 10권이 나왔음)로 바뀌었다. 그 밖에도 1912년에 랑크와 작스가 창간한『이마고』가 있는데, 이것은 정신분석학을 정신과학에 응용하기 위한 잡지이다. 1913년에는 화이트White와 젤리프Jelliffe가 지금까지도 간행되고 있는『정신분석 평론*Psychoanalytic Review*』을 창간하면서 앵글로아메리카계 의사들의 지대한 관심이 표출되었다. 그 후 1920년에는 어니스트 존스Ernest Jones가 편집한『국제 정신분석 저널*International Journal of Psycho-Analysis*』이 특히 영국의 독자들을 겨냥하면서 탄생했다. 국제 정신분석 출판사Der Internationale Psycho-analytische Verlag와 그 계열사인 영국의 국제 정신분석 출판사The International Psycho-Analytical Press는〈국제 정신분석학 총서*Internationale Psychonalytische Bibliothek*〉라는 이름으로 일련의 분석학적 출판물들을 계속 펴내고 있다. 물론 정신분석학의 문헌은 대개 정신분석학적 단체들의 후원을 받는 이러한 정기 간행물에만 있는 것은 아니다. 정신분석학 문헌들은 무수히 많은 곳에, 즉 과학적 저작들뿐만 아니라 문학 작품들에도 산재되어 있다. 정신분석학에 특히 주목하고 있는 라틴어권의 잡지로는 리마(페루)의 델가도Delgado가 이끄는『정신 의학 잡지 *Rivista de Psiquiatria*』를 들 수 있다.

정신분석학의 20년사에서 두 번째 10년이 첫 번째 10년과 본질적으로 다른 점은, 내가 더 이상 정신분석학의 유일한 대표자가 아니라는 데 있다. 점점 더 많은 학생과 신봉자가 나의 주위로 모여들었고, 그들은 우선 정신분석학 이론의 보급에 관심을 기울였으며, 그런 다음에는 그것을 계속 연구하고 보충하고 심화시켰다. 시간이 흐르면서 상당수의 사람이 부득이하게 이 신봉자들의 그룹에서 이탈하여 독자적인 길을 가거나 정신분석학 발전의 연속성을 위협하는 것처럼 보이는 반대파로 전향하기도 했다. 1911년과 1913년 사이에 취리히의 C. G. 융과 빈의 알프레트 아들러가 분석학적 사실들을 새롭게 해석하려 시도하고 분석의 관점에서 이탈하려고 노력하면서 어느 정도 혼란을 불러일으켰지만, 얼마 안 가서 이러한 배반이 지속적인 해악을 끼치지는 못했다는 것이 입증되었다. 그들에게 주어진 일시적인 성과는 정신분석학적 요구들의 압박에서 벗어나겠다는 — 우리는 항상 거기서 벗어날 수 있는 길을 그들에게 열어 주었다 — 대중의 각오에 그 원인이 있는 것으로 해명되었다. 공동 연구자들 중 압도적인 다수는 배반하지 않았으며 자신들에게 제시된 원칙에 따라 연구를 계속했다. 우리는 정신분석학의 다양한 응용 분야에서 이룩된 성과들에 대한 다음의 매우 간략한 서술에서 그들의 이름을 여러 번 듣게 될 것이다.

4

의학계에서 정신분석학에 보낸 떠들썩한 거부 반응도, 정신분석학의 신봉자들이 원래 의도대로 정신분석학을 신경증의 특수한 병리학과 치료법으로까지 발전시키는 것 — 이는 현재까지도 완전히 해결되지 않은 과제이다 — 을 방해할 수는 없었다. 지금까지 이룩한 모든 것을 훨씬 능가하는 명백한 치료 효과는 항상 새로운 노력들을 자극했으며, 분석 대상을 철저히 탐색하면서 드러난 난점들은 분석 기술의 근본적인 변화와 이론의 가정과 전제들에 대해 중요한 수정을 가하도록 했다.

정신분석의 기술은 이와 같은 발전 과정에서 다른 의학 분과와 마찬가지로 명확해지고 세심한 주의를 요하는 것이 되었다. 이러한 사실을 이해하지 못하여, 특히 영국과 미국에서는 독서를 통해 정신분석학에 대한 문헌적 지식만을 얻은 사람들이 특별한 훈련을 받지 않고도 분석적 치료를 할 수 있다고 자신함으로써 많은 과실이 생기기도 했다. 그런 행동의 결과는 환자들뿐만 아니라 과학에도 해를 끼쳤으며, 정신분석학의 이름을 더럽히는 데 결정적인 역할을 했다. 따라서 베를린의 아이팅곤에 의한 최초의 정신분석 종합 병원의 설립(1920)은 실천적으로 매우 의미 있는 일보가 되었다. 이 병원은, 한편으로는 분석 요법을 광범위한 대중에게 익숙한 것으로 만들기 위해 노력하고 있으며, 다른 한편으로는 교육 과정을 통해 의사들을 실천적 분석가로 훈련시키는 책임을 떠맡고 있다. 이 교육 과정은 학습자가 자기 자신에 대한 정신분석을 용인한다는 조건을 포함하고 있다.

의사가 분석 대상을 다룰 수 있게 해주는 보조 개념으로는 우선 〈리비도〉를 들 수 있다. 정신분석학에서 리비도는 대상을 향한 (분석 이론에 의해 확장된 의미에서의) 성 본능의 (양적으로 변화 가능하고 측정 가능하다고 생각되는) 힘을 의미한다. 연구를 계속하자 자신의 자아를 향한 〈자기애적 리비도〉 혹은 〈자아-리비도〉를 이 〈대상 리비도〉와 동렬에 놓아야 할 필요가 생겼으며, 이 두 힘의 상호 작용은 정신생활에서 수많은 정상적 과정 및 병리적 과정을 설명할 수 있게 해주었다. 얼마 안 가서 소위 〈전이신경증〉과 자기애적 혼란 간의 개략적인 구분이 이루어졌는데, 전자(히스테리와 강박 신경증)는 정신분석 요법의 원래 대상인 반면 후자, 즉 자기애적 신경증은 분석의 도움으로 탐구될 수는 있지만 치료에 근본적인 어려움이 있다는 사실이 드러났다. 정신분석학의 리비도 이론은 결코 완성되지 않았으며, 일반적인 본능 이론과의 관계도 아직 해명되지 않았다고 해야 옳다. 정신분석학은 어리고 전혀 성숙하지 않은 과학, 급속한 발전 도상에 있는 과학이다. 그러나 여기서 정신분석학에 대해 그토록 자주 제기되는 범성론 *Pansexualismus* 이라는 비난이 얼마나 터무니없는 것인지 지적해 두어야겠다. 이 비난은 정신분석학 이론이 단지 성적인 동력 외에는 다른 어떠한 정신적 동력도 알지 못하며, 〈성적〉이라는 말을 분석학적 의미가 아니라 통속적인 의미로 사용함으로써 대중의 선입견을 이용하고 있다고 말할 것이다.

정신분석학적 견해는 정신병학에서 〈기능적 정신 이상〉이라고 불리는 모든 병도 자기애적 혼란이라고 보아야만 할 것이다. 건강함과 신경증 사이에 명확한 경계가 없듯이, 신경증과 정신 이상도 명확한 경계에 의해 구분되지 않는다는 사실은 의심의 여지가 없었다. 또한 불가사의한 정신병적 현상들을 설명하기 위해 우리가 지금까지 불투명한 신경증을 연구해서 얻은 통찰을 똑같이 끌어대는 데에도 일리가 있었다. 나는 고립되어 있던 시기에 이미 편집증의 한 사례를 분석적 탐구에 의해 어느 정도 해명했으며, 이 명확한 정신 이상에서 단순한 신경증과 똑같은 내용(콤플렉스) 및 그와 유사한 힘의 상호 작용을 입증했다. E. 블로일러는 모든 정신 이상에서 그가 〈프로이트적 메커니즘〉이라고 불렀던 것의 징후들을 추적했으며, C. G. 융은 1901년에 마비성 치매증 말기의 기이한 증상들을 이 환자의 개인적 생활사에 의거해서 설명하여 단번에 분석가로서 높은 명성을 얻었다. 또 정신 분열증에 대한 블로일러의 포괄적인 연구[7]는 이러한 정신병들을 이해하는 데 있어서 정신분석학적 관점이 올바르다는 것을 궁극적으로 입증해 주었다.

정신 의학은 이런 식으로 정신분석학의 가장 가까운 응용 분야가 되었으며, 이 사실은 그때부터 오늘날까지도 변함이 없다. (가장 저명한 인물들만 들자면) 베를린의 아브라함과 부다페스트의 페렌치처럼 신경증을 분석학적으로 인식하는 데 가장 많이 기여한 연구자들은 정신병에 대한 분석학적 규명에서도 주도적인 위치를 차지해 왔다. 우리에게 신경증적·정신병적 현상으로 알려져 있는 모든 장애의 통일성과 상관성에 대한 확신은 정신과 의사들의 온갖 저항에도 불구하고 점점 더 강력하게 관철되고 있다.

---

7 『조발성 치매 또는 정신 분열증 집단 *Dementia praecox, oder Gruppe der Schizophrenien*』 (1911).

우리는 신경증에 대한 정신분석학적 연구만이 정신병을 이해할 수 있게 해주며, 정신분석학은 더 이상 기이한 병세와 불가해한 병세의 추이를 기술하거나 심한 해부학적 유독성 외상들이 우리의 지식으로는 이해할 수 없는 정신 기관에 미치는 영향을 추적하는 데 만족할 필요가 없는, 미래의 과학적 정신 의학을 가능케 해야 한다는 소명을 부여받았다는 것을 ─ 아마도 미국에서 가장 잘 ─ 이해하기 시작하고 있다.

5

그러나 정신분석학은 결코 정신병학에 대한 그것의 의의만큼 지성계의 주의를 끌지 못했으며, 우리 시대의 역사에서 한자리를 확보하지도 못했다. 이러한 결과는 병리적 정신생활과 정신분석학의 관계에서 기인하는 것이 아니라, 정상적인 정신생활과 정신분석학의 관계에서 기인하는 것이었다. 원래 분석학적 연구는 몇몇 병적인 정신 상태의 발생 조건(기원)을 규명하는 것만을 목표로 삼았으나, 이러한 노력 속에서 근본적으로 중요한 관계들을 밝혀내는 데 성공했다. 즉 정신분석학은 바로 새로운 심리학을 창출하는 데 성공하여, 우리는 이제 그러한 발견의 타당성이 병리학의 영역에만 국한될 수 없다고 말할 수밖에 없게 된 것이다. 우리는 이 결론이 옳다는 데 대한 결정적인 증거가 언제 제시되었는지 이미 알고 있다. 그것은 정상인들의 정신생활에 속하지만, 본래 건강한 조건하에서도 보통 생길 수 있는 꿈을 분석 기술에 의해 해석하는 데 성공했을 때이다.

우리가 꿈의 연구를 통해 얻은 심리학적 통찰들을 고수한다고 해도, 정신분석학을 의식이 직접적으로 이해할 수 없는 심층적 심리 과정들에 대한 이론, 즉 〈심층 심리학〉으로 선언하고 그것을 거의 모든 정신과학에 적용할 수 있으려면 아직 한 걸음을 더 내

디뎌야만 했다. 이 한 걸음은 바로 개인의 정신 활동으로부터 인간 공동체와 민족들의 정신 활동으로, 즉 개인 심리학으로부터 집단 심리학으로의 이행이었다. 또한 우리는 수많은 놀라운 유사성으로 인해 이러한 이행을 강요받았다. 따라서 우리는, 예컨대 무의식적 정신 활동의 심층에서는 대립물들이 서로 구별되지 않고 오히려 똑같은 요소에 의해 표현된다는 사실을 알게 되었다. 그러나 언어학자 아벨K. Abel은 1884년에 이미 (『원시 언어의 반대 의미에 관하여*Über den Gegensinn der Urworte*』에서) 우리가 알고 있는 가장 오래된 언어들이 대립물을 똑같이 다룬다는 주장을 제시했다. 따라서 고대 이집트어는, 예컨대 강함과 약함에 대해 처음에는 한 단어만을 갖다가 나중에야 비로소 대립의 양 측면이 손쉬운 변경에 의해 구별된다. 집의 맨 위와 맨 아래를 뜻하는 독일어의 *Boden*과 높음과 낮음을 뜻하는 라틴어의 *altus*처럼, 최근의 언어에서도 이러한 반대 의미의 뚜렷한 잔재가 제시될 수 있다. 따라서 꿈속에서 대립물들을 동일시하는 것은 일반적으로 인간 사유의 태곳적 특징이다.

다른 영역에서 예를 들어 보자. 우리가 일정한 강박증 환자들의 강박 행위와 전 세계 신자들의 종교 활동 사이에서 발견하는 완전한 일치의 인상을 버린다는 것은 불가능하다. 강박 신경증의 많은 사례는 바로 희화화된 개인 종교처럼 보이기 때문에, 우리는 공식적인 종교들을 보편화됨으로써 진정되는 강박 신경증과 동일시할 수 있다. 모든 신자에게 틀림없이 매우 불쾌하게 들릴 이러한 비교는 심리학적으로는 매우 풍부한 암시를 갖게 되었다. 왜냐하면 정신분석학은 곧 강박 신경증에 대해, 강박 행위의 의식(儀式)을 통해 갈등이 뚜렷하게 표현되기까지 여기서 어떤 힘들이 서로 싸우고 있는가를 인식했기 때문이다. 종교적인 감정을 그 가장 깊은 뿌리인 아버지와의 관계로 환원함으로써, 여기에도 유사한 역동적 상황이 있음을 증명하는 데 성공하기 전까지는 종교적 의식에 대해 전혀 유사한 것을 추정할 수 없었다. 더구나 이 예는 독자들에게 정신분석학을 의학 이외의 분야에 적용한다 해도, 이는 소중히 여겨지는 선입견들에 상처를 입히고 뿌리 깊은 감정들을 흔들어 움직여서 본질적으로 정서적인 토대를 갖는 적대감을 불러일으킬 수밖에 없다는 사실을 환기시킬지도 모른다.

우리가 무의식적 정신생활의 가장 일반적인 상황들(본능적 충동들 간의 갈등, 억압과 대리 만족)이 어디에나 있다고 가정해도 좋다면, 그리고 이러한 상황들을 인식하게 해주는 심층 심리학이 존재한다면, 우리는 당연히 인간의 정신활동의 다양한 영역에 대한 정신분석학의 적용이 지금까지 얻을 수 없었던 중요한 성과들을 도처에서 노정하게 되리라고 기대할 수 있다. 랑크와 작스의 매우 가치 있는 연구는, 정신분석학자들의 작업이 1913년까지 이러한 기대를 얼마만큼 만족시킬 수 있었는지를 정리하려고 노력했다. 지면이 부족한 관계로 나는 여기서 이 작업들을 일일이 다 열거할 수는 없다. 나는 다만 가장 중요한 성과를 부각시키고 거기에다가 몇 가지 상세한 설명을 덧붙일 수 있을 뿐이다.

거의 알려지지 않은 내적 충동들을 논외로 한다면, 우리는 문화 발전의 주된 동력은 인간의 자연적인 욕구들을 용이하게 만족시키지 못하도록 하고 인간을 엄청난 위험에 내맡기는 외적이고 현실적인 궁핍이라고 말해도 좋다. 이러한 외적 좌절은 인간을 현실과 투쟁하도록 강제했는데, 이 투쟁은 때로 현실에의 적응으로, 또 때로는 현실의 지배로 귀결되었다. 그러나 이 외적 강제는 또한 노동 공동체 및 동류와의 공생을 강요하기도 했는데, 사회적으로 만족될 수 없는 여러 가지 본능적 충동의 포기가 이미 이와 결부되어 있었다. 문화의 지속적인 진보와 더불어 억압의 요구도 커졌다. 그럼에도 불구하고 문화는 일반적으로 본능의 포기 위에 구축되며, 모든 개인은 유년기로부터 성숙기에 이르는 과정에서 인류가 현명한 체념에 도달하는 이 발전 과정을 개인적으로 반복해야 한다. 정신분석학은 이러한 문화적 억제에 굴복하는 것은— 물론 다른 것도 있지만— 주로 성적 본능이라는 사실을 보여 주었다. 그런데 성적 본능의 일부는 당면한 목표에서 스스로 주의를 돌려 〈승화된〉 욕망으로서 자신의 에너지를 문화 발전에 내맡기는 귀중한 속성을 보여 준다. 그러나 성 본능의 다른 부분은 만족되지 않은 소원으로서 무의식 속에 남아 있다가, 비록 왜곡된 만족이긴 하지만 어떤 만족을 요구한다.

우리는 인간의 정신 활동의 일부가 현실적인 외부 세계의 지배를 지향한다고 들어 왔다. 그런데 정신분석학은 특별히 높이 평가되는 다른 부분, 즉 정신적 창조라는 부분이 소원 성취, 다시 말해서 유년기 이래로 만족되지 않은 채 모든 사람의 마음속에 잠복하고 있는 억압된 소원의 대리 만족에 기여한다는 사실을 덧붙인다. 항상 불가해한 무의식과 연관이 있다고 추정되었던 이 창조물로는 신화와 문학과 예술을 들 수 있다. 또한 정신분석학자들의 작업은 실제로 신화학과 문예학과 예술 심리학의 영역을 규명해 왔다. 여기서는 그 전형으로 랑크의 업적만 언급해 두겠다. 우리는 신화와 동화도 꿈처럼 해석될 수 있다는 것을 보여 주었고, 무의식적 소원 충동으로부터 그 소원의 예술 작품 내에서의 현실화에까지 이르는 뒤엉킨 길을 추적했으며, 예술 작품이 수용자에게 미치는 정서적 영향을 이해할 수 있게 되었다. 또한 우리는 예술가 자신에 대해서는 예술가와 신경증 환자의 내적인 유사성과 차이를 해명했으며, 예술가의 소질과 그의 우연적 체험 및 그의 활동 사이의 연관을 보여 주었다. 예술 작품에 대한 미적 평가라든가 예술가의 재능에 대한 해명은, 사실상 정신분석학에 있어 과제로서 고려되지 않는다. 그러나 정신분석학은 아마도 인간의 공상적 삶과 관련된 모든 물음에 있어서 결정적인 발언을 할 수 있을 것 같다.

또한 정신분석학은 점점 놀랍게도 우리에게 소위 오이디푸스 콤플렉스, 즉 양친에 대한 어린아이의 정서적 관계가 인간의 정신생활에서 얼마나 막중한 역할을 수행하는가를 인식할 수 있게 해주었다. 오이디푸스 콤플렉스는 두 가지의 근본적인 생물학적 사실, 즉 인간이 유아기에 오랫동안 의존기를 갖는다는 사실과 인간의 성생활이 놀랍게도 3세 내지 5세 사이에 최초의 정점에 도달했다가 억제기가 지나면 사춘기와 더불어 새롭게 시작된다는 사실의 심리적 상관 개념이라는 것을 이해하면, 이러한 놀라움은 감소된다. 그러나 그다음에는 인간의 정신 활동의 아주 진지한 부분, 즉 종교, 법, 윤리 및 온갖 정치 형태와 같은 커다란 제도들을 창출한 부분은, 개인으로 하여금 그의 오이디푸스 콤플렉스를 근본적으로 극복할 수 있게 해주고 그의 리비도를 유아기의 조건들로부터 궁극적으로 바람직한 사회적 조건들로 인도하는 것을 목표로 한다는 통찰이 생기기 시작했다. 우리는 정신분석학을 종교학과 사회학에 적용함으로써(나,[8] 라이크,[9] 피스터[10]) 이러한 결론에 도달했는데, 이러한 적용은 아직 젖먹이 단계이며 충분히 그 가치를 인정받지 못한 상태이다. 그러나 앞으로의 연구가 이 중요한 설명들의 확실성을 제고시키리라는 것은 의심의 여

8 「토템과 터부」 참조.
9 『종교 심리학의 문제들 Probleme der Religionspsychologie』(1919).
10 O. Pfister, 『정신분석의 방법 Die psychoanalytische Methode』(1913).

지가 없다.

　나는 부가적으로 교육학도 어린아이의 정신생활에 대한 분석학적 탐구가 제공하는 충고들을 이용하지 않으면 안 된다는 것을 언급해야만 하겠다. 더 나아가 임상 의사들 사이에서는, 심각한 기관 질환들 중 상당수에서 우리가 영향을 미칠 수 있는 심리적 요인도 함께 작용하기 때문에, 그러한 질환들을 정신분석학적으로 치료하는 것도 전도가 유망한 작업이라고 설명하는 목소리들(그로데크Groddeck, 젤리프)이 높아졌다는 사실도 언급해 두어야 하겠다.

　따라서 우리는 여기서 그 전개 과정과 지금까지의 성과를 간결하고 불충분한 방식으로 서술해 본 정신분석학이, 향후 수십 년 문화 발전의 흐름에 하나의 중요한 효소(酵素)로 가담하여 우리의 세계 이해를 심화시키고 삶 속에서 해로운 것으로 인식된 많은 것을 물리치는 데 도움이 되리라는 기대를 표명해도 좋을 것이다. 다만 우리는 정신분석학 하나만으로 완전한 세계상을 제공할 수 없다는 사실을 잊지 말아야 할 것이다. 사람들이 내가 최근에 제안한 구분, 즉 정신 기관을 외부 세계를 향하고 있는 의식을 갖춘 자아와 자아의 본능적 욕구들에 의해 지배되는 무의식적 이드로 나누는 구분을 받아들인다면, 정신분석학은 이드(이드 자체와 이드가 자아에 미치는 영향들)의 심리학으로 특징지을 수 있다. 따라서 정신분석학은 모든 지식 영역에서 기여할 수 있지만, 이 기여는 자아의 심리학에 의거해서 보완되어야만 한다. 이러한 기여가 바로 사태의 본질을 포함하고 있다면, 오랫동안 인식되지 못했던 정신적 무의식이 우리의 삶에 대해 요구할 수 있는 의의만이 그 본질에 상응하는 것이다.

한승완 옮김

나의 이력서

나의 이력서

Selbstdarstellung(1925[1924])

이 글은 일반적으로 프로이트의 〈자서전〉이라고 여겨지지만,
원래 이 글이 실린 총서의 제목(『대가가 직접 서술한 현대 의학
Die Medizin der Gegenwart in Selbstdarstellung』)에서 알 수 있듯이, 최
근의 의학사에 중요한 역할을 한 프로이트가 자신의 학문적 생애
를 서술한 것이다. 앞부분에서 프로이트 자신이 서술한 것처럼,
그는 「정신분석 운동의 역사」에서 언급한 많은 부분을 불가피하
게 되풀이해야 했다. 그럼에도 불구하고 두 글을 비교해 보면 매
우 다른데, 「정신분석 운동의 역사」에서 그를 분개하게 했던 논쟁
은 하찮은 것으로 빛이 바래고, 이제 그는 자신의 과학적 견해에
대해 더 침착하고 객관적인 설명을 할 수 있게 되었다.

1

이 『자서전』 총서의 필자들 대부분은 맡은 과제가 특수하고 어렵다는 말로 그들의 기고문을 시작하고 있다. 내 생각에는 나의 과제가 한층 더 어려울 것 같다. 왜냐하면 나는 여기서 요구되는 것과 같은 글들을 이미 여러 번 발표했고, 대상의 성격상 그 글들은 통상적인 정도나 필요한 정도 이상으로 나의 개인적 역할을 다루고 있었기 때문이다.

나는 1909년 창립 20주년 기념으로 초빙받아 갔던 매사추세츠주 우스터의 클라크 대학Clark University에서 다섯 번의 강의를 통해 정신분석학의 발달과 내용에 대해 처음으로 서술한 바 있다.[1] 최근에 나는 미국의 한 논문집에 싣기 위해 비슷한 내용의 기고문을 쓰기로 동의했는데, 그것은 『20세기 초에 대하여』라는 이 책이 정신분석학에 관해 독립된 한 장(章)을 마련함으로써 그것의 중요성을 인정해 주었기 때문이었다.[2]

이 두 글 사이에는 1914년에 쓴 「정신분석 운동의 역사」라는

1 이 강의는 영어로 1910년 『미국 심리학 저널American Journal of Psychology』에 실렸다. 독일어로는 『정신분석에 대하여Über Psychoanalyse』라는 제목으로 1924년 빈의 도이티케F. Deuticke 출판사에서 출간되었다 — 원주.
2 『파란만장한 세월These eventful years』. 브릴A. A. Brill 박사가 번역한 나의 글은 이 책의 제2권 73장이다 — 원주.

글이 있는데,[3] 내가 여기서 말하려고 하는 것의 본질적인 내용이 본래 그 글에 들어 있다고 할 수 있다. 내가 과거에 했던 서술에 모순되는 서술을 하고 싶지 않고, 그렇다고 어떤 변경도 없이 과거에 했던 이야기를 반복하고 싶지도 않으므로, 나로서는 주관적 서술과 객관적 서술, 전기적 관심과 역사적 관심을 과거와 달리 새로이 혼합하는 길밖에 없다.

나는 1856년 5월 6일 오늘날 체코슬로바키아의 영토가 된 작은 도시 프라이베르크Freiberg에서 태어났다. 나의 양친은 유대인이었고, 나 또한 계속 유대인으로 살았다. 내가 알고 있기로 나의 친가는 라인 강가의 쾰른에서 오랫동안 살았으나 14, 15세기경 유대인 박해로 인해 동유럽으로 이주했으며, 19세기에 리투아니아에서 갈리치아를 거쳐 독일령 오스트리아에 이르게 되었다. 내가 네 살이었을 때 우리는 빈으로 이주했는데, 나는 여기서 모든 교육을 받았다. 나는 김나지움에서 7년 동안 줄곧 수석을 하여 특별 대우를 받았고 대부분의 시험에서 면제되었다. 우리의 경제 사정이 매우 열악했음에도 불구하고, 나의 부친은 직업을 선택할 때 내가 원하는 대로 하기를 바랐다. 당시에나 그 후에도 나는 의사라는 직업의 사회적 지위나 활동에 특별히 관심을 갖지 않았다. 오히려 나는 일종의 지적 호기심에 이끌렸는데, 이 호기심은 자연 대상보다는 인간적 관계를 향한 것이었으며, 이 호기심의 충족을 위한 중요 수단으로서 관찰의 의미를 아직 깨닫고 있지 못했다. 내가 훨씬 뒤에 깨달은 일이지만, (내가 읽기를 배우자마자) 성서 이야기에 몰두한 것이 나의 관심 방향에 지속적인 영향을 미쳤다. 나중에 유명한 정치가가 된, 나보다 나이가 위인 같은 학교 친구에게 많은 영향을 받아, 나는 그와 같이 법을 공부하고

3 이 글은 『정신분석 연보*Jahrbuch der Psychoanalyse*』 제6권에 실렸다.

사회 활동에 참여하고 싶다는 희망을 가졌었다. 동시에 그 당시 유행하던 다윈Dawin의 이론이 나에게 강한 인상을 주었는데, 그것은 이 이론이 세계에 대한 이해를 크게 증진시킬 수 있다는 기대를 걸게 했기 때문이었다. 그리고 고등학교 졸업 시험 직전에 카를 브륄Carl Brühl 교수가 괴테의 아름다운 글『자연 Die Natur』에 대해 행한 공개 강연에서 큰 감명을 받아, 나는 의학부에 등록하기로 결정했다.

1873년 대학에 입학했을 때, 나는 상당한 실망감을 맛보았다. 무엇보다도 내가 유대인이라는 이유로 열등하고 국민의 한 사람이 아니라고 느껴야 한다는 부당함이 나에게 충격을 주었다. 나는 이를 단호히 거부했다. 나는 내가 왜 나의 혈통 또는 그 당시 사람들 입에 회자되기 시작한 말인 〈인종〉 때문에 부끄러워해야 하는지 도저히 이해할 수 없었다. 나에게 허용되지 않았던 국민권을 나는 큰 애석함 없이 포기했다. 그 당시 내 생각으로는, 국민권을 갖지 않아도 열심히 일하는 사람에게는 인류라는 틀 내에서 어떤 자리가 틀림없이 있을 것이라고 생각했기 때문이었다. 그러나 대학에서의 이러한 첫인상은 후에 중요한 결과를 낳았는데, 그것은 내가 반대파에 속하며 〈단단하게 결속된 다수〉[4]에 의해 파문될 운명에 아주 일찍부터 익숙하게 되었다는 것이다. 이렇게 해서 어느 정도 판단의 독자성이 예비되었다.

그 밖에 나는 대학 생활의 처음 몇 년 동안, 내 재능의 특수성과 제약 때문에 내가 젊은 열정으로 빠져들었던 여러 과학 분과에서 모두 성공할 수는 없다는 경험을 할 수밖에 없었다. 나는 메피스토Mephisto의 다음과 같은 경고의 진실을 배우게 되었다.

4 입센Ibsen의 『민중의 적』에서 언급되었다.

주위의 이 학문 저 학문을 배회하는 것은 헛된 일.
누구든 그가 배울 수 있는 것만을 배울 뿐이다.[5]

결국 나는 에른스트 브뤼케[6]의 생리학 실험실에서 안정과 완전한 만족감을 찾게 되었고, 또한 내가 존경할 수 있고 본보기로 삼을 수 있는 사람들, 즉 지크문트 엑스너,[7] 에른스트 플라이슐 폰 막소프[8]를 알게 되었다. 나는 뛰어난 두뇌의 소유자와 친구로 지내는 특전을 누렸다. 브뤼케는 내게 신경 계통의 조직학에 관한 한 가지 연구 과제를 주었는데, 나는 그가 흡족할 만큼 그 문제를 해결하고 독자적으로 계속해 나갈 수 있었다. 나는 짧은 중단 시기를 제외하고는 1876년에서 1882년까지 이 연구소에서 근무했는데, 앞으로 비게 될 조교 자리는 우선적으로 나에게 돌아오리라고 생각했다. 나는 정신 의학을 제외하고는 의학 본래의 분과들에는 관심이 없었다. 나는 의학 공부를 아주 게을리한 결과 매우 늦게, 즉 1881년에 가서야 의학 박사 학위를 받게 되었다.

전환기는 1882년에 찾아왔다. 내가 그 누구보다도 존경했던 스승이 나의 열악한 재정 형편을 보고, 내게 이론적인 인생의 길을 걸어가는 것을 포기하도록 강권함으로써 내 아버지의 고결한 무분별함을 교정했던 것이다. 나는 그의 권고에 따라 생리학 실험실을 떠나 종합 병원의 임상 조수*Aspirant*로 들어갔다. 나는 거기에서 얼마 안 되어 일반 의사(내과의)로 승급했고, 여러 과에서 일했다. 또한 내가 이미 학생 때부터 저작과 인격에 깊이 감명을

---

5 *Vergebens, daß ihr ringsum wissenschaftlich schweift, / Ein jeder lernt nur, was er lernen kann.* 괴테, 『파우스트』 1부 4장.

6 Wilhelm Ernst von Brücke(1819~1892). 생리학 교수.

7 Sigmund Exner(1846~1926). 생리학 교수로 브뤼케의 후임자.

8 Ernst Fleischl von Marxow(1840~1891). 뛰어난 물리학자이자 생리학자였음.

받았던 마이네르트[9]와 반년 이상을 함께 일했다.

그러나 나는 어떤 의미에서 처음 접어든 연구 방향에 충실했다. 브뤼케가 나에게 부여한 연구 대상은 가장 덜 진화된 어류 중하나(*Ammocoestes-Petromyzon*)의 척수였다. 그런데 나는 이제인간의 중추 신경계로 관심을 옮겨 간 것이다. 바로 그 당시 플렉지히[10]가 발견한 신경 섬유 둘레 조직층의 비동시적 형성은 중추신경계의 복잡한 섬유 조직에 새로운 빛을 던져 주었다. 내가 처음에 연수(延髓, *medulla oblongata*)[11]를 유일무이한 주제로 택했다는 것은, 바로 나의 최초의 연구가 계속 영향을 미치고 있음을보여 주고 있다. 처음 대학 시절 몇 년 동안 내 공부가 산만했던것과는 대조적으로, 나는 이제 한 가지 주제나 문제에 나의 연구를 집중하는 성향을 발전시키게 되었다. 이때 생긴 나의 이러한성향은 그 후에도 계속 남아 사람들이 내가 편협하다고 비난하는원인이 되었다.

이제 나는 전에 생리학 연구실에서와 같이 뇌 해부 연구소에서열심히 연구했다. 연수 내의 섬유 다발과 신경핵의 원천에 관한작은 논문들은 그 당시 병원에서 일하던 시기에 쓰인 것으로, 아무튼 에딩거[12]의 주목을 받았다. 내가 그와 함께 일하지 않을 때도 내가 자유로이 실험실을 출입하도록 해주었던 마이네르트가어느 날 나에게 제안하기를, 내가 최종적으로 뇌 해부학을 중심으로 연구하고 자신은 새로운 방법을 소화해 내기에는 너무 늙었

9 Theodor Myenert(1833~1892). 정신 병리학 교수.
10 Paul Flechsig(1847~1929). 라이프치히 대학의 정신 병리학 교수.
11 뇌수의 아래 끝에 있으며 척수(脊髓)의 위 끝으로 이어지는 부분으로, 상·하행 신경로(神經路) 호흡, 순환, 특수 감각과 같은 생체 기능을 취급하는 신경 세포의 중요한 집합으로 이루어진다.
12 Ludwig Edinger(1855~1918). 베를린의 저명한 신경 해부학 교수.

으므로 자신의 강의를 나에게 넘겨주겠다는 것이었다. 나는 이 과제의 중압감에 놀라 제의를 거절했다. 또한 이 천재적인 사람이 결코 나에 대해 좋은 생각을 가지고 있지 않다는 것을 내가 그 당시에 이미 알아차리고 있었기 때문이기도 할 것이다.

뇌 해부학을 선택한다고 해서 생리학에 비해 재정적인 점에서 실제로 나아진 것은 없었다. 그래서 나는 재정적 요구를 고려하여 신경 질환을 공부하기 시작했다. 그 당시 빈에서는 이 특수 분과에 대한 연구가 별로 없었으며, 자료는 여러 분과에 흩어져 있는 실정이었다. 이 분야의 전문가를 양성하는 곳도 없어서 배우려는 사람은 스스로 공부할 수밖에 없었다. 대뇌 부위에 관한 저서 덕분에 얼마 전에 임용된 노트나겔[13]조차 신경 병리학을 내과의 다른 분야들로부터 특별히 구분하지 않을 정도였다. 대신에 멀리에서 샤르코[14]라는 큰 이름이 빛나고 있어, 나는 일단 여기 빈에서 신경 질환의 강사 자리를 얻고 난 다음 파리로 가서 계속 공부하리라는 계획을 세웠다.

나는 일급 의사로 근무하던 몇 해 동안 신경 계통의 기질성 질환에 대한 일례 보고들을 여러 번 발표했다. 나는 점차 이 분야에 친숙해졌다. 나는 병리 해부학자가 더 이상 첨가할 것이 없을 정도로 연수 속 병소(病巢)의 위치를 정확히 확인할 수 있게 되었다. 그래서 나는 빈에서는 처음으로 사체 부검을 하면서 급성 다발 신경염 *polyneuritis actua*이라는 진단을 한 사람이 되었다.

나의 이러한 진단이 사체 해부에 의해 확인되어 명성이 높아지자 미국의 의사들이 몰려들게 되었고, 나는 내가 속한 과의 환자들에 관해 엉터리 영어로 설명하곤 했다. 신경증에 관해서 나는

---

13 Hermann Nothnagel(1841~1905). 의학 교수.
14 Jean-Martin Charcot(1825~1893). 파리의 신경 병리학 교수.

아무것도 몰랐다. 한번은 내가 청강자들에게 고질적인 두통을 수반한 신경증 환자를 만성적인 국소 뇌막염의 한 경우라고 소개한 적이 있었다. 그러자 그들 모두는 — 당연한 일이지만 — 나를 비판하고 반발하면서 나에게 등을 돌리게 되어, 나의 짧았던 선생질은 끝이 나고 말았다. 변명을 하자면, 당시에는 빈에서 나보다 더 권위가 있는 사람들도 신경 쇠약증을 뇌종양으로 진단하곤 하던 시절이었다.

1885년 봄에 나는 조직학 논문과 임상적 논문 발표 덕택에 신경 병리학 분야의 강사 자리를 얻었다. 바로 뒤이어 브뤼케의 따뜻한 추천에 힘입어 나는 상당한 액수의 여행 장학금을 받았다. 그해 가을에 나는 파리로 떠났다.

나는 살페트리에르의 수련생이 되었다. 그러나 처음에는 외국에서 온 수많은 들러리 중의 하나에 불과한 나는 거의 주목을 받지 못했다. 어느 날 샤르코가 자기 강의의 독일어 번역자가 전쟁 이후에 연락을 하지 않아서 유감이라고 말하는 것을 들었다. 그리고 누군가 그의 『신강의』의 독일어 번역 일을 맡는다면 좋겠다는 것이었다. 나는 그에게 편지를 써서 내가 번역하면 어떻겠느냐고 제안했다. 나는 프랑스어에 대해 운동성 실어증*aphasie motrice*에 걸려 있지 감각적 실어증*aphasie sensorielle*에 걸려 있는 것은 아니라는, 그 편지 속에 써 넣었던 표현을 아직도 기억하고 있다. 샤르코는 나의 제안을 받아들여 나와 개인적으로 친교를 맺게 되었고, 그때부터 나는 병원에서 일어나는 모든 일에 전적으로 참여할 수 있게 되었다.

내가 이 글을 쓸 때, 나는 정신분석학의 수용에 대해 격렬한 반대를 보이며 종종 나와 프랑스 학파 간의 관계에 대해 전혀 맞지 않는 주장을 제기하는 수많은 논문과 신문 기사를 프랑스로부터 받았다. 예를 들어 내가 파리 유학을 이용해 자네P. Janet의 이론을 배우고는 이를 도둑질해 도망쳤다는 주장이 있다. 따라서 내가 분명히 해두고 싶은 것은, 살페트리에르에 머무는 동안 자네라는 이름은 한 번도 거론된 적이 없었다는 사실이다.

내가 샤르코에게서 보았던 것 중에 가장 인상적이었던 것은, 내 앞에서 부분적으로 행해진 히스테리에 관한 그의 최근의 연구들이었다. 히스테리 현상이 실제로 존재하며 그것에 법칙성이 있다는 것 *introite et hic dii sunt*,[15] 남자들에게서 히스테리가 자주 일어난다는 것, 최면적 암시에 의해 히스테리적 마비와 수축을 만들어 낼 수 있다는 것, 그리고 이렇게 인위적으로 만들어진 증상이 자연적으로 일어나고 종종 외상(外傷)에 의해 일어나는 우연적인 증상과 세부적인 것에 이르기까지 동일한 특성을 지닌다는 결과를 입증한 것이 그것들이다. 샤르코가 보여 준 실연(實演) 중 많은 것은, 먼저 나와 다른 객원 수련자에게 놀라움과 거부의 감정을 불러일으켰다. 우리는 이런 느낌을 그 당시 지배적인 이론에 근거하여 정당화하려 했다. 그는 이런 우리의 의심을 언제나 인내심을 가지고 친절하게 대했다. 그러나 그의 입장은 확고했다. 토의를 하던 중 언젠가 그의 입에서 이런 말이 나온 적이 있다. 〈그래도 존재하는 것은 마찬가지지요 *Ça n'empêchen pas d'exister*.〉 이 말은 나에게 잊을 수 없는 강한 인상을 남겼다.

잘 알려져 있다시피, 샤르코가 그 당시 우리에게 가르쳤던 것 전부를 오늘날 지지할 수는 없다. 몇 가지는 불확실하게 되었고 다른 어떤 것들은 확실히 시간의 시련을 이겨 낼 수 없었다. 그러나 그중 상당 부분은 지금까지 과학의 지속적인 소유물로 평가되

15 보통 *introite, nam et hic dii sunt*의 형태로 인용된다. 〈들어오라, 여기에도 신(神)들이 있다〉는 뜻.

고 있다. 내가 파리를 떠나기 전에, 나는 히스테리적 마비와 기질적 마비를 비교 연구하겠다고 이 스승과 약속했다. 나는 신체의 개별적 부분에서 나타나는 마비와 감각 상실이 (해부학적 관념에 따라서가 아니라) 사람들이 상식적으로 생각하는 것과 같이 구분되는 것이라는 명제를 확고하게 만들고 싶었다. 그는 이에 동의했다. 그러나 그가 신경증의 심리를 깊이 파고드는 데 특별한 흥미를 가지고 있지 않음은 쉽게 알 수 있었다. 그는 사실 병리 해부학에서 출발했던 것이다.

빈으로 돌아오기 전, 나는 아동기의 일반 질환에 대한 몇 가지 지식을 얻기 위해 베를린에 수 주일 동안 머물렀다. 빈의 아동병 치료를 위한 공립 연구소의 소장이었던 카소비츠[16]가 나에게 아동 신경병과를 신설해 주기로 약속해 주었던 터이다. 나는 베를린에서 바긴스키[17]의 친절한 응접과 도움을 받았다. 카소비츠의 연구소에서 수년 동안 나는 아동의 반쪽 또는 양쪽의 뇌성 마비에 관한 다수의 긴 논문들을 발표했다. 이로 인해 후에 노트나겔은 그의 대작인 『일반 및 특수 치료법 편람*Handbuch der allgemeinen und speziellen Therapie*』에서 이 부분을 나에게 다루도록 했다.

1886년 가을 나는 의사로서 빈에 자리를 잡았고, 먼 도시에서 4년 이상이나 나를 기다렸던 한 아가씨와 결혼했다. 여기서 과거로 거슬러 올라가, 내가 젊은 나이에 유명해지지 못한 것이 내 약혼녀 때문이라는 것을 이야기해 보겠다. 주 관심 영역은 아니지만 그래도 깊은 관심에 이끌려, 나는 1884년에 메르크사[18]로부터 그 당시 거의 알려져 있지 않았던 알칼리성 코카인을 받아 그것

---

16 Max Kassowitz(1842~1913). 빈의 소아과 의사.
17 Adolf Baginsky(1843~1918). 프로이트가 신경증에 관한 요약문을 기고한 소아과 잡지의 편집인.
18 Merck. 다름슈타트Darmstadt에 소재한 화학 회사.

의 생리적 작용을 연구하고 있었다. 이 연구를 하던 중에 2년이나 떨어져 있던 내 약혼녀를 찾아볼 여행 기회가 생겼다. 나는 코카인에 대한 연구를 급히 중단하고, 이 물질의 다른 용도가 곧 발견될 것이라는 예측을 내 저서에 적는 데 만족했다. 그러나 나는 내 친구이자 안과 의사인 쾨니히슈타인[19]에게 코카인의 마취 성질이 안 질환에 어떻게 이용될 수 있는지 검토해 보라고 권했다. 내가 휴가에서 돌아와 보니, 그가 아니라 내가 역시 코카인에 대해 말해 준 다른 친구인 카를 콜러[20]가 동물의 눈을 가지고 결정적인 실험을 하고, 하이델베르크에서 개최된 안과학 대회에서 그것을 시범으로 보여 주었음을 알게 되었다. 이로써 콜러는 작은 외과 수술에 그렇게도 중요하게 된 코카인에 의한 국소 마취의 발견자로 당당히 간주되고 있다. 그러나 나는 당시의 연구 중단[21]의 책임을 내 약혼녀에게 전가하지는 않았다.

이제 내가 신경과 의사로 빈에 정착한 1886년으로 돌아가자. 나는 샤르코에게서 보고 배운 것을 〈의사회Gesellschaft der Ärzte〉에서 보고하도록 요청받았다. 그러나 좋은 평은 듣지 못했다. 회장이자 내과 의사인 밤베르거Bamberger 같은 권위자들이 내가 말한 것을 믿을 수 없다고 단언한 것이었다. 마이네르트는 내가 묘사한 것과 같은 사례를 빈에서 찾아내어 의사회에서 발표할 것을 나에게 요구했다. 나 또한 그렇게 하려고 시도했지만, 그런 사례를 발견해 낸 과(科)의 주임 의사들은 내가 이 사례들을 관찰하거나 연구하는 것을 거부했다. 그들 중 한 사람인 어떤 늙은 외과 의

19 Leopold Königstein(1850~1924). 안과학 교수이자 프로이트의 일생 동안 친구.
20 Carl Koller(1857~1944). 이 발견이 이루어진 당시 그는 빈의 종합 병원에서 입주 외과 의사였다. 그는 후에 뉴욕에서 성공적인 안과 및 외과 의사가 되었다.
21 초판(1924)에는 〈연구 중단(1935)〉 대신에 〈태만〉이라는 표현을 썼다.

사는 〈여보시오, 동료 선생, 어찌 그런 말도 안 되는 소리를 하시오? 히스테론*Hysteron*(sic)은 자궁을 뜻하지 않소. 그런데 어떻게 남자가 히스테리적일 수 있단 말이오?〉라고 외칠 정도였다. 나는 내가 필요로 하는 것은 내 진단의 승인이 아니라, 다만 그런 질병에 대해 다룰 수 있도록 허락받는 일이라고 말했지만 소용이 없었다. 마침내 나는 병원 밖에서 고전적인 히스테리성 반(半)감각상실증에 걸린 남자의 사례를 찾아내어 이를 〈의사회〉에서 입증해 보였다. 이번에는 사람들이 나에게 박수를 쳐주었지만, 그 이상의 관심은 보이지 않았다. 높은 권위자들이 내가 보인 새로운 사실을 거부했다는 인상은 나에게 확고하게 자리 잡았다. 남자에게서 나타나는 히스테리와 이로 인해 히스테리성 마비가 발생할 수 있다는 주장을 함으로써 나는 비주류로 몰리게 되었다. 그 후 곧바로 내가 대뇌 해부학 실험실을 출입하는 것이 금지되었고 학기 동안 강의할 곳을 잃게 되자, 나는 학문 생활과 학회에 참여하는 것으로부터 물러나게 되었다. 나는 그 후 일생 동안 〈의사회〉에 더 이상 참석하지 않았다.

신경 질환자들을 치료해서 먹고 살겠다면, 확실히 그들에게 어떤 도움이 되는 일을 해야만 했다. 나의 치료법에 속하는 무기고에는 전기 치료법과 최면술의 두 가지 무기밖에 없었다. 단지 한 번 진찰하고 환자를 물 치료 요양소에 보내는 것으로는 충분한 수입을 올릴 수 없었기 때문이다. 나는 전기 치료법에 관한 지식을 에르프의 편람[22]에서 얻었는데, 이 책은 모든 신경 질환 증상의 치료를 위한 자세한 지시를 담고 있었다. 그러나 유감스럽게도 나는 곧 이 지시에 따르는 것이 아무 도움도 되지 못하며, 엄밀한 관찰의 결과라고 여겼던 것이 환상적 구성물에 불과하다는 사실을 알

22   W. Erb, 『전기 치료법 편람*Handbuch der Elektrotheraphie*』(1882).

게 되었다. 독일 신경 병리학에서 첫째가는 이름의 저작이 동네 책방에서 팔리는 〈이집트식〉 해몽책보다 사실과 더 깊이 연관되어 있지 못하다는 것을 깨닫는 건 고통스러운 일이었다. 그러나 이로써 나는, 내가 그로부터 아직 완전히 벗어나지는 못했던 권위에 대한 소박한 믿음의 한 조각을 다시금 떨쳐 버리게 되었다. 결국 나는 뫼비우스Möbius가, 전기 치료가 신경 질환에서 거두는 성공은 — 도대체 성공이란 것이 일어난다면 — 의사의 암시 결과라는 구원의 말을 하기 전에 이미 전기 기구를 치워 버렸다.

최면술의 경우는 사정이 나은 편이었다. 내가 아직 학생이었을 때 〈자기 치료법 시술사Magnetiseur〉인 한젠[23]의 공개 시연에 참석한 적이 있는데, 그때 나는 실험 대상인 중 하나가 강경증(强硬症)적 경직에 빠지자 안색이 죽은 사람처럼 창백해지고 그런 상태가 한동안 지속되는 것을 보았다. 이 경험을 통해 최면 현상의 진실성에 대한 나의 확신은 굳어졌다. 이러한 견해는 얼마 안 있어 하이덴하인[24]에 의해 과학적으로 대변되었다. 그럼에도 불구하고 정신 병리학 교수들은 한참 동안이나 최면술을 속임수일 뿐만 아니라 위험한 것이라고까지 단언했으며, 최면술사들을 경멸했다. 나는 파리에서 최면술이 환자에게서 증상을 만들어 내고, 다시 이를 없애는 방법으로 아무런 의구심 없이 사용되는 것을 보았다. 그런데 낭시Nancy에서 최면을 수반하든 수반하지 않든 암시를 치료 목적으로 광범위하게 사용하여 큰 성공을 거두고 있는 한 학파가 생겨났다는 소식이 우리에게 들려왔다. 따라서 내가 의사로 활동하기 시작한 초년기에 우연히 체계 없이 사용한 정신 치

23 Carl Hansen(1833~1897). 덴마크 출신의 최면술사로, 그의 대중 시연은 최면술에 대한 관심을 다시 불러일으키는 데 많은 기여를 했다.
24 Rudolf P. H. Heidenhain(1834~1897). 브레슬라우 대학의 생리학 및 생물 조직학 교수.

료법을 제외하고는, 최면적 암시가 나의 주요한 작업 방법이 된 것은 당연한 일이었다.

이로써 기질적 원인에서 생긴 신경 질환의 치료는 포기하게 되었지만, 그렇다고 이를 통해 많은 것을 잃은 건 아니었다. 왜냐하면 한편으로는 그런 상태의 치료가 성공할 가망이 없었고, 다른 한편으로는 도시에서 개업한 개인의에게 찾아오는 신경증 환자 집단 중에 그런 질환으로 고생하는 사람의 수가 적었기 때문이었다. 게다가 신경증 환자의 수는, 구제를 받지 못하고 이 의사에서 저 의사로 옮겨 다니다 보니 증대하는 것이었다. 그 밖에도 최면술을 가지고 작업하는 것은 상당히 매혹적이었다. 사람들은 처음으로 자신의 무력감을 극복했으며, 기적적인 치료를 한다는 명성도 아주 기분 좋은 일이었다. 이 방법의 결함이 무엇인지를 알게 된 것은 뒤에 가서의 일이었다. 그 당시 불만스러웠던 것은 단지 두 가지 점이었다. 첫째, 모든 환자에게 최면을 거는 것이 성공할 수는 없었다. 둘째, 원했던 만큼 깊이 환자를 최면 상태로 끌어들일 수 없었다. 나는 나의 최면 기술을 완벽하게 하려는 의도로 1889년 여름 낭시로 가서 수 주일을 보냈다. 나는 연로한 리에보[25]가 노동 계급의 가난한 부인들과 아이들을 돌보는 감동스러운 장면을 보았다. 그리고 베르넴[26]이 병원 환자에게 행하는 놀라운 실험을 지켜보고, 인간 의식에는 감추어져 있는 강력한 정신적 과정이 존재할 수 있다는 가능성에 매우 강한 인상을 받았다. 나는 무언가 가르칠 수 있다는 생각에 내 여성 환자 중 한 명을 설득해서 낭시로 오게 했다. 그녀는 훌륭한 가문 출신의 대단히 재

25 Ambrorise-Auguste Liébeault(1823~1904). 암시를 치료에 방법적으로 응용할 것을 창안함.
26 Hippolyte Bernheim(1840~1919). 리에보의 제자이자 동료로서, 최면술에 대해 파리의 샤르코 학파에 대립하는 낭시 학파를 대표한다.

능 있는 히스테리 환자였는데, 어떻게 다루어야 할지를 몰라 나에게 맡겨진 여자였다. 나는 최면을 통한 영향력을 행사하여 그녀가 인간적 품위를 유지하고 살 수 있도록 했으며, 병의 고통에서 벗어나도록 언제나 도와줄 수 있었다. 그러나 그녀는 얼마 안가서 언제나 다시 병이 재발하곤 했는데, 그 당시 나는 나의 무지탓으로 그녀의 최면이 기억 상실증을 수반한 몽유 상태에까지 이르지 못했기 때문이라고 생각했다. 베르넴도 여러 번 그녀에게 이를 시도해 보았으나 그 또한 별 진전이 없었다. 그는 암시에 의해서 거둔 큰 성공은 병원에서 일어난 것이지 그의 개인 환자에게서는 없었다고 솔직히 내게 고백했다. 나는 그와 여러 가지 활발한 대화를 나누었고, 암시의 치료적 효과를 다룬 그의 두 저서를 독일어로 번역하기로 했다.[27]

1886년에서 1891년까지의 기간 동안, 나는 과학적인 연구는 거의 하지 않고 논문도 거의 발표하지 않았다. 나는 새 직업에서 어느 정도 자리를 잡고, 나 자신과 급격히 증가하는 가족의 생계를 꾸리는 데 바빴다. 1891년에 나는 친구이자 조수인 오스카 리 Oskar Rie 박사와 함께 아동의 뇌성 마비에 관한 논문을 발표했다. 같은 해 어떤 의학 사전에 실어증에 관한 이론을 논하는 기고문 청탁을 받았는데, 그 당시 이 이론에서는 대뇌 기능의 국소화를 주장하는 베르니케Wernicke와 리히트하임Lichtheim의 입장이 지배적이었다. 『실어증의 파악을 위하여Zur Auffassung der Aphasien』라는 비판적이며 사변적인 작은 저서가 이 연구의 결과물이다. 이제 어떻게 해서 과학적 연구가 다시금 나의 인생에서 주 관심사가 되었는지를 이야기해야겠다.

27 이 서술은 그의 실수임에 틀림없다. 프로이트에 의한 베르넴 저작의 최초 번역은 그의 낭시 방문 이전에 출판되었고, 두 번째 번역은 1892년에 출판되었다.

2

앞에서 서술한 것을 보충해서 설명해야겠다. 나는 처음부터 최면적 암시 이외에도 다른 방식으로 최면을 응용하고 있었다. 나는 환자가 깨어 있는 상태에서는 거의 전달하지 못하거나 불완전하게 전달할 수밖에 없는 그의 증상의 발생사에 대해 연구하는 데 최면을 이용했다. 이 방법은 단순한 암시적 명령이나 금지보다 더 효과적일 뿐만 아니라 의사의 호기심도 충족시켜 주었다. 의사는 단조로운 암시적 절차를 통해 그가 제거하고자 하는 현상의 기원에 대해 알 권리가 있었다.

나는 다음과 같이 해서 최면을 응용하는 다른 방법을 알게 되었다. 내가 브뤼케의 실험실에서 일하고 있을 때, 나는 빈에서 가장 존경받는 가정의 중 한 사람인 요제프 브로이어Josef Breuer 박사를 알게 되었는데, 그는 호흡의 생리와 평형 기관에 대해 불변의 가치를 지닌 수많은 논문을 발표한 바 있어 학문적 경력도 갖추고 있는 사람이었다. 그는 뛰어난 두뇌의 소유자였으며 나보다 열네 살 연상이었다. 우리는 곧 절친해졌고, 그는 내가 어려운 상황에 빠질 때 친구이자 후원자가 되어 주었다. 우리는 모든 과학적 관심사를 서로 이야기해 주는 데 익숙해지게 되었다. 물론 이 관계에서 이익을 얻는 쪽은 내 편이었다. 이후 정신분석학의 발전으로 인해 그와의 우정을 잃게 되었다. 이런 대가를 치르는 것이 쉬운 일은 아니었지만, 그것은 불가피한 일이었다.

브로이어는 내가 파리에 가기 전인 1880년에서 1882년 사이에 그가 특별한 방식으로 치료했던 한 히스테리 환자의 사례를 나에게 알려 주었다. 그는 이 사례에서 히스테리 증상의 원인과 의미를 깊이 통찰할 수 있었다. 그 당시는 아직 자네Janet의 연구가 있기도 전이었다. 그는 반복해서 그 병의 부분적인 이야기들을 나에게 읽어 주곤 했는데, 나는 이것이 이전의 다른 어떤 것보다도 신경증의 이해에 기여하고 있다는 인상을 받았다. 나는 파리에 도착하면 샤르코에게 이 발견들에 대해 알려 주리라 마음먹었고 실제로 그렇게 했다. 그러나 이 대가(大家)는 내가 이에 대해 설명을 시작하려 하자 관심을 보이지 않아서, 나는 이 일을 더 이상 거론하지 않고 단념하게 되었다.

빈으로 돌아와서 나는 다시 브로이어의 관찰에 관심을 돌려 그에게서 이야기를 더 듣게 되었다. 문제의 여자 환자는 고등 교육을 받은 재능이 뛰어난 소녀였는데, 사랑하는 아버지를 간호하는 동안 병이 들었다. 브로이어가 그녀를 넘겨받았을 때, 그녀는 수축을 동반한 마비, 심리적 압박과 혼미 상태가 뒤섞인 모습을 보여 주고 있었다. 브로이어는 그녀를 지배하고 있는 정동(情動)적인 환상을 말로 표현하게 하면 그녀가 몽롱한 의식 상태로부터 벗어난다는 것을 우연히 알게 되었다. 그는 이 경험으로부터 새로운 치료법을 얻게 되었다. 그는 그녀를 깊은 최면 상태에 빠지게 하고 매번 그녀의 감정을 억압하는 것이 무엇인지를 말하게 했다. 이런 방식으로 우울증적 혼미의 발작이 극복된 이후, 그는 그녀의 심리적 압박과 신체적 장애를 제거하기 위해 동일한 방법을 사용했다. 깨어 있는 상태에서 그 소녀는 다른 환자와 마찬가지로 그녀의 증상이 어떻게 생겨났는지를 말할 수 없었고, 이 증상을 그녀의 삶에 있었던 그 어떤 인상과도 연관 지을 수 없었다. 반면 최면 상태에서 그녀는 즉각 이 연관을 알아냈다. 그녀의 모든 증상이 병든 아버지를 간호할 때 일어난 인상 깊은 체험에 그 원인이 있다는 것, 따라서 그녀의 증상은 의미가 있으며 이러한 정동적 상황의 잔재와 회상에 상응하는 것임이 밝혀졌다. 그녀는 아버지의 병상에서 어떤 생각이나 충동을 억제해야 했으며, 이 생각이나 충동의 자리에, 즉 그것을 대신하여 나중에 증상이 발생하는 식으로 병세가 진행되었던 것이다. 그러나 일반적으로 증상은 단 한 번의 〈외상적〉 장면의 결과물이 아니라 수많은 비슷한 상황이 더해진 결과였다. 그 환자가 최면 상태에서 그러한 상황을 환각의 방식으로 다시 기억해 내고 전에 억압했던 정신적 활동을 나중에 자유로이 발산했을 때, 그녀의 증상은 사라지고 다시 나타나지 않았다. 브로이어는 이런 방법을 통해 길고도 힘든 작업 끝에 이 환자의 모든 증상을 성공적으로 제거했다.

이 환자는 쾌유되어 건강을 되찾았고 중요한 일도 할 수 있을 정도가 되었다. 그러나 최면술에 의한 치료의 결말에는 불분명한 점이 하나 있었는데, 브로이어는 결코 그것을 해명하지 못했다. 그리고 나는 그가 그처럼 귀중한 발견을 공표하여 과학을 풍요롭게 하는 대신, 왜 그렇게 오랫동안 비밀에 부쳤는지 이해할 수가 없었다. 그러나 당장의 의문은 그가 단 한 번의 질환 사례에서 발견한 것을 일반화할 수 있느냐 하는 문제였다. 그가 발견한 상황은 내게는 아주 기본적인 성격을 갖는 것이어서, 그것이 한 경우에서 입증되었다면 다른 히스테리의 경우들에서도 그것이 일어나지 않는다고는 볼 수 없을 것이었다. 그렇지만 오직 경험으로만 그것은 결정될 수 있었다. 그래서 나는 브로이어의 연구를 내 환자에게 반복하기 시작했고, 특히 내가 1889년 베르넴을 방문했을 때 최면적 암시가 행할 수 있는 것의 한계를 알고 난 이후에는 오직 이 연구만을 했다. 그렇게 치료가 가능했던 모든 히스테리 환자의 사례에서 브로이어가 한 것과 비슷한 관찰을 수년에 걸쳐 충분히 한 이후, 나는 그에게 공동으로 논문을 발표할 것을 제안했다. 처음에 그는 이 계획에 완강히 반대했지만, 끝내는 동의하고 말았다. 자네의 연구는, 히스테리 증상의 기원을 환자의 생애에서 일어난 인상적인 일에서 찾고, 최면에 의해 원 상태를 재생함으로써 증상을 제거하는 것과 같은 그의 연구 결과의 일부분을 이미 선취하고 있었기 때문이다. 우리는 1893년 「히스테리 현상의 심리적 기제Über den psychischen Mechanismus hysterischer Phänomene」라는 임시 보고를 발표했다. 이어 1895년에 『히스테리 연구Studien über Hysterie』라는 우리의 책이 출판되었다.

이제까지의 나의 서술이 독자에게 『히스테리 연구』의 실질적 내용의 모든 본질적인 것이 브로이어의 정신적 재산이라는 인상을 주었다면, 그것이 바로 내가 항상 주장해 왔고 여기서도 말하고 싶은 것이다. 오늘날에 와서는 어느 부분이 내가 연구해 낸 이론인지 자세히 규정할 수 없을 정도로, 이 책은 공동의 노력을 기울인 것이다.

이 이론은 대단한 것이 아니고, 관찰 내용을 직접적으로 표현한 것을 넘어서지 못했다. 이 이론은 히스테리의 본성을 밝히려는 것이 아니라 단지 그 증상의 발생을 밝히려고 했다. 여기서 그것은 감정 생활의 의미, 의식적인 정신적 행동과 무의식적인 (좀더 정확히는 의식 가능한) 정신적 행동을 구별할 것을 강조했다. 그리고 이 이론은 어떤 정동(情動)을 막아 증상이 발생되게 함으로써 역동적인 요소를 도입했으며, 이 증상을 그렇지 않으면 다르게 사용되었을 일정한 크기의 에너지 전화의 산물(소위 〈전환 *Konversion*〉)이라 고찰함으로써 경제적인 요소를 도입했다. 브로이어는 우리의 방법을 감정 정화(感情淨化)라고 불렀다. 증상의 유지를 위해 사용된 일정량의 정동이 잘못된 길에 들어서 그곳에 갇혀 있을 때, 이를 정상의 길로 인도하여 발산되도록 소산 *abreagieren*하려는 것이 그의 치료적 목적으로 제시되었기 때문이다. 감정 정화적 절차가 가져온 실제적 성공은 대단한 것이었다. 나중에 드러난 이 치료의 결함들은 모든 최면적 치료가 지닐 수 있는 것이었다. 그런데 아직도 브로이어식의 감정 정화 방법에 머물러 있으면서 그것을 찬양하는 정신 치료가들이 있다. 이 방법은 세계 대전 중 독일 군대의 전쟁 신경증 환자를 치료했던 짐멜G. Simmel에 의해 축약적인 치료 방법으로 새로이 입증되었다. 감정 정화 이론에서 성에 관해 말할 것은 많지 않다. 내가 『히스테리 연구』에 실은 질환 이야기 중에 성생활의 요소가 일정한 역할을 하고는 있지만, 그것은 다른 정동적 흥분과 거의 다름없는 것으로 여겨졌다. 브로이어는 그의 첫 환자로 유명해진 소녀에 대해, 그녀가 성적인 측면에서 유달리 미성숙했다고 적었다. 『히스테리 연구』로부터 성이 신경증의 병인(病因)에 어떤 의미를 지니고 있는지를 알아내기는 쉽지 않았을 것이다.

이제 이후에 이어지는 발달 단계, 즉 감정 정화로부터 본격적인 정신분석으로의 이행에 대해서는 내가 이미 여러 번 자세히 서술한 바 있어, 여기서 어떤 새로운 것을 제시하기는 어렵다. 이 시기를 열었던 계기가 되었던 사건은 브로이어가 우리 두 사람의 공동 작업으로부터 탈퇴한 결과, 나 홀로 그 유산의 관장자가 된 일이었다. 아주 일찍부터 우리 사이에는 견해 차이가 있었지만, 그것이 헤어진 원인은 아니었다. 언제 정신적 과정이 병의 원인이 되는가, 즉 언제 그것이 정상적인 해결을 보지 못하는가라는 문제에서 브로이어는 소위 생리학적 이론을 선호했다. 그의 생각으로는 비정상적인 — 최면성 — 정신 상태에서 발생한 이러한 과정이 정상적인 운명으로부터 벗어난다는 것이었다. 이로써 그러한 최면은 어떻게 해서 발생하는가라는 새로운 문제가 제기되었다. 반면에 나는 여러 힘의 작용, 즉 정상적인 생활에서 관찰할 수 있는 의도와 경향들의 작용 결과를 추측하고 있었다. 그래서 우리의 입장 차이는 〈최면성 히스테리〉냐 〈방어적 신경증〉이냐로 대립하는 형국이었다. 그러나 이런 견해 차이와, 이와 비슷한 견해 차이가 있었다 하더라도 다른 계기들이 개입하지 않았다면 그가 이 일에서 떠나지는 않았을 것이다. 이 계기들 중의 하나는 확실히 그가 내과의와 가정의 일에 많은 시간을 할애해야 했고, 나와는 달리 감정 정화 작업에 전력을 쏟을 수 없었다는 점이었다. 나아가 그는 우리의 책이 빈과 독일 제국에서 얻은 반응에 영향을 받았다. 그의 자신감과 저항력은 그의 다른 정신적 조직만큼 강하지 못했다. 예를 들어 슈트륌펠[28]이 『히스테리 연구』를 강하게 공격했을 때, 나는 아무것도 이해하지 못하고 제기한 그 비판에 웃을 수 있었던 반면, 그는 감정이 상하고 용기를 잃었다. 그러나 그의 결단에 가장 큰 영향을 준 것은, 그 이후 나의 연구가 그가 긍정적인 입장을 취할 수 없는 방향으로 진행되어 갔기 때문이었다.

우리가 『히스테리 연구』에서 구축하려고 했던 이론은 아주 불완전한 것이었다. 특히 병인(病因)적 과정이 어떤 기반에서 발생하는가라는 문제, 즉 병인론의 문제는 거의 다루지 못했다. 나는

28 Adolf von Strümpell(1853~1925). 저명한 독일 신경학자. 『히스테리 연구』에 대해 매우 비판적인 평을 썼음.

이후에 신경증 현상 뒤에 작용하고 있는 것이 어떤 임의의 정동적 흥분이 아니라 현재의 성적 갈등이든 과거의 성적 체험의 여파이든, 한결같이 성적인 흥분이라는 경험을 급격히 많이 하게되었다. 나는 이런 결과를 예기치 못했고, 내가 가진 어떤 기대가이런 결과에 영향을 준 것도 아니다. 나는 아무런 선입견 없이 완전히 신경증 환자에 대한 연구에 접근해 갔다. 내가 1914년에 「정신분석 운동의 역사Geschichte der psychoanalytischen Bewegung」를쓸 때 브로이어, 샤르코, 크로바크[29]가 했던 말들이 생각났는데,이 말들에 주목했더라면 나는 위와 같은 인식을 일찌감치 했을것이다. 나는 그 당시 이들 권위자들이 말하는 것을 이해하지 못했다. 그들은 자신들이 알고 있으며 자신들의 입장이라고 주장할수 있는 것 이상을 나에게 말했던 것이다. 내가 그들에게서 들었던 말은, 내가 우연히 감정 정화 실험을 하면서 그것이 마치 독창적인 인식인 것처럼 떠오르게 되기까지 나의 기억 속에 잠자고있었던 것이다. 또한 나는 그 당시 내가 히스테리의 원인을 성욕에서 찾음으로써, 가장 오랜 과거의 의학 시기로 되돌아가 플라톤의 생각을 잇고 있다는 사실을 몰랐다. 나는 나중에 가서야 해블록 엘리스의 논문[30]을 읽고 비로소 이 사실을 알게 되었다.

이 놀라운 발견에 힘입어, 나는 이후의 연구에 결정적인 발걸음을 내디뎠다. 나는 히스테리를 넘어서 내 진료 시간에 수없이찾아오던 소위 신경 쇠약증 환자의 성생활을 연구하기 시작했다.이 실험으로 인해 나는 의사로서 인기를 잃었지만, 그것은 나에

---

29 Rudolf Chrobak(1843~1910). 1880년에서 1908년까지 빈 대학의 부인병학교수.

30 Havelock Ellis, 「히스테리와 성적 감정의 관계Hysteria in Relation to the Sexual Emotions」(1899) 참조. 프로이트는 1899년 1월 3일 플리스에게 보낸 편지에서 엘리스의 논문이 〈플라톤에서 시작하여 프로이트로 끝나고 있다〉고 썼다.

게 거의 30년이 지난 후에도 여전히 약화되지 않는 확신을 심어 주었다. 수많은 거짓과 비밀에 부치려는 태도를 극복해야 했으나, 일단 이것에 성공하면 모든 환자에게서 심각한 정도의 성 기능 남용이 있었음을 알 수 있었다. 한편으로 이러한 남용과 다른 한 편으로 신경 쇠약증이 매우 자주 등장하고 있음에 비추어 볼 때, 물론 이 두 가지가 자주 동시에 일어난다는 것으로 많은 사실이 증명되는 것은 아니다. 그러나 그것은 단순히 이런 대략적인 사실에 그치는 것이 아니었다. 자세히 관찰해 본 결과, 신경 쇠약증이라는 이름으로 표현되는 혼란스러운 병적 증상들로부터 근본적으로 다른 두 가지 유형을 식별해 낼 수 있음이 분명해졌는데, 그것은 여러 방식으로 혼합되어 나타나기는 하지만 그 순수한 형태를 관찰할 수 있었다. 한 유형에서는 불안 발작과 그것과 동등한 현상인 초보적 형태의 만성적 대리 증상이 중심적인 현상이었다. 따라서 나는 이런 유형을 불안 신경증Angstneurose이라고 불렀다. 신경 쇠약증Neurasthenie이라는 이름은 다른 유형에 국한했다. 이제 이 유형들의 각각에는 성생활의 각기 다른 비정상이 병인의 계기로 대응된다는 사실이 쉽게 확인될 수 있었다. 전자에는 성교 중단, 방출되지 못한 흥분과 성적 금욕이, 후자에는 과도한 수음과 잦은 몽정이 대응되었다. 한 유형으로부터 다른 유형으로 병적 증상이 급격히 전환되는, 많은 것을 시사해 준 몇 개의 사례에서는, 이 증상의 전환에 대응되는 성생활 방식의 전환이 그 근저에 놓여 있음을 증명할 수 있었다. 성 남용을 중지시키고 이를 정상적인 성 활동으로 대체할 수 있으면 상태가 호전되는 것이 뚜렷하게 나타났다.

이렇게 해서 나는 신경증이 아주 일반적으로 성 기능의 장애라는 인식, 즉 소위 실제적 신경증Aktualneurose은 이런 장애의 직접적인 독성적 표현이며, 정신 신경증Psychoneurose은 이 장애의 정신적 표현이라는 인식에로 나아갔다. 이런 이론을 제시함으로써 나의 의사로서의 양심이 충족되었다고 느꼈다. 나는 생물학적으로 그렇게 중요한 기능에서 감염이나 대략적인 해부학적 장애에 의해 생긴 손상으로밖에 여겨지지 않았던 의학의 한 빈 자리를 채웠기를 바랐다. 그 외에도 의학적 견해에 유용했던 것은 성욕이 단순히 정신적인 사태만은 아니라는 점이었다. 성욕은 육체적인 측면도 지니고 있으며, 우리는 그것이 특수한 화학적 성질을 지니고 있고, 아직 알려지지는 않았지만 어떤 특정한 물질이 있기 때문에 성적 흥분이 생긴다고 생각할 수 있었다. 진정한 자발적 신경증이 어떤 독성을 지닌 물질의 투여나 결핍에 의해 발생하는 중독 현상이나 금단 현상, 또는 갑상선 분비물로부터 발생한다고 알려져 있는 안구 돌출증적 갑상선종(甲狀腺腫)과 가장 유사하다는 데는 그럴 만한 충분한 이유가 있었을 것이다.

나는 나중에 실제적 신경증에 대한 연구로 돌아갈 기회를 더 이상 갖지 못했다.[31] 또한 다른 사람이 내 연구의 이 부분을 계승하지도 않았다. 오늘날 그 당시 나의 연구 결과를 돌이켜 보면, 그것은 아마도 보다 복잡한 사태의 조야한 첫 도식화였음을 알 수 있다. 그러나 이 연구 결과는 전체적으로 아직도 옳다고 생각된다. 후에 나는 순전히 청소년의 신경 쇠약증 사례들을 정신분석학적으로 검사해 보았으면 좋았겠지만, 유감스럽게도 그런 기회는 오지 않았다. 오해를 막기 위해 강조하고 싶은 것은, 내가 정신적 갈등과 신경증적 콤플렉스가 신경 쇠약증에 존재한다는 것을

31 프로이트는 〈실제적〉 신경증, 즉 순전히 실제적이고 물리적인 병인을 지닌 신경증(신경 쇠약증과 불안 신경증)을 브로이어 시기에 많이 논했으나, 후기 저작에서는 자주 언급하지 않고 있다.

결코 부정하지 않는다는 점이다. 나의 주장이 의도하는 것은, 이 환자들의 증상이 정신적으로 결정되지 않으며 분석적으로 해결될 수 없고, 장애를 입은 성(性) 화학적 현상의 직접적인 독성적 결과로 파악되어야 한다는 것이다.

『히스테리 연구』가 발표된 후 몇 년 동안, 신경증 발생에서 성욕이 행하는 병인적 역할에 대해 이러한 견해에 도달한 나는 의사회에 나가 이에 관해 몇 번 강연을 했으나 불신과 반박만을 받았을 뿐이었다. 브로이어는 그의 개인적인 명망의 큰 무게를 이용하여 여론을 내 편으로 유리하게 만들려고 했으나 아무런 성과가 없었다. 그리고 성욕을 병인으로 인정하는 것이 그 자신의 이론적 성향과는 반대된다는 것을 쉽게 알 수 있었다. 그는 성적인 계기가 어떤 역할도 하지 않았던 것처럼 보였던 그 자신의 첫 여성 환자를 나에게 상기시키면서, 나를 무너뜨리거나 흔들리게 했을 수도 있었을 것이다. 그러나 그는 결코 그렇게 하지 않았다. 나는 이 사례를 올바로 해석하여, 그가 전에 했던 몇 가지 언급으로부터 그의 치료 결과를 재구성하게 되기까지 그가 왜 그렇게 했는지를 이해할 수 없었다. 감정 정화 치료가 끝난 것처럼 여겨진 이후, 그 소녀에게서 갑자기 〈전이 사랑Übertragungsliebe〉의 상태가 시작되었다. 그런데 브로이어는 그 상태가 이 소녀의 병과 어떤 관계가 있다고 생각하지 못해서, 결국 당황하며 그로부터 손을 떼었던 것이다. 그로서는 이렇게 분명한 실수를 머리에 떠올리는 일이 확실히 고통스러웠을 것이다. 그는 한동안 나를 인정하거나 신랄히 비판하는 태도 사이에서 갈팡질팡하다, 결국에는 이런 긴장된 상황에서 빠지지 않는 어떤 우연한 일이 발생하고, 그로 인해 우리는 서로 헤어지게 되었다.

내가 일반적인 신경 질환의 형태들을 연구한 결과의 다른 하나는, 내가 감정 정화 기술을 변경했다는 것이다. 나는 최면법을 포기하고 다른 방법으로 대체하려 했는데, 그 이유는 치료를 히스테리형 상태에만 한정하는 것을 극복하고 싶었기 때문이었다. 또한 경험이 쌓이면서 감정 정화를 위해 최면을 사용하는 데 대해 두 가지 심각한 회의가 들었기 때문이기도 하다. 첫 번째 의문은, 아무리 훌륭한 결과라 할지라도 환자와의 개인적인 관계가 흐려지면 갑자기 사라져 버린다는 것이었다. 화해의 길을 찾으면 그러한 결과들이 회복되기는 하지만, 이를 통해 알 수 있는 것은 의사와 환자 간의 개인적인 정서적 관계가 모든 감정 정화 치료보다 더 강력하다는 것이었으며, 바로 이 요인이 마음대로 제어되지 못했다. 그런데 어느 날 나는 오래전부터 내가 추측해 왔던 것을 환한 빛으로 밝혀 주는 경험을 하게 되었다. 내 말을 잘 들어서 최면으로 놀라운 성과를 이끌어 낼 수 있었던 한 여성 환자가 있었다. 한번은 내가 그녀의 통증 발작의 원인을 찾아 그녀를 고통으로부터 해방시키자, 그녀는 최면에서 깨어나며 내 목을 껴안는 것이었다. 마침 하인이 갑자기 들어와 고통스러운 상황을 면했지만, 그때부터 우리는 암묵적으로 의견 일치를 보아 최면 치료를 중단했다. 나는 이런 우연한 일이 내가 뿌리칠 수 없을 정도로 매력적이기 때문에 일어났다고 생각하지 않을 만큼 제정신이었고, 이제 최면의 배후에서 작용하고 있는 신비적인 요소를 알아냈다고 생각했다. 이 요소를 제거하거나 최소한 분리해 내기 위해서 나는 최면을 포기할 수밖에 없었다.

그러나 최면은 환자의 의식의 폭을 넓혀 주고 깨어 있는 상태에서는 갖지 못했던 지식을 환자에게 제공함으로써 감정 정화적 치료에 크게 도움이 되었다. 이 점에서 최면술의 대체 방법을 찾는 것은 쉬운 일이 아닌 것처럼 보였다. 이 문제로 곤경에 빠져 있

을 때, 베르넴 곁에서 본 적이 있는 한 실험에 대한 기억이 도움이
되었다. 실험 대상자는 몽유 상태로부터 깨어나자, 그 상태에서
일어났던 일에 대해 전혀 기억하지 못하는 것처럼 보였다. 그러
나 베르넴은 이 사람이 그래도 알고 있다고 주장했다. 그리고는
그로 하여금 그것을 기억해 내도록 요구하고, 〈당신은 모든 것을
알고 있으며 다만 말하기만 하면 된다〉고 확신을 심어 주면서 이
마에 손을 갖다 대자, 실제로 잊었던 그의 기억이 되살아나는 것
이었다. 기억은 처음에는 머뭇거리며 돌아왔지만, 나중에는 물이
콸콸 흐르듯이 완전히 뚜렷하게 되돌아왔다. 나는 이와 마찬가지
로 해보기로 했다. 나는 내 환자들이 최면 상태에서만 접근할 수
있었던 모든 것을 그들이 〈알고 있음〉에 틀림없다고 생각했다. 내
가 확신을 심어 주고 내 손을 이마에 올려놓으면서 몰아붙이면,
잊혔던 사실들과 그것들의 연관을 의식에 불러내는 일이 가능할
것이었다. 이는 물론 환자에게 최면을 거는 것보다 더 힘든 일인
것처럼 보였으나, 그것을 통해 배우는 바가 많을 것이라고 생각
했다. 이렇게 해서 나는 최면을 그만두고, 나는 환자를 보지만 환
자는 나를 볼 수 없도록 환자를 소파에 앉히는 방법만으로 그것
을 사용했다.

3

내 예상은 맞았고 나는 최면술로부터 벗어났다. 그러나 기술이 변하면서 감정 정화 작업의 면모도 변화했다. 최면으로 인해 이제까지 가려져 있던 힘들의 작용이 드러나고, 그것을 파악함으로써 이론은 보다 안전한 기반을 확보하게 되었다.

환자들이 그들의 외적·내적 체험의 사실들을 그렇게 많이 망각할 수 있으며, 그런데도 앞에서 서술한 기술을 사용하면 다시 기억해 내는 일이 어떻게 해서 생기는 것일까? 이런 물음들에 대해서는 관찰을 통해 완벽한 해답을 얻을 수 있었다. 잊힌 모든 것은 어떤 식으로든 고통스러운 것이어서, 환자의 개성에 따라 끔찍하거나 괴롭거나 부끄러운 것이었다. 따라서 바로 이런 이유 때문에 그것은 잊혔을 것이라는 생각, 다시 말해 의식 속에 머물지 못했을 것이라는 생각이 자연스럽게 떠올랐다. 그럼에도 그것을 다시 의식하도록 하려면, 환자 안에서 반항하는 무엇인가를 극복해야 했다. 그리고 환자를 독촉하고 강요하는 노력을 해야 했다. 의사가 해야 하는 노력은 사례에 따라 그 정도가 달랐다. 기억해 내야 할 게 어려운 것일수록 그에 비례하여 노력은 더 커져 갔다. 의사의 수고는 확실히 환자의 저항*Widerstand*에 대한 척도였다. 이제 필요한 일은 직접 감지한 것을 단지 말로 번역하는 일이었고, 이로써 억압Verdrängung 이론을 갖게 된 것이다.

이제 병의 발생 과정은 쉽게 재구성될 수 있었다. 가장 간단한 예를 들어, 환자의 마음속에 어떤 욕구Strebung가 일어나고 있는데, 이에 대해 다른 강력한 욕구들이 저항하고 있다고 생각해 보자. 우리의 예상대로라면, 이로 인해 발생하는 정신적 갈등Konflikt은 다음과 같은 과정을 거칠 것이다. 두 개의 역동적 크기는 — 우리는 여기서 그것을 본능과 저항으로 부르기로 하자 — 한동안 의식이 강력히 개입하는 상황에서 서로 싸우다가, 본능이 패배하고 본능의 욕구에 대한 에너지 집중Energiebesetzung이 중단된다. 이것이 정상적인 결말일 것이다. 그러나 신경증에서 — 아직 알려지지 않은 이유에서 — 갈등은 다른 결과를 낳는다. 자아das Ich는 불쾌한 본능적 충동과 처음 충돌하게 되면 움츠러들어, 그것이 의식에 들어와 직접 발산되는 것을 막는다. 그러나 이로 인해 본능적 충동은 그것의 에너지 집중량을 온전히 유지하게 된다. 나는 이 과정을 억압이라고 불렀다. 그것은 하나의 새로운 것이었고, 이전에는 이와 같은 것이 정신생활에서 인식된 적이 없었다. 그것은 도피하려는 시도와 유사한 원초적 방어 기제Abwehrmechanismus임에 분명했으며, 후에 내려질 정상적인 판단의 전조에 불과했다. 억압의 첫 행위에는 그 밖의 후속 결과가 잇따랐다. 먼저 자아는 지속적인 에너지 소모, 즉 리비도 반대 집중Gegenbesetzung을 통해 억압된 충동이 더욱더 밀려들어 오는 것을 막아 자신을 보호할 수밖에 없고, 이를 통해 자아는 황폐하게 된다. 다른 한편, 이제 무의식화된 억압 충동은 우회적인 방식에 의해 발산과 대리 충족의 길을 찾게 되고, 이로써 억압하겠다는 의도를 실패로 돌아가게 만든다. 전환 히스테리Konversionhysterie의 경우 이러한 우회로는 신체적 신경 자극을 초래하여, 억압된 충동은 어느 지점에선가 터져 나와 증상*Symptom*을 만들어 낸다. 따라서 증상은 대리 충족이기는 하지만, 자아의 저항으로 인하여 왜곡되고 그 목표에서 빗나간 것이므로 타협의 결과인 것이다.

억압 이론은 신경증 이해를 위한 초석이 되었다. 이제 치료의 과제가 다르게 설정되어야 했다. 치료의 목적은 잘못된 길에 들어선 정동의 소산(逍散)이 아니라, 억압을 찾아내어 전에 거부되었던 것을 받아들이거나 폐기하도록 하는 판단 행위로 그것을 대체하는 것이다. 나는 이런 새로운 점을 고려하여 나의 연구 방법과 치료 방법을 더 이상 감정 정화라 하지 않고 정신분석*Psychoanalyse*이라고 불렀다.

억압을 중심 개념으로 삼아 정신분석 이론의 모든 부분을 이에 결부시킬 수 있다. 그러나 이에 앞서 논란을 야기할 내용에 대해 한마디 하겠다. 자네의 의견에 따르면, 히스테리적인 여자는 신체적인 허약함 때문에 자신의 정신적인 행위를 결집시키지 못하는 불행한 사람이다. 그 때문에 이런 여자는 정신 분열과 의식 폭의 축소에 빠지게 된다는 것이다. 그러나 정신분석적 연구 결과에 따르면, 이런 현상은 정신적 갈등과 과거에 일어난 억압이라는 역동적 요소의 결과이다. 내 생각에 이러한 차이는, 정신분석에서 가치 있는 것이 자네의 생각에서 빌려 온 것에 불과하다는 되풀이되는 지껄임에 종지부를 찍기에 충분한 것이다. 독자는 내 이야기로부터 정신분석이 내용적으로 자네의 발견과 다르고 그것을 훨씬 넘어서듯이, 역사적인 관점에서도 그것과 완전히 무관함을 알았을 것이다. 정신분석학을 정신과학에서 그렇게 중요하게 만들고 모든 사람이 관심을 갖게 만든 추론들이 자네의 연구에는 결코 들어 있지 않았다. 나는 자네 개인에 대해서 언제나 존경심을 가지고 대했는데, 그 이유는 그의 발견이 발견 시기에서는 앞섰으나 발표 시기에서는 뒤진 브로이어의 발견과 많은 점에서 일치하기 때문이었다. 그러나 후에 정신분석학이 프랑스에서도 논의의 대상이 되자, 자네는 처신을 잘못하고 짧은 지식을 드러내 보이며 추한 주장을 해댔다. 마침내 그는 자신이 〈무의식적인〉 정신적 행위를 말했을 때 그것은 단지 하나의 〈표현 방식〉에 불과하다는 의미에서 한 말이라고 공언함으로써, 내 눈앞에서 자신을 웃음거리로 만들고 본인의 저작의 가치를 떨어뜨려 버렸다.

그러나 병원성(病原性) 억압과 앞으로 언급할 현상들에 대한 연구로 인해 정신분석학은 〈무의식〉의 개념을 심각하게 받아들일 수밖에 없었다. 정신분석학에서는 모든 정신적인 것이 우선 무의식적인 것이었다. 의식적 성질은 이에 덧붙여 있을 수도 있고 없을 수도 있는 것이다. 이로 인해 당연히 철학자들의 반박을 받게 되었는데, 철학자들에게는 〈의식적〉이라는 것과 〈정신적〉이라는 것이 동일한 것이었다. 그들은 〈무의식적인 정신〉이라는 말과 같은 터무니없는 것은 생각할 수도 없다고 주장했다. 그러나 이에 대해 별다른 뾰족한 수가 없었다. 철학자들의 이런 병적인 혐오감에 대해 어깨를 으쓱하며 지나치는 수밖에 없었다. 사람들이 그에 대해 알지 못하므로 외부 세계의 다른 어떤 사실들과 마찬가지로 추론할 수밖에 없는 그런 충동이 얼마나 잦고 위력적인가에 대한 병리적 자료(철학자들은 이에 대해 알지 못한다)의 경험이 다른 선택을 허용하지 않았다. 그런데 다른 사람의 정신생활에 대해 언제나 해왔던 것을 자기 자신의 정신생활에서 행할 뿐이라고 주장할 수 있었다. 우리는 다른 사람의 정신적 행위에 대해 어떤 직접적인 의식도 가지고 있지 못하므로 그의 말이나 행동으로부터 그것을 추론할 수밖에 없으면서도, 그가 정신적 행위를 한다고 말한다. 그런데 남에게서 통용되는 것은 각자 자신에게도 통용될 수밖에 없다. 이러한 논법을 계속 밀고 나가 자신의 숨겨진 행위가 바로 제2의 의식에 속한다는 결론을 끌어낸다면, 자신이 그에 대해 아무것도 알지 못하는 의식, 즉 무의식적 의식이라는 개념에 이르게 된다. 그런데 이는 무의식적인 정신을 가정하는 것보다 나은 것도 아니다. 다른 한편, 일부 다른 철학자들과 같이 병리적인 현상을 고려하기는 하지만 이 현상의 근저에 놓여 있는 행위가 정신적인 것이 아니라 정신병적인 것이라 불려야 한다고 말한다면, 이런 차이는 쓸데없는 말싸움만 초래할 것이다. 이 경우에도 〈무의식적 정신〉이라는 표현을 고수하는 것이 가장 목적에 부합할 것이다. 그렇다면 이 무의식이 근본적으로 무엇인가라는 문제는 이전의 다른 문제, 즉 의식이 무엇인가라는 문제보다 더 현명하지도 유망한 것도 아니다.

　정신분석학이 어떻게 해서 그가 인정하는 무의식을 세분하여 전의식das Vorbewußte과 본래의 무의식으로 구분하게 되었는지를 간략하게 이야기하기는 더 어려운 일이다. 경험의 직접적인 표현인 이론에, 자료를 다루는 데 유용하며 직접적인 관찰 대상이 될 수 없는 사태들과 관련된 가설을 보충하는 것이 합당하게 생각되었다고 말하는 것으로 족할 수도 있겠다. 이것은 정신분석학보다 역사가 오랜 과학들에서 이용된 방법과 같은 것이다. 무의식을 세분하는 것은 정신적 장치를 다수의 기관이나 체계로 구성하려는 시도와 연관이 있다. 이 시도는 이들 기관이나 체계의 관계를 공간적으로 표현하기는 하지만, 실제 뇌 해부와 연결 지으려 하지는 않는다(소위 지형적 관점). 이 생각과 이와 비슷한 생각들은 정신분석학의 사변적 상부 구조로서, 그것의 어느 부분이든 그것이 부적절하다고 입증되는 즉시 아무런 손상도 없고 미련도 없이 폐기되거나 다른 것으로 대체될 수 있는 것이다. 그 밖에도 보다 밀접하게 관찰과 관련된 것들에 대해 할 이야기가 많다.

나는 내가 신경증의 원인과 이유에 대해 연구하면서 연구 대상자의 성적 충동과 성욕에 대한 저항 간의 갈등을 점점 더 자주 보게 되었음을 앞서 말했었다. 성욕의 억압이 일어나고 이 억압으로부터 그것의 대체물로서 증상이 발생하는 병원(病原)적 상황을 찾는 과정에서, 나는 환자의 오래전 생애로 거슬러 올라가 마침내 그의 아동기 초기에 이르게 되었다. 그리고 시인들과 인간 본성에 대한 연구자들이 언제나 주장해 왔던 것이 사실임이 밝혀졌다. 인생의 초기에 심어진 인상은 비록 대부분이 망각됨에도 불구하고 개인의 발전에 지울 수 없는 흔적을 남기며, 특히 뒤에 일어나는 신경증적 질환의 성향을 확정한다는 것이다. 그러나 이들 유아기의 체험에서 중요한 것은 언제나 성적 흥분과 이에 대한 반응이었으므로, 나는 유아 성욕 die infantile Sexualität이라는 사실에 직면하게 되었다. 이는 또 하나의 새로운 사실이었으며, 가장 강력한 인간의 편견 중 하나와 반대되는 것이었다. 이 편견에 따르면, 아동기는 성욕이 없는 〈순수한〉 것이며 〈육감〉이라는 악마와의 싸움은 사춘기의 질풍노도 시기에나 비로소 시작하는 것이다. 이따금 어린아이에게서 성적인 활동을 보게 되면, 사람들은 이를 퇴보 또는 조숙한 타락의 징조나 자연의 기이한 변덕으로 생각했다. 정신분석학의 탐구 결과 중에서, 성 기능이 생의 처음부터 시작되며 아동기에 이미 그 중요한 현상이 나타난다는 주장만큼 많은 반박과 분노를 불러일으킨 것도 없었다. 그러나 정신분석학의 어떤 분석적 발견도 이 주장만큼 그렇게 쉽고 완전하게 입증될 수는 없는 것이었다.

내가 계속해서 유아 성욕에 대해 더 깊이 들어가기 전에, 한동안 내가 빠져들었고 나의 연구 전체에 곧 치명적인 결과를 가져올 수도 있었던 오류를 고백해야 할 것이다. 그 당시 내가 사용했던 기술적 방법에 의해서 대부분의 환자는 그들이 아동기에 성인으로부터 받았던 성적 유혹의 장면들을 재생해 내었다. 여성의 경우 유혹자의 역할은 언제나 아버지에게 주어져 있었다. 나는 이런 말을 믿었고, 이들 아동기의 성적 유혹의 체험에서 나중에 일어나는 신경증의 원천을 발견했다고 생각했다. 아버지, 큰아버지나 작은아버지, 오빠와의 이러한 관계가 확실히 기억을 할 수 있는 나이가 되기까지 지속된 몇몇 사례로 인해 나의 확신은 강화되었다. 누군가 내가 이렇게 쉽게 믿어 버린 것에 대해 불신하면서 머리를 젓는다 해도, 그가 완전히 잘못 생각하고 있다고 말할 수는 없겠다. 그렇지만 그 당시는 날마다 다가오는 수많은 새로운 사실을 아무런 치우침이 없이 수용하기 위해 내가 의도적으로 비판을 억제하던 시기였다는 점을 말하고 싶다. 그러나 이런 유혹의 장면들이 환자들이 지어낸 실제로 일어나지 않은 이야기이며, 아마도 환자들에게 그렇게 하도록 강요한 환상에 불과하다는 것을 내 스스로 깨달아야만 했을 때, 나는 한동안 어찌할 바를 몰랐다.[32] 나의 기법과 그것의 결과에 대한 믿음은 강한 타격을 받았다. 그렇지만 이런 장면들은 내가 올바르다고 생각한 기술적인 방법을 통해 얻은 것이었고, 그 내용은 내 연구가 출발했던 증상과 의심의 여지 없이 연관을 맺고 있는 것이었다. 내가 정신을 차렸을 때, 나는 이런 경험으로부터 올바른 결론을 이끌어 내었

32 프로이트는 1897년 9월 21일 플리스에게 보낸 편지에서 이런 오류의 발견에 대해 말한다. 프로이트의 입장 변화를 보여 주는 최초의 명백한 언급은 「성욕에 관한 세 편의 에세이」에서의 암시 이외에 「신경증의 병인에서 성욕이 작용하는 부분에 대한 나의 견해」(프로이트 전집 10, 열린책들)에서 나타나고 있다. 위와 비슷한 설명은 「정신분석 운동의 역사」에서도 찾아볼 수 있다. 이 문제에 대한 프로이트의 후기 입장에 대해서는 「여자의 성욕」(프로이트 전집 7, 열린책들)과 『새로운 정신분석 강의』(프로이트 전집 2, 열린책들) 참조.

다. 즉 신경증적 증상은 실제의 체험과 직접적으로 관련 있는 것
이 아니라 희망 섞인 환상과 관련 있고, 신경증에는 물질적인 실
재보다 정신적인 실재가 보다 중요하다는 것이다. 나는 지금도
내가 환자들에게 그런 유혹의 환상을 강요했다고, 즉 〈암시〉했다
고 생각하지는 않는다. 여기서 나는 처음으로 오이디푸스 콤플렉
스Ödipus-Komplex와 마주치게 되었는데, 이것은 나중에 가서는 아
주 중요한 것이 되었지만, 그때만 해도 나는 그것이 그렇게 환상
으로 위장되어 있어 깨닫지 못하고 있었다. 또한 아동기의 유혹
이 신경증의 병인에 앞서 서술했던 것보다는 비록 적은 정도이기
는 하지만 일정한 역할을 한다는 것이 확인되었다. 다만 유혹자
는 대부분 나이가 위인 어린아이들이었다.

　　그러나 나의 오류는, 리비우스Livius가 이야기한 로마 왕정기
의 전설을 원래 그대로, 즉 초라하고 아마도 언제나 그렇게 명예
롭지는 못했던 시대와 상황의 기억에 대한 하나의 반작용으로 여
기지 않고 역사적 사실로 믿는 사람이 저지른 실수와 같은 것이
었다. 이 오류가 제거된 이후, 어린아이의 성생활을 연구할 길이
열리게 되었다. 그때부터 정신분석학을 다른 지식 영역에 적용하
고 정신분석학의 자료로부터 생물학적 사건의 아직 알려지지 않
은 부분을 알아낼 수 있게 되었다.

　　성 기능은 생이 시작될 때부터 존재했다. 처음에 그것은 생명
의 다른 중요한 기능들에 의존되어 있다가 나중에 그들로부터 독
립을 하게 된다. 그것은 복잡하고 긴 발달 과정을 거쳐 우리가 성
인의 성생활로 알고 있는 것이 된다. 성 기능은 처음에는 일련의
본능 요소Triebkomponent들의 활동으로 나타난다. 이 본능 요소들
은 신체의 성감대에 의해 좌우되고, 부분적으로는 반대쌍으로 나
타나며(가학성Sadismus 대 피학성Masochismus, 보려는 충동 대 보

이려는 충동), 서로 독립적으로 쾌락을 추구하고, 그 대상을 대부분 자기 자신의 신체에서 찾는다. 따라서 성 기능은 처음에 어떤 중심을 갖고 있지 않으며 주로 자가 성애적이다. 나중에야 비로소 성 기능에 있어 종합적 구조가 나타난다. 최초의 조직화 단계는 구순적 요소들의 지배하에 있고, 이어서 가학적 항문기sadistisch-anale Phase가 뒤따르며, 제3단계에서야 성기가 우위를 점하면서 성 기능은 생식의 목적에 사용된다. 이런 발달 과정을 거치는 동안 많은 본능 요소가 이 생식 목적에 쓸모없는 것으로 여겨져 옆으로 밀려나거나 다른 목적에 이용되고, 다른 요소들이 그 목적에서 벗어나 성기의 조직에 들어온다. 나는 성적 본능의 에너지를 ─ 그리고 오직 이것만을 ─ 리비도Libido라고 불렀다. 이제 나는 리비도가 앞서 서술한 발달 과정을 언제나 순탄하게 지나가는 것은 아니라고 가정해야 했다. 어떤 요소가 지나치게 강하거나 너무 일찍 충족을 체험함으로써 특정한 발달 시점에서 리비도의 고착Fixierung이 일어날 수 있다. 후에 억압이 일어나는 경우 리비도는 이 시점들로 되돌아가려 하는데(퇴행Regression), 여기로부터 또한 증상의 분출이 일어난다. 또한 나중에 나는 고착 시점의 위치가 신경증의 선택, 즉 훗날에 나타나는 발병 형태에도 결정적이라는 것을 깨달았다.

정신생활에 큰 역할을 하는 대상의 발견 과정이 리비도의 조직화와 나란히 진행된다. 자가 성애의 단계 이후, 남자아이와 여자아이 모두에게 있어 최초의 사랑 대상은 어머니이다. 처음에 어린아이는 어머니의 영양 공급 기관과 자신의 신체를 구별하지 못할 것이다. 나중에는 유아기의 처음 몇 년 사이에 오이디푸스 콤플렉스라는 관계가 형성되는데, 여기서 남자아이는 어머니에게 그의 성적 소망을 집중시키고 아버지에 대해서는 경쟁자로서 적대적인 충동을 발전시킨다. 여자아이도 이와 유사한 태도를 취한다.[33] 오이디푸스 콤플렉스의 모든 변형과 결과가 의미를 갖는데, 선천적으로 타고난 양성(兩性)적 구조가 영향을 미쳐 동시적으로 존재하는 충동의 수는 증가한다. 어린아이가 성적 차이를 명확히 깨닫기까지는 상당한 기간이 걸린다. 이 시기의 성적 연구를 통해 어린아이는 전형적인 성 이론들을 만들어 내는데, 이 이론들은 자신의 신체적 조직이 불완전하기 때문에 진실과 오류가 뒤섞여 있고, 성생활의 문제들(스핑크스의 수수께끼 — 어디서 아이가 나오느냐는 문제)은 해결되지 못한다. 따라서 아이의 첫 대상 선택은 근친상간적이다. 여기서 기술한 발달 과정 전체는 잠깐 사이에 지나간다. 인간 성생활의 가장 기이한 성격은 중간에 휴식기가 있는 성욕의 2단계적 발단이다. 생후 네다섯 살에 그것은 최초의 정점에 도달한다. 그런 다음 이러한 성욕의 조기 만개는 사라진다. 이제까지 활기를 띠던 충동들은 억압되고 사춘기에 이르기까지 지속되는 잠재기*Latenzzeit*가 시작된다. 이 시기에 도덕, 수치, 혐오감과 같은 반동 형성들*Reaktionsbildungen*이 구축된다.[34]

33   (1935년판에서 추가된 각주) 유아적 성 충동에 대한 정보는 남자에 대한 연구에서 얻은 것으로, 이로부터 연역된 이론은 남자아이에 관한 것이었다. 양성에 어떤 완전한 유사성을 발견할 수 있다고 기대하는 것은 극히 자연스러운 것이었다. 그러나 그렇지 않다는 것이 밝혀졌다. 계속된 탐구와 반성의 결과, 남자와 여자의 성적 발달 사이에는 심각한 차이가 있음이 드러났다. 여자아이의 첫 성적 대상은 (남자아이와 마찬가지로) 어머니이다. 그런데 한 여자가 정상적 발달의 종착에 이르기 전에, 그녀는 성적 대상뿐만 아니라 주도적인 성 기대(性器帶, *Genitalzone*) 또한 바꿔야 한다. 이런 상황으로 인해 남자의 경우에는 나타나지 않는 어려움과 억제의 가능성이 발생한다 — 원주. 프로이트는 사실상 자서전의 출판 이전에, 특히 「오이디푸스 콤플렉스의 소멸」(1924)라는 글에서 양성의 성적 발달의 대칭에 대해 회의를 표명하기 시작했다. 그의 새로운 견해는 이보다 약간 뒤에 쓰인 성 간의 분화 효과를 다루는 「성의 해부학적 차이에 따른 몇 가지 심리적 결과」에서 더 상세히 전개되고 있다.

34   (1935년에 추가된 각주) 잠재기는 생리적 현상이다. 그러나 유아적 성욕의 억압을 기도하는 문화 조직 내에서만 잠재기는 성생활을 완전히 중단시킬 수 있다. 대부분의 원시인들에게서는 그렇지 않다 — 원주.

2단계로 나뉜 성 발달 과정은 모든 생명체 중 오직 인간만이 가지고 있는 특징인 것처럼 보인다. 이로 인해 인간의 신경증적 성향이 생물학적으로 결정될 수도 있다. 사춘기에 들어서면 유년기 초기의 충동과 대상 리비도 집중*Objektbesetzung*이 다시 활성화되고, 오이디푸스 콤플렉스의 감정적 유대도 활성화된다. 사춘기의 성생활에서는 유년기 초기의 충동들과 잠재기의 억제가 서로 싸운다. 유아적 성 발달의 정점에서 이미 일종의 성기(性器)적 조직이 만들어지지만, 이때는 남자의 성기만이 어떤 역할을 할 뿐이고 (소위 남근적 우위) 여자의 성기는 아직 발견되지 않은 상태이다. 이때 남성이냐 여성이냐가 아니라 남근을 가지고 있느냐 거세되었느냐에 의해 성이 구분된다. 이와 결부되어 나타나는 거세 콤플렉스*Kastrationskomplex*는 성격과 신경증 형성에 매우 중대한 의미를 지닌다.

여기에서 인간의 성생활에 대한 나의 발견을 축약하여 서술하면서, 나는 이해를 돕기 위해 여러 다른 시기에 이루어졌고 『성욕에 관한 세 편의 에세이』의 재판들에서 보충과 수정의 형식을 빌려 서술했던 결론들을 함께 모았다. 종종 강조와 비난의 대상이 되었던 성욕 개념을 확장하는 본질이 어디에 있는지, 위에 서술된 것으로부터 쉽게 알 수 있기를 바란다. 이 확장은 이중적인 것이다. 첫째, 성욕을 성기와 맺는 밀접한 관계로부터 분리시켜 쾌락을 목표로 하고 2차적으로나 생식에 봉사하는 보다 포괄적인 신체 기능으로 보았다. 둘째, 우리의 언어 사용에서 〈사랑〉이라는 모호한 말로 불리는 다정하고 호의적인 모든 충동을 성 충동으로 간주했다. 그러나 나는 이들 개념의 확장이 새로운 것이라기보다는 원상 복구라고 본다. 이 확장은 목적에 맞지 않게 우리가 그런 방향으로 움직여 왔던 개념의 제한을 제거함을 의미한다.

성욕을 성기와 분리시켜 보는 것은 아이와 성도착자의 성 활동을 정상인의 성 활동과 동일한 관점에서 보게 되는 장점이 있다. 아이의 성 활동은 이제까지 완전히 무시되었고, 성도착자의 성 활동은 인식되기는 했지만 그저 도덕적 분개의 대상일 뿐 아무런 이해도 받지 못했다. 정신분석학의 입장에서 보면, 가장 특이하고 가장 심한 반발감을 불러일으키는 성도착도 성기 우위에서 벗어나 리비도 발전의 원시기에서와 같이 자립하여 쾌락 획득에 몰두하는 성적 구성 본능*Partialtrieb*의 표현으로 설명된다. 이러한 성도착 중 가장 중요한 것인 동성애는 이런 이름으로 불릴 만한 이유가 거의 없다. 동성애의 원인은 인간의 구조적 특징인 양성 (兩性)과 남근 우위에까지 거슬러 올라간다. 모든 사람에게 있는 일부분의 동성애적 대상 선택은 정신분석에 의해 증명될 수 있다. 어린아이가 〈다형태적으로 도착적〉이라 불린다면, 이는 관습적으로 일반에서 사용되는 표현을 기술한 것일 뿐이지 어떤 도덕적 평가를 말한 것이 아니다. 그런 가치 판단은 정신분석과는 거리가 멀다.

내가 주장한 두 번째 성욕 개념의 확장은, 이들 모든 다정한 감정적 충동이 원래는 완전히 성적인 욕구였으나 후에 〈그 목적이 억제되거나 승화된〉 것이라는 정신분석학의 연구 결과를 통해 정당성을 획득한다. 성적 본능들이 이렇게 영향을 받을 수 있고 목적에서 벗어날 수 있기 때문에, 그것들은 다양한 문화적 활동에 적용될 수 있으며 사실 문화적 활동에서 중요한 공헌을 한다.

어린아이의 성욕에 대한 놀라운 발견들은 처음에는 성인에 대한 분석을 통해 얻은 것이다. 그러나 대략 1908년부터는 어린아이들을 직접 관찰함으로써 이 발견들은 그 세세한 면에서 완전하게 확인될 수 있었다. 어린아이들이 규칙적으로 성적 활동을 한다는 것을 확인하기는 실로 너무 쉬워서, 어떻게 그렇게 오랫동안 이 사실들을 간과하고 무성(無性)적 유아기 *die asexuelle Kindheit* 라는 전설을 유지할 수 있었는지에 대해 묻지 않을 수 없다. 이는 대부분의 성인이 자기 자신의 유아기에 대해 망각한다는 사실과 관련이 있다.

4

저항, 억압, 무의식, 성생활의 병원적 의미 및 유아기 체험의 중요성 등에 관한 이론은 정신분석학의 이론적 구조에서 주요한 구성 부분들이다. 유감스럽게도 나는 여기서 개별 부분들만을 서술하고, 그것들이 어떻게 서로 결합되고 연결되는지에 대해 서술하지 못했다. 이제 정신분석의 방법 기술이 점차 어떻게 변화되어 왔는지를 서술할 차례이다.

우선 환자를 몰아붙이고 용기를 북돋아 줌으로써 그의 저항을 극복하는 일은, 의사가 무엇을 기대할 수 있는지에 대해 최초의 방향을 잡기 위해서 불가피한 것이었다. 그러나 그것은 의사나 환자 양측에 너무 힘든 것이었으며, 당연히 뒤따르는 회의로부터 벗어나지 못한 것처럼 보였다. 그래서 그것은 어떤 의미에서는 그것과 반대되는 다른 방법으로 대체되었다. 환자로 하여금 어떤 특정한 주제에 대해 무슨 말을 하게끔 몰아붙이는 대신, 나는 환자에게 자유 연상die freie Assoziation에 자신을 내맡기도록, 다시 말해 어떤 의식적인 목적을 떠올리지 않았을 때 떠오르는 것을 말하도록 요구했다. 다만 환자는 말 그대로 그의 지각에 떠오르는 모든 것을 알려야 하고, 어떤 단상은 중요치 않다거나 관련이 없다거나 전혀 의미가 없다거나 하는 동기에 따라 제거해 버리는 비판적 거부에 빠지지 말아야 했다. 이렇게 보고를 함에 있어 환자가 솔직할 것을 요구하는 것은 다시 강조할 필요가 없다. 그것은 바로 분석적 치료의 전제이기 때문이었다.

정신분석학의 기본 규칙을 따르면서 자유 연상의 방법으로 내가 기대했던 성과, 즉 저항에 의해 억압되고 거리를 두었던 자료를 의식에로 이끌어 내는 일을 할 수 있었다는 것이 의아하게 보일 수 있겠다. 그러나 깊이 생각해야 할 것은, 자유 연상이 사실은 자유로운 것이 아니라는 점이다. 환자가 그의 사유 활동을 어떤 특정한 주제에 집중하고 있지 않다 할지라도, 그는 분석 상황의 영향하에 놓여 있는 것이다. 따라서 이러한 상황과 관계 있는 것만이 환자에게 떠오른다고 가정할 수 있다. 억압된 것을 재생하는 데 대한 환자의 저항은 이제 두 가지 방식으로 표현된다. 첫째로 그것은 비판적 이의 제기를 통해 나타나는데, 정신분석학의 기본 규칙은 이러한 이의 제기를 겨냥한다. 그러나 환자가 이 규칙에 따라 장애를 극복한다 하더라도, 저항은 또 다른 방식으로 표현된다. 이때 저항은 분석되는 사람에게 억압된 것 자체는 결코 떠오르지 않게 하고, 단지 억압된 것에 암시적으로 근접한 것만을 떠오르게 할 것이다. 그리고 저항이 강할수록, 환자가 보고하게 되는 대체 연상은 분석가가 원래 찾고자 하는 것에서 멀어진다. 자기편에서 어떤 강제적 노력 없이 침착하게 귀 기울여 들으며 그의 경험을 바탕 삼아 일반적으로 어떤 것이 앞으로 다가올지 준비하는 분석가는, 이제 환자가 드러내는 자료를 두 가지 가능성에 따라 이용할 수 있다. 한편으로 저항이 약할 경우, 분석가는 암시로부터 억압된 것 자체를 알아낼 수 있다. 다른 한편으로 저항이 강할 경우, 분석가는 주제와 동떨어진 것처럼 보이는 연상들에서 이 저항의 성격을 인식할 수 있다. 그런 다음 분석가는 환자에게 이 저항을 알려 줄 수 있다. 저항의 덮개를 벗기는 일은 그것을 극복하기 위한 첫걸음이다. 이렇게 해서 분석 작업의 테두리 내에서 해석 기술*Deutungskunst*이 등장하는데, 이것을 잘 하기 위해서는 요령과 연습이 필요하지만 그것을 배우는 것이 어렵지는 않다. 자유 연상의 방법은 이전 방법에 비해 많은 장점을 지니고 있는데, 노력이 적게 든다는 장점만 있는 것이 아니다. 이 방법은 피분석자에 대한 강요를 최소한의 정도로 줄이고, 실제적인 현재 상황과의 접촉을 잃지 않으며, 신경증의 구조에서 어떤 요소도 간과되지 않고, 분석가의 어떤 기대도 그것에 영향을 주지 않도록 하기 위한 포괄적인 보증이다. 분석의 과정과 자료의 배정을 정하는 일이 본질적으로 환자에게 위임되어 있다. 따라서 특정한 증상과 콤플렉스를 체계적으로 다루는 일은 불가능하게 된다. 최면법이나 독촉법의 과정과는 정반대로, 상호 연관된 것을 치료의 상이한 시점과 상이한 곳에서 경험하게 된다. 그러므로 분석적 치료는 청중에게는 — 사실 청중이란 있을 수 없다 — 완전히 불투명한 것이다.

이 방법의 또 다른 장점은, 그것이 결코 실패하는 일이 없다는 것이다. 연상의 종류에 대해 어떤 요구 조건을 제시하지 않는 한, 연상은 이론적으로 언제나 가능할 수밖에 없다. 그렇지만 규칙적으로 그러한 실패가 일어나는 경우가 나타나기는 한다. 그러나 이러한 경우도 그것을 분리해 내어 해석할 수 있다.

이제 나는 분석의 모습에 본질적인 특징을 부여하고 기술적으로나 이론적으로 가장 중요한 의미를 가질 수 있는 한 가지 요소를 서술하겠다. 모든 분석적 치료에서는 의사가 개입하지 않아도 환자와 분석가 간에는 긴밀한 감정적 관계가 형성된다. 이 관계는 실제 상황에서는 설명되지 않는다. 그것은 긍정적일 수도 있고 부정적일 수도 있으며, 열정적이며 완전히 육감적인 사랑에서부터 반항, 원망, 증오의 극단적 표현에 이르기까지 다양하다. 이를 간략히 불러 전이 *Übertragung* 라고 하는데, 그것은 곧 환자에게서 치유에 대한 바람을 대체한다. 그리고 전이는 그것이 다정하고 온건한 것인 한, 의사가 영향력을 발휘하는 담지자이고 분석이라는 공동 작업의 동력이다. 나중에 그것이 열정적으로 변하거나 적의감으로 전환되면, 전이는 저항의 중요한 도구가 된다. 이 경우, 환자의 연상 능력을 마비시키고 치료의 성공을 위협하는 일이 발생할 수도 있다. 그러나 이러한 전이를 피하려는 것은 무의미하다. 전이 없는 분석이란 불가능한 일이기 때문이다. 분석이 전이를 만들어 내고 전이는 분석 시에만 일어나는 것으로 생각해서는 안 된다. 전이는 다만 분석에 의해 밝혀지고 분리될 뿐이다. 그것은 일반적인 현상이고, 의사가 영향력을 미치려는 모든 것에서 그 성패를 결정한다. 그것은 실로 한 인간과 그의 인간적 환경 간의 관계 전체를 지배한다. 최면술사들이 암시 가능성이라 불렀고 최면적 교감의 담지자이며, 감정 정화법이 그것의 예측 불가능성으로 인해 골머리를 앓았던 것과 동일한 역동적 요인을 전이에서 어렵지 않게 찾아볼 수 있다. 감정적 전이의 경향이 없거나 그것이 조발성 치매 *Dementia praecox* 와 편집증 *Paranoia* 에서처럼 완전히 부정적으로 변한 경우, 환자에게 정신적으로 영향을 미치는 일은 불가능하게 된다.

정신분석학이 다른 정신 치료법과 같이 암시(또는 전이)의 방법을 가지고 작업한다는 것은 확실히 맞는 말이다. 그러나 다른 점은 정신분석에서는 그것이 ─ 암시나 전이 ─ 치료의 성패를 결정하도록 내맡기지 않는다는 사실이다. 오히려 그것은 환자가 어떤 정신적 작업을 수행하도록 ─ 자신의 전이 저항을 극복하도록 — 하는 데 이용된다. 이것은 환자의 정신적 경제를 지속적으로 변화시키는 것을 의미한다. 분석가는 환자가 전이를 의식하도록 하고, 환자가 자신의 가장 초기의 대상 집착 감정, 즉 유아기의 억압에서 기원하는 감정 관계들을 그의 전이 태도 속에서 재체험하고*wiedererlebt* 있음을 그에게 설득함으로써 전이는 해소된다. 전이를 이렇게 사용함으로써, 그것은 가장 강력한 저항의 무기에서 최상의 분석적 치료의 도구가 된다. 그렇지만 전이를 잘 사용하는 일은 분석 기술에서 가장 어렵고도 중요한 부분이다.

자유 연상법과 이와 결부된 해석 기술의 도움을 빌려, 정신분석학은 실천적으로는 중요하지 않아 보이지만 실제로는 과학적 작업에서 완전히 새로운 위치와 타당성으로 이끄는 한 가지 일을 성공적으로 해낼 수 있었다. 꿈이 의미를 갖는다는 것을 증명해 내고, 그것의 의미를 알아내는 일이 가능해진 것이다. 고전적 고대에서 꿈은 미래를 예시하는 것으로 높이 평가되었다. 근대 과학은 꿈에 대해 아무런 관심도 갖지 않으려 하고 그것을 미신에 맡겨 버리며, 그것을 순전히 〈신체적〉 행위, 즉 그렇지 않으면 잠자는 정신생활의 경련이라고 여겼다. 진지한 과학적 작업을 성취한 어떤 사람이 〈꿈의 해석자〉로 등장할 수도 있다는 것은 불가능한 일이었다. 그러나 꿈을 이렇게 배척하는 것에 상관하지 않고 그것을 해명되지 못한 하나의 신경증적 증상, 즉 망상적 관념이나 강박 관념으로 취급한다면, 그리고 꿈의 표면적인 내용을 추상하고 그것의 개별 심상들을 자유 연상의 대상으로 만든다면, 이때 근대 과학과는 다른 결과에 도달한다. 꿈꾸는 사람의 수많은 연상을 통해 우리는 어떤 사유 형성물에 대한 지식을 얻는다. 이 사유 형성물은 더 이상 불합리하다거나 혼란스럽다고 말할 수 없으며, 완전한 정신적 산물에 상응하는 것으로, 발현된 꿈은 단지 이 형성물의 왜곡되고 축약되고 오해된 번역, 대부분 시각적 그림들로의 번역일 뿐이다. 이 잠재적 꿈-사고들die latenten Traumgedanken은 꿈의 의미를 지니고 있다. 발현된 꿈-내용은 다만 연상이 그에 기댈 수 있을 뿐이지 해석의 기반은 될 수 없는 하나의 기만이나 겉치레에 불과하다.

이제 수많은 물음에 대해 답을 내려야 했다. 이들 중에 가장 중요한 물음들은 꿈-형성에 도대체 어떤 동기가 있는가, 어떤 조건 하에서 꿈을 꾸게 되는가, 어떤 방법으로 언제나 의미로 가득 찬 꿈-사고가 흔히 의미 없는 꿈으로 전환되는가 등이었다. 나는 이들 물음 모두를 1900년에 출판된 『꿈의 해석Traumdeutung』에서 해결하려고 했다. 여기서는 지면 관계로 이 연구를 짧게 요약할 수밖에 없다. 꿈의 분석을 통해 경험하게 된 잠재적 꿈-사고들을 연구하면, 그들 중 꿈꾸는 사람이 이해할 수 있고, 잘 알려진 다른 것들과는 특별히 구별되는 하나를 발견하게 된다. 이들 다른 것들은 깨어 있는 생활의 잔재들이다(이는 기술적으로 하루의 잔재라고 불린다). 반면 특별히 돋보이는 꿈-사고에서는 종종 매우 불쾌한 감정을 유발하는 소원 충동을 보게 되는데, 그것은 꿈꾼 사람의 깨어 있을 때의 생활과는 거리가 멀어서 꿈꾼 사람은 놀라거나 화가 나서 그것을 부정한다. 이런 충동이 꿈 본래의 형성자이다. 그것이 꿈-생성에 필요한 에너지를 조달하고, 하루의 잔재를 재료로 이용한다. 이렇게 해서 생겨난 꿈은 충동의 충족 상황을 상상하게 되고, 꿈은 그것의 소원 성취이다. 수면 상태의 본성에 있는 어떤 것이 이 과정을 조장하지 않았다면, 이 과정은 불가능했을 것이다. 수면의 정신적 전제 조건은, 자아가 수면을 원하는 태도를 취하고 생활의 모든 관심사에서 정신적 에너지를 거두는 것이다. 이와 동시에 운동성으로의 모든 접근 경로가 차단되므로, 자아는 그렇지 않으면 억압의 유지에 썼을 에너지의 소모를 줄일 수 있다. 밤에 이렇게 억압이 완화되는 것을 이용하여 무의식적 충동은 꿈과 함께 의식으로 들어오는 것이다. 그러나 자아의 억압적 저항은 수면 중에도 완전히 제거되는 것이 아니라 다만 감소되었을 뿐이다. 이 저항의 일부는 〈꿈-검열Traumzensur〉로 남아서 무의식적 충동이 본래의 적절한 형태로 표현되는 것을 막는다. 꿈-검열이 엄격하기 때문에 잠재적 꿈-사고들은 어쩔 수 없이 변화되고 약화되어 꿈의 금지된 의미는 알 수 없게 된다. 이것이 발현된 꿈으로 하여금 그 두드러진 특징들을 지니도록 만드는 꿈-왜곡Traumentstellung의 설명이다. 따라서 〈꿈은 (억압된) 소원의 (위장된) 성취이다〉라고 말할 수 있다. 여기서 이미 꿈이 신경증적 증상과 같이 구성되어 있음을 알 수 있다. 꿈은 자아 속에서 일어난 억압된 본능적 충동과 검열하는 힘의 저항 간에 타협의 산물이다. 꿈은 증상과 동일한 기원을 가지고 있기 때문에 증상과 마찬가지로 이해할 수 없고 동일하게 해석을 필요로 하는 것이다.

꿈꾸는 것의 일반적 기능을 알아내는 일은 쉽다. 그것은 잠자는 사람을 깨울 수 있는 외부 또는 내부의 자극을 일종의 진정을 통해 막아 내어 방해받지 않고 잠잘 수 있도록 하는 목적을 지니고 있다. 외부의 자극은 새롭게 해석되고 어떤 무해한 상황에 짜맞추어져 방어된다. 잠재적 꿈-사고들이 검열의 통제를 벗어나지 않는 한, 잠자는 사람은 본능적 요구의 내부 자극을 허락하고 꿈-형성에 의해 그것이 충족되도록 허용한다. 그런데 통제를 벗어날 위험이 있고 꿈이 너무 분명해지면, 잠자는 사람은 꿈을 중단하고 놀라서 깨어난다(불안-꿈Angsttraum). 외부의 자극이 너무 강해서 물리칠 수 없을 때에도 이와 같은 꿈 기능의 실패가 일어난다(각성-꿈Wecktraum). 나는 꿈의 검열이 작용하여 잠재적 사고가 발현된 꿈-내용으로 전환하는 과정을 꿈-작업 *Traumarbeit* 이라고 불렀다. 이 과정은 전의식(前意識)적 사고 자료를 특이한 방식으로 처리하는 것인데, 이 과정에서 자료의 구성 요소들이 압축되고 *verdichtet*, 자료의 정신적 강조가 전위되고 *verschoben*, 전체가 시각적 그림들로 전환·극화되고 *dramatisiert*, 오해를 수반하는 2차적 가공 *die sekundäre Bearbeitung*에 의해 보충된다. 꿈-작업은 정신생활의 더 깊고 무의식적인 층에서 일어나는 과정에 대한 뛰어난 본보기인데, 이 과정은 우리가 아는 정상적인 사고 과정과 상당히 다른 것이다. 또한 꿈-작업은 수많은 초기 단계의 특징을 드러내는데, 가령 주로 여기서 성적인 상징법 *Symbolik*의 사용이 그렇다. 이는 후에 정신적 활동의 다른 영역에서 다시 발견된다.

꿈의 무의식적인 본능적 충동이 하루의 잔재, 즉 깨어 있을 때 해결하지 못한 관심사와 연관되어 있으므로, 이 충동에 의해 형성된 꿈들은 분석 작업에 대해 이중적인 가치를 지닌다. 한편으로 해석된 꿈은 억압된 소원의 성취임이 밝혀진다. 다른 한편으로 그것은 낮 동안의 전의식적 사고 활동을 계속하여 임의의 내용을 채울 수 있는데, 가령 어떤 결의, 경고, 숙고, 그리고 다시금 어떤 소원 성취를 표현할 수 있다. 분석에서 꿈은 두 방향으로, 즉 분석되는 사람의 의식적 과정과 무의식적 과정 모두에 대한 지식을 얻는 데 이용된다. 또한 분석은 이런 사정으로부터 꿈을 통해 유아기 생활의 잊혀진 자료에 접근할 수 있다는 이점을 가지게 되는데, 이를 통해 유아적 망각은 대부분 꿈의 해석에 의해 극복된다. 여기서 꿈은 예전에 최면에 부가되었던 과제의 일부를 수행한다. 이에 반해 나는 내가 했다고 하는 주장, 즉 꿈-해석에 의해 모든 꿈이 성적인 내용을 지녔거나 성적인 추동력에 원인이 있다는 것이 밝혀졌다는 주장을 한 적이 결코 없다. 배고픔, 목마름, 배설의 욕구가 억압된 성적 충동이나 이기적 충동과 마찬가지로 충족의 꿈을 만들어 냄은 쉽사리 알 수 있다. 어린아이들은 우리의 꿈 이론의 타당성을 검증하는 데 편리한 사례를 제공해 준다. 여러 상이한 정신적 체계가 아직 분명하게 구분되지 않았고 억압이 아직 깊숙이 형성되지 않은 어린아이들에게서, 우리는 낮에 남겨진 어떤 소원적 충동이 위장되지 않고 충족되는 것일 뿐인 꿈들을 자주 접하게 된다. 강제적인 욕구의 영향하에서는 성인도 이러한 유아적 유형의 꿈을 꿀 수 있다.[35]

정신분석은 꿈의 해석과 비슷한 방식으로 인간이 자주 저지르는 작은 실수 — 이는 증상 행위라고 불린다 — 에 대한 연구를 이용한다. 나는 1904년에 단행본 형태로 출판된 『일상생활의 정신 병리학Zur Psychopathologie des Alltagslebens』에서 이에 대해 연구했다. 널리 읽힌 이 저서의 내용은, 이들 현상이 우연적인 것이 아니며 생리학적 설명을 넘어서 유의미하고 해석 가능하며, 억제되거나 억압된 충동과 의도를 이들 현상으로부터 추리하는 것이 정당하다는 것이었다. 그러나 꿈-해석과 이 연구가 지니는 뛰어난 가치는, 그것이 분석적 작업에 도움이 된다는 데 있는 것이 아니라 그것의 다른 성격에 있다. 이제까지 정신분석은 병리적 현상의 해결에만 열중하고, 이 현상을 설명하기 위해 종종 다루는 소재의 중요성과는 아무런 비례 관계도 없는 가정을 해야만 했었다. 그러나 정신분석이 이제 분석에 착수한 꿈은 병리적 증상이 아니다. 꿈은 정상적 정신생활의 현상이어서 모든 건강한 사람에게서

---

35 꿈-기능이 자주 실패로 돌아가는 것을 고려하면, 꿈을 소원 성취의 한 시도라고 보는 것은 적절하다. 꿈을 잠자는 동안의 정신생활이라고 한 아리스토텔레스의 오래된 정의는 아직도 유효하다. 내가 나의 책 제목을 『꿈』이라 하지 않고 『꿈의 해석』이라 한 것은 그럴 만한 이유가 있었던 것이다— 원주.

일어날 수 있는 것이다. 만일 꿈이 증상과 같이 구성되어 있다면, 그리고 꿈의 설명이 본능적 충동, 대체 형성과 타협 형성, 의식과 무의식이 거처하는 여러 정신적 체계와 같은 가정들을 요구한다면, 정신분석은 더 이상 정신 병리학의 보조 학문이 아니다. 오히려 정신분석은 정상인의 이해를 위해서라도 반드시 있어야만 하는 더 새롭고 철저한 정신 연구의 단초이다. 정신분석의 전제들과 결과들은 정신적인 사건의 다른 영역에 적용될 수 있는 것이다. 정신분석에는 세계적 관심에 이르기까지 길이 넓게 열려 있다.

5

나는 정신분석학의 내적 성장에 대한 서술을 멈추고, 여기서는 그것의 외적 운명에 대해 이야기하고자 한다. 내가 이제까지 말한 정신분석학의 성과는 대부분 나 자신의 연구 성과였다. 그러나 나는 이런 연관에서 나중에 나온 결과들을 첨가했고, 내 제자들과 추종자들의 업적을 나 자신의 것과 구별하지 않았다.

브로이어와 헤어진 후 10년 넘게 나에게는 추종자가 없었다. 나는 완전히 고립되어 있었다. 빈에서는 기피 인물이 되었고 외국에서는 나를 알아주지 않았다. 1900년에 출판된 『꿈의 해석』에 대한 서평은 전문 학술지에서 거의 찾아볼 수 없었다. 「정신분석 운동의 역사Zur Geschichte der psychoanalytischen Bewegung」라는 글에서 나는, 빈의 정신 의학계의 태도를 보여 주는 예로 한 조수와의 대화를 적은 적이 있다. 그는 나의 이론에 반대하는 책을 썼지만 『꿈의 해석』은 읽지도 않았던 것이다. 병원에서 사람들이 말하기를, 책을 읽는 수고를 들일 가치가 없다고 했다는 것이었다. 후에 교수가 된 이 사람은, 내가 그와 나눴던 이 대화의 내용을 부정하고 내 기억의 진실성조차 의심하려고 들었다. 그러나 나는 그당시 내가 한 대화의 보고에서 한마디도 바꿀 필요를 느끼지 않는다.

매사에 부딪치는 일이 필연적임을 깨닫게 되자 나의 예민한 감정은 줄어들었다. 아울러 나의 고립도 점차 끝나 가고 있었다. 우선 빈의 내 주변에는 작은 제자의 무리가 모여들었다. 그리고 취리히의 정신 의학자들인 블로일러[36]와 그의 조수 융C. G. Jung 등이 정신분석에 강한 관심을 가지고 있다는 소식을 1906년 이후 듣게 되었다. 이어 우리는 개인적인 친분 관계를 맺게 되었고, 1908년 부활절에는 이 새로운 학문과 관련된 친구들이 잘츠부르크에 모였다. 여기서 우리는 이러한 사적인 학술 회의를 정기적으로 개최하고 잡지를 발간할 것에 합의했는데, 이 잡지는 『정신분석과 정신 병리학 연구 연보Jahrbuch für psychoanalytische und psychopathologische Forschungen』라는 이름으로 융이 편집을 맡았다. 블로일러와 나는 발행인이었다. 이 잡지는 세계 대전의 발발과 더불어 정간되었다. 스위스의 정신 의학자들이 합류함과 동시에 독일의 도처에서도 정신분석에 대한 관심이 일어났다. 정신분석은 수많은 평론의 대상이 되었고 학술 회의장에서 열정적인 토론이 벌어졌다. 그렇지만 정신분석의 수용은 어디에서도 호의적이지 않았고 선의를 가지고 기다리는 것이 아니었다. 정신분석이 알려지자마자 독일 학계는 하나같이 그것을 배척하고 나섰다.

물론 오늘날에도 나는 정신 의학, 심리학, 정신과학 일반에 대한 정신분석의 가치에 대해 후대가 최종적으로 어떤 판단을 내릴지 알 수 없다. 그렇지만 우리가 살아왔던 시대의 역사가 언젠가 쓰인다면, 그 역사가는 당시 학계를 대표하는 사람들의 태도가 독일의 학문에 명예로운 것은 아니었다고 인정할 수밖에 없다고 생각한다. 여기서 나는 그들이 정신분석학을 배척했다는 사실이

36 Eugen Bleuler(1857~1939). 유명한 정신과 의사. 취리히에 있는 부르크휠츨리 공립 정신 병원의 원장.

나 이를 배척하는 그들의 단호함에 대해서 말하는 것이 아니다. 이 두 가지는 쉽게 이해될 수 있으며 예상할 수 있었던 것이고, 최소한 반대자의 인격에 어떤 그늘을 드리우는 것도 아니었다. 그러나 그들이 보여 준 교만의 정도와 비양심적인 논리의 무시 정도, 그들의 공박이 보여 준 야비함과 저속함에 대해서는 용서의 여지가 없다. 15년이 지난 지금에도 내가 이렇게 과민한 반응을 터뜨리는 것이 어린아이 같다고 말할지도 모르겠다. 나도 내가 이에 덧붙여 더 할 말이 없었다면 그렇게 하지 않았을 것이다. 수년 후 세계 대전 중에 적국들이 하나같이 독일 민족에 대해 내가 위에서 언급한 것을 종합하는 야만적이라는 비난을 제기했을 때, 나 자신이 경험한 것에 비추어 이러한 비난을 반박할 수 없었던 것이 아직도 내 마음을 아프게 만든다.

나의 반대자 중 한 사람은, 자신의 환자가 성적인 것들에 대해 말하기 시작하면 곧바로 입을 닫게 만든다고 소리 높여 자랑했는데, 그는 신경증 발생에서 성욕이 하는 역할에 대해 판단할 수 있는 권리를 이런 기법으로부터 도출할 수 있다고 굳게 믿었다. 정신분석학의 이론에 따르면, 너무나 쉽게 설명되어 그에 대해 오류를 저지를 수도 없는 정동적 저항 이외에 내가 볼 때 이해를 어렵게 만드는 주요한 장애는, 반대자들이 정신분석을 나의 사변적 상상의 산물로 보고 정신분석의 구축을 위해 오랜 시간에 걸쳐 참을성을 가지고 아무런 선입견 없이 행했던 연구를 믿지 않으려는 데 있었다. 그들의 견해로는 정신분석이 관찰이나 경험과는 아무런 관련이 없으므로, 그들 역시 자신들의 경험 없이도 이를 배척할 수 있다고 생각했다. 이런 믿음을 그렇게 확신하지는 못했던 다른 사람들도, 그들이 부인하는 것을 보지 않으려고 현미경을 들여다보지 않는 고전적인 저항의 수법을 되풀이했다. 대부분의 사람들이 어떤 새로운 사태에 직면하여 그들 나름대로의 판단을 내려야 할 때, 그들이 얼마나 부정확하게 처신하는지는 참으로 기이한 일이다. 나는 수년 동안 그리고 오늘날에도 〈선의의〉 비평가들로부터, 여기까지는 정신분석이 맞지만 이 점에서부터 과장과 부당한 일반화가 시작된다는 말을 들어 왔다. 그러나 내가 알고 있는 바로는 이렇게 경계선을 긋는 것보다 어려운 일이 없으며, 그런 비평가들 자신이 며칠 전이나 몇 주 전에는 이 사태에 대해 완전히 아는 바가 없는 사람들이었다.

정신분석학에 대한 학계의 이단 판결은 분석가들이 더 밀접하게 단결하는 결과를 가져왔다. 1910년 뉘른베르크에서 개최된 제2차 회의에서 페렌치S. Ferenczi의 제안에 따라 여러 지역 그룹으로 나뉘거나 하나의 학회장이 이끄는 〈국제 정신분석학회 Internationale Psychoanalytische Vereinigung〉가 결성되었다. 이 학회는 세계 대전 동안에도 살아남아 오늘날에도 존속하는데, 오스트리아, 독일, 헝가리, 스위스, 영국, 네덜란드, 러시아, 인도에 각각 하나의 지부를, 그리고 미국에는 2개의 지부를 두고 있다. 나는 융이 초대 학회장으로 선출되도록 힘썼는데, 이는 나중에 밝혀지듯이 아주 불행한 선택이었다. 그 당시 정신분석학은 두 번째 잡지를 갖게 되었는데, 그것은 아들러Adler와 슈테켈Stekel이 편집하는 『정신분석 중앙지Zentralblatt für Psychoanalyse』(1911)였다. 바로 뒤이어 세 번째 잡지인 『이마고Imago』가 발간되었는데, 그것은 의사가 아닌 작스H. Sachs와 랑크O. Rank가 편집한 것으로, 정신분석을 정신과학에 적용하는 것을 목적으로 했다. 그 직후 블로일러는 정신분석을 옹호하는 논문을 발표했다(「프로이트의 정신분석학Die Psychoanalyse Freuds」, 1910). 정신분석을 둘러싼 논쟁에서 이렇게 한 번쯤 정당하고 솔직한 논리가 발언되었다는 것은 기쁜 일이었으나, 블로일러의 논문은 완전히 만족스러운 것은 아니었다. 그것은 너무 공평한 척하려 했다. 우리의 과학에 양가 감정Ambivalenz이라는 귀중한 개념이 도입된 것이 바로 그의 덕분이라는 것은 우연한 일이 아니다. 후에 발표한 논문들에서 블로일러는 정신분석의 이론 체계에 대해 비판적인 태도를 취하고 그것의 본질적인 부분을 회의하거나 거부하게 되어, 나는 정신분석 중에 그가 인정하는 것이 얼마나 남아 있는지 놀라서 자문하지 않을 수 없었다. 그럼에도 불구하고 그는 나중에 〈심층 심리학〉에 대해 매우 호의적인 표현을 할 뿐만 아니라, 정신 분열증에 대한 그의 방대한 서술도 이 심층 심리학에 근거해서 하고 있다. 그리고 블로일러는 〈국제 정신분석학회〉에 오래 머물지 않았다. 그는 융과의 불화 때문에 학회를 떠났고, 이로써 부르크횔츨리 사람들은 정신분석학과 인연을 끊게 되었다.

공식적으로 거부됨에도 불구하고 정신분석이 독일과 다른 나라들에 전파되는 것을 막을 수는 없었다. 나는 다른 곳(「정신분석 운동의 역사」)에서 정신분석의 발전 단계를 추적하고, 그 대변자들로 등장했던 사람들의 이름을 열거한 바 있다. 1909년에 나와 융은 스탠리 홀G. Stanley Hall의 초빙을 받아 미국으로 가서 매사추세츠주 우스터시의 클라크Clark 대학에서 ── 그는 이 대학의 총장이었다 ── 대학 창립 20주년 기념 행사로 1주일 동안 (독일어로) 강의를 했다. 홀은 매우 존경받는 심리학자이자 교육학자로서 이미 수년 전부터 정신분석학을 그의 강의에 도입하고 있었다. 그에게는 권위 있는 사람을 불러왔다 다시 보내 버리는 일을 마음에 들어 하는 어떤 실력자의 기질이 있었다. 우리는 그곳에서 하버드 대학의 신경학자인 퍼트넘을 만났는데, 그는 고령에도 불구하고 정신분석을 열렬히 지지하면서 모든 이가 존경하는 그의 인품을 동원하여 정신분석의 문화적 가치와 그 의도의 순수성을 옹호해 주었다. 강박 신경증적 성향에 대한 반동으로 주로 윤리적인 경향을 지녔던 이 뛰어난 인물에게서 우리가 한 가지 유감스럽게 생각한 것은, 그가 정신분석을 어떤 특정한 철학 체계와 결부시켜 도덕적 노력에 이용할 수 있다고 기대하는 것이었다. 철학자 윌리엄 제임스William James와의 만남 또한 나에게 오래도록 남는 인상을 심어 주었다. 나는 우리가 함께 산책할 때 일어났던 장면을 결코 잊을 수 없다. 그는 산책 중에 갑자기 멈춰 서더니 나에게 자신의 손가방을 건네주고, 자신은 막 시작된 협심증 발작을 해결하고 뒤따라갈 테니 나보고 먼저 가라는 것이었다. 그는 1년 후 심장 질환으로 사망했다. 나는 그 사건 이후, 다가올 죽음을 그와 같이 아무 두려움 없이 맞이하기를 원하고 있다.

그 당시 나는 53세여서 젊고 건강하다고 느꼈고, 신세계로의 짧은 방문은 나의 자신감에 유익한 것이었다. 유럽에서 나는 천대받는다고 여겼으나, 여기에서는 최상급의 학자들이 나를 대등한 사람으로 대해 주었다. 내가 『정신분석에 대하여Über Psychoanalyse』라는 다섯 번의 강의를 하기 위해 우스터에서 강단에 올랐을 때는 믿어지지 않는 백일몽이 실현되는 것과 같았다. 이제 정신분석은 더 이상 망상이 아니라 현실의 중요한 일부가 되었다. 우리가 방문한 이래 정신분석은 미국에서 그 영향력을 잃지 않았다. 그것은 일반인들에게 대단한 인기를 누리게 되었고, 학계에 있는 많은 정신과 의사도 그것을 의학 수업의 중요한 부분으로 인정했다. 그러나 유감스럽게도 정신분석학은 그곳에서도 그 내용이 희석되었다. 정신분석과 아무런 관계도 없는 갖가지 오용이 정신분석이란 이름과 동일시되고, 기술이나 이론을 철저히 교육시킬 기회도 없었다. 또한 미국에서는 정신분석이 행동주의와 부딪치게 되었는데, 이것은 심리적 문제 일반을 제쳐 버리는 어리석음을 범하고 말았다.

유럽에서는 1911년과 1913년, 두 번에 걸쳐 정신분석으로부터의 이탈 운동이 일어났다. 주동 인물은 그때까지 이 젊은 과학에서 훌륭한 역할을 해왔던 알프레트 아들러Alfred Adler와 융이었다. 두 인물은 아주 위험스러워 보였고 급속히 추종자의 무리를 크게 형성해 갔다. 그러나 그들이 이렇게 강세를 보인 것은 그 내용 때문이 아니라, 실제적인 자료를 부정하지 않는다 하더라도 불쾌감을 자아낸다고 여겨지는 정신분석의 결과들로부터 벗어날 수 있다는 유혹 때문이었다. 융은 정신분석의 사실들을 추상적이고 비개인적이고 비역사적인 것으로 재해석하려 시도했고, 이를 통해 그는 유아 성욕과 오이디푸스 콤플렉스에 대한 인정과 아동기 분석의 필요성을 피해 갈 수 있기를 바랐다. 아들러는 정신분석으로부터 더 멀리 벗어나는 듯이 보였다. 그는 성욕 일반의 의의를 거부하고, 성격 형성 및 신경증 형성의 원인을 오직 인간의 권력욕과 구조적 열등감에 대한 보상 욕구에서 찾고자 하여, 정신분석이 심리학적으로 가져온 모든 새로운 발견을 날려 버렸다. 그러나 그가 버린 것들은 변경된 다른 이름으로 그의 폐쇄적인 체계에 다시 들어올 수밖에 없었다. 그의 〈남성 항거der männliche Protest〉는 부당하게 성적으로 해석된 억압과 다른 것이 아니다. 이 두 이단자들은 아주 가벼운 비판을 받았다. 나는 다만 아들러나 융이 그들의 이론을 〈정신분석〉이라고 부르는 것을 포기하도록 하는 데 성공했을 뿐이다. 10년이 지난 오늘날 이 두 시도가 큰 해를 입히지 않고 지나갔다고 말할 수 있겠다.

하나의 공동체가 몇 가지 핵심적인 점에서의 일치에 근거하고 있는 것이라면, 이 공동의 기반을 버린 사람들이 공동체로부터 배제되는 것은 자명한 일이다. 그럼에도 불구하고 나의 이전 제자들이 탈퇴한 것을 가지고 내가 관용이 없음을 상징하는 것으로, 내 책임으로 보거나 내가 지고 있는 운명의 표현으로 보는 일이 종종 있다. 이에 대해서는 다음을 지적하는 것으로 족할 것이다. 나를 떠난 융, 아들러, 슈테켈 및 다른 소수의 사람과 달리 아브라함Abraham, 아이팅곤Eitingon, 페렌치, 랑크Rank, 존스Jones, 브릴Brill, 작스Sachs, 목사 피스터Pfister, 판 엠던van Emden, 라이크Th. Reik 등과 같은 많은 수의 인물이 15년 동안이나 나와 공동으로 연구하면서 대부분 여전히 빛이 바래지 않은 친교를 맺어 오고 있다. 나는 여기서 정신분석학의 문헌으로 이미 명성을 떨치고 있는 초기 제자들의 이름만을 열거했을 뿐이다. 다른 이들을 빼놓았다 해서 내가 그들을 무시하는 것은 아니다. 사실 나중에야 동참한 젊은 사람들 중에서 크게 기대를 걸 만한 재능 있는 사람들이 있다. 그러나 내가 여기서 주장하고 싶은 것은, 자신은 틀리는 일이 없다는 생각에 사로잡힌 비관용적인 사람이 지적으로 탁월한 다수의 사람에게 지속적으로 영향력을 행사하기는 불가능하다는 것이다. 게다가 나처럼 실제로 남을 유혹하는 매력을 지니지 못한 사람일 경우에는 더욱더 그렇다.

그렇게 많은 다른 조직을 붕괴시켰던 세계 대전도 우리의 〈국제 학회〉에는 손상을 입히지 못했다. 전후 최초의 모임은 1920년 중립지인 헤이그에서 열렸다. 네덜란드 사람들이 굶주리고 궁핍한 중부 유럽 사람들을 따뜻하게 맞이해 주는 것은 감동적이었다. 또한 내가 알기로는 파괴된 세계에서 그 당시 처음으로 영국인과 독일인이 과학적인 관심 때문에 같은 자리에 앉는 일도 생겼다. 전쟁은 다른 서방 국가들에서와 같이 독일에서조차 정신분석에 대한 관심을 증가시켰다. 전쟁 신경증을 관찰하게 되면서 의사들은 마침내 신경증적 장애에 대해 정신분석이 지니는 의미에 눈을 뜨게 되었다. 〈병의 이득〉과 〈병으로의 도피〉와 같은 우리의 심리학적 개념들이 급속히 인기를 끌게 되었다. 독일 제국의 붕괴 전에 마지막 회의인 1918년 부다페스트 회의에서 중부 유럽의 연합국 정부들은 공식적인 대표를 파견했는데, 그들은 전쟁 신경증의 치료를 위한 정신분석 병원의 설립에 합의했다. 그러나 그 일은 실현되지 않았다. 또한 우리의 훌륭한 회원인 안톤 폰 프로인트Anton von Freund 박사가 부다페스트에 정신분석 이론과 치료 센터를 설립하려던 포괄적인 계획도 뒤이어 일어난 정치적 변혁과 이 대체 불가능한 인물의 이른 죽음으로 인해 무산되고 말았다. 그의 생각의 일부는 후에 막스 아이팅곤Max Eitingon이 1920년 베를린에 정신분석 종합 병원을 세움으로써 실현되었다. 볼셰비키가 지배하던 짧은 기간 동안에 페렌치는 헝가리에서 정신분석학의 공식적인 대변자로서 부다페스트 대학에서 성공적인 교수 활동을 할 수 있었다. 전후 우리의 반대자들은 득의에 차서, 전쟁의 경험이 정신분석의 주장이 옳지 않다는 결정적인 논거를 제시한다고 선언했다. 전쟁 신경증을 통해 신경증적 질환의 병원으로 성적 계기가 불필요하다는 사실이 입증되었다는 것이다. 그러나 그것은 경솔하고 성급한 승리의 개가였다. 왜냐하면 한편으로 그 누구도 정신 신경증의 한 사례조차 철저히 분석해 보지 않았기 때문이다. 따라서 그것의 동기에 대해 확실히 아는 바가 없었으므로 이런 불확실한 것으로부터 어떤 결론도 끌어내지 말아야 했을 것이다. 다른 한편으로 정신분석은 이미 오래전부터 자기애Narzismus와 자기애적 신경증의 개념을 가지고 있었다. 이 개념은 리비도가 대상 대신에 자기 자신의 자아에 고착되는 것을 내용으로 한다. 따라서 이러한 이유로 인해 사람들은 일반적으로 정신분석이 성욕의 개념을 지나치게 확대한다고 비난하게 된다. 그러나 논쟁에서 편안함을 느끼게 되자, 그들은 정신분석의 이러한 과정을 잊고는 다시금 정신분석이 성욕을 너무 좁게 파악하고 있다고 비난하는 것이다.

초기 카타르시스 요법의 시기를 도외시한다면, 내가 볼 때 정신분석의 역사는 두 개의 시기로 나뉜다. 첫 번째 시기에 나는 혼자였고 모든 연구를 나 홀로 해야 했다. 이 시기는 1895년 또는 1896년부터 1906년 또는 1907년에 이르는 시기이다. 그 이후부터 현재에 이르는 두 번째 시기에는 나의 제자들과 공동 연구자들의 업적이 갖는 의미가 계속 증대하여, 중병으로 인해 인생의 종착점에 다가가고 있는 나는 이제 활동을 끝내고 내부적으로 안정을 취할 생각을 하게 되었다. 바로 그런 이유로 인해 내가 이 〈자서전〉에서, 나 혼자만의 활동으로 채워졌던 첫 번째 시기의 점차적인 정신분석의 구축과 같이 두 번째 시기에 이루어진 정신분석의 발전을 그렇게 자세히 다룰 수 없다. 다만 나는 여기서 내가 그것의 발견에 두드러진 역할을 했던 새로운 발견들, 무엇보다도 자기애, 본능 이론 및 정신 이상의 응용 영역에 대해 언급할 자격이 있다고 생각한다.

우선 경험이 쌓일수록 오이디푸스 콤플렉스가 신경증의 핵심임이 더 분명해졌다는 것을 말해야겠다. 그것은 유아적 성생활의 정점이자 그 이후의 모든 발달이 그로부터 출발하는 결절점이었다. 그러나 분석을 통해 신경증에서 고유한 요인을 찾겠다는 기대는 이로써 사라지게 되었다. 융이 그의 정신분석 초기에 정확히 표현했듯이, 신경증은 그것에만 고유한 특수 내용을 지니고 있지 않으며, 신경증 환자는 정상인이 다행히 잘 극복하는 것들에서 실패하는 사람이라는 것을 확언할 수밖에 없었다. 이러한 깨달음은 결코 실망스러운 것은 아니었다. 그것은 다른 깨달음, 즉 정신분석이 발견한 심층 심리는 바로 정상적 정신생활의 심리라는 깨달음과 완전히 합치하는 것이었다. 연구는 화학자들에게서와 같이 우리에게서도 진행되었다. 물질들의 큰 질적 차이는 동일한 원소들의 결합 비율에서 양적 변화에 원인이 있다는 생각이 그것이다.

오이디푸스 콤플렉스에서 리비도는 부모의 심상과 결부되어 있음이 밝혀졌다. 그러나 이러한 대상 모두가 없었던 시기가 있었다. 이로부터 리비도 이론에서 근본적인 상태에 관한 개념이 생겼는데, 그것은 리비도가 자신의 자아를 채우는 상태, 즉 리비도가 자아를 대상으로 삼는 상태이다. 이 상태를 〈자기애〉라고 부를 수 있다. 좀 더 생각해 보면, 자기애가 완전히 지양되는 것이 아니다. 일생 동안 자아는 대상 리비도 집중이 흘러나오고 대상으로부터 리비도가 다시 역류해 들어오는 리비도의 큰 저장고이다.[37] 따라서 자기애적 리비도는 끊임없이 대상 리비도로 전환되고 다시 그 반대가 된다. 이러한 전환이 어느 정도에 이를 수 있는가에 관한 뛰어난 예는, 자기희생에까지 이르는 성적 열애 또는 승화적 열애에서 찾을 수 있다. 이제까지는 억압 과정에서 억압된 것에만 주의했던 반면에, 이런 생각을 함으로써 억압하는 것도 올바로 파악할 수 있게 되었다. 억압은 자아 속에 작용하는 자기 보존 본능(자아 본능, *Ichtrieben*)에 의해 일어나며, 리비도적 본능들에 대해 일어난다고 말해 왔다. 이제 자기 보존 본능도 리비도적 성격을 지니고 있다는 것, 즉 그것도 자기애적 리비도임을 알게 되었으므로 억압 과정은 리비도 자체 내에서 일어나는 과정으로 보게 되었다. 자기애적 리비도는 대상 리비도에 대립하

37 이에 대한 논의는 「자아와 이드」에서 찾아볼 수 있다.

고 있어서, 자기 보존의 관심은 대상애의 요구, 따라서 좁은 의미로 성욕의 요구에 대항해 자신을 방어하는 것이다.

심리학에서는 적절한 본능 이론에 대한 요구가 무엇보다도 시급하게 느껴졌다. 이 이론의 기반 위에서 후속 이론을 세울 수 있었기 때문이다. 그러나 그와 같은 것이 없었으므로 정신분석학은 본능 이론을 더듬어 찾아가는 시도를 해야 했다. 처음에 정신분석학은 자아 본능(자기 보존, 배고픔)과 리비도적 본능(사랑)을 대립시켰으나, 후에 이를 자기애적 리비도와 대상 리비도의 대립으로 대치시켰다. 이로써 최종적인 결정이 내려진 것은 확실히 아니다. 생물학적으로 생각해 보면, 단 한 종류의 본능만을 가정하는 것에 만족하는 일은 금기처럼 보이기 때문이다.

최근 몇 년간의 저서에서 ─『쾌락 원칙을 넘어서*Jenseits des Lusprinzips*』,『집단 심리학과 자아 분석*Massenpsychologie und Ich-Analyse*』,『자아와 이드*Das Ich und das Es*』─ 나는 오래 억제하고 있었던 사변적 성향을 마음껏 발산하여 본능 문제에 대한 새로운 해결을 계획하게 되었다. 나는 자기 보존 본능과 종족 보존 본능을 에로스라는 개념으로 통합하고, 이를 소리 없이 움직이는 죽음 본능 내지는 파괴 본능과 대립시켰다. 일반적으로 본능은 살아 있는 것의 일종의 탄력성으로, 한때 존재했으나 어떤 외부의 방해에 의해 제거된 어떤 상황을 복구하려는 충동으로 간주된다. 이처럼 본질적으로 보수적인 본능의 성격은 〈반복 강박*Wiederholungszwang*〉 현상에 의해 예증된다. 에로스와 죽음 본능의 협력과 대립적 작용으로 인해 우리 삶의 그림이 그려진다.

이런 이론적 구성이 쓸 만한 것인지는 아직 불확실하다. 이 이론적 구성은 정신분석에서 가장 중요한 이론적 생각 중 하나를 확정하려는 노력에 의해 인도된 것이긴 하지만, 그것은 정신분석을 훨씬 넘어서는 것이다. 나는 정신분석학의 리비도나 본능의 개념들처럼, 한 과학의 최상 개념들이 그렇게 정확하지 못하다면 그 과학을 심각하게 받아들일 수 없다는 경멸적인 말을 여러 번 들어 왔다. 그러나 이런 비난은 사태를 완전히 오해한 데서 온 것이다. 명확한 기본 개념들과 정확하게 윤곽이 그려진 정의는, 그것이 지적인 체계 구성의 테두리 내에서 어떤 사실 영역을 파악하려는 한 오직 정신과학에서만 가능하다. 심리학이 속해 있는 자연 과학에서는 상위 개념들의 그러한 명확함은 불필요하고, 사실상 불가능하다. 동물학과 식물학은 동물과 식물에 대한 정확하고 적절한 정의로부터 출발하지 않는다. 생물학은 오늘날에도 생명체의 개념을 확실한 내용으로 채우고 있지 못하다. 심지어 물리학조차도 물질, 힘, 중력 및 다른 물리학적 개념들이 기대한 만큼 명확하고 정밀해질 때까지 기다려야 했다면, 그것은 전혀 발전하지 못했을 것이다. 자연 과학 분과들의 기본 생각이나 상위 개념들은 처음에는 언제나 부정확한 채로 있고, 다만 그것들이 나온 현상 영역을 지적함으로써 잠정적으로 설명될 뿐이다. 그것들은 관찰 자료를 계속 분석한 결과 비로소 분명해지고 그 내용이 채워지며 모순이 없게 되는 것이다. 나는 사람들이 정신분석을 다른 과학과 마찬가지로 다루길 거부한다는 것을 매우 공정하지 못한 일로 생각해 왔다. 이런 거부는 가장 고집스러운 반박으로 표현되었다. 정신분석학은 끊임없이 불완전하고 불충분하다고 비난받아 왔다. 관찰에 기초를 둔 과학이 사실을 조금씩 조금씩 찾아내고 문제도 단계적으로 해결해 나갈 수밖에 없다는 것은 뻔한 일이다. 또한 오랫동안 인정받지 못했던 성 기능을 내가 인정하려고 노력하자, 정신분석 이론은 〈범성론(汎性論)〉이라고 낙인찍혔다. 그리고 내가 이제까지 무시되었던 어린 시절의 우연적인상이 갖는 역할의 중요성을 강조하자, 나는 정신분석이 구조적이고 유전적인 요인들을 부정하려고 한다는 말을 들었다. 나는 꿈에도 그렇게 할 생각이 없었는데 말이다. 이것은 어떤 희생을 치르더라도, 무슨 수단을 써서라도 반대하자는 의미였다.

나는 이미 내 이론의 생산 초기 단계에서 정신분석적 관찰로부터 일반적인 관점에 도달하려는 시도를 했다. 1911년에 「정신적 기능의 두 가지 원칙Formulierungen über die zwei Prinzipien des psychischen Geschehens」이라는 작은 글에서, 나는 확실히 독창적이지는 않지만 정신생활에 있어 쾌락-불쾌 원칙Lust-Unlustprinzip의 지배와 소위 현실 원칙Realitätsprinzip에 의한 쾌락-불쾌 원칙의 대체를 강조했다. 후에 나는 일종의 초심리학Metapsychologie을 시도했다. 나는 역학, 지형학, 경제학이라는 세 개의 축에 따라 모든 정신 과정을 평가하는 고찰 방식을 이렇게 불렀는데, 이것이 내게는 심리학이 도달할 수 있는 가장 원대한 목표라고 여겨졌다. 이러한 시도는 미완성으로 그쳤다. 나는 몇 편의 논문 ── 「본능과 그 변화Triebe und Triebschicksale」, 「억압에 관하여Die Verdrängun」, 「무의식에 관하여Das Unbewußte」, 「슬픔과 우울증Trauer und Melancholie」 등 ── 이후에 그 시도를 중단하고 말았는데, 아마 잘한 일일 것이다. 왜냐하면 이러한 이론적 확인을 하기에는 아직 시기상조였기 때문이다.[38] 최근의 사변적 저작에서 나는 병리적 사실을 정신분석적으로 평가한 토대 위에 우리의 정신적 장치들을 분류하고자 시도하고, 그것을 자아das Ich, 이드das Es, 초자아das Über-Ich로 나눴다(『자아와 이드』, 1922).[39] 초자아는 오이디

---

38   어니스트 존스가 보여 주듯이, 이 모든 글들은 소실된 다른 7편의 논문들과 함께 1915년에 실제로 쓰였다.

39   「자아와 이드」 참조.

푸스 콤플렉스의 계승자이며, 인간의 윤리적 요구의 대변자이다.

내가 이 최근의 연구 시기에 참을성 있는 관찰에 등을 돌리고 순전히 사변에 전념했다는 인상을 받지 않았으면 좋겠다. 오히려 나는 언제나 분석적 자료와 내적인 접촉을 유지해 왔고, 특수하게 임상적이거나 기술적인 주제들을 다루는 것을 중단하지 않았다. 내가 관찰로부터 멀어졌을 때도, 나는 본래의 철학에 접근하는 일은 조심스럽게 피해 왔다. 구조적으로 불가능했던 것이 나의 이러한 회피를 매우 용이하게 했다. 나는 언제나 페히너G. Th. Fechner의 사상에 귀를 기울였고 중요한 점들에서 이 사상가를 따랐다.[40]

정신분석학이 여러 점에서 쇼펜하우어Schopenhauer의 철학과 일치하는 것은 — 그는 정동의 우위와 성욕의 탁월한 중요성을 주장했을 뿐만 아니라 억압의 기제 자체도 알고 있었다 — 내가 그의 이론을 알았기 때문이 아니다. 나는 내 생애에서 아주 늦게야 쇼펜하우어를 읽었다. 정신분석학이 어렵게 이룩한 결과와 놀랍게도 자주 일치하는 추측과 통찰을 제기한 또 다른 철학자인 니체Nietzsche를, 나는 바로 그 이유 때문에 오랫동안 피했다. 내게 중요했던 것은 누가 앞섰느냐라기보다는 속박되지 않는 것이었기 때문이다.

신경증은 정신분석의 최초 대상이자 오랜 기간 동안 유일한 대상이었다. 이 질환을 정신병에서 분리해 기질적 신경 질환과 결부시키는 의사들이 하는 치료가 잘못된 것이라는 점은 정신분석학자들에게는 의심의 여지가 없었다. 신경증의 이론은 정신 의학에 속하며, 정신 의학 입문에서 빼놓을 수 없는 것이다. 그런데 정

---

40 페히너의 영향은 특히 「쾌락 원칙을 넘어서」(프로이트 전집 11, 열린책들)에서의 〈지속의 원칙〉과 『꿈의 해석』에서의 정신적 지형학의 개념에서 나타난다.

신병에 대한 정신분석적 연구는 그러한 노력이 치료적으로 성공할 가능성이 없으므로 배제되는 것처럼 보였다. 정신병 환자들은 일반적으로 긍정적인 전이의 능력을 갖고 있지 못하므로, 정신분석의 주요 수단을 사용할 수 없다. 그럼에도 다른 접근 방법이 발견된다. 한 발도 나아가지 못할 정도로 전이가 전혀 없는 것은 아니다. 주기적 우울증, 가벼운 과대망상적 변형, 부분적 정신 분열증에서 정신분석은 의심의 여지 없이 성공을 거두었다. 많은 경우에서 오랫동안 정신 신경증과 조발성 치매Dementia praecox 사이에서 진단이 오락가락한다는 것은 최소한 과학에 이득이 되었다. 왜냐하면 이러한 치료 시도는 그것이 중단될 수밖에 없을 때까지 아주 중요한 정보를 제공해 주기 때문이다. 그러나 여기서 가장 일반적으로 관찰되는 것은, 신경증에서는 힘든 작업을 통해 심층에서 끌어내야 하는 것이 정신병에서는 누구나 볼 수 있게 외부에 드러나 있다는 점이다. 이런 이유로 인해 정신 병원은 정신분석학적 주장의 많은 것을 입증해 보이기에 가장 좋은 대상이다. 그러므로 정신분석이 정신병적 관찰 대상에 이르는 길을 곧 발견하리라는 것은 틀림없다. 일찍이 나는 과대망상적 치매증의 한 사례에서, 신경증의 경우와 동일한 병원적 요소들과 정동적 콤플렉스들이 존재함을 확인할 수 있었다.[41]

융은 치매증 환자에게서 나타나는 수수께끼 같은 고정 관념들을 환자의 생활사와 관련시킴으로써 설명했다. 그리고 블로일러는 정신분석이 신경증 환자에게서 찾아낸 것과 같은 기제들이 여러 정신병에도 존재함을 보여 주었다. 그 이후 정신병을 이해하기 위한 분석학자들의 노력은 중단되지 않았다. 특히 자기애 개념을 가지고 작업하게 된 이후 이곳저곳에서 신경증의 울타리를

41 〈방어 신경 정신증〉에 관한 두 번째 논문의 제3부 참조(1896b).

넘어 볼 수 있게 되었다. 아마 가장 큰 성과는 아브라함이 우울증을 설명하는 데서 이룩한 성과일 것이다. 오늘날 이 분야에서 우리의 지식 모두가 치료적 힘으로 전환되지는 못하고 있다. 하지만 순전히 이론적인 획득이라도 무시할 수 없다. 그것이 실제로 이용될 때까지 기다려야 할 것이다. 결국에는 정신병 학자들도 그들의 임상 자료가 보여 주는 증명력을 거부할 수 없다. 현재 독일의 정신병학에서는 분석적 관점에 의한 일종의 〈평화적 침투 *pénétration pacifique*〉가 일어나고 있다. 그들은 정신분석가가 되지 않는다든지, 〈정통〉 학파에 속하지 않는다든지, 이 학파의 과장에 동의하지 않는다든지, 특히 과도한 성적 요소를 믿지 않는다든지 하는 공언을 계속하지만, 젊은 연구자들의 대부분은 정신분석 이론의 이런저런 부분을 수용하여 그들 나름대로 자료에 적용하고 있다. 모든 징조는 이런 방향으로 계속 발전해 나가리라는 것을 암시하고 있다.

6

나는 오랫동안 정신분석을 무감각하게 대하던 프랑스에, 이것이 어떤 반동적 징후를 보이며 도입되는가에 대해 멀리서 추적하고 있다. 이는 마치 이전에 내가 체험했던 상황이 재생되고 있는 것처럼 보인다. 그러나 그러한 상황은 또한 그 특유의 특징도 지니고 있다. 믿어지지 않을 만큼 단순한 반박들이 목소리를 높였는데, 가령 프랑스의 섬세한 감각은 정신분석학의 용어들이 현학적이고 조잡하다는 데 기분이 상했다. (레싱의 불멸의 기사 리코들 라 마를리니에르[42]를 생각해 보라!) 그런 발언 때문에 다른 표현은 더 심각하게 들린다. 그것은 소르본 대학의 심리학 교수조차 그의 체면을 깎아내리는 일이 아니라고 생각한 듯 보인다. 그것은 라틴 기질과 정신분석학의 사유 방식이 도대체가 맞지 않는다는 것이다. 이로써 정신분석의 추종자로 여겨지는 앵글로 색슨계 동맹국들이 확실히 희생된다. 이 말을 듣는 사람이라면 누구

42 Riccaut de la Marlinière. 『민나 폰 바른헬름 *Minna von Barnhelm*』에 나오는 희극적인 프랑스 병사로 카드 놀이에서 그의 손재주가 속임수라고 묘사되는 것을 듣고 놀란다. 〈아니, 아가씨! 그것을 《속임수》라고 부르시오? 운수를 고치는 것, 손가락 끝에 행운을 잡는 것, 바로 가까운 미래를 아는 것, 이것을 독일인들은 《속임수》라고 부릅니까? 속임수라니! 아, 얼마나 빈곤한 언어란 말이오, 독일어는 얼마나 조잡한 언어냔 말이오!〉

나 튜턴 기질은 정신분석학이 생기자마자 그것을 마음속으로 껴안았다고 믿을 수밖에 없을 것이다.

프랑스에서 정신분석학에 대한 관심은 순수 문학을 하는 사람들에게서 시작되었다. 이를 이해하기 위해서는 꿈의 해석과 더불어 정신분석학이 순수 의학적인 문제의 경계를 넘어섰다는 것을 생각해야만 한다. 정신분석학이 독일에서 등장하고 나중에 프랑스에서 모습을 드러내며, 그것은 문학, 미학, 종교사, 선사학(先史學), 신화, 민속학, 교육학 등과 같은 영역에 다양하게 응용되었다. 이 모든 것은 의학과 거의 관련이 없으며, 다만 정신분석이 매개함으로써만 의학과 연결된다. 이런 이유로 나는 여기서 이들을 자세히 다룰 이유가 없다. 그러나 이들을 완전히 무시할 수는 없는데, 그 이유는 한편으로 그들이 정신분석의 가치와 본질에 대한 올바른 관념을 갖는 데 필수적이기 때문이다. 다른 한편으로는 내 스스로 일생의 업적을 쓰기로 과제를 정했기 때문이다. 이러한 응용의 대부분의 기원은 나의 연구들에까지 거슬러 올라간다. 여기저기에서 나는 비의학적인 관심을 충족시키기 위해 이러한 길의 첫걸음을 내디뎠다. 후에 다른 사람들이, 의사들뿐만 아니라 전문가들까지도 내 길의 흔적을 좇아 해당 영역에 더 깊이 들어갔다. 그러나 원래 계획에 따르면, 나는 정신분석의 응용에서 내가 기여한 부분만을 보고하기로 되어 있으므로, 나로서는 독자에게 이들 응용의 확장과 그 의미에 대해 매우 불완전한 그림을 보여 줄 수밖에 없다.

오이디푸스 콤플렉스로부터 나는 일련의 자극을 받았는데, 점차 이 콤플렉스가 어디에나 있다는 것을 깨닫게 되었다. 그런 끔찍한 소재의 선택, 아니 그것의 창조, 그 이야기의 시적 서술이 주는 충격적인 영향과 운명적 비극의 본질이 수수께끼와 같았다면,

이 모든 것은 다음과 같은 통찰에 의해 설명되었다. 즉 정신적 사건의 법칙성이 이 콤플렉스에서 그것의 완전한 정동적인 의미와 함께 파악되고 있다는 것이다. 운명과 신탁은 내적 필연성의 체현일 뿐이었다. 영웅이 자신도 모르게 그리고 자신의 의도와는 반대로 죄를 짓는 것은, 그의 범죄적 성향의 무의식적 본성이 제대로 표현된 것으로 이해된다. 이런 운명적 비극으로부터『햄릿』과 같은 성격 비극을 해명하기 위해서는 한 걸음만 더나아가면 된다. 이 성격 비극은 그 의미도 제시하지 못하고 저자의 동기도 알아내지 못한 채 3백 년 동안이나 사람들의 경탄을 받아 왔다. 그런데 저자가 만들어 낸 신경증 환자가 현실 세계의 수많은 동료와 마찬가지로 오이디푸스 콤플렉스에서 좌초하고 만다는 것은 기이한 일이다. 왜냐하면 햄릿은 오이디푸스적 욕망의 내용이 되는 두 가지 행위를 어떤 다른 사람에게 복수해야 할 과제로 맡는데, 이유를 알 수 없는 죄책감으로 인해 그의 팔이 마비되기 때문이다. 셰익스피어는『햄릿』을 그의 아버지가 죽은 직후에 썼다.[43] 이 비극의 분석에 대한 나의 암시는 나중에 어니스트 존스에 의해 충분히 전개되었다.[44] 후에 오토 랑크는 극작가들의 소재 선택에 대한 그의 연구의 출발점으로 동일한 예를 들었다. 그는 〈근친상간-주제〉에 관한 그의 큰 저서에서, 작가들이 얼마나 자주 오이디푸스적 상황의 주제를 서술 대상으로 선택했는지를 보

43 (1935년도에 추가된 각주) 이것은 내가 확실히 철회하고 싶은 추정이다. 나는 스트랫퍼드 출신의 배우 윌리엄 셰익스피어William Shakespeare가 그렇게 오랫동안 그의 저작이라 여겨졌던 작품들의 저자라고 더 이상 믿지 않는다. 루니I. Th. Looney의 저서인『셰익스피어의 정체Shakespeare Identified』(1920)의 출간 이래, 나는 이 가명의 배후에는 에드워드 드 베어Edward de Vere, Earl of Oxford가 숨겨져 있다고 확신한다―원주.

44 『햄릿과 오이디푸스 콤플렉스 문제Das Problem des Hamlet und der Ödipus-Komplex』(1911).『꿈의 해석』초판 서문 참조.

여 줄 수 있었고, 세계 문학에서 이 소재의 변용, 수정, 완화를 추적할 수 있었다.[45]

이때부터 시와 예술 창작 일반의 분석에 착수한 것은 자명했다. 상상의 나라는 현실 생활에서 포기해야 했던 본능 충족에 대한 대체물을 얻기 위해 쾌락 원칙에서 현실 원칙으로 넘어가는 고통스러운 이행으로 만들어지는 하나의 〈보호 구역〉임을 알게 되었다. 예술가는 신경증 환자와 마찬가지로 충족되지 않는 현실로부터 이 상상의 세계로 후퇴했던 것이다. 그러나 그는 신경증 환자와는 달리 그곳에서 되돌아와 현실에 굳건히 발을 디딜 줄 알고 있다. 그의 창조물인 예술 작품들은 꿈과 마찬가지로 무의식적 소원의 상상적 충족이다. 또한 예술 작품들은 꿈과 마찬가지로 타협의 성격을 갖는데, 그것들도 억압의 힘과 공공연하게 갈등을 빚는 것은 피해야 하기 때문이다. 그러나 이들은 비사회적이고 자기애적인 꿈-생성과는 달리 다른 사람들의 참여를 고려하고 있으며, 이들 타인에게서도 동일한 무의식적 소원 충동을 일으키고 충족시킨다. 나아가 예술 작품은 형식적 미를 지각하는 데서 오는 쾌락을 〈상여 유혹Verlockungsprämie〉으로 이용한다. 정신분석학이 해낼 수 있었던 것은 예술가들의 생활 인상들, 우연한 운명 및 저작을 서로 연관 지음으로써 예술가의 체질과 그 속에서 작용하는 본능 충동, 즉 그에게 있는 일반적이고 인간적인 것을 구성하는 일이다. 이러한 의도에서 나는, 가령 레오나르도 다빈치Leonardo da Vinci를 연구 대상으로 삼았다. 이 연구는 그가 말한 단 하나의 아동기 기억에 바탕을 두고 그의 그림 「성 안나를 포함한 세 사람」을 설명하는 것을 주목적으로 삼았다.[46]

45 『시와 전설에 나타난 근친상간 모티프 Das Inzest-Motiv in Dichtung und Sage』(1912) 참조.

나중에 내 친구들과 제자들은 예술가와 그들의 작품에 대해 이와 유사한 수많은 분석을 했다. 예술 작품의 향유가 이렇게 해서 얻어진 분석적 이해에 의해 손상받는 일은 일어나지 않았다. 그러나 여기서 분석에 대해 너무 많은 걸 기대하는 것처럼 보이는 일반인에게 한 가지 고백해야 할 사실은, 정신분석이 가장 관심의 대상이 되는 두 가지 문제를 해명하지 못한다는 것이다. 정신분석은 예술적 재능의 본질을 전혀 해명하지 못하며, 예술가가 작업하는 수단, 즉 예술적 기법을 발견하는 일도 정신분석의 일이 아니다.

나는 또한 그 자체로는 특별한 가치가 없는 옌젠W. Jensen의 『그라디바Gradiva』라는 작품에서 창작된 꿈이 실제의 꿈과 똑같은 해석을 허용하며, 꿈-작업을 통해 우리가 알게 된 무의식의 기제가 작가의 작품 생산에서도 작용한다는 것을 입증해 보였다.[47] 나의 책『농담과 무의식의 관계Witz und seine Beziehung zum Unbewußte』는 『꿈의 해석』으로부터 직접 파생된 곁가지였다. 그당시 내 연구에 관심을 갖고 있던 유일한 친구는 나의 꿈-해석이 종종 〈농담〉의 인상을 준다고 말했다.[48] 이러한 인상을 해명하기 위해서 나는 농담에 대한 연구를 시작했고, 그 결과 농담의 본질이 그것의 기술적 수단에 있으며, 이 수단은 압축Verdichtung, 전위Verschiebung, 반대물이나 아주 사소한 것으로 서술하는 것 등과 같은 꿈-작업의 〈작업 방식〉과 동일하다는 것을 발견했다. 이 연구에 이어서 농담을 듣는 이가 어떻게 해서 고도의 쾌락을 갖게 되는가에 대한 경제적 연구가 이루어졌다. 이에 대한 대답은, 쾌락

---

46 「레오나르도 다빈치의 유년의 기억」참조.
47 「빌헬름 옌젠의 〈그라디바〉에 나타난 망상과 꿈」참조.
48 이 친구는 빌헬름 플리스Wilhelm Fließ이다.

의 보상이 제공될 것이라는 유혹 이후에 억압을 위한 에너지 소모가 일시적으로 중단됨으로써 쾌락이 온다는 것이다(사전 쾌락 *Vorlust*).

　나 스스로는 종교 심리학에 대한 나의 공헌을 더 높게 평가한다. 이 연구는 1907년 강박 행위와 종교적 관행 또는 의식이 놀랍도록 유사하다는 인식에서 시작되었다. 아직 깊은 연관을 알지 못하고서 나는 강박 신경증을 왜곡된 사적 종교로, 그리고 종교를 소위 보편적 강박 신경증이라고 불렀다. 그 후 1912년에 융이 신경증 환자의 정신적 생산과 원시인의 정신적 생산 간에 광범위한 유사성이 있다고 강조하며 지적한 것을 기회로, 나는 이 주제에 관심을 돌리게 되었다. 『토템과 터부*Totem und Tabu*』라는 제목의 책으로 엮어진 4편의 논문에서 나는 근친상간을 꺼리는 것이 문명인에게서보다 원시인에게서 더 심하며, 그에 대한 특수한 방어 규칙을 만들어 냈음을 상술했다. 그리고 나는 도덕적 제약이 등장하는 최초의 형식인 터부 금지*Tabuverbote*가 감정의 양가성과 갖는 관계를 연구하고, 물활론(物活論)이라는 원시적 세계관에서 정신적 실재의 과대평가 원칙, 즉 마술이 그것에 바탕을 두고 있는 〈사고의 전능*Allmacht der Gedanken*〉 원칙을 발견했다. 나는 도처에서 강박 신경증과 비교를 하고, 얼마나 많은 원시적 정신생활의 전제들이 이 기이한 질환에서 여전히 작동하고 있는지를 보여주었다. 그러나 무엇보다 내가 관심을 가졌던 것은 원시 부족 최초의 조직 제도인 토템 제도*Totemismus*인데, 여기에서 초보적 사회 질서는 몇 안 되는 터부 금지의 절대적 지배와 융합된다. 여기서 숭배되는 존재는 원래 언제나 씨족의 시조라고 주장되는 동물이다. 여러 가지 증거를 볼 때, 가장 발달한 민족을 포함하여 모든 민족은 이 토템 제도의 단계를 거쳐 갔다고 결론을 내릴 수 있다.

이 분야에서의 나의 연구에 있어 문헌적 주 원천은 프레이저J. G. Frazer의 유명한 저서들 ―『토테미즘과 족외혼속Totemism and Exogamy』,『황금 가지The Golden Bough』― 이다. 그러나 프레이저는 토템 제도의 해명에는 큰 기여를 하지 않았다. 그는 이 대상에 대한 자신의 견해를 근본적으로 여러 번 바꾼 바 있고, 다른 민속학자들과 선사 연구가들도 마찬가지로 이 문제에서 확신이 없는 것처럼 보였다. 나의 출발점은 토템 제도의 두 가지 터부 명령, 즉 토템을 죽이지 말 것이며 같은 토템족에 속하는 여자와 성관계를 갖지 말라는 명령이 오이디푸스 콤플렉스의 두 가지 내용, 즉 아버지의 제거와 어머니를 여자로 삼는 것과 놀랍게도 일치한다는 점이었다. 이렇게 해서 토템 동물을 아버지와 동일시하려는 생각이 일어났다. 실제로 원시인들은 토템 동물을 씨족의 시조로 숭배함으로써 명확히 그렇게 했다. 다음에는 정신분석의 측면에서 온 두 가지 사실이 도움이 되었다. 그 하나는 페렌치가 어린아이에게서 얻은 행운의 관찰로, 이를 통해 〈토템 제도의 유아적 복귀〉에 대해 말할 수 있게 되었다. 다른 하나는 어린아이들의 초기 동물 공포증에 대한 분석으로, 그것은 오이디푸스 콤플렉스에 기인한 아버지에 대한 공포가 전위된 대상, 즉 아버지의 대치물이 동물이라는 것을 거듭 보여 주었다. 이것으로 아버지의 살해가 토템 제도의 핵심이며, 종교 형성의 출발점이라는 것을 인식하기에는 부족한 점이 거의 없었다.

그리고 부족한 점은 로버트슨 스미스W. Robertson Smith의 저서『셈 족의 종교The Religion of the Semites』를 읽음으로써 채워졌다. 물리학자이자 성서 연구가인 이 천재적인 인물은 토템 종교의 본질적인 부분으로 소위 〈토템 만찬〉을 예로 들었다. 1년에 한 번, 보통 때에는 성스러운 것으로 여겨지는 토템 동물을 부족 성원이 모두 참여한 가운데 엄숙하게 죽이고, 먹고, 애도한다. 이 애도에 이어 큰 축제가 벌어진다. 인간은 원래 무리를 지어 살았으며 이 무리 각각은 단 하나의 강력하고 폭력적이고 질투심에 가득 찬 남자의 지배하에 있었다는 다윈의 추측을 고려했을 때, 나에게는 이 모든 구성 부분들로부터 다음과 같은 하나의 가설, 아니 하나의 공상이라 할 만한 것이 떠올랐다. 원초적인 무리의 아버지는 무제약적인 전제자여서 모든 여자를 점유하고 경쟁자가될 수 있는 위험한 아들들을 죽이거나 쫓아 버렸다. 어느 날 아들들이 회동하여 그들의 적이자 동시에 이상이기도 한 아버지를 급습하여 죽이고 먹어 버렸다. 그 일 이후 그들은 아버지의 유산을 계승할 수 없었다. 왜냐하면 서로가 서로에게 방해가 되었기 때문이다. 실패와 후회스러운 마음의 영향을 받아 그들은 그들 간에 약정하는 법을 배우게 되고, 이러한 일이 재발되는 것을 방지하는 토템 제도의 규칙을 만들어 하나의 형제 씨족으로 연합했다. 그리고 그들은 아버지를 죽이는 동기가 되었던 여자들에 대한 소유를 포기했다. 이제 그들은 낯선 여자들을 찾을 수밖에 없게 되었다. 이것이 토템 제도와 밀접히 연관된 족외혼의 원천이었다. 토템 만찬은 끔찍한 행위의 기념 행사인 바, 이 행위로부터 인류의 죄의식(원죄)이 나오며 사회 조직과 아울러 종교 및 윤리적 제약이 시작되었던 것이다.

이런 가능성을 역사적 사건으로 보든 보지 않든 간에, 이제 종교의 형성은 아버지 콤플렉스의 기반 위에 놓이게 되고 이 콤플렉스를 지배하는 양가성 위에 서 있는 것으로 설명되었다. 토템 동물에 의한 아버지의 대체가 끝난 이후, 공포와 증오, 숭배와 시기의 대상이었던 원초적 아버지 자체는 신의 원형이 되었다. 아들의 아버지에 대한 반항심과 그리움은 서로 싸우면서 언제나 새롭게 타협을 본다. 이 타협을 통해 한편으로 아버지의 살해 행위가 속 죄되고, 다른 한편으로는 이 행위의 이득이 확보된다. 이러한 종교관은 기독교의 심리적 기초를 특히 잘 해명해 준다. 실제 기독교에서는 토템 만찬의 의식이 아직도 거의 왜곡되지 않고 성찬(聖餐)의 형태로 존속한다. 이 마지막 인식은 내가 한 것이 아니라 로버트슨 스미스와 프레이저가 이미 한 것임을 명백히 밝혀 둔다.

라이크Th. Reik와 민속학자 로하임G. Roheim은 『토템과 터부』에서의 내 생각을 이어받아, 이를 발전시키고 심화 내지는 수정했다. 나 자신은 후에 신경증적 고통이라는 주제하에서도 중요한 의미를 갖는 〈무의식적 죄책감〉을 연구하면서, 그리고 사회 심리학과 개인 심리학을 밀접히 연결시키려고 노력하면서, 이 문제로 몇 번 되돌아간 적이 있다.[49] 또한 최면 가능성을 설명하기 위해서 나는 인류의 원초 무리 시기로부터 물려받은 고대 유산을 도입했다.[50]

그 밖에 정신분석의 다른 응용은 비록 일반적인 관심을 끄는 것이었으나, 나는 이에 직접 참여하지는 않았다. 개별 신경증 환자의 상상으로부터 신화, 전설, 동화에서 나타나는 것과 같은 집단과 민족의 상상적 창조에 이르는 길은 넓게 열려 있다. 신화학은 오토 랑크의 연구 분야가 되었다. 신화의 해석, 신화의 기원을 이미 알려진 유아기의 무의식적 콤플렉스에서 찾는 일, 별에 의한 설명을 인간 동기들에 의한 설명으로 대체하는 일 등이 많은 경우 정신분석적 노력의 결과이다. 또한 나의 추종자들 중 많은 사람이 상징론을 주제로 삼아 연구했다. 상징론은 정신분석에 많은 적대감을 가져다주었다. 많은 무미건조한 연구자는 정신분석

49 「자아와 이드」, 「집단 심리학과 자아 분석」 참조.
50 「집단 심리학과 자아 분석」 참조.

이 꿈의 해석을 통해 보인 상징론에 대한 인정을 결코 용납할 수 없었다. 그러나 정신분석이 상징론의 발견에 책임을 질 필요는 없다. 상징론은 다른 영역들(민속, 전설, 신화)에서 오래전에 알려진 것이었고, 〈꿈의 언어〉에서보다는 여기에서 더 큰 역할을 하기 때문이다.

정신분석을 교육학에 응용하는 일에 내가 개인적으로 한 몫은 없다. 그러나 아동의 성생활과 정신 발달에 대한 분석적 연구 결과는 교육자들의 주의를 끌었고, 그들로 하여금 그들의 과제를 다른 시각에서 보게 만든 것은 당연한 일이다. 교육학에서 이러한 방향으로 지칠 줄 모르고 개척해 나갔던 사람은 취리히의 개신교 목사인 피스터였다. 그는 정신분석에 관한 일을 하면서도 이와 함께, 비록 승화된 것이기는 하지만 종교성을 계속 유지하는 일을 잘 조화시켰다. 그와 같이 일한 사람 중에서 빈에는 후크-헬무트Hug-Hellmuth 박사와 베른펠트S. Bernfeld 박사가 있다.[51] 건강한 아이의 예방적 교육과, 아직 신경증적이지는 않지만 발달이 빗나간 아이의 교정을 위해 정신분석을 응용함으로써 실천적으로 중요한 결과를 갖게 되었다. 정신분석의 시행을 의사에게 맡기고 비전문가를 이로부터 배제하는 것은 더 이상 불가능하게 되었다. 사실 특별한 교육을 받지 않은 의사는 의사 자격증이 있다 해도 분석에 있어서는 문외한이다. 그리고 의사가 아닌 사람도 제대로 준비를 하고 때로는 의사의 도움을 받는다면 신경증 환자를 분석적으로 치료하는 과제를 수행할 수 있다.

그 성공에 저항하는 것이 헛된 일이 되어 버린 정신분석의 발전에 의해 정신분석이라는 말 자체가 모호하게 되었다. 원래 특

51 (1935년에 추가된 각주) 이후 멜라니 클라인Melanie Klein 여사와 내 딸 아나 프로이트Anna Freud의 연구에 의해 아동 분석은 비약적으로 발전했다 — 원주.

정한 치료 방법을 지칭했던 것이, 이제는 무의식적 정신에 관한 과학의 이름이 되었다. 이 과학이 어떤 문제를 홀로 완전히 해결하는 일은 매우 드물다. 그러나 이 과학은 다양한 지식 영역에 중요한 공헌을 하는 소임을 지니고 있는 것으로 보인다. 정신분석학의 응용 분야는 그것이 엄청난 의미를 갖고 보완한 심리학만큼이나 넓다.

이제 나는 나의 필생의 연구가 가져온 잡동사니를 되돌아보며, 내가 여러 가지를 시작하고 많은 자극도 주었다고 말할 수 있다. 장차 이들로부터 무엇인가 나와야 할 것이다. 나 자신도 그것이 대단한 것이 될지 되지 않을지는 알지 못한다. 그러나 내가 우리 인식의 중요한 진보를 위한 길을 열어 놓으리라는 희망은 말할 수 있을 것이다.

후기(1935)

내가 알기로 이 〈자서전〉 총서의 편집자는, 얼마간의 시간이
경과한 후에 이들 글 중의 하나에 후속편이 따를 것이라는 사실
을 예상하지 못했을 것이다. 실제로 그런 일이 벌어진 것이 이번
이 처음일 수도 있다. 내가 이렇게 후속편을 쓰게 된 것은, 한 미
국의 출판사가 이 작은 책을 새 판으로 찍어 대중에게 선보이기
를 원했기 때문이다. 이 책은 처음에 1927년 미국에서 『자전적 연
구 *An Autobiographical Study*』라는 제목으로 출판되었다. 그러나 미
숙하게도 다른 글과 함께 엮이어 실렸고, 다른 글의 제목인 「비전
문가 분석의 문제」에 의해 〈자서전〉은 가려지게 되었다.

이 글에는 두 가지 주제가 관통하고 있는데, 그것은 나의 생애
와 정신분석의 역사이다. 이 둘은 서로 밀접히 연관된다. 이 〈자서
전〉은 어떻게 정신분석이 나의 생애 대부분의 내용이 되었는가를
보여 주고, 당연하지만 과학과 나의 관계 이외에 나의 개인적인
체험은 관심거리가 될 것이 없다는 가정을 따른다.

이 〈자서전〉을 쓰기 얼마 전에 나는 악성 질환이 재발해서 삶
이 곧 끝날 것만 같아 보였다. 그러나 외과 의사의 기술이 1923년
나를 구원했고, 그래서 나는 고통에서 벗어난 것은 아니지만 삶
을 영위하고 연구도 계속할 수 있게 되었다. 그 이후 10여 년이 지

나는 동안 나는 분석과 집필 작업을 중단하지 않았다. 이는 제 12권으로 완결된 독일어판 전집이 입증한다. 그러나 이전에 비해 중요한 차이를 발견하게 되었다. 나의 발전에서 엉켜 있었던 줄기들이 서로 분리되기 시작하고, 후에 갖게 된 관심들이 후퇴하고 과거의 관심들이 다시 부상했다. 최근 10년 동안 나는 분석적 연구의 많은 중요한 부분을 내놓았다. 가령 그것은 『억압, 증상 그리고 불안 *Hemmung, Symptom und Angst*』(1926)에서 보인 불안 문제의 수정이나 〈페티시즘〉을 말끔히 설명하는 데 성공한 것 등이다. 그러나 내가 두 종류의 본능(에로스와 죽음의 본능)을 제시하고 정신적 인격을 자아, 초자아, 이드로 나눈 이래(1923), 정신분석에 더 이상 결정적인 공헌을 한 바가 없다고 말해도 좋을 것이다. 이후에 내가 쓴 것은 없어도 아무런 해가 되지 않는 것이거나 곧 다른 사람이 썼을 것이었다. 이는 퇴행적 발달의 한 부분이라 부를 수 있는 나에게 일어난 어떤 변화와 관계가 있다. 자연 과학, 의학, 정신 치료를 거치는 일생 동안의 우회로를 지나고 나서, 나의 관심은 내가 스스로 사고할 수 있을 만큼 깨어 있지 못한 어린 아이였을 때 나를 사로잡았던 문화적 문제로 되돌아갔다. 정신분석적 연구의 절정기였던 1912년에 나는 이미 『토템과 터부』를 집필하면서, 정신분석에서 얻은 새로운 통찰을 종교와 인류의 기원을 연구하는 데 이용하려고 시도했었다. 그 이후 나온 두 개의 에세이, 즉 『어느 환상의 미래 *Die Zukunft einer Illusion*』(1927)와 『문명 속의 불만 *Das Unbehagen in der Kultur*』(1929)에서 이러한 연구 방향을 계속 밀고 나갔다. 인류사의 사건들, 즉 인간 본성, 문화 발전 및 태곳적 체험의 잔유물(종교는 그것의 두드러진 대변자이다) 간의 상호 작용은 정신분석이 개별 인간에게서 자아, 이드, 초자아 간의 역동적 갈등을 반영하는 것에 불과하며, 다만 더 넓은 무대에서 동일한 과정을 반복하고 있다는 것이 분명해졌다. 『어느 환상의 미래』에서 나는 종교에 대한 부정적인 평가를 제시했다. 나중에 나는 종교를 좀 더 정당하게 다루는 공식을 찾아냈다. 종교의 힘이 종교가 포함하고 있는 진리 속에 있다는 것을 인정하면서도, 나는 그 진리가 실체적인 진리가 아니라 역사적인 진리임을 입증했던 것이다.

정신분석에서 출발하여 그것을 훨씬 넘어서는 이러한 연구들은 정신분석학 자체보다도 더 많은 대중의 공감을 얻었을 것이다. 이들 연구는 독일 민족과 같은 위대한 민족이 경청하는 저술가들에 내가 속한다는 잠깐 동안의 환상을 불러일으키는 데 한몫을 했을 것이다. 천부적인 독일 민족의 대변자 중 한 사람인 토마스 만Thomas Mann이 내용이 충만하고 호의적인 글을 통해 현대 정신사에서 한자리를 나에게 부여한 것이 1929년이었다. 얼마 후 프랑크푸르트 암 마인 시청에서 내가 1930년도 괴테상을 수상하는 자리에 나의 딸 아나가 대리인으로 참석해 성대한 대접을 받았다. 이것이 나의 시민적 삶의 절정이었다. 바로 직후 우리 조국은 좁아지고, 국가는 우리를 알려고 하지 않았다.

여기서 나의 자서전 기록을 끝내는 것이 허락되리라. 그 외에 나의 사생활, 싸움들, 실망 및 성공에 관해서는 대중이 더 알아야 할 권리가 없다. 여하튼 나는 나의 몇몇 저서에서 —『꿈의 해석』, 『일상생활의 정신 병리학』— 동시대인이나 후대를 위해 자신의 삶을 기술하는 사람들이 으레 그랬던 것보다 더 개방적이고 솔직했었다. 하지만 그렇다고 사람들이 나에게 감사를 표하는 것도 아니다. 이런 경험에 비추어 나는 누구에게도 나와 같이 하라고 권하지는 못하겠다.

지난 10년간 정신분석의 운명에 대해 몇 마디 덧붙여야겠다!

정신분석이 계속 존속하리라는 점에는 의심의 여지가 없다. 그것은 지식의 한 분야와 치료법으로서 그 생명력과 발전 능력을 입증했다. 〈국제 정신분석학회〉로 조직되어 있는 정신분석의 지지자들 수는 상당히 증가했다. 빈, 베를린, 부다페스트, 런던, 네덜란드, 스위스와 같은 원래 있었던 지부 이외에 파리, 캘커타, 일본에 2개, 미국에 여러 개, 예루살렘, 남아프리카, 스칸디나비아에 2개 지부가 더 생겼다. 이들 지부는 자체 기금을 가지고 통일된 교수안에 따라 정신분석을 가르치는 교습소를 운영하고, 경험이 많은 분석가와 학생이 형편이 좋지 못한 환자들을 무료로 진료하는 이동 병원을 운영하고 있거나 설립하려 노력하고 있다. 국제 정신분석학회의 회원은 2년에 한 번씩 모여, 과학적 논문을 발표하고 조직의 문제를 결정한다. 내가 더 이상 참석할 수 없었던 제13차 회의가 1934년 루체른Luzern에서 열렸다. 회원의 연구 노력은 모두에게 공통된 것으로부터 다양한 방향으로 갈라져 나간다. 어떤 사람은 심리학적 지식의 해명과 심화에 중점을 두는 반면, 다른 사람들은 의학과 정신 의학을 관련짓는 데 열중한다. 실천적인 관점에서는 일부의 분석가들이, 대학이 정신분석을 인정하고 그것이 의학 교과 과정에 포함되도록 하는 것을 목표로 삼고 있다. 다른 분석가들은 대학 밖에 남아 있는 것에 만족하면서, 정신분석의 교육학적 의미가 의학적 의미에 의해 퇴색되는 것을 방지하려고 한다. 때로는 어떤 분석가가 정신분석적 발견들이나 관점들 중 단 하나만을 강조하고 다른 것들을 희생하려고 시도하다가 고립되는 일이 반복적으로 일어나곤 한다. 그러나 전체의 모습은 높은 수준에서 진지한 과학적 연구가 이루어지고 있다는 기쁜 인상을 주고 있다.

한승완 옮김

정신분석학에 대한 저항

Die Widerstände gegen die Psychoanalyse(1925[1924])

프로이트라는 이름은 잡지 『유대 평론*La Revue Juive*』의 편집 위원으로 올라와 있었는데, 이 글은 그 잡지의 실제 편집자인 알베르 코엔Albert Cohen의 요청에 따라 1924년 9월경에 쓰였다. 그 잡지는 이 글을 1925년 3월 프랑스어로 번역하여 최초로 실었으며, 독일어판은 프랑스어판보다 약 6개월 후인 1925년 9월에 간행된 『이마고*Imago*』와 『연감*Almanach*』에 거의 동시에 실렸다.

정신분석학에 대한 저항

  간호사의 팔에 안긴 갓난아이가 낯선 사람의 얼굴을 보고 울면서 고개를 돌리는 경우, 경건한 사람이 새로운 시대를 기도로 맞이하는 경우, 또 그가 그해의 첫 열매를 축복하며 환영하는 경우, 농부가 자신의 부모에게 친숙한 상표가 아니었던 낫을 사려고 하지 않는 경우, 이러한 모든 상황이 서로 다르다는 것은 명백하다. 따라서 각각의 상황 원인을 각기 다른 동기에서 찾으려는 시도는 정당한 듯이 보인다.

  그렇지만 이러한 상황들의 공통점을 간과해서는 안 될 것이다. 모든 경우에 이른바 불쾌가 문제가 된다. 아이들에게 그러한 불쾌는 초보적인 형태로 나타나고, 경건한 사람에게 있어서는 이 불쾌가 정교하게 완화되며, 농부에게 불쾌는 낫을 사지 않기로 하는 결정적 동기가 된다. 그런데 이 불쾌의 원천은 새로운 것이 정신생활에 제기하는 요구이며, 이 새로운 것이 요구하는 물리적 비용이고, 새로운 것이 가져올 두려운 기대로까지 상승한 불확실성이다. 새로운 것 자체에 대한 정신의 반응을 연구의 대상으로 삼는 것은 매력적인 일일 것이다. 왜냐하면 위에서 언급한 초보적인 조건이 아닌 어떤 조건하에서는 새로운 것에 대한 불쾌와는 반대되는 태도, 즉 그것이 새롭기 때문에 새로운 모든 것을 향해 돌진하는 자극에 대한 갈망 역시 관찰되기 때문이다.

　과학적 활동은 새로운 것 앞에서 두려워해서는 안 될 것이다. 과학은 영원한 불완전성과 불충분성으로 인해 새로운 발견과 새로운 파악 방식들로부터 자신이 구원되기를 열망하게 된다. 과학이 쉽게 속지 않기 위해서 엄격한 시험을 견디지 못한 어떤 새로운 것도 수용하지 않는 회의로 자신을 무장하는 것은 잘하는 일이다. 그러나 이러한 회의주의는 종종 두 가지 예기치 않은 성격을 드러낸다. 회의주의는 새롭게 나타나는 것에 날카롭게 대항하는 한편, 이미 알려진 것과 친숙한 것을 은근히 용인함으로써 탐구하기도 전에 새로운 것을 거부하는 데 만족한다. 이 경우 회의주의는 새로운 것에 대한 원초적 거부 반응의 연속이자 이 반응의 유지를 위한 구실임이 드러난다.

　과학적 탐구의 역사 속에서 새로운 혁신들이 얼마나 자주 강렬하고 완고한 저항에 맞닥뜨렸으며, 탐구의 계속적인 진행 과정은 그러한 저항이 부당했고 새로운 것이 가치 있고 의미 있었다는 것을 보여 주고 있다는 사실은 일반적으로 잘 알려져 있다. 저항을 불러일으켰던 것은 일반적으로 새로운 것이 지닌 어떤 내용적 계기들이었으며, 다른 한편으로 저 원초적 반응을 분쇄하기 위해서는 그보다 많은 계기가 함께 작용해야만 했다.

　약 30년 전 빈에서 활동하는 요제프 브로이어의 신경증적 증상들의 발생에 관한 발견들로부터 내가 발전시키기 시작한 정신분석학은 특히 나쁜 대접을 받았다. 그것이 브로이어의 발견들 이외에도 다른 곳으로부터 알려져 있었던 풍부한 자료, 즉 위대한 신경 병리학자인 샤르코의 이론적 결과들과 최면 현상의 세계로부터 비롯된 인상들을 소화한 것임에도 불구하고, 새로움이라는 정신분석학의 성격은 논쟁의 여지가 없다. 정신분석학의 의미는 원래 순전히 치료적인 것이었으며, 신경증적 질환을 새로이 효과적으로 치료하고자 했던 것이다. 그러나 사람들이 처음에는 예상할 수 없었던 연관들로 인해 정신분석학은 그 최초의 목적을 넘어서게 되었다. 그것은 결국 정신생활 일반에 대한 우리의 이해를 새로운 기초 위에 세우고, 이로써 심리학에 근거하는 모든 지식 분야에 대해 자신이 중요하다는 요구를 제기하게 되었다. 정신분석학은 10년간의 완전한 무시 이후에, 갑자기 가장 일반적인 관심의 대상이 되었고 격앙된 거부의 소용돌이에서 벗어나게 되었다.

정신분석학에 대한 저항이 어떤 형태를 띠고 표현되었는가에 대해서는 여기서 말하지 않아도 좋을 것이다. 이러한 새로움에 반대한 투쟁이 아직 결코 끝나지 않았다는 사실을 언급함으로써 족할 것이다. 그렇지만 이 투쟁이 어떤 방향을 취할 것인가는 이미 인식할 수 있다. 정신분석의 반대자들은 이 운동을 억압하는 데 성공하지 못했다. 20년 전에 내가 유일한 대표자였던 정신분석학은 그 이후 많은 가치 있고 적극적인 지지자를 얻게 되었다. 의사와 의사가 아닌 사람들도 있었던 이 지지자들은, 정신분석을 신경 질환의 치료 방법으로 이용하거나 심리학적 연구의 방법과 과학적 연구 작업의 보조 수단으로 정신생활의 다양한 분야에 응용했다. 여기서 우리의 관심은 정신분석학에 대한 저항의 동기에 있을 뿐이므로, 이 저항의 복합적 성격과 그 구성 요소들이 지닌 상이한 가치에 주목하는 것이다.

임상적 고찰은 신경증을 중독이나 바제도병과 같은 질환들에 가까운 것으로 다룰 수밖에 없다. 이 질환들은 매우 효과적인 특정한 물질의 과잉이나 상대적 결핍으로부터 비롯되는 상태들이며, 따라서 이 상태들이 신체 자체 내부에서 형성되었든 외부로부터 도입되었든 간에 본래적으로 화학적 현상의 장애, 즉 독극물에 의한 병이다. 만약 누군가가 신경증에서 문제가 되는 이 가설적 물질을 분리시켜 제시하는 데 성공한다면, 그의 발견에 대해 의사는 어떤 이의도 제기하지 않을 것이다. 그러나 아직까지 이에 이르는 길은 없다. 우리는 우선 히스테리의 경우, 신체적 장애와 정신적 장애가 결합되어 드러나는 신경증의 증상에서만 출발할 수 있다. 그런데 샤르코의 실험과 브로이어의 임상 관찰이 보여 준 바에 따르면, 히스테리의 신체적 증상들 역시 정신 작용에 의한 것, 즉 앞서 지나간 정신적 과정의 침전물이다. 환자를 최면 상태에 놓이게 함으로써 히스테리의 신체적 증상들을 그때그때 인위적으로 만들어 낼 수 있게 되었다.

정신분석학은 이러한 새로운 인식을 포착하여 이처럼 특이한 결과를 남기는 심리적 과정의 본성이 무엇인가라는 문제를 제기하기 시작했다. 그러나 이러한 연구 방향은 그 당시 활동하던 의사 세대의 취향에 따른 것은 아니었다. 당시 의사들은 해부학적, 물리학적, 화학적 요소들만을 중요하게 여기도록 교육받고 있었다. 그들은 심리적인 것을 평가할 준비가 되어 있지 않았으며, 따라서 평가에 무관심하거나 그것을 기피했다. 그들은 확실히 심리적인 것 일반에 대한 엄밀한 과학적 취급이 허용되는지를 의심했던 것이다. 이른바 자연 철학[1]이 의학을 지배했던 이미 극복된 시기에 대해 과민하게 반응하는 그들에게는, 심리학의 작업 수단일 수밖에 없는 추상들이 불명료하고 환상적이고 신비적인 것으로 보였다. 그들은 연구와 결부될 수도 있는 기이한 현상들에 대한 믿음을 단순히 거부했다. 히스테리적 신경증의 증상들은 위장의 성공으로, 최면 현상들은 현기증으로 여겨졌다. 가장 비일상적이

1 주로 프리드리히 셸링Friedrich Schelling(1755~1854)과 연관된 하나의 범신론적 태도로서, 19세기 전반 독일에 매우 널리 퍼져 있었다.

고 가장 놀라운 정신적 현상들을 관찰할 수밖에 없었던 정신과 의사들조차도, 이러한 현상들의 세부 사항을 주목하고 그 연관을 찾아보려는 어떤 의향도 보이지 않았다. 따라서 그들은 다양한 질병 현상을 분류하고 문제가 되는 경우에는 언제나 이 현상들을 신체적, 해부학적, 또는 화학적 장애 원인들로 소급시키는 데 만족했다. 이러한 유물론적인 혹은 더 정확히 말하자면 기계주의적인 시대에 의학은 대단한 진보를 이루기도 했지만, 그것은 또한 좁은 소견으로 인해 삶의 문제들 중에서 가장 중요하고도 어려운 문제를 인식하지 못했던 것이다.

의사들이 심리적인 것에 대해 이러한 태도를 가지고 있어, 정신분석에 어떤 호감도 갖지 않으며 많은 부분에서 새롭게 배우고 달리 보아야 한다는 정신분석의 요구를 충족시키지 않으려 했다는 것은 이해가 가는 일이다. 그러나 그 대신에 이 새로운 이론이 철학자들에게서는 그만큼 더 쉽게 동의받을 수 있을 것이라고 생각할 수도 있다. 철학자들은 추상적 개념들을 — 물론 나쁘게 말하자면 규정이 불가능한 말들 — 그들의 세계 설명에서 최상의 것으로 놓는 데 익숙하므로, 정신분석이 시작한 이 개념들을 심리학의 영역에 확장하는 일에 전혀 불쾌해하지 않을 것이기 때문이다. 그러나 여기서 다른 장애물과 마주친다. 철학자들에게 심리적인 것은 정신분석학에서 심리적인 것이 아니었다. 대다수의 철학자는 의식 현상만을 심리적이라고 부른다. 그들에게 의식의 세계는 심리적인 것의 외연과 일치한다. 파악하기 어려운 〈정신〉에서 그 외에 무엇이 일어나든 간에, 그들은 그것을 심리적인 것의 유기적 선행 조건이나 병행적 과정으로 만들어 버린다. 혹은 더 엄격히 표현하자면, 정신은 의식 현상 이외에 어떤 다른 내용도 갖지 않으며, 정신에 관한 과학, 즉 심리학도 따라서 어떤 다른 대상도 갖지 않는다는 것이다. 문외한 역시 달리 생각하지 않는다.

그런데 정신적인 것은 오히려 그 자체 무의식적이며 의식성은 개별적인 정신 행위에 추가될 수도 있고 아닐 수도 있는 성질이어서, 결국에는 그것이 없다 해도 개별 정신 행위에 어떤 변화도 가져오지 않는다고 주장하는 정신분석과 같은 이론에 대해 철학자는 무엇이라고 말할 수 있겠는가? 당연히 그는 무의식적 정신이란 불합리한 것이고 하나의 형용 모순이라고 말할 것이다. 그는 이런 판단을 통해 자기 자신의 — 아마도 너무 편협한 — 정신적인 것에 대한 정의를 반복하고 있을 뿐이라는 사실을 깨달으려고 하지 않는다. 철학자에게 이러한 확신은 쉽사리 만들어진 것이다. 왜냐하면 그는 정신분석가로 하여금 무의식적 정신 행위가 있다는 것을 믿을 수밖에 없게 만드는 연구 자료를 알지 못하기 때문이다. 철학자는 최면에 주목하지 않았으며 꿈의 해석을 위해 노력하지도 않았다. 오히려 그는 의사와 마찬가지로 꿈을 잠자는 동안에 저하된 정신 활동의 무의미한 산물로 간주한다. 그는 강박 관념이나 환각과 같은 것들이 존재한다는 사실을 알지 못한다. 따라서 이것들을 그의 심리학적 전제들로부터 설명하라고 요구한다면 철학자는 심한 곤경에 빠질 것이다. 정신분석가 역시 무의식이 무엇인가를 말하기 거부한다. 그러나 그는 그것을 관찰함으로써 무의식을 가정할 수밖에 없었던 현상 영역을 지적할 수 있다. 자기 관찰 이외에 다른 어떤 관찰 방식도 알지 못하는 철학자는 이 점에서 분석가를 따를 수 없다. 이렇게 의학과 철학의 중간적 위치에 있는 정신분석은 이로 인해 오직 손해만 보았다. 의사는 정신분석을 하나의 사변적 체계로 보고, 정신분석이 다른 모든 자연 과학과 마찬가지로 지각 세계의 사실들을 인내심을 가지고 노고를 들여 가공한 것에 기초함을 믿으려 하지 않는다. 철학자는 자기 자신의 정교히 구축된 체계적 구조물을 척도로 해서 정신분석을 평가하여, 정신분석이 불가능한 전제로부터 출발한다고 생각한다. 그래서 그는 정신분석 — 아직 발전 과정에 있는 — 의 최상의 개념들이 명료함과 엄밀성을 결여하고 있다고 비난한다.

위에서 설명된 사태는 정신분석이 과학의 영역에 달갑지 않게 머뭇거리며 수용되었음을 설명하기에 충분하다. 그러나 이로써 어떻게 해서 분노, 조롱, 경멸이 분출되고 논리학의 모든 규정과 논쟁에서 예의를 무시하는 일이 일어났는가가 이해되지는 않는다. 이러한 반응은 단순히 지적인 저항과는 다른 저항이 약동했으며 강한 감정적 힘을 불러일으켰음을 추측하게 한다. 이러한 반응의 원인은 단지 과학자로서가 아니라 인간으로서의 그들이 열정에 영향을 주었다고 볼 수 있는 정신분석 이론의 내용에서 찾아야 할 것이다.

무엇보다 정신분석이 인간의 정신생활에서 소위 성 본능에 부여하는 큰 의미에서 찾을 수 있다. 정신분석 이론에 따르면, 신경증의 증상들은 내적인 저항에 의해 직접적인 충족이 좌절된 성적 추동력의 왜곡된 대리 만족이다. 나중에 정신분석이 그 원래의 작업 영역을 넘어서 정상적인 정신생활에 적용되었을 때, 정신분석은 가장 가까운 목적으로부터 벗어나 다른 방향을 잡게 된 동일한 성적 구성 요소들이 개인과 공동체의 문화적 성취에 가장 중요한 기여를 했다는 것을 보여 주려고 했다. 이러한 주장들은 완전히 새로운 것이 아니다. 철학자 쇼펜하우어는 성생활의 매우 중요한 의미를 잊히지 않는 인상 깊은 말로 강조했었다. 또한 정신분석이 성욕이라 부른 것은 분리된 이성의 결합 충동이나 성기에 쾌감을 만들려는 충동과 일치하는 것이 아니라, 오히려 모든 것을 포괄하고 보존하는 플라톤이 『향연』에서 말한 에로스에 일치하는 것이다.

그러나 정신분석에 반대하는 사람들은 이러한 고귀한 선구자들을 망각했다. 그들은 정신분석이 인류의 품위를 암살하기라도 한다는 듯이 비방했다. 정신분석의 본능 이론이 언제나 엄격히 이원론적이었고, 성 본능을 억압하는 힘을 가진 다른 본능을 성 본능과 더불어 인정하는 데 소홀하지 않았음에도 불구하고, 그들은 정신분석이 범성론(汎性論)이라고 비난한다. 이러한 본능의 대립 구도는 처음에는 성 본능과 자아 본능이었으며, 후기 이론의 표현으로는 에로스와 죽음의 본능 또는 파괴 본능이었다. 그들은 성적 추동력의 작용으로부터 예술, 종교, 사회적 질서를 부분적으로 연역하는 일은 숭고한 문화재의 품위를 떨어뜨리는 것으로 여기고, 인간은 단지 성적인 관심 이외에 다른 관심들 역시 갖고 있다는 것을 강력히 선언했다. 여기서 사람들은 흥분해서 동물 역시 다른 관심 — 동물은 인간이 항상 성욕에 종속되는 것과 달리 어떤 일정한 시기에 갑자기 그것에 종속된다 — 을 가진다는 것을 간과했고, 또한 이러한 다른 관심들이 인간에게 있어 전혀 부정된 적이 없으며, 기초적인 동물적 본능의 원천으로부터 그 유래가 입증된다 해서 문화적 성과의 가치에 어떤 변화가 일어나는 것이 아님을 간과했다.

이와 같은 비논리와 부당함은 설명을 필요로 한다. 설명의 단초는 어렵지 않게 발견할 수 있다. 인간의 문화는 두 가지에 의존하고 있다. 하나는 자연력의 지배이고, 다른 하나는 우리 본능의 제한이다. 사슬에 묶인 노예가 통치자의 왕관을 쓰고 있는 것이다. 이렇게 길들여진 본능 요소들 가운데 성 본능의 요소들은 —

좁은 의미에서 — 그 강함과 야수성으로 인해 두드러진다. 이 요소들이 해방된다면 슬픈 일일 것이다. 왕관은 전복되고 통치자는 짓밟힐 것이다. 사회는 이를 알고 있고 이에 대해 말하는 것을 원하지 않는다.

그러나 왜 원하지 않는가? 그것을 논하는 것이 무슨 해가 되는가? 정신분석학은 결코 공공에 해가 되는 본능의 해방을 말한 적이 없다. 반대로 그것을 경고했고, 그것의 개선을 위해 충고했다. 그러나 사회는 이러한 상태의 폭로에 대해 아무것도 들으려 하지 않는다. 왜냐하면 사회는 한 가지 이상의 방향에서 나쁜 양심을 가지고 있기 때문이다. 첫째, 사회는 인류라는 높은 이상을 제기하고 — 인류는 본능의 제한이다 — 이 이상의 실현을 사회의 모든 구성원에게 요구한다. 그러나 사회는 이 복종이 개인에게 얼마나 어려운 일일 수 있는지 고려하지 않는다. 그리고 사회는 본능을 포기하는 정도에 상응하도록 개인에게 보상할 수 있을 만큼 그렇게 부유하거나 잘 조직되어 있지 못하다. 따라서 개인이 자신의 정신적 평형을 유지하기 위해 그에게 부과된 희생에 대한 보상을 어떤 방식으로 충분히 얻을 수 있는가는 개인에게 맡겨지게 된다. 그러나 전반적으로 개인은 심리적으로 어쩔 수 없이 자신의 수준을 넘어서 살 수밖에 없는 반면에, 그의 충족되지 못한 본능의 요구들로 인해 문화적 요구들을 지속적인 압박으로 느끼게 된다. 이로써 사회는 문화적 기만의 상태를 유지하게 되는데, 이에는 한편으로 불확실성의 감정과 다른 한편으로 부정할 수 없는 불안정성을 비판과 토론의 금지를 통해 보호하려는 욕구가 수반될 수밖에 없다. 이러한 고찰은 모든 본능적 충동에 대해서 타당하며 이기주의적 충동에 대해서도 그렇다. 이러한 고찰이 현재까지 발전한 문화뿐만 아니라 모든 가능한 문화에 얼마만큼 적용되는가에 대해 여기서 탐구할 수는 없다. 그리고 이제 좁은 의미의 성적 본능에는 다음과 같은 점이 첨가된다. 즉 이 본능은 대부분의 인간에게서 불충분하고 심리학적으로 잘못된 방식으로 제어되고 있어서 가장 먼저 분출되려 한다는 점이다.

정신분석학은 이러한 체계의 약점을 폭로하고 그 체계가 변화되어야 한다고 충고한다. 또한 본능 억압의 엄격성을 완화시키고 대신 진실성에 더 많은 여유를 줄 것을 제안한다. 사회가 과도하게 억제하고 있는 일정한 본능적 충동들은 더 큰 만족을 위해 허용되어야 한다. 다른 본능적 충동들의 경우 억압보다 더 좋은 방법, 더 안전한 방법을 고려해야 한다. 이러한 비판의 결과, 정신분석학은 〈문화에 적대적〉인 것으로 여겨지고 〈사회적 위험〉으로 금지되었다. 이러한 저항은 영원히 지속될 수 없다. 어떠한 인간의 제도도 장기간 정당한 비판적 통찰의 영향에서 벗어날 수 없다. 그러나 정신분석학에 대한 사람들의 태도는 아직도 이러한 두려움에 사로잡혀 있는데, 이 두려움으로 인해 열정이 분출되고 논리적 논변에 대한 요구는 격하된다.

정신분석학은 본능 이론을 통해 사회적 공동체의 구성원으로서 개인을 모욕했다. 정신분석 이론의 다른 부분은 모든 개인의 심리적 발전의 민감한 곳에서 그에게 상처를 입힐 수 있었다. 정신분석학은 무성(無性)적 유아기라는 허구를 종결시켰다. 그것은 성적 관심과 활동이 어린아이들에게서 태어날 때부터 존재한다는 것을 입증하고, 그것이 어떠한 변화를 겪는지, 즉 그것이 어떻게 대략 다섯 살 때 압박을 받고 사춘기 때부터 생식 기능에 봉사하게 되는지를 보여 주었다. 정신분석은 초기 유아적 성생활이 이른바 오이디푸스 콤플렉스, 즉 자신과 동일한 성을 가진 부모에 대해 경쟁적 태도를 지니면서 자신과 반대되는 성을 가진 부모에게 감정적으로 속박되는 것에서 절정에 이르며, 이러한 충동이 이 시기에는 아직 억제되지 않고 직접적인 성적 갈망으로 지속된다는 것을 인식했다. 이는 매우 쉽게 입증될 수 있는 것이어서, 실로 대단한 노력을 들이지 않고는 도무지 이를 간과할 수 없는 것이다. 실제로 모든 개인은 이러한 시기를 거쳐 왔지만, 나중에 그 내용을 애써 억압하고 망각한다. 근친상간에 대한 혐오와 강한 죄의식은 이러한 개인적 선사(先史) 시대로부터 남겨진 것이다. 아마 인류의 선사도 이와 아주 유사하게 진행되었을 것이고, 인류, 종교 및 사회적 질서의 시초는 이 태고 시대의 극복과 내밀한 관계를 갖고 있을 것이다. 나중에 성인에게 수치스러운 것으로 여겨지는 이러한 선사는 기억되어서는 안 될 것이다. 정신분석이 유아기에 드리워진 망각의 베일을 폭로하려고 하면, 성인은 광분하기 시작한다. 그래서 결국 하나의 탈출구만이 남게 된다. 정신분석이 주장하는 것은 거짓이어야 했고, 소위 이 새로운 과학은 환상과 왜곡으로 짠 옷감이어야 했다.

따라서 정신분석에 대한 강력한 저항들은 지적인 것이 아니라 감정적인 원천에서 나온 것이다. 이로부터 이 저항의 열정과 논리의 빈곤이 설명된다. 상황은 단순한 정식을 따른다. 대체로 사람들은 우리가 질환을 치료했던 개별 신경증 환자와 똑같이 정신분석에 반대하는 태도를 취했다. 그러나 우리는 우리가 주장한 대로 그렇게 모든 것이 진행되었다는 것을, 인내심을 가지고 작업함으로써 이 환자에게 입증할 수 있었다. 우리는 이를 발명해 낸 것이 아니라 수십 년에 걸친 노력을 통해 다른 신경증 환자들에 대한 연구로부터 경험했던 것이다.

이러한 상황은 놀라움과 동시에 어떤 위안을 준다. 놀라움은 전 인류를 환자로 삼는다는 게 작은 일이 아니었기 때문이다. 위안은 정신분석의 전제들에 따라 일어나야만 했던 대로 모든 것이 결국 진행되었기 때문이다.

우리가 다시 한번 위에서 서술한 정신분석에 대한 저항들을 개관해 보면, 이 저항들의 작은 부분만이 어떤 중요한 의미를 갖는 과학적 혁신들에 대항해서 제기되곤 했던 저항의 방식이었다고 말할 수밖에 없다. 이 저항의 훨씬 더 많은 부분은 이론의 내용에 의해 인류의 감정이 상했다는 데서 온 것이다. 교만하게 설정된 인간과 동물의 경계를 허문 다윈의 진화론도 동일한 것을 경험했다. 나는 이러한 비유를 전에 작은 논문(「정신분석의 어려움」, 『이마고』, 1917)에서 지적한 바 있다. 거기서 나는 의식적 자아와 더 강력한 무의식적 자아의 관계에 대한 정신분석학적 견해가 인간의 자기애에 어떻게 심각한 충격을 주는지를 보여 주었다. 그리고 나는 이를 〈심리학적〉 충격이라 불렀고, 진화론에 의한 〈생물학적〉 충격과 코페르니쿠스의 발견에 의한 〈우주론적〉 충격의 반열에 올려놓았다.

순전히 외적인 어려움들도 정신분석학에 대한 저항을 강화하는 데 기여했다. 우리가 분석을 스스로 경험하거나 다른 사람에게 실행해 보지 않은 경우, 분석하는 일에서 독자적인 판단을 얻기란 쉽지 않다. 후자의 경우 아주 까다로운 특정한 기술을 배우지 않고는 불가능하며, 최근까지 정신분석과 그 기술을 배울 수 있는 접근이 용이한 기회는 없었다. 이는 이제 베를린의 정신분석 종합 병원과 양성소의 설립(1920)을 통해 개선되었다. 바로 뒤이어(1922) 빈에도 유사한 기관이 창설되었다.

끝으로 나는 매우 신중을 기해야 하겠지만, 자신이 유대인임을 결코 숨기려 하지 않는 나 자신의 인격이 정신분석에 대한 주위의 반감에 어떤 영향을 미치지 않았는가라는 문제를 제기할 수 있겠다. 이러한 종류의 주장은 매우 드물게 표명되었지만, 유감스럽게도 우리는 매우 불신을 갖게 되어 이러한 상황이 결코 아무런 영향을 주지 않았다고는 말할 수 없겠다. 아마도 정신분석의 최초의 대변자가 유대인이었다는 사실은 단순한 우연이 아닐 것이다. 정신분석을 지지하기 위해서는 어느 정도 반대자들 속에서 고립되는 운명을 기꺼이 감수할 각오가 필요했기 때문이다. 그리고 이 운명이야말로 다른 어떤 민족보다도 유대인에게 친숙한 운명이다.

한승완 옮김

비전문가 분석의 문제

— 공정한 사람과의 대화

비전문가 분석의 문제
— 공정한 사람과의 대화

Die Frage der Laienanalyse — Unterredungen mit einem Unparteischen(1926)

「정신분석학과 무면허 치료Psychoanalyse und Kurpfuscherei」라는 제목이 붙은 초본은 『1927년 연감』에 실려 있는데, 거의 비슷한 연도인 1926년 9월에 출판되었다.

1926년 프로이트는 〈무면허 의료 행위〉로 기소된 테오도어 라이크를 변호하기 위해 이 글을 소책자로 출판했다. 그 결과 기소는 중지되었으나, 정신분석학회에서는 비의료인의 정신분석 허용에 대해 첨예한 견해 차이가 전면에 떠올랐다. 상세한 설명이 붙은 일련의 진술들(모두 28개)이 1927년에 2개의 공식적인 정기 간행물로 출판되었다(『국제 정신분석학지』 제13권과 『국제 정신분석 저널』 제8권). 그 일련의 작업들은 프로이트의 후기(後記)에서 종결되었는데, 여기서 그는 반대자들의 주장에 응답하면서 자신의 입장을 재언급했다.

그는 초기부터 정신분석학이 의사의 관심사로만 간주될 수는 없다는 견해를 강력하게 지지했는데, 그러한 견해가 최초로 발표된 것은 피스터의 책(『정신분석의 방법』, 1913)에 기고된 그의 서문이었던 것으로 보인다. 그리고 말년인 1938년에 쓰인 편지에서, 〈나는 이러한 견해들을 결코 거부하지 않았으며 이전보다 훨씬 더 강하게 그 견해들을 주장한다〉라고 선언한 바 있다.

그러나 비전문가 분석의 문제에 대한 논의와는 별도로, 프로이트는 이 글 속에서 아마도 가장 생생하고 쉬운 문체로 정신분석의 이론과 실제에 관한 성공적인 비전문적 설명이라고도 할 수 있는 모습을 보여 주었다.

이 논문은 1926년 국제 정신분석 출판사에서 출간되었고, 후기는 1927년 『국제 정신분석학지 *Internationale Zeitschrift für Psychoanalyse*』 제13권에 실렸다. 또 『저작집』 제14권(1948)에는 논문과 후기가 함께 실렸다. 영어 번역본은 1927년에 "The Problem of Lay-Analyses"라는 제목으로 마커 브랜든A. P. Maerker-Branden에 의해 번역되어 출간되었고, "Concluding Remarks on the Question of Lay Analysis"라는 제목으로 번역되어 『국제 정신분석 저널 *International Journal of Psycho-Analysis*』 제8권에 실렸다. 그 후 "The Question of Lay-Analysis: an Introduction to Psycho-Analysis"라는 제목으로 프록터 그레그N. Procter-Gregg에 의해 번역되어 런던(1947)과 뉴욕(1950)에서 출간되었고, 제임스 스트레이치의 번역으로 『표준판 전집』 제20권에도 실렸다.

서문

이 소책자의 제목이 금방 이해되지는 않을 것입니다. 그래서 이에 대해 설명하겠습니다. 〈비전문가〉란 〈의사가 아닌 사람〉입니다. 문제는 의사뿐 아니라 의사가 아닌 사람도 분석을 행하는 것이 허용될 수 있는가 하는 것입니다. 이 문제에는 시간과 장소 모두에서 제한이 따릅니다. 〈시간〉에 제한이 따르는 이유는 〈누가〉 분석을 실행하는가에 관해 지금까지 아무도 관심을 쏟지 않았기 때문입니다. 실제로 사람들은 그것에 관해 너무도 관심을 기울이지 않았습니다 ── 그들이 동의했던 유일한 것은 〈아무도〉 분석을 실행하지 말아야 한다는 소망뿐이었습니다. 이에 대해서는 여러 가지 이유가 있었지만, 그 이유들은 동일하고 근원적인 혐오에 근거한 것이었지요. 따라서 오직 의사들만이 분석을 행해야 한다는 주장은 분석에 대한 새롭고도 외관상으로 더 우호적인 태도에 상응합니다. 즉 그것이 결국 처음 태도에서 약간 변형된 후예일 뿐이라는 의심을 피할 수 있다면 말입니다. 어떤 환경에서는 분석적인 요법이 실시되리라는 점이 인정되지만, 그렇다고 해도 의사들만이 그것을 실시할 수 있다는 것입니다. 그렇다면 이러한 제한에 대한 이유가 바로 우리가 탐구해야 할 문젯거리가 되겠지요.

그 문제는 〈장소〉에 있어서도 제한되는데, 왜냐하면 그 문제가 모든 나라에서 똑같은 의미를 갖고 부각되는 것은 아니기 때문입니다. 독일과 미국에서 그것은 학술적인 논의에 불과할 것입니다. 왜냐하면 그 나라에서 모든 환자는 자신이 선택한 방식과 선택한 사람에 의해 스스로 치료받을 수 있으며, 선택된 사람은 〈무면허 의사〉라도 오직 그가 자신의 행위에 대해 책임을 지기만 한다면 어떤 환자라도 다룰 수 있습니다. 환자에게 가해진 어떤 상해에 대한 속죄 요구가 있기 전까지 법률은 전혀 간섭하지 않습니다. 그러나 내가 지금 글을 쓰고 있는 오스트리아에서는, 치료의 결과와는 상관없이 의사가 아닌 사람이 환자의 치료를 실행하는 것을 금하는 방지법이 있습니다. 그래서 비전문가(즉 의사가 아닌 사람)가 정신분석을 통해 환자들을 치료해도 좋은가 하는 문제는 여기서 실질적인 의미를 갖는 것입니다. 그러나 그 문제가 제기되자마자, 이것은 법률상의 문구에 의해 결정된 것으로 보입니다. 신경증 환자는 환자이고, 비전문가는 의사가 아니며, 정신분석은 신경 질환을 치료하고 개선하기 위한 방법이고, 그러한 모든 치료법은 의사의 권한에 맡겨져 있습니다. 따라서 비전문가는 신경증 환자에게 분석을 실행하는 것이 허용되지 않으며, 그럼에도 불구하고 비전문가가 그렇게 한다면 처벌할 수 있다는 결론이 나옵니다. 이처럼 사태가 너무도 단순하기에, 사람들은 좀처럼 비전문가 분석의 문제에 관심을 두려고 하지 않습니다. 그러나 법률은 그에 관해 신경을 쓰지 않지만, 그럼에도 숙고를 요구하는 몇 가지 복잡한 문제가 있습니다. 아마도 이 사례에서의 환자들은 다른 환자들과는 좀 다르다는 사실, 비전문가가 진짜 비전문가는 아니라는 사실, 그리고 사람들이 의사에 대해 마땅히 기대하고 의사의 주장이 근거를 두어야만 하는 바로 그 자질을 의사들이 갖고 있지는 않다는 사실이 드러날 수 있을지도 모릅니다. 이것이 증명될 수 있다면, 우리 앞에 놓인 사례에 대해 아무런 제한 없이 법률을 적용하지 않도록 요구하는 것은 정당한 요구가 될 것입니다.

1

이런 일이 일어나도 될 것인지 아닌지는 분석적인 치료법의 모든 특수성을 알아야 할 의무가 없는 사람들에게 달려 있을 것입니다. 우리가 추정하기에 지금은 아직 무지한 상태에 있는 이 공정한 사람들에게 그 주제에 관한 정보를 제공하는 것이 우리의 과제일 것입니다. 우리가 이런 종류의 치료법에 그들을 청중으로서 참석하게 할 수 없다는 사실이 유감스럽군요. 그러나 〈분석적인 상황〉은 어떠한 제3자도 허용하지 않습니다. 게다가 개개의 치료 시간들은 매우 상이한 가치를 갖습니다. 그것들 중 하나를 우연히 경험한 권능이 없는 청중은 대체로 아무 소용 없는 인상을 형성하게 될 것입니다. 그는 분석가와 환자 사이에 무엇이 진행되고 있는지 이해하지 못하는 위험에 처하게 되거나, 분명 지겨워하게 될 것입니다. 그러므로 좋든 나쁘든 그는 가능한 한 신뢰할 만하게 만들려고 노력하는 우리의 정보에 만족할 수밖에 없습니다.

그렇게 되면 환자는 자신이 제어할 수 없는 기분의 동요나 자신이 생각하기에 아무것도 적절히 할 수 없기 때문에, 자신의 에너지가 마비되었다고 여겨 낙담이나 낯선 것들 사이에서 느끼는 신경질적인 당혹감으로 인해 고통받을 수도 있습니다. 그는 그 이유를 이해하지 못한 채 자신의 직업적인 일을 수행하는 데, 또는 실제로 어떤 상대적으로 중요한 결정이나 어떤 일을 착수하는 데 어려움을 겪고 있다고 느낄 수도 있습니다. 그는 어느날 불안감의 고통스러운 엄습 — 원인을 알 수 없는 — 으로 인해 괴로워했을 수도 있습니다. 그리고 그때 이후로 많이 애쓰지 않으면 혼자서 길을 걷거나 기차로 여행할 수 없게 되었을 수도 있습니다. 그는 아마도 둘 모두를 완전히 포기해야만 했을지도 모르지요. 또는 매우 주목할 만한 일이지만, 그의 사고가 제멋대로 움직여서 자신의 의지에 의해 지시받기를 거부할 수도 있습니다. 그의 사고는 그에게는 아주 무관한 문제들을 추구하지만, 그는 그로부터 벗어날 수가 없습니다. 가령 집들의 정면에 있는 유리창의 수를 세는 것과 같은 상당히 어이없는 과제가 그에게 부과됩니다. 그리고 편지를 부치거나 가스 버너를 끄는 것과 같은 단순한 행동을 했을 때, 그는 잠시 후 그가 진짜 그렇게 했는지 의심하게 됩니다. 이것은 단지 성가시고 귀찮은 일에 지나지 않을 수도 있습니다. 그러나 그가 갑자기 어린아이를 차바퀴 밑으로 밀어 넣었다거나 낯선 사람을 다리에서 물속으로 밀어 넣었다는 생각을 떨쳐 버릴 수 없는 자신을 발견할 때, 또는 그날 발견된 범죄와 관련하여 경찰이 찾고 있는 살인자가 자신이 아닐까 스스로 의심해야 한다면, 이 상태는 참을 수 없게 됩니다. 이것은 그가 스스로 알고 있듯이 명백하게 무의미합니다. 그는 어떤 사람에게도 아무런 해를 입힌 적이 없었습니다. 그러나 그가 수배 중인 진짜 살인자라면, 그의 감정 — 죄책감 — 은 극도에 달해 있을 것입니다.

혹은 우리의 환자 — 이번에는 여자 환자라고 해둡시다 — 는 또 다른 방식으로, 그리고 상이한 영역에서 고통을 겪을 수 있습니다. 그 여자는 피아니스트이지만, 손가락이 경련을 일으켜서 움직이지 못합니다. 또는 그녀가 파티에 가려고 생각할 때 즉시 배설 욕구를 느끼게 되는데, 그 욕구의 충족은 사교적인 모임과는 어울리지 않겠지요. 그래서 그녀는 파티, 무도회, 극장이나 음악회에 가는 것을 포기합니다. 그것들이 매우 불편할 때 그녀는 격심한 두통이나 다른 통증에 시달립니다. 그녀는 심지어 음식물을 받아들이지 못할 수도 있습니다. 이는 결국 위험스러운 상황이 될 수 있습니다. 그리고 마지막으로 인생에서 결국은 불가피한 마음의 동요를 그녀가 참아 낼 수 없다는 것은 슬픈 일입니다. 그러한 경우에 그녀는 불길한 병적 상태를 상기시키는 근육의 경련이 수반되어 종종 기절합니다.

또 다른 환자들은 정서적인 생활이 육체적인 종류의 요구들과 만나는 특정한 영역에서 장애로 인해 고통을 겪습니다. 만약에 그들이 남자라면, 그들은 이성을 향한 다정한 감정을 육체적으로 표현할 수 없는 반면에, 덜 사랑하는 대상들에 대해서는 아마도 그들 마음대로 모든 반응을 할 수 있는 상태에 놓이게 됩니다. 또는 그들의 육욕적인 감각은 그들이 경멸하거나 벗어나고 싶어 하는 사람들에게 그들을 결속시킵니다. 또는 스스로 그 충족이 혐오스럽다고 여겨지는 요구를 그들에게 부과합니다. 만약에 그들이 여자라면, 그들은 불안이나 불쾌감에 의해, 아니면 알려지지 않은 방해에 의해 성생활의 요구에 대한 충족이 방해받는 것을 느낍니다. 또는 그들이 사랑에 굴복했다면, 그들은 그런 순응에 대한 보상으로서 자연이 제공한 즐거움을 스스로 속이게 됩니다.

이 모든 사람은 자기가 아프다는 것을 알고 있으며, 이러한 종류의 신경 질환을 제거해 줄 것으로 기대되는 의사에게 가야 한다는 것을 알고 있습니다. 의사들 역시 이러한 불만들을 분류하여 범주를 설정합니다. 그들은 자신의 관점에 따라 그것들을 다음과 같이 상이한 이름으로 진단합니다. 신경 쇠약, 정신 쇠약, 공포증, 강박 신경증, 히스테리. 그들은 그 증후를 산출하는 기관들, 즉 심장, 위장, 장, 생식기를 검사하고, 그것들이 건강하다는 것을 알아냅니다. 그들은 그 환자의 익숙한 생활 방식의 중단, 즉 휴가, 격렬한 운동, 강장제를 권합니다. 그리고 이러한 수단에 의해 일시적으로 호전되거나 아니면 아무런 결과가 나타나지 않습니다. 결국 환자들은 그런 불만 사항들을 치료하는 데 아주 특별하게 관심을 갖고 있는 사람이 있다는 말을 듣고 그 사람과 분석을 시작합니다.

신경증 환자의 증후를 조직적으로 탐구하는 동안에, 지금 참석하고 있다고 생각되는 공정한 사람은 조바심을 나타내고 있었습니다. 그러나 이 지점에서 그는 집중하게 되고 흥미로워하게 됩니다. 〈이제 우리는 의사가 도울 수 없었던 환자와 함께 분석가가 무엇을 하는지 배우게 되겠군요〉라고 그는 말합니다.

그들이 서로 이야기를 나누는 것을 빼면 그들 사이에서는 아무 일도 일어나지 않습니다. 분석가는 어떤 도구도 사용하지 않고 — 심지어는 환자를 검사하기 위한 도구도 사용하지 않습니다 — 어떤 처방전을 써주지도 않습니다. 가능하다면, 그는 심지어 치료하는 동안에 환자를 그의 환경 속에 그리고 그의 일상생활 방식 속에 내버려 둡니다. 이것은 물론 필수적인 조건도 아니고, 항상 실행 가능할 수도 없습니다. 분석가는 환자를 고정된 규칙적인 시간에 오게 하여, 그에게 말을 하게 하고 그의 말을 듣거나 반대로 그에게 말을 하고 그가 듣도록 합니다.

공정한 사람은 명백한 안도감과 긴장의 완화를 보여 주지만, 또한 분명히 어떤 경멸감을 무심코 드러내기도 합니다. 마치 그는 이렇게 생각하고 있는 듯합니다. 〈그것뿐인가? 햄릿 왕자가 말하듯이, 그저 말, 말, 말.〉 그리고 틀림없이 그는, 사람들이 말로써 얼마나 편하게 잘살 수 있는가[1] — 독일인이라면 결코 잊지 못할 구절 — 라는 메피스토펠레스의 조롱 섞인 말까지도 생각하고 있습니다.

〈그래서 이것은 일종의 마술이야. 당신은 말하고, 그의 병은 씻은 듯이 사라져 버리니〉라고 그는 말합니다.

정말 그렇습니다. 좀 더 빨리 그랬더라면 그것은 마술일 것입니다. 마술사의 본질적인 성질은 성공의 속도 — 사람들은 갑작스러움을 말할 수도 있을 것입니다 — 입니다. 그러나 분석적인 치료는 여러 달, 심지어 수년이 걸립니다. 그렇게 느린 마술은 마술적인 성격을 상실하지요. 그리고 덧붙여 말하자면, 우리는 〈말〉을 경시하지 않도록 해야 합니다. 결국 그것은 강력한 도구입니다. 그것은 우리가 우리의 감정을 다른 사람에게 전달하는 수단이며, 다른 사람에게 영향을 미치는 우리의 방법입니다. 말은 말할 수 없이 좋은 것을 행할 수도 있고 끔찍한 상처를 입힐 수도 있습니다. 확실히 〈태초에는 행위가 있었습니다〉.[2] 그리고 말은 그 후에 나왔습니다. 몇몇 환경에서는 행위들이 말로 완화되었을 때 그것은 문명의 진보를 의미했지요. 그러나 원래 말은 마술 — 마술적 행위 — 이었고, 그것의 오래된 힘의 많은 부분을 간직했습니다.

공정한 사람은 말합니다. 〈환자는 나보다 분석적인 치료를 이해할 준비가 되어 있지 않다고 가정해 봅시다. 그렇다면 당신은 어떻게 그로 하여금 고통으로부터 벗어나게 하는 언어의 마술을 믿도록 만들 건가요?〉

---

1 괴테, 『파우스트』 제1부 4장의 학생과의 장면.
2 『파우스트』 제1부 3장.

물론 그가 어떤 준비를 하도록 해야만 합니다. 그리고 그렇게 할 간단한 방법이 있습니다. 우리는 그에게, 분석가에게 철저히 솔직할 것, 그의 머릿속에 떠오르는 어떤 것도 의도적으로 억제하지 말 것, 그다음에는 그가 어떤 생각이나 기억을 분석가에게 말하지 못하게 방해할 수도 있는 〈모든〉 제한을 떨쳐 버릴 것을 요구합니다. 모든 사람은 다른 사람에게 별로 말하고 싶지 않거나, 말할 만한 문젯거리가 되지 않는다고 여기는 어떤 것들이 자신 속에 있다는 것을 압니다. 이러한 것들은 그와 〈친밀한 것들〉입니다. 환자는 또한 사람들이 〈자기 자신에게〉 허용하고 싶어 하지 않을 다른 것들이 있다는 생각 — 그리고 이것은 심리학적인 자기 앎에서 커다란 진보를 나타냅니다 — 을 갖습니다. 사람들이 자신에게서 감추고 싶어 하고, 그런 이유로 짧게 끊어 버리며, 그럼에도 불구하고 그것들이 나타난다면 자신의 사고에서 몰아내 버리는 그런 것들이 있다는 것입니다. 아마도 그는 매우 주목할 만한 심리학적인 문제가 이러한 상황 — 자기 자신의 생각이 자신의 자아에게는 비밀로 간직되는 — 에서 나타나기 시작한다는 것을 스스로 알아차릴지도 모릅니다. 자신의 자아는 더 이상 그가 항상 그러리라고 여겨 왔던 통일체가 아닌 것처럼 보이며, 자아를 대면할 수 있는 다른 어떤 것이 자신 안에 있는 것처럼 보입니다. 그는 넓은 의미에서 자아와 정신생활 사이의 현저한 차이를 어렴풋이 알게 될 수도 있습니다. 이제 그가 모든 것을 말해야 한다는 분석의 요구를 수용한다면, 그는 그와 같이 비상한 조건 아래에서 누군가와 관계를 맺고 사고를 교환한다는 것이 특수한 결과로 인도할 수도 있다는 기대에 쉽게 다가설 수 있게 될 것입니다.

공정한 사람은 말합니다. 〈나는 이해합니다. 당신은 모든 신경증 환자가 그를 억누르는 어떤 것, 어떤 비밀을 갖고 있다고 가정합니다. 그리고 그에게 그것에 관해 말하도록 시킴으로써 당신은 그의 억압을 덜어 주고 그에게 좋은 일을 합니다. 물론 그것은 가톨릭 교회가 태곳적부터 사람들의 정신에 대한 지배를 확보하기 위해 사용해 왔던 고해의 원칙입니다.〉

우리는 이렇게 대답할 수밖에 없습니다. 〈그렇기도 하고 아니기도 합니다!〉라고. 확실히 고백은 분석에서, 말하자면 분석으로의 도입이라는 역할을 합니다. 그러나 결코 그것은 분석의 본질을 구성하는 것이 아니며 분석의 효과를 설명하는 것도 아닙니다. 고해에서 죄인은 자신이 알고 있는 것을 말합니다. 분석에서 신경증 환자는 그 이상을 말해야만 합니다. 우리는 고해가 실제의 병리적인 증후들을 제거할 정도로 충분한 힘을 발전시켰다는 말을 들은 적이 없습니다.

〈그렇다면 결국 나는 이해하지 못합니다〉라는 응답이 나옵니다. 〈당신은 도대체《그가 알고 있는 것 이상을 말한다》라는 말로써 무엇을 의미하려는 것입니까? 어쨌든 나는 고해 신부가 고해자에게 영향을 미치는 것보다, 분석가인 당신이 당신의 환자에게 더 강한 영향력을 미친다는 것을 충분히 믿을 수 있습니다. 왜냐하면 당신과 환자와의 접촉은 기간이 더 길고, 더 강력하고, 또한 더 개인적이기 때문이며, 그리고 당신은 그가 자신의 병든 사고로부터 벗어나도록, 그가 두려움으로부터 빠져나오도록 하는 등에 이렇게 증가된 영향력을 이용하기 때문입니다. 그와 같은 방법으로, 가령 구토, 설사, 경련과 같은 순전히 육체적인 현상을 통제하는 것이 가능하다면, 확실히 이상할 것입니다. 그러나 나는 사람이 최면 상태에 빠지게 되면 그와 같은 영향력이 실제로 상당히 가능하다는 것을 압니다. 당신이 환자와 더불어 하게 된 수고 덕분에, 당신은 아마도 의도하지 않았을지라도 그와 그런 종류의 최면적인 관계 ─ 당신 자신과의 암시적인 결속 ─ 를 야기하는 데 성공할 것입니다. 그리고 그 경우에 당신 치료의 기적적인 결과는 최면적인 암시의 효과입니다. 그러나 내가 아는 한, 최면 요법은 당신이 내게 말했듯이 몇 달이나 몇 년이 걸리는 당신의 분석보다 훨씬 더 빠르게 작용합니다.〉

우리의 공정한 사람은 우리가 애초에 생각했던 것만큼 무지하거나 당황해하지 않습니다. 그가 사전 지식의 도움으로 정신분석을 이해하려 노력하고 있다는 확실한 징후가 있습니다. 즉 그는 그가 이미 알고 있는 어떤 사실과 정신분석을 연결시키려고 노력하고 있습니다. 그가 이 일에 성공하지 못할 것이라는 점, 분석은 독특한 방법이며, 〈새로운〉 통찰 ─ 혹은 이 표현이 더 낫다면, 새로운 가설 ─ 의 도움으로 비로소 이해될 수 있는 새롭고도 특수한 어떤 것이라는 점을 그에게 분명히 해두는 어려운 과제가 이제 우리 앞에 놓여 있습니다. 그러나 그는 여전히 그의 마지막 언급에 대한 우리의 대답을 기다리고 있습니다.

분석가의 인격적인 특별한 영향력에 관해 당신이 말한 바는 확실히 상당한 주의를 기울일 만합니다. 그런 종류의 영향력은 분석에 존재하며 큰 역할을 하지만, 최면술에서와 같은 역할을 하지는 않습니다. 두 가지 경우에서 상황은 아주 다르다는 것을 당신에게 확실히 해두어야만 합니다. 우리는 〈최면술〉의 암시에서 일어나는 것처럼 이러한 인격적인 영향력, 즉 〈암시〉의 요소를 병의 증상을 억제하는 데 사용하지 않는다는 점을 지적하는 것으로 충분할지도 모릅니다. 더욱이 이러한 요소가 시종일관 그 치료법의 핵심이라고 믿는 점은 잘못일 것입니다. 물론 처음에는 그렇습니다. 그러나 나중에 그것은 우리의 분석적인 의도에 대립되며,

우리는 가장 멀리까지 미치는 반대 수단을 채택하지 않을 수 없습니다. 그리고 환자의 사고를 딴 데로 돌리고 말을 가로막는 것과 분석의 기술이 얼마나 상관없는 것인지 하나의 예를 통해 보여 주고 싶습니다. 우리 환자들 중 한 사람이 마치 자신이 심각한 범죄를 저지른 듯이 죄책감으로 고통스러워하고 있다면, 우리는 그에게 양심의 가책을 무시하라고 충고하지 않으며, 의심의 여지 없는 그의 무죄를 강조하지도 않습니다. 그는 스스로 성공하지도 못한 채 종종 그렇게 하려고 노력했었습니다. 우리가 하는 일은 그처럼 강하고 지속적인 느낌은 결국 어떤 실제적인 것에 근거한 것임에 틀림없으며, 그것은 아마도 발견될 수 있을 것이라는 점을 그에게 상기시키는 일입니다.

공정한 사람은 말합니다. 〈만약 당신이 그런 식으로 그들의 죄책감에 동의함으로써 당신 환자들의 고통을 덜어 줄 수 있다면, 그것은 내게 놀라운 일일 것입니다. 그러나 당신의 분석적인 의도는 무엇입니까? 그리고 당신은 환자들과 함께 무엇을 합니까?〉

2

이해 가능한 어떤 것을 내가 당신에게 말해야 한다면, 알려져 있지 않거나 분석가 집단 외부에서는 제대로 평가되지 않는 심리학 이론의 어떤 것을 틀림없이 말해야만 할 것입니다. 우리가 환자들에게서 무엇을 원하는지, 그리고 그것을 어떻게 획득하는지를 이 이론으로부터 추론하는 것은 쉬운 일입니다. 나는 마치 그것이 완전한 이론적 구성물인 듯이 독단적으로 당신에게 상세히 설명할 것입니다. 그러나 그것이 철학 체계와 같은 그런 구성물로서 나오게 되었다고 가정하지는 않습니다. 우리는 그것을 매우 느리게 발전시켰고, 그것의 매우 작은 모든 세부 사항을 붙들고 씨름했으며, 마침내 그것이 우리의 목적을 충족시키는 것으로 보이는 모습을 취할 때까지 관찰과 지속적인 관계를 유지하면서 끊임없이 그것을 변형시켰습니다. 불과 몇 년 전만 하더라도 나는 이 이론을 다른 용어들로 표현했어야 했을 것입니다. 물론 나는 오늘날 표현되고 있는 형태가 궁극적인 것으로 남으리라고 보장할 수는 없습니다. 당신도 알다시피 과학은 계시가 아닙니다. 시작된 지 오랜 시간이 지난 지금에도 과학은 여전히 인간의 사고가 그렇게도 염원하는 완결성, 불변성, 무오류성의 성질을 결여하고 있습니다. 그러나 과학이 그와 같은 것이라도, 과학은 우리가 가질 수 있는 전부입니다. 우리 과학이 1세기도 안 될 만큼 매우 젊다는 것, 그리고 그것이 인간의 연구 주제가 될 수 있는 가장 어려운 소재일지도 모르는 것과 관련된다는 사실을 더욱 명심한다면, 당신은 내 설명에 대해 쉽게 올바른 태도를 취할 수 있을 것입니다. 그러나 당신이 나를 따를 수 없거나 더 많은 설명을 원한다면, 당신이 그러고 싶을 때마다 나를 방해하십시오.

〈나는 당신이 시작도 하기 전에 방해할 것입니다. 당신은 내게 새로운 심리학을 설명해 주고 싶다고 말합니다. 그러나 나는 심리학은 새로운 과학이 아니라고 생각했어야 했습니다. 심리학과 심리학자들은 충분히 있었습니다. 그리고 나는 대학에 다니는 동안에 그 분야에서 이룬 커다란 성과들에 관해 들었습니다.〉

나는 그것들을 논박할 생각이 추호도 없습니다. 그러나 당신이 그 문제를 좀 더 면밀하게 들여다본다면, 당신은 이 커다란 성과들을 오히려 감각 기관의 생리학에 속하는 것으로 분류해야 할 것입니다. 정신생활의 이론은 발전될 수 없었습니다. 왜냐하면 그것은 유일한 본질적인 오해로 인해 금지되었기 때문입니다. 대학에서 가르치고 있듯이, 오늘날 그것은 무엇으로 이루어져 있습니까? 감각적 생리학의 가치 있는 발견들 외에 우리의 정신적인 과정들에 대한 수많은 분류와 정의가 있는데, 이는 언어 사용 덕분에 모든 교육받은 사람의 공통된 성질이 되었습니다. 그것은 분명히 우리의 정신생활을 파악하는 데 충분하지 못합니다. 모든 철학자, 상상력이 풍부한 모든 작가, 모든 역사가, 그리고 모든 전기 작가가 자신의 고유한 심리학을 혼자 힘으로 만들고, 인간 행위의 상호 연관과 목적에 관한 자신의 특수한 전제를 제시하고, 모두가 다소간 그럴듯하고 모두 똑같이 믿을 만하지 않다는 것을 목격하지 않았는지요? 분명히 어떤 공통적인 토대가 결여되어 있습니다. 그리고 그런 이유 때문에 심리학의 영역에서도 말하자면 아무런 존경이나 권위가 없는 것입니다. 그 영역에서는 누구나 자신이 선택하는 대로 〈제멋대로 할〉 수 있습니다. 만약 당신이 물리학이나 화학에서 문제를 제기한다면, 자신이 〈전문적인 지식〉을 갖고 있지 않다는 사실을 아는 사람은 입을 다물 것입니다. 그러나 당신이 심리학적인 주장을 한다면, 당신은 모든 진영에서 평가와 반박을 받을 준비가 되어 있어야 할 것입니다. 이 영역에서는 분명히 〈전문적인 지식〉이 없습니다. 모든 사람이 정신생활을 하고, 따라서 모든 사람이 자신을 심리학자로 여깁니다. 그러나 그것은 부적절한 권리 주장인 것으로 보입니다. 보모 자리를 지원한 어떤 여자가 아기 돌보는 방법을 아는지 질문을 받았던 이야기가 있습니다. 그 여자는 이렇게 대답했지요. 〈물론이죠, 저 자신도 한때는 아기였던걸요.〉

공정한 사람이 다시 묻습니다. 〈그리고 당신은《환자》에 대한 관찰로부터, 모든 심리학자가 간과했던 정신생활의《공통적인 토대》를 발견했다고 주장합니까?〉

우리 발견들의 유래가 그 발견들의 가치를 박탈하는 것으로 보이지는 않습니다. 예를 들어 발생학은 타고난 기형의 원인에 관해 분명히 설명해 줄 수 없다면 신뢰받을 수 없을 것입니다. 나는 사고가 제 맘대로 활동함으로써 자신들과 전혀 무관한 문제들에 대해 걱정할 수밖에 없는 사람들에 관해 당신에게 말했습니다. 당신은 강단 심리학이 그런 종류의 비정상적인 상태를 설명하는 데 아주 작은 기여라도 할 수 있다고 생각하는지요? 그리고 어쨌든 우리 모두는 밤 시간에 사고가 제 맘대로 활동하고, 우리가 이해하지 못하는 것들을 만들어 내며, 우리를 당황스럽게 하고, 병리적인 산물을 연상시키는 것에 대한 미심쩍은 경험을 갖고 있습니다. 나는 우리의 꿈을 말하고 있는 것입니다. 보통 사람들은 항상 꿈이 의미와 가치를 갖고 있다고 굳게 믿었습니다. 즉 꿈은 어떤 것을 의미한다고 믿었던 것입니다. 강단 심리학은 이 의미가 무엇인지 우리에게 결코 알려 줄 수 없었습니다. 그것은 꿈을 도무지 이해하지 못했던 것이지요. 강단 심리학이 설명을 해보려고 했을 경우, 그 설명들은 비심리학적이었습니다 — 가령 감각적 자극, 또는 뇌의 상이한 부분들에서 동일하지 않은 깊이의 잠으로까지 꿈을 소급해 가는 것 등. 그러나 꿈을 설명할 수 없는 심리학은 정상적인 정신생활의 이해에 대해서도 무용하다는 것, 그리고 그것이 과학으로 불릴 수 없다고 말하는 것은 정당합니다.

〈당신은 공격적으로 되어 가고 있습니다. 그래서 당신은 분명히 민감한 부분을 건드렸습니다. 분석에서 커다란 가치는 꿈에 결부되어 있고, 꿈은 해석되며, 실제 사건들에 대한 기억은 꿈의 배후에서 찾아진다는 등의 말을 나는 들었습니다. 그러나 꿈의 해석은 분석가의 변덕에 맡겨져 있고, 분석가 자신은 꿈을 해석하는 방식과 꿈으로부터 이끌어 낸 결론을 정당화하는 것을 둘러싸고 끊임없이 논쟁을 계속해 왔다는 말도 들었습니다. 만약 그렇다면, 당신은 분석이 강단 심리학에 대해 갖는 장점을 그렇게 강하게 강조해서는 안 됩니다.〉

당신이 말하는 것에는 참으로 많은 진리가 있습니다. 꿈의 해석이 분석의 이론과 실제 모두에 대해 동등하지 않은 중요성을 갖게 되었다는 것은 사실입니다. 내가 공격적으로 보인다면, 그것은 단지 나 자신을 지키는 하나의 방법일 뿐입니다. 그리고 몇몇 분석가들이 꿈의 분석과 더불어 저지른 모든 실수에 대해 생각할 때 나는 핵심을 잃어버리고, 모든 진보는 처음에 본 위대함의 절반밖에 되지 않는다는 우리의 위대한 풍자가 네스트로이[3]의 비관주의적인 선언을 되풀이할지도 모릅니다. 그러나 당신은 사람들이 붙잡고 있는 것을 혼동하고 왜곡하는 것 외에는 아무것도 하지 않는다는 것을 본 적이 있는지요? 약간의 선견지명과 자기 훈련의 도움으로 꿈 해석에서 일어날 수 있는 대부분의 위험은 확실히 피할 수 있습니다. 그러나 당신은 우리가 우리 자신을 이처럼 빗나가게 내버려 둔다면, 내가 결코 설명에 성공하지 못할 것이라는 점에 동의할 것입니다.

〈그렇습니다. 내가 올바로 이해했다면, 당신은 새로운 심리학의 기초적인 전제에 관해 내게 말하고 싶어 했습니다.〉

그것은 내가 시작하고 싶었던 것이 아닙니다. 내 목적은, 당신이 우리의 분석적인 연구 과정 속에서 정신적인 장치의 구조에 대해 우리가 어떤 그림을 그렸는지 듣게 하는 것입니다.

《정신적인 장치》라는 당신의 말은 무엇을 의미합니까? 그리고 그것은 무엇으로 구성되는지 내가 물어도 될까요?〉

정신적인 장치가 무엇인지는 곧 분명해질 것입니다. 그러나 나는 그것이 어떤 소재로 구성되어 있는지 물어보지 말기를 부탁할 수밖에 없습니다. 그것은 심리학적인 관심사가 아닙니다. 심리학은, 예컨대 광학이 망원경의 몸체가 금속으로 되어 있는지 혹은 마분지로 되어 있는지 하는 문제와는 무관한 것처럼, 그 문제와는 무관할 수 있습니다. 우리는 접근의 〈소재적인〉 관점4은 제쳐 두지만, 〈공간적인〉 관점은 그렇게 하지 않습니다. 왜냐하면 우리는 여러 부분(우리가 기관이라고 말하는)으로 구성된 도구와 참으로 비슷한 것으로서 정신의 활동에 기여하는 알려지지 않은 장치를 그리기 때문이지요. 그런데 그 부분들의 각각은 특정한 기

---

3 Johann Nestroy(1801~1862). 희극과 익살극의 작가로 유명함.
4 정신적 장치가 어떤 〈소재〉로 구성되어 있는지에 대한 문제.

능을 하고 서로에 대해 고정된 공간적인 관계를 가집니다. 그것은 공간적인 관계 ─ 〈전면의〉, 〈배후의〉, 〈표면적인〉, 〈심층적인〉 ─ 에 의해 이해되기 때문에, 우리는 단지 우선 그 기능들의 규칙적인 연속의 표현을 의미할 뿐입니다. 내가 분명하게 전달했습니까?

〈별로 그렇지 않습니다. 아마도 나는 그것을 나중에야 이해할 것 같습니다. 그러나 어쨌든 여기에는 영혼 ─ 결국 과학자들에게는 결코 더 이상 존재하지 않는 ─ 의 이상한 해부학이 있군요.〉

당신은 무얼 기대합니까? 그것은 과학에서의 다른 많은 것처럼 하나의 가설입니다. 처음 것은 항상 상당히 거친 법입니다. 〈수정에 대해 열려 있다〉라고 우리는 그런 경우에 말할 수 있습니다. 내가 여기서 매우 유명하게 된 〈마치 ~인 것처럼〉에 의존하는 것은 불필요한 일로 여겨집니다. 이러한 종류의 〈가상〉의 가치(철학자 파이힝거[5]가 그렇게 불렀을)는 사람들이 그것의 도움으로 얼마나 많은 것을 성취할 수 있는가에 달려 있습니다.

그러나 계속하겠습니다. 우리 자신을 일상적인 지식의 발판 아래에 둠으로써, 우리는 인간에게 있어서 한편으로는 감각적 자극과 육체적 욕구의 지각, 그리고 다른 한편으로는 추동적인 행위들 사이에 개재된, 그리고 특정한 목적을 위해 그것들 사이에서 매개하는 정신적인 조직체를 인정합니다. 우리는 이러한 조직체를 〈자아Ich〉라고 부릅니다. 이제 그 안에 새로운 것은 없습니다. 우리들 각각은 철학자가 아니면서도 이러한 가정을 하고, 어떤 사람들은 심지어 철학자임에도 불구하고 그렇게 합니다. 그러나 우리가 보기에 이것은 정신적 장치에 대한 기술을 남김없이 한

---

5 Hans Vaihinger(1852~1933). 그의 철학 체계는 『마치 ~인 것처럼의 철학Die Philosophie des Als Ob』(1911)에서 잘 표현되었다. 그 저작은 독일어권 국가들에서, 특히 제1차 세계 대전 이후에 상당히 유행했다. 이에 대해 프로이트는 「어느 환상의 미래」(프로이트 전집 12, 열린책들)에서 꽤 길게 논의하고 있다.

것은 아닙니다. 이 〈자아〉 외에도 우리는 또 다른 정신적 구역, 즉 더 광범위하고, 더 인상적이고, 〈자아〉보다는 더 모호한 것을 인정하며, 우리는 이것을 〈이드 Es〉라고 부릅니다. 둘 사이의 관계는 직접적인 우리의 관심거리일 수밖에 없습니다.

당신은 아마도 거드름 피우는 그리스어로 된 명칭 대신에, 이러한 두 개의 기관 또는 구역을 표현하기 위해 단순한 독일어 대명사6를 선택한 데 대해 이의를 제기할지도 모르겠습니다. 그러나 정신분석학에서 우리는 대중적인 사고방식과 관계를 유지하기 좋아하고, 대중적인 사고방식의 개념을 거부하기보다는 그것을 과학적으로 유용한 것으로 만들기를 선호할 것입니다. 이렇게 한다고 해서 아무런 장점은 없지만, 우리는 이 노선을 취할 수밖에 없습니다. 왜냐하면 우리 이론은 종종 매우 지적인 사람도 있지만, 항상 배운 사람은 아닌 우리 환자들에게도 이해되어야 하기 때문입니다. 비인칭 대명사 〈그것〉은 보통 사람들에 의해 사용되는 특정한 표현 형태와 곧바로 연결됩니다. 사람들은 말합니다. 〈그 순간에 나보다 강한 어떤 것이 내 안에 있다는 생각이 갑자기 들었다 *Es hat mich durchzuckt es war etwas in mir, was in diesem Augenblick stärker war als ich.*〉 〈나보다 강한 어떤 것이다 *C'est plus fort que moi.*〉7

심리학에서 우리는 단지 유추의 도움으로 사태를 기술할 수 있을 뿐입니다. 이 속에 특별한 것은 없습니다. 그것은 다른 어디에도 있는 경우입니다. 그러나 우리는 이러한 유추를 계속해서 바꾸어야만 합니다. 왜냐하면 그 유추들 중 어느 것도 충분히 오래 우리에게 지속되지 않기 때문입니다. 따라서 자아와 이드 사이의

6 글자대로 해석하면 독일어 *Ich*는 〈나〉라는 뜻이고 *Es*는 〈그것〉이라는 뜻이다.
7 원문에 프랑스어로 되어 있다.

관계를 분명히 하려고 노력할 때, 나는 당신에게 자아를 이드의 일종의 외관으로서, 이드의 외적이고 표면적인 층과 같은 정면으로서 그려 달라고 부탁하지 않을 수 없습니다. 우리는 이 마지막 유추를 견지할 수 있습니다. 표층들이 접해 있는 외적인 매체의 변형시키는 영향력으로 인해 그것의 독특한 특징들이 비롯된다는 사실을 압니다. 그래서 우리는 자아가 외적인 세계(현실)의 영향력에 의해 변형되었던 정신적 장치(이드)의 층이라고 가정합니다. 이는 당신에게 정신분석학에서 우리가 사물들을 진지하게 바라보는 공간적인 방식을 어떻게 취하는지 보여 줄 것입니다. 우리에게 자아는 참으로 표면적인 것이고, 이드는 더 심층적인 것 — 물론 밖에서 보자면 — 입니다. 자아는 현실과 이드 사이에 놓여 있으며, 이드야말로 진정으로 정신적인 것입니다.

〈나는 이 모든 것이 어떻게 알려질 수 있는지에 관해 여전히 어떤 질문도 하지 않겠습니다. 그러나 자아와 이드를 이렇게 구별함으로써 당신이 무엇을 얻었는지 먼저 말해 주시겠습니까? 그러기 위해서 당신은 무엇이 필요합니까?〉

당신의 질문은 계속 나아갈 올바른 길을 보여 줍니다. 왜냐하면 중요하고 가치 있는 것은 자아와 이드가 여러 가지 점에서 서로 아주 상이하다는 사실을 아는 것이기 때문입니다. 정신 활동의 과정을 지배하는 규칙은 자아와 이드에서 다릅니다. 자아는 다른 목적을 다른 방법으로 추구합니다. 이에 관해서는 매우 많은 것을 말할 수 있지만, 아마도 당신은 새로운 유추와 사례로 만족할 것입니다. 전쟁이 진행되고 있을 때 〈전방〉과 〈후방〉의 차이를 생각해 보십시오. 후방에서와는 다른 어떤 것이 전방에 있다고 해서, 그리고 전방에서는 금지되어야 할 많은 것이 후방에서는 허용된다고 해서 우리는 놀라지 않았습니다. 물론 결정적인

영향력은 적이 가까이에 있는가 하는 문제였습니다. 정신생활의
경우 외적인 세계의 근접성이 문제가 됩니다. 〈외부의〉, 〈낯선〉,
그리고 〈적대적〉이라는 것이 동일한 개념이던 때가 있었습니다.
이제 우리는 사례에까지 왔습니다. 이드에서는 아무런 갈등이 없
습니다. 모순과 대립은 아무 염려 없이 그 속에서 나란히 지속하
며, 종종 타협의 형성에 의해 조정됩니다. 유사한 환경에서 자아
는 결단을 내려야만 하는 갈등을 느낍니다. 그리고 결단은 다른
충동을 위해 하나의 충동이 포기된다는 데 있습니다. 자아는 통
일과 종합을 향한 매우 현저한 경향에 의해 특징지어지는 조직체
입니다. 이러한 특징이 이드에게는 결여되어 있습니다. 그것은
말하자면 〈조각이 나〉 있습니다. 그것의 상이한 충동들은 그들 자
신의 목적을 서로와는 무관하게 독립적으로 추구합니다.

〈그리고 그렇게 중요한 영역이 《후방》에 존재한다면, 당신은
분석이 이루어지기까지 그것이 간과되었던 것을 어떻게 설명할
수 있습니까?〉

그것은 당신의 첫 물음들 중의 하나로 우리를 되돌아가게 합니
다. 심리학은 충분히 그럴듯해 보이지만 지지할 수 없는 전제를
내세움으로써 이드의 영역에 대한 접근을 막았습니다. 즉 모든
정신 활동은 우리에게 의식된다는 것, 의식된다는 것[8]은 정신적
인 기준이라는 것, 만약 의식되지 않는 우리 두뇌의 과정이 있다
면 그 과정은 정신 활동이라고 불릴 자격이 없으며 심리학의 관
심사가 아니라는 것을 전제합니다.

〈그러나 나는 그것은 자명한 것이라고 생각하는데요.〉

8 여기서 쓰인 *Bewußt-sein*은 문자 그대로 〈의식됨〉을 뜻한다. 이 단어는 물론 보
통 하이픈 없이 쓰인다. 하이픈은 여기서 〈의식된*bewußt*〉이라는 단어의 수동적인 의미
를 강조하기 위해 삽입된다. 「무의식에 관하여」(1915), 그리고 「자아와 이드」(1923)
에서 유사한 사례들을 참조.

네, 그리고 그것이 심리학자들이 생각하는 것입니다. 그럼에도 불구하고 그것이 잘못되었다는 것 — 즉 상당히 부적절한 구분이라는 것 — 은 쉽게 알 수 있습니다. 가장 게으른 관찰조차 아무런 준비 없이 생겨날 수 없었던 생각들이 우리에게 떠오른다는 것을 보여 줍니다. 그러나 당신은 당신 사고의 이러한 예비적 단계들에 대해 아무것도 경험하지 못합니다. 그 단계들 역시 확실히 정신적인 성질을 갖고 있음에 틀림없지만 말입니다. 당신의 의식 속으로 들어오는 모든 것은 이미 만들어진 결과물입니다. 때때로 당신은 〈추후에〉 이러한 예비적인 사고 구조들을 마치 재구성한 것처럼 의식할 수 있습니다.

〈아마도 사람들의 주의력이 산만해졌고, 그래서 그 예비 단계들을 알아채지 못했을 것입니다.〉

핑계입니다! 당신은 정신적인 성질을 가진 활동, 그리고 종종 매우 복잡한 활동이 당신 안에서 일어날 수 있다는 사실, 그리고 그것에 대해 당신의 의식은 아무것도 경험하지 못하고 당신은 아무것도 모른다는 사실을 회피할 수 없습니다. 아니면 당신은 크든 작든 당신의 〈주의력〉이 비정신적인 활동을 정신적인 활동으로 변형시키기에 충분하다고 가정할 준비가 되어 있습니까? 무엇 때문에 논쟁을 해야 합니까? 최면 실험은 무의식적인 사고가 존재한다는 사실을 배우고 싶어 하는 모든 사람에게 반박의 여지 없이 증명합니다.

〈나는 부정하지는 않겠지만, 마침내 당신을 이해할 수 있을 것 같습니다. 당신이 《자아》라고 부르는 것은 의식이며, 당신의 《이드》는 오늘날 사람들이 매우 많이 이야기하는 이른바 잠재의식적인 것입니다. 그러나 새로운 이름들을 갖고서 무엇을 가장하려는 것입니까?〉

그것은 가장이 아닙니다. 다른 이름들은 쓸모가 없습니다. 그리고 과학 대신에 문학을 내게 주려고 하지 마십시오. 어떤 사람이 잠재의식에 관해 말할 경우, 나는 그 사람이 지형학적으로 — 정신 속에서 의식의 밑바닥에 놓여 있는 어떤 것을 가리키기 위해 — 그 용어를 쓰는 것인지, 아니면 질적으로 — 또 다른 의식, 말 그대로 지하에 있는 의식을 가리키기 위해 — 그 용어를 쓰는 것인지 알 수 없습니다. 그는 아마도 그것에 관해 아무것도 분명히 이해하지 못하는 것 같습니다. 유일하게 믿을 만한 대립은 의식적인 것과 무의식적인 것 사이의 대립입니다. 그러나 이러한 대립이 자아와 이드 사이의 구별과 일치한다고 생각한다면 그것은 심각한 잘못일 것입니다. 물론 그것이 그처럼 단순하다면 유쾌할 것이고, 우리의 이론은 부드럽게 통과될 것입니다. 그러나 사태는 그렇게 단순하지 않습니다. 이드 속에서 일어나는 모든 일이 무의식적으로 남아 있다는 것, 자아 속에서의 과정들만이 의식될 〈수 있다〉는 것은 모두 사실입니다. 그러나 그것들 모두가 그런 것도 아니고, 항상 그런 것도 아니며, 반드시 그런 것도 아닙니다. 그리고 자아의 많은 부분은 지속적으로 의식되지 않고 남아 있을 수 있습니다.

정신적 과정을 의식하게 되는 것은 복잡한 사건입니다. 나는 그것에 관한 우리의 가설을 당신에게 (다시 한번, 독단적으로) 말하지 않을 수 없습니다. 당신도 기억하겠지만, 자아는 이드의 외부에 있는 주변적인 층입니다. 이제 우리는 이러한 자아의 가장 바깥 표면에 직접적으로 외부 세계로 향해 있는 특별한 기관이나 체계가 있으며, 그것의 흥분을 통해서만 우리가 의식이라고 부르는 현상이 발생한다고 믿습니다. 이 기관은 외부로부터 (감각 기관의 도움으로) 외부 세계에서 자극을 수용합니다. 그뿐만 아니라 내부로부터도, 처음에는 이드에서의 감각을 그다음에는 자아에서의 과정들을 인식하게 되면서 동일하게 흥분될 수 있습니다.

〈점점 더 어려워져서 나는 더욱더 이해할 수가 없습니다. 결국 당신이 내 관심을 끈 것은 비전문가(의사가 아닌 사람)가 분석적 치료를 행해야 하는가 하는 문제에 대한 논의였습니다. 당신이 내게 정당성을 확신시킬 수 없는 대담하고 모호한 이론들에 대한 이 논쟁은 무엇을 위한 것입니까?〉

나는 당신을 확신시킬 수 없다는 것을 압니다. 그것은 가능성을 넘어서 있으며 그 때문에 내 목적을 넘어섭니다. 우리가 학생들에게 정신분석학에 대한 이론적인 안내를 할 때, 처음에는 그들에게 얼마나 인상을 주지 못하는지 우리는 알 수 있습니다. 그들은 자신들에게 자양분이 되는 다른 추상적인 것들처럼 분석 이론에 냉정하게 참여합니다. 그들 중 몇몇은 아마도 확신하게 되리라고 〈바랄〉 수도 있지만, 그들이 그렇게 되었다는 흔적은 없습니다. 그러나 우리는 또한 다른 사람들에게 분석을 실행하고 싶어 하는 모든 사람은 우선 자기 자신을 분석할 것을 요구합니다. 비로소 이러한 〈자기 분석〉(오해하기 쉽게 불리고 있듯이)[9]의 과정 속에서만, 즉 그들이 분석에 의해 주장된 과정들을 그들 자신의 몸으로 — 더 정확히 말하자면 그들 자신의 정신에서 — 실제로 체험할 경우에, 그들은 자신들을 나중에 분석가로서 인도하게 될 확신을 얻습니다. 자신의 체험에서 그것들을 확증하지 않은 채, 내가 단지 그것들에 대한 축약되고 따라서 이해 불가능한 설명만을 당신에게 제시할 때, 공정한 사람인 당신에게 우리 이론들의 올바름을 확신시키리라고 어떻게 기대할 수 있겠습니까?

9   이 말은 지금 대개 〈훈련 분석〉으로 표현된다. 문자 그대로의 의미에서 〈자기 분석〉은 앞에서 언급되었다.

나는 다른 목적을 가지고 행동하고 있습니다. 우리 사이에 문제가 되는 것은 적어도 분석이 분별이 있느냐 아니면 무의미하냐, 그것의 가설이 옳으냐 아니면 조잡한 오류에 빠졌느냐 하는 것이 아닙니다. 나는 당신 앞에 우리 이론들을 펼쳐 보이고 있습니다. 왜냐하면 그렇게 하는 것이, 분석이 포괄하는 사상의 범위가 어떤지, 어떤 가설의 근거 위에서 분석은 환자에게 접근하는지, 그리고 환자와 더불어 무엇을 하는지를 당신에게 분명히 밝힐 수 있는 최상의 방법이기 때문입니다. 이러한 방식으로 비전문가의 분석 문제에 대해 아주 명확한 해명이 이루어질 것입니다. 그리고 놀라지 마십시오. 당신이 나를 지금까지 따라왔다면 당신은 최악의 사태를 극복했습니다. 뒤따를 모든 일이 당신에게는 더 쉬울 것입니다. 그러나 이제 당신을 남겨 둔 채 나는 한숨 돌리기 위해 잠깐 쉬겠습니다.

3

〈정신분석 이론의 근거 위에서, 어떻게 신경증적인 질환의 원인이 표상될 수 있는지 당신이 말해 줄 것으로 나는 기대합니다.〉

나는 노력할 것입니다. 그러나 그 목적을 위해 우리는 우리의 자아와 이드를 신선한 각도에서, 즉 〈역동적인〉 각도에서 — 말하자면 그것들 속에서, 그리고 그것들 사이에서 작용하는 힘과 관련하여 — 연구해야만 합니다. 지금까지 우리는 정신적인 장치의 〈기술〉에 만족했습니다.

〈내 유일한 두려움은 그것이 다시 이해 불가능하게 되는 것은 아닌가 하는 것입니다!〉

나는 그렇지 않으리라고 기대합니다. 당신은 곧 나아갈 길을 찾을 것입니다. 따라서 우리는 정신적인 장치를 행동으로 몰고 가는 힘이 육체적인 욕구의 표현으로서 신체 기관에서 생산된다고 가정합니다. 당신은 우리의 시인 철학자의 말을 기억할 것입니다. 〈배고픔과 사랑이 세계를 움직이는 것이다.〉[10] 게다가 얼마나 엄청난 한 쌍의 힘입니까! 이 육체적인 욕구가 정신 활동으로의 유인을 대표하는 한, 우리는 그것들에게 〈본능들Triebe〉이라는 이름을 부여하는데, 그 단어에 대해 우리는 많은 근대 언어에 의

10 실러, 「철학자Die Weltweisen」.

해 부러움을 삽니다. 이제 이러한 충동들이 이드를 채웁니다. 우리가 간단히 말할 수 있다면, 이드 속에 있는 모든 에너지는 본능들에서 나옵니다. 자아 속에 있는 힘들은 어떤 다른 근원을 갖지 않습니다. 그것들은 이드 속에 있는 힘에서 나옵니다. 그렇다면 이러한 본능들은 무엇을 원할까요? 만족, 즉 육체적 욕구가 사라질 수 있는 상황의 산출입니다. 욕구의 긴장을 낮추는 것은 우리의 의식 기관에 의해 유쾌한 것으로 느껴집니다. 욕구의 긴장 증가는 곧 불쾌한 것으로 느껴집니다. 이러한 진동들로부터 일련의 쾌락·불쾌의 느낌들이 나타나는데, 그 느낌에 따라서 정신적인 장치 전체는 자신의 활동을 조절합니다. 이것과 관련하여 우리는 〈쾌락 원칙의 지배〉에 대해 말합니다.

만약 이드의 본능적인 요구가 아무런 만족을 얻지 못한다면 참을 수 없는 상태가 발생합니다. 경험은 곧 이러한 만족의 상황들이 단지 외부 세계의 도움으로 산출될 수 있다는 것을 보여 줍니다. 그 지점에서 외부 세계를 향해 있는 이드의 부분, 즉 자아가 기능하기 시작합니다. 차량을 움직이게 하는 모든 추동력이 이드로부터 나온다면, 자아는 사실상 조종을 담당하는데, 이것이 없다면 어떤 목적도 달성될 수 없습니다. 이드 안에 있는 본능들은 어떻게 해서든지 직접적인 만족을 위해 돌진하며, 그러한 방식으로 그것들은 아무것도 달성하지 못하거나 심지어 상당한 피해를 가져오기도 합니다. 그런 불상사를 막고, 이드의 요구와 외부 세계의 반대 사이를 매개하는 것이 자아의 과제입니다. 자아는 두 방향으로 자신의 과제를 수행합니다. 한편으로 그것은 무해한 만족을 위한 이로운 계기를 포착하기 위해 감각 기관과 의식 체계의 도움으로 외부 세계를 관찰합니다. 다른 한편으로 그것은 이드에게 영향력을 행사하고, 이드의 〈열정〉을 제어하며, 이드의 본능들로 하여금 만족을 연기하도록 유도하고, 실제로 필요성이 인정될 경우 이드의 목표를 변경하거나 어떤 보상을 대가로 그 목표를 포기하도록 유도합니다. 자아가 이드의 충동을 이러한 방식으로 길들이는 한, 자아는 이전에는 홀로 결정적이었던 쾌락 원칙을 이른바 〈현실 원칙〉으로 대체합니다. 현실 원칙은 동일한 궁극적인 목표를 추구하지만 현실적인 외부 세계에 의해 부과되는 조건들을 고려합니다. 나중에 자아는 내가 기술했던 외부 세계에의 〈적응〉 외에도 만족을 확보하는 또 다른 방식이 있다는 것을 배웁니다. 외부 세계를 〈변화시킴〉으로써 외부 세계에 개입하고, 외부 세계 속에서 만족을 가능하게 만드는 조건들을 의도적으로 산출하는 것이 가능합니다. 그때 이러한 활동은 자아의 최고의 기능이 됩니다. 어떤 경우에 열정을 억제하고 현실 앞에 고개 숙이는 것이 더 유리한가, 그리고 어떤 경우에 열정과 한편이 되어 외부 세계에 대항해 싸우는 것이 더 유리한가에 대한 결정, 이러한 결정이 세속적인 지혜의 본질 전체를 이룹니다.

〈그러면 이드가 이처럼 자아에 의해 지배받는 것을 참아 내고 있음에도 불구하고, 내가 당신을 제대로 이해했다면, 이드가 더 강한 쪽입니까?〉

네, 만일 자아가 완전한 조직과 효율성을 갖고 있다면, 자아가 이드의 모든 부분들에 접근하여 자신의 영향력을 행사할 수 있다면, 모든 일이 잘될 것입니다. 왜냐하면 자아와 이드 사이에는 어떤 자연적인 대립도 없기 때문입니다. 그것들은 한 묶음 안에 있으며, 건강한 상태에서는 실제적으로 서로 구별될 수 없습니다.

〈그 말은 멋지게 들리는 군요. 그러나 나는 어떻게 그러한 이상적인 관계에서 병리적인 장애의 최소한의 여지가 있을 수 있는지 알 수가 없습니다.〉

당신이 옳습니다. 자아와 자아의 이드에 대한 관계들이 이러한 이상적인 조건을 충족시키는 한, 신경증적인 장애는 없을 것입니다. 질환이 침투하는 지점은 예기치 못한 지점입니다. 비록 일반 병리학에 친숙한 어떤 사람도, 가장 중요한 발전과 분화가 자체 내에 질환, 즉 기능 장애의 맹아를 갖고 있다는 원칙에 대한 확증을 발견한다고 해서 놀라지는 않겠지만 말입니다.

〈당신은 너무 박식해지고 있습니다. 나는 당신을 따라갈 수 없습니다.〉

나는 조금 더 많이 거슬러 올라가야만 합니다. 파괴적인 영향력으로 가득 차 있는 엄청나게 강한 외부 세계와 비교할 때, 작은 생명체는 참으로 비참하고 무력한 존재가 아니겠습니까? 어떤 적절한 자아 조직이 발달되지 않은 원시적인 유기체는 이러한 모든 〈외상들〉에 좌우됩니다. 그것은 자신의 본능적인 소망의 〈맹목적인〉 충족에 의해 살아가고, 종종 그 때문에 죽어 갑니다. 자아의 분화는 무엇보다도 자기 보존을 향한 단계입니다. 파괴되는 것으로부터는 아무것도 배울 것이 없지만, 다행히 외상에도 불구하고 살아남았다면, 사람들은 유사한 상황의 접근을 눈치채고 자신이 외상과 관련하여 경험했던 인상들에 대한 축약된 반복에 의해 — 〈불안감〉에 의해 — 위험 신호를 보냅니다. 위험의 지각에 대한 이러한 반응은 이제 도피하려는 시도를 이끌어 내는데, 그 시도는 그가 충분히 강하게 성장하여 외부 세계의 위험에 좀 더 적극적인 방식으로 — 아마도 공격적으로 — 대처하게 될 때까지 생명을 지켜 주는 효과를 가질 수 있습니다.

〈이 모든 것은 당신이 내게 말해 주기로 약속했던 것과는 너무도 동떨어져 있습니다.〉

당신은 내가 약속을 이행하는 데 얼마나 근접했는지 모르고 있습니다. 나중에 효과적인 자아 조직을 발달시키는 유기체에서조차, 그들의 자아는 유아기 처음 몇 년 동안에는 우선 그들의 이드로부터 별로 분화되지 않아서 미약합니다. 이제 이러한 무력한 자아가 이드로부터 본능적인 요구를 경험한다면 어떤 일이 일어날지 생각해 보십시오. 그 자아는 그것에 저항하려고 (왜냐하면 자아는 그것을 충족시키는 것이 위험하며 외상적인 상황, 즉 외부 세계와의 충돌을 상상하곤 하기 때문에) 하지만, 자아는 그것을 제어할 수 없습니다. 왜냐하면 자아는 그렇게 할 만한 충분한 힘을 아직 갖고 있지 못하기 때문입니다. 그러한 경우 자아는 본능적인 위험을 마치 외적인 위험인 것처럼 취급합니다. 자아는 이드가 본능적인 충동에 대해 행하는 그 모든 기여를 억제시킨 후에 도피하려는 시도를 하고, 이드의 이러한 부분으로부터 후퇴하여 그것을 방치합니다. 말하자면 자아는 이러한 본능적인 충동을 〈억압〉하기 시작하는 것입니다. 당분간 이것은 위험을 차단하는 효과를 갖습니다. 그러나 계속 내부와 외부를 혼동할 수는 없습니다. 사람들은 자기 자신으로부터 도망칠 수 없습니다. 억압에서 자아는 쾌락 원칙을 따르고 있는데, 자아는 그 원칙을 대개 수정하려는 경향이 있습니다. 그리고 자아는 그에 대한 복수로 피해를 입을 수밖에 없습니다. 이것은 자아가 자신의 영향력의 범위를 끊임없이 좁혔던 데에서 기인합니다. 억압된 본능적 충동은 이제 고립되어 자기 자신에게 내맡겨져서, 접근도 불가능하고 영향력을 미칠 수도 없습니다. 그것은 제 갈 길을 갑니다. 대체로 나중에 자아가 더 강하게 성장했을 때조차, 자아는 여전히 억압을 제거할 수 없습니다. 자아는 통합되지 못하고 이드의 일부는 자아에게 금지된 근거로 남아 있습니다. 고립된 본능적 충동은 한가하게 있지 않습니다. 그것은 어떻게 정상적인 만족이 거부되었는지 이해합니다. 그것은 자신을 대신할 정신적인 파생물들을 산출해 내며, 자신의 영향력이 자아로부터 분리시킨 다른 과정들에 자신을 연결시킵니다. 그리고 마지막으로 그것은 인식할 수 없을 정도로 왜곡된 대체물의 형태로 자아 속으로, 그리고 의식 속으로 침투해 들어가서, 우리가 증후라고 부르는 것을 만들어 냅니다. 갑자기 신경증적 장애의 본성이 우리에게 분명해집니다. 한편으로는 종합이 금지되고, 이드의 부분들에게 아무런 영향을 주지 못하며, 억압되었던 것과의 새로운 충돌을 피하기 위해 자신의 몇몇 활동을 포기해야만 하고, 대부분 억압된 충동들의 파생물인 증후에 대항하는 방어라는 헛된 활동 속에서 자신을 소모하는 자아가 있습니다. 다른 한편으로는 개별적인 본능들이 그 속에서 자신들을 독립되게 만들고, 전체로서의 인격과는 무관하게 자신들의 목표를 추구하며, 따라서 이드의 심층에서 지배하는 원초적인 심리학의 법칙에만 복종하는 이드가 있습니다. 우리가 전체 상황을 검토할 경우, 우리는 신경증의 원인에 대한 간단한 공식에 도달합니다. 자아는 〈부적절한 방식으로〉 이드의 특정한 부분들을 억압하려 시도했고, 이러한 시도가 실패해서 이드는 복수를 하게 되었다고 말입니다. 따라서 신경증은 자아가 일으킨 자아와 이드 사이의 충돌 결과입니다. 왜냐하면 주의 깊게 검토하면 알 수 있듯이, 자아는 어쨌든 간에 실제 외부 세계와의 관계 속에서 자신의 적응성을 유지하고 싶어 하기 때문입니다. 외부 세계와 이드 사이에는 불일치가 있는데, 그것은 자신의 가장 내적인 본성에 충실한 자아가 외부 세계의 편을 들어 이드와의 충돌 속에 연루되기 때문입니다. 그러나 아무쪼록 그 질환의 결정 요인을 이루는 것이 이러한 충돌 사실이 아니라 — 왜냐하면 현실과 이드 간의 이런 종류의 불일치는 불가피하며, 그들 사이를 매개하는 것이 자아의 당면 과제들 중 하나이기 때문입니다 ─ 자아가 그 충돌을 다루기 위해 억압이라는 비효과적인 수단을 사용했던 정황이라는 점을 주목하십시오. 그러나 이와 같은 일은 자아가 그 과제를 맡았을 당시에 아직 덜 발달되어 있었고 무력했다는 사실 때문입니다. 결정적인 억압들은 모두 초기 유아기에 발생합니다.

〈참으로 기이한 일이로군요! 나는 당신의 충고에 따를 것이고 비판을 하지 않을 것입니다. 왜냐하면 당신은 신경증과 싸우는 일에 어떻게 착수하는지 계속 말할 수 있기 위해, 단지 정신분석학이 신경증의 원인에 관해 믿고 있는 바를 내게 보여 주고 싶어 할 뿐이기 때문입니다. 나는 다양한 것을 물어봐야 할 것이며 나중에 그것들 중 몇 개를 물어볼 것입니다. 그러나 우선 당신의 사고 과정들의 기반 위에서 더 많은 것을 세우고 나 자신의 이론을 감행하고 싶은 마음입니다. 당신은 외부 세계, 자아, 그리고 이드 사이의 관계를 설명했고, 외부 세계에 의존하고 있는 자아가 이드와 싸우는 것을 신경증의 결정 요인으로 주장했습니다. 이러한 종류의 충돌에서 이드에 의해 자신이 끌려다니는 것을 인정하고, 외부 세계에 대한 고려를 부정하는 자아에 대해 생각할 수 있는 정반대의 경우는 없습니까? 그와 같은 경우에는 무슨 일이 일어납니까? 정신 이상의 본성에 대한 비전문가적인 견지에서 나는, 자아 편에서의 그러한 결정은 정신 이상의 결정 요인이 될 수도 있다고 말해야 할 것 같습니다. 결국 현실로부터 그런 방식으로 도피하는 것이 정신 이상의 본질인 듯합니다.〉

네, 나 자신도 그 가능성을 생각했고,[11] 실제로 나는 그것이 사실과 부합한다고 믿습니다. 비록 그 의심이 사실이라는 것을 증

11 「신경증과 정신증」(프로이트 전집 10, 열린책들) 참조.

명하는 것이 고도로 복잡한 고찰에 대한 논의를 요구할 것이지만 말입니다. 신경증과 정신 이상은 명백히 밀접한 관계가 있지만, 그것들은 어떤 결정적인 측면에서 상이할 수밖에 없습니다. 그것은 이런 종류의 충돌에 자아가 가담하는 것일 수도 있습니다. 두 가지 경우에서 이드는 맹목적인 강직성의 특징을 유지하게 될 것입니다.

〈자, 계속하십시오! 신경증적인 질환의 치료에 대해 당신의 이론은 어떤 암시를 줍니까?〉

지금 우리의 치료적인 목표를 기술하는 것은 쉽습니다. 우리는 자아를 복구하고, 자아를 제한들로부터 해방시키며, 자아가 초기의 억압 때문에 상실한 이드에 대한 지배권을 되돌려주기 위해 노력합니다. 우리가 분석을 수행하는 것은 이러한 하나의 목적을 위해서이고, 우리의 전체 기술은 이러한 목표를 향해 있습니다. 우리는 이미 일어났던 억압을 찾아내고, 자아가 우리의 도움으로 그것을 교정하도록, 그리고 도피하려고 시도하기보다는 충돌을 더 잘 처리하도록 강요해야만 합니다. 이러한 억압들은 유아기의 매우 이른 시기에 속해 있기 때문에, 분석 작업 역시 우리를 그 시기로 되돌아가도록 이끕니다. 대부분 망각되었고, 우리가 환자의 기억 속에서 재생시키려고 노력하는 이러한 충돌 상황으로 들어가는 통로는 환자의 증후, 꿈, 그리고 자유 연상에 의해 우리에게 지시됩니다. 그러나 이것들은 처음에는 해석 — 번역 — 되어야 합니다. 왜냐하면 이드의 심리학적 영향 아래에서 그것들은 우리가 이해하기에는 낯선 표현 형식들을 갖고 있기 때문입니다. 우리는 환자가 내면적인 저항 없이는 우리에게 전달할 수 없는 연상, 사고, 기억들은 모두 어떤 방식으로 억압된 소재와 연결되어 있거나 그것의 파생물들이라고 추측해도 됩니다. 우리에게 이런 것들을 말하는 데 대한 환자의 저항을 무시하도록 환자를 고무시 킴으로써, 우리는 도피를 시도하려는 자아의 경향을 극복하고 억 압된 것으로의 접근을 참아 내도록 그의 자아를 교육하고 있는 것입니다. 마침내 억압의 상황이 성공적으로 그의 기억 속에서 재생될 수 있다면, 그의 순종은 찬란하게 보상받을 수 있을 것입 니다. 그 당시와 현재의 전체적인 시간 차이는 그에게 유리하게 작용합니다. 그리고 그의 유치한 자아가 두려워서 도피했던 것은, 성인이 되어 강해진 그의 자아에게는 종종 아이의 장난에 불과해 보일 것입니다.

4

〈당신이 지금까지 내게 말해 준 모든 것은 심리학이었습니다. 그것은 종종 낯설고, 어렵고, 또는 모호하게 들렸습니다. 그러나 그것은 항상 — 내가 그렇게 말해도 좋다면 —《순수》했습니다. 나는 지금까지 당신의 정신분석학에 관해서는 확실히 별로 아는 바가 없었습니다. 그럼에도 당신은 이 형용사와는 걸맞지 않는 것들에 주로 몰두하고 있다는 소문이 내 귀에 들려왔습니다. 당신이 그러한 종류의 어떤 것을 아직 다루지 않았다는 사실로 인해, 나는 당신이 고의로 무언가를 감추고 있다는 느낌이 듭니다. 그리고 내가 억누를 수 없는 또 다른 의심이 있습니다. 당신 자신이 말했듯이 결국 신경증은 정신생활의 장애입니다. 그렇다면 우리의 윤리, 양심, 이상과 같은 중요한 것들이 이러한 심각한 장애에서 전혀 아무런 역할을 하지 못한다는 말입니까?〉

그렇다면 당신은 최하의 것과 최상의 것 모두에 대한 고려가 지금까지 우리의 논의에서는 빠졌다고 느낍니까? 그 이유는 우리가 아직 정신생활의 〈내용들〉을 전혀 고찰하지 않았기 때문입니다. 그러나 이제 한번 나 자신이 대화가 진전되는 것을 가로막는 방해자의 역할을 하도록 허용해 주십시오. 나는 당신에게 심리학에 대한 얘기를 매우 많이 했습니다. 왜냐하면 나는 분석 작업이 응용 심리학 — 그리고 더욱이 분석 외부에는 알려지지 않은 심리학 — 의 일부분이라는 인상을 당신이 가졌으면 했기 때문입니다. 그러므로 분석가는 무엇보다도 먼저 이러한 심리학, 심층 심리학, 또는 무의식의 심리학을, 적어도 오늘날 알려진 것만큼은 배워야만 했습니다. 우리는 나중의 결론을 위한 기초로서 이것을 필요로 할 것입니다. 그러나 지금, 〈순수성〉에 빗댐으로써 당신이 의미했던 바는 무엇입니까?

〈분석에서는 가장 친숙한 — 그리고 가장 역겨운 — 성생활의 사건들이 매우 상세하게 논의된다는 것은 일반적으로 알려져 있습니다. 만약 그렇다면 — 당신의 심리학적인 논의에서는 그것이 반드시 그렇다고 추측할 수 없었습니다 — 이러한 치료를 의사들에게 한정하는 데 대해 찬성하는 강력한 논증이 될 것입니다. 그러한 위험스러운 자유를, 자신의 분별력을 확신하지 못하고 자신의 성격을 보장하지 못하는 사람들에게 허용하는 것을 어떻게 꿈꿀 수 있겠습니까?〉

의사들이 성의 영역에서 어떤 특권을 누린다는 것은 사실입니다. 심지어 그들은 사람들의 생식기를 검사하는 것도 허용됩니다. 비록 동양에서는 허용되지 않았고 몇몇 이상주의적 개혁자들(내가 누구를 염두에 두는지 당신은 알 것입니다)[12]이 이러한 특권에 대해 이의를 제기했을지라도 말입니다. 그러나 당신은 우선적으로 분석에서 정말 그러한지, 그리고 왜 그래야만 하는지 알고 싶어 합니다. 네, 그렇습니다.

첫째로 분석은 전적으로 완전한 솔직함에 근거하기 때문에 그래야만 합니다. 예컨대 재정적인 상황이 상세하고 개방적으로 논의됩니다. 설령 그가 경쟁자나 세금 징수원이 아니라고 해도 모

---

12 톨스토이와 그 추종자들이 확실하다.

든 동료 시민에게는 감춘 것들을 말해야 합니다. 솔직함에 대한 이러한 의무가 물론 분석가에게 심각한 도덕적 책임감을 부과한다는 것에 대해 나는 이의를 제기하지 않을 것입니다 — 실제로 나 자신은 정력적으로 주장할 것입니다. 그리고 둘째로 성생활의 요인들이 신경증적 질환의 원인과 촉진 요인들 중에서 극히 중요하고 지배적이며, 아마도 〈특수한〉 역할까지 하기 때문에 그래야만 합니다. 주된 문제, 즉 환자에 의해 꺼내진 소재에 접근하는 것 외에 분석이 달리 무엇을 할 수 있을까요? 분석가는 결코 환자를 성적인 영역으로 유혹하지 않습니다. 그는 환자에게 미리 〈우리는 당신의 성생활의 깊은 곳을 다루게 될 것입니다!〉라고 말하지는 않습니다. 그는 환자에게 자신이 말하고 싶을 때 말해야만 하는 것부터 시작하도록 허용하며, 환자 스스로 성적인 문제들을 언급할 때까지 조용히 기다립니다. 나는 항상 내 학생들에게 경고하곤 했습니다. 〈우리의 적대자들은 성적인 요인이 아무런 역할을 하지 못하는 경우를 접하게 될 것이라고 우리에게 말해 왔습니다. 우리의 분석에 그 요인을 끌어들이지 않도록 조심합시다. 그러면 혹시 그와 같은 경우를 발견할 수 있을지도 모르니 말입니다.〉 그러나 지금까지 우리 중 누구도 그런 행운을 잡지 못했습니다.

물론 나는 우리가 성욕을 인정하는 것이 다른 사람들이 분석을 적대시하는 가장 강력한 동기가 되었다는 사실 — 널리 인정되든 않든 간에 — 을 알고 있습니다. 그것이 우리의 확신을 흔들 수 있을까요? 그것은 단지 우리의 문명화된 생활 전체가 얼마나 신경증적인가를 보여 줄 뿐입니다. 왜냐하면 표면적으로 정상인들이 신경증 환자와 아주 판이하게 행동하는 것은 아니기 때문입니다. 정신분석학이 독일의 학회 앞에서 근엄한 심판을 받게 되었을 때

— 오늘날에는 사정이 전체적으로 더 조용해졌습니다 — 연설자들 중 한 사람이 특별한 권위를 갖도록 요구했습니다. 왜냐하면 그 자신의 말에 따르면, 그는 환자들까지도 말하는 것을 허용했기 때문입니다. 명백히 진단상의 목적을 위해, 그리고 분석가의 주장들을 시험하기 위해서였습니다. 〈그러나 그들이 성적인 문제들에 관해 말하기 시작할 때, 나는 그들의 입을 다물게 했습니다〉라고 그는 덧붙였습니다. 그러한 증명 방법에 대해 당신은 어떻게 생각합니까? 그 학회는 그의 설명에 부끄러운 감정을 느끼는 대신에 오히려 그 연설자를 극구 칭찬했습니다. 공통적으로 갖고 있는 편견에 찬 의식에 의해 제공되는 의기양양한 확신만이 이 연설자의 논리적 사고의 결핍을 설명해 줄 수 있습니다. 몇 년 후, 그 당시에는 나의 추종자들이었던 사람들 중 몇 사람은 정신분석학이 인간 사회에 씌우려 노력하고 있었던 성욕의 굴레로부터 인간 사회를 해방할 필요성에 굴복했습니다. 그들 중 한 사람은 성적인 것이 성욕을 의미하는 것은 결코 아니며, 오히려 다른 어떤 것, 추상적이고 신비적인 어떤 것을 의미한다고 설명했습니다. 그리고 또 다른 사람은, 실제로 성생활은 단지 인간 존재가 권력과 지배를 향한 추동적인 욕구를 행동에 옮기려고 하는 것들 중의 하나일 뿐이라고 선언했습니다. 그들은 적어도 한동안 많은 찬사를 받았습니다.

〈어쨌든 그 점에 관해서는 한번 편을 들겠습니다. 성욕이 생명체의 자연적이고 원초적인 욕구가 아니라, 다른 어떤 것의 표현이라고 주장하는 것은 내게는 너무도 대담해 보입니다. 사람들은 단지 동물들의 예를 들기만 해도 됩니다.〉

그것은 중요하지 않습니다. 만약 성욕의 무서운 지배에 대한 해독제로서 사회가 선전될 경우, 사회가 기꺼이 삼키지 않을 혼합물—아무리 불합리하더라도—은 없습니다.

게다가 당신 자신이 갖고 있는 혐오감은 신경증을 야기하는 데 있어서 성욕의 요인이 매우 큰 역할을 한다는 것을 누설했다는 점을 나는 고백합니다. 나는 이것이 좀처럼 공정한 사람으로서 당신의 과제와는 일치하지 않는 것으로 보인다는 것을 고백합니다. 당신은 이러한 반감이 공정한 판단을 하는 데 방해가 될 수도 있다고 생각되지 않습니까?

〈당신이 그렇게 말하다니 유감입니다. 나에 대한 당신의 신뢰가 흔들리는 것 같군요. 그러나 그렇다면 왜 당신은 공정한 사람으로서 내가 아닌 다른 누군가를 선택하지 않았습니까?〉

다른 사람도 당신과 전혀 다르게 생각하지는 않았을 것이기 때문입니다. 그러나 그가 처음부터 성생활의 중요성을 인정할 준비가 되어 있었다면, 모든 사람이 큰 소리로 〈그 사람은 공정한 사람이 아니라 당신의 지지자들 중 한 사람이 아닙니까?〉라고 말했을 것입니다. 아닙니다. 나는 당신의 견해에 영향을 줄 수 있다는 기대를 결코 포기하고 있지 않습니다. 그러나 나는 내 관점에서, 이러한 상황이 우리가 일찍이 다루었던 상황과는 다르다는 것을 인정할 수밖에 없습니다. 우리가 관심을 쏟고 있는 것이 순수하게 심리학적 문제들이라는 인상을 당신이 받기만 한다면, 우리의 심리학적인 논의와 관련해서 당신이 나를 믿는가 믿지 않는가 하는 것은 내게 별로 중요하지 않습니다. 그러나 여기서 성욕의 문제와 관련하여, 당신이 반대하는 강력한 동기가 매우 많은 다른 사람과 공유하는 뿌리 깊은 적대감이라는 것을 깨닫게 될 수 있다면 나는 기쁠 것입니다.

〈그러나 결국 나는 당신에게 흔들릴 수 없는 확신을 가져다준 경험을 할 수 없습니다.〉

좋습니다. 나는 이제 설명을 계속할 수 있겠군요. 성생활은 단순히 짜릿한 어떤 것만은 아닙니다. 그것은 또한 진지한 과학적 문제이기도 합니다. 그것에 관해 배워야 할 새로운 것이 많이 있으며, 설명되어야 할 많은 이상한 것이 있습니다. 나는 방금 환자의 유아기 초기로 거슬러 올라가서 분석이 이루어져야만 한다고 말했습니다. 왜냐하면 그때 결정적인 억압이 발생하는 반면에, 그의 자아는 미약하기 때문입니다. 그러나 확실히 유아기에는 아무런 성생활이 없습니까? 확실히 성생활은 사춘기에야 비로소 시작됩니까? 정반대입니다. 우리는 성적인 본능적 충동이 태어나면서부터 생활에 수반되며, 유아기의 자아가 억압을 시작하는 것은 그러한 본능들을 방어하기 위해서라는 사실을 배워야만 합니다. 나중에 학회에서 그 연사가 그랬고, 훨씬 나중에 자기 자신의 이론을 세웠던 내 추종자들이 그랬듯이, 작은 어린아이가 이미 성욕의 힘에 맞서 싸운다는 것은 기이한 우연의 일치일까요? 어떻게 그런 일이 일어날까요? 우리의 문명은 전적으로 성욕을 희생시켜서 세워진다는 것이 가장 일반적인 설명일 것입니다. 그러나 그 주제에 관해서는 말할 것이 더 많이 있습니다.

유아 성욕의 발견은 우리가 부끄러움을 느껴야 할 이유가 있는 것들 중 하나입니다(그것의 분명함 때문에).[13] 몇몇 소아과 의사들은 유아 성욕에 관해 항상 알고 있었던 것처럼 보이며, 몇몇 보모들도 그런 것 같습니다. 자신을 유아 심리학자라고 부르는 똑똑한 사람들은 그에 대해 〈유아의 순진함에 대한 모독〉이라며 비난하는 어조로 말했습니다. 다시 한번, 감상(感傷)이 논증을 대신합니다! 그런 종류의 사건들은 정치 단체에서는 일상적으로 일어나는 일입니다. 반대파의 구성원은 일어서서 관청, 군대, 법원 등

13 이 책에 실린 「정신분석 운동의 역사」 참조.

의 실정에 대해 비난합니다. 이에 대해 또 다른 구성원, 이를테면 정부의 구성원은 그와 같은 진술은 관청, 군대, 왕조, 또는 심지어 국가의 명예를 면전에서 모욕하는 것이라고 선언합니다. 따라서 그 진술은 진실이 아닐수록 좋습니다. 이와 같은 감정들은 어떤 면전의 모욕도 참아 낼 수 없습니다.

어린아이의 성생활은 물론 어른의 성생활과는 다릅니다. 그것의 시작부터 우리에게 친숙한 명확한 형태에 이르기까지, 성적인 기능은 복잡한 발달 과정을 겪습니다. 그것은 상이한 목표들을 가진 수많은 구성 본능으로부터 성장하고, 조직화의 여러 국면을 경과하여 마침내 생식에 기여하게 됩니다. 구성 본능들 모두가 똑같이 최종적인 결과에 기여할 수 있는 것은 아닙니다. 그것들은 전환되고, 개조되며, 부분적으로 억제됩니다. 그렇게 멀리까지 미치는 발달 과정은 항상 홈 없이 진행되지는 않습니다. 발달의 억제, 즉 발달 초기 단계의 고착화가 발생합니다. 나중에 성 기능의 발휘에 장애물들이 나타나게 되면, 성 충동 — 우리가 리비도라고 부르는 — 은 이러한 고착화의 초기 지점들로 되돌아가기 쉽습니다. 어린아이의 성욕과 그것이 성숙기로 변형되는 것에 대한 연구는, 또한 성도착으로 알려진 것을 이해하는 열쇠를 우리에게 제공했습니다. 그런데 사람들은 항상 혐오감을 나타내는 데 필요한 모든 표시를 갖고서 기술하려는 경향이 있지만, 그 기원에 대해서는 결코 설명할 수 없습니다. 전체적인 주제는 공통적인 관심사가 아니고, 우리 대화의 목적상 그것에 관해 당신에게 말해 주는 것이 별 의미도 없습니다. 그 속에서 길을 제대로 찾으려면 사람들은 물론 해부학적, 생리학적 지식을 필요로 하는데, 그 모두는 불행히도 의대에서는 얻을 수 없습니다. 뿐만 아니라 불가결하게 문명과 신화의 역사에도 똑같이 정통해야 합니다.

〈어쨌든, 나는 여전히 어린아이의 성생활에 대한 어떤 상을 그릴 수가 없습니다.〉

그렇다면 나는 그 주제를 더욱더 추적하겠습니다. 어떤 경우에도 내가 그것으로부터 벗어나는 것은 쉽지 않습니다. 그래서 나는 어린아이의 성생활이 전체적이고 매우 멀리까지 미치는 발전 과정을 초기 5년 동안에 겪는다는 사실이, 어린아이의 성생활에 관해 가장 주목할 만한 점으로 보인다는 것을 당신에게 말하겠습니다. 그 이후로 사춘기까지 잠재기라고 알려진 시기가 계속됩니다. 그 시기 동안 성욕은 보통 더 이상 진전되지 않습니다. 정반대로 성적인 충동의 강도가 감소되며, 어린아이가 행하거나 알고 있었던 많은 것들이 포기되고 망각됩니다. 그 시기 동안, 초기의 성욕 개화기가 물러난 후에 부끄러움, 혐오, 도덕성과 같은 자아의 태도가 나타나는데, 그 태도는 최근에 일어난 사춘기의 격동을 견뎌 내고 새롭게 깨어나는 성적인 욕구의 통로를 안내해 주도록 정해져 있습니다. 이러한 소위 성생활의 〈이상성(二相性) 징후〉는 신경증적 질환의 발생과 매우 많은 관계가 있습니다. 그것은 오직 인간에게서만 나타나는 것으로 보이며, 그것은 아마도 신경증적이 될 수 있는 인간 특권의 결정 요인들 중 하나일 것입니다. 성생활의 전사(前史)는, 다른 분야에서 의식적인 정신생활의 배경이 그랬듯이, 정신분석학 앞에서 많이 조망되었습니다. 당신은 그 두 가지가 밀접하게 연관되어 있다고 올바르게 짐작할 것입니다.

우리가 미처 기대하지 못했던 이러한 초기 성욕의 내용, 변화, 성취에 관해 들려줄 이야기가 많습니다. 예컨대 당신은 어린 소년이 아버지에 의해 잡아먹힐까 봐 얼마나 자주 두려워하는지를 듣게 되면 틀림없이 놀라게 될 것입니다. (그리고 당신은 또한 성생활의 현상들 가운데 내가 이러한 두려움을 포함시키는 것에 대해서도 놀랄지 모릅니다.) 그러나 나는 크로노스Kronos 신이 자신의 아이를 어떻게 집어삼켜 버렸나 하는 것을 학창 시절에서 회상할 수 있도록 신화적인 이야기를 상기시킬 수도 있습니다. 당신이 이 이야기를 처음 들었을 때는 너무도 이상하게 들렸을 것임에 틀림없습니다! 그러나 나는 우리 중 그 누구도 그 당시에 그것에 관해 생각하지 못했을 것으로 추측합니다. 또한 오늘날 우리는 늑대와 같은 굶주린 동물이 나타나는 수많은 동화를 생각할 수 있으며, 우리는 그것을 아버지의 변장으로 인식할 것입니다. 그리고 이것은 유아 성욕에 대한 지식을 통해서만 신화와 동화의 세계를 이해하는 것이 가능해졌다는 것을 당신에게 확신시킬 기회입니다. 여기서 분석적인 연구의 부산물로서 어떤 것이 획득되었습니다.

당신은 남자아이가 자기 아버지에 의해 성기를 잃게 될 것이라는 두려움으로 고통받으며, 따라서 이러한 거세 공포가 아이의 인격 발달과 아이의 성욕에 뒤따르는 방향을 결정하는 데 가장 강력한 영향력을 미친다는 말에 적지 않게 놀랄 것입니다. 그리고 여기서 다시 신화는 당신이 정신분석학을 믿도록 용기를 줄 수 있습니다. 아이를 삼켜 버린 크로노스는 또한 자신의 아버지 우라누스를 거세시켰고, 그 자신은 어머니의 잔꾀로 구출되었던 자신의 아들 제우스의 복수로 나중에 거세당했습니다. 정신분석학이 어린아이의 초기 성욕에 관해 보고하는 모든 것은 분석가들의 혼란스러운 상상에서 나온다고 가정하고 싶은 마음이 들었다면, 당신은 적어도 그들의 상상력이 원시인의 상상적인 활동 — 신화와 동화가 그 침전물들인 — 과 똑같은 산물을 만들어 냈다는 것을 인정해야만 합니다. 더 우호적이고, 아마도 더 적절한 다른 견해는, 오늘날 우리가 인간 문명의 원시적인 시절에 언젠가 보편적으로 지배했던 동일한 원형적인 요소들을 어린아이의 정신생활에서 여전히 추적할 수 있다고 보는 것입니다. 어린아이는 자신의 정신 발달 과정에서 축약된 형태로 자기 종족의 역사를 반복할 것입니다. 이는 발생학이 오래전부터 신체적인 발달에 대해 그것을 인식했던 것과 같습니다.

초기 유아 성욕의 또 다른 특징은, 여성의 성기는 그 속에서 아직 아무런 역할을 하지 못한다는 것입니다. 어린아이는 아직 그것을 발견하지 못합니다. 강조점은 전적으로 남자의 성기에 있고, 어린아이의 모든 관심은 그것이 있느냐 없느냐 하는 문제를 향해 있습니다. 우리는 남자아이의 성생활보다는 여자아이의 성생활에 대해 아는 바가 적습니다. 그러나 우리는 이러한 차별을 부끄러워할 필요는 없습니다. 어쨌든 성인 여자의 성생활은 심리학에서는 〈암흑의 대륙〉입니다. 그러나 우리는 여자아이들이 남자의 성기와 동일한 가치를 갖는 성기가 자기들에게 없다는 사실을 심각하게 받아들인다는 것을 알았습니다. 그들은 그 때문에 자신을 열등하게 여기고, 이러한 〈남근에 대한 부러움〉은 특징적으로 여성적인 반응들 전체의 근원입니다.

두 가지 배설 욕구가 성적인 관심으로 채워져 있는 것이 어린아이들의 특징이기도 합니다. 나중에는 여기서 교육이 첨예한 구별을 하는데, 농담 속에서 그것은 다시 한번 제거됩니다. 그것은 우리에게 불쾌한 사실로 보일 수도 있지만, 어린아이들이 불쾌의 감정을 발전시키는 데에는 오랜 시간이 걸립니다. 다른 경우라면 어린아이의 거룩한 마음의 순수성을 강조할 사람들에 의해서조차 이것은 반박되지 않습니다.

그러나 어린아이들이 근친에게로 — 처음에는 그들의 어머니와 아버지, 나중에는 그들의 형제자매들에게로 — 그들의 성적인 소망을 규칙적으로 향하게 한다는 사실보다 더 주목을 요하는 것은 없습니다. 남자아이의 최초의 사랑 대상은 어머니이며, 여자아이의 최초의 사랑 대상은 아버지입니다(타고난 양성적인 소질이 상반되는 태도가 동시에 있는 것을 애호하는 경우를 제외하면). 다른 부모[14]는 방해하는 경쟁자로 느껴지고 종종 강한 적대감을 가지고 보게 됩니다. 당신은 내 말을 올바르게 이해해야만 합니다. 내가 말하려는 것은, 어린아이들은 자신이 좋아하는 부모로부터 우리 어른들이 부모 자식 관계의 본질로 여기고 싶어 하는 그런 종류의 애정만으로 취급받고 싶어 하지 않는다는 것입니다. 그렇습니다. 분석은 어린아이의 상상력이 허락하는 한, 어린아이의 소망은 그러한 애정을 넘어서서 관능적인 만족이라는 말로 우리가 이해하는 모든 것으로까지 확장된다는 것을 의심하지 않습니다. 어린아이는 성교의 현실적인 사태를 결코 추측하지 못한다고 이해하기 쉽습니다. 그는 그 자신의 경험과 느낌에서 나온 다른 관념들로 그것을 대체합니다. 대체로 그의 소망은 아기를 낳으려는 의도에서, 또는 어떤 정의 불가능한 방식으로 아기를 낳으려는 의도에서 정점에 달합니다. 남자아이 역시 무지로 인해 아기를 낳으려는 소망을 갖게 됩니다. 우리는 이러한 정신 구조 전체를, 잘 알려진 그리스의 전설을 따라서 〈오이디푸스 콤플렉스〉라고 부릅니다. 초기 성적인 시기의 끝 무렵에 그것은 보통 포기되어야 하고, 근본적으로 해체되고 변형되어야 합니다. 그리고 이러한 변형의 결과는 이후의 정신생활에서 중요한 기능을 위해 결정됩니다. 그러나 대체로 이것은 충분히 근본적으로 이루어지지는 않아서 어떤 경우에는 사춘기가 그 콤플렉스를 재

14 즉 딸에게는 어머니, 아들에게는 아버지.

생시키기도 하는데, 이는 심각한 결과를 낳을 수도 있습니다.

아직도 침묵하고 있다니 놀랍군요. 아마도 이러한 침묵은 동의를 의미하는 것은 아니겠죠. 어린아이의 최초의 대상-선택을, 전문 용어를 사용하여 근친상간적인 것이라고 주장할 때, 분석은 틀림없이 인성의 가장 신성한 감정을 손상시킬 것이 뻔하며, 따라서 그에 상응하는 불신과 모순, 그리고 공격에 대비해야 할 것입니다. 그래서 분석은 이러한 저항을 무수히 받아 왔습니다. 동시대인들의 선량한 생각에 가장 손상을 많이 끼친 것은 바로 인간 운명에 묶여 있는 보편적 구조로서의 오이디푸스 콤플렉스라는 가정이었습니다. 우연하게도 그리스의 신화가 이와 동일한 의미를 가지고 있었음에 틀림이 없습니다. 학식이 있는 사람이든 그렇지 않은 사람이든 간에, 오늘날 대부분의 사람은 근친상간에 대한 방어 기제로서 선천적인 거부감이 자연적으로 마련되어 있다고 믿고 싶어 하는 것 같습니다.

그러나 역사를 한번 생각해 봅시다. 율리우스 카이사르가 이집트에 도착했을 때, 그는 (곧 그에게 너무나도 중요한 사람이 될) 젊은 여왕 클레오파트라가 그녀보다 훨씬 연하인 남동생 프톨레마이오스와 결혼했다는 것을 알게 되었습니다. 이집트 왕조에서 이것은 전혀 이상한 일이 아니었지요. 그리스로부터 유래한 프톨레마이오스 왕가는 그들의 선행자들이었던 고대의 파라오들이 수천 년간 행했던 관습을 그저 따랐을 뿐입니다. 그러나 이것은 틀림없이 남매간의 근친상간이었는데, 현재에도 그렇게 가혹하게 평가되고 있지 않습니다. 원시 시대의 신화학과 관련된 문제들을 보면 더 확실한 증거를 찾을 수 있습니다. 그리스 신화뿐만 아니라 모든 민족의 신화들이 아버지와 딸, 혹은 어머니와 아들 간의 정사에 관한 사례들로 채워져 있습니다. 왕족의 계보학과 마찬가지로 우주론도 근친상간의 기초 위에 세워져 있습니다. 무슨 목적으로 이러한 전설들이 창조되었을까요? 신과 왕을 범죄자로 낙인찍기 위해서? 그들에게 인류의 거부감을 재촉하기 위해서? 이러한 이유들이 아니라 근친상간의 욕망은 인간의 본래적인 유산이며 완전히 극복될 수 없으므로, 대부분의 사람이 이미 그것을 거부해야만 하게 되었을 때에도 신이나 그들의 후손들(왕족)에게는 여전히 인정되었기 때문입니다. 우리가 개인들의 유아기에 이러한 근친상간적 욕망이 여전히 존재하며 작용하고 있다는 것을 발견하게 되는 것은, 바로 역사와 신화학의 가르침과 완전히 일치하는 것입니다.

〈당신이 유아의 성에 관한 이 모든 것을 나에게 이제야 털어놓다니 실망스럽군요. 특히 인간의 선사(先史)와 관련되어 있어서 대단히 흥미롭습니다.〉

이 이야기들이 우리의 목적과 너무 동떨어지게 만들지나 않을까 하는 우려 때문이었습니다. 그러나 결국 이것이 유용하겠군요.

〈어린아이들의 성생활에 대한 당신의 분석적 발견에 대해 어떠한 확실성을 제시할 수 있지요? 당신의 확신은 전적으로 신화나 역사에 일치한다는 사실에 근거한 것이 아닙니까?〉

아, 결코 그렇지 않습니다. 그것은 직접적인 관찰에 바탕을 둔 것입니다. 사건은 이렇습니다. 우리는 20년 혹은 40년이 지난 후 성인의 분석에서 유아기의 성적인 내용들을 추론하는 것으로부터 시작했습니다. 이후 우리는 어린아이들에 대한 직접적인 분석에 착수했지요. 시간이 지나면서 많은 것이 덧붙여지고 변형되기는 했지만, 우리가 예견할 수 있었던 모든 것을 확증할 수 있었으므로 특별히 새로운 성과는 없었습니다.

〈뭐라고요? 지금 당신은 어린아이들을 분석했다고 말하는 것이지요. 그것도 여섯 살도 되지 않은 어린아이를요? 어떻게 그럴 수가 있습니까? 어린아이에게 그것은 너무 위험하지 않습니까?〉

아주 잘할 수 있습니다. 네다섯 살의 어린아이에게 무슨 일이 일어나고 있는지는 믿기 어려울 정도입니다. 그 나이의 아이들은 매우 적극적입니다. 그들의 성적인 초기는 또한 지적인 개화의 시기이기도 합니다. 잠재기의 시작과 함께 그들은 정신적으로 금지되기 시작한다는 인상을 받았습니다. 그 시기부터 많은 어린아이가 자신의 육체적 매력을 잃습니다. 초기의 분석에서 행해진 손상과 관련하여 알 수 있는 것은, 거의 20년 전에 실험을 했던 최초의 어린아이는 그 이후 심한 심리적 외상에도 불구하고 건강하고 유능한 젊은이로 성장했습니다. 분석 대상이 되었던 다른 〈희생자〉들 역시 더 나빠진 것은 없었습니다. 이론적 견지에서 볼 때, 그들의 가치는 의심의 여지가 없습니다. 어린아이들은 성인을 분석할 때 해결되지 않은 채로 남아 있는 문제들에 대한 확실한 정보를 제공합니다. 또 그들은 분석가에게 엄청난 결과를 초래할 수 있는 실수들로부터 그를 보호해 줍니다. 어린아이의 관심에 있어서 분석이 미치는 영향력은 교육적 척도들과 결부되어 판단해야 합니다. 기술은 아직 형성 중에 있습니다. 그러나 아주 많은 어린아이들이 그들의 발전 과정에서 신경증적 국면들을 겪게 된다는 관찰을 통해서 실천적인 관심이 일어납니다. 좀 더 정확하게 말해서, 어린아이 속에 있는 신경증이 예외적인 것이 아니라 유아의 선천적 경향으로부터 문명화된 사회로 이르는 과정에서 피할 수 없는 일반적 법칙이라고 말할 수 있을 것입니다. 대부분의 경우에 유아의 이러한 신경증적 국면은 자발적으로 극복이 됩니다. 그러나 보통의 건강한 성인에게도 그 흔적이 남아 있지 않을까요? 한편 우리는 나중에 신경증 환자가 된 사람들 속에서, 비록 당시에는 주목할 만한 것이 아니었지만 유아기 질병과의 연관을 발견하기만 하면 됩니다. 오늘날 내과 의사들도 이와 마찬가지 방식으로 우리 모두가 제각기 유아기에 결핵을 겪었으리라는 견해를 가지고 있습니다. 신경증 환자의 경우에는 면역의 요소가 작용하는 것이 아니라 단지 소질만이 작용하고 있습니다.

당신이 제기한 확실성의 문제로 돌아가 봅시다. 우리는 어린아이들에 대한 직접적인 분석 조사를 통해, 성인들이 그들의 유아기에 대해서 말해 주는 내용에 대한 우리의 해석이 맞다는 것을 확신하게 되었습니다. 그러나 많은 경우에 또 다른 종류의 확증이 가능하게 되었습니다. 일부 환자들의 분석 내용에서 우리는, 그들이 의식적으로 기억해 낼 수 없는 유아기 시절의 어떤 외적인 사건들이나 인상적이었던 사건들을 재구성할 수 있었습니다. 우리가 추론했던 이러한 사건들이 실제로 발생했었다는 명백한 증거들은 그들의 부모나 간호사들에게서 얻은 정보에 의해 제공되는 경우가 있습니다. 물론 이러한 일이 자주 발생하는 것은 아니지만 그런 일이 생겼다는 것은 인상적인 것입니다. 이렇게 잊어버린 유년기의 경험을 재구성하는 것은, 그것을 객관적으로 확증할 수 있든 없든 간에 항상 엄청난 치료 효과를 낳지요.[15] 물론 이러한 사건들이 중요한 점은 그것들이 어린 시기에 발생했다는 것인데, 이러한 시기에 그러한 사건들은 연약한 자아에 외상의 결과를 낳을 수 있습니다.

〈그렇다면 분석에 의해서 발견되어야 하는 사건들은 어떠한 종류의 사건들입니까?〉

다양한 종류입니다. 우선 성인들 간의 성행위를 보거나 자기

15 이 주제에 관한 프로이트의 이후 논문(「분석에 있어서 구성의 문제Konstruktionen in der Analyse」, 1937) 참조.

자신이 직접 성인이나 다른 어린아이와 행한 성적 경험들(이는 드문 경우인데)과 같은, 이제 싹트기 시작하는 어린아이의 성생활에 영원히 영향을 끼칠 수 있는 인상들이 있지요. 또 신비하거나 이상한 일로 결론을 맺는 당시나 혹은 나중에 이해하게 되는 엿들은 대화들이 있습니다. 그리고 다른 사람들에 대한 애정이나 반감을 나타내는 어린아이 자신의 말이나 행위들이 있지요. 환자의 어린 시절에 망각된 성적 행위와 그것을 끝내 버린 어른들의 간섭에 대한 기억을 이끌어 내는 것이 매우 중요합니다.

〈그것은 내가 오래전부터 묻고 싶었던 질문을 할 수 있도록 기회를 제공하는군요. 그렇다면 분석의 빛이 비추기 전에는 간과되었던 어린아이의 이러한《성행위》의 본성은 무엇입니까?〉

이상하게도 이러한 성행위의 본질적 부분은 간과되지 않았습니다. 그것은 전혀 이상한 일이 아닙니다. 왜냐하면 그것을 간과한다는 것이 불가능하기 때문입니다. 어린아이들의 성적 충동은 자신의 생식기를 마찰시켜서 자기만족을 얻게 되는 데서 발견됩니다. 이러한 어린아이의 〈음탕함〉이 널리 퍼져 있다는 사실을 어른들도 잘 알고 있었지만, 그것은 심각한 죄악으로 간주되어 심하게 처벌되었습니다. 어린아이들의 비도덕적 경향 — 아이들 스스로 이런 행위를 통해 쾌락을 얻을 수 있기 때문에 그렇게 한다고 말하는데 — 에 대한 이러한 관찰을, 어린아이들의 선천적인 순수함과 성적이지 않은 순진무구성의 이론과 어떻게 조화시킬 수 있을지에 대해서는 묻지 마십시오. 이 수수께끼는 우리의 입장과 대립되는 사람이 해결해야 할 것입니다. 〈우리〉에게는 더 중요한 문제가 있습니다. 유아기의 성행위에 대해서 우리가 어떠한 태도를 취해야 하겠습니까? 만약 우리가 그것을 무시했을 때 져야 할 책임을 우리는 알고 있습니다. 그러나 아무런 제한 없이 어린아이에 대한 분석을 진행해서는 안 됩니다. 문명화의 정도가 낮은 종족이나 문명화된 종족 중에서도 낮은 계층의 사람들 사이에는 어린아이의 성이 비교적 방임되고 있는 것 같습니다. 이것은 아마도 나중에 신경증이 생기게 되는 것을 막아 주는 강력한 보호제의 구실을 할 수 있을 것입니다. 그러나 그것은 동시에 문화적 성취의 기회를 잃어버리게 할 수도 있지 않을까요? 여기서 우리는 진퇴양난에 빠지게 됩니다.

　신경증 환자들의 성생활에 관한 연구에 의해서 자극받은 관심들이 호색(好色)을 권장하는 분위기를 창출하는가 아닌가, 〈그것〉은 당신 자신의 판단에 맡길 문제입니다.

5

〈당신의 의도를 알 것 같군요. 당신은 분석을 행하기 위해서는 어떤 종류의 지식이 필요한지를 나에게 보여 주어서, 내가 단지 의사들만이 분석할 수 있는 권한이 있는지를 판단할 수 있도록 하려는 것이군요. 많은 심리학과 약간의 생물학이나 성(性) 과학 등 지금까지는 의학과 상관있는 것이 거의 나타나지 않았습니다. 그러나 우리가 벌써 끝에 도달한 것은 아니겠죠?〉

물론 아닙니다. 아직도 채워야 할 많은 공백이 남아 있습니다. 내가 한 가지 제안을 해볼까요? 당신이 지금 분석적 치료법을 어떻게 묘사하고 있는지에 대해서 설명해 주시겠습니까? 마치 당신 자신이 분석을 하고 있는 듯하니까요.

〈그럼요, 좋은 생각이군요! 하지만 그런 식의 실험으로 우리 토론을 결정할 의향은 전혀 없는데요. 당신이 시키는 일이니까 요구하는 대로 하겠지만, 책임은 전적으로 당신이 져야 합니다. 그러면 한번 해볼까요. 환자를 불러서 그의 고통을 들어 봅니다. 내가 시키는 대로 그가 따라 하면 회복하거나 많이 나아질 것이라고 그에게 약속을 합니다. 나는 그가 알고 있는 모든 것과 그에게 일어난 모든 일을 솔직하게 털어놓도록 주문합니다. 설혹 무엇인가 말하기 싫은 것이 있더라도 그런 의도 때문에 방해받아서

는 안 되지요. 내가 규칙을 제대로 받아들였습니까?〉

그렇습니다. 그런데 여기에다 〈그에게 일어난 일은 아무리 사소하고 의미 없어 보이는 것까지 모두 다〉라는 말을 첨가해야 하겠지요.

〈그러도록 하지요. 그러면 이제 그가 말을 하기 시작하고 나는 듣습니다. 그러고 나서 어떻게 될까요? 나는 그가 하는 말에서 그가 억압했던 인상과 경험, 그리고 소망들을 발견해 내지요. 왜냐하면 그의 자아가 희미하게나마 여전히 활동을 하면서도 두려움을 갖고 그것들을 마주치게 되기 때문이지요. 그가 나로부터 이 사실을 깨닫게 되었을 때, 그는 스스로 다시 과거의 상황으로 돌아가서 나의 도움으로 훨씬 더 나아질 수 있지요. 그래서 그의 자아가 묶여 있던 속박은 사라지고, 그의 질병은 치료가 됩니다. 맞지 않습니까?〉

훌륭하군요! 내가 의사가 아닌 사람을 분석가로 만들었기 때문에 사람들이 언젠가 나를 비난할 것이라는 사실을 알고 있습니다. 놀랍게도 당신은 완전히 분석에 숙달했군요.

〈나는 단지 당신에게서 배운 대로 따라 했을 뿐입니다. 마치 외운 것처럼 말입니다. 나는 내가 어떻게 해야 할지에 대해서는 모르겠어요. 왜 그러한 일이 수 개월 동안 하루에 한 시간씩이나 걸려서 행해져야 하는지에 대해서도 이해하기 어렵습니다. 결국 정상인은 그런 것을 보통 그렇게 많이 경험하지 않았으며, 유아기에 억압된 것은 아마도 어느 경우에나 마찬가지겠죠.〉

사람들이 실제 분석을 행할 때 그들은 온갖 종류의 부수적인 것들을 깨닫게 됩니다. 가령 환자가 당신에게 하는 말들로부터 자신이 잊어버렸던 경험들이나 억압했던 본능적 충동들을 연역해 낸다면, 당신은 그것을 단순한 일로 생각할 수는 없을 것입니다. 그는 처음에는 그에게 아무런 의미가 없을 뿐 아니라 당신에게도 무의미한 것을 얘기할 것입니다. 당신은 그가 규칙에 순응하여 당신에게 전달하는 내용들을 아주 특수한 방식으로 보아야 할지에 대해서 결정해야 할 것입니다. 특수한 과정에 의해서 귀금속 성분을 발췌하는 원석(原石)과 같은 것이라고 할 수 있지요. 그러면 당신이 찾고 있는 귀중한 재료들을 극소량밖에 함유하고 있지 않은 엄청난 양의 원석들을 조사할 준비가 되겠지요. 여기서 우리는 이 치료 과정이 오랫동안 지속될 수밖에 없는 첫 번째 이유를 발견하게 됩니다.

〈하지만 당신의 비유에 따르자면, 이러한 천연 재료들을 어떻게 다 조사하지요?〉

환자의 말이나 연상들을 당신이 찾고 있는 것의 변형으로 가정함으로써 가능합니다. 당신은 그러한 암시들 뒤에 감춰진 것을 추측해 내어야 합니다. 한마디로 말해서, 기억이든 연상이든 꿈이든 간에 이러한 원료들은 먼저 〈해석〉되어야 합니다. 물론 당신은 특별한 지식을 통해서 형성된 기대를 가지고 분석을 할 것입니다.

《해석!》 천박한 단어군요! 말의 어감이 전혀 좋지 않군요. 그 말에는 확실성이 결여되어 있어요. 모든 것이 나의 해석에 달려 있다면, 내가 올바르게 해석한다는 사실을 누가 보증해 줄 수 있죠? 그래서 결국은 모든 것이 나의 자의에 맡겨져 있는 것입니다.〉

잠깐만! 상황이 그렇게 나쁜 것은 아닙니다. 당신이 다른 사람의 정신 과정에서 인식하게 되는 법칙들에서 당신 개인의 정신적 과정을 배제하면 어떨까요? 어느 정도 자기 나름대로의 원칙을 얻게 되고 지식을 갖게 되면, 당신의 해석은 개인적인 특성으로부터 벗어나 적중하게 될 것입니다. 그렇다고 해서 이러한 일에 분석가의 개성이 전혀 무관하다고 말하는 것은 아닙니다. 무의식적인 것과 억압된 것을 읽어 낼 수 있는 예리한 청취 능력이 — 이 것은 모든 사람이 똑같이 소유하고 있는 것이 아닌데 — 중요한 역할을 합니다. 여기서 무엇보다도 분석가 자신의 심층적인 분석 을 통해서 분석 내용을 편견 없이 받아들일 수 있는 능력을 갖추 어야 하는 의무에 직면하게 됩니다. 사실 아직도 천문학 관찰에 서의 〈개인 오차〉에 비유할 만한 것이 여전히 남아 있습니다. 다 른 어디에서보다 심리학에서 이러한 개인적 요소가 더 많은 역할 을 합니다. 비상한 사람은 정확한 물리학자가 될 수 있습니다. 그 러나 그런 사람은 바로 자신의 비상함 때문에 분석가로서는 정신 적 생활상을 왜곡하지 않고 보는 것이 어렵겠지요. 자기 자신의 비상함을 누군가에게 증명해 보이는 것이 불가능하기 때문에 심 층 심리학의 문제들에서 일반적 일치점에 도달하기 매우 어려운 것입니다. 어떤 심리학자들은 그것이 아예 불가능한 것이며, 어 떤 바보라도 자신의 멍청함과 지혜로움을 보여 줄 동등한 권리가 있다고 생각합니다. 그러나 경험은 심리학에서조차 꽤 만족할 만 한 일치점에 도달할 수 있다는 것을 보여 줍니다. 모든 탐구 영역 이 저마다 특별한 어려움을 갖고 있으며, 우리는 그것을 제거하 기 위해서 노력해야 합니다. 더군다나 분석이라는 해석의 기술에 서는 다른 모든 연구 재료와 마찬가지로 깨달아야 할 많은 것이 있습니다. 예를 들자면 상징을 통한 간접적 표상이라는 독특한 방법과 관련된 것입니다.

〈글쎄요. 그렇다면 나는 심지어 나의 상상에 대해서조차 분석 하고 싶은 생각이 들지 않는군요. 내가 또 다른 놀라운 것들과 마 주치게 될 것이라고 말할 수 있지 않겠어요?〉

그러한 생각을 하는 것은 당연합니다. 아시다시피 훨씬 더 많 은 훈련과 연습이 필요할 것입니다. 당신이 적절한 해석을 발견하게 될 때, 또 다른 과제가 나타나게 됩니다. 당신은 성공에 대한 전망을 갖고 환자에게 당신의 해석을 전달할 수 있을 적절한 순간을 기다려야 합니다.

〈어떻게 하면 항상 적절한 순간을 알 수 있습니까?〉

그것은 요령의 문제입니다. 얼마든지 경험을 통해서 다듬어질 수 있습니다. 만약 분석을 단축하기 위해서 당신이 해석을 발견하자마자 그것을 환자에게 전달한다면 실수를 하게 될 것입니다. 그런 방식으로는 피분석자의 저항이나 반발 혹은 분노만을 자아낼 뿐이고, 그의 자아가 자신의 억압된 내용들을 지배할 수 있게 하는 데 실패할 것입니다. 공식은 이러합니다. 〈그가 억압된 내용에 가까이 접근해서 당신이 제안한 해석의 지도에 따라 단지 몇 발자국만 더 디디면 되는 순간까지 기다려라.〉

〈내가 결코 거기까지 배우지는 못한 것 같군요. 해석을 할 때 이러한 주의를 한다면 그다음은 무엇입니까?〉

그러고 나면 당신은 예기치 못한 사실을 발견하게 될 것입니다.

〈그것이 도대체 뭡니까?〉

당신이 환자에게 속았다는 사실입니다. 당신은 그의 협조와 순종을 조금도 믿을 수 없다는 것입니다. 그는 당신의 분석 활동에 온갖 가능한 어려움을 불러일으키려고 할 것인데, 그 이유는 한마디로 말해서 그가 치료되기를 전혀 바라지 않기 때문이지요.

〈맙소사! 이것은 이제껏 당신이 내게 한 말 중 가장 정신 나간 말이군요. 도저히 믿을 수가 없어요. 그렇게 고통받고 또 그렇게 자발적으로 자신의 아픔에 관해서 털어놓고, 치료를 위해서 그렇게 엄청난 희생을 치르는 환자가 치료되기를 원하지 않는다고 말하다니! 지금 당신이 말하는 것이 이런 뜻은 아니겠죠!〉

천만에요! 내가 말하려는 건 바로 그것입니다. 내가 말한 것은 사실입니다. 물론 이것이 진실의 전체는 아니지만, 확실히 진실의 일부이지요. 환자는 치료되기를 원합니다. 하지만 동시에 치료되기를 원하지 않습니다. 그의 자아는 통일성을 상실했습니다. 그런 이유 때문에 그의 의지 역시 통일성을 상실했습니다. 그렇지 않다면 그는 정상일 테니까요.

《내가 만약 현명하다면, 나는 텔이 아닐 텐데.》[16]

억압된 것들로부터 일탈된 것들이 그의 자아 속으로 부서져 들어가 자아 속에서 확고하게 자리를 잡습니다. 그래서 자아는 그것들을 완전히 통제하지 못하며, 자신이 실제로 억압한 것에 대해서처럼 그것들에 관해서 아무것도 알지 못합니다. 이러한 환자들은 독특한 본성이 있어서 우리가 좀처럼 예상할 수 없는 어려움을 발생시킵니다. 우리의 모든 사회 제도는 통일된 정상적 자아를 가진 사람들에게 알맞도록 형성되어 있습니다. 그래서 사람들은 이러한 자아를 좋은 것인가 혹은 나쁜 것인가로 분류하는데, 자아는 자신의 기능을 제대로 수행하거나 아니면 막강한 영향에 의해서 완전히 제거되어 버립니다. 그래서 바람직한 것인가 그렇지 않은 것인가 하는 사법적 선택만이 남게 됩니다. 이러한 특징 중 어느 것도 신경증 환자에게는 적용될 수 없습니다. 사회적 요구를 그 심리학적 조건에 적용하는 데에는 어려움이 있다는 것을 인정해야 합니다. 이 사실은 지난 전쟁 기간 중에 엄청나게 경험된 바 있습니다. 군 복무를 면제받은 신경증 환자들은 꾀병 환자들이었을까요, 그렇지 않을까요? 그들은 양쪽 모두였습니다. 그들이 꾀병 환자로 취급받고, 그 병들이 대단히 불편해질 경우 그들은 건강을 회복했습니다. 그러나 그들이 회복되어 다시 군 복

16 실러, 『빌헬름 텔』 3막 3장.

무를 하도록 보내질 경우 그들은 즉각 다시 질병을 겪게 되었습니다. 그들의 경우에는 아무것도 할 수가 없었지요. 시민 생활에 있어서 신경증 환자의 경우에도 사태는 동일합니다. 그들은 자신의 질병을 호소하지만 온 힘을 다해서 그것을 이용합니다. 그리고 누군가가 그들로부터 질병을 뺏으려 할 때, 그들은 속담에 나오는 어린 새끼를 거느린 암사자처럼 그것을 보호하려 합니다. 그러나 이러한 모순 때문에 그들을 비난하는 것은 소용이 없습니다.

〈당신 말대로라면, 가장 좋은 계획이란 이렇게 어려운 사람들을 치료하는 것이 아니라 질병을 그대로 남겨 두는 것이 아닌가요? 나는 그들 각각에게 이렇게 엄청난 노력을 기울이는 것이 가치가 있다고는 결코 생각하지 않는데요.〉

당신의 제안을 받아들일 수 없군요. 삶의 어려움에 직면하여 싸우는 것보다 그것에 순응하는 것이 더 적절한 것임에는 틀림없죠. 사실 우리가 다루는 모든 신경증 환자가 분석 치료를 받을 가치가 있는 것은 아니지요. 또한 그들 중에는 매우 존중할 만한 사람들도 있습니다. 우리는 가급적이면 어느 누구도 정신적 결함 없이 문명화된 삶을 영위할 수 있도록 하는 것에 목표를 두어야 합니다. 그리고 이러한 목적을 위해서 우리는 많은 경험을 수집하고 많은 것을 이해하는 것을 배워야 합니다. 모든 분석이 교육적인 것이며, 개별 환자의 개인적 가치와는 별개로 새로운 이해의 장을 가져다주는 것입니다.

〈그러나 환자의 자아 속에 질병을 유지하려는 의지적 충동이 형성되었다면, 그러한 충동은 틀림없이 이유와 동기를 가지고 있으며 나름대로 정당화할 수 있는 것이겠죠. 어느 누군가가 왜 아프기를 원하는지, 혹은 그러한 질병을 유지함으로써 무엇을 얻겠

다는 것인지를 안다는 것은 불가능한 일입니다.〉

　아, 그것은 이해하기 어렵지 않아요. 아프기 때문에 군 복무를 하지 않을 수 있는 전쟁 신경증 환자를 생각해 봐요. 시민 생활에서 질병은 한 사람의 업무 능력이나 다른 사람과의 경쟁에서 무능함의 표시로 간주되지요. 한편 그것은 가정에서 다른 가족 구성원의 희생과 사랑을 얻어 내거나, 혹은 자신의 의지를 가족들에게 강요하는 수단으로 사용될 수 있지요. 이 모든 것이 표면 근처에 놓여 있습니다. 우리는 이것을 〈질병으로부터 얻는 이득〉이라는 말로 요약할 수 있지요. 그러나 환자 — 즉 그의 자아 — 가 그것과 결부된 이러한 동기와 행동의 전체적인 연관에 대해서 아무것도 모르고 있다는 것은 신기한 일이지요. 사람들은 자아가 그것들을 인식하도록 강요함으로써 이러한 흐름의 영향력을 떨치려고 하지요. 그러나 훨씬 더 깊은 곳에는 다른 동기들이 자리 잡고 있는데, 이것은 계속 아프려고 하는 것이지요. 쉽게 취급될 수 있는 문제가 아닙니다. 이러한 동기들을 심리학 이론에 대한 탐구 없이 이해하려는 것은 불가능한 일이지요.

　〈계속해 보세요. 사실 더 많은 이론도 지금은 설득력이 없을 것입니다.〉

　내가 당신에게 자아와 이드 간의 관계를 설명했을 때 정신 구조 이론의 중요한 부분을 빠뜨렸습니다. 자아 자체 내에 초자아라는 특수한 기관이 분화되었다고 가정해야 합니다. 이 초자아는 자아와 이드 사이라는 특수한 위치에 있습니다. 이것은 자아에 속하는 것으로서 고도의 심리학적 조직체입니다. 그러나 초자아는 이드와 매우 특별한 친분 관계에 있습니다. 사실상 초자아는 이드가 최초로 대상 리비도를 과잉 집중시킨 결과이며, 오이디푸스 콤플렉스가 제거된 후에 남아 있는 그것의 잔여물입니다. 이러한 초자아는 자아와 대면하여 자아를 마치 하나의 객체로 다룹니다. 그리고 초자아는 종종 자아를 심하게 다루기도 합니다. 자아는 이드뿐만 아니라 초자아와 잘 지내는 것이 중요합니다. 자아와 초자아 간에 생기는 불화는 정신생활에서 엄청나게 심각한 것입니다. 이미 당신은 초자아가 양심이라고 부르는 것의 매개물이라는 사실을 눈치채셨을 것입니다. 정신 건강은 많은 부분 초자아가 정상적으로 발전하느냐에, 즉 초자아가 사적이지 않고 객관적으로 되는가에 달려 있습니다. 오이디푸스 콤플렉스가 정상적인 변형의 과정을 겪지 못한 신경증 환자들이 결여하고 있는 부분이 바로 이러한 것입니다. 그들의 초자아는 마치 엄격한 아버지가 아이를 대하듯이 그들의 자아를 대하고 있습니다. 그들의 도덕성은 자아가 초자아에 의해서 자신을 처벌하는 것과 같은 원시적인 형태로 작동하고 있는 것입니다. 그래서 질병이 이러한 〈자기 처벌〉을 위한 도구로서 사용되고 있는 것입니다. 신경증 환자들은 그들이 마치 만족하기 위해서는 질병에 의해서 처벌되어야 할 필요가 있다는 식의 죄책감에 의해서 규제되고 있는 듯이 행동해야 합니다.

〈상당히 신비롭게 들리는군요. 가장 이상한 점은 환자 양심의 이러한 막강한 힘이 그의 의식에 미치지 못한다는 사실입니다.〉

맞습니다. 우리는 이제 막 이 환경들의 중요성을 느끼기 시작하고 있는 것입니다. 내 설명이 애매한 것으로 보일 수밖에 없는 것도 이 때문이지요. 그러나 계속 진행해 보겠습니다. 회복에 대항하는 모든 힘을 환자의 〈저항력〉이라고 합시다. 질병으로부터 얻는 이득이란 바로 이러한 저항이지요. 〈무의식적인 죄책감〉은 곧 초자아의 저항을 나타냅니다. 그리고 이것은 가장 막강한 요소이며 우리가 가장 두려워하는 것입니다. 우리는 치료 도중 다른 저항들과도 마주치게 됩니다. 초기에 자아가 두려움 때문에 억압을 경험하게 된다면, 두려움은 이후에도 여전히 남아서 억압된 내용에 자아가 접근하려 할 때 저항으로 나타나는 것입니다. 충분히 예상할 수 있듯이, 지금까지 수십 년 동안이나 특별한 방식으로 진행되어 오던 본능적 과정이 지금 막 열려진 새로운 길을 갑자기 걷게 된다고 생각할 때 생겨나는 어려움이 있겠죠. 이러한 어려움이 소위 이드의 저항이라는 것입니다. 이 모든 저항을 물리치는 것이 분석 치료 과정에서 우리의 주된 과제인 것입니다. 해석한다는 과업은 이것과는 전혀 비교될 수 없겠지요. 그러나 이러한 저항의 물리침이나 극복의 결과로서 환자의 자아는 많이 바뀌고 강화되어서, 치료가 끝날 때면 그의 미래 행동을 조용히 기대할 수가 있습니다. 그렇다면 왜 이렇게 오랜 기간의 치료가 필요한지를 이해할 수 있으시겠지요. 전개 과정이 얼마나 긴가, 혹은 내용이 얼마나 많은지가 관건이 아닙니다. 분석을 행하는 통로가 명확한 것인가 아닌가 하는 것이 더 중요한 문제입니다. 평상시에는 기차로 두 시간 만에 통과할 수 있는 변방의 경계선을, 군대가 적의 저항을 격파하면서 통과하는 데는 몇 주일이 걸릴 수도 있습니다. 정신생활에서도 역시 이러한 전쟁은 시간을 요구하는 것이지요. 불행하게도 지금까지 서둘러서 행했던 분석 치료의 모든 노력은 실패했다고 말할 수밖에 없습니다. 결국 분석을 단축하는 가장 좋은 방법은 규칙에 따라서 분석을 수행하는 것입니다.

〈만약 내가 당신의 영역을 침범하여 다른 사람을 분석하려는 생각이 들었다면, 당신이 말한 저항이라는 것이 나로 하여금 그러지 못하도록 했겠군요. 그런데 당신 자신이 결국 인정한 특수한 개인적 영향은 어떻습니까? 그러한 개인적 영향이 저항에 대

해서 반작용을 하게 되지는 않습니까?〉

　당신의 그 질문은 좋은 지적입니다. 이러한 개인적인 영향은 우리의 가장 강력하고 역동적인 무기입니다. 그것은 우리가 상황에 도입한 새로운 요소이며, 동시에 그 요소를 통해서 우리는 저항을 완화시킬 수 있습니다. 우리의 설명이 담고 있는 지적인 내용은 그와 같은 일을 할 수 없습니다. 왜냐하면 자신을 둘러싼 세상의 모든 편견을 공유하고 있는 환자는, 우리에 대한 과학적 비판자들만큼이나 우리를 믿으려 하지 않기 때문입니다. 신경증 환자가 분석에 대해 반응을 보이기 시작하는 것은 그가 분석가를 신뢰하게 되면서부터이며, 또 그가 신뢰를 갖게 되는 것은 그가 분석가라는 인물에 대해 특별한 정서적 태도를 취하게 되기 때문입니다. 어린아이들 역시 그들이 애착을 갖는 사람들만을 믿습니다. 이처럼 특별히 커다란 〈암시적〉 영향을 우리가 얼마나 많이 사용하는지에 대해서는 이미 말했습니다. 이는 증상을 억압하기 위해서가 아니라 — 이 점이 분석적 방법을 다른 심리 치료적 절차와 구별시키는 점인데 — 환자로 하여금 자신의 저항을 극복하기 위한 동력을 제공하기 위해서입니다.

　〈좋습니다. 그렇다면 그것이 성공하고 나면 모든 것은 수월하게 진행된다는 말입니까?〉

　그렇습니다. 원칙적으로는 그렇습니다. 그러나 예기치 않은 어려움이 나타납니다. 아마도 분석가를 가장 놀라게 하는 것은, 환자가 분석가에 대하여 취하는 정서적 관계가 매우 독특한 성격을 가지고 있다는 사실입니다. 분석을 시도했던 첫 번째 의사 — 나는 아니었습니다 — 는 이러한 현상에 직면했고 어찌할 바를 몰랐습니다. 왜냐하면 이 정서적 관계란 간단히 말해서 사랑에 빠지는 것에 해당하기 때문이지요. 이상하지 않습니까? 더군다나 분석가가 그것을 도발한 것도 아니고, 인간적으로 말해 오히려 환자로부터 거리를 둘 뿐 아니라 어느 정도의 유보적 태도를 보인다는 점을 고려한다면 특히 이상합니다. 그 외에도 이처럼 이상한 사랑의 관계가 실제의 호의라든지 여러 가지 형태의 개인적 매력, 나이, 성, 계급 등을 전혀 고려하지 않는다는 사실을 알게 되면 더욱 그렇습니다. 이러한 사랑은 강박적인 성격의 것입니다. 물론 자발적으로 사랑에 빠지는 경우라고 해서 이러한 강박성이 없으리라는 법은 없습니다. 여러분도 알다시피 그런 경우는 흔합니다. 그러나 분석적 상황에서는 이러한 사랑이 합리적인 설명을 불가능하게 하면서 거의 규칙적으로 나타납니다. 분석가에 대한 환자의 관계는 단지 일정한 만큼의 존경, 신뢰, 감사, 인간적 공감 등을 요구한다고 생각하는 것이 자연스러웠는데, 오히려 이와 같은 사랑이 나타나는 것입니다. 이 사랑은 병리적 현상이라는 인상을 줍니다.

〈나는 그것이 당신의 분석적 목적에 도움이 된다면 아무래도 상관없다고 봅니다. 만일 누군가가 사랑에 빠졌다면 그는 순종적일 것이고, 그렇다면 상대방을 위해서 무엇이든지 할 것입니다.〉

그렇습니다. 그것은 처음에는 도움이 됩니다. 그러나 이러한 사랑이 점점 깊어지면 그 사랑의 본성이 드러나는데, 이것은 대개가 분석의 과제와 양립할 수 없는 것입니다. 환자의 사랑은 순종하는 것에 만족하지 못합니다. 즉 그 사랑은 점차 엄격해지기 시작하고, 애정 어린 감각적 만족을 요구하게 됩니다. 또 배타성을 요구하며 질투를 발전시키고, 더욱더 그 이면을 드러내기 시작하여, 만일 자신의 목적을 이루지 못하면 쉽사리 적대적이고 보복적으로 변해 갑니다. 동시에 모든 사랑과 마찬가지로 그것은 다른 모든 정신적 자료를 몰아내 버립니다. 즉 그것은 치료와 회복에 대한 관심을 소멸시킵니다. 간단히 말해서 그 사랑은 신경증을 대신하게 되고, 우리는 결국 하나의 질병을 다른 질병으로 대체시키는 결과만을 얻게 됩니다.

〈그러면 절망적인 것 같군요. 그것을 어떻게 해야 합니까? 분석가는 포기해야만 할 것 같군요. 그렇지만 당신이 말하듯이 모든 경우에 그와 같은 일이 발생한다면, 분석을 수행하는 것 자체가 불가능한 것같이 들립니다.〉

우리는 그 상황으로부터 무엇인가를 배우기 위해서 그 상황을 이용하는 것으로부터 시작할 것입니다. 우리가 배운 것은 그것을 극복하는 데 도움을 줄 수 있을 것입니다. 내용이야 어떻게 되었든, 모든 신경증을 병리적인 사랑의 상태로 변화시켰다는 사실이 주목할 만한 것은 아닐까요?

비정상적으로 사용되어 온 성생활의 일부가 신경증의 밑바닥에 놓여 있다는 우리의 확신은 이와 같은 경험을 통해서 확고하게 강화되는 것임에 분명합니다. 이러한 발견으로 우리는 다시 한번 굳건한 토대 위에 서게 되는 것이며, 이 사랑 자체를 분석의 대상으로 삼을 수 있습니다. 그러면 우리는 또 다른 사실을 알게 됩니다. 분석적인 사랑은 내가 묘사하려고 했던 것처럼 모든 경우에서 분명하게 단적으로 나타나지는 않습니다. 왜 그럴까요? 그 이유는 곧 알게 됩니다. 그의 사랑이 지닌 전적으로 감각적인 측면과 적대적인 측면이 스스로 드러내려는 것에 비례해서 그것에 대한 환자의 저항감이 상승됩니다. 그는 그러한 측면과 싸우면서 그것들을 억압하려는 시도를 뚜렷하게 드러냅니다. 그렇게 되면 우리는 무슨 일이 일어나고 있는가를 이해하게 됩니다. 환자는 이전에 한때 있었던 정신적 경험을 분석가와 사랑에 빠지는 형태로 〈반복하고〉 있는 것입니다. 즉 그는 이미 자신의 내부에 놓여져 있고, 또 그의 신경증과 긴밀히 관련되어 있는 정신적 태도를 분석가에게 전이시켰던 것입니다. 그는 또한 이전의 방어 행위를 우리 눈앞에서 반복하고 있습니다. 즉 그는 그의 삶 중에 잊혀진 시기의 역사 〈전부〉를 분석가와의 관계 속에서 철저히 반복하고 싶어 하는 것입니다. 따라서 그가 우리에게 보여 주는 것은 그의 내밀한 생애의 핵심입니다. 〈즉 그는 그것을 기억하는 대신에, 마치 그것이 실제로 지금 일어나고 있는 것처럼 현실적으로 재생산하고 있는 것입니다.〉 이런 식으로 전이적 사랑의 수수께끼는 풀리며 — 매우 위협적인 것으로 보였던 새로운 상황의 〈도움〉을 받아 — 분석은 원래의 방식으로 진행될 수 있습니다.

〈그것 참 교묘하군요. 그렇다면 환자는 자신이 사랑에 빠진 것이 아니라, 단지 옛날의 일부를 재연하려고 한 것임을 쉽게 수긍합니까?〉

모든 것이 바로 그 점에 달려 있습니다. 그리고 〈전이〉를 다루는 모든 기술은 그와 같은 수긍을 야기하는 것에 집중됩니다. 앞서 보았듯이, 분석 기술의 필요 조건은 이 점에서 그 극한에 달합니다. 여기서 매우 심각한 실수가 발생할 수도 있고 대단한 성공이 기록될 수도 있습니다. 전이를 억압하거나 무시하는 식으로 곤경을 피하려고 시도하는 것은 어리석은 일입니다. 그렇게 되면 다른 어떤 치료가 이루어지더라도 분석이라는 이름을 받을 가치가 없습니다. 전이 신경증의 곤란이 발생하자마자 환자를 멀리해 버리는 것은 온당한 일이 아니며, 더 나아가 비겁한 짓입니다. 그것은 마치 마법으로 영혼을 불러낸 다음, 그것이 나타나자마자 도망쳐 버리는 일과 같습니다. 물론 때로는 다른 일이 불가능한 경우도 있습니다. 발생한 전이를 극복하지 못하고 분석이 중단되는 경우도 있습니다. 그러나 분석가는 적어도 최선을 다해서 악령과 싸워야만 합니다. 전이의 요구에 승복하는 것, 애정 어린 감각적 만족에 대한 환자의 바람을 만족시켜 주는 것은, 단지 도덕적 고려에서만 금지되는 것이 아니라 분석의 목적을 성취하기 위한 기술적 수단으로서도 전적으로 비효과적인 것입니다. 신경증 환자는 쉽게 발생하는 무의식적 정형을 교정하지 않은 채 재생산하게 하는 것으로는 치료될 수 없습니다. 만일 분석가가 분석에서 이후의 협조를 얻기 위해 그 대가로 환자에게 부분적인 만족을 제공하는 식으로 타협을 한다면, 그는 자신이 병든 보험 대리인을 개종시키려고 한 성직자와 같은 우스꽝스러운 상황에 빠져 있음을 알게 될 것입니다. 그 환자는 개종하지 않았고 성직자는 보험을 계약하고 헤어졌습니다. 전이 상황에서 벗어나는 유일한 길은, 그것을 추적하여 환자가 실제로 체험했던 그대로 환자의 과거에 도달하거나, 혹은 환자가 자신의 상상력의 소원 성취 활동을 통해 묘사한 대로의 과거에 도달하는 것입니다. 그러므로 이렇게 되기 위해서는 분석가가 노련해야 하며 인내심과 평온함, 극기심 등을 가지고 있어야 합니다.

〈그렇다면 신경증 환자가 자신의 전이적 사랑의 원형을 체험했던 것은 언제라고 생각합니까?〉

그것은 그의 어린 시절입니다. 즉 그의 양친 중 한 사람과의 관계에서입니다. 여러분은 이러한 초기의 정서적 유대에 우리가 부여하는 중요성이 얼마나 큰지를 기억할 것입니다. 여기서 일단 끝내겠습니다.

〈이제 끝나는 것입니까? 지금까지 들은 것에 대해 약간의 당황스러움이 있습니다. 한 가지만 더 말해 주십시오. 분석을 수행하는 데 무엇이 필요한지를, 어떻게 그리고 어디에서 배울 수 있습니까?〉

현재 정신분석에 대한 강의가 제공되는 두 개의 기관이 있습니다. 하나는 막스 아이팅곤 박사가 베를린에 설립한 곳입니다. 그는 그곳 학회의 회원입니다. 다른 하나는 상당한 희생을 감내하면서 자체 경비로 빈 정신분석학회가 운영하는 곳입니다. 당국이 담당하는 역할은 초기 단계에 발생하는 난점 때문에 현재 제한되어 있습니다. 세 번째의 교육 기관은 어니스트 존스 박사의 감독 아래 런던 학회에 의해 런던에서 창설되었습니다. 이러한 기관에서는 후보자들 자신이 분석의 대상이 되고, 그들에게 중요한 모든 주제에 대한 강의를 통해 이론적인 교육을 받습니다. 그리고 경험 많은 연장자들의 감독 아래서 비교적 가벼운 증상을 직접 다루어 보도록 허용됩니다. 이 교육은 대략 2년 정도가 걸립니다. 물론 이 교육을 이수했다 하더라도 후보자는 전문가가 아니라 단지 초보자일 뿐입니다. 그 외에 필요한 것은 실습을 통해 습득하고, 또 연장자나 젊은 회원 모두가 만나는 정신분석학회에서의 의견 교환을 통해 얻게 됩니다. 정신분석 작업을 위한 준비는 결코 쉽거나 단순한 것이 아닙니다. 그 작업은 고된 것이며 책임은 엄청납니다. 그러나 그러한 교육 과정을 이수하고, 자신을 분석해 보고, 무의식에 대해 현재의 심리학이 가르치는 것을 습득하고, 성생활에 대한 과학적 시선에 대해 불편함을 느끼지 않으면서, 정신분석학의 미묘한 기술, 해석 방식, 저항을 처리하고 전이를 다루는 방식 등을 배운 사람이라면, 그는 〈더 이상 정신분석학의 분야에서 비전문가가 아닙니다〉. 그는 신경증을 치료할 수 있으며, 적절한 때가 되면 그 분야에서 이러한 치료 형태로부터 요구될 수 있는 모든 것을 성취할 수 있습니다.

6

〈당신은 정신분석학은 어떤 것이고, 성공에 대한 전망을 갖고 그것을 실행하기 위해서는 어떤 종류의 지식이 필요한지를 내게 보여 주는 데 많은 노력을 기울였습니다. 좋습니다. 당신의 말에 귀 기울이는 것이 내게 아무런 해가 되지 않겠군요. 그러나 나는 당신의 설명이 내 판단에 어떤 영향력을 미치리라고 당신이 기대하고 있는지 모르겠습니다. 나는 그것에 관해 이상할 것은 아무 것도 없는 사례가 내 앞에 놓여 있는 것을 압니다. 신경증은 특수한 종류의 질환이고, 분석은 그것을 치료하는 특수한 방법 ─ 의학의 전문화된 분야 ─ 입니다. 의학의 특수한 분야를 선택한 의사가 그의 자격증에 의해 확증된 교육에 만족할 수 없다는 것은 다른 사례들에 있어서도 통례입니다. 특히 그가 전문가들에게 생계를 해결해 줄 수 있는 상당히 큰 도시에서 개업하려고 하는 사람이라면 말입니다. 외과 의사가 되고 싶어 하는 어떤 사람은 몇 년 동안 외과 병원에서 일하려 노력하고, 안과 의사와 이비인후과 의사 등도 유사하며, 국가 기관이나 요양소에서 벗어날 수 없을 정신과 의사는 말할 것도 없습니다. 그리고 정신분석학자의 경우에도 동일할 것입니다. 이처럼 새롭게 전문화된 의학 분야에 가담하기로 작정한 사람은 그의 연구가 완성되었을 때, 만약에 실제로 그렇게 많은 시간이 필요하다면, 당신이 말한 교육 기관에서 2년간의 교육을 받으려고 할 것입니다. 그는 나중에 정신분석학회에 있는 동료와 관계를 유지하는 것이 자신에게 유리하다는 사실도 알게 될 것이고, 모든 일이 척척 잘되어 갈 것입니다. 나는 이런 점에서 비전문가 분석의 문제점이 어디에 있는지 모르겠습니다.〉

당신이 그처럼 말한 대로 행하는 의사는 우리 모두에게 환영받을 것입니다. 내가 내 제자로서 인정하는 사람들 중 5분의 4는 어쨌든 의사입니다. 그러나 분석에 대한 의사들의 관계가 실제로 어떻게 발전했는지, 그리고 그 관계가 어떻게 발전을 계속할지 당신에게 알려 드리겠습니다. 의사들은 분석을 독점하려는 역사적인 주장을 하지는 않습니다. 반대로 최근에 와서야 그들은, 가장 천박한 조소에서부터 가장 심각한 비방에 이르기까지, 분석에 손상을 입힐 수 있는 가능한 모든 것과 더불어 분석을 접했습니다. 당신은 마땅히 그것은 과거지사이고 미래에까지 영향을 미칠 필요가 없다고 대답할 것입니다. 나는 동의하지만, 미래가 당신이 예언했던 것과는 다를까 우려됩니다.

〈돌팔이〉라는 단어에 법률적인 의미 대신 그 단어가 가져야만 하는 의미를 부여하도록 허용해 주십시오. 법률에 따르면 돌팔이는 그가 의사라는 것을 증명하는 국가 자격증 없이 환자들을 치료하는 사람입니다. 나는 다른 정의를 더 좋아합니다. 즉 돌팔이는 치료에 필요한 지식과 능력을 갖지 못하고서 치료에 착수하는 사람이라는 정의 말입니다. 이러한 정의에 바탕을 두고서, 나는 — 단지 유럽 국가들에서뿐만 아니라 — 의사들이야말로 분석에 있어 돌팔이 집단을 이루고 있다고 과감히 주장하는 바입니다. 그들은 분석 요법을 배우지도 않고 그것을 이해하지도 못한 채 아주 빈번하게 분석을 실행합니다.

그것이 비양심적인 일이며, 의사들이 그럴 리가 없다고 반론을 제기하셔도 소용이 없습니다. 하지만 어쨌든 의사는 의사 자격증이 나포(拏捕) 면허장이 아니라는 것[17]과, 환자는 무법자가 아니라는 것을 압니다. 그리고 우리는 항상 의사가 행여 실수를 할지라도 훌륭한 신념을 갖고서 행동한다고 인정해야만 합니다.

어쨌든 그런 것들이 당신이 생각한 그대로 설명될 수 있기를 우리는 바랄 것입니다. 의사가 모든 다른 영역에서는 조심스럽게 회피했을 그런 태도로 정신분석학과 관련하여 행위하는 것이 어떻게 가능해지는지를 나는 당신에게 설명하려고 노력할 것입니다.

첫 번째 고려할 점은, 의과 대학에서 의사는 정신분석을 위한 준비로서 필요한 것과는 다소 정반대되는 교육을 받는다는 점입니다. 그는 해부학, 물리학, 화학의 객관적으로 확인 가능한 사실들에 주의를 기울여 왔고, 의학적인 치료의 성공은 그러한 사실들을 정확하게 평가하고 적절하게 조치를 취하는 데 달려 있습니다. 지금까지 생명이 없는 자연에서도 관찰될 수 있는 힘의 작용에 의해 생명의 문제가 우리에게 설명되어 왔던 것에 한에서, 그 문제는 그의 시야 속으로 들어오게 됩니다. 그의 관심은 생명 현상의 정신적인 측면에서 자극받지 않습니다. 의학은 또 다른 능력의 영역에 놓여 있는 좀 더 고차원적이고 지적인 기능에 대한 연구에 관심을 두지 않습니다. 오직 정신 의학만이 정신적 기능의 장애를 다루는 것으로 여겨집니다. 그러나 우리는 그것이 어떤 방식으로 어떤 목적을 갖고 그렇게 하는지 압니다. 정신 의학은 정신적 장애의 육체적인 결정 요인들을 찾고, 그 요인들을 다른 질환의 원인과 같이 취급합니다.

17 즉 그에게 사략선(私掠船)의 면허를 주지 않는다는 말이다.

정신 의학이 그렇게 하는 것은 정당하며 의학 교육은 분명히 매우 훌륭합니다. 만약 그것이 일면적이라고 표현된다면, 사람들은 우선 어떤 관점에서 그것을 일면적이라고 비난하는지 알아야 합니다. 모든 과학은 그 자체로 일면적입니다. 그럴 수밖에 없습니다. 왜냐하면 과학은 특정한 주제, 특정한 관점, 그리고 특정한 방법에 자신을 한정하기 때문입니다. 내가 관계하고 있지 않은 분야에서, 하나의 학문을 다른 학문과 싸움을 붙여 덕을 본다는 것은 터무니없는 생각입니다. 아무튼 물리학은 화학의 가치를 감소시키지 않습니다. 물리학은 화학을 대체할 수 없지만 화학에 의해 대체될 수도 없습니다. 정신분석학은 확실히 정신적인 무의식에 대한 과학으로서, 상당히 특별하게 일면적입니다. 그러므로 우리는 의학에 대해 일면적일 수 있는 권리를 논박해서는 안 됩니다.

우리가 과학적인 의학으로부터 실제적인 치료술로 관심을 돌릴 경우, 우리는 바로 우리가 알아내려던 그 관점을 만나게 됩니다. 환자는 복잡한 유기체입니다. 그는 파악하기 매우 힘든 정신적 현상조차 생명에 대한 그림으로부터 삭제되어서는 안 된다는 것을 우리에게 상기시켜 줄 수도 있습니다. 실제로 신경증 환자들은 귀찮고 복잡한 문젯거리이며, 법률 체계나 군무(軍務)에서와 마찬가지로 치료술에 대해서도 당혹스러운 존재입니다. 그러나 그들은 존재하며 의학의 특별한 관심거리입니다. 그러나 의학 교육은 그들을 이해하고 치료하기 위해 아무것도, 문자 그대로 아무것도 하지 않습니다. 우리가 육체적인 것과 정신적인 것으로 구분하는 사물들 사이의 밀접한 연관을 고려하여, 우리는 유기적인 생물학과 화학으로부터 신경증 현상의 영역으로 인도하는 지식과, 바라건대 영향력의 통로가 열려질 날을 기대할 수도 있습니다. 그날은 여전히 멀어 보이며, 당분간 의학의 방향에서 이러한 질환에 접근하는 것은 불가능합니다.

　의학 교육이 단지 의사들에게 신경증 영역으로의 어떤 방향을 제시하지 못할 뿐이라면, 그것은 참을 만할 것입니다. 그러나 그 이상입니다. 그것은 의사들에게 그릇되고 해로운 태도를 가르칩니다. 삶의 정신적인 요소들에 관심을 가져 본 적이 없던 의사들은 너무도 쉽게 이러한 요소들을 저평가하고 비과학적인 것이라고 경멸합니다. 그런 이유로 그들은 정신적인 요소들과 관계가 있는 어떤 것을 진정으로 진지하게 받아들일 수 없으며, 그로부터 도출되는 책무를 인정하지 않습니다. 그러므로 그들은 심리학적 탐구에 대한 존경을 결여하고 있는 비전문가의 입장에 빠지게 되며, 그들 자신의 과제를 스스로에게 편하도록 만들어 버립니다 ── 의심의 여지 없이 신경증 환자는 치료받아야만 합니다. 왜냐하면 그들은 환자이고 의사에게 오기 때문입니다. 그리고 사람들은 항상 새로운 어떤 것을 가지고 실험할 준비가 되어 있어야 합니다. 그러나 무엇 때문에 지루한 예비 과정의 부담을 지려 하겠습니까? 그럭저럭 잘 해낼 수 있을 텐데. 분석 기관에서 가르치는 것이 쓸모가 있을지 누가 알겠습니까? ── 그런 의사들이 그 문제에 관해 더 적게 이해하면 할수록, 그들은 더욱더 대담해집니다. 진정으로 아는 사람만이 겸손합니다. 그는 그의 지식이 얼마나 불충분한지 알기 때문입니다.

　당신이 나를 설득하기 위해 내놓은, 분석에 있어서의 전문화와 의학의 다른 분야들에서의 전문화 사이의 비교는, 따라서 적절할 수 없습니다. 외과, 안과 등에 대해 의과 대학 자체는 더 심화된 교육을 위한 기회를 제공합니다. 분석적인 교육 기관들은 그 수가 적고, 연륜이 짧으며, 권위도 없습니다. 의과 대학들은 그 기관들을 인정하지 않고 있으며 별로 주목하지도 않습니다. 자신의 선생들을 곧이곧대로 믿어서 자신의 판단에 대해 교육받을 기회를 별로 얻지 못한 젊은 의사는, 아직까지 아무런 권위를 인정받지 못하고 있는 영역에서 비판자의 역할을 할 한번의 기회를 기꺼이 잡으려고 할 것입니다.

분석적인 돌팔이로서 그가 등장하는 데 유리한 또 다른 사태들도 있습니다. 만일 그가 충분한 준비 없이 눈 수술에 착수하려고 노력한다면, 백내장 적출과 홍채 절제술의 실패, 그리고 더 이상 환자가 없음으로 인해 그의 위험스러운 모험은 곧 끝나게 될 것입니다. 분석의 실행은 그에게 비교적 안전합니다. 대중은 눈 수술의 평균적인 성공 결과에 익숙해져 있기에 외과 의사에 의해 치료되기를 바랍니다. 그러나 〈신경 전문가〉의 경우, 환자들을 회복시키는 데 실패한다고 해서 아무도 놀라지는 않습니다. 사람들은 신경증 치료의 성공에 익숙하지 않고, 또 성공한 적이 없으며, 신경 전문가는 적어도 〈신경증에 많은 곤란을 겪었습니다〉. 실제로 이루어질 수 있는 일이 많지 않기 때문에 자연이나 시간이 도와주어야 합니다. 여성에게는 우선 월경이 있고, 그다음에는 결혼, 그리고 나중에는 폐경기가 있습니다. 끝으로 죽음이 실제로 도움을 줍니다. 게다가 의학적인 분석가가 자신의 환자와 더불어 했던 일은 너무도 뚜렷하지 않아서 그것에 대해 어떤 비난도 할 수 없습니다. 그는 어떤 도구나 약품을 사용하지 않습니다. 그는 단지 환자와 대화하고 그 환자에게 어떤 것을 권고하거나 말리려고 합니다. 확실히 그것은 아무런 해를 입히지 못합니다. 특히 그가 괴로움을 주거나 동요시키는 주제들을 건드리지 않으려고 한다면 말입니다. 엄격한 가르침을 회피했던 어떤 의학적인 분석가는 틀림없이 분석을 향상시키고, 독 이빨을 뽑아내어 그것을 환자에게 유쾌한 것으로 만들려는 시도를 빠뜨리지 않을 것입니다.

그리고 그는 거기에서 멈추는 것이 현명합니다. 왜냐하면 그가 실제로 저항을 불러일으키려는 시도를 감행하고 그 저항에 어떻게 대처해야 할지 모른다면, 그는 심각할 정도로 평판이 나빠질 수도 있기 때문입니다.

정직하게 말하면, 훈련받지 않은 분석가의 활동은 숙련되지 않은 외과 의사의 활동보다 환자에게 해를 덜 입힌다는 점을 인정할 수밖에 없습니다. 있을 수 있는 피해는 환자가 쓸데없는 지출을 하게 되었다는 것과 회복의 기회가 없어지거나 줄어들었다는 것에 한정됩니다. 게다가 분석적인 치료에 대한 명성은 저하되었습니다. 이 모든 것은 매우 바람직하지 못하지만, 돌팔이 외과 의사의 칼에 위협받는 것과는 비교도 되지 않습니다. 내가 판단하기에, 병리적인 조건의 극심한 또는 지속적인 악화에 대해서는 분석을 미숙하게 사용한다고 해도 두려워할 필요가 없습니다. 달갑지 않은 반응은 잠시 후에 멈춥니다. 그 질환을 일으켰던 삶의 외상과 비교하면, 의사에 의한 사소한 실수는 중요하지 않습니다. 그것은 단순히 부적절한 치료의 시도가 환자에게 별로 소용이 없었다는 것뿐입니다.

〈나는 당신을 가로막지 않고 분석에서의 돌팔이 의사에 대한 당신의 설명을 들었습니다. 비록 당신이 의사라는 직업에 대해 적대감에 사로잡혀 있다는 인상을 받았고, 당신 자신은 의사라는 직업의 역사적인 사명에 대한 길을 제시했지만 말입니다. 그러나 나는 분석이 수행되어야 한다면, 분석에 대해 철저하게 교육받은 사람에 의해 행해져야 한다는 한 가지 사실만은 인정하겠습니다. 그리고 당신은 시간이 흐르면 분석으로 방향을 바꾼 의사들이 그러한 교육을 받기 위해 모든 것을 할 것이라고 생각하지 않습니까?〉

나는 개의치 않습니다. 분석적인 교육 기관에 대한 의과 대학의 태도가 변화하지 않는 한, 의사들은 그들 자신에게는 너무도 큰 문제를 쉽게 처리하려는 유혹을 받게 될 것입니다.

〈그러나 당신은 비전문가 분석의 문제에 관한 어떤 직접적인 언급을 지속적으로 회피하려고 하는 것처럼 보입니다. 지금 내가 추측하는 것은 이렇습니다. 분석하기를 원하는 의사들을 계속해서 저지하는 것이 불가능하기 때문에, 당신은 사실상 그에 대한 복수로서 그들에게서 분석의 독점권을 빼앗고, 이러한 의료 활동을 비전문가에게도 개방함으로써 그들을 벌주려는 제안을 하고 있다는 것입니다.〉

나는 당신이 내 동기를 정확하게 추측했는지에 대해서는 말할 수 없습니다. 아마도 나는 나중에 당신 앞에 덜 편파적인 태도의 증거를 내놓게 될 것입니다. 그러나 나는 〈특별한 교육에 의해 분석을 실행할 권리를 획득하지 못한 사람은 그 누구도 그것을 실행해서는 안 된다〉는 요구를 강조합니다. 그런 사람이 의사든 아니든 그것은 내게 중요하지 않아 보입니다.

〈그렇다면 당신은 어떤 분명한 제안을 갖고 있습니까?〉

나는 아직 그에 관해 제안할 것이 없습니다. 그리고 내가 거기에 도달하게 될지도 알 수 없습니다. 나는 또 다른 문제를 당신과 함께 논의하고 싶고, 무엇보다도 하나의 특별한 문제를 건드리고 싶습니다. 의료계의 부추김을 받는 당국은 비전문가에 의해 행해지는 분석을 모두 금지하고 싶어 한다고 합니다. 그러한 금지는 의사가 아닌 정신분석학회의 구성원들에게도 영향을 미칠 것입니다. 그런데 그들은 훌륭한 교육을 받았고 실습을 통해 그들 자신을 아주 완벽하게 만들었습니다. 금지령이 제정된다면, 우리는 수많은 사람이 활동 — 그들이 매우 잘 수행하고 있다고 사람들이 안전하게 확신할 수 있는 활동 — 을 수행하지 못하게 되는 처지에 놓이게 될 것입니다. 반면에 동일한 활동이 다른 사람들에게는 개방되는데, 그들에게는 유사한 보장이 문제가 되지 않습니다. 그것은 입법화를 통해 얻으려고 했던 원래의 결과는 아닙니다. 그러나 이러한 특별한 문제는 별로 중요하지도 않고 해결하기 어려운 것도 아닙니다. 오직 소수의 사람들만이 그러한 조치와 관련되고, 또한 그들은 심각한 대가를 치르지도 않습니다. 그들은 아마 어떤 법률로도 그들이 숙달되어 있다고 인정받는 것을 방해하지 않을 독일로 이주할지도 모릅니다. 그들이 이렇게 하지 않도록 법률의 가혹함을 완화하는 것이 바람직하다면, 그 일은 어떤 잘 알려진 선례들에 기초해서 쉽게 이루어질 수 있습니다. 오스트리아 군주제 시대에 특정한 영역에서 개인적으로 의료 활동을 수행하는 것을 악명 높은 돌팔이들에게 허용해 주는 일이 반복적으로 일어났습니다. 왜냐하면 사람들은 그들의 실제 능력을 확신했기 때문입니다. 그와 관련된 사람들은 대부분 농부 치료자였고, 그들의 추천장은 한때 매우 많았던 대공비(大公妃) 중한 사람이 규칙적으로 만들었던 것으로 보입니다. 그것은 도시거주자들의 경우에도 상이한, 그리고 반드시 전문가에 의한 보증에 기초하여 그렇게 될 수 있어야만 합니다. 의사 자격증이 없는 사람이 정신분석을 할 수 없도록 하는 금지령은 빈 분석 교육 기관에 더 중요한 영향을 미치게 될 것인데, 그 기관은 이후로 비의료계로부터 어떤 교육생도 받을 수가 없을 것입니다. 따라서 다시 한번 우리나라에서 일련의 지적인 활동이 억압받게 될 것이지만, 다른 곳에서는 자유롭게 발전하는 것이 허용됩니다. 나는 법률과 규칙을 판단할 때 어떤 능력을 주장하는 사람이 아닙니다. 그러나 다음과 같은 많은 것을 볼 수 있습니다. 무면허 의사 법률을 강조하는 것은, 오늘날 우리가 대단히 많은 경우에서 모범으로 삼고자 하는 독일의 상태로 접근하는 데 별 도움이 되지 않는다는 사실,[18] 그리고 그 법률을 정신분석학의 경우에 적용하는 것은 그 법률이 제정될 당시에 분석과 같은 것이 아직 없었고 신경증 질환의 특이한 본성이 아직 인식되지 못했기 때문에 시대착오적인 것이라는 사실입니다.

나는 이제 내 생각으로 더 중요해 보이는 문제를 논의할 시점에 도달했습니다. 정신분석을 실행하는 것은 일반적으로 관(官)의 간섭에 복종해야만 하는 문제일까요, 아니면 자연스러운 발전을 따르도록 그것을 내버려 두는 것이 더 상책일까요? 나는 확실히 이 문제에 관해 지금 여기서 어떤 결정을 내리지는 않을 것입니다. 그러나 나는 그 문제를 당신이 고려하도록 당신에게 제기할 자유가 있습니다. 예로부터 우리나라에는 적극적인 금지에 대한 열정, 즉 간섭하고 금지하기 위해 사람들을 감독하려는 경향이 있어 왔는데, 우리가 알다시피 그것은 그다지 좋은 결실을 맺지 못했습니다. 우리의 새로운 공화국 오스트리아에서는 아직까지 상황이 별로 많이 변한 것 같지 않습니다. 우리가 논의하고 있는 정신분석학의 경우에 대해 결정을 내리는 데, 당신은 중요한 할 말을 갖고 있으리라고 추측합니다. 당신이 이러한 관료주의적인 경향을 반대하기 위한 바람이나 영향력을 갖고 있는지 어떤지 나는 알지 못합니다. 어쨌든 나는 그 주제에 관한 강권적이지 않은 내 생각들을 당신에게 아끼지는 않을 것입니다. 내 견해로는, 규제와 금지가 지나치게 많으면 법의 권위를 해치게 됩니다. 단지 소수의 금지령이 있는 곳에서는 그 금지령이 조심스럽게 준수되지만, 일거수일투족마다 금지령이 수반되는 곳에서 사람들은

18 이것은 물론 바이마르 공화국 시대였다.

확실히 그것을 무시하고 싶은 마음이 든다는 사실이 관찰될 수 있습니다. 더욱이, 법과 규제들이 그것들의 원천에서 볼 때 신성하고 위반할 수 없는 속성을 가질 수 없다는 사실, 그것들이 종종 부적절하게 제정되었고 우리의 정의감에 어긋나거나 얼마 후에 그렇게 될 것이라는 점, 그리고 당국의 나태함 때문에 불편한 법률을 고치는 수단으로 과감하게 그것을 어기는 것 외에는 다른 수단이 없다는 사실을 사람들이 인정할 준비가 되어 있다고 해도, 이것은 사람들이 무정부주의자라는 것을 의미하지는 않습니다. 게다가 사람들이 법과 규제들에 대해 존경심을 유지하기 바란다면, 그것들이 준수되는지 위반되는지 쉽게 감시할 수 없는 곳에서는 어떤 것도 제정하지 않는 것이 바람직합니다. 의사들이 행하는 분석에 관해 내가 위에서 언급했던 많은 것은, 법이 억압하려고 하는 비전문가의 진정한 분석과 관련하여 되풀이해서 언급될 수 있습니다. 분석의 과정은 별로 분명하지도 않고, 분석은 약품이나 도구를 사용하지도 않으며, 단지 대화와 정보의 교환으로만 이루어집니다. 만약 비전문가가 정신적 도움을 찾고 있는 사람들에게 설명하고 용기를 주고 건강한 사람의 영향력을 확립하려 한다고 주장할 경우, 그가 〈분석〉을 실행하고 있다는 것을 증명하기란 쉽지 않을 것입니다. 의사들이 때때로 동일한 일을 한다는 이유만으로 비전문가들의 활동을 금지하는 것은 확실히 불가능할 것입니다. 영어권 국가들에서 크리스천 사이언스[19]의 활동은 매우 광범위해졌습니다. 기독교의 교의에 바탕을 두고서, 삶에서 악을 거부하는 일종의 변증적인 방식이 그것입니다. 나는 주저 없이, 그러한 방식은 인간 정신의 유감스러운 일탈을 대표

---

19 *Christian Science*. 미국의 Mary Baker Eddy가 조직한(1866) 신흥 종교. 신앙의 힘으로 병을 고치는 정신 요법을 특색으로 함.

한다고 단언합니다. 그러나 미국이나 영국에서는 그런 일을 금지하고 처벌하는 것을 누가 꿈이나 꾸겠습니까? 당국은 사람들이 〈자기 자신의 방식대로 구원받고자〉[20] 하는 것을 감히 막을 만큼 구원에 대한 올바른 통로를 그렇게 확신합니까? 많은 사람이 위험 속으로 뛰어들어 가고 재난을 당하도록 그들 자신에게 맡겨 두는 것이 허용된다면, 당국은 위법이 아닌 것으로 간주될 수 있는 영역들의 한계를 조심스럽게 표시하고, 나머지에 대해서는 가능한 한 인간들이 경험과 상호 영향에 의해 교육받도록 허용하는 것이 더 낫지 않을까요? 정신분석학은 세상에서 아주 새로운 것이고, 인류의 대다수는 그것에 관해 별로 교육받지 못했으며, 그것에 대한 공식적인 과학의 태도는 여전히 매우 유동적이어서, 법적인 규제로 그것의 발전에 개입하는 것은 나로서는 지나치게 성급한 것으로 보입니다. 어떻게 도움을 줄지를 배우지 못한 사람에게 정신적인 도움을 구하는 것이 환자들에게 위험스러운 것이라는 사실을 환자들 스스로 발견하도록 허용합시다. 만일 우리가 이것을 그들에게 설명해 주고 그것에 대해 경고한다면, 우리는 우리 자신에게서 그것을 금지할 필요를 면제받을 것입니다. 이탈리아의 주요 도로에는 매우 팽팽한 케이블로 매여 있는 탑들이 있는데, 거기에는 다음과 같은 짧고 인상적인 글이 새겨져 있습니다. 〈건드리는 자는 죽을 것이다 Chi tocca, muore.〉 이것은 늘어져 있을 수도 있는 전선에 대해 행인들의 행동을 규제하기 위해 완벽하게 계산된 것입니다. 상응하는 독일어 경고문은 불필요하고 공격적인 장황함을 보여 줍니다. 〈전선을 건드리는 것은 생명에 위험하기 때문에 매우 엄격히 금지됩니다.〉 왜 금지합니까? 자

---

20 〈내 나라에서는 모든 사람들이 자신의 방식에 따라 구원받을 수 있다〉는 말은 프리드리히 대왕의 말로 생각된다.

신의 생명을 귀하게 여기는 사람은 누구라도 스스로 금지할 텐데 말입니다. 또 스스로 죽고 싶은 사람이 금지를 풀어 달라고 부탁하지도 않을 텐데 말입니다.

〈그러나 비전문가 분석을 허용하는 것에 반대하는 법률적인 선례들로서 인용될 수 있는 사례들이 있습니다. 나는 최면술을 실행하는 비전문가에 반대하는 금지령과, 최근에 제정된 강신술적인 집회나 강신술적인 모임을 세우는 것에 반대하는 금지령을 말하려는 것입니다.〉

나는 이러한 수단들을 찬양하는 사람이 아닙니다. 후자는 지적인 자유에 해가 되는 경찰의 감독에 의한 매우 공공연한 침해 행위입니다. 나는 소위 〈신비적 현상〉이라고 알려진 것을 대단히 신뢰한다거나 그런 현상들이 인정되어야 한다는 어떤 욕구를 느낀다는 혐의에서 벗어나 있습니다. 그러나 이와 같은 금지령들은, 추측컨대 신비스러운 세계에 대한 사람들의 관심을 억누르지 못할 것입니다. 그것들은 반대로 커다란 해악을 미쳤을 수도 있고, 이러한 귀찮은 가능성들로부터 우리를 자유롭게 해줄 판단을 내리게 될 수도 있었을 공정한 호기심을 차단했을지도 모릅니다. 그러나 다시 한번 이것은 오직 오스트리아에만 적용됩니다. 다른 나라에서 〈초심리적인〉 탐구는 어떤 법적인 장애에 부딪치지 않습니다. 최면술의 사례는 분석의 사례와 어느 정도 다릅니다. 최면술은 비정상적인 정신 상태를 일깨우는 것이며, 비전문가들은 오늘날 공공연한 쇼를 목적으로 해서만 그것을 사용합니다. 만일 최면술 치료가 매우 유망한 출발을 지속했다면, 분석에 대한 입장과 유사한 입장에 놓이게 되었을 것입니다. 그리고 우연히 최면술의 역사는 또 다른 측면에서 분석의 역사에 대한 전례를 제공합니다. 내가 젊은 신경 병리학 강사였을 때, 의사들은 최면술에 대해 욕설을 퍼부으면서, 그것은 사기이고 악마의 속임수이며 매우 위험한 방법이라고 단언했습니다. 오늘날 그들은 그와 똑같은 최면술을 독점했으며, 그것을 검사의 방법으로 주저하지 않고 사용합니다. 어떤 신경 전문가들에게 그것은 여전히 그들의 주된 치료 수단입니다.

그러나 분석의 문제에서 법적인 규제가 선호되어야 하는가 아니면 그대로 내버려 두는 것이 선호되어야 하는가에 관한 결정에 기초하는 어떤 제안도 할 의도가 없다고 나는 이미 당신에게 말했습니다. 이것은 원칙의 문제이며, 이에 대한 응답에 있어서 당국에 있는 사람들의 성향이 아마도 논증보다 더 큰 영향력을 미칠 수 있다는 것을 나는 알고 있습니다. 나는 자유방임주의 정책을 찬성하는 것으로 보이는 말을 이미 제시했습니다. 만일 다른 결정이 내려진다면 — 적극적인 간섭 정책에 찬성하는 — 어쨌든 의사가 아닌 사람들에 의한 분석을 가차 없이 금지하는 부당한 방책은 불충분한 결과를 낳을 것으로 보입니다. 그 경우에서는 더 많은 것이 숙고되어야 할 것입니다. 분석을 하고자 하는 모든 사람에게 분석의 실행을 허용하는 조건이 정해져야 할 것이며, 분석이 무엇이고 어떤 종류의 준비가 그것을 위해 필요한지를 사람들이 배울 수 있는 공공 기관이 세워져야 할 것이고, 분석을 지도하기 위한 가능성들이 장려되어야만 할 것입니다. 그러므로 우리는 사태를 그대로 내버려 두거나, 아니면 질서를 잡고 명쾌하게 해야만 합니다. 우리는 부적절한 것이 되어 버린 규정에서 기계적으로 도출된 단일하고 고립된 금지령을 갖고서 복잡한 상황 속으로 뛰어들어서는 안 됩니다.

7

〈네, 그러나 의사들입니다! 의사들! 나는 우리 대화의 본래 주제로 당신을 이끌 수가 없군요. 당신은 여전히 나를 교묘히 피하고 있습니다. 어찌 됐든 그들이 어떤 조건들을 충족시키고 난 후에, 분석을 실행하는 배타적인 권리를 우리가 의사들에게 주어서는 안 되는지가 문제입니다. 의사들 중 다수는, 당신이 그들을 대변했듯이 확실히 돌팔이 의사가 아닙니다. 당신은 스스로 당신의 제자들과 추종자들의 대다수는 의사라고 말합니다. 그들은 비전문가 분석의 문제에 대한 당신의 견해를 공유하지 않는다는 말이 내게 들립니다. 나는 의심의 여지 없이 당신의 제자들이 충분한 준비 등에 대한 당신의 요구에는 동의할 것으로 짐작할 수 있습니다. 그러나 이 제자들은 분석의 실행을 비전문가에게는 개방하지 않는 것이 일관적이라고 생각합니다. 그렇지 않습니까? 만약 그렇다면 당신은 그것을 어떻게 설명합니까?〉

나는 당신의 학식이 풍부하다는 것을 압니다. 네, 그렇습니다. 전부는 아니지만 내 의사 동료들 중 상당수는 이것에 관해 나에게 동의하지 않으며, 의사들이 신경증 환자의 분석 요법에 대한 배타적인 권리를 갖는 데 찬성합니다. 이는 우리 진영에서조차 견해 차이가 허용된다는 것을 당신에게 보여 줄 것입니다. 내가 어느 편을 드는지는 잘 알려져 있지만, 비전문가 분석이라는 주제에 관한 반대가 우리의 화합을 방해하지는 못합니다. 이러한 내 제자들의 태도를 당신에게 어떻게 설명할 수 있을까요? 나는 확실히는 알지 못합니다. 나는 그것이 틀림없이 직업의식의 힘이라고 생각합니다. 그들의 발전 과정은 나의 발전 과정과 달랐고, 그들은 여전히 자신들이 동료들로부터 고립되어 있다는 사실에 불안감을 느끼며, 정식 권리를 가진 〈직업〉으로 받아들여지기를 원할 것입니다. 또한 그처럼 받아들여지는 대가로 결정적인 중요성이 그들에게는 분명하지 않은 지점에서 희생할 준비가 되어 있습니다. 아마 다를 수 있을지도 모릅니다. 경쟁심의 동기를 그들에게 전가하는 것은, 그들의 비열한 감정을 비난할 뿐만 아니라 특이한 근시안적 태도를 그들의 탓으로 돌리는 것입니다. 그들은 항상 다른 의사들을 분석으로 인도할 준비가 되어 있고, 실질적인 관점에서 볼 때 그들이 쓸모 있는 환자를 의사들과 공유하느냐 비전문가들과 공유하느냐 하는 문제는 틀림없이 그들에게 별로 중요치 않습니다. 그러나 다른 어떤 것이 아마도 일정한 역할을 할 것입니다. 내 제자들은 분석적인 실습에서 비전문가에 비해 의사에게 의심의 여지 없는 이점을 보장하는 어떤 요인들에 의해 영향받을 수도 있습니다.

〈그에게 이점을 보장한다고요? 거기에 문제가 있습니다. 따라서 당신은 마침내 이점을 인정하고 있군요? 이로써 문제는 종결됩니다.〉

그것을 인정하는 것이 내게 어려운 것은 아닙니다. 그것은 당신이 생각하는 만큼, 내가 그렇게 열정적으로 선입견을 갖고 있지 않다는 것을 보여 줄 수도 있습니다. 나는 이런 것들에 대해 언급하는 것을 뒤로 미루었습니다. 왜냐하면 그것들에 대한 논의는 다시 한번 이론적인 고찰을 필요로 하게 될 것이기 때문입니다.

〈당신은 지금 무슨 생각을 하고 있습니까?〉

첫째로, 진단의 문제가 있습니다. 신경 질환이라고 표현되는 것으로 인해 고통받는 환자의 분석에 착수할 때, 사람들은 그가 이런 종류의 요법에 적합하다는 것을, 말하자면 이러한 방법에 의해 그를 도울 수 있다는 것을 미리 확신 — 물론 확신이 얻어지는 한에서 — 하기를 바랍니다. 그러나 그것은 그가 실제로 신경증을 갖고 있는 경우에만 그렇습니다.

〈나는 환자가 불평하는 현상이나 증후들로부터 그것이 인식되리라고 생각했습니다.〉

여기서 바로 새로운 복잡성이 나타납니다. 그것이 완전하고 확실하게 인식될 수는 없습니다. 환자는 신경증의 외적 상(像)을 보여 줄 수도 있지만, 그것은 다른 어떤 것 — 치료 불가능한 정신 질환의 시작, 또는 뇌가 파괴되어 가는 과정의 예비적인 단계 — 일 수도 있습니다. 구별 — 차별적인 진단 — 이 항상 쉬운 것은 아니며, 모든 국면에서 직접적으로 이루어질 수 있는 것도 아닙니다. 그와 같은 결정에 대한 책임은 물론 의사에게만 맡겨질 수 있습니다. 내가 말했듯이, 그 일은 그에게 항상 쉬운 것이 아닙니다. 질환은 마침내 고약한 특징을 드러내기까지 상당 기간 동안은 무해한 모습을 띨 수도 있습니다. 실제로 자신이 미쳐 버릴 수도 있다는 것이 신경증 환자들의 일반적인 두려움 중 하나입니다. 그러나 의사가 당분간 이런 종류의 사례에 대해 실수를 저지르거나 그것에 관해 확신하지 못했을 경우에도, 아무런 해가 발생하지 않았고 불필요한 어떤 것도 행해지지 않았습니다. 실제로 이러한 사례에 대한 분석 요법은 아무런 해를 입히지 않을 것입니다. 비록 그것이 불필요한 낭비로 드러나게 될지라도 말입니다.

그리고 더욱이 다행스럽지 못한 결과 때문에 분석을 비난하려는 사람들도 확실히 많이 있을 것입니다. 물론 부당하기는 하지만, 그와 같은 경우는 피해야만 합니다.

〈그러나 그 말은 무력하게 들리는군요. 그 말은 신경증의 본성과 원천에 관하여 당신이 내게 말해 준 모든 것을 뿌리째 흔듭니다.〉

전혀 그렇지 않습니다. 그것은 단지 다시 한번 신경증 환자가 그와 관련된 모든 사람 — 분석가를 포함하는 — 에게 성가신 사람이고 당황스러운 사람이라는 사실을 확증할 뿐입니다. 그러나 아마도 내가 좀 더 정확한 용어로 내 새로운 정보를 언급한다면 당신의 혼란은 해소될 것입니다. 우리가 지금 다루고 있는 사례에 관해, 그것들은 실제로 신경증을 발전시켰지만, 그것이 심인적인 것이 아니라 신체적인 것에 원인이 있다고 — 즉 그 원인은 정신적인 것이 아니라 육체적인 것이라고 — 말하는 게 아마도 더 정확할 것입니다. 이해하겠습니까?

〈네, 이해합니다. 그러나 나는 그것을 다른 한 면, 즉 심리적인 면과 조화시킬 수 없습니다.〉

만일 생명체의 복잡성을 염두에 둔다면 그렇게 할 수 있습니다. 우리는 신경증의 본질을 무엇에서 발견할까요? 정신적인 장치의 고차적인 조직체(외부 세계의 영향을 통해서 고양된)인 자아가 이드와 현실 사이를 매개하는 자신의 기능을 실현할 수 없다는 사실, 유약함으로 인해 자아가 이드의 어떤 본능적인 부분들로부터 후퇴하며, 그리고 이것을 보충하기 위해서는 제한, 증후, 그리고 성공적이지 못한 반동 형성의 형태로 자아의 거부 결과를 참아 내야만 한다는 사실에서입니다.

이러한 종류의 자아의 유약함은 우리 모두의 유아기에서 찾을 수 있습니다. 그리고 그것이 유아기 최초 몇 년의 경험이 이후의 삶에서 그토록 중요해지는 이유입니다. 이 유아기의 비정상적인 부담 아래에서 — 우리는 몇 년 안에 석기 시대 원시인과 현대 문명에 참여하고 있는 사람 사이의 엄청난 발달상의 거리를 메워야만 하며, 동시에 특히 우리는 일찍이 성욕을 느끼는 시기의 본능적인 충동을 밀어내야만 합니다 — 우리의 자아는 억압 속으로 도피하며 유아기 신경증에 자신을 열어 놓습니다. 그리고 자아는 그것의 침전물을 나중의 신경 질환에 대한 기질로서 성숙기로 가져갑니다. 이제 모든 것은 성장한 유기체가 운명에 의해 어떻게 다루어지는가에 달려 있습니다. 만일 삶이 너무 힘들게 된다면, 만일 본능적인 요구와 현실적 요구 사이의 간극이 너무 커지게 된다면, 둘 사이를 화해시키려는 자아의 노력은 실패할 수도 있는데, 쉽게 실패할수록 자아는 스스로 유아기에서 옮겨 온 기질에 의해 더욱더 억제됩니다. 그렇게 되면 억압의 과정이 반복되고, 본능은 자아의 지배로부터 결별하며, 퇴행의 통로를 따라서 대리 만족을 찾고, 불쌍한 자아는 무력한 신경증 환자가 되어 버립니다.

다음과 같은 사실을 명심합시다. 전체 상황의 중심점은 자아 조직체의 상대적인 강도입니다. 그렇게 되면 우리는 병인학적 조사를 완성하는 것이 쉽다는 것을 알게 될 것입니다. 신경증 질환의 평균적 원인이라고 불릴 수도 있는 것으로서, 우리는 이미 유아기 자아의 유약함, 초기의 성적 충동을 처리하는 일, 그리고 유아기의 약간의 우연적인 경험의 영향을 알고 있습니다. 그러나 어린아이의 삶이 시작되기 전의 시기로부터 비롯된 다른 요인들이 어떤 역할을 하는 것도 가능하지 않을까요? 예컨대 이드에 있어서의 타고난 힘과 제멋대로인 본능적 삶이 처음부터 자아에게 너무 어려운 과업을 설정하는 것은 아닙니까? 아니면 자아의 특별한 발달상의 유약함은 알려지지 않은 이유들에 기인할까요? 그러한 요인들은 물론 병인학적인 중요성을, 그리고 몇몇 경우에는 특출한 중요성을 가질 수밖에 없습니다. 우리는 변함없이 이드의 본능적인 힘을 고려해야만 합니다. 만일 그것이 지나치게 발달한다면, 우리의 치료 전망은 어둡습니다. 우리가 자아의 발달상의 억제 원인에 대해서 아는 것은 너무도 적습니다. 그렇게 되면 이것은 본질적으로 타고난 기초를 가진 신경증의 사례가 될 것입니다. 그와 같이 타고난, 선천적으로 후원하는 어떤 요인들이 전혀 없다면, 신경증은 거의 발생할 수 없음에 분명합니다.

그러나 자아의 상대적인 유약함이 신경증 발생의 결정적인 요인이라면, 나중의 정신적인 질환이 신경증을 산출하는 것이 가능해야만 합니다. 그것이 자아의 약화를 가져올 수 있다면 말입니다. 그리고 이것 역시 매우 자주 발견됩니다. 이러한 종류의 정신 질환은 이드에 있어서의 본능적인 삶에 영향을 미칠 수 있고, 자아가 본능들에 대처할 수 있는 한계를 넘어서서 본능들의 힘을 증가시킬 수 있습니다. 그러한 과정의 정상적인 모델은 아마도 월경의 장애와 폐경기에 의해 야기되는 여성들의 변화일 것입니다. 또는 일반적인 신체적 질환, 실제로 신경 중심 기관의 기질적인 장애는 정신적 장치의 영양 조건들을 침범하여 정신적 장치로 하여금 기능을 축소하고 그것의 더 섬세한 작업들 — 그중 하나는 자아 조직체의 유지입니다 — 을 억지로 멈추게 할 수도 있습니다. 이러한 모든 경우에서 거의 비슷하게 신경증의 동일한 증상이 나타납니다. 신경증은 항상 동일한 심리적 기제를 갖고 있지만, 우리가 보듯이 아주 다양하고 종종 매우 복잡한 병인을 갖습니다.

⟨이제 당신은 좀 더 내 맘에 드는군요. 당신은 마침내 의사처럼 말하기 시작했습니다. 그리고 이제 나는 당신이 신경증과 같은 복잡한 의학적인 사태가 오직 의사에 의해서만 다루어질 수 있다는 사실을 인정하기를 기대합니다.⟩

나는 당신이 과녁을 빗나가고 있지는 않나 염려됩니다. 우리가 논의해 왔던 것은 병리학의 일부분이었고, 우리가 분석에서 관심을 두고 있는 것은 치료 방법입니다. 분석을 위해 고려되고 있는 모든 경우에 있어서, 진단은 우선 의사에 의해 이루어질 것이라는 점을 인정합니다. 아니, 그렇게 주장합니다. 우리의 관심이 집중되는 엄청나게 많은 수의 신경증은 다행히도 심인적인 성질을 띠고 있으며, 병리학적인 의심의 여지를 주지 않습니다. 일단 의사가 진단을 하고 나면, 그는 자신 있게 비전문 분석가에게 치료를 넘겨줄 수 있습니다. 우리 분석학회에서는 문제가 항상 그러한 방식으로 조정되어 왔습니다. 의사 회원과 의사가 아닌 회원 간의 친밀한 관계 덕분에, 우려할 만한 실수는 거의 완벽하게 피했습니다. 또한 분석가가 의사의 도움을 구해야만 하는 두 번째 경우가 있습니다. 분석 요법 과정에서, 신경증에 속하는 것으로 간주해야 하는지 아니면 끼어든 독립적인 기질적 질환에 관련되는 것인지 의심스러운 증후들 — 매우 자주 나타나는 정신적인 증후들 — 이 나타날 수도 있습니다. 이 점에 관한 결정권은 다시 한번 의사에게 넘겨질 수밖에 없습니다.

⟨그렇다면 분석 과정 동안에도 비전문 분석가에게 의사가 없어서는 안 되는군요. 비전문 분석가의 유용성에 반대하는 새로운 논증이군요.⟩

아닙니다. 비전문 분석가들에 반대하는 어떤 논증도 이러한 가능성으로부터 나올 수는 없습니다. 왜냐하면 그런 상황에서 의사인 분석가는 상이하게 행동하지 않을 것이기 때문입니다.

〈나는 그 말을 이해할 수 없습니다.〉

치료를 하는 동안 이처럼 의심스러운 증후가 나타날 경우, 분석가는 그것을 자신의 판단에 맡기지 말고 분석과는 무관한 의사 ― 가령 상담 의사 ― 에게 감정(鑑定)을 맡겨야 한다는 기술적인 규칙이 있습니다. 심지어 분석가 자신이 의사이고 의학적인 지식에 아주 정통해 있다고 해도 그렇습니다.

〈그런데 왜 그런 쓸데없어 보이는 규칙이 만들어졌습니까?〉

그것은 쓸데없지 않습니다. 실제로 그것에 대한 여러 가지 이유가 있습니다. 첫째로, 기질적인 치료와 정신적인 치료의 결합이 동일한 사람에 의해 행해지도록 하는 것은 좋은 계획이 아닙니다. 둘째로, 전이 관계는 분석가로 하여금 환자를 신체적으로 검사하는 것을 권장할 수 없도록 만들 수 있습니다. 그리고 셋째로, 분석가에게는 자신이 선입견에 물들지 않았는지 의심할 모든 이유가 있습니다. 왜냐하면 그의 관심은 매우 강렬하게 정신적인 요인들에 향해 있기 때문입니다.

〈나는 이제 비전문가 분석에 대한 당신의 태도를 상당히 분명하게 이해합니다. 당신은 비전문가 분석이 있어야만 한다고 결정을 내리고 있군요. 그리고 당신은 그들의 과업에 대한 부적절성을 논박할 수 없기 때문에 그들을 용인하고, 그들의 존재를 더 쉽게 인정하기 위해 당신이 할 수 있는 모든 것을 긁어모으고 있습니다. 그러나 나는 왜 비전문 분석가들이 있어야만 하는지 조금도 알 수가 없습니다. 그들은 결국 단지 이류 치료사들에 지나지 않습니다. 내 입장에서는 분석가로서 이미 교육받은 소수의 비전문가들의 경우에는 예외를 인정할 준비가 되어 있습니다. 그러나 어떤 새로운 분석가도 더 이상 만들어져서는 안 되며, 교육 기관

은 비전문가들을 교육시키지 않겠다는 의무를 지켜야만 합니다.〉

포함된 모든 이해관계가 이러한 제한에 의해 충족될 것이라는 점이 드러날 수 있다면, 나는 당신에게 동의합니다. 당신은 이러한 이해관계가 세 가지 종류라는 점에 동의할 것입니다. 환자의 이해관계, 의사의 이해관계, 그리고 ─ 마지막으로 매우 중요한 ─ 과학의 이해관계가 그것입니다. 그런데 과학의 이해관계는 실제로 모든 미래 환자의 이해관계를 포함합니다. 이 세 가지 점들을 우리 함께 검토할까요?

환자에게, 분석가가 의사인지 아닌지는 중요한 문제가 아닙니다. 그의 상태가 오해될 위험이, 치료가 시작되기 전이나 치료 과정 중에 있을 수 있는 어떤 가능한 경우에 있어서 필수적인 보고서에 의해 배제되기만 한다면 말입니다. 그에게 있어서 분석가가 믿을 만한 개인적인 자질을 가져야 한다는 것은 비교할 수 없이 중요합니다. 그리고 그가 자신의 과업을 완수할 수 있게 해줄 경험뿐만 아니라 지식과 이해력을 갖추어야 한다는 점도 중요합니다. 그가 의사가 아니며, 어떤 상황에서는 의사의 도움을 반드시 필요로 한다는 점을 환자가 알고 있다면, 분석가의 권위에 손상이 될 것으로 생각할 수도 있습니다. 물론 우리는 환자들에게 분석가의 자질에 대해 알려 주는 것을 결코 빠뜨리지 않았습니다. 그리고 우리는 직업적인 편견이 그들에게서 아무런 반향을 불러일으키지 않는다는 것과, 그들에게 어떤 방향으로 치료가 제공되든 간에 치료를 기꺼이 받아들일 것으로 확신합니다 ─ 게다가 이는 의학계가 매우 치욕스럽게도 오래전에 발견했던 것입니다. 오늘날 분석을 실행하는 비전문 분석가들은 쓰레기 같은 인간들의 어떤 우연한 집합이 아니라, 대학 교육을 받은 사람, 철학 박사, 교육자들, 그리고 인생에서 큰 경험을 하고 탁월한 인격을 가진 몇몇 여성입니다. 분석 교육 기관의 모든 후보생이 따라야만 하는 분석은, 동시에 그들의 정확한 업무를 수행하기 위한 개인적인 적성에 대해 판단하는 최고의 수단입니다.

이제 의사들의 이해관계에 관해 살펴봅시다. 나는 그것이 정신분석학이 의학과 결합됨으로써 획득되리라고 생각할 수 없습니다. 의학 교과 과정은 이미 5년 동안 계속되며 최종 시험은 6년차까지 봅니다. 몇 년마다 한 번씩 새로운 요구가 학생에게 부과되며, 그 요구를 충족시키지 않고서는 미래에 대한 그의 준비는 불충분한 것으로 선언될 수밖에 없습니다. 의사라는 직업에 접근하는 것은 매우 어려우며, 그 직업은 별로 만족스럽지도 않고 수지가 맞는 것도 아닙니다. 만일 사람들이 의사들도 질환의 정신적인 측면에 익숙해야 한다는 확실히 정당화된 요구를 지지한다면, 그리고 만일 그 때문에 의학 교육을 분석에 대한 준비로까지 확장시킨다면, 그것은 교과 과정의 확대와 그에 상응하는 교육 기간의 연장을 의미합니다. 나는 의사들이 분석에 대한 그들의 주장이 만들어 낸 이런 결과에 기뻐할지 모르겠습니다. 그러나 그것은 거의 피할 수 없는 일입니다. 그리고 이런 일은 새로 고용된 의사 계층들의 물질적 존재 조건이 아주 안 좋은 시기에, 젊은 세대가 인생에서 가능한 한 일찍 자립적이 되도록 스스로 강제하게 되는 시기에 일어납니다.

그러나 아마도 당신은 분석적인 실천을 위한 준비로 의학 공부에 부담을 지우지 않으려는 선택을 할 것이고, 의학 공부가 끝난 후에 비로소 필요한 교육을 이수하는 것이 미래의 분석가들에게 더 편리하리라고 생각할 것입니다. 당신은 이것에 포함된 시간의 손실이 실제로 중요치 않다고 말할 수도 있습니다. 왜냐하면 어쨌든 서른 살도 안 된 젊은 사람이, 정신적인 도움을 주는 데 필수 조건인 환자의 신임을 얻지는 못할 것이기 때문입니다. 육체적인 질병을 다루는 신출내기 내과 의사는 환자에게서 그리 큰 존경을 받을 수 없을 것이며, 젊은 분석가는 노련한 의사의 감독하에서 정신분석 외래 환자 진료소에서 일하느라 시간을 다 보내는 것이 아주 당연하다는 대답이 의심의 여지 없이 나올 수도 있습니다.

그러나 더 중요해 보이는 것은 이러한 당신의 제안과 더불어, 이 어려운 시기에 어떤 경제적인 정당성을 찾을 수 없는 에너지의 낭비에 대해 당신이 지지하고 있다는 것입니다. 분석적인 교육은 의학 교육의 영역을 가로지르지만, 그 어느 쪽도 다른 것을 포함하지는 않습니다. 만일 ― 오늘날에는 환상적으로 들릴 수 있지만 ― 정신분석 대학을 설립해야만 한다면, 의과 대학에서 가르치는 많은 것을 거기에서 가르쳐야만 할 것입니다. 항상 주요 과목으로 남아 있을 심층 심리학과 나란히 생물학 입문이 있을 것이고, 성생활에 대한 과학의 가능한 한 많은 부분, 그리고 정신 의학의 증후학과 밀접한 연관이 있을 것입니다. 반면에 분석적인 가르침은 의학과는 동떨어지고, 의사가 자신의 활동 속에서 만나지 못하는 지식 분야를 포함할 것입니다. 문명사, 신화학, 종교 심리학, 그리고 문예학 등이 그것입니다. 이러한 과목들에 정통해 있지 못하면, 분석가는 그의 소재의 많은 부분을 이해할 수 없습니다. 그에 대한 보상으로, 의과 대학에서 가르치는 많은 부분은 그의 목적에 아무 소용이 없습니다. 족근골(足根骨)의 해부학, 탄수화물의 구성, 두개골 신경의 경로에 대한 지식, 질병의 원인을 자극하는 간상균과 그것을 제거하는 수단에 대해, 혈청 반응에 대해, 그리고 종양에 대해 의학이 밝혀 주었던 모든 것에 대한 파악 등의 지식은 확실히 최고의 가치를 지닌 것이지만, 분석하는 그에게는 아무런 소용이 없습니다. 이러한 지식은 그에게 아무런 이해관계도 없습니다. 그것은 그가 곧바로 신경증을 이해하고 치료하도록 도와주지도 않으며, 그의 직무가 가장 많이 요구하는 지적인 능력을 날카롭게 하는 데 기여하지도 않습니다. 의사가 어떤 다른 특수한 의학 분야 — 예를 들어 치과 — 를 선택할 때도 마찬가지라고 이의를 제기할지도 모르지만, 사정은 그렇지 않습니다. 그 경우에 있어서도 역시, 그는 통과해야만 하는 시험 중 어떤 것을 필요로 하지 않을 수 있으며, 학교 교육이 준비시키지 않았던 많은 것을 추가로 배워야 할 것입니다. 그러나 두 경우는 동등하게 놓일 수 없습니다. 치과에서 병리학의 큰 원칙들 — 염증, 화농, 탈저(脫疽), 그리고 신체 기관들의 신진대사에 대한 이론들 — 은 여전히 그 중요성을 지닙니다. 그러나 분석가의 경험은, 다른 현상과 다른 법칙을 가진 다른 세계 안에 놓여 있습니다. 아무리 철학이 육체적인 것과 정신적인 것 사이의 간극을 무시한다고 해도, 그것은 우리의 직접적인 경험에 여전히 존재하며 우리의 실천적인 노력들에 있어서는 더욱 그러합니다.

공포증이나 강박증의 고통으로부터 다른 어떤 사람을 자유롭게 해주기 원하는 사람에게 의학 교과 과정의 에움길을 가도록 강제하는 것은 부당하고 부적절합니다. 그런 노력이 분석을 완전히 억누르는 결과를 낳지 못한다면, 어떤 성공도 거두지 못할 것입니다. 전망 좋은 언덕 꼭대기로 가는 두 개의 길 — 하나는 짧고 직선이며, 다른 하나는 길고 구불구불하고 돌아가는 길인 — 이 있는 풍경을 상상해 봅시다. 당신은 금지 경고문으로써 짧은 길을 폐쇄하려고 합니다. 아마도 그 길이 당신이 보호하고 싶어 하는 어떤 화단을 지나가기 때문일지도 모릅니다. 당신의 금지령이 존중될 수 있는 유일한 기회는, 짧은 길이 가파르고 어려운 반면에 긴 길은 평탄한 경우일 것입니다. 그러나 그렇지가 못하다면,

그리고 정반대로 우회로가 더 험하다면, 당신은 금지령의 쓸모와 당신의 화단의 운명을 상상할 수 있습니다! 나는 내가 의사들로 하여금 분석을 배우도록 이끌 수 없는 것과 마찬가지로, 비전문가가 의학을 공부하도록 강요하는 데 성공할까 우려됩니다. 왜냐하면 나뿐만 아니라 당신도 인간의 본성을 알기 때문입니다.

〈분석 요법은 특별한 교육 없이 행해질 수 없지만, 의학 교과과정은 분석에 대한 준비라는 더 많은 부담을 질 수 없고, 의학적인 지식은 분석가에게는 상당한 정도로 불필요하다는 당신의 말이 옳다면, 어떻게 우리는 자기 직업의 모든 과업을 감당해 낼 이상적인 의사를 얻습니까?〉

나는 이러한 난점의 출구를 예견할 수 없지만, 그것을 지적하는 것이 내 관심사도 아닙니다. 나는 오직 두 가지를 봅니다. 첫 번째로, 분석은 당신에게 당황스러운 것이며, 그것이 존재하지 않는 것이 최상일 것이라는 점 — 확실히 신경증 환자 역시 당황스러운 것이지만 — 입니다. 두 번째로, 관련된 모든 사람의 이해관계는 당분간 충족될 것이라는 점입니다. 만일 의사들이 일단의 치료자들 — 의사들에게서 엄청나게 흔한 심인성 신경증을 치료하는 지겨움을 덜어 주면서, 환자들을 위해 지속적으로 의사들과 관계를 유지하게 될 — 에 대해 관용을 베풀 결심을 할 수 있다면 말입니다.

〈그것이 그 주제에 관한 당신의 마지막 말입니까? 아니면 더 말할 것이 있습니까?〉

네, 있습니다. 나는 세 번째 이해관계 — 과학의 이해관계 — 를 제기하고 싶었습니다. 그것에 관해 내가 말해야 하는 것은 당신과 별로 상관없을 것입니다. 그러나 내게는 그것이 더욱더 중요합니다.

왜냐하면 우리는 정신분석학이 의학에 의해 흡수되거나, 최면 암시, 자동 암시, 설득과 같은 방법 — 우리의 무지로 인해 생겨난 이것들은 단명한 영향력에 대해 인류의 나태함과 비겁함에 감사해야만 합니다 — 과 나란히, 〈치료 방법〉이라는 표제가 붙은 정신 의학 교과서에서 마지막 안식처를 찾는 것이 결코 바람직스럽다고 여기지 않기 때문입니다. 그것은 더 좋은 운명을 가질 만하며, 바라건대 그렇게 될 것입니다. 〈심층 심리학〉, 즉 정신적인 무의식에 대한 이론으로서, 그것은 인간 문명의 진화와 예술, 종교, 사회 질서와 같은 주요한 제도들과 관련된 모든 학문에게 필수불가결한 것이 될 수 있습니다. 내 생각으로 그것은 문제 해결에 있어 이러한 학문들에 이미 상당한 도움을 제공했습니다. 그러나 문명사가, 종교 심리학자, 언어학자 등이 스스로 그들 마음대로 할 수 있는 연구의 새로운 수단을 사용하는 데 동의할 경우 달성될 수도 있는 것에 비할 때, 이것들은 단지 작은 공헌에 지나지 않습니다. 신경증의 치료를 위한 분석의 사용은 단지 그것의 응용들 중 하나일 뿐입니다. 미래는 아마도 그것이 가장 중요한 응용이 아니라는 것을 보여 줄 것입니다. 어쨌든 이 하나의 응용 때문에 다른 모든 응용을 희생하는 것은 옳지 못할 것입니다. 왜냐하면 그것은 의학적인 관심의 영역과 관련되기 때문입니다.

여기에는 아무런 해를 입지 않고는 침입할 수 없는 더 넓은 전망이 앞으로 펼쳐져 있기 때문입니다. 다양한 정신과학의 대표자가 정신분석학의 방법과 관점을 그들 자신의 소재에 적용하기 위해 정신분석학을 연구해야 한다면, 분석적인 문헌에서 제기된 발견들에서 잠깐 멈추는 것으로 충분하지는 않을 것입니다. 그들은 가능한 유일한 방식으로 — 스스로 분석을 경험함으로써 — 분석을 이해하기 위해 배워야만 합니다. 이렇게 해서, 지적인 동기에서 분석을 받아들였지만 또한 우연히 성취하게 될 능력의 증가를 환영할 두 번째 부류의 사람들은 분석을 필요로 하는 신경증 환자들과 합류하게 됩니다. 이러한 분석을 수행하기 위해 수많은 분석가가 필요하게 될 것입니다. 그들에게는 어떤 의학적 지식도 특별히 중요하지 않을 것입니다. 그러나 이러한 〈가르치는 분석가들〉— 우리가 그렇게 부른다면 — 은 특별히 조심스러운 교육을 받아야만 합니다. 이것이 저지되지 않는다면, 그들은 교훈적이고 교육적인 사례로부터 경험을 축적할 기회를 틀림없이 갖게 됩니다. 그리고 호기심이라는 동기를 결여한 건강한 사람들은 자신을 분석에 내놓지 않기 때문에, 가르치는 분석가들이 — 세심한 감독하에서 — 후속하는 비의학적인 활동에 대해 교육받는 것 역시 신경증 환자로부터 가능해집니다. 그러나 이 모든 것은 운동에 대한 어느 정도의 자유를 필요로 하며, 사소한 제한들과는 양립할 수 없습니다.

아마도 당신은 정신분석학의 순수하게 이론적인 이러한 관심을 믿지 않거나, 그 관심이 비전문가 분석이라는 실제적인 문제에 영향을 미치는 것을 허용할 수 없을 것입니다. 그렇다면 정신분석학은 응용의 또 다른 분야를 갖는다는 조언을 당신에게 하겠습니다. 그것은 무면허 의사법의 범위 바깥에 있고, 의사들이 좀처럼 주장하지 못할 분야입니다. 내가 말하는 응용은 아이들의 교육입니다. 만일 어린아이가 바람직하지 못한 발달의 징후를 보일 경우, 어린아이가 침울하고 순종하지 않고 부주의하게 성장할 경우, 소아과 의사나 심지어 학교 의사조차 아무것도 할 수가 없습니다. 비록 그 아이가 신경질, 식욕 상실, 구토, 불면증과 같은 분명한 신경증적 증후를 나타낸다고 해도 말입니다. 아이들의 세계에서 일어나는 일에 관여하는 데 부끄러워하지 않고, 어린아이의 정신생활 속으로 들어가는 길을 어떻게 찾을지 이해하는 사람에 의해 수행되는 분석적인 영향력을 교육적인 수단과 결합하는 요법은 동시에 두 가지 일을 할 수가 있습니다. 신경증적 증후의 제거와 이미 시작된 성격의 변화를 돌이키는 일이 그것입니다. 종종 분명치 않은 어린아이들의 신경증의 의미가, 이후의 삶에서 심각한 질환에 대한 기질로 간파된다는 사실은 우리에게 탁월한 예방법으로서 이러한 유아 분석을 지시합니다. 분석은 부인할 수 없이 아직도 적대자들을 갖고 있습니다. 나는 그들이 이러한 교육적인 분석가들 또는 분석적인 교육자들의 활동을 제지할 수단을 갖고 있는지 알지 못합니다. 나는 그것이 그렇게 쉽지는 않으리라고 생각합니다. 그러나 아주 안전하다고는 결코 생각할 수 없습니다.

더욱이 성인 신경증 환자의 분석 요법에 관한 우리의 문제를 보더라도, 모든 접근 방식을 다 말하지는 못했습니다. 우리의 문명은 우리에게 거의 참을 수 없는 압박을 가하며 교정책을 요구합니다. 정신분석학이 그 난점에도 불구하고, 그러한 교정책을 인류에게 준비시키는 과업을 맡을 운명이라고 기대하는 것은 너무 환상적일까요? 아마도 다시 한번 미국인은 자기 나라의 〈사회적 일꾼들〉을 분석적으로 훈련받게 하여, 그들을 문명의 신경증과 싸우는 협력자 집단으로 변화시키는 데 별로 돈을 들이지 않을 수 있는 착상을 떠올릴 수도 있습니다.

〈아! 새로운 종류의 구세군이군요!〉

왜 아니겠습니까? 우리의 상상력은 항상 어떤 모범을 따릅니다. 그다음에는 유럽으로 흘러가게 될, 배움에 열정적인 사람들의 흐름은 반드시 빈을 통과해야 할 것입니다. 왜냐하면 여기서 분석의 발전은 금지의 미성숙한 외상에 굴복할 수도 있기 때문입니다. 당신은 웃습니까? 나는 당신의 지지에 대한 뇌물로서 이것을 말하는 것이 아닙니다. 조금도 그렇지 않습니다. 나는 당신이 나를 믿지 않는다는 것을 압니다. 나는 그런 일이 일어나리라고 보장할 수도 없습니다. 그러나 한 가지는 압니다. 당신이 비전문가 분석에 관해 어떤 결정을 내리는지는 그렇게 중요하지 않습니다. 그것은 국부적인 효과를 가질 수도 있겠지만, 진정으로 중요한 것 — 정신분석학에서 〈내적인〉 발전의 가능성 — 은 규제나 금지에 의해 결코 영향받을 수 없습니다.

후기(1927)

지금 벌어지고 있는 논의의 출발점이자 이 책을 쓰게 된 직접적인 계기는, 우리 모임의 비의료 회원인 테오도어 라이크Theodor Reik 박사에 대한 고소가 빈 법정에 접수되었기 때문이다. 잘 알다시피 결국 그 예비 소송이 완결되었고, 전문가들의 의견이 받아들여져서 고소는 기각되었다. 이렇게 된 것이 내 책의 힘이라고 생각하지는 않는다. 확실히 기소자 측의 논거가 너무 빈약했으며 고소자 역시 믿지 못할 증인으로 판명되었다. 그러나 라이크 박사에 대한 소송이 취하된 것이 비전문가 분석의 일반적인 문제에 대한 빈 법정의 사려 깊은 판결로 간주되어서는 안 된다. 내가 나의 대화 상대자로 〈공정한 사람〉을 끌어들인 것은, 그가 고급 관직자 중의 한 사람이었기 때문이다. 이 사람은 호의적인 태도와 대단한 성실성을 갖춘 사람이었다. 그래서 나는 그와 함께 라이크 박사의 소송에 대해서 대화를 나누고, 그의 요청으로 그 주제에 관한 기밀 의견서를 작성했다. 나는 그를 내 의견에 동조하도록 돌려놓는 데 성공하지 못했다는 것을 안다. 그리고 내가 공정한 사람과의 대화를 의견의 일치 없이 끝낸 것도 이러한 이유 때문이다.

나는 비전문가 분석의 문제에 대한 분석가들의 태도에서도 의견의 일치를 보는 데 성공할 것이라고 기대하지 않았다. 이 토론에서 헝가리 모임에 의해 표현된 견해들을 뉴욕 모임의 견해와 비교해 본다면, 누구라도 내 저서가 어떤 효과도 산출하지 못하고 모든 사람이 이전의 자기 의견을 고집하리라는 결론을 내릴 것이다. 그러나 나는 그렇게 보지 않는다. 나의 동료들 중 많은 사람은 그들의 극단적인 편견을 수정했으며, 비전문가 분석의 문제가 전통적인 용법에 따라서 결정이 되어서는 안 되며, 그 문제는 새로운 상황에서 발생했으므로 새로운 판단을 요구한다는 나의 견해를 다수가 받아들였다.

내가 전체의 논의에 대해서 제기한 방향의 전환은 인정된 것 같다. 나의 근본적인 주장은, 중요한 문제는 분석가가 의학 학위를 갖고 있는지의 여부가 아니라 그가 분석을 실행하기 위해서 특별한 훈련이 필요한가 아닌가 하는 것이다. 분석가에게 가장 적합한 훈련이 무엇인지가 논의의 출발점이었다. 그러한 훈련은 미래의 의사들을 위해 대학에서 처방된 교육과 무관하다는 것이, 과거에도 그러했고 현재까지도 그러한 나 자신의 견해이다. 내가 보기에는 의과 교육으로 알려진 것이 분석의 전문직에 접근하는 험난하고 우회적인 길인 듯하다. 물론 이것은 분석가에게 필수 불가결한 많은 것을 제공한다. 하지만 이것은 그가 결코 활용할 수 없는 다른 많은 부담도 제공하며, 그리하여 그의 관심과 그의 전체 사유 양식을 심리 현상에 대한 이해로부터 벗어나게 할 위험도 있다. 분석가들을 위한 훈련의 지침이 마련되어야 한다. 그러한 지침에는 해부학, 생물학, 진화에 대한 연구뿐만 아니라 정신과학, 심리학, 문명의 역사와 사회학의 요소들이 포함되어야 한다. 여기에는 가르칠 것이 너무 많기 때문에, 분석을 실행하는 데 직접적인 연관이 없는 것이나 지성과 관찰력에 대한 훈련에 대해서 간접적으로만 기여하는 것을 생략하는 일은 정당한 것이라고 할 수 있다. 이러한 종류의 분석을 위한 학교가 존재하지 않고, 내가 단지 이상을 세워 놓았을 뿐이라고 반대하기 십상이다. 물론 이것은 일종의 이상이다. 하지만 실현될 수 있고 실현되어야 하는 이상이다. 아직 미숙하기 때문에 불충분한 점들이 발생하기는 하지만, 우리의 훈련 기관들에서 그러한 이상의 실현은 이미 시작되었다.

아직도 토론 속에서 여전히 논박되고 있는 어떤 것을 내 말 속에서 공리(公理)로 간주했다는 것을 독자들은 모르지 않을 것이다. 즉 나는 정신분석학이 의학의 한 특수한 분야가 아니라고 가정했다. 이것을 논박하는 것이 어떻게 가능한지 나는 알 수가 없다. 정신분석학은 심리학의 한 분야이지, 오래된 의미에서 의학적 심리학이나 병리 과정의 심리학 분야가 아니다. 단순히 심리학의 분야일 뿐이다. 정신분석학이 심리학의 전체는 아니지만, 심리학의 기저이자 전반적인 토대라고 할 수는 있다. 정신분석학이 의학적 목적에 적용될 수 있다는 가능성 때문에 우왕좌왕해서는 안 된다. 전기와 방사선학이 의학적으로 적용될 수 있지만, 그것들이 속한 학문은 물리학이다. 전기의 전반적인 이론은 신경 근육의 예비에 대한 관찰에서 유래한 것이지만, 오늘날 아무도 그것을 생리학의 일부로 간주하지는 않는다. 결국 정신분석학은 내과 의사가 그의 환자를 돕기 위한 노력의 과정에서 발견되었다고 할 수 있다. 하지만 그것은 확실히 이곳에도 저곳에도 속해 있지 않다. 더군다나 역사적 논증은 양면적이다. 논의를 확장해 보면, 의료계의 전문직 사람들이 처음부터 분석에 얼마나 비우호적이고 얼마나 혐오스러워했는지 알 수 있다. 그것은 현재 분석에 대한 어떠한 주장도 할 수 없다는 것을 암시한다. 그리고 내가 그러한 함축을 받아들이지 않는다 하더라도, 나는 현재 의사들에 의한 정신분석학의 호소가 리비도 이론의 견지에서 볼 때, 아브라함의 부(副) 단계들Unterstufen[21]의 첫 번째에 근거한 것인지 혹은 두 번째에 근거한 것인지, 또는 의사들이 그것을 파괴하기 위해서 그 대상을 소유하고자 하는 것인지 아니면 그것을 유지하기 위해서 소유하고자 하는 것인지에 대해서 아직도 약간의 의심이 느껴진다.

나는 역사적 논증을 약간 길게 고찰하려고 한다. 우리가 관심을 두는 것은 개인적으로 나에 관한 것이기에, 관심이 있는 누구에 대해서도 나는 내가 의사가 된 동기에 대해서 약간 해명할 수 있다. 41년간의 의료 활동 후에 나 자신의 깨달음이 말해 주는 바는, 내가 결코 고유한 의미의 의사였던 적이 없었다는 것이다. 나는 원래의 의도를 벗어나게 됨으로써 의사가 되었다. 내 인생의 승리는 여러 곳의 오랜 방황 끝에 첫 번째 길로 되돌아오게 되었다는 것에 있다. 유아기에 나는 고통받는 사람들을 돕고자 하는 열망이 조금도 없었다. 또한 나는 〈의사 놀이〉를 해본 적도 없다. 아동기에 나의 관심은 확실히 다른 길을 선택했다. 청년기에 나는 우리가 살고 있는 세계라는 수수께끼를 이해하고 그것을 해결하고자 하는 강렬한 욕구를 느꼈다. 이러한 목적을 달성하는 가장 효율적인 수단은 의학과에 입학하는 것처럼 보였다. 그러나 그 이후에 나는 동물학과 화학의 실험을 하게 되었으며, 마침내 내 전 생애에서 어느 누구보다도 많은 영향을 미친 브뤼케로 인해 생리학으로 정착했다. 비록 그 시기에 생리학은 조직학에 국한되어 있었지만. 그 당시 나는 이미 모든 의학 시험을 통과했다.

---

21 아브라함, 『리비도 발달사 시론Versuch einer Entwicklungsgeschichte der Libido』 (1924) 참조. 또한 『새로운 정신분석 강의』 중 서른두 번째 강의 참조.

그러나 내가 가장 존경했던 스승이 나에게, 궁핍한 물질적 환경에서 볼 때 내가 아마도 이론과 관련된 직종을 선택할 수 없다고 충고할 때까지는 의학과 관련된 어느 것에도 관심이 없었다. 그리하여 나는 신경 체계의 조직학으로부터 신경 병리학으로 옮겼으며, 그때 새로운 영향력에 의해서 신경증에 관심을 갖게 되었다. 그러나 나에게 이런 순수한 의학적 기질이 결여되어 있는 것이 내 환자들에게 많은 불이익을 가져다주리라고 생각하지는 않는다. 왜냐하면 의사의 치료적 관심이 감정적인 면에 치우치는 것은 환자에게 결코 큰 도움이 되지 않기 때문이다. 환자에게 가장 유리한 것은, 의사가 자신의 임무를 냉정하게 수행하고 가능한 한 규칙을 준수하는 것이다.

분명 지금 말한 것은 비전문가 분석의 문제에 아무런 전망도 제공하지 않는다. 그것은 단지 나 자신이 의학적 적용 가능성과는 독립적으로 갖는 정신분석학의 내재적 가치에 대한 지지자로서 개인적 증거들을 보여 주기 위한 것일 뿐이다. 그러나 과학으로 간주된 정신분석학이 의학의 한 분과인지 혹은 심리학의 한 분과인지는 순전히 아카데믹한 문제이고, 어떠한 실천적 관심도 갖지 않는다는 식으로 거부될 수도 있을 것이다. 여기서 문제가 되는 진짜 핵심은 다른 것이다. 그것은 분석이 환자의 치료에 적용되는 것이다. 분석이 이러한 치료를 주장한다면, 분석은 가령 방사선학처럼 의학의 한 특수한 분야로 간주되어서 모든 치료 방법을 위해서 설정된 규칙에 복종해야만 한다. 나는 사정이 그러하다는 것을 알고 있으며, 이 사실을 인정한다. 다만 치료가 그 학문을 파괴하지는 않을 것이라는 사실을 확신하고 싶을 따름이다. 불행하게도 비유는 일정 정도의 거리를 벗어나면 소용이 없다. 비교되는 주제들이 다른 길로 갈라지는 지점이 곧 나타난다. 분석의 경우는 방사선학의 경우와 다르다. 내과 의사는 X선을 통제하는 법칙들을 연구하기 위해서 환자를 볼 필요가 없다. 그러나 정신분석학의 유일한 주제는 인간의 정신적 과정이며, 그것이 연구하는 것은 인간의 내면이다. 누구나 납득할 수 있는 이유 때문에, 신경증적인 사람은 정상적인 사람들보다 훨씬 더 정보가 많고 접근하기 쉬운 재료를 제공한다. 연구하여 분석을 적용하고자 하는 사람에게 이러한 재료를 박탈하는 것은, 그에게서 훈련 가능성의 절반을 앗아 가는 것이다. 물론 나는 신경증 환자의 관심이 과학적 탐구의 관심을 위해서 희생되어야 한다고 주장하는 것은 아니다. 비전문가 분석의 문제에 관한 이 소책자의 목적은, 어떤 예방책이 만들어져서 지켜진다면 두 가지 관심이 쉽게 조화될 수 있으며, 의학의 관심은 이러한 해결로부터 결코 무시되는 것이 아니라는 사실을 보여 주는 것이다.

나 자신이 직접 모든 필수적인 예방책을 제시했으며, 나는 이 논의가 이 점에 대해서는 아무것도 보탠 것이 없다고 말할 수 있다. 그러나 나는 사실을 공평하게 다루지 못한 방식에 대해서 강조하고자 했다고 말하고 싶다. 상이한 진단의 어려움들과 많은 경우에 신체적 증상에 관해서 결정할 때의 불확실성 — 즉 의학적 지식이나 의학적 개입이 필요한 상황들 — 에 관해서 말한 모든 것은 전적으로 올바른 것이다. 그럼에도 불구하고 이러한 종류의 의심이 전혀 발생하지도 않고 의사가 필요하지도 않은 사례들의 숫자가 훨씬 더 크다. 이러한 사례들은 과학적으로는 흥미롭지 않을 수도 있지만, 그것들을 다루는 데 능란한 비전문가의 분석 활동을 정당화하는 데에는 중요한 역할을 한다. 얼마 전 나는 의료인이 아닌 사람이 의료 활동에 종사하는 것이 허용되는 것을 몹시 싫어하는 한 동료를 분석했다. 나는 그에게 다음과 같이 말할 수 있었다. 〈우리는 3주 이상이나 연구해 왔습니다. 우리의 분석 활동에서 내가 나의 의학 지식을 이용할 기회가 있었나요?〉 그는 내가 의학 지식을 이용할 기회가 없었음을 인정했다.

또한 나는 비전문적인 분석가는 의사에게 자문을 구해야 할 준비가 되어 있어야 하기 때문에, 그의 환자의 눈에는 전혀 권위가 없으며 접골사나 안마사처럼 아무런 존경심도 받지 못할 것이라는 주장을 별로 중요하게 생각하지 않는다. 다시 한번 말하지만 비유란 불완전한 것이다. 환자들로 하여금 권위를 느끼게 하는 것은 대개 그들의 감정적 전이이지, 일부 의사들이 생각하는 것처럼 의학 학위를 가진 전문직이 그들에게 깊은 인상을 주는 것은 아니다. 능란한 비전문적 분석가는 목사[22]에게 주어지는 것과 같은 존경을 얻는 데 어려움이 없을 것이다. 참으로 〈목사〉라는 말은, 그가 의사든 비전문가든 간에 분석가가 대중과의 관계 속에서 수행하는 자신의 기능을 묘사하는 일반적인 공식이 될 만하다. 개신교의 목사나 최근 가톨릭교의 성직자들 중 많은 이들은, 교구민들에게 그들의 갈등의 본성에 관한 약간의 분석적 정보를 먼저 제공한 후에 그들의 신앙을 확신시킴으로써 그들의 일상생활의 금지 사항들을 덜어 줄 수 있다. 반면 우리와 대립하는 편인 아들러 편의 〈개인 심리학자들〉은, 불안정하고 무능한 사람들의 정신적 삶의 한 단면만을 비추어서 그들의 이기적이고 나쁜 충동들이 질병에 개입하고 있는 것을 먼저 보여 줌으로써, 그들의 관심을 사회 공동체로 몰아가는 똑같은 결과를 산출하고자 노력한다. 분석에 기초함으로써 그들의 권력을 이끌어 내는 이러한 두

22 *Seelsorger*. 〈영혼의 보호자〉로 해석될 수 있다. 프로이트는 피스터의 책 『정신분석의 방법』(1913) 서문에서 프로테스탄트 국가에서 수행되는 이러한 일에 관해서 이미 언급했다.

절차는 모두 정신 치료에 바탕을 두고 있다. 분석가인 우리는 환자가 누구이든지 간에 그에 대한 가능한 한 가장 완벽하고 심오한 분석을 목표로 설정한다. 우리는 그를 가톨릭, 개신교, 혹은 사회주의 공동체로 수용시킴으로써 고통을 덜어 주고자 하지 않는다. 오히려 우리는 억압으로 인해 그의 무의식 속에 갇혀서 사용할 수 없는 에너지들과 이러한 억압을 유지하려는 무익한 노력 속에서 그의 자아가 배제한 에너지들을 활용할 수 있도록 함으로써, 내부적 근원에서부터 그들을 더욱 풍부하게 하고자 하는 것이다. 이러한 활동은 어휘가 가지는 가장 적절한 의미에서 성직자의 일이라고 할 수 있다. 우리가 목표를 너무나 높게 설정한 것일까? 대부분의 환자가, 이러한 일이 우리에게 요구하는 노력을 받을 만한 가치가 있을까? 환자들을 내부에서부터 재구축하는 것보다 그들의 허약성을 외부에서 지탱시켜 주는 것이 더 경제적이라고 할 수는 없지 않을까? 나는 말할 수가 없다. 하지만 내가 알고 있는 어떤 다른 것이 있다. 정신분석학에는 처음부터 치료와 조사 사이에 불가분의 유대가 있다. 지식은 곧 치료적 성공을 낳는다. 어떤 새로운 것을 배우지 않고서 환자를 치료한다는 것은 불가능했다. 또 그것의 효율적인 결과를 지각하지 않고 새로운 통찰을 얻는 것도 불가능했다. 우리의 분석 절차는 이러한 고귀한 유대가 확인되는 유일한 절차이다. 그리고 우리가 인간 정신에 대해 희미한 이해의 폭을 넓힐 수 있는 것은 이러한 분석적 작업을 수행함으로써만 가능한 것이다. 과학적 성과에 대한 이같은 전망은 분석 작업의 가장 뿌듯하고도 유쾌한 특징이었다. 과연 실천적 측면만을 고려하여 이러한 전망을 희생해야만 할까?

이 논의의 과정에서 행해진 일부의 언술들은, 나로 하여금 비전문가의 분석에 대한 내 책이 어떤 면에서 잘못 이해되었다는 의구심을 낳았다. 마치 내가 의사들은 일반적으로 분석을 실행하기에는 너무나 무능하다고 주장하고 의학적 도움을 받는 것을 거부한 것처럼 다뤄지면서, 나와 대립했던 의사들은 옹호를 받았다. 그것은 결코 나의 의도가 아니었다. 그러한 생각은 아마도 내가 훈련받지 못한 의료인 분석가가 비전문가보다 훨씬 더 위험하다고 주장한 데서 유래한 듯하다. 언젠가 『심플리치시무스』[23]에 나온 여자들에 대한 냉소적인 말을 재언급함으로써 이 문제에 대한 나의 진정한 견해를 밝히고자 한다. 어떤 사람이 여성의 약점과 성가신 본성에 대해 다른 사람에게 불만을 토로하고 있었다. 상대편이 말했다. 〈그래도 약하고 성가신 것 중에는 여자가 제일이지.〉 나는 분석가들을 훈련시키기 위해서 우리가 기대하는 것과 같은 학교는 아직 존재하지 않으며, 의학의 예비 교육을 받은 사람들이 미래 분석가들의 원천이 된다는 사실을 인정하지 않을 수 없다. 그러나 우리는 그들이 자신의 예비적 교육을 완전한 훈련으로 착각해서는 안 되며, 그들은 의학 학교에서의 교육에 의해 만들어진 일면성을 극복해야 하고, 내분비학이나 자율 신경 체계에 안주하려는 유혹을 뿌리쳐야 한다. 이때 필요한 것은 심리학적 개념의 틀을 통한 심리학적 사실에 대한 이해이다. 나는 심리적 현상과 그러한 현상의 유기적·해부학적·화학적 토대들 간의 관계와 연관된 모든 문제는 그것들 모두를 연구하는 사람들, 즉 의료 분석가들에 의해서만 다루어져야 한다는 견해에 동의한다. 하지만 이것이 정신분석학의 전부는 아니며, 다른 측면에서는 〈정신〉과학에서의 예비적인 교육을 갖춘 사람들의 협조가 없이는 불가능하다는 사실이 망각되어서는 안 된다. 실천적인 이유에서 우리는 의학적 분석과 응용 분석을 구분해 왔다. 그러나 이것

23 뮌헨에서 발행되는 풍자적인 정기 간행물.

은 논리적인 구분이 아니다. 진정한 분할선은 의학 분야나 비의학 분야 모두에서 똑같이 〈과학적〉 분석과 〈그것의 응용〉 사이에 그어져야 한다.

이 논의에서 비전문가의 분석에 대한 퉁명스러운 거부감을 표시한 것은 미국의 동료들이었다. 여기서 그들에 대해 답변을 하는 것은 적절하지 않으리라고 생각한다. 그들의 저항이 전적으로 실천적인 요소들로부터 파생한 것이라는 견해를 내가 표명했다면, 나는 분석을 잘못 사용했다는 비난을 받지 않을 수도 있다. 그들은 자기 나라에서 비전문적인 분석가들이 온갖 종류의 불미스럽고도 비합법적인 목적을 위해서 분석을 사용하며, 결과적으로 환자들에게나 분석이라는 훌륭한 이름에 대해 얼마나 해악을 입히고 있는지 잘 알고 있다. 따라서 그들의 분개 속에는 이러한 해악을 멀리하고 어떤 비전문가도 분석에 참여하는 것을 막으려는 의도가 있다는 것을 의심할 수 없다. 그러나 이러한 사실들이 이미 미국인들의 입장의 중요성을 경감시키기에 충분하다. 왜냐하면 비전문가 분석의 문제는 단지 실천적인 견지에서만 결정되어서는 안 되며, 미국에서의 지역적 상황이 우리 견해에 대한 유일한 결정적 요소가 될 수 없기 때문이다.

근본적으로 실천적인 이유에 기초한 미국 동료들에 의해서 통과된 해결책은, 내가 보기에는 결국 그다지 실용적인 것 같지 않다. 왜냐하면 그러한 해결책은 그 상황을 지배하는 요소들 중 어느 것에 대해서도 영향을 끼칠 수 없기 때문이다. 그것은 일종의 억압을 시도하는 것과 마찬가지이다. 만약 비전문적인 분석가들이 활동하려는 것을 방지할 수 없고 대중이 그들을 막으려는 선전을 지지하지 않는다면, 그들에게 훈련의 기회를 제공함으로써 그들의 존재 사실을 인지하는 것이 더욱 효과적인 것이 아닐까?

이러한 방식으로 그들에 대해서 어떤 영향력을 행사하는 것이 가능하지 않을까? 그리고 그들에게 유인책으로 의료 전문직의 승인을 받고 같이 공동 작업할 수 있도록 초대될 가능성이 제공된다면, 그들은 자신의 윤리적·지적 수준을 높이는 데 관심을 갖게 되지 않을까?

빈, 1927년 6월

박성수 옮김

라이크 박사와 비전문가 치료의 문제

Dr. Reik und die Kurpfuschereifrage(1926)

1926년 빈에서는 의사가 아니지만 빈 정신분석학회의 저명한 회원인 테오도어 라이크Theodor Reik 박사의 무면허 치료에 대한 소송이 있었다. 그는 의학 학위를 소지하지 않은 사람은 환자를 치료하지 못하게 되어 있는 무면허 치료 금지법에 저촉되었던 것이다. 이 편지는 프로이트가 이 사건에 열정적으로 개입하게 되면서 쓰였다.

이 글은 1926년 『신자유 신문Neue Freie Presse』에 처음 실렸다. 영어 번역본은 "Dr. Reik and the Problem of Quackery"라는 제목으로 1948년 『미국 정신분석학회보Bulletin of the American Psychoanalytic Association』 4호에 실렸고, 제임스 스트레이치의 번역으로 『표준판 전집』 제21권(1961)에도 실렸다.

라이크 박사와 비전문가 치료의 문제

편집자 귀하

나의 제자인 테오도어 라이크 박사를 다룬 7월 15일자 귀지의 기사에서, 보다 정확히는 〈정신분석학회로부터의 정보〉라는 제목하의 지면에서, 정정을 위하여 내가 몇 마디 언급하고 싶은 부분이 있습니다.

그 구절은 다음과 같습니다.

......지난 몇 년 동안 프로이트는 철학적 저술과 심리학적 저술로 큰 명성을 얻은 라이크 박사가 프로이트학파에 속하는 어떤 의사보다도 훨씬 더 정신분석의 재능을 지니고 있다고 확신하게 되었다. 그리고 그는 가장 어려운 경우들을 오직 라이크 박사와 정신분석의 고난도 기술에 특별히 숙련되어 있음이 입증된 그의 딸 아나에게만 맡겼다.

내 생각으로 라이크 박사 자신이 우리 관계의 기반에 대한 이와 같은 설명을 거부할 첫 번째 사람일 것입니다. 그러나 특별히 어려운 경우에 내가 그의 기술을 이용한 것은 사실입니다. 그렇지만 그것은 물리적 증상과는 거리가 먼 영역에서의 증상들의 경우에서뿐이었습니다. 그리고 나는 항상 그가 의사가 아니라 심리학자라는 것을 환자에게 알려 주었습니다.

나의 딸 아나는 어린아이와 청소년에 대한 교육학적 분석에 몰두했습니다. 나는 성인에게서 나타나는 심각한 신경증적 질환을 아직까지 그녀에게 맡긴 적이 없습니다. 첨언하면, 그녀가 이제까지 다루었던 정신병에 근접한 심하지 않은 증상을 가진 유일한 사례를 성공적으로 치료하여, 그것을 맡긴 의사에게 보답했습니다.

이 기회에 내가 방금 「비전문가 분석의 문제」라는 작은 저술을 출판하기 위해 송고했음을 알려드립니다. 이 글에서 나는 정신분석이 무엇이며, 그것이 분석가에게 무엇을 요구하는지를 보여 주고자 했습니다. 나는 정신분석과 의학의 관계는 결코 단순하지 않으며, (민법의) 무면허 치료 금지 조항을 훈련받은 분석가에게 기계적으로 적용하는 일은 심각한 불신을 불러일으킬 수 있다고 결론지었습니다.

내가 빈에서의 개업 활동을 포기하고 소수의 외국인 치료에 나의 활동을 제한한 까닭에, 이러한 통고로 인해 나 역시 직업에 맞지 않는 광고를 했다고 기소되지는 않으리라 믿습니다.

프로이트 교수

박성수 옮김

정신분석학 개요

정신분석학 개요

Abriss der Psychoanalyse(1940[1938])

　프로이트의 많은 비평적 저술 가운데 「정신분석학 개요」는 유일무이한 성격을 보여 준다. 다른 저술들은 예외 없이 대중, 즉 프로이트의 연구 주제에 다양하게 접근하지만 언제나 상대적으로 무지한 대중에게 정신분석을 설명하는 것을 목적으로 했다. 반면에 「정신분석학 개요」는 초보자를 위한 작품이 아니다. 프로이트의 심리학에 대한 일반적 접근뿐만 아니라, 매우 상세한 문제들에 있어 그의 발견과 이론을 독자가 이미 알고 있다는 것을 전제로 하여 서술되고 있기 때문이다. 예를 들어 언어적 연상과 기억흔적이 행하는 역할에 대한 몇몇 짧은 언급은, 『꿈의 해석』의 마지막 장과 「무의식에 관하여」의 마지막 절에 서술되어 있는 많은 어려운 논증을 습득하지 못한 사람에게는 이해하기 어려운 것이다. 그러나 프로이트의 저작들에 정통한 사람들은 이 글을 가장 매혹적인 에필로그로 여길 것이다. 때로는 완전히 새로운 이론을 암시하는 곳도 있는데, 특히 여덟 번째 장의 후반부에서는 자아분열과 외부 세계에 대한 문제가 상당히 길게 고찰되고 있다. 이 글 전체는 우리에게 서술에서의 자유가 갖는 의미를 제시해 주는 데, 정신분석학의 창시자이자 대가인 프로이트의 마지막 서술에서 이 자유를 느낄 수 있다.

이 글은 1940년에 『국제 정신분석학지 — 이마고』 제25권 1호에 실린 후 『저작집』 제17권(1941)에 실렸다. 영어로는 "An Outline of Psychoanalysis"라는 제목으로 제임스 스트레이치가 번역하여 1940년 『국제 정신분석 저널』 제21권 1호에 실린 뒤, 1949년 런던의 호가스 출판사와 정신분석 연구소에 의해 단행본으로 출간되었고, 같은 해에 뉴욕의 노턴 출판사에서 미국판이 나왔다. 이 번역은 상당히 수정된 형태로 『표준판 전집』 제23권(1964)에도 수록되었다.

서문

이 작은 글은 정신분석학의 명제들을 축약적인 형태로, 그리고 가장 명료한 말로, 말하자면 교리적으로 정리하려고 한다. 믿음을 강요하고 확신을 불러일으키는 일은 당연히 이 글의 의도가 아니다.

정신분석학은 수많은 관찰과 경험에 기초하여 성립된 것이므로, 자기 자신과 다른 사람에게서 이러한 관찰을 반복해 본 사람만이 그에 관한 독자적인 판단의 길을 걸을 수 있다.

제1부 정신적인 것의 본성

첫 번째 장

정신 기관

정신분석학은 근본적인 가정을 하는데, 이 가정을 논의하는 것은 철학적 사유에 속하는 일이지만, 이 가정을 정당화시키는 것은 정신분석의 결과에 달려 있다. 우리가 정신(정신생활)이라고 부르는 것 중에는 두 가지가 알려져 있다. 하나는 신체 기관과 그것의 무대인 뇌(신경 체계)이고, 다른 하나는 의식 행위로 직접적인 자료라는 것 말고는 더 이상 달리 설명할 길이 없다. 이 두 가지 사이에 있는 모든 것은 우리에게 아무것도 알려진 바가 없으며, 의식의 자료에는 우리 지식의 이 두 극점 간의 직접적 관계가 드러나지 않는다. 직접적인 관계가 존재하더라도 그것은 기껏해야 의식 과정의 정확한 장소를 제공할 뿐, 의식 과정의 이해를 위해서는 아무것도 기여하는 바가 없다.

우리의 두 가정은 우리 지식의 이 종착점 내지는 출발점에서 시작된다. 첫째 가정은 위치를 정하는 것에 관해서이다. 우리의 가정에 따르면, 정신생활은 다수의 부분으로 이루어져 있고 공간적 연장의 속성을 갖는 한 기관의 기능이다. 따라서 우리는 이 기관을 망원경이나 현미경과 같은 것으로 생각할 수 있다. 이러한 생각을 일관되게 구축하는 것은 이미 비슷한 것이 시도되었음에도 불구하고 과학적으로 새로운 것이다.

우리는 인간 존재의 개별적 발전에 대한 연구를 통해 이 정신적 장치를 인식하게 되었다. 우리는 이 정신적 지역 또는 기관의 가장 오랜 것을 이드das Es라 부른다. 그 내용은 유전되어 출생 시부터 가지고 있으며, 구조적으로 확정된 것 모두이다. 따라서 그 내용은 무엇보다도 신체 조직에 기인하는 본능인데, 이 본능은 그 형태가 우리에게 알려지지 않은 방식으로 이드에서 정신적으로 표현된다.[1]

우리를 둘러싸고 있는 실재 외부 세계의 영향하에서 이드의 한 부분이 특별히 발전한다. 원래 자극의 수용을 위한 기관들과 자극 보호를 위한 장치를 가진 외피층이었던 것이, 이드와 외부 세계를 매개하는 하나의 특수한 조직으로 형성된다. 우리는 우리 정신생활의 이 영역에 자아das Ich라는 이름을 붙인다.

자아의 중요한 특징들은 다음과 같다. 자아는 감각 지각과 근육 활동 간에 미리 형성된 관계로 인해 자의적인 운동을 할 수 있다. 그리고 자기 보존의 과제를 지니고 있으며, 외부를 향해서는 자극을 배우고, 그에 대한 경험을 (기억 속에) 저장하고, 과도한 자극을 (도피를 통해) 피하고, 적당한 자극에 (적응에 의해) 대응하고, 마침내 외부 세계를 합목적적으로 자신에게 이익이 되도록 변화시키는 것을 배움으로써 이 과제를 수행한다. 내부를 향해서는 본능의 요구들에 대한 지배력을 획득함으로써 이드에 대립하여, 이 요구들의 충족이 허용될 수 있는가의 여부를 결정하고, 외부 세계에서의 유리한 시간과 환경으로 이 충족을 지연시키거나 그것의 흥분을 억제함으로써 과제를 수행한다. 자아의 활동은 자아 속에 존재하거나 자아 속으로 들어온 자극의 긴장에 대한 주

1 정신 기관의 가장 오래된 이 부분은 일생 동안 가장 중요한 것이다. 정신분석의 연구 작업도 이 부분에서 시작되었다 — 원주.

목에 의해 인도된다. 일반적으로 이 긴장의 증가가 불쾌*das Unlust*로, 그것의 감소가 쾌락*das Lust*으로 느껴진다. 그러나 쾌락과 불쾌로 느껴지는 것은 아마도 이 자극 긴장의 절대적 수준이 아니라 그것의 변화 리듬에서 생성되는 어떤 감정일 것이다. 자아는 쾌락을 추구하고 불쾌를 피하려 한다. 불쾌 증가가 기대되고 예견되는 경우, 자아는 불안 신호*Angstsignal*로 대답한다. 그것의 동인이 외부에서 오든 내부에서 오든 그것을 위험*Gefahr*이라고 감지한다. 자아는 때때로 외부 세계와의 연계를 끊고 수면 상태로 되돌아가는데, 여기서 자아는 자신의 조직을 광범위하게 변화시킨다. 수면 상태로부터 추론할 수 있는 것은, 이 조직의 본질이 정신적 에너지의 특수한 분배에 있다는 점이다.

인간 존재로 성장해 가는 어린아이가 부모에게 의존하여 사는 긴 유아기의 침전물로 자아 속에는 하나의 특별한 기관이 형성되는데, 여기서 부모의 영향은 지속된다. 이 기관은 초자아*das Über-Ich*라는 이름을 얻는다. 이 초자아가 자아와 구별되거나 자아에 대립하는 한에서, 그것은 자아가 고려할 수밖에 없는 제3의 힘이다.

자아의 행위는 그것이 자아, 초자아 및 실재의 요구를 동시에 충족시킬 때, 따라서 이들의 요구를 서로 조화시킬 수 있을 때 올바른 것이다. 자아와 초자아 간 관계의 세부 사항은 보통 어린아이의 부모에 대한 관계로 거슬러 올라감으로써 이해될 수 있다. 부모의 영향으로 작용하는 것은 부모의 개인적 존재만이 아니다. 부모에 의해 이어지는 가족, 인종 및 민족 전통의 영향과 부모가 대변하는 각각의 사회적 환경의 요구도 작용한다. 마찬가지로 초자아는 개인 발달 과정에서 나중에 나타나는 전승자와 부모의 대체 인물 편에서 오는 기여도 받아들이는데, 그것은 교육자, 공공의 모범, 사회에서 숭배되는 이상과 같은 것이다. 여기서 알 수 있는 것은 이드와 초자아가 근본적으로 상이함에도 불구하고 하나의 일치점을 보이고 있다는 것이다. 그것들은 과거의 영향들을 대변하는 바, 이드는 유전된 과거의 영향을, 초자아는 본질적으로 다른 이로부터 넘겨받은 과거의 영향을 대변한다. 반면 자아는 스스로 체험한 것, 따라서 우연적이고 현재적인 것에 의해 주로 규정된다.

정신적 기관의 이러한 일반적 도식은 인간과 정신적으로 유사한 고등 동물에 대해서도 적용될 수 있을 것이다. 인간과 같이 긴 유아적 의존기가 존재하는 모든 동물에게 초자아가 있다고 가정할 수 있다. 동물 심리학은 이로부터 생기는 흥미로운 과제에 아직 착수하고 있지 않다.

두 번째 장

본능 이론

이드의 힘은 개별 존재의 본래적인 생명 의도를 표현한다. 이 힘의 본질은 이드가 가지고 있는 욕구를 충족시키는 데 있다. 생명을 유지하고 위험에 대한 불안으로부터 보호하려는 의도는 이드에 속하지 않는다. 그것은 외부 세계를 고려하여 가장 유리하고 가장 위험이 없는 종류의 충족을 찾아내야 하는 자아의 과제이다. 초자아가 새로운 욕구를 주장할 수도 있을 것이다. 그러나 초자아의 주 업무는 충족을 제한하는 것이다.

이드의 욕구 긴장의 배후에 있다고 가정되는 힘을 우리는 본능 *Trieb*이라고 부른다. 이 힘은 정신생활에 대한 신체적 요구를 대변한다. 그것은 모든 활동의 최종 원인임에도 불구하고 보수적인 성격을 갖는다. 어떤 존재가 도달한 모든 상태로부터 이 상태를 떠나자마자 그것을 복구하려는 노력이 일어난다. 따라서 무수한 수의 본능을 구별할 수 있는데, 우리는 일상적인 실천에서 실제로 그렇게 한다. 그러나 우리에게 중요한 것은, 이 모든 다양한 본능을 몇몇 소수의 기본 본능으로 환원하는 것이 가능하냐는 것이다. 우리의 경험에 따르면, 본능은 그 목적을 (전위에 의해) 변화시킬 수 있으며, 어떤 한 본능의 에너지가 다른 본능의 에너지로 이전됨으로써 본능들은 서로 대체될 수 있다. 이 후자의 과정에 대해서는 아직 잘 이해되고 있지 못하다. 우리는 한참 동안 주저하고 망설이다가 두 가지 기본 본능, 즉 에로스*Eros*와 파괴 본능*Destruktionstrieb*을 가정하기로 결정했다. (자기 보존 본능과 종족 보존 본능 간의 대립 및 자기애과 대상애 간의 대립은 에로스 내에서 일어난다.) 전자의 목적은 언제나 더 큰 통일을 이루고 이를 유지하는 것, 즉 애착이고, 반대로 후자의 목적은 연관을 해체하여 사물을 파괴하는 것이다. 우리는 파괴 본능의 최종 목적이 생명체를 비유기체로 만드는 것처럼 보인다고 생각할 수 있다. 이런 이유로 우리는 그것을 죽음 본능*Todestrieb*이라고도 불렀다. 생명체가 후에 살아 있지 않은 것으로 되고 여기서 다시 생명체가 생긴다고 가정하면, 죽음 본능에 대해서도 본능은 이전 상태로의 복귀를 지향한다는 앞서 말한 정식이 타당하다. 에로스(또는 사랑의 본능)에 대해서 이 정식이 적용될 수는 없다. 이렇게 하기 위해서는 살아 있는 실체는 전에 하나의 통일체였는데 후에 분열하게 되었고, 이제 새로운 통일을 지향한다는 것이 전제되어야 할 것이다.[2]

생물학적 기능에서 이 두 가지 기본 본능은 서로 대립적으로 작용하거나 서로 결합한다. 그래서 먹는 행위는 섭취하려는 최종 목적에서의 대상 파괴이고, 성행위는 내밀한 통일의 의도를 지닌 공격이다. 두 가지 기본 본능의 조화와 대립 작용으로 인해 삶의 다양한 현상이 일어난다. 생명체의 영역을 넘어서 우리의 이 두 가지 기본 본능의 비유는 비유기체에서 지배적인 인력과 척력이라는 대립쌍에 이른다.[3]

2 시인들이 이와 비슷하게 상상했다. 그러나 살아 있는 실체의 역사에서 이에 상응하는 어떤 것도 우리에게 알려진 바 없다 — 원주. 프로이트는 여기서 다른 여러 저작 중 플라톤의 『향연』을 염두에 두고 있다. 그는 이런 연관에서 이 책을 인용하고 있다. 「쾌락 원칙을 넘어서」와 「성욕에 관한 세 편의 에세이」 참조.

본능들의 혼합 비례의 변화는 가장 확실한 결과들을 가져온다. 성적 공격이 더 강하게 추가되면 애인은 강간 살인범이 되고, 공격적 요소가 아주 감소하면 그는 소심해지거나 불능이 된다.

이런저런 기본 본능들을 어떤 한 정신적 영역에 제한하는 것은 말도 안 된다. 기본 본능들은 어디에서나 만날 수 있다. 우리는 시초 상태를 다음과 같은 방식으로 생각할 수 있다. 이제부터 우리가 리비도라 부르는 에로스가 가지고 있는 에너지 전체가 아직 분화되지 않은 자아-이드*Ich-Es*에 존재하고, 이것은 그와 동시에 존재하는 파괴적 성향들을 중성화시키는 데 기여한다. (파괴 본능의 에너지에 대해 리비도와 유사한 용어는 없다.) 나중에 우리가 리비도의 운명을 추적하는 일은 상대적으로 쉽다. 반면 파괴 본능에서는 이 일이 더 어렵다.

이 본능이 죽음의 본능으로 우리 내부에서 작용하는 한, 그것은 침묵하고 있다. 그것이 파괴 본능으로 밖을 향할 때 그것은 비로소 우리에게 등장한다. 이것이 일어나는 것이 개인의 유지를 위해서는 필수적인 것처럼 보인다. 근육 기관이 이렇게 방향을 유도하는 기능을 한다. 초자아가 개입되면서 상당한 양의 공격적 본능이 자아의 내부에서 고착되고, 여기서 자기 파괴적으로 작용한다. 이는 인간이 문화적 발전을 이루는 과정에서 감수해야 하는 건강에 대한 위험의 하나이다. 공격의 억제는 일반적으로 건강한 일이 아니며 병을 유발한다(모욕, *Kränkung*). 어떤 사람은 공

---

3   많은 정신분석가가 반대하고 있는 기본 힘 또는 본능에 대한 서술은 철학자 엠페도클레스Empedokles에게는 이미 낯선 것이 아니었다. 프로이트는 「끝이 있는 분석과 끝이 없는 분석Die endliche und die unendliche Analyse」이란 논문의 제6부에서 엠페도클레스와 그의 이론을 길게 논하고 있다. 아인슈타인에게 보낸 공개 편지 「왜 전쟁인가?」(프로이트 전집 12, 열린책들)와 『새로운 정신분석 강의』 중 서른두 번째 강의에서 그는 물리학에서 운용되는 이중적 힘에 대해 언급한다.

격을 자기 자신으로 향하게 함으로써 억제된 공격을 자기 파괴로
이행시키는데, 이를 그는 분노의 발작으로 표현한다. 이때 그는
머리를 쥐어뜯고 주먹으로 자기 얼굴을 치는데, 확실히 이런 처
리를 차라리 다른 사람에게 했으면 좋겠다고 그는 생각할 것이다.
자기 파괴의 일부분은 개인을 죽이는 것에 성공하기까지 어떤 상
황이든 간에 내부에 머물러 있다. 아마도 개인의 리비도가 다 소
모되거나 유익하지 않게 고착될 때에야 비로소 이 부분이 내부에
머물러 있지 않을 것이다. 따라서 일반적으로 추측할 수 있는 것
은, 개인은 자기 내부의 갈등 때문에 죽는다는 점이다. 반대로 종
(種)은 종이 획득한 적응에 충족되지 않는 방식으로 외부 세계가
변화하면, 이 외부 세계에 대한 투쟁의 패배로 인해 죽는다는 것
이다.

　이드와 초자아에서의 리비도 행태에 대해 무엇인가를 말하기
는 어렵다. 우리가 리비도에 대해 아는 모든 것은 자아와 관련되
어 있으며, 처분 가능한 리비도의 양은 처음엔 이 자아에 저장되
어 있다. 우리는 이러한 상태를 절대적인 원초적 자기애*Narziβmus*
라고 부른다. 자아가 대상에 대한 관념을 리비도로 점유하기 시
작하여 자기애적 리비도를 대상 리비도*Objektlibido*로 전환시키기
시작할 때까지 자기애는 지속된다. 전 일생 동안 자아는 마치 위
족(僞足)을 가진 원형체가 그러듯이, 그로부터 리비도 집중이 대
상으로 보내지고 그곳으로 되돌아오는 거대한 저장고이다. 완전
히 사랑에 빠진 상태에서만 리비도의 대부분이 대상에게 전이되
고 대상이 어느 정도 자아를 대신하게 된다. 삶에 중요한 성격은
리비도의 기동성, 리비도가 한 대상으로부터 다른 대상으로 이전
되는 용이함이다. 이에 반대되는 것이 특정한 대상에 대한 리비
도의 고착인데, 이는 종종 일생 동안 지속되기도 한다.

리비도가 신체적 원천을 가지고 있으며 다양한 기관과 신체의 부분들로부터 자아에로 흘러들어 온다는 것은 틀림없다. 우리는 그 본능적 목적에 따라 성적 흥분이라고 불리는 리비도의 한 부분에서 이를 가장 명백하게 볼 수 있다. 이 리비도가 나오는 가장 뚜렷한 신체의 부분을 성감대라는 이름으로 특징짓고 있으나, 원래 신체 전체가 성감대이다. 우리가 에로스, 즉 그것의 대표인 리비도에 대해 아는 최상의 것은, 비록 우리의 이론에서는 그렇지 않지만 세간에 알려진 견해에 따르면 에로스와 일치한다는 성 기능의 연구를 통해서 얻어진 것이다. 우리는 삶에 결정적인 영향을 미치는 성 충동이, 어떻게 특정한 성감대에 의해 대표되는 다수의 부분적 본능의 연속적 기여로부터 발전해 왔는가에 대해 어떤 견해를 가질 수 있었다.

세 번째 장
성 기능의 발전

관례적인 견해에 따르면, 인간의 성생활은 본질적으로 자신의 성기를 다른 성을 가진 사람의 성기와 접촉시키려는 노력으로 이루어져 있다. 이때 이 낯선 육체와의 키스, 그것의 주시 및 더듬기는 부수 현상이자 전희(前戲)로 등장한다. 이러한 노력은 사춘기, 즉 성이 성숙하는 나이에 등장하고 종족 번식에 이용된다. 그러나 이러한 견해의 좁은 테두리에 맞지 않는 어떤 사실들이 언제나 알려져 있었다. (1) 자기와 같은 성을 가진 개인과 그의 성기에 대해서만 매력을 느끼는 사람이 존재한다는 것은 기이한 일이다. (2) 마찬가지로 기이한 일은, 그의 욕망이 성적인 욕망과 똑같이 움직이지만 성기와 그것의 정상적 사용에 완전히 관심이 없는 사람도 있다는 것이다. 이런 사람을 도착증 환자라고 부른다. (3) 마지막으로 특이한 것은, 그 때문에 퇴행했다고 여겨지는 많은 어린아이들이 자신의 성기와 그것의 흥분 기호에 대해 아주 일찍부터 관심을 보인다는 점이다.

정신분석이 부분적으로 이 세 가지가 간과되어 왔던 사실에 기대어 성욕에 대한 모든 대중적인 견해를 반박하자, 세인의 주목과 비난을 받은 것은 이해할 만하다. 정신분석의 중요한 결과는 다음과 같다.

(1) 성생활은 사춘기에서 비로소 시작하는 것이 아니라 출생하자마자 곧 뚜렷하게 표현되며 시작된다.

(2) 성 개념과 성기 개념을 구별하는 것이 필요하다. 전자는 더 넓은 개념이며 성기와 아무런 관련이 없는 많은 활동을 포괄한다.

(3) 성생활은 나중에서야 번식에 기여하는 신체 부분으로부터의 쾌락 획득 기능을 포괄한다. 두 기능, 즉 번식 기능과 쾌락 획득 기능은 종종 완전히 일치하지 않는다.

물론 주된 관심은 다른 모든 것 중 가장 예기치 않았던 첫 번째 주장에 모아진다. 낡은 선입견에 따르면, 성적이라는 이름을 부여할 수 없다는 어떤 신체적 활동의 징후가 초기 유아기 때부터 존재한다는 것이 발견되었다. 이러한 신체적 활동은, 가령 특정한 대상에의 고착과 시기심 등과 같이 우리가 나중에 성인의 사랑 행위에서 발견하는 심리적 현상과 결부되어 있다. 나아가 이로부터 밝혀진 사실은, 이렇게 초기 유아기에 등장하는 현상들이 일정한 법칙적 발전을 하며 규칙적으로 상승하여 대략 다섯 살 말경에 절정에 이르고, 그 후 휴식기가 뒤따른다는 점이다. 이 휴식기 동안 발전은 정지되고 많은 것이 잊혀지고 다시 퇴보한다. 이러한 소위 잠재기가 지난 후 성생활은 사춘기와 함께 속행된다. 우리는 성생활이 다시 꽃피게 된다라고 말할 수 있겠다. 이때 여기서 성생활의 2단계적 발단이라는 사실과 마주하게 되는데, 이러한 단계적 발달은 인간 이외에 알려진 바가 없으며, 확실히 인간으로 발전하는 데 매우 중요한 것임에 틀림없다.[4] 이러한 성욕의 초기에 일어난 사건들이 남김없이 유아적 망각의 희생물이 된

4 인간이 생후 5년 내에 성적으로 성숙했던 포유동물로부터 유래한다는 사실을 참조하라. 그 후에 어떤 외부의 큰 영향이 종에 가해져서 성욕의 직선적 발전이 지장을 받게 되었다. 동물과 비교할 때 인간에게 나타나는 성생활의 다른 변화, 가령 리비도의 주기성 지양과 성관계에서 자위 역할의 이용은 이와 연관을 맺고 있다 — 원주.

다는 것은 대수롭지 않게 여길 만한 일이 아니다. 신경증의 병원학에 대한 우리의 견해와 분석적 치료법은 이러한 입장에 결부되어 있다. 이러한 초기의 발전 과정을 추적하는 일은 또한 다른 주장에 대한 증명을 제공한다.

출생 때부터 성감대로 등장하여 정신에 대해 리비도적 요구를 제기하는 첫 번째 기관은 입이다. 모든 심리적 활동은 우선 이 성감대의 욕구를 충족시키려는 목적을 갖는다. 물론 이 기관은 1차적으로 영양 섭취를 통해 자기를 보존하는 데 기여한다. 그러나 우리는 생리학을 심리학과 혼동해서는 안 될 것이다. 어린아이가 집요하게 지속하는 입술 빨기에서 일찍부터 하나의 욕구가 나타난다. 이 욕구는 영양 섭취로부터 출발하여, 그것에 자극을 받는 것임에도 불구하고 영양 섭취와는 독립적으로 쾌락 추구를 지향하며, 그 이유 때문에 성적이라 불릴 수 있고 또 그렇게 불려야 한다.

이 구순기(口脣期)에 이미 치아의 등장과 함께 가학적 충동이 분리되어 나타난다. 공격과 배설 기능에서 충족을 찾으므로 우리가 가학적 항문기라고 부르는 두 번째 시기에 이는 더 큰 범위에서 나타난다. 우리가 공격적 충동을 리비도에 포함시킬 수 있는 정당화의 근거는, 사디즘Sadismus이 리비도적 충동과 파괴적 충동의 본능적 혼합물이며, 이 혼합이 이때부터 지속된다는 견해에 있다.[5]

세 번째 시기는 소위 남근기인데, 이 시기는 말하자면 성생활의 선구자로서 이미 성생활의 최종 형태와 아주 유사하다. 여기

---

5 순전히 파괴적인 본능적 충동의 충족이 쾌락으로 느껴질 수 있는지, 그리고 순수한 파괴가 리비도의 부가 없이 일어날 수 있는지 하는 문제가 발생한다. 마조히즘 Masochismus이 사디즘과 매우 유사한 혼합물임에도 불구하고 자아 속에 머물러 있는 죽음 본능의 충족은 쾌락의 감각을 만들어 내지 못하는 것처럼 보인다 — 원주.

서 양성(兩性)의 성기가 아니라 남성의 성기(남근)만이 어떤 역할을 한다는 점이 주목할 만한 특징이다. 여성의 성기는 오랫동안 알려지지 않은 채로 남는다. 어린아이는 성적 과정을 이해하려고 시도하면서 유전학적으로 정당성을 갖는 배설강(排泄腔) 이론을 신봉한다.[6]

남근기와 함께, 이 시기 동안 유아의 성욕은 그 절정에 달했다가 가라앉기 시작한다. 이제부터 소년과 소녀는 서로 다른 운명을 걸어간다. 이 둘은 그들의 지적 활동을 성 연구에 바치기 시작하고, 남근이 모든 사람에게 있다는 전제에서 출발한다. 그러나 이제 양성의 길은 갈리게 되고, 소년은 오이디푸스 시기에 들어서게 된다. 소년은 남근을 자위하면서 동시에 어머니에 대한 남근의 그 어떤 성적 활동을 상상하기 시작한다. 이는 그가 거세 위협을 느끼는 것과 여성에게는 남근이 없음을 확인한 것이 결합되어 그의 생애에서 가장 큰 외상을 입게 되기까지 지속되고, 이 외상에 의해 그 모든 후속 결과를 갖는 잠재기가 시작된다. 소녀는 소년과 똑같이 하려는 시도가 수포로 돌아간 후, 남근이 없다는 것 혹은 더 정확히 말하자면 음핵의 열등함을 인식하게 되고, 이는 성격 형성에 지속적인 영향을 미치게 된다. 이러한 경쟁에서 최초 실망의 결과로 소녀는 종종 성생활 일반에서 멀어지게 된다.

위에서 말한 이 세 시기가 정확하게 교체된다고 믿는 것은 오해일 것이다. 어떤 한 시기가 다른 시기에 부가되어 등장하기도 하고, 서로 교차되기도 하며, 병존하기도 한다. 초기 시기들에서 개별적인 부분적 본능들은 서로 독립되어 쾌락 획득을 추구한다.

6 여성의 질(膣)은 아주 어렸을 때에도 흥분한다고 자주 주장된다. 그러나 이때 문제가 되는 것은 아마도 음핵(陰核, *Klitoris*), 즉 남근과 유사한 기관에서의 흥분일 것이다. 이러한 사실에 의해 이 시기를 남근기라고 부르는 것이 정당하다는 주장을 계속할 수 있다 ─ 원주.

남근기에 이르러 다른 충동들을 성기의 우위에 종속시키는 조직화가 시작되며, 이는 일반적인 쾌락 추구를 성 기능에 배치시키기 시작함을 의미한다. 완전한 조직화는 네 번째 단계인 성기기(性器期)의 사춘기에 의해 비로소 도달된다. 이렇게 되면 어떤 한 상태가 이루어지는데, 여기서 (1) 많은 이전의 리비도 집중이 보존되며, (2) 다른 리비도 집중은 그것이 충족되었을 때 소위 사전 쾌락을 만들어 내는 예비적이고 지원하는 행위로서 성 기능에 수용된다. 그리고 (3) 다른 충동들은 조직화에서 배제되는데, 그것들은 억제(억압)되거나 자아에서 다르게 사용되어 성격적 특징을 형성하고 목적 이전을 통해 승화된다.

이 과정이 언제나 완전무결하게 수행되는 것은 아니다. 이 발전에서의 지장은 성생활의 다양한 장애로 드러난다. 그 경우 이전 시기의 상태에 대한 리비도의 고착이 존재하게 되며, 정상적인 성적 목적과 독립된 이 고착의 충동은 도착적이라고 불린다. 이러한 발전의 저해가 가령 뚜렷하게 나타났을 때를 동성애라고 한다. 모든 사례에서 동성애적 대상 애착이 존재하며, 그것이 대부분의 경우 또한 잠재적으로 보존된다는 사실이 분석에 의해 입증되었다. 이러한 상황은 일반적으로 정상적인 결과를 산출하기 위해 요구되는 과정들이 완벽하게 존재하거나 부재하는 것이 아니라, 이 과정들이 〈부분적〉으로 존재하여 최종 결과가 이 양적 관계에 의존한다는 사실에 의해 더 복잡해진다. 이때 성기의 조직화가 이루어지기는 했지만, 이 조직화는 함께 조직화되지 않고 전성기(前性器)적 대상과 목적에 고착된 채로 남아 있는 리비도의 부분들만큼 약화된 것이다. 이러한 약화 현상은 성기적 충족이 없거나 실제적인 어려움에 봉착할 경우, 리비도가 이전의 전성기적 리비도 집중 상태로 되돌아가려는 성향에서 볼 수 있다(퇴행).

성 기능을 연구하는 동안 우리는 최초의 잠정적인 확신, 올바로 말한다면 두 가지 통찰에 대한 예감을 얻게 되었다. 첫째, 우리가 관찰했던 정상적인 징후들과 비정상적인 징후들(즉 주체의 현상학)은 동력학과 경제학(우리의 경우 리비도의 양적 분배)의 관점에서 기술될 필요가 있다는 것이다. 둘째, 우리가 연구하는 장애의 병원학은 개인의 발달사에 따라 그의 유년기에서 찾아야 한다는 것이다.

네 번째 장

정신적 성질들

우리는 정신 기관의 구조, 정신 기관 안에서 활동하는 에너지 또는 힘들을 기술했고, 한 돋보이는 예에서 이들 에너지, 주로 리비도가 어떻게 종의 유지에 기여하는 생리학적 기능으로 조직화되는가를 추적했다. 이때 정신적인 것의 매우 특유한 성격을 드러내 보여 주는 것은 없었다. 물론 이 정신 기관과 에너지들이 우리가 정신생활이라고 부르는 것의 배후에 있다는 경험적 사실을 예외로 할 수 있기는 하다. 이제 이 정신적인 것에 유일하게 특징적인 것, 널리 유포된 견해에 따르면 배타적으로 정신적인 것에만 일치하는 것에 관심을 기울여 보자.

이러한 연구를 위한 출발점은 모든 설명과 기술에 맞서는 유일무이한 사실, 즉 의식(意識)의 사실이다. 어떤 사람이 의식에 대해 말한다면, 우리 자신의 개인적 경험으로부터 그것이 무엇을 의미하는지 안다.[7] 과학 내부에 있거나 과학 외부에 있는 많은 사람에게서 의식은 오직 정신적인 것일 뿐이라고 가정하는 것으로 충분하다. 그리고 이때 심리학은 정신적 현상의 내부에서 지각, 감정, 사고 과정, 의지 행위를 구별하는 일 외에는 다른 어떤 할 일도 없

---

7 미국에서 태동한 행동주의와 같은 극단적 조류는 이 기본 사실을 도외시하는 심리학을 구축할 수 있다고 믿는다! — 원주.

게 된다. 그러나 일반적으로 일치를 보고 있는 견해에 따르면, 이러한 의식적 과정들은 그 자체가 완결된 빈틈없는 연속을 이루고 있지는 않다. 그래서 정신적인 것에 따르는 물리적이거나 신체적인 수반 과정들을 가정할 수밖에 없게 되고, 이들 중 일부는 의식적 병행 과정을 갖고 다른 일부는 갖지 않기 때문에, 이들 과정이 정신적 연속보다 더 완전하다고 생각할 수밖에 없게 될 것이다. 그렇게 되면 심리학에서 이러한 신체적 과정들을 강조하고, 이들에서 원래 정신적인 것을 인정하며, 의식적 과정들에 대해서는 다른 평가를 추구하는 일이 당연하게 된다. 다른 사람들과 마찬가지로 대부분의 철학자는 이에 반대하며, 무의식적 정신이란 불합리한 것이라고 치부한다.

그러나 정신분석학이 해야 하는 일이 바로 이것이다. 그리고 이것이 정신분석학의 두 번째 기본 가정이다. 정신분석학은 소위 신체적 수반 과정들이 본래의 정신적인 것이라고 보며, 이때 의식의 성질은 우선 도외시한다. 정신분석학만이 이렇게 하는 것은 아니다. 예를 들어 립스Th. Lipps와 같은 많은 사상가는 위와 동일한 사태를 동일한 말로 표현했다. 그리고 정신적인 것에 대한 관습적 견해가 일반적으로 불충분하다고 느껴진 결과, 무의식의 개념을 심리학적 사고에 더욱더 긴급히 수용해야 할 것이라는 요구가 대두되었다. 물론 이러한 요구는 명확하게 파악될 수 없는 방식으로 제기되어, 이 개념이 과학에 대해 어떤 영향력을 갖지는 못했지만 말이다.

이제 정신분석학과 철학 간의 이러한 차이에서 문제가 되는 것은, 단지 어떤 현상의 연속에 정신적인 것이라는 이름을 부여해야 하는가라는 사소한 정의의 문제인 것처럼 보인다. 그러나 실제로 이 발걸음은 아주 의미심장한 것이 되었다. 의식-심리학이 빈틈이 있으며 다른 어떤 것에 의존하는 현상의 연속을 결코 넘어서지 못했던 반면, 정신적인 것은 본래 무의식적이라는 다른 견해에 의해 심리학은 다른 과학과 마찬가지로 하나의 자연 과학으로 성장하는 것이 허용되었다. 심리학이 다루는 과정들은 다른 과학들, 즉 화학이나 물리학과 같이 그 자체로 인식될 수 없는 것이다. 그러나 이 과정들이 따르는 법칙을 확정하고 그것들의 상호 관계와 의존 관계를 널리 빈틈없이 추적하는 일은 가능하다. 따라서 사람들이 해당 자연 현상 영역에 대한 이해라고 부르는 것이 가능하다. 이때 이러한 일은 새로운 개념들을 가정하고 창조하지 않고는 진행될 수 없다. 그러나 이는 우리의 당혹감에 대한 증거로 경멸될 것이 아니라 과학을 풍요로이 하는 것으로 평가되어야 한다. 그리고 이러한 개념의 가정과 창조는 다른 자연 과학에서 그에 상응하는 지적 보조 구성물과 동일한 근사치를 가지며, 경험이 축적되고 걸러짐에 따라 변화되고 교정되고 더 정교히 규정될 것이 기대된다. 그렇다면 새로운 과학의 기본 개념들과 그 원칙들(본능, 신경적 에너지 등)이 더 역사가 오래된 과학들의 개념들(힘, 질량, 인력)과 같이 오랫동안 잘 규정되지 않은 채로 남아 있다는 사실은 우리의 기대와 완전히 일치하는 것이다.

모든 과학은 우리의 심리적 기관이 매개하는 관찰과 경험에 기초하고 있다. 그러나 우리의 과학은 이 기관 자체를 대상으로 하기 때문에, 여기서 비유는 종결된다. 우리는 동일한 지각 기관을 통해, 바로 정신적인 것에서 빈틈의 도움을 빌려 관찰을 한다. 이는 자명하게 여겨지는 추론을 통해 누락된 것을 보충하고, 이를 무의식적 자료로 번역하는 것이다. 우리는 이렇게 해서 보충적인 의식적 연속을 무의식적 정신으로 구성해 낸다. 우리의 정신과학의 상대적 확실성은 이러한 추론의 신뢰성에 기초하고 있다. 이러한 작업에 깊이 침잠한 사람은 누구나 우리의 기술이 모든 비판을 견뎌 낼 수 있다는 사실을 알게 될 것이다.

이러한 연구 작업 중 우리가 정신적 성질이라 부르는 구별들이 주목되었다. 우리가 의식이라 부르는 것을 특징지을 필요는 없을 것이다. 그것은 철학자들과 상식적 견해가 갖는 의식과 동일하다. 다른 모든 정신적인 것은 우리에게 있어 무의식이다. 우리는 곧 이 무의식에서 중요한 구별을 가정하게끔 되었다. 많은 과정이 쉽게 의식되고 그런 다음 의식되지 않게 된다. 그러나 이들은 별 수고 없이 다시 의식되고, 흔히 말하듯이 재생되거나 기억될 수 있다. 이때 의식 일반은 아주 순간적인 상태라는 것에 주의해야 한다. 의식되는 것은 단지 한순간에만 그렇다. 우리의 지각이 이를 확인하지 않는다면, 이는 확실히 모순이다. 따라서 이 모순은, 지각에 대한 자극이 오래 지속되어 지각이 반복될 수 있다는 사정에 기인한다. 이러한 사태 전반은 지속되기는 하지만 마찬가지로 순간에 지나가 버릴 수 있는 우리의 사고 과정에 대한 의식적 지각에서 뚜렷하게 나타난다. 따라서 이런 식으로 쉽사리 무의식적 상태를 의식적 상태로 바꿀 수 있는 무의식적인 모든 것을 우리는, 의식적으로 될 수 있는 상태 또는 〈전의식〉 상태라 부르고자 한다. 우리가 말하듯이 일반적으로 의식 속에 들어옴에도 불구하고 때로 전의식으로 남아 있지 않는 복잡한 종류의 정신 과정은 거의 존재하지 않는다는 것을 우리는 경험을 통해 배우게 되었다.

다른 정신적 과정과 내용은 이렇게 의식화되기가 용이하지 않고, 위에서 기술한 방식으로 추론되고 추측되고 의식적 표현으로 번역되어야 한다. 우리는 본래 무의식이라는 이름을 이러한 과정을 위해 유보한다. 따라서 우리는 정신적 과정에 세 가지 성질을 귀속시키는데, 그것은 의식적, 전의식적, 무의식적이다. 이러한 성질들이 지니고 있는 세 가지 등급 내용들 간의 구별은 절대적인 것도 영원한 것도 아니다. 우리가 뒤에서 보게 되듯이, 전의식적인 것은 우리의 도움 없이 의식된다. 무의식은 우리의 노력을 통해 의식될 수 있는데, 이때 우리는 종종 매우 강한 저항을 극복한다는 느낌을 가질 수 있다. 우리가 다른 개인에게서 이러한 시도를 할 때, 그의 지각의 빈틈을 의식적으로 채운다고 해서, 즉 그에게 어떤 구성을 제공한다고 해서 이것이 곧 우리가 해당되는 무의식을 그에게 의식화시켰다는 의미는 아니라는 것을 잊어서는 안 된다. 우선 이러한 내용은 그에게 이중적으로 고착되어 존재하는데, 한편으로는 그가 듣게 된 의식적 재구성으로 존재하고 다른 한편으로는 본래 그의 무의식적 상태로 존재한다. 그런 다음 우리의 지속적인 노력을 통해 비로소 대부분의 무의식이 그 자신에게도 의식되어 두 고착이 일치된다. 의식화되는 것에 대한 저항을 측정하게 해주는 우리 노력의 척도는 각각의 경우에 따라 그 크기가 다르다. 가령 분석적 치료에서 우리 노력의 성공은 자발적으로도 일어날 수 있다. 그 밖의 무의식적 내용은 전의식적 내용으로 전환될 수 있으며, 그런 다음 의식될 수 있다. 이는 대다수의 정신병적 상태에서 일어나는 일이다. 우리가 이로부터 추론할 수 있는 것은, 특정한 내적 저항의 유지가 정상성의 조건이라는 것이다. 수면 상태에서는 이 같은 저항의 완화와 함께 그 결과 무의식적 내용이 전면에 등장하는 일이 규칙적으로 일어나며, 이로써 꿈-형성의 조건이 마련된다. 역으로 순간적인 망각에서 그렇듯이, 전의식적 내용이 순간적으로 접근이 불가능해지거나 저항에 의해 차단될 수 있다. 혹은 전의식적 사고가 저절로 순간적으로 무의식적 상태에 되돌려질 수 있는데, 이것이 농담의 조건인 것처럼 보인다. 우리는 전의식적 내용(또는 과정)이 이렇게 무의식적 상태로 되돌려지는 것이 신경증적 장애를 유발하는 데 큰 역할을 하고 있음을 나중에 보게 될 것이다.

이렇게 일반적이고 단순화해서 서술하면, 정신적인 것의 세 가지 성질에 관한 이론은 설명에 기여한다기보다는 그 전체를 개관할 수 없는 혼란의 원천인 것처럼 보인다. 그러나 잊지 말아야 할 사실은, 그것이 본래 이론이 아니라 우리의 관찰 사실에 대한 최초의 해명서이며, 이 사실을 가능한 한 지키려는 것이지 그것을 설명하려는 것이 아니라는 점이다. 그것이 노정하는 복잡성을 통해 우리의 연구가 맞서 싸워야 할 특별한 어려움이 이해될 수 있을 것이다. 정신적 성질과 우리가 가정하는 정신적 장치의 지역 내지는 기관 간에 존재하는 관계를 추적하면, 아마도 이 이론은 더 알기 쉽게 될 것이다. 그러나 이 관계도 단순하지는 않다.

의식화는 무엇보다도 우리의 감각 기관이 외부 세계에 대해서 갖는 지각과 결부되어 있다. 따라서 그것은 지형적으로 고찰할 때 자아의 가장 밖에 있는 외피층에서 일어나는 현상이다. 물론 우리는 신체 내부로부터 의식적 보고, 즉 외적 지각보다도 더 강제적으로 우리의 정신생활에 영향을 미치는 감정을 느낄 수 있다. 그리고 일정한 상황하에서는 감각 기관도 그에 고유한 지각 이외에 감정과 고통의 느낌을 제공할 수 있다. 그러나 의식적 지각과 구별되어 불리는 이러한 감각들은 똑같이 말단 기관으로부터 오며 이들 모두는 외피층의 연장, 말단부로 파악되기 때문에, 우리는 위의 (이 단락의 서두에서 정식화한) 주장을 견지할 수 있다. 차이가 있다면 그것은 감각과 감정의 말단 기관에서 신체가 외부 세계를 대체한다는 것일 뿐이다.

의식 과정은 자아의 주변부에서 일어나고 자아 내부에서 일어나는 모든 것은 무의식적이라고 한다면, 이는 우리가 가정할 수 있는 가장 단순한 사태일 것이다. 동물에게서는 실제로 상황이 그럴 수도 있겠지만, 인간에게서는 한 가지 더 복잡하게 됨으로써 자아 내부에서의 내적 과정들 역시 의식의 성질을 가질 수 있게 된다. 이는 자아의 내용을 시각적인, 특히 음성적인 지각의 기억 잔재와 확고히 결합시키는 언어 기능의 작품이다. 이때부터 지각하는 외피층의 주변부는 훨씬 큰 정도로 내부로부터도 자극받을 수 있게 되고, 표상 과정과 사고 과정과 같은 내적 과정이 의식될 수 있다. 그리고 이는 두 가능성을 구별하는 특수한 장치, 이른바 현실 검사를 필요로 한다. 지각과 현실(외부 세계)의 동일시는 효력을 상실한다. 이제 쉽사리 발생하게 되며 꿈에서는 규칙적으로 발생하는 오류들은 환각이라고 불린다.

무엇보다도 사고 과정을 포괄하는 자아의 내부는 전의식의 성질을 지니고 있다. 이 성질은 자아에 특징적인 것이며 자아에만 속하는 것이다. 그러나 언어의 기억 잔재와의 결합을 전의식적 상태의 조건으로 삼는 것은 올바른 것이 아닐 것이다. 언어적 조건은 어떤 과정이 전의식적 본성을 지니고 있다고 확실히 추론하는 것을 허용하기는 하지만, 오히려 전의식적 상태는 이와 독립되어 있다. 한편으로 의식에 대한 접근과 다른 한편으로 언어 잔재와 결합하는 것으로 특징지어지는 전의식적 상태는 특수한 것이어서, 그것의 본성은 이 두 성격으로 다 설명할 수 없다. 이를 입증하는 사실은 자아의 대부분, 무엇보다도 전의식의 성격을 부정할 수 없는 초자아의 대부분이 현상학적 의미에서 무의식적인 것으로 남아 있다는 사실이다. 우리는 왜 이럴 수밖에 없는 것인지 알지 못한다. 우리는 전의식의 실제적 본성이 무엇인가라는 문제를 나중에 다룰 것이다.

무의식은 이드에서 유일하게 지배적인 성질을 갖는다. 이드와 무의식은 자아와 전의식과 마찬가지로 내적으로 긴밀히 결합되어 있다. 아니 후자보다 더 배타적으로 긴밀히 결합되어 있다. 개인과 개인 정신 기관의 발달사를 되돌아보면, 우리는 이드 내에서 중요한 구별을 확인할 수 있다. 원래 모든 것이 이드였다. 자아는 외부 세계의 지속적인 영향에 의해 이드로부터 발전해 나온 것이다. 이 완만한 발전 동안 이드의 일정한 내용들이 전의식적 상태로 전환되어 자아에 수용되었다. 다른 내용들은 접근하기 어려운 자아의 핵으로서 이드 속에 남아 있다. 그러나 이 발전 동안 젊고 힘이 없는 자아는 이미 받아들인 일정한 내용을 다시 무의식적 상태로 되돌려 놓고 포기한다. 그리고 자아는 그것이 받아들일 수도 있는 많은 새로운 인상에 대해서도 이와 마찬가지로 행동한다. 그래서 이들 거부된 인상은 이드 속에서만 흔적을 남기게 된다. 우리는 이드의 이들 부분을 그것의 발생을 고려하여 억압된 것이라 부른다. 우리가 이드 속의 이 두 범주를 언제나 뚜렷하게 구별하지 못한다는 것은 중요한 일이 아니다. 이 두 범주는 원래 주어진 것과 자아의 발전 동안 획득된 것 간의 구별과 대개 일치한다.

전의식과 무의식이라는 성질의 구별과 병행하여 자아와 이드로 정신 기관을 지형적으로 나누기로 결정하고, 그 성질을 이 구별의 본질이 아니라 구별의 징후라고 여긴다면, 이드에서는 무의식의 성질을 통해, 자아에서는 전의식의 성질을 통해 드러나는 상태의 원래적인 본성은 무엇인가? 그리고 이들 양자의 차이는 어디에 있는 것인가?

우리는 그에 대해 아무것도 알지 못한다. 우리의 간헐적인 통찰은 이러한 무지의 심오한 배경과는 비참할 정도로 동떨어져 있다. 우리는 여기서 정신적인 것의 본래적인, 아직 드러나지 않은 비밀에 접근하고 있다. 다른 자연 과학에서 그렇게 하듯이, 우리는 정신생활에 일종의 에너지가 활동하고 있다고 가정한다. 그러나 우리는 다른 에너지 형태와의 비유를 통해 그에 대한 지식에 접근할 어떤 출발점도 가지고 있지 못하다. 우리는 신경적 혹은 정신적 에너지가, 하나는 쉽게 운동할 수 있고 다른 하나는 더 고착되어 있는 에너지로 존재한다는 것을 알고 있다고 믿는다. 그리고 우리는 정신적 자료에 대한 리비도 집중과 리비도 과잉 집중Überbesetzung에 관해 말하면서, 리비도 과잉 집중은 다양한 과정에서 일종의 종합을 낳으며 이때 자유 운동하는 에너지가 고착된 에너지로 전환된다고 감히 추측한다. 우리는 더 이상 나아가지 못했다. 그러나 우리는 무의식적 상태와 전의식적 상태의 구별 역시 이러한 역동적 관계에 근거하고 있다는 견해를 고수한다. 이로부터 한 상태가 다른 상태로 자발적으로 또는 우리의 힘을 빌려 이행하는 것이 이해될 수 있다.

그런데 이러한 불확실한 모든 것의 배후에는 우리가 정신분석적 연구의 힘을 빌려 발견한 하나의 새로운 사실이 놓여 있다. 우리가 경험한 바로는, 무의식이나 이드에서 일어나는 과정들은 전의식적 자아의 과정들과는 다른 법칙을 따른다. 우리는 전의식, 즉 자아에서의 과정을 규제하는 2차적 과정에 반해 이들 법칙 전체를 1차적 과정이라 부른다. 이로써 결국 정신적 성질에 대한 연구는 그것이 아무런 결실도 없는 것이 아님을 입증했다고 하겠다.

다섯 번째 장

꿈의 해석에 대한 설명

저항(리비도 반대 집중*Gegenbesetzung*)을 통해 이드에 대항해서 자아의 경계가 보장되고 확고해지며, 초자아가 자아로부터 분리되지 않는 그러한 정상적이고 안정적인 상태에 대한 연구는 우리에게 가르쳐 주는 것이 별로 없을 것이다. 우리를 후원해 줄 수 있는 것은, 무의식적 이드의 내용이 자아와 의식 속으로 밀쳐 들어오려 하고 자아가 이러한 침입에 대항해 새로이 방어 자세를 취할 때 나타나는 갈등과 격동의 상태일 뿐이다. 우리는 이러한 조건하에서만 쌍방에 대한 우리의 언명을 확인하거나 교정하는 관찰을 할 수 있다. 그런데 이러한 상태는 밤에 일어나는 수면이다. 그리고 이런 이유로 인해 우리가 꿈으로 지각하는 수면 속에서의 정신활동이 가장 유리한 연구 대상이다. 또한 이때 우리는 병리학적 결과에 따라 정상적인 정신생활을 구성하고 있다는 익히 들어 왔던 비난을 피하고 있다. 이 비난에 따르면, 꿈의 성격이 아무리 깨어 있는 생활의 생산물과 다르다 할지라도 꿈은 정상적인 인간 생활에서 규칙적으로 일어나는 일이기 때문이라는 것이다. 그런데 잘 알려져 있듯이, 꿈은 혼란스럽고 이해가 불가능하며 심지어 불합리하기까지 하여, 꿈이 보고하는 것은 현실에 대한 우리의 모든 지식과 모순될 수 있다. 따라서 우리가 꿈을 꾸는 동안 꿈의 내용에 객관적 현실성을 부여함으로써, 우리는 마치 정신병자와 같이 행동하는 것이다.

우리는 깨어난 후 꿈으로 기억하는 것이 실제 꿈의 과정이 아니라 그 배후에 꿈의 과정이 감추어져 있는 외형일 뿐이라고 가정함으로써, 꿈의 이해(〈해석〉)에 이르는 길에 접어들었다. 이것이 바로 우리가 행했던 발현된 꿈 내용과 잠재적인 꿈-사고의 구별이다. 후자로부터 전자를 이끌어 내는 과정을 우리는 꿈-작업이라고 부른다. 우리는 꿈-작업에 대한 연구를 통해 돋보이는 한 사례에서 어떻게 이드로부터 오는 무의식적 자료, 즉 원천적이고 억압된 것이 자아에 밀려들어 오고 전의식적으로 되며 자아의 저항에 의해 우리가 꿈의 왜곡이라고 알고 있는 변화를 겪게 되는지 알게 되었다. 이러한 방식으로 설명되지 않는 꿈의 성격이란 없을 것이다.

꿈-형성에는 두 가지의 계기가 존재한다는 사실의 확인으로부터 출발하는 것이 가장 좋다. 한편으로 깨어 있을 때 억제되었던 본능적 충동(무의식적 소원)이 잠잘 때 강해져서 자아에서 관철된다. 아니면 깨어 있을 때의 생활에서 남겨진 욕구, 즉 전의식적 사고가 그에 따르는 모든 갈등적 충동과 함께 잠잘 때 무의식적 요소에 의해 강화된다. 따라서 꿈은 이드 아니면 자아로부터 온다. 두 경우 모두 꿈-형성의 기제는 동일하며, 역동적 조건도 동일하다. 자아는 순간적으로 기능을 중단하고 이전 상태로 되돌아감으로써 자신이 이드로부터 나중에 발생한 것임을 입증한다. 자아가 외부 세계와의 관계를 단절하고 감각 기관으로부터 리비도 집중을 철회함으로써 이는 정확히 입증된다. 출생과 함께 이미 포기된 자궁 내의 삶으로 되돌아가려는 본능, 즉 수면 본능이 발생한다고 말하는 것은 정당하다. 수면은 이렇게 자궁 내로 돌아가는 것이다. 깨어 있는 자아가 운동 능력을 지배하므로 이 기능은 수면 상태에서 마비되며, 이로써 무의식적 이드에 부과되어 있던 억제의 많은 부분이 불필요하게 된다. 이 〈리비도 반대 집중〉이 철회되거나 감소됨으로써 이제 이드는 해롭지 않을 정도의 자유를 얻게 된다. 무의식적 이드가 꿈-형성에 어떤 역할을 한다는 것을 입증하는 것은 무수히 많으며 확실하다. (1) 꿈의 기억은 깨어 있는 상태에서의 기억보다 훨씬 포괄적이다. 꿈은 꿈꾸는 사람이 잊어버렸고, 깨어 있을 때에는 접근이 불가능했던 기억을 불러일으킨다. (2) 꿈은 꿈꾸는 사람이 그 의미를 대부분 알지 못하는 언어적 상징들을 무제한적으로 사용한다. 그러나 우리는 경험을 통해 그 의미를 확인할 수 있다. 이 상징들은 아마도 언어 발달의 이전 단계에서 왔을 것이다. (3) 꿈의 기억은 매우 자주 꿈꾸는 사람의 어린 시절의 인상을 재생하는데, 우리는 이 인상이 잊혀졌을 뿐만 아니라 억압에 의해 무의식적으로 되었다고 확실히 주장할 수 있다. 우리가 신경증 환자를 분석적으로 치료할 때 시도하는 꿈꾸는 사람의 어린 시절의 재구성에서, 꿈이 대부분 필수 불가결한 도움을 준다는 것은 바로 이러한 사실에 근거한다. (4) 그 밖에도 꿈은 꿈꾸는 사람의 성숙기 삶이나 잊혀진 어린 시절에서도 유래하지 않는 내용을 나타나게 한다. 우리는 이를 고대적 유산의 부분이라고 볼 수밖에 없었는데, 이는 어린아이가 자기 자신의 모든 경험에 앞서 조상의 체험에 영향을 받아 가지고 태어나는 것이다. 우리는 인류의 가장 오래된 신화와 아직 살아 있는 습관에서 이러한 계통 발생적 자료의 대응물을 발견한다. 그러므로 꿈은 인류의 전사에서 무시할 수 없는 원천이다.

그런데 꿈이 우리의 통찰에서 그렇게 값진 것일 수 있는 것은, 무의식적 자료가 자아에 들어올 때 그것의 작업 방식도 뒤따라

들어올 수밖에 없다는 사정에 기인한다. 이것이 말하는 바는, 무의식적 자료가 표현되는 전의식적 사고가 꿈-작업 동안 마치 그것이 이드의 무의식적 부분인 양 다루어진다는 사실이다. 그리고 꿈-형성의 다른 경우에서는 무의식적인 본능적 충동에 의해 강화된 전의식적 사고가 무의식적 상태로 떨어진다는 것이다. 이러한 방식을 통해 우리는 비로소 무의식에서 진행되는 과정의 법칙이 무엇이며, 이 법칙이 어떤 점에서 깨어 있는 사고의 잘 알려진 규칙들과 구별되는지를 알게 되었다. 따라서 꿈-작업은 본질적으로 전의식적 사고 과정을 무의식적으로 처리한 경우이다. 역사의 비유를 들어 보면, 침략하는 정복자는 정복된 나라를 그 나라의 법에 따라서가 아니라 자신의 법에 따라 처리한다는 것이다. 그러나 꿈-작업의 결과가 하나의 타협이라는 것은 의심의 여지가 없다. 무의식적 소재가 어쩔 수 없이 겪게 되는 왜곡과, 전체에 대해 자아가 여전히 받아들일 수 있는 형태를 부여하려는 불충분한 시도(2차적 가공)를 종종 보면, 아직 마비되지 않은 자아 조직의 영향을 인식할 수 있다. 비유적으로 말하자면, 이것이 예속된 민족의 지속적인 저항의 표현이다.

이런 식으로 나타나는 무의식 내 진행 과정의 법칙은 기이하게도 꿈에서 낯선 것처럼 보이는 대부분의 것을 설명하기에 충분하다. 무엇보다도 눈에 띄는 압축의 경향, 즉 깨어 있는 사고에서는 확실히 서로 분리했던 요소들로부터 새로운 통일을 이루려는 경향이 있다. 이 결과 발현된 꿈의 어떤 단일한 요소가 마치 그것이 모든 것에 공통되는 암시인 양 다수의 잠재적 꿈-사고를 대변한다. 그래서 발현된 꿈의 범위는 그것이 유래한 풍부한 소재와 비교해 볼 때 현저히 축약된다. 꿈-작업의 이런 특성과 완전히 무관하지 않은 그것의 다른 특성은, 한 요소로부터 다른 요소로 정신적 강도(리비도 집중)의 전위Verschiebung가 용이하다는 점이다. 그래서 발현된 꿈에서는 종종 꿈-사고에서는 부차적이었던 요소가 가장 뚜렷하고 따라서 가장 중요한 것처럼 보이고, 역으로 꿈-사고의 본질적인 요소들은 발현된 꿈에서 단지 사소한 암시로만 대변될 뿐이다. 그 밖에도 꿈-작업이 후속 작업을 위해 한 요소를 다른 요소로 대체하기에 충분할 만큼 그들 간의 무수한 공통성이 존재한다. 우리의 이론은 압축과 전위라는 이 두 가지 경향의 입증으로부터 어떤 결론을 이끌어 낸다. 그것은 무의식적 이드에서는 에너지가 자유로운 기동성의 상태로 존재하며, 이드에 있어서는 다른 무엇보다도 흥분되는 양의 방출 가능성이 중요하다는 것이다.[8] 그리고 우리 이론은 이 두 가지 특성을 이드에 속하는 1차적 과정을 특징짓는 데 이용한다.

우리는 꿈-작업에 대한 연구를 통해 무의식적 과정의 기이하고도 중요한 다른 수많은 특징을 알게 되었다. 여기서는 이 중 몇 가지만 언급하겠다. 논리학의 결정적인 규칙들은 무의식에서는 모두 효력을 잃는다. 무의식은 비논리의 왕국이라 말할 수 있다. 반대되는 목적을 가진 욕구들이 무의식에서는 병존하며, 이들을 서로 조정하려는 욕구도 일어나지 않는다. 이들은 서로 전혀 영향을 미치지 않거나, 미친다 하더라도 어떤 결정이 내려지는 것이 아니라 타협이 이루어지는데, 이 타협이란 그것이 서로 화해할 수 없는 내용들을 포함하고 있으므로 불합리한 것이다. 이와 결부된 사실은 대립물들이 서로 분리되는 것이 아니라 마치 동일

---

8 비유를 하자면, 선임자로부터의 질책을 지금 막 말없이 받아들일 수밖에 없었던 하사관이 이에 대한 분노를 그가 처음 마주하는 아무 죄도 없는 일반인들에게 분출하는 것과 같다 — 원주. 이렇게 이드에서 흥분되는 분출량에 대한 강조에서 우리는 프로이트가 그의 1895년 『초고』에서(제1부 제1절) 뉴런적 활동의 1차적 원칙과 같은 의사(擬似) 신경학적 용어로 묘사했던 것의 정확한 재판을 보게 된다.

한 것인 양 취급됨으로써, 발현된 꿈에서 각각의 모든 요소는 그 반대를 의미할 수 있다는 것이다. 몇몇 언어 연구자가 인식한 바로는 가장 오래된 언어에서도 사정은 이와 같았으며, 강하다-약하다, 밝다-어둡다, 높다-낮다와 같은 반대어들이 원래 동일한 어근에 의해 표현되었고, 후에 이 원초적 낱말의 두 가지 상이한 변형에 의해 의미가 분리되었다. 원래의 이중적 의미의 잔재는 라틴어와 같이 발전된 언어에서도 *altus*(높다, 낮다)와 *sacer*(성스럽다, 흉악하다) 등의 사용에서 보존되고 있다.

발현된 꿈과 그 배후에 있는 잠재적 꿈-내용 간의 관계가 복잡하고 다의적이므로, 어떻게 해서 이 중 어느 하나에서 다른 하나를 연역하게 되었느냐고 당연히 의문을 제기할 수 있다. 그리고 이때 우리가, 가령 발현된 꿈에서 나타나는 상징을 번역하여 행운에 의한 추측에 의존한 것이 아니냐고 물을 수 있다. 우리는 이에 대해 답을 줄 수 있는데, 이 과제는 대부분의 경우 만족스럽게 해결될 수 있다. 그러나 그것은 꿈꾸는 사람이 스스로 발현된 내용의 요소들에 대해 제공하는 연상의 도움을 빌어서 가능하다. 다른 모든 방법은 자의적이며 어떤 보장도 주지 못한다. 그런데 꿈꾸는 사람의 연상은 어떤 연결 고리를 드러내는데, 우리는 이를 두 요소 간의 빈틈에 끼워 넣어 꿈의 잠재적 내용을 재구성할 수 있다. 즉 우리는 이 연결 고리의 도움으로 꿈을 〈해석〉할 수 있다. 꿈-작업에 반대되는 이러한 해석 작업이 때로는 완전한 확실성에 이르지 못한다면, 이는 놀라운 일이 아니다.

그 밖에 잠자는 자아가 왜 꿈-작업의 과제를 떠맡게 되는가에 대한 역동적 설명을 제시하는 일이 남아 있다. 이러한 설명은 다행스럽게도 쉽게 찾을 수 있다. 형성 중에 있는 모든 꿈은 그것이 이드로부터 오면 무의식의 도움을 빌려 자아에 대해 본능의 충족을 요구한다. 그리고 형성 중에 있는 꿈이 깨어 있는 생활에서의 전의식적 활동의 잔재로부터 오면 그것은 자아에 대해 갈등의 해결, 회의의 지양, 결의의 수립을 요구한다. 그러나 잠자는 자아는 잠을 지속하려는 소원을 가지고 있어, 이러한 요구를 방해로 느끼고 이것을 제거하려고 한다. 자아는 겉보기에는 복종하는 듯한 행위를 통해, 즉 이러한 상황하에서는 무해한 소원 성취를 통해 이 요구를 들어주어 그것을 제거함으로써, 이 방해를 제거하는 데 성공한다. 요구를 소원 성취로 대체하는 일이 꿈-작업의 본질적 업적이다. 이를 세 가지 단순한 예를 들어 설명하는 것은 불필요한 일이 아닐 것이다. 그것은 배고픔의 꿈, 편안함의 꿈, 성적 욕구가 불러일으킨 꿈이다. 잠잘 때 꿈꾸는 사람에게 음식물에 대한 욕구가 느껴지자, 그는 성찬에 대한 꿈을 꾸며 계속 잠잔다. 물론 그는 먹기 위해 깨어날 것인지 계속 잠잘 것인지를 결정해야 했다. 그는 후자로 결정하고 배고픔을 당분간은 꿈을 통해 최소한으로 충족시켰다. 그러나 배고픔이 지속되면 그는 깨어날 수밖에 없을 것이다. 다른 경우를 들어 보자. 잠자는 사람이 특정한 시간에 병원에 가기 위해 깨어나야 한다고 치자. 그러나 그는 계속 잠을 자면서 그가 이미 병원에 있다고, 그렇지만 침대를 떠날 필요가 없는 환자라고 꿈꾼다. 혹은 밤 동안 금지된 성적 대상, 가령 친구의 부인에 대한 그리움이 솟아오른다고 하자. 그는 성교에 대해 꿈꾸지만, 물론 이 여인과의 성교가 아니라 그와는 무관함에도 불구하고 이 여인과 동일한 이름을 가진 다른 여인과의 성교를 꿈꾼다. 혹은 그의 욕구는 애인이 완전히 익명으로 남는 것으로 표현된다.

물론 모든 경우가 이렇게 단순하지는 않다. 특히 해결되지 않은 낮 동안의 잔재에서 출발하여 수면 상태에서는 단지 무의식적으로 강화될 뿐인 그런 꿈에서 무의식적 추동력을 발견해 내고 그것의 소원 성취를 입증해 내는 일은 종종 쉽지 않다. 그러나 우리는 이 소원 성취가 언제나 있다고 가정할 수 있다. 특정한 감정의 색조가 없이 자주 등장하는 꿈을 도외시한다 해도, 얼마나 많은 꿈이 직접 고통스러운 내용을 가지고 있으며 불안에 떨다 깨어나게 되는가를 생각하면, 꿈은 소원 성취라는 명제가 쉽게 의심받게 된다. 그러나 이러한 불안-꿈에 의한 이의 제기는 정신분석을 이겨 내지 못한다. 꿈이 모든 경우에서 갈등의 결과이며 일종의 타협의 산물이라는 것을 잊어서는 안 된다. 무의식적 이드에게 충족인 것은, 바로 그 이유 때문에 자아에게는 불안의 원인이 될 수 있다.

꿈-작업이 진행됨에 따라 어떤 때에는 무의식이 더 잘 관철되고 어떤 때에는 자아가 더 강력하게 방어한다. 불안-꿈은 대부분 그 내용이 거의 왜곡되지 않은 꿈들이다. 무의식의 요구가 매우 커서 잠자는 자아가 처분 가능한 수단을 통해 이 요구를 방어할 수 없을 때, 자아는 잠자겠다는 소원을 포기하고 깨어 있는 생활로 돌아온다. 꿈은 언제나 소원 성취를 통해 수면 장애를 제거하려는 시도이므로 〈꿈은 수면의 수호자이다〉라고 말한다면, 이는 모든 경험을 고려한 것이다. 이 시도가 어느 정도 성공할 수도 있고 실패할 수도 있다. 실패할 경우 잠자는 사람은 깨어나게 되는데, 확실히 그는 바로 이 꿈에 의해 깨어나게 된다. 작은 도시의 수면을 지키는 성실한 야경꾼에게 있어서도, 상황에 따라서는 소음을 내어 잠자는 시민을 깨우는 것밖에 다른 대안이 없는 경우가 있는 것이다.

이 논고의 마지막에서 우리가 꿈-해석의 문제에 오랫동안 머문 것을 정당화하는 말을 해야겠다. 우리가 꿈-작업의 연구를 통해 인식했으며, 우리에게 꿈-형성을 설명해 주는 무의식적인 기제가 또한 신경증 환자와 정신병 환자에 의해 우리가 관심을 갖게 된 수수께끼 같은 증상 형성의 이해에도 도움을 준다는 것이 밝혀졌다. 이러한 일치는 우리에게 큰 희망을 불러일으킬 수밖에 없다.

제2부 실천적 과제

여섯 번째 장

정신분석적 기술

꿈은 불합리성, 망상, 환각과 같은 것을 수반하는 일종의 정신병이다. 그것은 짧게 지속되는 무해한 정신병이고, 심지어 유용한 기능을 갖기도 하며, 개인의 동의에 의해 인도되고 의지 행위에 의해 중단되기도 한다. 그럼에도 불구하고 그것은 정신병이다. 우리는 이것을 통해 정신생활의 심각한 변화 자체도 되돌릴 수 있으며 정상적인 기능을 할 수 있다는 것을 알았다. 그렇다면 자발적으로 일어나며 두려움을 자아내는 정신생활의 병도 우리의 영향하에 종속시켜 치료하는 것이 가능하다고 과감하게 기대할 수 있지 않은가?

우리는 이미 이러한 시도의 준비를 위한 많은 것을 알고 있다. 우리의 전제에 따르면, 자아는 현실, 이드, 초자아에 대한 그의 세 가지 의존성의 요구를 충족시키면서도 자신의 조직을 유지해야 한다는, 즉 자신의 자립성을 견지하는 과제를 가지고 있다. 지금 논의하고 있는 병 상태의 조건은 자아로 하여금 이러한 과제의 완수를 불가능하게 만드는 자아의 상대적이거나 절대적인 약화일 수밖에 없다. 자아에 대한 가장 어려운 요구는 아마도 이드의 본능적 요구를 억제시키는 일일 것이다. 이를 위해 자아는 상당한 양의 리비도 반대 집중을 소모해야 한다. 그러나 또한 초자아의 요구도 강력하고 무자비해질 수 있으며, 그 결과 자아가 자신의 다른 과제에 직면하여 마비된 상태에 빠질 수 있다. 우리가 추측하는 바로는, 여기서 발생하는 경제적 갈등 속에서 이드와 초자아는 자신의 규범 유지를 위해 현실에 매달리려는 곤경에 빠진 자아에 대해 공동 전선을 편다. 이드와 초자아가 강력한 경우, 그들은 자아의 조직을 느슨하게 하여 그것을 변화시키는 데 성공한다. 그 결과 자아와 현실과의 올바른 관계는 손상되거나 심지어 폐기된다. 우리는 이것을 꿈에서 보았다. 자아가 외부 세계로부터 분리되면, 자아는 내부 세계의 영향하에 정신병에 빠지게 된다.

우리의 치료 계획은 이러한 통찰에 기초하고 있다. 자아는 내부 갈등에 의해 약화되었으므로, 우리는 이 자아를 지원해야 한다. 이는 외부 동맹자의 원조에 의해 결판이 나는 내전과 마찬가지이다. 분석하는 의사와 환자의 약화된 자아는 실재의 외부 세계에 기대어 적들, 즉 이드의 본능적 요구와 초자아의 양심적 요구에 대항하여 한편을 이루어야 한다. 우리는 서로 계약을 맺는다. 병든 자아는 우리에게 완전히 진실할 것을 약속한다. 다시 말해 그는 자신의 지각이 전달하는 모든 소재를 우리가 다룰 수 있게 한다. 우리는 그에게 엄격한 비밀을 보장하고, 무의식에 의해 영향받은 자료를 해석하면서 얻은 우리의 경험을 그를 위해 사용한다. 우리의 지식은 그의 무지를 보상하고 그의 자아에게 정신생활의 잃어버린 영역에 대한 지배력을 회복시켜 주어야 한다. 분석적 상황의 본질은 이러한 계약에 있다.

이 첫걸음을 내딛고 나면 이미 최초의 실망, 즉 겸손해야 한다는 최초의 경고가 우리를 기다리고 있다. 우리의 공동 작업에서 환자의 자아가 가치 있는 동맹자일 수 있으려면, 그것은 그에 적대적인 모든 힘에 의해 곤경에 처해 있음에도 불구하고 일정한 정도의 응집력, 즉 현실 요구에 대한 약간의 통찰을 보존하고 있어야 한다. 그러나 정신병자의 자아에서 이를 기대할 수는 없다. 이 자아는 위의 계약을 지킬 수 없다. 아니 이 자아는 거의 계약을 맺을 수 없다. 우리 자신과 우리가 그에게 제공한 원조는 곧바로 그에게 아무 의미도 없는 외부 세계의 부분들로 던져져 버린다. 이로써 우리는 정신병자에게서 우리의 치료 계획을 추구하는 것을 포기해야 한다는 사실을 인식하게 된다. 어쩌면 영원히 포기해야 하거나, 아니면 우리가 그에게 더 쓸모 있는 다른 계획을 발견할 때까지 당분간 포기해야 한다.

그러나 정신병자와 매우 유사하기는 하지만 확실히 다른 종류의 정신병자, 즉 무수한 수의 매우 고통받는 신경증 환자가 존재한다. 이들에게 있어 병의 조건 및 병원적 기제는 동일하거나 최소한 매우 유사함에 틀림없다. 그러나 신경증 환자의 자아는 저항력이 더 강하고 덜 파괴되었다. 그들 중 다수는 고통을 받고 있으며, 이 고통으로 인해 불충분할 수밖에 없지만 여하튼 현실 생활에서 자기를 유지할 수 있다. 이들 신경증 환자는 우리의 도움을 받아들일 자세가 되어 있을 수 있다. 우리는 이들에게 관심을 집중하여, 우리가 어느 정도 그리고 어떻게 해서 그들을 〈치료〉할 수 있는지 보여 주어야 한다.

우리가 신경증 환자들과 엄격히 비밀을 보장하는 대신, 그들은 완전히 진실할 것이라는 계약을 맺는다. 이는 마치 우리가 단지 세속적인 고해 신부의 자리에 서 있는 것과 같은 인상을 준다. 그러나 둘 사이에는 큰 차이가 있다. 왜냐하면 우리는 그가 알고 있으나 다른 사람에게 숨기는 것을 들으려고 할 뿐만 아니라, 그는 자신이 알지 못하는 것도 우리에게 말해야 하기 때문이다. 이러한 의도에서 우리가 진실성으로 이해하는 것을 그에게 자세히 규정해 준다. 우리는 앞으로 계속 우리에 대한 그의 태도를 지배해야 할 분석의 기본 규칙을 지킬 의무를 그에게 부여한다. 그는 그가 의도적으로 기꺼이 말하려는 것, 즉 고해에서와 같이 마음의 부담을 덜어 주는 것만을 우리에게 알려서는 안 된다. 그는 자기 관찰이 그에게 전달하는 모든 것, 즉 그에게 떠오르는 모든 것을 우리에게 알려야 한다. 비록 그것을 말하기가 〈불쾌하더라도〉, 그리고 그것이 〈중요하지 않거나〉 심지어 〈불합리한〉 것처럼 생각되어도 알려야 한다. 이러한 규정에 따라 자기비판을 멈추는 데 성공하면, 그는 우리에게 이미 무의식의 영향하에 있거나 종종 무의식의 직접적인 후예들인 다량의 자료, 사고, 착상, 기억을 제공한다. 따라서 이것들을 통해 우리는 그에게 억압되어 있는 무의식을 추측해 낼 수 있게 되고, 우리는 이를 알려 줌으로써 자아의 무의식에 관한 그의 지식을 확장하게 만든다.

그러나 자아의 역할이 수동적으로 복종하면서 요구되는 자료를 제시하고, 이 자료에 대한 우리의 번역을 믿음으로 받아들이는 데 제한되어 있는 것은 결코 아니다. 다른 많은 일이 일어나며, 몇몇은 우리가 예견할 수 있었던 것이지만 다른 것들은 우리를 놀라게 만드는 것이다. 가장 기이한 일은, 환자가 분석가를 현실에 비추어 원조자나 조언자로 보는 데 머물지 않는다는 점이다. 그의 이러한 수고에 대해 사람들은 사례를 지불하고, 그 자신은 가령 어려운 등산길의 등반 안내자의 역할에 만족할 것이다. 그러나 환자는 나아가 분석가에게서 그의 과거인 유아기로부터 온 어떤 중요한 사람의 회귀, 즉 환생을 보고, 그렇기 때문에 확실히 이런 모범으로 향했던 감정과 반응을 분석가에게 전이시킨다. 이러한 전이의 사실은 곧 엄청난 의미를 갖는 계기임이 밝혀졌다.

한편으로 그것은 대체할 수 없는 가치를 갖는 보조 수단이며 다른 한편으로는 심각한 위험의 원천이다. 전이는 〈양가(兩價)적〉이다. 그것은 일반적으로 부모의 한편, 즉 아버지나 어머니의 자리에 서게 되는 분석가에 대해 긍정적인(애정 어린) 태도와 동시에 부정적인(적대적인) 태도를 포괄한다. 전이가 긍정적인 한 그것은 우리에게 최상의 도움을 제공한다. 전이는 분석적 상황 전체를 변화시키고, 고통에서 해방되어 건강해지려는 합리적 의도를 밀쳐 낸다. 그 대신에 분석가의 마음에 들고 그의 박수갈채와 사랑을 받으려는 의도가 등장한다. 이러한 의도는 환자를 협력하게 만드는 본래적인 추동력이다. 약한 자아는 강하게 되고, 이 영향하에서 그는 그렇지 않으면 그에게 불가능했을 일을 행한다. 결국 그는 자신의 증상을 그치게 되고 확실히 건강해진 것처럼 보인다. 이는 오직 분석가를 위해서 그렇게 한 것이다. 분석가는 어떤 특별한 권력을 그가 갖게 되었는가를 예감하지 못하고, 어려운 기도를 시작했다고 부끄럽게 고백해야 할 것이다.

그 밖에도 전이의 관계는 다른 두 가지 장점을 가져온다. 환자는 분석가를 그의 아버지(어머니)의 자리에 놓음으로써, 그의 초자아가 자아에 대해 행사하는 권력을 분석가에게 부여한다. 왜냐하면 부모는 바로 초자아의 원천이기 때문이다. 이제 새로운 초자아는 신경증 환자에 대한 일종의 재교육*Nacherziehung* 기회를 갖는다. 이 초자아는 부모가 교육하면서 범한 실책을 교정할 수 있다. 그러나 여기서 이 새로운 영향력을 오용하지 말아야 한다는 경고가 제기된다. 다른 사람에 대해 교사, 모범, 이상이 되며 자신의 룰에 따라 인간을 창조한다는 것이 아무리 분석가에게 유혹적일지라도, 그가 잊어서는 안 될 것은 이것이 분석적 관계에서 그의 과제가 아니라는 것, 아니 그가 이러한 경향으로부터 벗어나지 못하면 분석적 과제에 충실하지 못하게 된다는 사실이다. 그렇게 된다면 그는 어린아이의 독립성에 영향력을 행사해 그것을 압살한 부모의 오류를 단순히 반복하고, 이전의 의존성을 다른 의존성으로 대체한 것에 불과할 것이다. 그러나 분석가는 개선하고 교육하려는 모든 노력을 기울이면서도 환자의 개성을 존중해야 한다. 그가 정당한 방식으로 감히 행사할 수 있는 영향력의 정도는, 환자에게서 발견하는 발달상의 장애 정도에 의해 규정된다. 분석에 있어서도 단지 어린아이와 같이 취급되어야 할 정도로 유아적 잔재가 남아 있는 신경증 환자들의 경우가 많다.

나아가 전이의 다른 장점은, 환자가 그에 대해서 다른 경우에는 아마도 우리에게 불충분한 정보만을 주었을 그의 생활사의 중요한 부분을 전이를 통해 우리에게 입체적으로 분명하게 시연(試演)해 보인다는 점이다. 환자는 우리에게 보고하는 대신에, 말하자면 우리 앞에서 행동하는 것이다.

이제 전이 관계의 다른 측면을 보자. 전이는 부모와의 관계를 재생하므로, 그것은 또한 이 관계의 양가성도 떠맡는다. 분석가에 대한 긍정적 태도가 어느 날 부정적이고 적대적인 태도로 전환되는 것은 거의 불가피한 일이다. 이것 또한 일반적으로 과거의 반복이다. 아버지에 대한 순종(문제가 아버지였다면), 그의 호의를 얻으려던 노력은 아버지 개인을 향한 에로스적 소원에 뿌리를 두고 있다. 이러한 요구는 언젠가 전이에서도 등장하게 되고 충족될 것을 고집한다. 분석적 상황에서 이 요구는 다만 좌절을 마주할 뿐이다. 환자와 분석가 간의 실제 성적인 관계는 배제된다. 선호나 내밀함과 같은 더 고상한 충족의 방식도 아주 드물게만 보장된다. 이러한 거부가 전환의 원인이 될 수 있다. 아마 환자의 유아기에서도 사정은 똑같이 진행되었을 것이다.

긍정적인 전이의 지배하에서 일어나는 치료의 성공은 그것이 암시적 성격을 갖는다는 의심을 받을 수 있다. 부정적 전이가 우세하게 되면, 치료의 성공은 바람에 날리는 왕겨와 같이 날아가 버린다. 그렇게 되면 우리는 이제까지의 모든 수고와 작업이 헛된 것이었다는 사실에 놀라게 된다. 아니, 우리가 환자의 불변의 지적 획득이라고 여겼던 것, 즉 그의 정신분석학에 대한 이해, 그의 정신분석학의 효력에 대한 믿음도 갑자기 사라진다. 환자는 어떤 독자적인 판단도 하지 않고, 그가 사랑하는 것을 맹목적으로 믿으며, 어떤 낯선 것도 믿지 않으려는 어린아이와 같이 행동한다. 이러한 전이 상태의 위험은 환자가 전이의 본성을 알지 못하고, 그것을 과거의 반영 대신에 새로운 실제적 체험이라고 확실히 여기는 데 그 원인이 있다. 환자가 긍정적인 전이의 배후에 숨겨진 강한 에로스적 욕구를 느끼게 되면, 그는 자신이 열정적으로 사랑에 빠졌다고 믿는다. 전이가 전환되면, 그는 모욕당하고 무시당했다고 여기며 분석가를 그의 적으로 증오하고 분석을 포기하려 한다. 이 두 가지 극단적인 경우에서, 그는 자신이 치료의 초입에 받아들였던 계약을 잊어버린다. 그는 공동 작업의 지속에 쓸모없게 되었다. 분석가는 위험이 될 수 있는 환상으로부터 언제나 환자를 벗어나게 하고, 그가 새로운 실제의 삶이라고 여기는 것이 과거의 반영이라는 사실을 계속해서 반복적으로 그에게 제시해야 하는 과제를 가지고 있다. 그리고 환자가 모든 증명 수단에 대해 차단되는 상태에 빠지지 않도록 하기 위해서, 우리는 사랑에 빠지는 감정이나 적대감이 극단적인 절정에 오르지 않도록 애써야 한다. 우리는 환자로 하여금 조기에 이러한 가능성에 대비하도록 하고, 그것의 최초 징후에 주목함으로써 그렇게 한다. 전이를 이렇게 신중하게 다루는 일은 충분히 보상받곤 한다. 대부분의 경우 환자에게 전이 현상의 실제적인 본성을 알려주는 데 성공하게 되면, 그의 저항에서 강력한 하나의 무기를 빼앗은 것이고 위험이 이득으로 전환된 것이다. 왜냐하면 환자는 자신이 전이의 형태로 체험한 것을 다시 잊어버리지 않기 때문이다. 이 체험은 다른 방식으로 획득한 모든 것보다 더 강력한 설득력을 갖는다.

약화된 자아를 강화하려는 우리의 계획은 자아의 자기 인식의 확장으로부터 출발한다. 우리는 이것이 전부가 아니라는 것을 알고 있다. 그러나 이것이 첫걸음이다. 이러한 인식의 상실은 자아에 있어 힘과 영향력의 손실을 의미한다. 이러한 상실은 이드와 초자아의 요구에 의해 자아가 압박되고 방해를 받았다는 것에 대한 최초의 구체적인 징후이다. 따라서 우리의 치료 행위의 첫 번째 부분은, 우리가 행하는 지적 작업과 환자에게 이에 협력하라고 요구하는 것이다. 우리는 이러한 최초의 행위가 더 어려운 다른 과제에 이르는 길을 연다는 것을 알고 있다. 우리는 초보 단계에서도 이 과제의 역동적 요소를 놓쳐 버리지 말아야 할 것이다. 우리는 다양한 원천으로부터 우리의 작업을 위한 소재를 얻는다. 환자의 보고와 자유 연상이 암시하는 것, 환자가 전이를 통해 보여 주는 것, 우리가 그의 꿈의 해석으로부터 알아낸 것, 그가 실책을 통해 누설하는 것이 그 원천이다. 이 모든 자료는 그에게 일어났던 일이지만 그가 잊어버린 것과, 그에게서 지금 일어나는 일이지만 그가 이해하지 못하는 것을 우리가 구성하는 데 도움이 된다. 그러나 우리는 이때 우리의 지식과 그의 지식을 엄밀히 구별하는 일을 소홀히 해서는 안 된다. 우리가 종종 조기에 알아낸 것을 그에게 알려 주거나, 우리가 알아냈다고 생각하는 모든 것을 그에게 알리는 일을 피해야 한다. 우리는 언제 우리의 구성을 그가 알도록 해야 하는가에 대해 심사숙고해야 하며, 적절한 것처럼 보이는 순간을 기다려야 한다. 이를 결정하는 것은 언제나 쉬운 일이 아니다. 일반적으로 우리는 그가 우리의 구성에 아주 근접하여 한 걸음만 내디디면 — 그러나 이는 결정적인 종합이다 — 될 때까지 이 구성을 알리기를 지연시킨다. 우리가 다른 방식을 택해서 그가 우리의 해석에 대해 준비를 갖추기 이전에 이 해석을 그에게 기습적으로 알린다면, 이 보고는 아무런 성공을 가져오지 못하거나 작업의 지속을 어렵게 만들거나 의심스럽게 만드는 격렬한 저항을 분출시키게 된다. 그러나 우리가 모든 것을 올바로 준비했다면, 환자가 우리의 구성을 직접적으로 확인하고 잊혀진 내적이거나 외적인 과정을 스스로 기억해 내는 상황에 종종 도달하게 된다. 구성이 잊혀진 것의 상세한 내용과 정확히 일치하면 할수록, 그의 동의는 쉬워진다. 그렇게 되면 이 부분에서 우리의 지식은 또한 그의 지식이 된다.

저항을 언급함으로써 우리는 우리 과제의 두 번째 중요한 부분에 이르렀다. 우리는 억압된 무의식적 이드의 바라지 않는 요소가 침입해 들어오는 것에 대항해, 자아가 리비도 반대 집중을 통해 자신을 보호한다는 것을 이미 들었다. 이 리비도 반대 집중이 제 기능을 발휘하는 것이 자아의 정상적 기능의 조건이다. 자아가 압박감을 느끼면 느낄수록, 자아는 앞으로 닥쳐올 침입으로부터 자신의 나머지를 보호하기 위해, 말하자면 겁을 먹고 더욱더 발작적으로 이 리비도 반대 집중 상태를 고수한다. 그러나 이러한 방어적 경향은 우리의 치료적 의도와 전혀 일치하지 않는다. 반대로 우리는 자아가 우리 도움의 보장을 받아 용기를 얻어 잃어버린 것을 되찾기 위해 공격을 감행하기를 원한다. 여기서 우리는 이러한 리비도 반대 집중의 강도를 우리 작업에 대한 저항으로 느끼게 된다. 자아는 위험해 보이고 불쾌감이 닥칠 것 같은 이러한 시도에 놀라 뒷걸음질을 친다. 따라서 자아가 우리를 거부하지 않게 하기 위해 자아를 끊임없이 격려하고 달래야 한다. 치료의 전 기간에 걸쳐 지속되고 모든 새로운 작업 부분에서 새로이 등장하는 이러한 저항을, 우리는 완전하게 올바른 것은 아니지만 억압적 저항 Verdrängungswiderstand이라고 부른다. 우리는 이것이 우리 앞에 놓여 있는 유일한 것이 아니라는 사실을 듣게된다. 이러한 상황에서 편들기가 일정한 의미에서 역전된다는 사실은 흥미롭다. 자아가 우리의 격려에 대해 항거하는 데 반해, 우리의 적이었던 무의식은 우리에게 도움을 주기 때문이다. 무의식은 자연적인 〈추진력〉을 지니고 있어, 자신에게 부과된 한계를 넘어서 자아와 의식으로 밀고 들어가려는 것만을 원하기 때문이다. 우리가 우리의 의도를 달성하고 자아로 하여금 자신의 저항을 극복하도록 움직이게 할 수 있을 때 싹트기 시작하는 싸움은, 우리의 인도와 도움하에서 진행된다. 이것이 어떤 결말을 갖는가는 중요하지 않다. 자아가 이제까지 거부했던 본능의 요구를 새로이 검토한 후 이를 받아들이는 결과를 초래하든지, 이 요구를 다시금 거부하되 이번에는 최종적으로 거부하든지, 이는 중요하지 않다. 두 경우 모두 지속적인 위험은 제거되었고, 자아의 범위는 확장되었으며, 비싼 에너지 소모는 불필요하게 되었다.

저항의 극복은 우리의 작업에서 가장 긴 시간과 가장 큰 노력을 필요로 하는 부분이다. 그러나 이는 그만한 가치를 지니고 있다. 왜냐하면 이를 통해 전이의 결과는 독립적으로 유지되고, 생활에서 보존되는 유익한 자아 변화가 일어나기 때문이다. 이와 동시에 우리는 무의식의 영향에 의해 일어난 자아 변화를 제거하는 작업을 했다. 자아 속에서 이러한 무의식의 후예가 입증되면,

언제나 우리는 그것의 불법적인 출처를 제시하여 자아로 하여금 이를 거부하도록 고무했기 때문이다. 무의식적 요소의 침입에 의한 이러한 자아 변화가 일정한 정도를 넘어서는 것이, 우리가 계약에 따라 도움을 주기 위한 전제 조건이었다는 것을 우리는 기억하고 있다.

우리의 작업이 진전되고 신경증 환자의 정신생활에 대한 통찰이 깊어지면 깊어질수록, 저항의 원천으로 매우 주목을 요하는 두 가지 새로운 계기에 대한 지식이 우리에게 확연해진다. 이 계기는 환자에게는 완전히 알려져 있지 않으며, 우리가 계약을 체결할 때 전혀 고려되지 않았던 것이다. 또한 이 둘은 환자의 자아로부터 오는 것도 아니다. 우리는 이들을 병의 욕구 또는 고통의 욕구라는 공동의 이름으로 요약할 수 있다. 그러나 이 두 계기는 많은 부분에서 유사한 본성을 갖는다 하더라도 서로 상이한 출처를 갖고 있다. 이 두 계기 중 첫 번째 것은 죄책감이나 죄의식인데, 환자가 이를 느끼거나 인식하지 못한다는 사실을 도외시하고 그렇게 불린다. 이는 매우 강하고 잔인하게 된 초자아가 행하는 저항에 확실히 기여한다. 개인이 건강해지지 말고 계속 아파야 한다는 것이다. 왜냐하면 그에게 그러한 일이 일어나는 것은 당연하기 때문이라는 것이다. 이러한 저항은 원래 우리의 지적 작업에 방해가 되지 않지만, 이 작업의 효력을 무효화시킨다. 심지어 이 저항은 우리가 어떤 한 형태의 신경증적 고통을 제거하는 것을 종종 허용하지만, 곧바로 이 형태를 다른 형태로, 끝내는 신체적 질환으로 대체하려고 한다. 이러한 죄의식은 또한, 심각한 신경증 환자가 실제로 일어나는 불행한 사건에 의해 치료되거나 개선되는 이따금 관찰되는 사태를 설명해 준다. 어떤 방식이든 간에 그가 비참한 상황에 빠지면 되는 것이다. 이런 사람들이 종종 그들의 어려운 운명을 아무런 불평 없이 순종하며 견뎌 내는 것은 매우 기이한 일이지만 동시에 무의식 중에 무엇인가를 드러낸다. 우리는 이러한 저항을 방어할 때, 이 저항을 의식화시키고 적대적인 초자아를 점차적으로 없애는 시도만 해야 한다.

다른 저항의 존재를 입증하는 일은 더 어렵다. 이 저항을 퇴치하기에 우리는 특히 부족하다고 느낀다. 신경증 환자들 중에는 그들의 모든 반응에 따라 판단해 보건대, 자기 보존 본능이 완전히 전도된 환자들이 있다. 끝내는 자살하는 사람들도 아마 이 그룹에 속할 것이다. 우리의 가정에 따르면, 이들에게서는 광범위한 본능의 분해가 일어난 결과 내부로 향한 과도한 양의 파괴 본능이 분출되었다. 이러한 환자들은 우리의 치료에 의한 재건을 참을 수 없다고 느끼며 모든 수단을 동원해 이에 저항한다. 그러나 이는 우리가 아직 완전히 해명하지 못한 경우라는 것을 고백한다.

이제 신경증적 자아에 도움을 주려는 우리의 시도에 의해 우리가 도달한 상황을 다시 한번 개관해 보자. 이 자아는 인간 사회를 포함한 외부 세계가 그에게 제기하는 과제를 성취할 수 없다. 그는 그의 경험 모두를 마음대로 사용하지 못한다. 그의 풍부한 기억의 대부분은 분실되었다. 자아의 활동은 초자아의 엄격한 금지에 의해 억제되고, 그의 에너지는 이드의 요구를 방어하려는 헛된 시도에 의해 소진된다. 나아가 자아는 이드의 계속적인 침입의 결과, 그 조직이 손상되고 분열되어 어떤 질서 잡힌 종합도 하지 못한다. 자아는 서로 반대되는 욕구들, 해결되지 않은 갈등들, 해소되지 않은 의심들에 의해 분열된다. 우리는 이렇게 약화된 환자의 자아로 하여금, 우선 순전히 지적인 해석 작업에 참여하도록 하여 그의 정신적 소유물에 있는 빈틈을 임시로 채우게 한다. 그리고 우리는 그의 초자아의 권위를 우리에게 전이시키도록 하고, 이드의 모든 개별적 요구에 대항에 싸우며, 이때 발생하는 저항을 제거하도록 용기를 북돋아 준다. 동시에 우리는 무의식으로부터 침입해 들어온 내용과 욕구를 찾아내어 그 원천을 밝히고 비판에 노출시킴으로써, 자아 속에 질서를 회복시킨다. 우리는 권위자와 부모의 대리인으로, 교사와 보육자로서의 여러 역할을 통해 환자를 지원한다. 우리가 분석가로서 그의 자아에서 정신 과정을 정상적인 수준에 올려놓고, 무의식적으로 된 것과 억압된 것을 전의식으로 전환시켜 이를 자아에 다시 귀속시키게 되면, 우리는 환자를 위해 최상의 것을 행한 것이다. 환자의 편에서는 몇몇 합리적 계기가 우리에게 긍정적으로 작용한다. 이 계기들은 그의 고통에 의해 유발된 치유에 대한 욕구와 정신분석의 이론과 폭로에 대해 그가 갖게 된 지적 관심, 그리고 이보다 훨씬 강력하게 작용하는 그가 우리에 대해 갖는 긍정적 전이이다. 다른 한편으로 우리에게 대항하는 것은 부정적 전이, 그에게 부과된 어려운 작업에 자신을 내맡기지 않으려는 마음인 자아의 억압적 저항, 초자아와의 관계에서 오는 죄책감, 그의 본능이 심각하게 변화한 결과로 나타나는 병의 욕구이다. 우리가 어떤 한 사례를 쉬운 것으로 또는 어려운 것으로 부르는 것은, 마지막에 든 두 요소가 얼마나 많은 부분을 차지하느냐에 달려 있다. 이들과는 별도로 유리한 것으로 혹은 불리한 것으로 여겨질 수 있는 몇 가지 다른 계기가 있다. 일정한 정신적 태만, 자신의 고착을 떠나려 하지 않는 리비도의 부진한 기동성은 우리에게 바람직한 것이 아니다. 개인이 지닌 본능의 승화 능력은 큰 역할을 하며, 마찬가지로 조야한 본능적 생활을 넘어서는 능력과 지적 기능의 상대적인 힘도 큰 역할을 한다.

우리에게 유리하게끔 환자에게서 얻어 낼 수 있는 에너지 양이, 우리에게 대항해 작용하는 힘들의 에너지 총합에 대해 갖는 양적 비례에 의해 우리가 시작한 싸움의 최종 결과가 좌우된다는 결론에 이른다 해도, 우리는 실망하지 않으며 오히려 이를 이해할 수 있다. 여기서 다시금 신은 더 강한 군대의 편에 선다. 확실히 우리가 언제나 승리하는 것은 아니다. 그러나 우리는 최소한 왜 우리가 승리하지 못했는가를 대부분의 경우 알 수 있다. 우리의 이러한 상론을 오직 치료적 관심에 따라 추적한 사람은, 아마도 이러한 고백을 듣고는 그것을 얕잡아 보면서 등을 돌릴 것이다. 그러나 우리가 여기서 치료에 관심을 갖는 것은 그것이 심리학적 수단을 가지고 작업하는 한에서이다. 현재 우리는 다른 어떤 수단도 갖고 있지 않다. 미래에는 우리가 특수한 화학적 물질을 통해 많은 양의 에너지와 그것의 정신 기관에서의 분배에 직접 영향을 미치는 방식을 알 수도 있을 것이다. 아마도 아직 예상할 수 없는 다른 치료 가능성이 생겨날 수도 있을 것이다. 잠정적으로 정신분석적 기술보다 나은 것이 우리에게 없을 뿐이다. 그리고 바로 이러한 이유로 인해 정신분석은 그 한계에도 불구하고 경시되어서는 안 되는 것이다.

일곱 번째 장

정신분석적 작업의 검사

우리는 정신 기관과 그것을 구성하고 있는 부분들과 기관들, 정신 기관 속에서 작용하는 힘들, 정신 기관의 부분들이 갖는 기능들에 대한 지식을 획득했다. 신경증과 정신병은 이 기관의 기능 장애가 표현되는 상태들이다. 우리가 연구 대상으로 신경증을 선택한 이유는, 그것만이 우리의 심리학적 접근 방법을 허용하는 것처럼 보였기 때문이다. 우리가 신경증에 영향을 미치려고 노력하는 동안 우리는 여러 가지 관찰 내용을 축적할 수 있었고, 이를 통해 신경증의 출처와 그 발생 방식에 대한 의견을 갖게 되었다.

우리는 서술에 앞서 우리의 주 관심 중 하나를 먼저 말하고자 한다. 신경증은 가령 전염병과 같이 고유한 발병 원인을 가지고 있지 않다. 만약 신경증에서 병원체(病原體)를 찾으려 한다면 이는 한가한 시도일 것이다. 신경증은 유동적인 이행 과정을 통해 소위 규범과 결부되어 있으며, 다른 한편으로 신경증적 특징을 갖는 암시가 입증되지 않으므로 정상적이라고 인정되는 상태는 거의 존재하지 않는다. 신경증 환자들은 대략 다른 사람과 동일한 기질을 보여 주며, 동일한 것을 체험하며, 처리해야 할 어떤 다른 과제를 갖고 있지 않다. 그렇다면 왜 그들은 그렇게 열악하고 어렵게 살며 불쾌감, 불안, 고통으로 고생하는가?

우리가 이 문제에 대한 답을 얻으려고 쩔쩔맬 필요는 없다. 신경증 환자의 결함과 고통에 책임이 있는 것은 양적 〈부조화〉이다. 모든 형태의 인간 정신 활동의 원인은 바로 타고난 기질과 우연적 체험의 상호 작용에서 찾을 수 있다. 일정한 본능이 너무 강하거나 약하게 될 수 있고, 일정한 능력이 위축되거나 삶에서 충분히 성숙되지 않을 수도 있다. 다른 한편, 외적인 인상과 체험이 개별 인간에게 다양한 방식으로 강한 요구를 제기하고, 한 사람의 체질이 해결할 수 있는 것이 다른 사람에게는 너무도 어려운 과제일 수 있다. 이러한 양적 차이에 의해 결과의 상이함이 결정된다.

그러나 우리는 이런 설명이 만족스럽지 못하다고 곧 말하게 될 것이다. 이런 설명은 너무 일반적이고 너무 많은 것을 의미한다. 위에서 제시된 병원학은 정신적 고통, 고뇌, 마비에 대해 타당하지만, 그러한 상태 모두가 신경증적이라고 불릴 수는 없다. 신경증은 특유한 성격을 가지며 특수한 종류의 고뇌이다. 따라서 우리는 신경증에 고유한 원인 찾기를 기대해야만 할 것이다. 아니면 정신생활이 처리해야 할 과제들 중에 몇몇은 실패하기 쉬워 종종 매우 기이한 신경증적 현상의 특수성이 이로부터 추론될 수 있다고, 우리의 이전 주장을 폐기하지 않으면서 생각할 수 있다. 신경증이 규범과 본질적인 점에서 구별되지 않는다는 것이 옳다면, 신경증에 대한 연구는 우리의 규범에 대한 지식에 매우 가치있는 공헌을 할 것이라는 점은 확실하다. 이때 우리는 아마도 정상적인 조직의 〈약한 지점〉을 발견할 수 있을 것이다.

우리의 이러한 추측은 확증되었다. 분석적 경험에 의해 우리는, 그것을 처리하는 일이 가장 실패하기 쉽거나 불완전한 본능적 요구가 실제로 존재하며, 신경증 발생에서 배타적으로 또는 주로 고려되는 생애의 시기가 있다는 것을 알게 되었다. 이 본능의 본성과 생애의 시기라는 두 계기는 서로 관련이 있음에도 불구하고 서로 분리되어 고찰될 것이 요구된다.

우리는 생애의 시기에 대해서는 상당한 확실성을 가지고 말할 수 있다. 신경증은 그 증상이 훨씬 나중에 전면에 등장한다고 해도 초기 유아기(다섯 살 때까지)에서만 획득되는 것으로 보인다. 유아기 신경증은 잠시 동안만 밖으로 드러나거나 아예 간과되기 쉽다. 아마도 이중에 (매우 강력한 놀람, 열차 충돌이나 산사태 등과 같은 심각한 신체적 충격에 의한) 외상적 신경증은 예외일 것이다. 이들이 유아적 조건과 맺는 관계에 대해서는 아직 연구가 이루어지지 않고 있다. 초기 유아기를 병원학적으로 선호하는 이유는 쉽게 제시될 수 있다. 우리가 알고 있듯이, 신경증은 자아의 질환이다. 그리고 자아가 약하고 미성숙하고 저항 능력이 없는한, 그가 나중에는 놀이하듯이 해결할 수도 있을 그런 과제를 처리할 수 없다는 것은 놀라운 일이 아니다. (이때 내부로부터의 본능 요구와 외부 세계로부터의 흥분은 〈꿈〉으로 작용하며, 특히 이들에 대해 일정한 기질이 따른다면 더 그렇다.) 어찌할 바를 모르는 자아는 이러한 과제들에 대해 도주 시도(억압)를 함으로써 방어한다. 이 시도는 목적에 부합하지 않는 것임이 나중에 밝혀지고 계속적인 발전에 대한 지속적인 제한을 의미한다. 이러한 초기 체험에 의한 자아의 손상은 우리에게 상당히 큰 것처럼 보인다. 비유를 위해서는, 룩스[9]의 실험에서와 같이 분열하려는 핵 세포를 바늘로 찌를 때와 이로부터 나중에 발전되어 나온 성숙한 동물을 바늘로 찌를 때의 그 효과 차이를 생각해 보면 된다. 이러한 외상적 체험을 하지 않은 어떤 인간 개인도 존재하지 않는다.

9 Wilhelm Roux(1850~1924). 실험적 발생학의 창시자 중 한 사람.

어떤 개인도 이 체험에 의해 야기된 억압으로부터 자유롭지 못하다. 자아의 이러한 걱정스러운 반응은, 아마도 동일한 생애의 시기에 들어 있는 다른 목적에 도달하기 위해 필수적인 것일 수 있다. 작은 원시인이 수년 내에 문명화된 인간의 자식이 되어야 하는 것인데, 그는 인간의 문화 발전의 엄청나게 긴 과정을 대단히 축약하여 거쳐 가며, 이는 유전적 기질에 의해 가능하다. 그러나 그것을 위해서는 초자아의 선구자로서 금지와 벌을 통해 자아의 활동을 제한하고 억압의 실행에 유리한 조건을 부여하거나, 이 실행을 강요하는 부모의 영향과 교육의 후원이 거의 언제나 불가피하다. 따라서 문화적 영향을 신경증의 조건에 포함시키는 것을 잊지 말아야 한다. 우리가 알고 있듯이 미개인은 쉽게 건강할 수 있지만, 문화인에게 있어 이는 어려운 과제이다. 우리는 강하고 억제되지 않은 자아에 대한 그리움을 이해할 수도 있을 것이다. 그러나 현대가 우리에게 가르치고 있듯이, 이 그리움은 깊은 의미에서 볼 때 문화에 적대적이다. 그리고 문화적 요구가 가족에서의 교육에 의해 대변되므로, 우리는 신경증의 병원을 찾을 때 인간 종의 이러한 생물학적 성격, 즉 장기간의 유아적 의존기라는 성격을 생각해야 한다.

다른 지점, 즉 고유한 본능적 계기에 관해서, 우리는 이론과 경험 간의 흥미로운 불협화음을 여기서 발견한다. 모든 임의의 본능적 요구는 그 결과를 수반하는 동일한 억압을 야기할 수 있다라는 가정에 대해 이론적으로 어떤 이의도 제기되지 않는다. 그러나 우리가 판단할 수 있는 한에서 우리의 관찰이 보여 주는 것은, 병원적 역할을 하는 흥분이 성생활의 부분적 본능에서 온다는 사실이다. 신경증의 증상은 보통 어떤 성생활의 대리 만족이거나 그것의 방해를 위한 조치일 것이다. 그리고 일반적으로 그것은 무의식에 타당한 법칙에 따라 반대물들 간에 일어나듯이, 이 둘의 타협이다. 현재 우리 이론의 이 허점은 채울 수 없다. 성 생활의 대부분의 욕구가 순전히 에로스적 본성을 갖는 것이 아니라, 에로스적 본능과 파괴 본능 부분들의 타협에서 온다는 사실에 의해 결정은 어려워진다. 그러나 성욕으로 나타나는 생리학적 본능이 신경증의 원인에서 뛰어난, 기대하지 않은 큰 역할을 한다는 것은 의심의 여지가 없다. 그것이 배타적으로 이런 역할을 하는지는 불확실하다. 또한 문화 발전 과정에서 바로 성적인 기능만큼 그렇게 격렬하고 전반적으로 거부되었던 기능도 없다는 것을 고려해야 한다. 이론은 더 깊은 연관을 드러내는 다음의 몇 가지 지적으로 만족해야 할 것이다. 즉 자아가 이드로부터 분화되기 시작하는 초기 유아기는 잠재기에 의해 종결되는 성적 초기의 개화기이기도 하다는 것, 이 중요한 선사 시대가 나중에 유아적 망각에 빠진다면 그것은 거의 우연이 아니라는 것, 마지막으로 성 기능의 2단계적 발단, 성적 흥분의 주기성이라는 성격의 상실, 여성의 월경과 남성의 흥분 간의 관계에서의 변화와 같은 성 생활에서의 생물학적 변화, 즉 이러한 성욕의 개선이 동물로부터 인간이 발전해 나오는 데 매우 중요한 의미를 가질 수밖에 없다는 것이다. 현재 서로 분리되어 있는 자료들을 하나의 새로운 통찰로 결합하는 일은 미래의 과학에 유보된다. 여기서 허점을 드러내는 것은 심리학이 아니라 생물학이다. 마치 자기 보존과 종족 보존 간의 생물학적 대립이 여기서 심리학적으로 표현되는 양, 자아의 조직에서의 약점은 그것과 성 기능 간의 관계에 있다고 말한다면, 우리가 틀린 것은 아닐 것이다.

자주 듣게 되는 주장, 즉 어린아이는 심리학적으로 어른의 아버지이며 어린아이의 최초 몇 년 동안의 체험은 이후의 삶 전체에 비할 데 없는 의미를 갖는다는 주장이 완전히 옳다는 것은 정신분석적 경험에 의해 확인되었다. 따라서 이 유아기의 중심 체험이라는 것이 존재한다면, 이는 우리의 특별한 관심을 끄는 것이다. 우리는 우선 자주 등장하기는 하지만 모든 어린아이에게 해당되지는 않는 다음과 같은 일정한 영향의 효과에 주목한다. 그것은 성인에 의한 어린아이 성폭행, 약간 더 나이 먹은 어린아이(형제자매)에 의한 유혹, 그리고 전혀 예기치 못한 것으로 이러한 인상에 대한 관심이나 이해나 이를 나중에 기억해 낼 능력도 없었을 시기에 성인(부모) 간의 성적 행위 과정을 보고 들음으로써 갖게 된 충격이다. 이런 체험이 얼마나 어린아이의 성적 감수성을 깨우쳐 그의 성적 욕구가 다시는 떠날 수 없는 특정한 길에 들어서게 되는가는 쉽게 확인할 수 있다. 이러한 인상들은 즉각 혹은 기억으로 되돌아오는 순간 억압되므로, 그것들은 신경증적 강박의 조건을 형성한다. 이 강박은 나중에 자아로 하여금 성 기능을 자유롭게 구사하지 못하도록 하고, 지속적으로 성 기능에 등을 돌리게 만들 개연성을 가지고 있다. 후자와 같은 반응은 신경증을 초래할 것이다. 그것이 나타나지 않는다면, 다양한 종류의 도착이 발전되거나 번식뿐만 아니라 생활 설계 전체를 위해서도 매우 중요한 기능이 완전히 제어될 수 없게 된다.

이러한 사례들이 매우 교훈적이라 할지라도, 우리는 모든 어린아이가 겪어야 하고 어린아이 보육과 부모와의 공동생활로부터 필연적으로 따라 나오는 상황의 영향에 더 큰 관심을 두어야 한다. 내가 여기서 의미하는 상황이란 오이디푸스 콤플렉스이다. 이렇게 불리는 이유는, 그의 본질적 내용을 오이디푸스왕에 관한 그리스 전설에서 발견할 수 있기 때문이다. 더군다나 다행스럽게도 이 전설은 위대한 극작가의 판본을 통해 우리에게 전해 내려왔다. 이 그리스 영웅은 자신의 아버지를 살해하고 어머니를 부인으로 삼는다. 그가 이 두 사람이 자신의 부모라는 사실을 알지 못하는 상태에서 행한다는 것이 정신분석적 사태와 다른 점이다. 우리는 이러한 차이를 쉽게 이해할 수 있으며 불가피한 것으로 인정한다.

여기서 우리는 소년과 소녀 — 남자와 여자의 발전을 독자적으로 서술해야 한다. 왜냐하면 이제 성의 차이가 최초로 심리학적으로 표현되기 때문이다. 성의 이중성이라는 생물학적 사실의 커다란 수수께끼가 우리에게 등장한다. 이는 우리 지식의 마지막이며 어떤 다른 것으로 환원될 수 없는 것이다. 정신분석은 이 문제의 해명에 기여한 바가 없으며, 이는 확실하게 완전히 생물학에 속하는 일이다. 우리는 정신생활에서 이 큰 대립의 반영을 발견할 뿐이다. 이 반영의 해석은 이미 오래전에 예견되었던 사실에 의해 어려워지는데, 그것은 개별 존재의 신체가 어떤 한 성의 성숙된 기관 이외에 발육이 위축되고 종종 무용지물이 된 다른 성의 흔적을 지니고 있는 것과 마찬가지로, 개별 존재가 하나의 단일한 성의 반응 방식에 제한되지 않고 항상 반대되는 성의 반응 방식도 일정하게 허락한다는 사실이다. 정신생활에서 남성적인 것과 여성적인 것을 구별하기 위해서 우리는 확실히 불충분한 경험적이고 관습적인 등식을 이용한다. 우리는 강하고 활동적인 모든 것을 남성적이라 부르고, 약하고 수동적인 것을 여성적이라고 부른다. 이러한 심리학적 양성(兩性)이라는 사실 또한 우리의 모든 탐구에 부담이 되며, 그것의 결과에 대한 기술을 어렵게 만든다.

어린아이의 최초의 에로스적 대상은 영양을 제공하는 어머니의 젖가슴이다. 사랑은 음식물에 대한 욕구의 충족을 발판으로

하여 발생한다. 확실히 젖가슴은 처음에는 자기 자신의 신체와 구별되지 않는다. 어린아이가 자주 젖가슴의 부재를 발견하기 때문에 젖가슴이 신체와 분리되어 〈외부〉로 이동하면, 젖가슴은 대상으로서 원래 자기애적인 리비도 집중의 일부분을 갖게 된다. 이 최초의 대상은 나중에, 영양을 공급할 뿐만 아니라 보육하며 어린아이에게 유쾌하거나 불쾌한 다른 많은 육체적 감각을 불러일으키는 어머니라는 개인으로 완성된다. 신체를 돌본다는 점에서 어머니는 어린아이의 최초 유혹자이다. 이 두 관계에 유일무이하고 비교가 불가능하며 일생 동안 불변적으로 확정된 어머니의 의미, 즉 양성에 있어서 최초이자 가장 강력한 사랑의 대상으로서의 의미, 추후 모든 애정 관계의 모범으로서의 의미가 뿌리를 두고 있다. 이때 계통적 근거가 개인적이고 우연적인 체험에 대해 우위를 점하고 있어서, 어린아이가 실제로 젖을 빨았는가 아니면 우유병으로 젖을 먹어서 어머니가 돌보는 데서 오는 정을 느낄 수 없었는가는 차이가 없다. 어린아이의 발전은 두 경우 모두 동일한 과정을 거친다. 아마도 후자의 경우에서 나중에 나타나는 그리움이 더 클 것이다. 그리고 어린아이가 어머니의 젖가슴에 의해 오랫동안 키워졌다 하더라도, 어린아이는 젖을 뗀 후 그것이 너무 짧고 적었다고 언제나 확신할 것이다.

이러한 서론은 불필요한 것이 아니다. 이러한 이야기를 통해 오이디푸스 콤플렉스의 강도에 대한 우리의 이해는 강화될 수 있기 때문이다. 남자아이가 리비도 발전의 남근기(두 살에서 세 살까지)에 들어서게 되어 자신의 성기에서 유쾌한 감각을 느끼고 손으로 자극하여 임의대로 이 감각을 만들 줄 알게 되면, 그는 어머니의 애인이 된다. 남자아이는 그가 성생활의 관찰과 예감을 통해 추측한 형태로 어머니를 육체적으로 소유하기 원하며, 그가 그것을 가지고 있음을 자랑으로 여기는 남성의 성기를 어머니에게 보임으로써 그녀를 유혹하려 한다. 한마디로 말해서 일찍 눈뜬 그의 남성성은, 어머니에게 있어 그의 아버지는 어쨌든 이제까지 남자아이가 선망하는 모범이었다. 그가 가지고 있다고 여긴 육체적 힘과 그를 둘러싸고 있는 권위 때문이었다. 이제 아버지는 방해가 되며 제거하고 싶은 경쟁자이다. 남자아이가 아버지의 부재 시에 어머니와 같이 잠자리에 들 수 있고 아버지가 돌아오면 다시 쫓겨난다면, 아버지가 사라질 때의 충족감과 그가 다시 등장할 때의 실망감은 그에게 심원한 체험을 의미한다. 이것이 그리스 전설이 어린아이의 상상 세계로부터 그럴듯한 현실로 번역한 오이디푸스 콤플렉스의 내용이다. 우리의 문화적 상황에서 이 콤플렉스는 한결같이 경악할 만한 종말을 맞는다.

어머니는 남자아이의 성적 흥분이 자기 자신에게 향해 있다는 것을 잘 이해하고 있다. 그녀는 어느 순간에 이를 허용하는 것이 옳지 않다고 생각하게 된다. 그녀는 남자아이가 자신의 성기를 손으로 만지는 일을 금함으로써 옳은 일을 한다고 생각한다. 이 금지는 별 효력을 발휘하지 못하고, 기껏해야 자기만족의 방식에서 변화를 가져올 뿐이다. 마침내 어머니는 가장 강력한 조치를 취한다. 그가 도전의 수단으로 삼고 있는 바로 그것을 없애 버리겠다고 위협하는 것이다. 일반적으로 그녀는 이 위협을 더욱 무섭고 더 신빙성 있는 것으로 만들기 위해 어린아이의 아버지에게 실행을 미룬다. 기이하게도 이러한 위협이 효력을 발휘하는 것은 이전과 이후에 다른 조건이 충족되었을 때뿐이다. 그러한 일이 일어날 수 있다는 것 자체는 남자아이에게 상상할 수 없는 것처럼 보인다. 그러나 그가 이런 위협을 들으면서 자신이 본 여성의 성기를 기억하거나, 위협을 들은 직후 다른 무엇보다 소중한 부분이 없는 성기를 보게 되면, 그는 그가 들은 위협의 진지함을 믿게 된다. 그리고 그는 〈거세 콤플렉스〉의 영향권 아래 놓이게 되어 그의 짧은 생애에서 가장 강력한 외상을 체험하게 된다.[10]

거세 위협의 효과는 셀 수 없이 다양하다. 효과는 남자아이의 아버지와 어머니에 대한 모든 관계, 그리고 나중에는 남자와 여자 일반에 대한 관계에 영향을 미친다. 대부분의 경우 어린아이의 남성성은 이 최초의 충격을 견뎌 내지 못한다. 그는 자신의 성기를 구제하기 위해 대체로 어머니에 대한 소유를 완전히 포기하며, 종종 그의 성생활은 영원히 이 금지에 의해 방해받는다. 우리가 표현하는 방식대로 그에게 강한 여성적 구성 요소가 존재한다면, 이 요소가 남성의 위축으로 인해 강화된다. 아이는 어머니가 갖는 성격과 같이 아버지에 대해 수동적인 태도에 빠지게 된다. 아이는 위협의 결과 자위를 그만두었지만, 자위에 수반되는 상상 활동을 그만둔 것은 아니다. 이 활동은 그에게 남아 있는 유일한 성적 충족의 형식이므로, 오히려 이전보다 더 이 활동에 몰입하게 된다. 이러한 상상 속에서 그는 자신을 여전히 아버지와 동일시하지만, 동시에 어머니와 동일시하며 아마도 그 정도가 더 심할 것이다. 이러한 초기 자위의 상상적 후예와 그것의 변형적 산물이 이후 그의 자아에 관여하곤 하며, 그의 성격 형성에 영향을 미친다. 이렇게 그의 여성이 촉진되는 것과 별도로 아버지에 대

10 거세는 오이디푸스 전설에서도 나타난다. 그의 범죄가 발견된 후 오이디푸스가 벌로 받는 시력 상실은 꿈의 증거에 따르면 거세의 상징적 대체물이다. 이 위협의 매우 강력한 공포 효과에 가족의 선사 시대에 대한 계통적 기억의 흔적이 함께 영향을 미치고 있음은 배제할 수 없다. 이 시대에는 아들이 경쟁자로서 여자를 소유하는 데 성가시게 되면, 시기심에 가득 찬 아버지는 아들의 성기를 실제로 제거해 버렸다. 거세의 다른 상징적 대체물인 포경이라는 태고의 관습은 아버지의 의지에 대한 복종의 표현으로서만 이해될 수 있다(원시인의 성인식 참조). 어린아이의 자위를 억압하지 않는 종족과 문화에서 위에 기술한 과정이 어떤 형태를 띠는가에 대해서는 아직 연구되어 있지 않다 — 원주.

한 공포와 증오는 크게 상승한다. 남자아이의 남성성은 아버지에 대한 저항적 태도로 후퇴하는데, 이것이 남성 공동체에서의 그의 태도를 지배하게 된다. 어머니에 대한 에로스적 고착의 잔재로 종종 어머니에 대한 과도한 의존성이 형성되는데, 이는 나중에 여성에 대한 예속으로 지속된다. 그는 감히 어머니를 사랑하지는 못하지만, 어머니가 그를 사랑하지 않는다는 것을 생각조차 할 수 없다. 왜냐하면 사랑받지 못하게 되면 그는 어머니의 배반에 의해 그의 태도가 아버지에게 누설되고 거세될 위험에 처해지기 때문이다. 이러한 체험 전체는 — 이 체험의 전제 조건과 결과들에 대해 우리는 선택적으로만 서술할 수 있었다 — 대단히 격렬한 억압을 받게 된다. 그리고 무의식적 이드의 법칙이 허용하듯이, 그 당시 활동하면서 서로 대립되었던 모든 흥분과 반응들은 무의식에 보존되어 사춘기 이후의 자아 발전을 방해할 준비를 갖추게 된다. 성적 성숙의 신체적 과정에 의해 이미 극복된 것처럼 보이는 과거의 리비도 고착이 새로운 활력을 갖게 되면, 성생활은 억눌리고 통일되지 않으며 서로 대립되는 욕구들로 분열되어 있음이 밝혀지게 될 것이다.

막 싹트는 남자아이의 성생활에 개입해 들어오는 거세 위협이 언제나 이런 두려운 결과들을 낳는 것은 아니다. 얼마나 큰 손상을 입고 얼마나 많은 것이 예방되는지는 다시금 〈양적인〉 관계에 의해 좌우된다. 유년기의 중심 체험이라고 보아야 할 이러한 사건 전체, 즉 초기의 가장 큰 문제이자 나중에 나타나는 결함의 가장 강력한 원천은 철저히 망각된다. 그 결과 분석적 작업에서 이를 재구성하게 되면 이는 성인의 단호한 불신에 부딪치게 된다. 이 금지된 대상에 대한 언급을 침묵하게 만들고, 기이한 지적 현혹 속에서 이 대상에 대한 명백한 경고를 인식하지 못할 정도로 사람들은 이 체험에 등을 돌린다. 이렇게 해서 우리는 오이디푸스왕의 전설은 정신분석의 구성과 아무런 관계가 없으며, 두 가지는 전혀 다른 경우라는 이의 제기를 듣게 된다. 왜냐하면 오이디푸스는 그가 살해한 사람이 자신의 아버지이고 그가 결혼한 사람이 자신의 어머니라는 사실을 몰랐기 때문이라는 것이다. 그러나 이때 사람들이 간과하고 있는 것은, 소재를 시적으로 구성하려고 할 때 이러한 태도가 불가피하다는 사실, 그리고 이 구성에 의해 어떤 낯선 것이 더해지는 것이 아니라 주제에 이미 주어져 있는 계기들이 교묘히 이용될 뿐이라는 사실이다. 오이디푸스의 무지는 성인에게서 체험 전체가 빠져 버린 무의식적 상황에 대한 정당한 표현이다. 그리고 영웅을 죄가 없게 만들거나 그렇게 만들어야 할 신탁의 강제는 모든 아들에게 내려진 운명, 즉 오이디푸스 콤플렉스를 처음부터 끝까지 겪어 내야 한다는 운명이 불가피함을 인정한 것이다. 다른 문학 작품의 영웅, 셰익스피어가 묘사한 우유부단한 사람인 햄릿의 수수께끼가 오이디푸스 콤플렉스에 의해 얼마나 쉽게 해결될 수 있는가가 — 왕자는 자기 자신의 오이디푸스적 소원 내용과 일치하는 것 때문에 다른 사람을 벌하려는 과제에 실패하게 된다 — 정신분석학의 편에서 다시 한번 주목되었을 때, 이에 대해 문학 세계가 보여 준 전반적인 몰이해는 인간 대중이 얼마나 그의 유아적 억압을 고수하려 하는가를 보여 주고 있다.[11]

그러나 정신분석학이 등장하기 백 년 이전에 프랑스인 디드로

11   〈윌리엄 셰익스피어William Shakespeare〉라는 이름은 그 배후에 알려지지 않은 위대한 사람이 숨어 있는 가명일 개연성이 높다. 사람들이 셰익스피어 문학 작품의 저자로 인식하고 있는 사람인 에드워드 드 베어 백작Edward de Vere, Earl of Oxford은 그가 아이였을 때 사랑받고 존경받았던 아버지를 잃었고, 부친의 사후 곧바로 새로 결혼한 어머니와 완전히 결별했다 — 원주.

는 원시 시대와 문화 간의 차이를 다음의 문장으로 표현함으로써 오이디푸스 콤플렉스의 의미를 증언하고 있다.

자신의 어리석음을 그대로 유지하고 요람 속 어린아이의 작은 감각에 30세 남자의 폭력적 열정을 더하는 작은 미개인을 그대로 내버려 두면, 그는 그의 아버지와 싸우고 그의 어머니와 누워 있을 것이다.[12]

정신분석학이 억압된 오이디푸스 콤플렉스의 발견 이외에 다른 어떤 업적도 자랑할 것이 없다면, 이를 통해서만도 정신분석학은 인류의 가치 있는 새로운 발견의 반열에 오를 수 있다고 나는 감히 말하겠다.

거세 콤플렉스의 효과는 여자아이에게서는 더 단조롭고 덜 심각하다. 여자아이는 물론 자기가 남근을 잃어버릴지도 모른다는 두려움을 가질 필요가 없다. 그러나 여자아이는 자기가 남근을 갖지 않았다는 사실에 반응할 수밖에 없다. 여자아이는 처음부터 남자아이가 가진 것 때문에 그를 부러워한다. 여자아이의 발전 전체는 남근 선망의 영향하에서 이루어진다고 말할 수 있다. 여자아이는 처음에 자신을 남자아이와 동일시하려는 헛된 시도를 한다. 나중에 여자아이는 자신의 결함을 보상하려는 노력에 더 성공을 보게 되는데, 이러한 노력이 마침내 정상적인 여성적 태도를 가져올 수 있다. 남근기에 여자아이가 남자아이와 같이 손으로 성기를 자극함으로써 쾌락을 얻으려고 시도한다면, 이는 종종 충분히 만족되지 않는다. 그 결과 여자아이는 자신의 열등함을 발육이 위축된 남근으로부터 자신의 전체 인격에로 확장시킨

---

12 Denis Diderot, 『라모의 조카 *Le neveu de Rameau*』, 1774.

다. 일반적으로 여자아이는 형제나 자신의 놀이 친구의 우월함을 생각하기 싫어하기 때문에, 곧 자위를 그만두고 성 일반으로부터 등을 돌린다.

여자아이가 〈남자아이〉가 되려는 최초의 소원에 머물러 있게 되면, 극단적인 경우 이 아이는 끝내 명백한 동성애자가 되거나, 아니면 나중에 그녀의 생활 방식에서 뚜렷하게 남성적 특징을 드러내거나 남성적인 직업을 택하거나 한다. 다른 길은 사랑했던 어머니로부터의 분리로 나아간다. 딸은 남근 선망의 영향하에서 자신을 그렇게 결함이 있도록 세상에 내놓은 어머니를 용서할 수가 없다. 이에 원망을 품게 된 여자아이는 어머니를 포기하고 사랑의 대상을 어머니에서 다른 사람으로, 즉 아버지로 대체한다. 사람들이 사랑의 대상을 잃었을 때 가장 먼저 나타나는 반응은 자신을 그것과 동일시하는 것, 말하자면 그것을 내부로부터의 동일화에 의해 대체하는 것이다. 여기서 이러한 메커니즘이 여자아이에게 도움이 된다. 이제 어머니에 대한 애착은 어머니와의 동일시에 의해 대체된다. 어린 딸은 그녀가 언제나 소꿉놀이에서 했듯이 자신을 어머니의 자리에 놓는다. 여자아이는 아버지에게 어머니를 대신하려 하고, 이제 이중적인 동기에서, 즉 한편으로는 시기심과 다른 한편으로는 그녀에게 거부된 남근으로 인한 모욕감에서 자신이 전에 사랑했던 어머니를 증오한다. 그녀의 아버지에 대한 새로운 관계는, 처음에 그의 남근을 마음대로 할 수 있다는 소원을 내용으로 할 수 있을 것이다. 그러나 이 관계는 그에게서 아이를 선물받고 싶다는 다른 소원에서 정점에 이른다. 이렇게 해서 아이에 대한 소원이 남근 소원을 대신하게 되거나 최소한 남근 소원으로부터 분리된다.

오이디푸스 콤플렉스와 거세 콤플렉스 간의 관계가 여성에서는 남성과 완전히 다르게, 아니 본래의 반대로 형성된다는 사실은 흥미롭다. 우리가 보았듯이, 남성의 경우에는 거세 위협에 의해 오이디푸스 콤플렉스가 종결된다. 반대로 여성의 경우에는 남근 결핍의 결과, 여성이 오이디푸스 콤플렉스에 빠지게 되는 것을 보게 된다. 여성이 여성적인 오이디푸스 태도에 머문다고 해도(사람들은 이에 대해 〈엘렉트라 콤플렉스*Elektrakomplex*〉라는 이름을 제안했다),[13] 이것이 여성에게는 거의 해를 입히지 않는다. 이때 여성은 아버지의 성격에 따라 자신의 남자를 선택하고 그의 권위를 인정할 자세가 되어 있다. 남성에게서 어머니 젖가슴으로부터 어머니 자체로의 진보가 일어났듯이, 여성이 남근이라는 기관에 대한 사랑을 그것을 가지고 있는 사람에 대한 사랑으로 완성시키는 데 성공한다면, 본래 충족될 수 없는 그녀의 남근 소유에 대한 갈망은 충족된다.

환자의 정신적 구조 중 가장 영향을 끼치기 어려운 것은 어떤 것인가라고 분석가의 경험에 대해 묻는다면, 답은 다음과 같을 것이다. 그것은 여성에게서는 남근 소원이고, 남성에게서는 자기 자신의 성에 대한 여성적 태도(이는 물론 남근 상실을 전제로 한다)이다.[14]

---

13 이 용어는 융이 처음으로 사용한 것으로 여겨진다(「정신분석 이론의 서술 시도 Versuch einer Darstellung der psychoanalytischen Theorie」, 1913). 프로이트는 「여자의 성욕」에서 이 용어의 도입에 반대하는 논변을 펴고 있다.

14 프로이트는 「끝이 있는 분석과 끝이 없는 분석」의 제3부에서 이를 길게 논하고 있다.

제3부 이론적 획득물

여덟 번째 장
정신 기관과 외부 세계

우리가 첫 번째 장에서 상론한 일반적인 통찰과 전제들 모두는 물론 힘들고 끈기 있는 개별적인 연구 작업을 통해 얻어진 것이다. 앞 절에서 우리는 그 예를 제시한 바 있다. 우리는 이제 이러한 작업을 통해 우리의 지식을 얼마나 풍요롭게 했으며, 계속적인 발전을 위해 어떤 길을 열어 놓았는가를 개관하려는 유혹을 가질 수 있을 것이다. 이때 우리가 종종 심리학의 한계를 넘어설 수밖에 없었다는 사실이 눈에 띈다. 우리가 다루는 현상들은 심리학에만 속하지 않는다. 그것들은 유기-생물학적인 측면도 지니고 있으며, 그에 따라 우리는 정신분석을 구축하려고 노력하는 동안 중요한 생물학적 발견도 했으며 새로운 생물학적 가정을 피할 수도 없었다.

그렇지만 우선 심리학에 머무르자. 정신적 규범과 비정상을 구별하는 일은 과학적으로 수행할 수 없으므로, 이 구별이 실제적으로 중요함에도 불구하고 단지 관습적인 가치만을 갖는다는 사실을 우리는 알고 있다. 따라서 우리는 정상적인 정신생활을 그것의 장애로부터 이해할 수 있는 권리의 근거를 제시했다. 이러한 병적 상태, 즉 신경증과 정신병이 낯선 물체의 방식에 따라 작용하는 고유한 원인을 가지고 있지 않다면, 이러한 이해 방식은 허용되지 않을 것이다.

잠자는 잠시 동안 일어나며 무해하고 심지어는 유용한 기능에 도움을 주는 정신의 장애에 대한 연구는, 삶에 해로운 영원한 정신 질환의 이해를 위한 열쇠를 우리에게 주었다. 이제 우리는 의식의 심리학에 의해 꿈의 이해보다 정신의 정상 기능을 더 잘 이해할 수 있는 것은 아니라고 감히 주장한다. 의식의 심리학만이 가지고 있는 의식적 지각의 자료만으로는, 수많은 복잡한 정신 과정을 파악하고 이들의 연관을 발견하고 그것의 장애 조건을 인식하기에 부족하다는 것이 입증되었다.

공간적으로 연장(延長)되어 있으며 합목적적으로 구성되어 있고 삶의 욕구에 의해 발전되는 정신 기관은, 특정한 곳에서만 일정한 조건하에서 의식 현상을 발생시킨다. 우리는 정신 기관에 대한 이러한 가정을 통해 심리학을 다른 모든 과학, 가령 물리학과 유사한 기초 위에 세울 수 있게 되었다. 이들 과학과 마찬가지로 심리학에서도 과제의 본질은, 우리의 지각에 직접적으로 주어지는 연구 대상의 특성(성질)의 배후에서 다른 것을 발견해 내는 일이다. 이 다른 것은 우리의 감각 기관의 특수한 수용 능력으로부터 더 독립되어 있으며, 실재의 사태라고 추측되는 것에 더 가까이 있는 것이다. 우리는 이러한 사태 자체에 도달할 수 있다고 기대하지 않는다. 왜냐하면 우리는 새로이 알아낸 모든 것을 우리가 그로부터 결코 자유로울 수 없는 우리 지각의 언어로 다시금 번역해야만 한다는 사실을 보았기 때문이다. 그러나 이는 바로 우리 과학의 본성이자 한계이다. 이는 마치 물리학에서 다음과 같이 말하는 것과 같다. 우리가 정확하게 볼 수 있다면, 겉보기에 단단한 물체는 이러이러한 형태, 크기, 상호 위치를 갖는 입자들로 구성되어 있다는 것을 발견하게 될 것이다. 이런 가정 위에서 우리는 우리의 감각 기관의 능력을 극단적으로 높이려고 시도한다. 그러나 기대할 수 있는 것은 이러한 모든 노력이 최종 결과에 아무런 변화도 주지 않을 것이라는 점이다. 실재는 언제나 〈인식 불가능한〉 것으로 남는다. 우리의 1차적인 감각 지각에 대한 과학적 연구 작업이 드러낸 획득물은 외부 세계에 존재하며, 우리 사고의 내부 세계에서 어떤 식으로든 신뢰할 만하게 재생되거나 반영될 수 있는 연관과 의존성에 대한 통찰에 있을 것이다. 이러한 연관과 의존성에 대한 지식을 통해 우리는 외부 세계에 있는 어떤 것을 〈이해〉할 수 있으며, 그것을 예측하고 가능하다면 변화시킬 수 있다. 우리는 정신분석학에서도 이와 동일한 방법을 취한다. 우리는 의식 현상의 빈틈을 채우기 위한 기술적 수단을 발견했다. 그리고 우리는 물리학자가 실험을 이용하듯이 이 수단을 이용한다. 우리는 이러한 과정을 통해 그 자체로는 〈인식 불가능한〉 수많은 과정을 추리해 내고, 그것을 우리에게 의식된 것으로 전환시킨다. 그리고 가령 여기서 어떤 무의식인 기억이 개입했다고 말한다면, 이는 우리가 전혀 파악할 수 없는 어떤 일이 일어났다는 것, 그러나 이 어떤 일이 우리의 의식에 들어오는 한 이러이러하다라고밖에는 묘사할 수 없다는 것을 뜻한다.

우리가 어떤 권리를 가지고 그리고 어느 정도의 확실성을 가지고 이러한 추론과 가필을 하는가는, 물론 모든 개별적인 경우에서 비판되어야 한다. 그리고 결정하는 일이 종종 대단히 어렵다는 사실을 부정할 수 없다. 이 어려움은 분석가들 사이에서 의견의 불일치로 표현된다. 이에 대한 책임은 과제의 새로움, 즉 교육의 결핍에서 찾을 수 있다. 그러나 대상에 고유한 특이 요소도 그것의 원인이다. 왜냐하면 심리학에서는 물리학에서와 같이 단지 차가운 과학적 관심만을 불러일으키는 것들이 언제나 중요한 것이 아니기 때문이다. 따라서 자신의 남근 소원의 강도에 대해 충분한 확신을 갖지 않은 여성 분석가가 자신의 환자들에게도 이 요소가 관계없다고 평가한다면, 이는 매우 놀라운 일이 아니다. 그러나 이렇게 개인적인 등식으로부터 오는 오류의 원천은 종국에는 큰 의미를 갖지 않는다. 현미경에 대한 옛날의 사용 설명서를 한번 읽어 보면, 이 도구가 아직 새로운 기술이었던 그 당시에 이것을 가지고 연구하는 관찰자의 인격성에 얼마나 비상한 요구 조건이 제기되었는가를 발견하고 놀라게 된다. 반면 오늘날 이 모든 것은 문제가 되지 않는다.

우리는 여기서 정신 기관과 그것의 행위에 대한 완전한 생각을 기획하는 과제를 제기할 수 없다. 정신분석학이 모든 기능을 한결같이 연구할 시간을 아직 갖지 못했다는 사정에 의해서도 우리는 지장을 받고 있다고 생각한다. 따라서 우리는 첫 번째 장에서 제시한 내용을 상세히 반복하는 것으로 만족하려고 한다. 우리 존재의 본질을 이루는 것은 모호한 이드이다. 이 이드는 외부 세계와 직접 교류하지 않으며 다른 기관의 매개를 통해서만 우리의 지식에 들어올 수 있다. 이 이드에서는 유기적 본능들이 작용하는데, 이 본능들 자체는 두 가지 원초적 힘(에로스와 파괴)이 상이한 정도로 혼합된 채 구성되어 있으며, 기관이나 기관 체계와의 관계를 통해 서로 분화되어 있다. 이러한 본능들이 유일하게 추구하는 것은, 외부 세계 대상의 도움을 빌려 기관들에서 특정한 변화를 일으킴으로써 기대할 수 있는 충족이다. 그러나 이드가 요구하는 바와 같은 즉각적이고 무분별한 본능의 충족은 자주 외부 세계와의 위험한 갈등과 몰락을 초래할 것이다. 이드는 존속의 보장을 위한 배려, 공포를 알지 못한다. 아마도 더 정확히 말한다면, 이드는 공포의 감각 요소를 발생시키지만 그것을 사용하지 않는다. 이드 속에 있다고 가정되는 정신적 요소들에서 그리고 이들 사이에서 가능한 과정들(1차적 과정)은, 우리의 지적인 감정 생활에서 의식적 지각을 통해 우리에게 알려진 과정들과 여러 점에서 구별된다. 그리고 1차적 과정들에 대해서는 이 과정의 일부를 부적당한 것으로 기각하고 되돌리려 하는 논리학의 비판적 제한이 타당하지 않다.

외부 세계로부터 차단된 이드는 자기 자신의 지각 세계를 가지고 있다. 이드는 매우 날카롭게 자기 내부에서의 어떤 변화를 감지한다. 특히 그것은 일련의 쾌감과 불쾌감으로 의식되는 그의 본능 욕구가 갖는 긴장이 동요하는 것을 감지한다. 물론 이러한 지각이 어떤 과정을 통해서 그리고 어떤 말단 기관의 도움으로 일어나는지를 제시하는 것은 어려운 일이다. 그러나 확실한 것은 자기 지각들이 — 일반 감정 및 쾌감과 불쾌감 — 이드 속에서의 과정을 전제적인 폭력을 통해 지배한다는 것이다. 이드는 가차 없는 쾌락 원칙에 복종한다. 그러나 이드만이 그런 것은 아니다. 다른 정신 기관의 활동도 단지 쾌락 원칙을 변형시킬 수 있을 따름이지 그것을 폐기할 수 없는 것처럼 보인다. 그래서 언제 그리고 어떻게 쾌락 원칙 일반의 극복이 이루어지는가라는, 이론적으로 가장 중요하고 현재까지 아직 답이 내려지지 않은 문제가 남는다. 쾌락 원칙은 욕구의 긴장이 감소하기를, 아마도 근본적으로는 긴장의 소멸, 즉 〈열반Nirwana〉을 요구한다는 생각은 아직 평가하지 않은 쾌락 원칙과 두 원초적 힘, 즉 에로스와 죽음의 본능 간의 관계로 나아간다.

우리가 가장 잘 알고 있다고 생각하고 그 속에서 우리 자신을 가장 먼저 인식하는 다른 정신 기관, 이른바 자아는 이드의 외피 층으로부터 발전해 나왔다. 이 외피층은 자극의 수용 및 자극 저지의 수행을 통해 외부 세계(현실)와 직접적으로 접촉한다. 자아는 의식적인 지각으로부터 출발하여 이드의 더 많은 영역과 더 깊은 층을 자신의 영향하에 종속시키며, 외부 세계에 확고히 의존함으로써 자신의 출처에 대한 지울 수 없는 (마치 *Made in Germany*와 같은) 낙인을 보여 준다. 자아의 심리학적 기능은 이드 내에서의 과정을 더 높은 역동적 수준에 올려놓는 데 (가령 자유로이 움직이는 에너지를 전의식적 상태에 상응하게끔 고착된 에너지로 전환시키는 데) 있다. 자아의 구성적 기능은 본능의 요구와 충족 행위 간에 사고 활동을 개입시키는 데 있다. 이 사고 활동은 현재에서 방향을 설정하고 과거의 경험을 평가한 후 시험적 행위를 함으로써 의도한 기도의 결과를 추측하려고 한다. 자아는 이런 방식으로 어떤 시도가 충족될 수 있는가 혹은 지연되어야 하는가, 아니면 본능의 요구가 완전히 위험한 것으로 억제되어야 하는가를 결정한다(현실 원칙*Realitätsprinzip*). 이드가 오로지 쾌락의 획득을 목적으로 하듯이, 자아는 안전성의 고려에 의해 지배된다. 자아는 이드가 무시하는 것처럼 보이는 자기 보존의 과제를 스스로 떠맡는다. 자아는 불안 감각을 자신의 본래 모습을 위협하는 위험을 보여 주는 기호로 이용한다. 기억의 흔적이 지각과 마찬가지로 언어적 잔재와의 연상을 통해 의식될 수 있기 때문에, 여기에 현실의 오인을 초래할 수 있는 혼동의 가능성이 존재한다. 자아는 이러한 혼동에 대해 현실성 검사*Realitätsprüfung*를 수행함으로써 자신을 보호한다. 이러한 현실성 검사가 꿈속에서는 수면 상태의 조건에 따라 깜박 잊혀질 수 있다. 강력한 기계적 힘을 갖는 주변 환경 속에서 자신을 유지하려는 자아에게 1차적으로 위험은 외적 현실로부터 온다. 그러나 위험은 여기에서만 오는 것이 아니다. 자기 자신의 이드가 두 가지 상이한 이유에서 비슷한 위험의 원천이다. 첫째, 과대한 본능의 강도가 외부 세계의 과대한 〈자극〉과 비슷한 방식으로 자아에 손상을 입힐 수 있다. 이를 통해 자아가 파괴되는 것은 아니지만, 자아에 고유한 역동적 조직이 파괴되어 자아가 다시금 이드의 한 부분으로 전환될 수 있다. 둘째, 그 자체 참을 수 없는 것만은 아닌 본능의 요구 충족이 외부 세계에서의 위험을 초래할 수 있어, 본능의 요구 자체가 위험이 된다는 것을 자아는 경험에 의해 알게 되었을 수 있다. 따라서 자아는 두 전선에서 싸우고 있는 것이다. 자아는 자신을 파괴시키려고 위협하는 외부 세계와 동시에 너무나도 요구가 큰 내부 세계에 대항해 자신의 존재를 방어해야 한다. 자아는 이 둘에 대항해 동일한 방어 방법을 사용하지만, 내부의 적에 대한 방어는 특별히 부족하다. 자아는 이 내부의 적과 원래 동일했고 후에도 그것과 긴밀하게 공생하기 때문에, 이 내부의 위험으로부터 도망치기 어렵다. 이 내부의 위험은 잠시 진압된다 하더라도 위협으로 계속 남는다.

초기 유아기의 약하고 미성숙한 자아가 그에게 부과된 노고, 즉 생애의 이 시기에 고유한 위험에 대해 방어하기 위한 노고로 인해 지속적으로 손상된다는 것을 우리는 앞에서 보았다. 외부 세계가 위협하는 위험에서 아이는 부모의 보살핌에 의해 보호된다. 아이는 이러한 안전의 대가로 사랑의 상실에 대한 불안을 지불하는데, 이 상실에 의해 아이는 속수무책으로 외부 세계의 위험에 내맡겨질 것이다. 남자아이가 거세에 의해 강화된 선사 시대로부터의 자기애에 대한 위협이 그를 엄습하는 오이디푸스 콤플렉스의 상황에 빠지면, 위의 요소는 갈등의 결말에 결정적인 영향을 미친다. 현재 등장한 실제적 위험과 계통적으로 기억된 결과 갖게 된 위험이라는 두 영향력이 함께 작용함으로써, 아이는 어쩔 수 없이 방어 시도 — 억압 — 를 한다. 이 시도는 그 순간 목적에 부합하는 것이지만, 성생활이 나중에 부활한 결과 그 당시 거부되었던 본능의 요구들이 강화되면, 이 시도는 심리학적으로 부족한 것이었음이 입증된다. 자아가 성적인 전(前) 시기의 흥분을 처리하는 과제에 실패한다는 것은 생물학적 고찰에 의해 설명되어야 한다. 그 당시 자아의 미성숙으로 인해 자아는 그런 능력을 갖고 있지 못했다. 리비도 발전에 비해 자아의 발전이 이렇게 뒤처진다는 것에서 우리는 신경증의 본질적 조건을 본다. 따라서 우리는 어린아이의 자아에 이 과제를 부여하지 않는다면, 즉 많은 원시인이 그러했듯이 어린아이의 성생활을 자유로이 보장한다면, 신경증은 피할 수 있다는 결론에서 벗어날 수 없다. 아마도 신경증적 질환의 병원학은 여기서 논한 것보다 더 복잡할 것이다. 그렇다면 우리는 최소한 병원적 매듭의 한 본질적인 부분을 집어낸 것이다. 또한 우리는 이드에서 어떤 식으로든 우리가 아직 파악할 수 없는 방식으로 대변되며, 확실히 후기에서보다 전 시기에 강하게 자아에 영향을 미치는 그러한 계통적 영향도 잊지 말아야 한다. 다른 한편으로 이렇게 전 시기에 시도된 성적 본능의 억제, 즉 유아 성욕의 금지에서 볼 수 있듯이 젊은 자아가 내부 세계에 반하여 외부 세계를 단호히 편드는 것이, 개인이 나중에 문화를 받아들이는 자세에 아무런 영향을 미칠 수 없는 것은 아니라는 통찰이 우리에게 다가온다. 직접적인 충족으로부터 밀려난 본능의 요구들은 대리 충족을 가져올 새로운 길을 걷도록 강요받는다. 이 요구들은 이 우회로를 걷는 동안 성적 특징이 억제되어, 그것의 원래 본능적 목적과의 결합이 느슨해질 수 있다. 이로써 우리는 매우 귀중한 우리의 문화적 유산 중 많은 것이 성욕의 희생에 의해, 성적 추동력의 제한을 통해 획득된 것이라는 주장을 선취하고 있다.

자아의 발생과 그것이 획득한 성격 중 가장 중요한 것들이 실재 외부 세계와의 관계 덕택이라고 우리가 이제까지 반복해서 주장했다면, 우리는 다음과 같은 가정에 대한 준비를 한 것이다. 그것은 자아가 이드에게 다시금 가장 근접하는 자아의 병적 상태는 이 외부 세계와의 관계를 폐기하거나 느슨하게 한 데 원인이 있다는 가정이다. 임상적 경험을 통해 우리가 알게 된 다음과 같은 사실이 가정과 일치한다. 정신병의 발병 원인은 현실이 참을 수 없을 정도로 고통스럽게 되었거나, 아니면 본능이 매우 강력해졌다는 데 있다는 것이다. 이 둘은 이드와 외부 세계가 자아에 대해 갖는 서로 경쟁하는 요구들에서 동일한 결과를 가져올 수밖에 없다. 자아가 현실에 의해 남김없이 대체될 수 있다면, 정신병의 문제는 단순하고 투명할 것이다. 그러나 이는 아주 드물게 일어나거나, 아마도 결코 일어나지 않는 것처럼 보인다. 환각적 혼란 *Amentia*[15]과 같이 외부 세계의 현실로부터 멀리 벗어난 상태에 대해서조차, 우리는 치유된 이후 환자의 보고에 의해 다음과 같은 사실을 듣게 된다. 즉 환자가 표현하는 바에 따르면, 환자의 정신 일각에 그 당시 정상적 인물이 숨겨져 있어, 그가 마치 관계없는 관찰자와 같이 병적 소동이 지나가는 것을 본다는 것이다. 일반적으로 그렇다고 가정해야 할지 나는 모르겠다. 그러나 나는 덜 격정적으로 진행되었던 다른 정신병에 대해 비슷한 것을 보고할 수 있다. 만성적 편집증의 한 사례가 있었는데, 여기서는 모든 질투심의 폭발이 있은 후 어떤 꿈에 의해 망상으로부터 완전히 자유로운, 촉발 원인에 대한 정확한 상이 분석가에게 제공되었다.

15 프로이트가 덧붙이고 있는 용어 *Amentia*는 마이네르트Meynert가 이런 의미에서 사용한 용어이다.

이렇게 해서 흥미로운 반대가 일어나게 되었다. 우리가 신경증 환자의 꿈으로부터 그의 깨어 있는 생활에서 낯선 질투심을 알아 내는 반면, 여기 정신병 환자에게서는 낮 동안 지배하는 망상이 꿈에 의해 교정되었다. 우리는 이런 경우에 일어난 것이 하나의 정신 분열이라는 사실이 보편타당하다고 추측할 수 있다. 하나의 단일한 정신적 태도 대신에 두 가지 정신적 태도가 형성된다. 하나는 현실을 고려하는 정상적인 태도이고, 다른 하나는 본능의 영향하에서 자아를 현실로부터 떼어 내는 태도이다. 이 두 태도는 병존한다. 결말은 이들 각각의 상대적인 강도에 달려 있다. 후자가 더 강하거나 강하게 되면, 이로써 정신병의 조건이 갖추어진다. 관계가 역전되면, 망상 장애는 명백히 치료된다. 실제로 이 치유는 단지 무의식에로 후퇴해 있었던 것이다. 마찬가지로 우리가 수많은 관찰로부터 결론을 내려야 하는 것은, 망상이 명백하게 분출되기 이전에 오랫동안 완성된 채로 존재했었다는 점이다.

모든 정신병에서 자아 분열을 요청하는 관점은, 그것이 신경증과 유사한 다른 상태에서, 그리고 끝으로 신경증 자체에서 적절한 것임이 입증되지 않는다면 그렇게 주목을 받을 수 없을 것이다. 나는 우선 많은 페티시즘Fetischismus의 경우에서 이 관점에 대한 확신을 얻었다. 도착증의 하나라고 볼 수 있는 이러한 비정상은, 잘 알려져 있다시피 거의 대부분 남성 환자가 여성이 남근을 가지고 있지 않다는 사실을 인정하지 않는 데 근거하고 있다. 이 사실은 환자 자신의 거세 가능성을 입증하는 것으로, 환자가 가장 바라지 않는 것이다. 따라서 그는 여성 성기에 남근이 없다는 것을 보여 주는 자신의 감각 지각을 부정하고 이와 반대되는 확신을 고집한다. 그러나 이 부정된 지각이 아무 영향을 미치지 않는 것은 아니다. 왜냐하면 그는 자신이 실제로 남근을 보았다고 주장할 용기를 갖지 못하기 때문이다. 대신에 그는 다른 어떤 것, 다른 신체 부분이나 대상을 택해 없어서는 안 될 남근의 역할을 그것에 부여한다. 대부분의 경우 그것은 그가 여성 성기를 볼 당시 실제로 보았던 것이나 아니면 남근을 상징적으로 대체하기에 적절한 것이다. 그런데 물신(物神)이 형성될 때의 이러한 과정을 자아 분열이라고 부르는 것은 부당한 일일 것이다. 그것은 꿈으로부터 우리가 알고 있듯이, 전위의 도움을 빌려 형성된 타협이다. 그러나 우리의 관찰은 그 이상의 것을 보여 준다. 물신의 창조는 거세 불안으로부터 벗어나기 위해 거세 가능성에 대한 증거를 파괴하려는 의도에서 나왔다. 만일 여성이 다른 생명체와 마찬가지로 남근을 소유하고 있다면, 자신의 남근 존속에 대해 불안에 떨 필요가 없다. 이제 우리는 페티시즘 환자가 아닌 사람과 동일한 거세 불안을 가지고 있으며 이에 대해 동일한 방식으로 반응하는 페티시즘 환자를 만나게 된다. 따라서 그의 행동에서는 두 가지 반대되는 전제들이 동시에 표현된다. 한편으로 그들은 여성의 성기에서 남근을 보지 못했다는 그들의 지각 사실을 부정한다. 다른 한편으로 그들은 여성의 남근 결핍을 인정하고 이로부터 올바른 결론을 끌어낸다. 이 두 태도는 그의 일생 동안 서로 영향을 주는 일 없이 병존한다. 이것이 우리가 자아 분열이라고 부를 수 있는 것이다. 이러한 사태로 인해 우리는 페티시즘이 종종 부분적으로만 형성된다는 것도 이해할 수 있다. 이것에 의해 대상-선택이 배타적으로 지배되지 않으며, 상당한 정도의 정상적인 성적 행동의 여지가 부여된다. 심지어 그것은 많은 경우 겸손한 역할이나 단순한 암시로 후퇴한다. 따라서 페티시즘 환자가 자아를 외부 세계의 현실로부터 분리하는 일은 결코 완전히 성공하지 못한다.

페티시즘이 자아 분열과 관련하여 하나의 예외적인 경우라고 생각하지 말아야 한다. 페티시즘은 자아 분열을 위해 특히 유리한 연구 대상일 뿐이다. 실재 세계의 지배하에 있는 어린아이의 자아는 달갑지 않은 본능의 요구들을 소위 억압을 통해 제거한다는, 앞서 제시된 내용으로 되돌아가 보자. 이제 우리는 이것을 다음의 확인으로 보충한다. 그것은 자아가 동일한 인생 시기에 자주 고통스럽게 느껴지는 외부 세계의 요구에 대해 자신을 방어해야 하는 상황에 처하게 되고, 이 방어는 현실의 이러한 요구에 대해 지식을 주는 지각의 부정을 통해 이루어진다는 것이다. 이러한 부정은 매우 자주 일어나며, 페티시즘 환자에게서만 일어나는 것이 아니다. 이 부정을 연구할 수 있는 곳 어디에서나 그것은 절반의 조처, 현실로부터 벗어나기 위한 불완전한 시도임이 입증된다. 이 거부는 언제나 인정에 의해 보충된다. 언제나 두 개의 반대되고 서로 독립된 태도가 형성되는데, 이로써 자아 분열이라는 사실이 발생한다. 결과는 다시금 둘 중 어느 것이 더 큰 강도[16]를 갖느냐에 달려 있다.

우리가 여기서 묘사한 자아 분열이라는 사실은 처음 보기와 같이 그렇게 새롭고 낯선 것이 아니다. 한 사람의 정신생활에서 특정한 행위와 관련해 두 가지 상이한 태도가 존재하며, 이 둘이 서로 반대되고 독립적이라는 것은 신경증의 일반적인 성격이다. 다만 하나의 태도는 자아에 속하는 반면, 반대의 태도는 억압된 것으로 이드에 속한다. 두 경우의 차이는 본질적으로 지형적이거나 구조적인 차이이며, 개별적인 경우에 두 가지 가능성 중 어떤 가능성과 관계하고 있는가를 결정하는 것이 항상 쉽지는 않다. 그러나 둘의 중요한 공통점은 다음에 있다. 자아가 그의 방어적 노

16 강도*Intensität*는 정신적 에너지를 말함.

력에서 무엇을 기도하든, 자아가 현실적인 외부 세계의 일부를 부정하든 내부 세계의 본능적 요구를 거부하든 간에, 그것의 성공은 결코 완전하고 철저한 것이 아니다. 언제나 이로부터 두 가지 반대되는 태도가 발생하며, 이 중 종속되고 약한 태도 역시 정신적 확장을 초래한다. 결론적으로 우리가 의식적 지각에 의해 알게 된 것이 이 모든 과정의 얼마나 적은 부분인가를 지적하는 것이 필요하겠다.

아홉 번째 장
내부 세계

우리는 복잡하게 병존하는 것들을 차례로 서술하여 이에 대한 지식을 전달하는 방법 이외에 다른 방법을 가지고 있지 못하다. 따라서 우리의 모든 서술은 우선 일면적인 단순화의 오류를 범하게 되었으므로, 보충되고 증축되고 교정되기를 기다리고 있다.

이드와 외부 세계를 매개하는 자아, 이드의 본능적 요구를 충족시키기 위해 이 요구를 떠맡고 외부세계로부터 지각을 끌어내어 기억으로 이용하는 자아, 양측으로부터 오는 과도한 요구에 대해 자기 보존을 생각하여 방어하고 이때 자신의 모든 결정에서 변형된 쾌락 원칙의 지시에 의해 인도되는 자아, 이러한 자아에 대한 상(像)은 원래 초기 유아기의 마지막(대략 다섯 살)에 이르기까지의 자아에 대해서만 적절하다. 이 시기에 중요한 변화가 일어난다. 외부 세계의 일부가 대상으로서 최소한 부분적으로 포기되고, 대신에 (동일화를 통해) 자아 속으로 수용되어 내부 세계의 구성 부분이 된다. 이 새로운 정신 기관은 외부 세계의 저 인격들이 행했던 기능을 계속한다. 즉 이 기관은 그가 대신한 부모와 같이 자아를 관찰하고 자아에게 명령하며 자아의 방향을 지정해 주고 자아에게 벌로 위협한다. 우리는 이 기관을 〈초자아〉라고 부르며, 그것이 갖는 재판관의 기능 때문에 우리의 〈양심〉으로 느낀다. 주목할 만한 것은, 초자아가 실재의 부모가 그 모범을 제시한 적이 없는 엄격함을 보여 준다는 것이다. 또한 초자아는 자아를 행위의 측면에서만 고려하는 것이 아니라, 그가 알고 있는 보이는 사고와 자아의 사고와 실행되지 않은 의도의 차원에서도 고려한다. 이는 신탁의 강제로 인해 우리의 판단에서나 그의 판단에서 무죄이어야 함에도 불구하고, 오이디푸스 전설의 영웅도 그의 행위 때문에 죄책감을 느꼈고 스스로 처벌을 받았다는 것을 상기시킨다. 실제로 초자아는 오이디푸스 콤플렉스의 유산이며, 이 콤플렉스가 제거된 후 성립한 것이다. 따라서 초자아의 과도한 엄격성은 실재의 모범을 따른 것이 아니라, 오이디푸스 콤플렉스의 유혹에 대항하는 방어의 강도에 따른 것이다. 도덕감은 인간에게 교육되거나 공동생활에서 습득한 것이 아니라, 더 높은 곳으로부터 인간에게 이식된 것이라는 철학자와 신앙인의 주장의 근저에는 이러한 사태에 대한 예감이 놓여 있다.

자아가 초자아와 완전히 일치하여 움직이는 한, 이 둘의 표현을 구별하기가 쉽지 않다. 그러나 이들 간의 긴장과 소외가 일어나면, 이는 뚜렷하게 인식할 수 있다. 양심의 비난에 따른 고통은 바로 도덕 기관이 대신한, 어린아이의 사랑의 상실에 대한 불안에 상응한다. 다른 한편으로 초자아에게 불쾌감을 유발하는 어떤 것을 하려는 유혹에 대해 자아의 저항이 성공하면, 마치 가치 있는 것을 획득한 양 자아의 자신감이 고양되고 자긍심이 강화된다. 이러한 방식으로 초자아는 자신이 내부 세계의 일부가 되었음에도 불구하고 자아에 대해 외부 세계의 역할을 계속 수행한다. 초자아는 나중의 모든 생애 시기에 있어 개인의 유아기(인간에서 이 유아기는 가족의 공동생활로 인해 상당히 연장된다)의 영향, 보육, 교육, 부모에의 의존을 대변한다. 이로써 이들 부모의 개인적 성격이 효력을 발휘할 뿐만 아니라, 부모에게도 규정적으로 작용했던 모든 것, 즉 그들이 살고 있는 사회적 상태의 성향과 요구, 그들 종족의 기질과 전통도 효력을 발휘한다. 일반적인 사실 확인과 세밀한 선별을 선호한다면, 다음과 같이 말할 수 있다. 각 개인이 부모로부터 떨어져 나온 후 처하게 되는 외부 세계는 현재의 힘을 대변하며, 그의 이드는 그것의 유전적 경향과 함께 유기적 과거를 대변하고, 나중에 가세하는 초자아는 무엇보다도 어린아이가 인생의 초기 몇 년 안에, 말하자면 추체험(追體驗)해야 할 문화적 과거를 대변한다. 이러한 일반화가 쉽사리 타당할 수는 없다. 확실히 문화적 획득물의 일부는 이드에 침전물을 남겨놓았으며, 초자아가 이루어 낸 많은 것이 이드에서 반향을 불러일으킬 것이다. 어린아이가 새로이 체험하는 많은 부분이 태고의 계통적 체험을 반복하는 것이기 때문에, 그것은 강화된 효과를 갖게 될 것이다.

네가 너의 아버지로부터 상속받은 것을 소유하기 위해 그것을 취득하여라.[17]

이렇게 초자아는 이드와 외부 세계 사이에서 일종의 중간적 위치를 점하며, 자신 속에서 현재와 과거의 영향을 통일시킨다. 초자아의 개입에서, 말하자면 우리는 어떻게 현재가 과거로 전환되는가에 대한 실례를 체험하게 된다.

한승완 옮김

17 괴테의 『파우스트』 제1부 1장에 있는 구절.

프로이트의 삶과 사상

— 제임스 스트레이치

지크문트 프로이트Sigmund Freud는 1856년 5월 6일, 그 당시에는 오스트리아-헝가리 제국의 일부였던 모라비아의 소도시 프라이베르크에서 출생했다. 83년에 걸친 그의 생애는 겉으로 보기에는 대체로 평온무사했고, 따라서 장황한 서술을 요하지 않는다.

그는 중산층 유대인 가정에서 두 번째 부인의 맏아들로 태어났지만, 집안에서 그의 위치는 좀 이상했다. 프로이트 위로 첫 번째 부인 소생의 다 자란 두 아들이 있었기 때문이다. 그들은 프로이트보다 스무 살 이상 나이가 많았고, 그중 하나는 이미 결혼해서 어린 아들을 두고 있었다. 그랬기에 프로이트는 사실상 삼촌으로 태어난 셈이었지만, 적어도 그의 유년 시절에는 프로이트 밑으로 태어난 일곱 명의 남동생과 여동생 못지않게 조카가 중요한 역할을 했다.

그의 아버지는 모피 상인이었는데, 프로이트가 태어난 후 얼마 지나지 않아 사업이 어려워지기 시작했다. 그래서 프로이트가 겨우 세 살이었을 때 그는 프라이베르크를 떠나기로 결심했고, 1년 뒤에는 온 가족이 빈으로 이주했다. 이주하지 않은 사람은 영국 맨체스터에 정착한 두 이복형과 그들의 아이들뿐이었다. 프로이트는 몇 번인가 영국으로 건너가서 그들과 합류해 볼까 하는 생각을 했지만, 그것은 거의 80년 동안 실행에 옮겨지지 못했다.

프로이트가 빈에서 어린 시절을 보내는 동안 그의 집안은 몹시 궁핍한 상태였지만, 어려운 형편에도 불구하고 그의 아버지는 언제나 셋째 아들의 교육비를 최우선으로 꼽았다. 프로이트가 매우 총명했을 뿐 아니라 공부도 아주 열심히 했기 때문이다. 그 결과 그는 아홉 살이라는 어린 나이에 김나지움에 입학했고, 그 학교에서 보낸 8년 가운데 처음 2년을 제외하고는 자기 학년에서 수석을 놓친 적이 없었다. 그는 열일곱 살 때 아직 어떤 진로를 택할 것인지 결정을 하지 못한 채 김나지움을 졸업했다. 그때까지 그가 받았던 교육은 지극히 일반적인 것이어서, 어떤 경우에든 대학에 진학할 것으로 보였으며, 서너 곳의 학부로 진학할 길이 그에게 열려 있었다.

프로이트는 수차례에 걸쳐, 자기는 평생 동안 단 한 번도 〈의사라는 직업에 선입관을 가지고 특별히 선호한 적이 없었다〉고 주장했다.

나는 그보다는 오히려 일종의 호기심을 느꼈다. 하지만 그것은 자연계의 물체들보다는 인간의 관심사에 쏠린 것이었다.[1]

그리고 어딘가에서는 이렇게 적었다.

어린 시절에 나는 고통받는 인간을 도우려는 어떤 강한 열망도 가졌던 기억이 없다. (……) 그러나 젊은이가 되어서는 우리가 살고 있는 세상의 수수께끼들 가운데 몇 가지를 이해하고, 가능하다면 그 해결책으로 뭔가 기여도 하고 싶은 억누를 수 없는 욕망을

1 「나의 이력서」(1925) 앞부분 참조.

느꼈다.[2]

또 그가 만년에 수행했던 사회학적 연구를 논의하는 다른 글에서는 이렇게 적기도 했다.

나의 관심은 평생에 걸쳐 자연 과학과 의학과 심리 요법을 두루 거친 뒤에 오래전, 그러니까 내가 숙고할 수 있을 만큼 충분히 나이가 들지 않았던 젊은 시절에 나를 매혹시켰던 문화적인 문제들로 돌아왔다.[3]

프로이트가 자연 과학을 직업으로 택하는 데 직접적인 계기가 되었던 사건은 — 그의 말대로라면 — 김나지움을 졸업할 무렵 괴테가 썼다고 하는(아마도 잘못된 것으로 보인다) 〈자연〉에 관한 매우 화려한 문체의 에세이를 낭독하는 독회에 참석한 일이었다고 한다. 하지만 그 선택이 자연 과학이긴 했지만, 실제로는 의학으로 좁혀졌다. 그리고 프로이트가 열일곱 살 때인 1873년 가을, 대학에 등록했던 것도 의과대 학생으로서였다. 하지만 그는 서둘러 의사 자격을 취득하려고 하지는 않았다. 한두 해 동안 그가 다양한 과목의 강의에 출석했던 것만 보더라도 이를 알 수 있다. 그러나 차츰차츰 관심을 기울여 처음에는 생물학에, 다음에는 생리학에 노력을 집중했다. 그가 맨 처음 연구 논문을 쓴 것은 대학 3학년 때였다. 당시 그는 비교 해부학과 교수에게 뱀장어를 해부해서 세부 사항을 조사하라는 위임을 받았는데, 그 일에는 약 4백 마리의 표본을 해부하는 일이 포함되었다. 그로부터 얼마 지

2 「비전문가 분석의 문제」(1927)에 대한 후기 참조.
3 「나의 이력서」에 대한 후기 참조.

나지 않아서 그는 브뤼케Brücke가 지도하는 생리학 연구소로 들어가 그곳에서 6년 동안 근무했다. 그가 자연 과학 전반에 대해 보이는 태도의 주요한 윤곽들이 브뤼케에게서 습득되었다는 것은 의심할 여지가 없는 일이다. 그 기간 동안 프로이트는 주로 중추 신경계의 해부에 대해서 연구했고, 이미 책들을 출판하고 있었다. 그러나 실험실 연구자로서 벌어들이는 수입은 대가족을 부양하기에는 충분하지 못했다. 그래서 마침내 1881년 그는 의사 자격을 따기로 결정했고, 그로부터 1년 뒤에는 많은 아쉬움을 남긴 채 브뤼케의 연구소를 떠나 빈 종합 병원에서 근무하기 시작했다.

　그러나 결국 프로이트의 삶에 변화를 가져다준 결정적인 계기가 있었다면, 그것은 생각보다도 더 절박한 가족에 대한 것이었다. 1882년에 그는 약혼을 했고, 그 이후 결혼을 성사시키는 데 모든 노력을 기울였다. 그의 약혼녀 마르타 베르나이스Martha Bernays는 함부르크의 이름 있는 유대인 집안 출신으로, 한동안 빈에서 지내고 있었지만 얼마 안 가서 곧 머나먼 독일 북부에 있는 그녀의 집으로 돌아가야 했다. 그 뒤로 4년 동안 두 사람이 서로를 만나 볼 수 있었던 것은 짧은 방문이 있을 때뿐이었고, 두 연인은 거의 매일같이 주고받는 서신 교환으로 만족해야 했다. 그 무렵 프로이트는 의학계에서 지위와 명성을 확립해 가고 있었다. 그는 병원의 여러 부서에서 근무했지만, 얼마 지나지 않아 곧 신경 해부학과 신경 병리학에 몰두하기 시작했다. 또 그 기간 중에 코카인을 의학적으로 유용하게 이용하는 첫 번째 연구서를 출간했고, 그렇게 해서 콜러에게 그 약물을 국부 마취제로 사용하도록 제안하기도 했다. 바로 뒤이어 그는 두 가지 즉각적인 계획을 수립했다. 하나는 객원 교수 자리에 지명을 받는 것이었고, 다른 하나는 장학금을 받아 얼마 동안 파리로 가서 지내려는 것이었다. 그곳에서는 위대한 신경 병리학자 샤르코Charcot가 의학계를 주도하고 있었다. 프로이트는 그 두 가지 목적이 실현된다면 자기에게 커다란 도움이 될 것이라고 생각했고, 열심히 노력한 끝에 1885년에 두 가지 모두를 얻어 냈다.

프로이트가 파리 살페트리에르 병원(신경 질환 치료로 유명한 병원)의 샤르코 밑에서 보냈던 몇 달 동안, 그의 삶에는 또 다른 변화가 있었다. 이번에는 실로 혁명적인 변화였다. 그때까지 그의 일은 전적으로 자연 과학에만 관련되었고, 파리에 있는 동안에도 그는 여전히 뇌에 관한 병력학(病歷學) 연구를 계속하고 있었다. 그 당시 샤르코의 관심은 주로 히스테리와 최면술에 쏠려 있었는데, 빈에서는 그런 주제들이 거의 생각할 만한 가치가 없는 것으로 여겨졌다. 그러나 프로이트는 그 일에 몰두하게 되었다. 비록 샤르코 자신조차 그것들을 순전히 신경 병리학의 지엽적인 부문으로 보았지만, 프로이트에게는 그것이 정신의 탐구를 향한 첫걸음인 셈이었다.

1886년 봄, 빈으로 돌아온 프로이트는 신경 질환 상담가로서 개인 병원을 열고, 뒤이어 오랫동안 미루어 왔던 결혼식을 올렸다. 하지만 그렇다고 해서 그가 당장 자기가 하던 모든 신경 병리학 업무를 그만둔 것은 아니었다. 그는 몇 년 더 어린아이들의 뇌성 마비에 관한 연구를 계속했고, 그 분야에서 주도적인 권위자가 되었다. 또 그 시기에 실어증에 관해서 중요한 연구 논문을 쓰기도 했지만, 최종적으로는 신경증의 치료에 더욱 노력을 집중했다. 전기 충격 요법 실험이 허사로 돌아간 뒤 그는 최면 암시로 방향을 돌려서, 1888년에 낭시를 방문하여 리에보Liébeault와 베르넴Bernheim이 그곳에서 괄목할 만한 성공을 거두는 데 이용한 기법을 배웠다. 하지만 그 기법 역시 불만족스러운 것으로 밝혀지자, 또 다른 접근 방법을 강구하지 않을 수 없었다. 그는 빈의 상담가이자 상당히 손위 연배인 요제프 브로이어Josef Breuer 박사가 10년 전쯤 아주 새로운 치료법으로 어떤 젊은 여자의 히스테리 증세를 치료했다는 사실을 알고 있었다. 그는 브로이어에게 그 방법을 한 번 더 써보도록 설득하는 한편, 그 스스로도 새로운 사례에 그 방법을 몇 차례 적용해서 가망성 있는 결과를 얻었다. 그 방법은 히스테리가 환자에게 잊힌 어떤 육체적 충격의 결과라는 가정에 근거를 둔 것이었다. 그리고 치료법은 잊힌 충격을 떠올리기 위해 적절한 감정을 수반하여 환자를 최면 상태로 유도하는 것으로 이루어져 있었다. 얼마 지나지 않아 프로이트는 그 과정과 저변에 깔린 이론 모두에서 변화를 일으키기 시작했고, 마침내는 그 일로 브로이어와 갈라설 정도까지 되었지만, 자기가 이루어 낸 모든 사상 체계의 궁극적인 발전에 곧 정신분석학이라는 이름을 붙였다.

그때부터 — 아마도 1895년부터 — 생을 마감할 때까지 프로이트의 모든 지성적인 삶은 정신분석학의 발전과 그 광범위한 언외(言外)의 의미, 그리고 그 학문의 이론적이고 실제적인 영향을 탐구하는 데 바쳐졌다. 프로이트의 발견과 사상에 대해서 몇 마디 말로 일관된 언급을 하기란 물론 불가능하겠지만, 그가 우리의 사고 습관에 불러일으킨 몇 가지 주요한 변화를 단절된 양상으로나마 지적하기 위한 시도는 얼마 안 가서 곧 이루어질 것이다. 그러는 동안 우리는 그가 살아온 삶의 외면적인 과정을 계속 좇을 수 있을 것이다.

빈에서 그가 영위했던 가정생활에는 본질적으로 에피소드가 결여되어 있다. 1891년부터 47년 뒤 그가 영국으로 떠날 때까지 그의 집과 면담실이 같은 건물에 있었기 때문이다. 그러나 행복한 결혼 생활과 불어나는 가족 — 세 명의 아들과 세 명의 딸 — 은 그가 겪는 어려움들, 적어도 그의 직업적 경력을 둘러싼 어려움들에 견실한 평형추가 되어 주었다. 의학계에서 프로이트에 대해 편견을 가지고 있었던 이유는 그가 발견한 것들의 본질 때문만이 아니라, 어쩌면 그에 못지않게 빈의 관료 사회를 지배하고 있던 강한 반유대 감정의 영향 때문이기도 했을 것이다. 그가 대학교수로 취임하는 일도 정치적 영향력 탓으로 끊임없이 철회되었다.

그러한 초기 시절의 특별한 일화 한 가지는 그 결과 때문에 언급할 필요가 있다. 그것은 프로이트와, 명석하되 정서가 불안정한 베를린의 의사 빌헬름 플리스Wilhelm Fließ의 우정에 관한 것이다. 플리스는 이비인후과를 전공했지만 인간 생태학과 생명 과정에서 일어나는 주기적 현상의 영향에 이르기까지 관심 범위가 매우 넓었다. 1887년부터 1902년까지 15년 동안 프로이트는 그와 정기적으로 편지를 교환하면서 자기의 발전된 생각을 알렸고, 자기가 앞으로 쓸 책들의 윤곽을 개술한 긴 원고를 그에게 미리 보냈다. 그리고 무엇보다도 중요한 것은 「과학적 심리학 초고」라는 제목이 붙은 약 4만 단어짜리 논문을 보낸 것이었다. 이 논문은 프로이트의 경력에서 분수령이라고도 할 수 있는, 즉 그가 어쩔 수 없이 생리학에서 심리학으로 옮겨 가고 있던 1895년에 작성된 것으로, 심리학의 사실들을 순전히 신경학적 용어들로 서술하려는 시도였다. 다행스럽게도 이 논문과 프로이트가 플리스에게 보낸 다른 편지들도 모두 보존되어 있는데, 그것들은 프로이트의 사상이 어떻게 발전되었는가에 대해 매혹적인 빛을 던질 뿐아니라, 정신분석학에서 나중에 발견된 것들 중 얼마나 많은 것이 초기 시절부터 이미 그의 마음속에 있었는지를 보여 준다.

플리스와의 관계를 제외한다면, 프로이트는 처음에는 외부의 지원을 거의 받지 못했다. 빈에서 점차 프로이트 주위로 몇몇 문하생이 모여들었지만, 그것은 대략 10년쯤 후인 1906년경, 즉 다수의 스위스 정신 의학자가 그의 견해에 동조함으로써 분명한 변화가 이루어진 뒤의 일이었다. 그들 가운데 중요한 인물로는 취리히 정신 병원장인 블로일러E. Bleuler와 그의 조수인 융C. G. Jung이 있었는데, 그것으로 우리는 정신분석학이 처음으로 확산되기 시작했음을 알 수 있다. 1908년에는 잘츠부르크에서 정신분석학자들의 국제적인 모임이 열린 데 이어, 1909년에는 미국에서 프로이트와 융을 초청해 여러 차례의 강연회를 열어 주었다. 프로이트의 저서들이 여러 나라 말로 번역되기 시작했고, 정신분석을 실행하는 그룹들이 세계 각지에서 생겨났다. 그러나 정신분석학의 발전에 장애가 없지는 않았다. 그 학문의 내용이 정신에 불러일으킨 흐름들은 쉽게 받아들이기에는 너무 깊이 흐르고 있었던 것이다. 1911년 빈의 저명한 프로이트 지지자들 중 한 명인 알프레트 아들러Alfred Adler가 그에게서 떨어져 나갔고, 이삼 년 뒤에는 융도 프로이트와의 견해 차이로 결별했다. 그 일에 바로 뒤이어 제1차 세계 대전이 발발하자, 정신분석의 국제적인 확산은 중단되었다. 그리고 얼마 안 가서 곧 가장 중대한 개인적 비극이 닥쳤다. 딸과 사랑하는 손자의 죽음, 그리고 삶의 마지막 16년 동안 그를 가차 없이 쫓아다닌 악성 질환의 발병이었다. 그러나 어떤 질병도 프로이트의 관찰과 추론의 발전을 막을 수는 없었다. 그의 사상 체계는 계속 확장되었고, 특히 사회학 분야에서 더욱더 넓은 적용 범위를 찾았다. 그때쯤 그는 세계적인 명사로서 인정받는 인물이 되어 있었는데, 1936년 그가 여든 번째 생일을 맞던 해에 영국 왕립 학회Royal Society의 객원 회원으로 선출된 명예보다 그를 더 기쁘게 한 일은 없었다. 1938년 히틀러가 오스트리아를 침공했을 때 국가 사회주의자들의 가차 없는 박해로부터 그를 보호해 주었던 것도 — 비록 그들이 프로이트의 저서들을 몰수해서 없애 버리기는 했지만 — 들리는 말로는 루스벨트 대통령까지 포함된, 영향력 있는 찬양자들의 노력으로 뒷받침된 그의 명성이었다. 그렇다 하더라도 프로이트는 어쩔 수 없이 빈을 떠나 그해 6월 몇몇 가족과 함께 영국으로 건너갔고, 그로부터 1년 뒤인 1939년 9월 23일 그곳에서 세상을 떠났다.

프로이트를 현대 사상의 혁명적인 창립자들 중 한 사람으로 일컬으며, 그의 이름을 아인슈타인Albert Einstein에 결부시켜 생각하는 것은 신문이나 잡지에 실릴 법한 진부한 이야기가 되었다. 그러나 대부분의 사람은 그나 아인슈타인에 의해 도입된 변화들을 간략하게 설명하기가 매우 어려울 것이다.

프로이트의 발견들은 물론 서로 연관되어 있기는 하지만 크게 세 가지로 묶을 수 있다. 연구의 수단, 그 수단에 의해 생겨난 발견들, 그리고 그 발견들에서 추론할 수 있는 이론적 가설들이 그것이다. 그런데 여기서 우리는 프로이트가 수행했던 모든 연구 이면에 결정론 법칙의 보편적 타당성에 대한 믿음이 있었다는 사실을 인정해야 한다. 자연 과학 현상과 관련해서는 이 믿음이 아마도 브뤼케의 연구소에서 근무한 경험에서 생겨났을 것이고, 궁극적으로는 헬름홀츠Helmholtz 학파로부터 생겨났을 것이다. 그러나 프로이트는 단호히 그 믿음을 정신 현상의 분야로 확장시켰는데, 그러는 데는 자기의 스승이자 정신 의학자인 마이네르트Meynert에게서, 그리고 간접적으로는 헤르바르트Herbart의 철학에서 영향을 받았을 수도 있다.

무엇보다도 먼저 프로이트는 인간의 정신을 과학적으로 탐구하기 위한 첫 번째 도구를 찾아낸 사람이었다. 천재적이고 창조적인 작가들은 단편적으로 정신 과정을 통찰해 왔지만, 프로이트 이전에는 어떤 체계적인 탐구 방법도 없었다. 그는 이 방법을 단지 점차적으로 완성시켰을 뿐인데, 그것은 그러한 탐구에서 장애가 되는 어려움들이 점차적으로 분명해졌기 때문이다. 브로이어가 히스테리에서 설명한 잊힌 충격은 가장 최초의 문제점을 제기했고, 어쩌면 가장 근본적인 문제점을 제기했을 수도 있다. 관찰자나 환자 본인 모두에 의해서 검사에 즉각적으로 개방되지 않는, 정신의 활동적인 부분들이 있다는 것을 결정적으로 보여 주었기 때문이다. 정신의 그러한 부분들을 프로이트는 형이상학적 논쟁이나 용어상의 논쟁을 고려하지 않고 〈무의식〉이라고 기술했다. 무의식의 존재는 최면 후의 암시라는 사실로도 증명되는데, 이 경우 환자는 암시 그 자체를 완전히 잊었다 하더라도 충분히 깨어 있는 상태에서 조금 전 그에게 암시되었던 행동을 수행한다. 그러므로 어떠한 정신의 탐구도 그 범위에 이 무의식적인 부분이 포함되지 않고는 완전한 것으로 여겨질 수 없었다. 그렇다면 이것이 어떻게 완전해질 수 있었을까? 명백한 해답은 〈최면 암시라는 수단에 의해서〉인 것처럼 보였다. 그리고 이 방법은 처음엔 브로이어에 의해, 다음에는 프로이트에 의해 이용된 수단이었다. 그러나 얼마 안 가서 곧 그 방법은 불규칙하거나 불명확하게 작용하고, 때로는 전혀 작용하지 않는 불완전한 것임이 밝혀졌다. 따라서 프로이트는 차츰차츰 암시의 이용을 그만두고 나중에 〈자유 연상〉이라고 알려진 완전히 새로운 방법을 도입했다. 즉 정신을 탐구하려는 상대방에게 단순히 무엇이든 머릿속에 떠오르는 것을 말하라고 요구하는, 전에는 들어 보지 못했던 계획을 채택했다. 이 중대한 결정 덕분에 곧바로 놀라운 결과가 도출되었다. 프로이트가 채택한 수단이 초보적인 형태였음에도 불구하고 그것은 새로운 통찰력을 제시했던 것이다. 한동안은 이런저런 연상들이 물 흐르듯 이어진다 하더라도 조만간 그 흐름은 고갈되기 마련이고, 환자는 더 말할 것을 아무것도 생각하지 않거나 또는 할 수 없게 된다. 그렇게 해서 저항의 진상, 즉 환자의 의식적인 의지와 분리되어 탐구에 협조하기를 거부하는 힘의 진상이 드러난다. 여기에 아주 근본적인 이론의 근거, 즉 정신을 뭔가 역동적인 것으로, 일부는 의식적이고 일부는 무의식적이며, 때로는 조화롭게 작용하고 때로는 서로 상반되는 다수의 정신적인 힘들로 이루어져 있다고 가정할 근거가 있었다.

　그러한 현상들은 결국 보편적으로 생겨난다는 것이 밝혀지기는 했지만, 처음에는 신경증 환자들에게서만 관찰 연구되었고, 처음 몇 년 동안 프로이트의 연구는 주로 그러한 환자들의 〈저항〉을 극복하여 그 이면에 있는 것을 밝혀낼 수단을 발견하는 일과 관련되었다. 그 해결책은 오로지 프로이트 편에서 극히 이례적인 자기 관찰 — 지금에 와서는 자기 분석이라고 기술되어야 할 — 을 함으로써만 가능해졌다. 다행스럽게도 우리는 앞에서 얘기한, 그가 플리스에게 보냈던 편지로 그 당시의 상황을 직접적으로 알 수 있다. 즉 그는 분석 덕분에 정신에서 작용하는 무의식적인 과정의 본질을 발견하고, 어째서 그 무의식이 의식으로 바뀔 때 그처럼 강한 저항이 있는지를 이해할 수 있었다. 또 그의 환자들에게서 저항을 극복하거나 피해 갈 기법을 고안할 수 있었고, 무엇보다도 중요한 것, 즉 그러한 무의식적인 과정의 기능 방식과 익히 알려진 의식적인 과정의 기능 방식 사이에 아주 큰 차이점이 있음을 알아낼 수 있었다는 것이다. 다음 세 가지는 그 하나하나에 대해서 언급이 좀 필요할 것 같다. 왜냐하면 사실 그것들은 정신에 관한 우리의 지식에 프로이트가 미친 공적들의 핵심을 구성하고 있기 때문이다.

정신의 무의식적인 내용들은 대체로 원초적인 육체적 본능에서 직접 그 에너지를 이끌어 내는 능동적인 경향의 활동 — 욕망이나 소망 — 으로 이루어져 있는 것으로 보인다. 이 무의식은 즉각적인 만족을 얻는 것 외에는 전혀 아무것도 고려하지 않고 기능하며, 따라서 현실에 적응하고 외부적인 위험을 피하는 것과 관련된, 정신에서 더욱더 의식적인 요소들과 동떨어져 있기 마련이다. 더군다나 이러한 원초적인 경향은 훨씬 더 성적이거나 파괴적인 경향을 지니며, 좀 더 사회적이고 개화된 정신적인 힘들과 상충할 수밖에 없다. 이것을 계속 탐구함으로써 프로이트는 오랫동안 숨겨져 있던 어린아이들의 성적인 삶과 오이디푸스 콤플렉스의 비밀을 알아낼 수 있었다.

두 번째로, 그는 자기 분석을 함으로써 꿈의 본질을 탐구하기 시작했다. 이 꿈들은 신경증 증상들과 마찬가지로 원초적인 무의식적 충동과 2차적인 의식적 충동 사이에서 생겨나는 갈등과 타협의 산물임이 밝혀졌다. 그것들을 구성 요소별로 나누어 분석함으로써 프로이트는 숨어 있는 무의식적인 내용들을 추론할 수 있었으며, 꿈이 거의 모든 사람들에게 보편적으로 일어나는 공통된 현상인 만큼 꿈의 해석이 신경증 환자의 저항을 간파하기 위한 기술적 도구 중의 하나임을 밝혀냈다.

마지막으로, 꿈에 대해 면밀하게 고찰함으로써 프로이트는 그가 생각의 1차적 과정과 2차적 과정이라고 명명한 것, 즉 정신의 무의식적 영역에서 일어나는 일과 의식적 영역에서 일어나는 일

사이의 엄청난 차이점들을 분류할 수 있었다. 무의식에서는 조직이나 조화는 전혀 발견되지 않고, 하나하나의 독립적인 충동이다른 모든 충동과 상관없이 만족을 추구한다. 그 충동들은 서로영향을 받지 않고 진행되며, 모순은 전혀 작용하지 않고 가장 대립되는 충동들이 아무런 갈등 없이 병존한다. 그러므로 무의식에서는 또한 생각들의 연상이 논리와는 아무런 관련도 없는 노선들을 따라 진행되며, 유사한 것들은 동일한 것으로, 반대되는 것들은 긍정적으로 동등하게 다루어진다. 또 무의식에서는 능동적인경향을 수반한 대상들이 아주 이례적으로 가변적이어서, 하나의무의식이 아무런 합리적 근거도 없는 온갖 연상의 사슬을 따라다른 무의식으로 대체될 수도 있다. 프로이트는 원래 1차적 과정에 속하는 심리 기제가 의식적인 생각으로 침투하는 것이 꿈뿐만아니라 여러 가지 다른 정상적 또는 정신 병리학적인 정신적 사건의 기이한 점을 설명해 준다는 사실도 분명히 알아냈다.

프로이트가 했던 연구의 후반부는 모두 이러한 초기의 사상들을 무한히 확장하고 정교하게 다듬는 데 바쳐졌다고 해도 과언이아닐 것이다. 그러한 사상들은 정신 신경증과 정신 이상의 심리기제뿐 아니라 말이 헛나온다거나 농담을 한다거나 예술적 창조행위라거나 정치 제도 같은 정상적인 과정의 심리 기제를 설명하는 데도 적용되었고, 여러 가지 응용과학 — 고고학, 인류학, 범죄학, 교육학 — 에 새로운 빛을 던지는 데도 일익을 담당했다. 그리고 정신분석 요법의 효과를 설명하는 데도 도움이 되었다. 마지막으로, 프로이트는 이러한 근본적인 관찰들을 근거로 해서 그가〈초심리학〉이라고 명명한 좀 더 일반적인 개념의 이론적인 구조를 세우기도 했다. 그러나 많은 사람들이 이 일반적 개념을 매혹적이라고 생각할지라도, 프로이트는 언제나 그것이 잠정적인 가설의 속성을 띤다고 주장했다. 만년에 그는 〈무의식〉이라는 용어의 다의성과 그것의 여러 가지 모순되는 용법에 많은 영향을 받아 정신에 대한 새로운 구조적 설명 — 여러 가지 문제점을 해명하기 위해 만들어진 것이 분명한 새로운 설명 — 을 제시했는데, 거기에서는 조화되지 않은 본능적인 경향은 〈이드〉로, 조직된 현실적인 부분은 〈자아〉로, 비판적이고 도덕적인 기능은 〈초자아〉로 불렸다.

지금까지 훑어본 내용으로 독자들은 프로이트의 삶에 있었던 외면적인 사건들의 윤곽과 그가 발견한 것에 대해 어느 정도 조망했을 것이다. 그런데 더 많은 것을 요구하는 것이, 좀 더 깊이 파고들어 가서 프로이트가 어떤 부류의 사람이었는지를 알아보는 것이 과연 적절할까? 아마도 그렇지 않을 것이다. 그러나 위인에 대한 사람들의 호기심은 만족할 줄 모르며, 그 호기심이 진실된 설명으로 충족되지 않으면 필연적으로 꾸며 낸 이야기라도 붙잡으려고 할 것이다. 프로이트는 초기에 낸 두 권의 책(『꿈의 해석』과 『일상생활의 정신 병리학』)에서 그가 제기한 논제로 인해 개인적인 사항들을 예외적으로 많이 제시하지 않을 수 없었다. 그럼에도 불구하고, 또는 바로 그런 이유로 그는 자기의 사생활이 침해당하는 것을 완강히 거부했으며, 따라서 여러 가지 근거 없는 얘깃거리의 소재가 되었다. 일례로 처음에 떠돌았던 아주 단순한 소문에 따르자면, 그는 공공 도덕을 타락시키는 데 온 힘을 쏟는 방탕한 난봉꾼이라는 것이었다. 또 이와 정반대되는 터무니없는 평가도 없지 않았다. 그는 엄격한 도덕주의자, 가차 없는 원칙주의자, 독선가, 자기중심적이고 웃지도 않는 본질적으로 불행한 남자로 묘사되었다. 그를 조금이라도 알고 있는 사람들이라면 누구에게나 위의 두 가지 모습은 똑같이 얼토당토않은 것으로 보일 것이다. 두 번째 모습은 분명히 부분적으로는 그가 말년에 육체적으로 고통받았다는 것을 아는 데서 기인한 것이다. 그러나 또 한편으로는 가장 널리 퍼진 그의 몇몇 사진이 불러일으킨 불행해 보이는 인상에 기인한 것일 수도 있다. 그는 적어도 직업적인 사진사들에게는 사진 찍히기를 싫어했으며, 그의 모습은 때때로 그런 사실을 드러냈다. 화가들 역시 언제나 정신분석학의 창시자를 어떻게든 사납고 무서운 모습으로 표현할 필요를 느꼈던 것처럼 보인다. 그러나 다행히도 좀 더 다정하고 진실한 모습을 보여 주는 다른 증거물들도 있다. 예를 들면 그의 장남이 쓴 아버지에 대한 회고록(마르틴 프로이트Martin Freud, 『명예로운 회상』, 1957)에 실려 있는, 휴일에 손자들과 함께 찍은 스냅 사진 같은 것들이다. 이 매혹적이고 흥미로운 책은 실로 여러 가지 면에서 좀 더 형식적인 전기들 — 그것들도 매우 귀중하기는 하지만 — 의 내용에서 균형을 회복하는 데 도움을 주는 한편, 일상생활을 하는 프로이트의 모습도 얼마간 드러내 준다. 이러한 사진들 가운데 몇 장은 그가 젊은 시절에 매우 잘생긴 용모였다는 것을 보여 준다. 하지만 나중에 가서는, 그러니까 제1차 세계 대전 뒤 병이 그를 덮치기 얼마 전부터는 더 이상 그렇지 못했고, 그의 용모는 물론 전체적인 모습(대략 중간 키 정도인)도 주로 긴장된 힘과 빈틈없는 관찰력을 풍기는 인상으로 널리 알려졌다. 그는 공식적인 자리에서는 진지하되 다정하고 사려 깊었지만, 사사로운 곳에서는 역설적인 유머 감각을 지닌 유쾌하고 재미있는 사람이기도 했다. 그가 가족에게 헌신적인 애정을 기울인 사랑받을 만한 남자였다는 것을 알아보기란 그리 어려운 일이 아니다. 그는 다방면으로 여러 가지 취미가 있었고 — 그는 외국 여행과 시골에서 보내는 휴일, 그리고 등산을 좋아했다 — 미술, 고고학, 문학 등 좀 더 전념해야 하는 주제에도 관심이 많았다. 프로이트는 독일어 외에 여러 외국어에도 능통해서 영어와 프랑스어를 유창하게 구사했을 뿐 아니라, 스페인어와 이탈리아어에도 상당한 지식을 갖고 있었다. 또 그가 후기에 받은 교육은 주로 과학이었지만(대학에서 그가 잠시 철학을 공부했던 것은 사실이다), 김나지움에서 배웠던 고전들에 대한 애정 또한 잃지 않았다. 우리는 그가 열일곱 살 때 한 급우[4]에게 보냈던 편지를 가지고 있는데, 그 편지에서 그는 졸업 시험의 각기 다른 과목에서 거둔 성과들, 즉 로마의 시인 베르길리우스에게서 인용한 라틴어 구절, 그리고 무엇보다도 『오이디푸스왕』에서 인용한 30행의 그리스어 구절을 적고 있다.

한마디로 우리는 프로이트를, 영국에서라면 빅토리아 시대 교육의 가장 뛰어난 산물과 같은 인물로 볼 수도 있을 것이다. 그러므로 프로이트의 문학과 예술에 대한 취향은 분명 우리와 다를 것이며, 윤리에 대한 견해도 자유롭고 개방적일지언정 프로이트 이후 세대에 속하지는 않을 것이다. 그러나 우리는 그에게서 많은 고통을 겪으면서도 격한 태도를 보이지 않는, 충만한 감성을 지닌 인간형을 본다. 그에게서 두드러지는 특징들은 완전한 정직과 솔직성, 그리고 아무리 새롭거나 예외적이더라도 자기에게 제시된 사실을 어떤 것이든 기꺼이 받아들여 숙고할 준비가 되어 있는 지성이다. 그가 이처럼 놀라운 면을 지니게 된 것은, 아마도 표면적으로 사람들을 싫어하는 태도가 숨기지 못한 전반적인 너그러움을 그러한 특징들과 결합하여 확장시킨 필연적인 결과일 것이다. 미묘한 정신을 지녔음에도 불구하고 그는 본질적으로 순

---

4 에밀 플루스Emil Fluss. 이 편지는 『프로이트 서간집』(1960)에 들어 있다.

박했으며, 때로는 비판 능력에서 예기치 않은 착오를 일으키기도 했다. 예를 들어 이집트학이나 철학 같은 자기 분야가 아닌 주제에서 신빙성이 없는 전거(典據)를 받아들이는 실수를 한다든가, 그리고 무엇보다도 이상한 것은 그 정도의 인식력을 지닌 사람으로 믿기 어려울 만큼 때로는 그가 알고 있는 사람들의 결점을 보지 못한 것 등이 그렇다. 그러나 프로이트가 우리와 같은 인간이라고 단언함으로써 허영심을 만족시킬 수 있다 하더라도, 그 만족감은 쉽사리 도를 넘어설 수 있다. 이제까지는 정상적인 의식에서 제외되었던 정신적 실체의 모든 영역을 처음으로 알아볼 수 있었던 사람, 처음으로 꿈을 해석하고, 유아기의 성욕이라는 사실을 처음으로 인정하고, 사고의 1차적 과정과 2차적 과정을 처음으로 구분한 사람 — 우리에게 무의식을 처음으로 현실로 제시한 사람 — 에게는 사실상 매우 비범한 면들이 있었을 것이다.

프로이트 연보

1856년 5월 6일, 오스트리아 모라비아의 프라이베르크에서 태어남.

1860년 가족들 빈으로 이주, 정착.

1865년 김나지움(중등학교 과정) 입학.

1873년 빈 대학 의학부에 입학.

1876년 1882년까지 빈 생리학 연구소에서 브뤼케의 지도 아래 연구 활동.

1877년 해부학과 생리학에 관한 첫 번째 논문 출판.

1881년 의학 박사 과정 졸업.

1882년 마르타 베르나이스와 약혼. 1885년까지 빈 종합 병원에서 뇌 해부학을 집중 연구, 논문 다수 출판.

1884년 1887년까지 코카인의 임상적 용도에 관한 연구.

1885년 신경 병리학 강사 자격(프리바트도첸트) 획득. 10월부터 1886년 2월까지 파리의 살페트리에르 병원(신경 질환 전문 병원으로 유명)에서 샤르코의 지도 아래 연구. 히스테리와 최면술에 대해 소개하기 시작.

1886년 마르타 베르나이스와 결혼. 빈에서 개업하여 신경 질환 환자를 치료하기 시작. 1893년까지 빈 카소비츠 연구소에서 계속 신경학을 연구. 특히 어린이 뇌성 마비에 관심을 가지고 많은 출판 활동을 함. 신경학에서 점차 정신병리학으로 관심을 돌리게 됨.

1887년 장녀 마틸데 출생. 1902년까지 베를린의 빌헬름 플리스와 교분을 맺고 서신 왕래. 이 기간에 프로이트가 플리스에게 보낸 편지는 프로이트 사후인 1950년에 출판되어 그의 이론 발전 과정에 많은 시사점을 주고 있음. 최면 암시 요법을 치료에 사용하기 시작.

1888년 브로이어를 따라 카타르시스 요법을 통한 히스테리 치료에 최면술을 이용하기 시작. 그러나 점차 최면술 대신 자유 연상 기법을 시도하기 시작.

1889년 프랑스 낭시에 있는 베르넴을 방문. 그의 〈암시〉 요법을 연구. 장남 마르틴 출생.

1891년 실어증에 관한 연구 논문 발표. 차남 올리버 출생.

1892년 막내아들 에른스트 출생.

1893년 브로이어와 함께 히스테리의 심적 외상(外傷) 이론과 카타르시스 요법을 밝힌 『예비적 보고서』 출판. 차녀 소피 출생. 1896년까지 프로이트와 브로이어 사이에 점차 견해차가 생기기 시작. 방어와 억압의 개념, 그리고 자아와 리비도 사이의 갈등의 결과로 생기는 신경증 개념을 소개하기 시작. 1898년까지 히스테리, 강박증, 불안에 관한 연구와 짧은 논문 다수 발표.

1895년 브로이어와 함께 치료 기법에 대한 증례 연구와 설명을 담은 『히스테리 연구』 출판. 감정 전이 기법에 대한 설명이 이 책에서 처음으로 나옴. 『과학적 심리학 초고』 집필. 플리스에게 보내는 편지 속에 그 내용이 포함되어 있는 이 책은 1950년에야 비로소 첫 출판됨. 심리학을 신경학적인 용어로 서술하려는 이 시도는 처음에는 빛을 보지 못했지만 프로이트의 후기 이론에 관한 많은 시사점을 담고 있음. 막내딸 아나 출생.

1896년 〈정신분석〉이란 용어를 처음으로 소개. 부친 향년 80세로 사망.

1897년 프로이트의 자기 분석 끝에 심적 외상 이론을 포기하는 한편, 유아 성욕과 오이디푸스 콤플렉스에 대해 인식하게 됨.

1900년 『꿈의 해석』 출판. 책에 표시된 발행 연도는 1900년이지만 실제로 책이 나온 것은 1899년 11월임. 이 책의 마지막 장에서 정신 과정, 무의식, 〈쾌락 원칙〉 등에 대한 프로이트의 역동적인 관점이 처음으로 자세하게 설명됨.

1901년 『일상생활의 정신 병리학』 출판. 이 책은 꿈에 관한 저서와 함께 프로이트의 이론이 병적인 상태뿐만 아니라 정상적인 정신생활에까지 적용된다는 것을 분명히 보여 주고 있음.

1902년 특별 명예 교수에 임명됨.

1905년 「성욕에 관한 세 편의 에세이」 발표. 유아에서 성인에 이르기까지 인간의 성적 본능의 발전 과정을 처음으로 추적함.

1906년 융이 정신분석학의 신봉자가 됨.

1908년 잘츠부르크에서 제1회 국제 정신분석학회가 열림.

1909년 프로이트와 융이 미국으로부터 강의 초청을 받음. 〈꼬마 한스〉라는 다섯 살 어린이의 병력(病歷) 연구를 통해 처음으로 어린이에 대한 정신분석을 시도. 이 연구를 통해 성인들에 대한 분석에서 수립된 추론들이 특히 유아의 성적 본능과 오이디푸스 콤플렉스 및 거세 콤플렉스에까지 적용될 수 있음을 확인함.

1910년 〈나르시시즘〉 이론이 처음으로 등장함.

1911년 1915년까지 정신분석 기법에 관한 몇 가지 논문 발표. 아들러가 정신분석학회에서 탈퇴. 정신분석학 이론을 정신병 사례에 적용한 슈레버 박사의 자서전 연구 논문이 나옴.

1912년 1913년까지 『토템과 터부』 출판. 정신분석학을 인류학에 적용한 저서.

1914년 융의 학회 탈퇴. 「정신분석 운동의 역사」라는 논문 발표. 이 논문은 프로이트가 아들러 및 융과 벌인 논쟁을 담고 있음. 프로이트의 마지막 주요 개인 병력 연구서인 『늑대 인간』(1918년에 비로소 출판됨) 집필.

1915년 기초적인 이론적 의문에 관한 〈초심리학〉 논문 12편을 시리즈로 씀. 현재 이 중 5편만 남아 있음. 1917년까지 『정신분석 강의』 출판. 제1차 세계 대전까지의 프로이트의 관점을 광범위하고도 치밀하게 종합해 놓은 저서임.

1919년 나르시시즘 이론을 전쟁 신경증에 적용.

1920년 차녀 사망. 『쾌락 원칙을 넘어서』 출판. 〈반복 강박〉이라는 개념과 〈죽음 본능〉 이론을 처음 명시적으로 소개.

1921년 『집단 심리학과 자아 분석』 출판. 자아에 대한 체계적이고 분석적인 연구에 착수한 저서.

1923년 『자아와 이드』 출판. 종전의 이론을 크게 수정해 마음의 구조와 기능을 이드, 자아, 초자아로 나누어 설명. 암에 걸림.

1925년 여성의 성적 발전에 관한 관점을 수정.

1926년 『억압, 증상 그리고 불안』 출판. 불안의 문제에 대한 관점을 수정.

1927년 『어느 환상의 미래』 출판. 종교에 관한 논쟁을 담은 책. 프로이트가 말년에 전념했던 다수의 사회학적 저서 중 첫 번째 저서.

1930년 『문명 속의 불만』 출판. 이 책은 파괴 본능(〈죽음 본능〉의 표현으로 간주되는)에 대한 프로이트의 첫 번째 본격적인 연구서임. 프랑크푸르트시로부터 괴테상(賞)을 받음. 어머니 향년 95세로 사망.

1933년 히틀러 독일 내 권력 장악. 프로이트의 저서들이 베를린에서 공개적으로 소각됨.

1934년 1938년까지 『인간 모세와 유일신교(有一神敎)』 집필. 프로이트 생존 시 마지막으로 출판된 책.

1936년 80회 생일. 영국 왕립 학회의 객원 회원으로 선출됨.

1938년 히틀러의 오스트리아 침공. 빈을 떠나 런던으로 이주. 『정신분석학 개요』 집필. 미완성의 마지막 저작인 이 책은 정신분석학에 대한 결정판이라 할 수 있음.

1939년 9월 23일 런던에서 사망.

역자 해설 1
정신분석학 정의에 대한 메타 담론

여기에 실린 글들은 프로이트의 이론적 저작들 중에서는 주변적인 것에 해당한다. 첫 번째 논문인 「과학과 정신분석학」은 정신분석학이 무엇인지, 또 그것은 다른 학문 분야와 어떤 연관을 가지면서 생산적인 기여를 할 수 있을 것인지에 관하여 논한 것이다. 프로이트는 여기에서 정신분석학 자체에 대한 연구보다는 그것이 관련을 가질 수 있는 인접 분야, 즉 언어학, 역사학, 미학, 사회학, 교육학, 생물학 등과의 풍부한 탐구 영역을 제시하고 있다.

「정신분석 운동의 역사」에서는 말 그대로 정신분석학 이론의 역사를 다룬 것인데, 그 운동을 창시한 사람에 의해 직접 쓰였다는 흥미로운 점 이외에도, 프로이트가 고립과 시련의 시기에 가졌던 자신의 주관적인 심정을 드러낸 상당히 개인적인 측면이 있다는 면에서도 관심을 끌 만하다.

「〈정신분석학〉과 〈리비도 이론〉」은 백과사전의 해당 항목을 위해 집필된 것이다. 이 논문 역시 두 번째 논문과 같은 의도의 연장선상에서 쓰였다.

「비전문가 분석의 문제」는 제도적인 의학계의 냉대와 박해와 병행해서 일어난 분석가의 자격과 관련된 재판을 위해 작성된 것이다.

이 네 편의 글들을 공통적으로 묶는 특징을 찾아본다면, 그것은 바로 〈정신분석학의 정의에 관한 문제〉일 것이다. 실상 정신분석학의 이론적인 규정을 상세하고 치밀하게 다룬 것은 아니지만, 무엇이 정신분석학이고 무엇이 정신분석학이 아닌가 하는 문제의식이 네 편의 글에서 중점적으로 다루어지고 있다. 이 점을 생각해 본다면 다음과 같은 공통된 특징이 분명하게 드러난다. 즉 정신분석학의 주요 내용을 개괄적으로 다루고 있지만 그보다는 주로 논쟁적이고 변론적이며 대중에 대한 해명 조의 글들이기 때문에, 어찌 보면 정신분석학에 대한 메타 담론이라고 부를 만하다.

이 메타 담론들은 두 가지 측면으로 진행된다. 하나는 앞서 말했듯이 정신분석학이 다른 인접 학문에 대해 가질 수 있는 생산적 연관을 지적하고 그 증거를 나열함으로써, 정신분석학이 자신의 외적 경계를 어떤 방식으로 확대해 나갈 수 있는가를 보여 주는 일이다. 그러한 경계의 확대는 정신분석학의 과학성과 객관적 유용성을 증명하는 것이기 때문에, 프로이트가 네 편의 글 전체에서 강조하고 있는 사항이다.

다른 하나의 측면은 소위 정신분석학이라고 일반적으로 칭해지는 영역 안에서 내부적인 경계를 긋는 일이다. 어쩌면 하나의 학문 체계 안에서 정통과 이단을 가르는 일이라고도 할 수 있는데, 이는 정신분석학이 확산 과정을 겪으면서 또는 외부로부터의 공격에 대응하면서 자연스럽게 발생한 내부의 이견을 조정하고 판단하는 절차에 해당한다.

물론 그 대상은 정신분석학에서 프로이트와 다른 방향을 택한 아들러와 융이다. 프로이트가 이들의 이론을 정신분석학에서의 일탈로 보는 근거는 성욕에 대한 태도에 있다. 그는 자신의 이론이 배척받는 이유가 성욕, 특히 유아 성욕에 대한 강조에 있다고 보았다. 자신도 말하고 있듯이, 유아 성욕은 어린아이가 어머니나 아버지에 대해 가지는 일반적인 애정을 지칭하는 것이 아니다. 그것을 훨씬 넘어서는 성적 욕망으로서, 이는 거의 사춘기의 성욕에 비견되는 것이었다. 이러한 성욕 이론에 대한 반감을 이론적으로 절충하여 학계와 대중이 수용하기 쉽게 변형한 것이 아들러와 융이었다.

아들러는 성욕을 더 근본적인 개인의 권력 의지를 다른 말로 표현한 것으로 변형시켰고, 융은 성욕이 원시적인 상징을 말하는 것으로 완화시켰다. 프로이트가 보기에 이들의 착상은 수용을 전제로 학문적 성실성을 포기한 것이었고, 또 실제의 임상적 결과에 서나 이론적 정합성에서도 타당성을 갖지 못한 것이었다. 그는 이 두 사람의 견해와 자신의 것이 어떻게 다른지를 밝히는 데 많은 지면을 할애하고 있다. 그와 동시에 프로이트의 글에서 쉽게 감지할 수 있는 것은, 그가 학계의 배척과 정신분석학회 내부의 분란에도 불구하고 결코 감정적인 어투로 대응하고 있지 않다는 점이다. 새로운 학문의 개척자가 처할 수밖에 없는 상황에서 이론적 투사로서의 모습과 함께 절제의 미덕이 드러나고 있다.

정신분석학이 어떤 것으로 규정될 수 있는지를 탐색하면서 설명하고 있는 이와 같은 글들에서 당연히 부각되지 않을 수 없는 문제가 있다. 그것은 정신분석학이 학문 분류상 어디에 속해야 하며, 그 경우 정신분석학이 사용하는 방법은 어떻게 확정될 수 있는가 하는 질문이다.

프로이트가 누차 말하고 있듯이 분석가의 주요 작업은 해석이다. 해석이란 텍스트를 향하는 것이며, 텍스트가 해석의 대상이 될 수 있는 것은 그것이 의미를 갖기 때문이다. 그러므로 꿈이 의미를 갖는다는 명제는 정신분석학적 절차의 출발점이 되는 것이다. 더 나아가서 꿈이 의미를 갖는다는 것은, 프로이트 이전의 견해처럼 꿈이 생리적 현상의 잔재로 간주되지 않음을 뜻한다. 이는 꿈이 생리학과 같은 의학 혹은 자연 과학적 인식 방법으로는 접근될 수 없음을 함축하는 것이기도 하다. 바로 이러한 출발점 때문에 나중에 정신분석학의 개념적 범주와 임상적 성과들은 앞서 말한 것처럼 언어학, 미학, 교육학 등과 같은 인문 과학과 주로 연계된다.

일반적으로 해석이란 모호하고 헝클어진 텍스트의 의미를 명확하고 질서 정연한 의미로 번역하는 작업이다. 그리고 우리는 이러한 해석 작업을 일상적으로 수행하고 있다. 문학 작품을 읽는다든지 다른 사람의 표정이나 몸짓을 통해 그의 생각을 즉각적으로 알아낸다든지 하는 것은 모두 해석 과정이다. 그러나 꿈이나 실수 행위 또는 신경증적 증상을 해석하는 것은 이러한 해석 과정과 근본적으로 차이가 있다. 그 차이는 바로 무의식이라는 개념에 있다. 단순화된 모델에 따른다면, 문학 작품을 해석한다는 것은 그 작품을 생산한 작가의 의도를 읽는 일이다. 이러한 모델에 따르면 의도와 해석은 동질적인 공간 안에서 이루어지는 것이다. 그러나 무의식이 개재되면 이 모델은 소용이 없다. 꿈의 경우 무의식의 작용 혹은 꿈-작업은 바로 의도가 표현되지 않도록 하는 일이기 때문이다. 억압된 욕망의 표현이 꿈의 의도라면, 그 표현은 꿈-작업을 통해 알아볼 수 없는 방식으로 왜곡된다. 이것은 곧 저항이 존재함을 뜻한다.

어떤 의지 혹은 힘이 꿈이라는 텍스트의 생산에 개입한다. 프로이트는 이것을 검열에 비유한다. 정치 권력의 개입은 텍스트의 표현을 왜곡시킨다. 따라서 단순히 인문 과학적인 해석 모델은 권력의 모델에 의해 변형된다. 이것이 프로이트가 말하는 역학적 모델 혹은 경제학적 모델이다. 이 모델은 힘의 행사와 그에 대한 저항을 주된 설명 틀로 사용한다. 이는 리비도, 억압, 전이, 역전이 등의 개념에서 명시적으로 드러난다. 이 모델은 힘의 배치와 사용이라는 설명 도식을 가지고 있다. 프로이트가 욕망을 긴장 상태로 그리고 욕망 충족을 긴장의 완화 또는 〈긴장의 영도〉로 이해하면서 항상성 유지를 생물 유기체의 특징으로 보았을 때, 그는 일반적인 해석의 모델과는 멀리 떨어져 있는 것이다. 꿈-작업에서의 전위*Verschiebung*가 그 명확한 사례이다. 꿈이라는 텍스트의 왜곡 작업에서 전위는 바로 꿈을 구성하는 요소들에 대해 원래의 꿈-사상과는 전혀 다른 리비도 에너지를 배치하는 일이다. 간단히 말한다면, 이와 같은 역학적 모델은 자연 과학적 사유를 본딴 것이다. 자연 과학적 대상이 인간의 의지와 무관한 자체의 운동 법칙을 갖듯이, 꿈이나 신경증의 증상은 당사자의 의지와 무관한 자체의 강박성을 갖는다. 그러므로 정신분석학의 인식 방법에는 이질적이라고 할 수 있는 두 모델이 공존하고 있는 것이다.

프로이트에게서 발견되는 또 하나의 모델이 있는데, 이것이 가장 친숙한 것에 해당한다. 이는 위상학적 혹은 위치론적인 모델로서 의식, 전의식, 무의식의 분할이나 이드, 자아, 초자아와 같은 분할을 말한다. 이는 공간적으로 앞과 뒤 혹은 위와 아래라는 공간적 위치 설정을 통해서 욕망의 문제에 접근하는 것이다. 이것이 공간적 규정으로 이루어져 있다는 점에서는 역학적 모델에 접근하지만, 각자의 위치를 차지하고 있는 심리적 기제의 층위들이 각각의 의도를 표현한다는 식의 설명에 근거하자면 이해의 모델에 상응하는 것이기도 하다. 공간 규정에 의한 위상학적 모델이 위의 두 가지 이질적인 방식을 어떻게 종합하는가라는 문제는 많은 학자들의 논란거리이기도 하다. 예를 들어 위르겐 하버마스,

알프레트 로렌처, 폴 리쾨르 등이 이 문제를 다루었다. 이들의 입장처럼 일종의 변증법적 종합을 찾아낼 수 있을지, 아니면 라캉처럼 강박성을 통해 경직되어 버린 기표의 유희만을 볼 것인지는 각자의 독서 방향에 따르는 수밖에 없다.

물론 위와 같은 인식론적 모델에 관한 세부적인 논거들은 『꿈의 해석』이나 「쾌락 원칙을 넘어서」 및 초심리학에 대한 저작들 안에서 확인되어야 하는 것들이다. 그럼에도 불구하고 마치 근본적인 욕망의 갈등이 사소하거나 주변적인 증상 속에서 표현되는 것과 마찬가지로, 이러한 모델 간의 갈등은 이 책에 실린 글 중 여러 군데에서 확인할 수 있다.

특히 분석가의 자격에 대한 대화를 담고 있는 「비전문가 분석의 문제」를 보자면, 프로이트는 먼저 해석에 대해 다음과 같이 말한다.

[해석은] 환자의 말이나 연상들을 당신이 찾고 있는 것의 변형으로 가정함으로써 가능합니다. 당신은 그러한 암시들 뒤에 감춰진 것을 추측해 내어야 합니다. 한마디로 말해서, 기억이든 연상이든 꿈이든 간에 이러한 원료들은 먼저 〈해석〉되어야 합니다. 물론 당신은 특별한 지식을 통해서 형성된 기대를 가지고 분석을 할 것입니다.

《해석!》 천박한 단어군요! 말의 어감이 전혀 좋지 않군요. 그 말에는 확실성이 결여되어 있어요. 모든 것이 나의 해석에 달려 있다면, 내가 올바르게 해석한다는 사실을 누가 보증해 줄 수 있죠? 그래서 결국은 모든 것이 나의 자의에 맡겨져 있는 것입니다.〉

잠깐만! 상황이 그렇게 나쁜 것은 아닙니다. 당신이 다른 사람의 정신 과정에서 인식하게 되는 법칙들에서 당신 개인의 정신적 과정을 배제하면 어떨까요? 어느 정도 자기 나름대로의 원칙을 얻게 되고 지식을 갖게 되면, 당신의 해석은 개인적인 특성으로부터 벗어나 적중하게 될 것입니다. 그렇다고 해서 이러한 일에 분석가의 개성이 전혀 무관한 것이라고 말하는 것은 아닙니다. 무의식적인 것과 억압된 것을 읽어 낼 수 있는 예리한 청취 능력이 — 이것은 모든 사람이 똑같이 소유하고 있는 것이 아닌데 — 중요한 역할을 합니다. 여기서 무엇보다도 분석가 자신의 심층적인 분석을 통해서 분석 내용을 편견 없이 받아들일 수 있는 능력을 갖추어야 하는 의무에 직면하게 됩니다. 사실 아직도 천문학 관찰에서의 〈개인 오차〉에 비유할 만한 것이 여전히 남아 있습니다. 다른 어디에서보다 심리학에서 이러한 개인적 요소가 더 많은 역할을 합니다. 비상한 사람은 정확한 물리학자가 될 수 있습니다. 그러나 그런 사람은 바로 자신의 비상함 때문에 분석가로서는 정신적 생활상을 왜곡하지 않고 보는 것이 어렵겠지요. 자기 자신의 비상함을 누군가에게 증명해 보이는 것이 불가능하기 때문에 심층 심리학의 문제들에서 일반적 일치점에 도달하기 매우 어려운 것입니다. 어떤 심리학자들은 그것이 아예 불가능한 것이며, 어떤 바보라도 자신의 멍청함과 지혜로움을 보여 줄 동등한 권리가 있다고 생각합니다. 그러나 경험은 심리학에서조차 꽤 만족할 만한 일치점에 도달할 수 있다는 것을 보여 줍니다. 모든 탐구 영역이 저마다 특별한 어려움을 갖고 있으며, 우리는 그것을 제거하기 위해서 노력해야 합니다. 더군다나 분석이라는 해석의 기술에서는 다른 모든 연구 재료와 마찬가지로 깨달아야 할 많은 것이 있습니다. 예를 들자면 상징을 통한 간접적 표상이라는 독특한 방법과 관련된 것입니다.

이 부분에서 분명하게 나타나듯이, 정신분석학이 해석에 근거한다는 것이 문제가 된다. 즉 해석의 자의성을 방지하기 위해서, 다시 말해 정신분석학이 과학적인 지위를 갖기 위해서 대화 상대자나 프로이트 모두 자연 과학적인 절차와의 유사성이 필요하다고 여기고 있다. 상대자의 회의적인 혹은 경멸적인 반응에 대해 프로이트는 과학적 절차의 성격 규정을 내리지 못하고 있다. 단지 천문학이나 물리학에서도 개인적인 오차는 존재할 수 있다는 소극적 변명으로 답을 대신하고 있다. 실상 무면허 정신분석에 관한 이 글은 방법론에 관한 문제 의식을 그대로 담고 있는 메타 담론이다. 왜냐하면 정신분석의 의료 면허 여부에 관한 논쟁은, 말하자면 정신분석학의 과학적 지위에 대한 제도적 인정을 둘러싼 논쟁이며, 여기서 프로이트의 답변은 바로 그 과학성에 대해 프로이트가 할 수 있는 개인적 변호의 전부이기 때문이다.

그는 의학이 부분적으로 정신분석가에게 필요하기도 하지만, 정신분석을 실행하는 사람에게 더 근본적으로 필요한 것은 인문학적 소양이라고 말한다. 그러면서도 다른 한편으로는, 정신분석학에 대해 자연 과학적 지위를 거부해서는 안 된다는 말꼬리를 달고 있다.

이 글에서 상대자는 계속해서 프로이트가 무면허 정신분석에 대해 직답을 피하고 에둘러 말하고 있다는 점을 불만스럽게 생각한다.

〈네, 그러나 의사들입니다! 의사들! 나는 우리 대화의 본래 주제로 당신을 이끌 수가 없군요. 당신은 여전히 나를 교묘히 피하고 있습니다. 어찌 됐든 그들이 어떤 조건들을 충족시키고 난 후에, 분석을 실행하는 배타적인 권리를 우리가 의사들에게 주어서는 안 되는지가 문제입니다. 의사들 중 다수는, 당신이 그들을 대변했듯이 확실히 돌팔이 의사가 아닙니다. 당신은 스스로 당신의 제자들과 추종자들의 대다수는 의사라고 말합니다. 그들은 비전문가 분석의 문제에 대한 당신의 견해를 공유하지 않는다는 말이 내게 들립니다. 나는 의심의 여지 없이 당신의 제자들이 충분한 준비 등에 대한 당신의 요구에는 동의할 것으로 짐작할 수 있습니다. 그러나 이 제자들은 분석의 실행을 비전문가에게는 개방하지 않는 것이 일관적이라고 생각합니다. 그렇지 않습니까? 만약 그렇다면 당신은 그것을 어떻게 설명합니까?〉

간단히 말해서 프로이트는 당시까지 이루어진 정신분석학의 생산성 그리고 앞으로의 풍부한 적용 가능성을 통해서 정신분석학의 과학성을 주장하려 하고 있다. 그리고 이 글에서 이러한 입장은 더 나아가서 그의 말기에 나타난 태도, 즉 정신분석학을 일종의 문명 치유 혹은 인간론 일반으로 대체하려는 시도를 그대로 드러내면서 끝마치고 있다.

우리의 문명은 우리에게 거의 참을 수 없는 압박을 가하며 교정책을 요구합니다. 정신분석학이 그 난점에도 불구하고, 그러한 교정책을 인류에게 준비시키는 과업을 맡을 운명이라고 기대하는 것은 너무 환상적일까요? 아마도 다시 한번 미국인은 자기 나라의 〈사회적 일꾼들〉을 분석적으로 훈련받게 하여, 그들을 문명의 신경증과 싸우는 협력자 집단으로 변화시키는 데 별로 돈을 들이지 않을 수 있는 착상을 떠올릴 수도 있습니다.
〈아! 새로운 종류의 구세군이군요!〉
왜 아니겠습니까?

어쨌든 과학성의 문제에 대한 프로이트의 이러한 태도에 결함이 있다고 할 수 없다. 실제로 과학성의 기준 중 하나로 꼽을 수 있는 것이 바로 미래의 다산성에 있기 때문이다. 당연한 말이지만 프로이트는 정신을 다루는 새로운 과학을 창시한 사람이지 그 과학에 대한 전문적인 메타 담론, 즉 과학론을 수행하는 사람은 아니다. 따라서 그에게서 정신분석학에 대한 정교한 과학성 증명을 기대하는 것은 잘못된 것이다. 그것은 이후의 연구가 담당해야 할 몫이다.

끝으로 이 책은 번역 대본으로 독일 피셔 출판사의 『지크문트 프로이트 전집Sigmund Freud Gesammelte Werke』을 사용했고, 『표준판 전집The Standard Edition of the Complete Psychological Works of Sigmund Freud』을 참조했음을 밝혀 둔다.

1997년 7월
박성수

역자 해설 2

프로이트의 과학관

　　여기에 모은 글들은 정신분석학의 발전 과정에 대한 프로이트 자신의 이해 내지는 설명을 담고 있다는 점에서 정신분석에 대한 입문의 역할을 할 수 있는 글들이다. 나아가 정신분석학이 원래 출발했던 단순한 치료적 관심을 넘어서 그것의 다양한 응용 분야, 즉 꿈의 해석, 문학, 미학, 종교사, 선사(先史), 신화학, 민속학, 교육학 등과 같은 인문학의 영역에 대한 개관적 서술을 포함하고 있어, 이에 대한 관심에서 출발하여 정신분석학에 접근하는 사람에게도 하나의 지침을 제공한다 하겠다. 따라서 이 책으로 묶인 글들은 1차적으로 대중을 위해 쓰인 글이라고 하겠다. 다만「정신분석학 개요」는 그 성격을 달리하는데, 이는 프로이트의 마지막 저작의 하나로서 정신분석학의 학문적 성과를 약술하는 동시에 새로운 발전 방향을 모색하고 있어, 독자가 어느 정도 정신분석학에 대한 지식을 습득하고 있음을 전제로 한다. 따라서 이 글은 자연히 앞의 글들에 비해 난해할 수밖에 없다.

　　이들 글에서 프로이트가 주장하고자 하는 것은 무엇보다도 정신분석학이 하나의 〈과학〉이라는 사실이다. 「나의 이력서」라는 글도 단순히 프로이트 자신의 개인사를 서술한 자서전이라기보다는 정신분석학의 성립사라고 말할 수 있다. 그의 전기적 내용에 더 관심이 있는 독자에게는 이 점에서 기대한 바를 충족시키기는 어려울 것이다. 여기서 자신의 사생활에 대한 자세한 서술은 프로이트에게 있어 1차적인 관심 대상이 아니다.

과학으로서의 정신분석학을 주장하기 위해 프로이트는 우선 수많은 일상적 편견 및 과학적으로 정착된 선입견을 반박해야 했다. 여기서 하나의 과학을 창안한 과학자 자신이, 이 과학이 어떤 과정을 거쳐 과학으로 승인받게 되었는가를 서술하고 있다는 점이 흥미롭다. 그는 정신분석학에 대한 멸시와 무시를 정신분석학적으로 설명함과 동시에, 진영 내부에서의 이단적 조류들과의 논쟁을 비교적 담담하게 서술하고 있다. 나아가 이런 이데올로기적 논쟁을 넘어서 정신분석학이 어떻게 과학의 반열에 오를 권리가 있는가를 서술하고 있는 점에서, 이들 글은 과학자 자신이 쓴 과학사로 읽힐 수 있다.

프로이트의 과학관은 철저히 자연 과학적 과학관, 특히 물리학과 화학을 전범으로 삼는 과학관이다. 그는 곳곳에서 이들 과학의 발전 과정과 정신분석학의 발전 과정을 비교하여 서술하고 있다. 이는 이 기존 과학들의 권위를 빌려 정신분석학의 과학으로서의 발언권을 확보하기 위해 단순히 전략적 고려에 따른 것만은 아니다. 탈근대론*Postmodernism*의 흥기와 더불어 프로이트가 각광을 받은 사정과 관련해서 볼 때, 적어도 프로이트 자신의 과학관은 철저히 근대 과학을 밑바탕으로 하여 형성된 것이라고 말할 수 있다.

그것은 우선 정신분석학의 기본 가정인 정신적 에너지와 이것에 의한 정신 현상(무의식, 전의식, 의식)의 결정론적 설명에서 그렇다. 그리고 과학 철학적으로 볼 때, 이는 한편으로 관찰 내지는 사실과, 다른 한편으로 이론 내지는 사변적 구성이 엄격히 분리될 수 있다는 그의 생각에서 표현되고 있다. 그에 따르면, 정신 분석학에서 관찰되는 사실의 부분과 사변적으로 구성된 부분은 구별될 수 있으며, 전자는 다만 확인될 따름이어서 불변적이라고 할 수 있지만 후자에 있어서는 다른 방식의 구성이 허용된다는 것이다. 즉 〈사변적 상부 구조는 그것이 부적절하다고 입증되는 즉시 아무런 손상도 없고 미련도 없이 폐기되거나 다른 것으로 대체될 수 있다〉는 것이다. 과학에서 이렇게 관찰과 이론이 엄격히 구분될 수 있다는 생각은 핸슨N. R. Hanson의 〈이론 의존적 관찰〉이라는 테제 이래, 더 이상 지지되기 힘든 주장이다.

그러나 그렇다고 해서 프로이트의 과학관이 단순히 경험주의적이라고 말하기는 힘들다. 다른 한편으로 프로이트는 정신분석학적 이론 구성을 하면서 자신이 무엇을 하고 있는지 충분히 의식하고 있었다. 이는 과학 철학적으로도 매우 의미심장한 일이다. 그는 정신분석학이 상정하는 최상의 개념들, 즉 본능, 정신적 에너지, 리비도와 같은 개념이 명료함과 엄밀성을 결여하고 있다는 비난에 대해서 방어적으로 논박하면서, 과학 활동에서 개념 구성 내지는 창조의 긍정적 의미를 강조하고 있다.

그에 따르면 정신분석학이 다루는 현상 자체를 인식하는 것은 불가능하다. 이는 마치 물리학과 화학이 다루는 대상 그 자체가 인식될 수 없는 것과 동일하다. 실재는 언제나 〈인식 불가능한〉 것으로 남는다. 그렇지만 이들 현상의 법칙들과 이들 간의 상호 의존 관계를 확정하는 것이 가능한데, 이는 새로운 개념들의 창조에 의해서만 가능하다는 것이다. 즉 인식하는 주체에 의한 적극적인 개념적 창조에 의해 대상 영역에 대한 이해가 가능하다는 것이다. 프로이트에 따르면, 이는 정신분석학에서만 그런 것이 아니라 다른 자연 과학들에서도 사정은 동일하며, 이를 통해 과학은 풍요로워지고 발전하는 것이다. 그리고 이런 기본 개념이 처음부터 명확하고 엄밀해야 할 필요는 없으며, 또한 실제로 그럴 수도 없다는 것이다. 동물학과 식물학에서 동물과 식물의 개념, 생물학에서 생명체의 개념, 물리학에서 물질, 힘, 중력과 같은 개념들을 과학사적으로 되돌아보면, 이러한 개념들이 처음부터 명확한 상태에서 출발한 것이 아님은 분명하다. 비록 불분명하고 정밀하지는 못하지만 오히려 이러한 개념들에 대한 과감한 가정으로부터 과학은 출발하고 발전하는 것이다. 이후의 과학 발전 과정은 이들 최상 개념의 내용을 지속적으로 채워 나가고 정밀하게 하는 것으로 특징지어진다. 따라서 과학적 탐구 작업에서 적극적인 개념 창조와 그에 따른 이론 구성, 즉 프로이트 자신의 표현에 따르면 사변은 필수 불가결한 것이다. 다만 프로이트는 이러한 사변적 구성에 의해 관찰 내용도 변화될 수 있다는 생각에까지 이르지 못하고 있을 따름이다.

나아가 그가 이렇게 자연 과학적 과학 개념에 기초하여 자신의 정신분석학을 구축하려 했다고 해도, 그를 단순히 정신에 대해 자연 과학을 추구한 과학주의자로 치부할 수는 없다. 왜냐하면 그는 설명적인 계기를 넘어서 해석학적인 계기, 즉 무의식에 대한 분석가의 해석이 갖는 과학 외적 관심에서 정신분석학이 자연 과학과 다름을 역설하고 있기 때문이다.

다음으로 프로이트는 그의 사상 발전에서 후기에 접어들수록 사변적인 경향을 보이는데, 여기에 모은 글들을 통해 이러한 과정을 추적해 볼 수 있다. 즉 프로이트는 후기로 갈수록 자아, 이드, 초자아 간의 역동적 관계와 두 가지 기본 본능, 즉 에로스*Eros*와 파괴 본능*Destruktionstrieb*을 중심으로 정신적 성질들, 즉 의식, 전의식, 무의식을 설명하려 시도하는데, 「정신분석학 개요」는 이에 대한 그의 최후의 체계화 시도라고 볼 수 있다. 물론 시간적으로 나중의 것이 앞선 것에 비해 이론적으로 더 완성된 것이라고 단편적으로 말할 수는 없을 것이다. 그러나 여기저기에 분산되어 제기된 이론적 구성물들을 집대성하려 했다는 점에서, 이 글은 그만큼 전체 연관을 고려한 정합적 체계화를 기도하고 있으므로, 프로이트의 사상을 논함에 있어 제외될 수 없는 저작이다.

또한 프로이트는 이들 글에서 정신분석학이라는 새로운 학문의 성과와 동시에 한계에 대해서도 주목하고 있다. 특히 그는 「정신분석학 개요」에서 아직 설명되지 못하거나 해결되지 못한 부분을 솔직 담백하게 고백하며 그 해결 가능성을 모색하고 있는데, 이는 성숙한 노학자의 면모를 보여 준다. 이 점에서 「정신분석학 개요」는 그의 학문적 유서라고 할 수 있다.

이 글들을 번역하면서 역자 자신이 갖고 있던 프로이트에 대한 선입견이 어느 정도 파괴될 수 있었다는 것이 개인적 성과인데, 그것은 무엇보다도 위에서 밝혔듯이 그의 과학관이 단순히 결정론이나 경험주의로 환원될 수만은 없다는 인식이었다. 아무쪼록 이 책을 접하는 독자들에게도 이와 유사한 성과가 있기를 기대한다. 이러한 성과를 획득하는 데 번역상의 문제가 지장을 준다면, 당연히 그것은 전적으로 역자 개인의 책임이다.

마지막으로 이 책의 번역 대본은 독일 피셔 출판사의 『지크문트 프로이트 전집』을 기본으로 하고, 『표준판 전집』을 참조했다.

1996년 겨울
한승완

참고 문헌

프로이트의 저술은 『표준판 전집』에 있는 논문 제목과 권수를 표시하고 열린책
들 프로이트 전집의 권수를 병기했다.

Abel, K. (1884) *Über den Gegensinn der Urworte*, Leipzig.

Abraham, K. (1907) "Das Erleiden sexueller Traumen als Form infantiler
Sexualbetätigung", *Zentbl. Nervenheilk, Psychiat.*, N.F., 18, 854.

(1909) *Trauma und Mythus: eine Studie zur Völkerpsychologie*, Leipzig und
Wien.

(1911) *Giovanni Segantini: ein psychoanalytischer Versuch*, Leipzig und Wien.

(1912) "Ansätze zur psychoanalytischen Erforschung und Behandlung des
manisch-depressiven Irreseins und verwandter Zustände", *Zentbl. Psychoanal.*,
2, 302.

(1924) *Versuch einer Entwicklungsgeschichte der Libido*, Leipzig, Wien und
Zürich.

Adler, A. (1907) *Studie über Minderwertigkeit von Organen*, Berlin und Wien.

(1910) "Der psychische Hermaphroditismus im Leben und in der Neurose",
Fortschr. Med., 28, 486.

(1911a) Review of C. G. Jung's "Über Konflikte der kindlichen Seele", *Zentbl.
Psychoanal.*, 1, 122.

(1911b) "Beitrag zur Lehre vom Widerstand", *Zentbl. Psychoanal.*, 1, 214.

(1911c) "Der männliche Protest, seine Rolle und Bedeutung in der Neurose"
(Abstract), *Zentbl., Psychoanal.*, 1, 371.

(1912) *Über den nervösen Charakter*, Wiesbaden.

(1914) & Furtmüller, C. (eds.), *Heilen und Bilden*, München.

Bleuler, E. (1906a) *Affektivität, Suggestibilität, Paranoia*, Halle.

(1906a) "Freudsche Mechanismen in der Symtomatologie von Psychosen",
Psychiat.-neurol. Wschr., 8, 323, 338.

(1910) "Die Psychoanalyse Freuds", *Jb. psychoanalyt. psychopath. Forsch.*, 2, 623.

(1911) *Dementia Praecox, oder Gruppe der Schizophrenien*, Leipzig und Wien.

(1913) "Kritik der Freudschen Theorien", *Allg. Z. Psychiat.*, 70, 665.

(1914) "Die Kritiken der Schizophrenien", *Z. ges. Neurol, Psychiat.*, 22, 19.

Brill, A. A. (1912) *Psychoanalysis: its Theories and Practical Application*, Philadelphia.

Ellis, Havelock (1898) "Hysteria in Relation to the Sexual Emotions", *Alien. & Neurol.*, 19, 599.

(1911) "Die Lehren der Freud-Schule", *Zentbl. Psychoanal.*, 2, 61.

Erb, W. (1882) *Handbuch der Elektrotheraper*, Leipzig.

Ferenczi, S. (1910) "Die Psychoanalyse der Träume", *Psychiat.-neurol, Wschr.*, 12, 114, 125.

(1911) "Über lenkbare Traüme", *Zentbl. Pschoanal.*, 2, 31.

(1913a) "Ein kleiner Hahnemann", *Int. Z. ärztl. Psychoanal.*, 1, 240.

(1913b) "Entwicklungsstufen des Wirklichkeitssinnes", *Int. Z. ärtzl. Psychoanal.*, 1, 124.

(1928) "Das Problem der Beendigung der Analysen", *Int. Z. Psychoanal.*, 14, 1.

Frazer, J. G. (1910) *Totemism and Exogamy* (4 vols), London.

(1911, 1912, 1914) *The Golden Bough* (3rd ed.), London.

Freud, M. (1957) *Glory Reflected*, London.

Freud, S. (1877a) "Über den Ursprung der hinteren Nervenwurzeln im Rückenmarke von Amnocoetes" (*Petromyzon Planeri*), *S. B. Akad. Wiss. Wien* (Math.-Naturwiss. Kl.), III. Abt., 75, 15.

(1878a) "Über Spinalganglien und Rückenmark des Petromyzon", *S. B. Akad., Wiss. Wien* (Math.-Naturwiss. Kl.), III. Abt., 78, 81.

(1884e) "Über Coca", *Zentbl. ges. Ther.*, 2, 289.

(1885a) "Zur Kenntnis der Olivenzwischenschicht", *Neurol., Zentbl.*, 4, Nr. 12, 268.

(1886b) & Darkschewitsch, L. O. von, "Über die Beziehung des Strickkörpers zum Hinterstrang und Hinterstrangskern nebst Bemerkungen über zwei Felder der Oblongata", *Neurol., Zentbl.*, 5, 121.

(1886c) "Über den Ursprung des Nervus acusticus", *Mschr. Ohrenheilk.*, N.F., 20, 245, 277.

(1886d) "Beobachtung einer hochgradigen Hemianästhesie bei einem hysterichen Manne (Beiträge zur Kasuistik der Hysterie, I)", *Wien. med. Wschr.*,

36, 1633.

(1888b) "Hysteria" and "Hystero-Epilepsy", *Standard Ed.*, 1, 39, 58.

(1888-89) "Preface to the Translation of Bernheim's *Suggestion*", *Standard Ed.*, 1, 73.

(1889a) Review of August Forel's *Der Hypnotismus*, *Standard Ed.*, 1, 91.

(1891a) & Rie, O., *Klinische Studie über die halbseitige Cerebrallähmung der Kinder* (Beiträge zur Kinderheilkunde, Heft, III, ed. Kassowitz), Wien.

(1891b) *On Aphasia*, London and New York, 1953.

(1891c) "Kinderlähmung" and "Lähmung" in Villaret's *Handwörterbuch der gesamten Medizin*, Vol. 2, Stuttgart.

(1892a) Translation of Bernheim's *Hypnotisme, suggestion et psychothérapie: études nouvelles* with title, *Neue Studien über Hypnotismus, Suggestion und Psychotherapie*, Wien.

(1892-94) "Preface and Footnotes to the Translation of Charcot's *Tuesday Lectures*", *Standard Ed.*, 1, 131.

(1893a) & Breuer, J., "On the Psychical Mechanism of Hysterical Phenomena: Preliminary Communication", in *Studies on Hysteria*, *Standard Ed.*, 2, 3; 열린책들 3.

(1893b) *Zur Kenntnis der cerebralen Diplegien des Kindesalters (im Anschluss an die Little'sche Krankheit)* (Beiträge zur Kinderheilkunde, Heft III, ed. Kassowitz), Wien.

(1893c) "Some Points for a Comparative Study of Organic and Hysterical Motor Paralyses", *Standard Ed.*, 1, 157.

(1893f) "Charcot", *Standard Ed.*, 3, 9.

(1893h) "On the Psychical Mechanism of Hysterical Phenomena", *Int. J. Psycho-Analysis*, 37 (1956), 8; *Standard Ed.*, 3, 27.

(1894a) "The Neuro-Psychoses of Defence", *Standard Ed.*, 3, 43.

(1895b[1894]) "On the Grounds for Detaching a Particular Syndrome from Neurasthenia under the Description 'Anxiety Neurosis'", *Standard Ed.*, 3, 87; 열린책들 10.

(1895d) & Breuer, J., *Studies on Hysteria*. London, 1956; *Standard Ed.*, 2; 열린책들 3.

(1896a) "Heredity and the Aetiology of the Neuroses", *Standard Ed.*, 3, 143.

(1896b) "Further Remarks on the Neuro-Psychoses of Defence", *Standard Ed.*, 3, 159.

(1896c) "The Aetiology of Hysteria", *Standard Ed.*, 3, 189.

(1897a) *Die infantile Cerebrallähmung,* in Nothnagel's *Specielle Pathologie und Therapie,* Vol. 9, Wien.

(1900a) *The Interpretation of Dreams,* London and New York, 1955; *Standard Ed.,* 4-5; 열린책들 3.

(1901a) *On Dreams,* London and New York, 1951; *Standard Ed.,* 5., 633.

(1901b) *The Psychopathology of Everyday Life, Standard Ed.,* 6; 열린책들 5.

(1905c) *Jokes and their Relation to the Unconscious, Standard Ed.,* 8; 열린책들 6.

(1905d) *Three Essays on the Theory of Sexuality,* London, 1962; *Standard Ed.,* 7, 125; 열린책들 7.

(1905e[1901]) "Fragment of an Analysis of a Case of Hysteria", *Standard Ed.,* 7, 3; 열린책들 8.

(1906a[1905]) "My Views on the Part played by Sexuality in the Aetiology of the Neuroses", *Standard Ed.,* 7, 271; 열린책들 10.

(1906c) "Psycho-Analysis and the Establishment of the Facts in Legal Proceedings", *Standard Ed.,* 9, 99.

(1907a) *Delusions and Dreams in Jensen's "Gradiva", Standard Ed.,* 9, 3; 열린책들 14.

(1907b) "Obsessive Actions and Religious Practices", *Standard Ed.,* 9, 116; 열린책들 13.

(1908e[1907]) "Creative Writers and Day-Dreaming", *Standard Ed.,* 9, 143; 열린책들 14.

(1909b) "Analysis of a Phobia in a Five-Year-Old Boy", *Standard Ed.,* 10, 3; 열린책들 8.

(1910a[1909]) *Five Lectures on Psycho-Analysis, Standard Ed.,* 11, 3; in *Two Short Accounts of Psycho-Analysis,* Penguin Books, Harmondsworth, 1962.

(1910c) *Leonardo da Vinci and a Memory of his Childhood, Standard Ed.,* 11, 59; 열린책들 14.

(1910e) "The Antithetical Meaning of Primal Words", *Standard Ed.,* 11, 155.

(1911b) "Formulations on the Two Principles of Mental Functioning", *Standard Ed.,* 12, 215; 열린책들 11.

(1911c[1910]) "Psycho-Analytic Notes on An Autobiographical Account of a Case of paranoia (Dementia Paranoides)", *Standard Ed.,* 12, 3; 열린책들 9.

(1912-13) *Totem and Taboo,* London, 1950; New York, 1952; *Standard Ed.,* 13, 1; 열린책들 13.

(1913b) "Introduction to Pfister's Die psychoanalytische Methode", *Standard Ed.*, 12, 329.

(1913j) "The Claims of Psycho-Analysis to Scientific Interest", *Standard Ed.*, 13, 165; 열린책들 15.

(1914b) "The Moses of Michelangelo", *Standard Ed.*, 13, 211; 열린책들 14.

(1914c) "On Narcissism: an Introduction", *Standard Ed.*, 14, 69; 열린책들 11.

(1914d) "On the History of the Psycho-Analytic Movement", *Standard Ed.*, 14, 3; 열린책들 15.

(1915b) "Thoughts for the Times on War and Death", *Standard Ed.*, 14, 275; 열린책들 12.

(1915c) "Instincts and their Vicissitudes", *Standard Ed.*, 14, 111; 열린책들 11.

(1915d) "Repression", *Standard Ed.*, 14, 143; 열린책들 11.

(1915e) "The Unconscious", *Standard Ed.*, 14, 161; 열린책들 11.

(1915f) "A Case of Paranoia Running Counter to the Psycho-Analytic Theory of the Disease", *Standard Ed.*, 14, 263; 열린책들 10.

(1916-17[1915-17]) *Introductory Lectures on Psycho-Analysis*, New York, 1966; London, 1971; *Standard Ed.*, 15-16; 열린책들 1.

(1917a) "A Difficulty in the Path of Psycho-Analysis", *Standard Ed.*, 17, 137.

(1917e[1915]) "Mourning and Melancholia", *Standard Ed.*, 14, 239; 열린책들 11.

(1918a[1917]) "The Taboo of Virginity", *Standard Ed.*, 11, 193; 열린책들 7.

(1918b[1914]) "From the History of an Infantile Neurosis", *Standard Ed.*, 17, 3; 열린책들 7.

(1919b) "James J. Putnam", *Standard Ed.*, 17, 271.

(1919d) "Introduction to Psycho-Analysis and the War Neuroses", London and New York, 1921; *Standard Ed.*, 17, 207.

(1919e) " 'A Child is Being Beaten'", *Standard Ed.*, 17, 177; 열린책들 10.

(1920b) "A Note on the Prehistory of the Technique of Analysis", *Standard Ed.*, 18, 263.

(1920g) *Beyond the Pleasure Principle*, London, 1961; *Standard Ed.*, 18, 7; 열린책들 11.

(1921a) "Preface to Putnam's Addresses on Psycho-Analysis", London and New York, 1921; *Standard Ed.*, 18, 269.

(1921c) *Group Psychology and the Analysis of the Ego*, London and New York, 1959; *Standard Ed.*, 18, 69; 열린책들 12.

(1922b[1921]) "Some Neurotic Mechanism in Jealousy, Paranoia and Homosexuality", *Standard Ed.*, 18, 223; 열린책들 10.

(1923a[1922]) "Two Encyclopaedia Articles", *Standard Ed.*, 18, 235; 열린책들 15.

(1923b) *The Ego and the Id*, London and New York, 1962; *Standard Ed.*, 19, 3; 열린책들 11.

(1923c[1922]) "Remarks on the Theory and Practice of Dream-Interpretation", *Standard Ed.*, 19, 109.

(1923d[1922]) "A Seventeenth-Century Demonological Neurosis", *Standard Ed.*, 19, 69; 열린책들 14.

(1923f) "Josef Popper-Lynkeus and the Theory of Dreams", *Standard Ed.*, 19, 261.

(1923i) "Dr Sándor Ferenczi (on his 50th Birthday)", *Standard Ed.*, 19, 267.

(1924b[1923]) "Neurosis and Psychosis", *Standard Ed.*, 19, 149; 열린책들 10.

(1924d) "The Dissolution of the Oedipus Complex", *Standard Ed.*, 19, 173; 열린책들 7.

(1924f[1923]) "A Short Account of Psycho-Analysis", *Standard Ed.*, 19, 191; 열린책들 15.

(1925d[1924]) *An Autobiographical Study*, *Standard Ed.*, 20, 3; 열린책들 15.

(1925e[1924]) "The Resistances to Psycho-Analysis", *Standard Ed.*, 19, 213; 열린책들 15.

(1925g) "Josef Breuer", *Int. J. Psycho-Analysis*, 6, 459; *Standard Ed.*, 19, 279.

(1925j) "Some Psychical Consequences of the Anatomical Distinction between the Sexes", *Standard Ed.*, 19, 243; 열린책들 7.

(1926d[1925]) *Inhibitions, Symptoms and Anxiety*, London, 1960; *Standard Ed.*, 20, 77; 열린책들 10.

(1926e) *The Question of Lay-Analysis*, London, 1947; *Standard Ed.*, 20, 179; 열린책들 15.

(1926f) "Psycho-Analysis: Freudian School", *Encyclopaedia Britannica*(13th ed.), Vol. 3, 253; *Standard Ed.*, 20, 261.

(1926i) "Dr Reik and the Problem of Quackery", *Standard Ed.*, 21, 247; 열린책들 15.

(1927a) "Postscript to *The Question of Lay Analysis*", *Standard Ed.*, 20, 251; 열린책들 15.

(1927c) *The Future of an Illusion*, London, 1962; *Standard Ed.*, 21, 3; 열린책들

12.

(1927e) "Fetishism", *Standard Ed.*, 21, 149; 열린책들 7.

(1930a [1929]) *Civilization and its Discontents*, New York, 1961; London, 1963; *Standard Ed.*, 21, 59; 열린책들 12.

(1930d) "Letter to Dr Alfons Paquet", *Standard Ed.*, 21, 207; 열린책들 14.

(1930e) "Address delivered in the Goethe House at Frankfurt", *Standard Ed.*, 21, 208; 열린책들 14.

(1931b) "Female Sexuality", *Standard Ed.*, 21, 223; 열린책들 7.

(1932c) "My Contact with Josef Popper-Lynkeus", *Standard Ed.*, 22, 219.

(1933a[1932]) *New Introductory Lectures on Psycho-Analysis*, New York, 1966; London, 1971; *Standard Ed.*, 22; 열린책들 12.

(1933b[1932]) Why War?, Paris; *Standard Ed.*, 22, 197; 열린책들 12.

(1935a) Postscript (1935) to *An Autobiographical Study*, new ed., London and New York; *Standard Ed.*, 20, 71; 열린책들 15.

(1937c) "Analysis Terminable and Interminable", *Standard Ed.*, 23, 211.

(1937d) "Constructions in Analysis", *Standard Ed.*, 23, 257.

(1939a[1934-38]) *Moses and Monotheism*, *Standard Ed.*, 23, 3; 열린책들 13.

(1940a[1938]) *An Outline of Psycho-Analysis*, New York, 1968; London, 1969; *Standard Ed.*, 23, 141; 열린책들 15.

(1940b[1938]) "Some Elementary Lessons in Psycho-Analysis", *Standard Ed.*, 23, 281.

(1940e[1938]) "Splitting of the Ego in the Process of Defence", *Standard Ed.*, 23, 273; 열린책들 11.

(1950a[1887-1902]) *The Origins of Psycho-Analysis*, London and New York, 1954. (Partly, including "A Project for a Scientific Psychology", in *Standard Ed.*, 1, 175.)

(1956a[1886]) "Report on my Studies in Paris and Berlin", *Int. J. Psycho-Analysis*, 37, 2; *Standard Ed.*, 1, 3.

(1960a) *Letters 1873-1939* (ed. E. L. Freud), New York, 1960; London, 1961.

(1963a[1909-39]) *Psycho-Analysis and Faith. The Letters of Sigmund Freud and Oskar Pfister* (ed. H. Meng and E. L. Freud) London and New York, 1963.

(1965a[1907-26]) *A Psycho-Analytic Dialogue. The Letters of Sigmund Freud and Karl Abraham* (ed. H. C. Abraham and E. L. Freud), London and New York, 1965.

(1966a[1912-36]) *Sigmund Freud and Lou Andreas-Salomé: Letters* (ed. E.

Pfeiffer), London and New York, 1972.

(1968a[1927-39] *The Letters of Sigmund Freud and Arnold Zweig* (ed. E. L. Freud), London and New York, 1970.

(1970a[1919-35]) *Sigmund Freud as a Consultant. Recollections of a Pioneer in Psychoanalysis* (Freud가 Edoardo Weiss에게 보낸 편지, Weiss의 회고와 주석, Martin Grotjahn의 서문과 해설 포함), New York, 1970.

(1974a[1906-23]) *The Freud / Jung Letters* (ed. W. McGuire), London and Princeton, N. J., 1974.

Graf, M. (1911) *Richard Wagner im "Fliegenden Holländer": ein Beitrag zur Psychologie künstlerischen Schaffens*, Leipzig und Wien.

Greve, G. (1910) "Sobre psicologia y psicoterapia de ciertos estados angustiosos", Lecture to Neurological Section, Int. American Congress of Medicine and Hygiene, Buenos Aires.

Hoche, A. (1910) "Eine psychische Epidemie unter Ärzten", *Med. Klin.*, 6, 1007.

Hug-Hellmuth, H. von (1913) *Aus dem Seelenleben des Kindes*, Leipzig und Wien.

Janet, P. (1913) "Psycho-Analysis. Rapport par M. le Dr Pierre Janet", *Int. Congr. Med.*, 17, Sect. XII (Psychiatry) (1), 13.

Jelgersma, G. (1914) *Ongeweten Geestesleven*, Leyden.

Jensen, W. (1903) *Gradiva: ein pompejanisches Phantasiestück*, Dresden und Leipzig.

Jones, E. (1908) "Rationalization in Everyday Life", *J. abnorm. Psychol.*, 3, 161; *Papers on Psycho-Analysis*, London, 1913.

(1911a) "The Psychopathology of Everyday Life", *Amer. J. Psychol.*, 22, 477; *Papers on Psycho-Analysis*, London, 1913.

(1911b[1910]) *Das Problem des Hamlet und der Oedipus-Komplex*, Leipzig und Wien.

(1912a) *Der Alptraum in seiner Beziehung zu gewissen Formen des mittelalterlichen Aberglaubens* (trans. H. Sachs), Leipzig und Wien.

(1912b) "Die Bedeutung des Salzes in Sitte und Brauch der Völker", *Imago*, 1, 361, 454.

(1913) *Papers on Psycho-Analysis*, London and New York, 1913.

(1915) "Professor Janet on Psychoanalysis: a Rejoinder", *J. abnorm. (soc.) Psychol.*, 9, 400; *Papers on Psycho-Analysis* (2nd ed.), London and New York, 1918.

(1953-7) *Sigmund Freud: Life and Work* (3 vols), London and New York.

Jung, C. G. (1902) *Zur Psychologie und Pathologie sogenannter okkulter Phönomene*, Leipzig.

(1906, 1909) *Diagnostische Assoziationsstudien* (2 vols), Leipzig.

(1907) *Über die Psychologie der Dementia Praecox*, Halle.

(1908) *Der Inhalt der Psychose*, Leipzig und Wien.

(1910a) "The Association Method", *Amer. J. Psychol.*, 21, 219; *Collected Papers on Analytical Psychology*, London, 1916, Chap. 11.

(1910b) "Über Konflikte der kindlichen Seele", *Jb. psychoanalyt. psychopath. Forsch.*, 2, 33.

(1911-12) "Wandlungen und Symbole der Libido", *Jb. psychoanalyt. psychopath. Forsch.*, 3, 120; 4, 162; 단행본으로는 Leipzig und Wien, 1912.

(1913) "Versuch einer Darstellung der psychoanalytischen Theorie", *Jb. psychoanalyt. psychopath. Forsch.*, 5, 307; 단행본으로는 Leipzig und Wien, 1913.

Kielholz, A. (1919) *Jakob Böhme:ein pathographischer Beitrag zur Psychologie der Mystik*, Leipzig und Wien. (106)

Looney, J. T. (1920) *"Shakespeare" Identified*, London.

Maeder, A. (1906, 1908) "Contributions à la psychopathologie de la vie quotidienne", *Archs Psychol., Genève*, 6, 148; 7, 283.

(1912) "Über die Funktion des Traumes", *Jb. psychoanalyt. psychopath. Forsch.*, 4, 692.

Mann, T. (1929) "Die Stellung Freuds in der modernen Geistesgeschichte", *Psychoanal. Beweg.*, 1, 3.

Moll, A. (1898) *Untersuchungen über die Libido sexualis*, Vol. 1, Berlin.

Nelken, J. (1912) "Analytische Beobachtungen über Phantasien eines Schizophrenen", *Jb. psychoanalyt. psychopath. Forsch.*, 4, 504.

Nothnagel, H. (1879) *Topische Diagnostik der Gehirnkrankheiten*, Berlin. (ed.)

(1897) *Specielle Pathologie und Therapie*, Vol. 9, Wien.

Nunberg, H., and Federn, E. (eds) (1962, 1974) *Minutes of the Vienna Psychoanalytic Society*, Vols. 1 and 3, New York.

Pestalozzi, R. (1956) "Sigmund Freuds Berufswahl", *Neue Zürcher Zeitung*, 1 July, Fernausgabe, 179, Bl. 5.

Pfister, O. (1910) *Die Frömmigkeit des Grafen Ludwig von Zinzendorf*, Wien.

(1913) *Die psychoanlaytische Methode*, Leipzig und Berlin.

Popper, J. ["Lynkeus"] (1899) *Phantasien eines Realisten*, Wien.

Putnam, J. J. (1912) "Über die Bedeutung philosophischer Anschauungen und

Ausbildung für die weitere Entwicklung der psychoanlaytischen Bewegung",
Imago, 1, 101.

(1921) *Addresses on Psycho-Analysis*, New York.

Rank, O. (1907) *Der Künstler: Ansätze zu einer Sexualpsychologie*, Leipzig und
Wien.

(1909) *Der Mythus von der Geburt des Helden*, Leipzig und Wien.

(1910a) "Schopenhauer über den Wahnsinn", *Zentbl. Psychoanal.*, 1, 69.

(1910b) "Ein Beispiel von poetischer Verwertung des Versprechens", *Zentbl.
Psychoanal.*, 1, 109.

(1910c) "Ein Traum, der sich selbst deutet", *Jb. psychoanalyt. psychopath.
Forsch.*, 2, 465.

(1911) *Die Lohengrinsage*, Leipzig und Wien.

(1912a) *Das Inzest-Motiv in Dichtung und Sage*, Leipzig und Wien.

(1912b) "Fehlleistungen aus dem Alltagsleben", *Zentbl. Psychoanal.*, 2, 265.

(1912c) "Aktuelle Sexualregungen als Traumanlässe", *Zentbl. Psychoanal.*, 2,
596.

Rank, O., & Sachs, H. (1913) *Die Bedeutung der Psychoanalyse für die
Geisteswissenschaften*, Wiesbaden.

Régis, E., & Hesnard, A. (1914) *La psychoanalyse des névroses et des psychoses*,
Paris.

Reik, T. (1912) *Flaubert und seine "Versuchung des heiligen Antonius"*, Minden.

(1919) *Probleme der Religionspsychologie*, Wien.

Renterghem, A. W. van (1913) *Freud en zijn School*, Baarn.

Riklin, F. (1908) *Wunscherfüllung and Symbolik im Märchen*, Leipzig und Wien.

Sadger, I. (1909) *Aus dem Liebesleben Nicolaus Lenaus*, Leipzig und Wien.

(1914) *Über Nachtwandeln und Mondsucht: eine medizinischliterarische Studie*,
Leipzig.

(1920) *Friedrich Hebbel: ein psychoanalytischer Versuch*, Wien.

Scherner, K. A. (1861) *Das Leben des Traumes*, Berlin.

Schopenhauer, A. (1819) *Die Welt als Wille und Vorstellung*, Leipzig.

Silberer, H. (1909) "Bericht über eine Methode, gewisse symbolische
Halluzinations-Erscheinungen hervorzurufen und zu beobachten", *Jb.
psychoanalyt. psychopath. Forsch.*, 1, 513.

(1912) "Symbolik des Erwachens und Schwellensymbolik überhaupt", *Jb.
psychoanalyt. psychopath. Forsch.*, 3, 621.

(1914) *Probleme der Mystik und ihrer Symbolik*, Leipzig und Wien.

Simmel, E. (1918) *Kreigsneurosen und 'Psychisches Trauma'*, München.

Smith, W. Robertson (1894) *Lectures on the Religion of the Semites* (2nd ed.), London.

Sperber, H. (1912) "Über den Einfluß sexueller Momente auf Entstehung und Entwicklung der Sprache", *Imago*, 1, 405.

Stekel, W. (1911) *Die Sprache des Traumes*, Wiesbaden.

Storfer, A. J. (1911) *Zur Sonderstellung des Vatermordes*, Leipzig und Wien.

(1914) *Marias jungfräuliche Mutterschaft*, Berlin.

Strümpell, A. von (1896) Review of Breuer and Freud's *Studien über Hysterie*, *Dtsch. Z. Nervenheilk.*, 8, 159.

Vaihinger, H. (1911) *Die Philosophie des Als Ob*, Berlin.

Villaret, A. (ed.) (1888, 1891) *Handwörterbuch der gesamten Medizin* (2 vols), Stuttgart.

Vogt, R. (1907) *Psykiatriens grundtraek*, Christiana.

찾아보기

엔젠Jensen, W. 103, 277

오이디푸스 콤플렉스Ödipus-Komplex / Oedipus complex 42, 103, 124~126, 151, 154, 156, 162, 185, 200, 240~243, 262, 265, 266, 274, 275, 279, 300, 353, 354, 367, 368, 486, 488, 489, 492~495, 505, 513, 526, 535, 536

왜곡Entstellung / distortion 18, 20, 21, 37, 111, 113, 126, 146, 147, 159, 187, 199, 235, 251, 278, 281, 297, 301, 325, 339, 363, 456, 458, 462, 542, 543, 545

외상Trauma / trauma 51, 62, 64, 138~140, 148, 177, 179, 195, 214, 223, 337, 338, 356, 357, 382, 406, 443, 483, 490, 534, 535

욕구Anspruch / need 37, 38, 65, 119, 161, 187, 198, 201, 234, 244, 254, 262, 299, 314, 326, 334, 335, 346, 350, 352, 388, 410, 435, 442, 456, 459, 461, 473, 477~479, 485~487, 491, 500, 503

우울증Depression / depression 157, 222, 269, 271, 272

운동성 실어증aphasie motrice 213

원죄Erbsünde / original sin 280

원초적 자기애der primäre Narzißmus / primary narcissism 438

위험Gefahr / danger 43, 65, 126, 156, 159, 198, 218, 252, 262, 280, 300, 312, 325, 337, 338, 344, 356, 381, 387, 389, 398, 408, 415, 433, 435, 437, 471, 473, 474, 476, 491, 502, 504, 505, 526

유아(기) 성욕die infantile Sexualität / infantile sexuality 60, 62, 64, 65, 80, 149, 150, 184, 185, 238, 262, 348, 351, 352, 506, 535, 540, 541

유아(기) 신경증die infantile Neurose / infancy neurosis 115

융Jung, C. G. 23, 36, 37, 47, 48, 50, 65, 75~79, 81, 88, 98, 99, 100~103, 116, 119~123, 125, 126, 128~130, 154, 156, 161, 162, 165, 166, 168, 169, 188, 189, 191, 194, 257, 259, 260, 262, 263, 265, 271, 278, 495, 522, 535, 536, 540, 541

압축Verdichtung / condensation 19, 21, 23, 146, 253, 277, 458, 459

의사회Gesellschaft der Ärzte 216, 217, 230

의식Bewußtsein / consciousness 19, 21, 22, 26, 28, 54, 71, 90, 112, 117, 118, 130, 137, 139, 141~143, 147, 153, 157, 160~162, 179, 181~183, 185, 187, 196~198, 201, 219, 222, 224, 231~237, 246, 247, 250, 252, 253, 255, 278, 281, 295, 302, 329~331, 335, 339, 346, 350, 357, 368, 431, 446~452, 455, 476, 478, 500, 501, 503, 504, 511, 525~527, 531, 540, 543, 546, 550, 551, 552

이드das Es / id 114, 135, 170, 201, 266, 267, 269, 281, 285, 327~332, 334~341, 367~369, 393~395, 432, 434, 437, 438, 452~460, 462, 467, 468, 474, 475, 478, 479, 485, 491, 502~507, 510, 512, 514, 528, 536, 543, 552

이마고Imago 73, 91, 103, 105, 190, 259, 289, 302, 426

이상 정신Paraphrenie / paraphrenia 22, 27

인상Eindruck / impression 15, 25, 34, 40, 51, 52, 60, 61, 64, 78, 93, 98, 101, 109, 141, 148, 153, 177, 183, 197, 209, 214, 217, 219, 222~224, 238, 261, 268, 270, 276, 277, 287, 292, 297, 312, 327, 332, 337, 344, 347, 356~358, 361, 371, 382, 387, 413, 453, 457, 469, 482, 486, 529

입센Ibsen, H. J. 209

ㅈ

자가 성애Autoerotik / autoeroticism 63, 151, 241

자극Anregung / suggestion 17, 29, 31, 49, 52, 64, 73, 83, 89, 91, 129, 139, 144, 166, 175, 192, 234, 252, 274, 283, 292, 324, 326, 331, 359, 378, 400, 432, 433, 442, 449, 452, 488, 493, 503, 505

자기 보존 본능Selbsterhaltungstrieb / self-preservation instinct 165, 167, 168, 266, 267, 436, 478

자기 분석Selbstanalyse / self-analysis 67, 332, 525, 526, 535

자기 치료법 시술사Magnetiseurs / magnetist 218

자기애(나르시시즘)Narzißmus, Selbstliebe / narcissism 42, 167, 193, 194, 264~267, 271, 276, 302, 436, 438, 488, 505

자기애적 리비도die narzißtische Libido / narcissistic libido 193, 266, 267, 438

자네Janet, P. 11, 21, 83, 84, 93, 139, 140, 177, 178, 183, 214, 222, 224, 235, 236

자드거Sadger, I. 89, 103

자발적 신경증die spontanen Neurose / spontaneous neurosis 229

자아 리비도Ichlibido / ego-libido 167, 193

자아 본능Ichtrieb / ego-instinct 32, 153, 161, 164, 165, 167, 266, 267, 298

자아 분열Ichspaltung / splitting of the ego 425, 508~510

자아das Ich / ego 32, 41, 111~115, 118, 125, 135, 147, 153, 159, 161, 164, 165, 167, 168, 170, 183, 187, 193, 201, 234, 235, 251, 252, 264, 266, 267, 269, 281, 285, 298, 302, 317, 326~332, 334~342, 348, 350, 357, 361, 364~369, 393~395, 414, 425, 432~435, 437~439, 442, 444, 451~458, 460~462, 467~471, 474~479, 483~486, 490, 491, 503~513, 528, 534, 536, 543, 552

자아 심리학Ichpsychologie / ego-psychology 123

자웅동체Hermaphroditismus / hermaphroditism 114

자유 연상die freie Assoziation / free association 50, 65, 141, 142, 145, 148, 181, 182, 184, 187, 246~248, 250, 341, 474, 524, 534

작스Sachs, H. 87, 91, 105, 190, 198, 259, 263

잠재기Latenzzeit / period of latency 152, 242, 243, 350, 356, 441, 443, 485

잠재의식das Latentbewußte / the subconscious 330, 331

재교육Nacherziehung / after-education 471

재체험Wiedererlebnis / re-experience 250

저항Widerstand / resistance 30, 60~62, 71, 80, 83, 92, 97, 106, 108, 119, 130, 149,
    152~154, 157~160, 168, 182, 183, 189, 194, 226, 233~235, 238, 246~250, 252,
    258, 283, 292, 293, 297, 458, 469, 474~479, 483, 491, 513, 525, 526, 542, 543

전기 요법Eleklrotheraphie / electrotherapy 52, 176

전성기기die prägenitale Phase / pregenital phase 151

전위Verschiebung / displacement 15, 19, 22, 23, 26, 146, 153, 253, 277, 279, 435,
    459, 509, 543

전의식das Vorbewußte / the preconscious 237, 253, 449, 450, 452~454, 456, 458,
    461, 479, 504, 543, 550, 552

전이Übertragung / transference 56, 62, 108, 127, 154, 157, 166, 185, 230, 249, 250,
    271, 373~375, 397, 398, 413, 438, 470~474, 476, 479, 534, 543

전이 사랑Übertragungsliebe / transference love 230

전이 신경증Übertragungsneurose / transference neurosis 157, 158, 165, 167, 193,
    373

전쟁 신경증Kriegsneurose / war neurosis 225, 263, 264, 367, 536

전환 히스테리Konversionhysterie / conversion hysteria 234

전환(轉換)Konversion / conversion 14, 43, 51, 74, 139, 151, 159, 179, 210, 225, 228,
    249, 251, 253, 266, 272, 349, 408, 438, 450, 453, 454, 472~474, 479, 501, 504,
    505, 514

전희die einleitende Handlung / fore-play 440

정동(情動)Affekt / affectivity 179, 222~225, 227, 235, 258, 270, 275

정동적 콤플렉스der affektive Komplex / emotional complex 271

정신 의학Psychiatrie / psychiatry 24, 68, 75, 76, 78, 80, 83~88, 95, 104, 105, 160,
    162, 175, 177, 190, 194, 195, 198, 210, 256, 257, 270, 287, 378, 379, 400, 403, 522,
    523

정신 분열증Schizophrenie / schizophrenia 22, 78, 88, 89, 96, 162, 166, 167, 194,
    260, 271

정신 신경증Psychoneurose / psychoneurosis 149, 157, 229, 264, 271, 527

정신 이상Psychose / psychosis 23, 83, 103, 193, 194, 265, 340, 341, 527

제우스Zeus 351

제임스James, William 261

젤리프Jelliffe, S. E. 105, 158, 190, 201

조발성 치매Dementia praecox / dementia praecox 22, 27, 78, 79, 157, 194, 249

존스Jones, Ernest 17, 61, 81, 82~84, 88, 102, 103, 105, 112, 122, 155, 190, 263, 269, 275, 375

종교 심리학Religionspsychologie / psychology of religion 90, 163, 200, 278, 400, 403

종족 보존 본능Arterhaltungstrieben / preservation of the species instinct 267, 436

죽음 본능Todestrieb / death instinct 267, 436, 442, 536, 537

증상Symptom / symptom 11, 55, 62, 63, 65, 67, 80, 88, 96, 177~179, 183, 184, 186, 188, 194, 214, 217, 218, 221~225, 228, 230, 235, 238~241, 248, 250, 252, 254, 255, 285, 292, 294, 297, 319, 370, 375, 412, 422, 463, 471, 483, 484, 526, 537, 542~544

질베러Silbere, H. 17, 124

질병으로부터 얻는 이득Krankheitsgewinnes / gain from illness 112, 367, 368

짐멜Simmel, G. 225

집단 심리학Massenpsychologie / group psychology 197, 267, 281, 536

징후Anzeichen / indication 56, 149, 176, 177, 194, 273, 319, 350, 404, 441, 445, 453, 473, 474

✪

초심리학Metapsychologie / metapsychology 269, 527, 536, 544

초자아das Über-Ich / super-ego 135, 269, 285, 367, 368, 433~435, 437, 438, 452, 455, 467, 468, 471, 474, 477~479, 484, 512~514, 528, 536, 543, 552

최면Hypnose / hypnosis 51, 52, 54, 55, 61, 65, 84, 137, 138, 140, 141, 177~179, 181, 182, 184, 214, 218~226, 231~233, 248, 249, 253, 281, 292, 294, 296, 318, 319, 330, 403, 519, 520, 524, 534

최면술Hypnostik / hypnotism 11, 50, 52, 140~142, 148, 159, 176, 177, 182, 217~219, 223, 231, 233, 249, 319, 388, 389, 519, 533, 534

충동Strebung (Trieb) / impulse 19, 23, 27, 30, 32, 33, 35, 37, 38, 43, 63, 89, 91, 111, 112, 114, 115, 146, 147, 150~153, 161, 165, 168, 169, 178, 183, 187, 198, 199, 223, 234, 236, 238, 240~244, 251~255, 267, 276, 297~301, 329, 335, 336, 338, 339, 348~350, 358, 361, 366, 394, 413, 439, 442, 444, 456, 458, 526, 527

카소비츠Kassowitz, Max 215, 533

카타르시스Katharsis / catharsis 11, 50~53, 60, 138~142, 179, 181, 184, 265, 534

코페르니쿠스Copernicus, N. 302

콜러Koller, Carl 216, 518

콤플렉스Komplex / Complex 79, 80, 123~126, 128, 130, 194, 229, 248, 271, 274, 275, 280, 281, 353, 489

쾌락-불쾌 원칙Lust-Unlustprinzip / pleasure-unpleasure principle 269

쾌락Lust / pleasure 31, 40, 241, 243, 244, 267, 270, 276~278, 335, 336, 338, 358, 433, 436, 441~444, 493, 503, 504, 512, 535, 536, 544

쾨니히슈타인Königstein, Leopold 216

크로노스Kronos 351

크로바크Chrobak, Rudolf 57, 59, 227

클라인Klein, Melanie 282

클레오파트라Cleopatra 354

≡

터부(금기)Taboo / taboo 37, 38, 90, 200, 278, 279, 281, 285, 536

토템Totem / totem 37, 38, 90, 162, 200, 278, 279~281, 285, 536

퇴행Regression / regression 35, 53, 54, 123, 153, 162, 241, 285, 394, 440, 444

파괴 본능Destruktionstrieb / destruction instinct 267, 298, 436, 437, 478, 537, 552

파이힝거Vaihinger, H. 326

퍼트넘Putnam, J. 82, 101, 102, 155, 260

페렌치Ferenczi, Sándor 17, 38, 81, 85, 97, 99, 102, 122, 155, 194, 259, 263, 264, 279

페리어Ferrier, Sir David 176

페티시즘Fetischismus / fetishism 285, 508~510

페히너Fechner, G. T. 270

편집증Paranoia / paranoia 27, 78, 125, 157, 194, 249, 507

평화적 침투penetration pacifique / peaceful penetration 272

포렐Forel, August 177

표상 과정Vostellungsablauf / idea process 452

프레이저Frazer, J. G. 279, 281

프로이트Freud, Anna 11, 14, 17, 18, 30, 37, 40, 47~50, 52, 54, 55, 57, 58, 61, 66, 67, 78~80, 82, 90, 94, 95, 97, 98, 112, 114~116, 118, 125, 129, 135, 138~140, 142, 164, 173, 194, 205, 215, 216, 220, 227, 229, 239, 242, 259, 270, 282, 289, 307, 308,

옮긴이 **박성수** 1957년 서울에서 출생하여 고려대학교 철학과 및 동 대학원을 졸업하고, 논문「칸트의 미적 판단력 비판에 관한 연구」로 박사 학위를 받았다. 저서로는『영화 이미지의 미학』(공저),『들뢰즈와 영화』,『디지털 영화의 미학』등이 있고, 역서로는『사회사상사』(스윈지우드),『사회과학의 논리』(하버마스),『프로테스탄티즘의 윤리와 자본주의 정신』(베버) 등이 있다.

한승완 고려대학교에서 독문학과 철학을, 동 대학원에서 철학을 공부한 후 독일 브레멘 대학에서 철학 박사 학위를 받았다. 현재 국가안보정책연구소에서 선임 연구원으로 활동하고 있다. 저서로는『하버마스의 비판적 사회이론』(공저),『공동체란 무엇인가』(공저), 역서로는『공론장의 구조 변동』(하버마스) 등이 있다.

프로이트 전집 15
과학과 정신분석학

발행일	1997년 2월 20일 초판 1쇄
	2002년 1월 20일 초판 3쇄
	2003년 9월 30일 2판 1쇄
	2020년 6월 10일 2판 10쇄
	2020년 10월 30일 신판 1쇄

지은이	지크문트 프로이트
옮긴이	박성수·한승완
발행인	홍지웅·홍예빈
발행처	주식회사 열린책들

경기도 파주시 문발로 253 파주출판도시
전화 031-955-4000 팩스 031-955-4004
www.openbooks.co.kr

Copyright (C) 주식회사 열린책들, 1997, 2020, *Printed in Korea*.
ISBN 978-89-329-2063-4 94180
ISBN 978-89-329-2048-1 (세트)

이 도서의 국립중앙도서관 출판예정도서목록(CIP)은 서지정보유통지원시스템 홈페이지(http://seoji.nl.go.kr)와 국가자료공동목록시스템(http://www.nl.go.kr/kolisnet)에서 이용하실 수 있습니다.(CIP제어번호:CIP2020039789)